"十三五"国家重点图书

日本远东战争罪行丛书

侵略的证言

日军在港战争罪行

总顾问｜张宪文

刘智鹏　丁新豹｜主编

重庆出版集团　重庆出版社

《日本远东战争罪行丛书》学术委员会

主任

张宪文　南京大学荣誉资深教授、中华民国史研究中心名誉主任

委员（以姓氏笔画排序）

马振犊　中国第二历史档案馆馆长、研究馆员
刘　波　国防大学军事文化学院副教授、大校
刘向东　军事科学院《军事历史》副总编
江　沛　南开大学历史学院院长、教授、博士生导师
汤重南　中国社会科学院世界史所研究员、日本史学会荣誉会长
苏智良　上海师范大学人文学院院长、教授、博士生导师
李　强　国家图书馆出版社数字出版中心主任
吴先斌　南京民间抗日战争博物馆馆长
张连红　南京师范大学历史系教授、博士生导师
张宏波　日本明治学院大学教授
张　皓　北京师范大学历史学院副院长、教授、博士生导师
周　勇　西南大学中国抗战大后方研究协同创新中心主任、教授
宗成康　南京政治学院历史系教授、博士生导师
黄兴涛　中国人民大学历史学院院长、教授、博士生导师
萨　苏　著名抗战史专家、日本问题研究专家
程兆奇　上海交通大学东京审判研究中心主任、教授、博士生导师

《日本远东战争罪行丛书》
编辑委员会

主任
范国平 季我努学社社长

委员（以姓氏笔画排序）

吕 晶 刘 超 孙 超
李学华 吴 军 张 杰
顾 碧 钱 锋 程世利

丛书总序一

再塑从全球视野揭露日本罪行的"典范之作"

时光如白驹过隙，自2015年12月《日本远东战争罪行丛书》第一辑出版后，四年时间已经过去了。《日本远东战争罪行丛书》第二辑的作品已经陆续出版。我还清晰地记得在南京民间抗战博物馆召开丛书第一辑新书讨论会的情景。诸多与会专家高度肯定了丛书第一辑，将其誉为响应习近平同志"从全球视角整理抗战史料"号召，从全球视角揭露日本战争罪行的典范之作。

中宣部、新闻出版总署给予《日本远东战争罪行丛书》很高的荣誉。第一辑（四卷本）获得"十二五"国家重点图书、中宣部及总署"一百种抗战经典读物"称号。第二辑（三卷本）获得了"十三五"国家重点图书称号及2019年度国家出版基金资助。2020年是抗战胜利七十五周年，学社和出版社将遴选更多关于日本战争罪行的权威作品，以告慰牺牲在日本侵略者手中的英灵。

我一直主张要将日本侵华战争的视野扩充到亚洲太平洋领域，日本在二战期间对被其侵略的亚洲各国人民及西方国家的平民和战俘犯下了罄竹难书的、令人发指的战争暴行。在我主编的教育部重大委托项目"抗战百卷"中，我将日本在东南亚战争暴行的研究交给了季我努学社的三位青年学者。重庆大学历史文化研究中心的钱锋副教授负责巴丹死亡行军暴行的研究，东南大学日语系的刘超副教授负责缅泰死亡铁路暴行的研究，武汉大学历史学院的王萌副教授负责日本在东南亚地区整体暴行的研究。这三位都是季我努学社青年学者群体当中的优秀代表。

我非常鼓励季我努学社与重庆出版社持续地对日本在中国以外地

区战争暴行领域进行开拓性研究及出版。由于语言和资料搜集的障碍，也由于中国本土的日本战争暴行更加容易获得各类科研项目资助的体制性原因，国内学者愿意将关于日本战争暴行研究的学术视野放到中国以外地区的不多。然而，日本在二战中的战争暴行，不仅仅伤害了中国人民，也伤害了被其侵略的东南亚国家和遭受其蹂躏的西方国家的战俘和平民，并且它对在其殖民统治之下的中国台湾、朝鲜和所谓"关东州"的人民也造成了伤害。

现在中国国力日益强盛，国内的科研经费相对充裕，在国内利用外文资料，走出国门搜集外文资料进行研究的学者越来越多。季我努学社的青年学者们普遍外语能力较好，资料搜索、翻译能力在国内青年学者中堪称翘楚。重庆出版社北京华章同人文化传播有限公司一直非常重视《日本远东战争罪行丛书》，在这一课题上持续投入资金和编辑力量，确确实实且扎扎实实地为国内日本战争暴行研究外延的拓展作出了突出贡献，展现出了高度的历史使命感和社会责任感，令人称道。

在不远的将来，季我努学社将与重庆出版社密切协作，争取将丛书扩展到日本在亚洲太平洋战争期间犯下的主要战争暴行，如将新马华人"检证"大屠杀、马尼拉大屠杀等纳入其中；放大对于日本战争罪行研究的视角，关于日本战争罪行的审判，关于日本军国主义军队的体制等诸多与日本战争罪行研究相关的课题，也将纳入丛书。

作为季我努学社荣誉社长、丛书总顾问，我要表示一下感谢。感谢中国日本史学会荣誉会长汤重南教授、上海师范大学历史系苏智良教授等一批著名抗战史专家对丛书的支持。希望季我努学社与重庆出版社继续高标准、严要求地来规划、翻译、出版本丛书。我希望本丛书能够一如既往地当得起学界给予的"从全球视角揭露日本战争罪行的典范之作"这个极高的赞誉。学界对于本丛书极为关注，希望学社和重庆出版社不忘初心，牢记使命，继续做好这套已经进入中国抗战史学术界的重量级丛书。国内对于日本在中国之外的战争暴行的研究才刚刚起步，希望《日本远东战争罪行丛书》成为抛砖引玉之作，希望国内有更多的学者可以关注日军在东南亚国家及对西方国家战俘和平民犯下的战争暴行。

张宪文

南京大学荣誉资深教授

中华民国史研究中心名誉主任

季我努学社荣誉社长

2019年5月21日

丛书总序二

全球视野下的日本远东战争罪行研究方兴未艾

《日本远东战争罪行丛书》是由季我努学社翻译、重庆出版社北京华章同人文化传播有限公司出版的"十二五""十三五"国家重点图书。已经出版的丛书第一辑四部著作，学界专家们给予高度肯定，称其为"典范之作"，并被中宣部、新闻出版总署授予"一百种抗战经典读物"的荣誉。丛书第二辑三部著作，获得2019年度国家出版基金资助，现在正式推出。这是对中国抗日战争暨世界反法西斯战争胜利七十五周年的最好献礼和纪念。我愿意在此表示热烈的祝贺！也对重庆出版社的领导、编辑人员和丛书策划者季我努学社及各位译者表示衷心的感谢！

丛书充分揭露了日军的惨无人道，其罪行罄竹难书，是不分种族、不分国家的普遍性犯罪：奴役、迫害东南亚被侵占国家及西方国家的平民和战俘，强征"慰安妇"，对战俘进行活体解剖，掳掠战俘、劳工到日本多个工矿企业强制劳动。骇人听闻的缅泰死亡铁路、巴丹死亡行军、马尼拉大屠杀等，都是日本军国主义对全人类的犯罪。丛书第二辑中的《被折断的花朵：八个荷兰"慰安妇"的伤痛回忆》，真实揭露了日军在东南亚的残暴罪恶；《侵略的证言：日军在港战争罪行》收集整理了日本奴役香港的历史资料，用日本战犯的自供状揭露了日本对香港的侵略、奴役罪行；《从人到鬼从鬼到人：日本战争罪行与中国审判》，将目光放在了不太为人重视的乙级、丙级战争罪行审判上，剖析了战后日本社会对于其战争罪行的反思最终流于表面的社会因素。

丛书具有很高的学术意义。毋庸置疑，近二三十年来，我们对日本侵华战争中的日军罪行和中国人民抗日战争的研究，取得了丰硕成果；但是我们也要承认，对中国大陆以外地区，特别是对日军在东南亚地区的暴行和对东南亚各国及人民抗日斗争的研究却一直未受到国内学界应有的关注和重视，投入的研究力量有限，因而研究成果也极为稀少。我们以往的研究，取材主要来源于政府、军队、战役、战争等史料，材料的单一性局限了学者们关于日本在远东地区战争罪行的研究视角。本丛书则聚焦战争中不同国家、不同身份、不同遭遇的个人或者群体身上，比如劳工、战俘、"慰安妇"，甚至被奴役者的家属等，让日本远东战争罪行的全貌越来越清晰地呈现在世人面前。表明全球视野下对日军罪行的研究方兴未艾。

丛书又具有很强烈的现实价值和社会意义。所辑录作品对日本歪曲历史、否认历史的言行进行了有力批判。日本军国主义在对外扩张中，侵略到哪里，奴役就到哪里，罪行也就延伸到哪里。日军所到之处，残忍施暴，毫无人性。然而，在日本投降七十五年后的今天，日本右翼团体非但丝毫不敬畏历史，反而处心积虑地想要篡改历史，这种掩耳盗铃的行为，是日军战争罪行的又一次重演。日军侵略战争罪行铁证如山，被侵略国家人民的悲惨遭遇历历在目，日本为何矢口否认？日本为什么不向中国人民、东方各国人民、全世界人民道歉、谢罪？主要原因在于日本国内的民族主义恶性膨胀、日本右翼化社会思潮泛滥，而根本原因则是美国在战后对日本战争罪行和战犯进行包庇（特别是不对昭和天皇战争罪行进行追究）。

重庆出版社和季我努学社的各位同仁，为丛书的出版付出了艰辛的努力。丛书总顾问、学术委员会主任张宪文先生一直主张从全球视角研究抗战史，值得充分肯定！张先生对丛书的后续翻译、出版方向作了前瞻性的擘画：关于日本在亚洲太平洋地区的主要战争暴行，如新马华人"检证"大屠杀、马尼拉大屠杀；关于对日本战争罪行的审判；关于日本军国主义军队的体制研究，等等。我们始终清醒地认识到，我们的抗日战争史研究任重道远，尚待学界不懈努力。我们殷切地期望更多的学界同仁关注日军在亚洲太平洋地区，特别是东南亚地区的战争罪行研究，并不断涌现出优秀的研究成果。

汤重南

中国社会科学院世界历史研究所研究员

中国日本史学会荣誉会长

2020年2月4日

序言

战后香港军事法庭审判中的日军暴行

1941年12月8日凌晨4时，在日本发动太平洋战争的同时，驻扎在华南的日本中国派遣军第23军，在酒井隆中将的指挥下，突然袭击香港，经过十八天的激战，香港总督杨慕琦率领一万余英军被迫向日军投降。在其后三年零八个月的日占时期，香港陷入水深火热的恐怖之中。占领香港的日军和日占港督府的宪兵队暴行累累，罄竹难书，无数战俘和平民悄无声息失踪。1945年8月15日，日本战败投降。根据战后同盟国商定，从1946年3月开始，英国在香港专门设立了四个军事法庭，对日本战犯进行了近三年的公开审判，日占时期日军所犯重要罪行才终于得以大白天下。但长期以来，这些审判档案一直没有得到学界的重视，直到2010年，香港大学法律系苏珊娜·林顿（Suzannah Linton）教授，一位来自德国的学者，在英国国家档案馆查阅时才发现这批军事法庭的审判记录。在她的努力下，这批资料被拷贝带回香港，并在香港大学图书馆专门设立了"香港战争罪行审判"电子数据库（Hong Kong's War Crimes Trials Collection），供学界广泛使用。由刘智鹏、丁新豹主编的《侵略的证言：日军在港战争罪行》[1]则是利用这套文献资料推出的标志性成果之一。

《侵略的证言：日军在港战争罪行》全书共分十四章，第一章到第四章是四篇专题研究，详细论述了战犯野间贤之助等各日军宪兵队队长和侵港日军在香港嗜血成性、任意屠杀英军战俘和奴役掠夺香港平民的暴行。第五章到第十四章则翻译整理了战犯野间贤之助、牛山幸

---

1 原书名为《日军在港战争罪行：战犯审判记录及其研究》（刘智鹏、丁新豹主编，香港中华书局有限公司2015年10月出版）。

男、平尾好雄等十个重要案件的审判文献资料，包括军事审判的法庭纪录信息、控方开案陈词、控方证人证词和控方结案陈词。作者在书中，一方面整理了原始法庭审判文献，同时根据庭审线索，实地考察了许多案件发生的地点，专程采访了部分重要暴行的亲历者和受害者，极大地丰富了历史的细节，读后给人留下十分深刻的印象。

一是日军攻占香港初期的暴行十分猖獗恐怖。尽管1937年12月，日军攻占国民政府首都南京发生的大屠杀惨案遭到世界舆论谴责，但日军攻占香港时仍然发生了屠杀虐待战俘和平民的惨案，特别是1941年12月25日发生的香港"圣士提反书院大屠杀"最为典型，当天，日军占领圣士提反书院（战时医院）后，肆意杀害伤病员和医务人员，至少有七十多名英国、加拿大籍军人在伤兵床上被日军刺杀，二十五名医务人员也被杀害，许多女护理人员惨遭日军强奸、轮奸。这一天在香港被称为"黑色圣诞节"。战后香港军事法庭以此案起诉时任日军第38师团长伊东武夫、第229联队长田中良三郎和第230联队长东海林俊成三位战犯，最后判处伊东武夫和田中良三郎需对其部属杀害俘虏和医务人员的战争罪行负责，分别判处十二年和二十年有期徒刑，东海林俊成被判无罪释放。该书中设有专章对攻打香港战役中日军滥杀战俘的罪行进行了论述，并整理了第229联队长田中良三郎的庭审文献。

二是日占时期宪兵队是香港民众眼中的恶魔。香港沦陷后，日军很快成立香港宪兵队。1942年2月20日，日本香港总督府成立后，宪兵队接受总督府指挥，下辖香港岛、九龙、新界和水上等五个宪兵队，每个宪兵队由宪兵、宪查和密侦组成，总共有三千五百人左右，由日军第38师团的宪兵队长野间贤之助担任香港宪兵队长。宪兵队在大街上可以随意抓人、殴打、逮捕、拷打，甚至可以不进行审判而加以处决。在香港民众眼中，宪兵队简直就是人间恶魔。如1943年1月爱德华·西克斯被怀疑为间谍而被捕，前后接受宪兵审问二十次，每次均遭殴打，除了四次灌水和约十二次"吊飞机"外，还遭受电刑，直至他不支晕倒为止。在日占时期，最令人恐怖的是，为了解决粮食不足问题，宪兵队在大街上经常任意抓捕市民，强制遣返大陆，有时甚至将他们任意赶到海上或者遗弃荒岛，途中饿死、病死等死于非命者无数。日军占领香港时，香港有一百八十万人口，而到日军投降之时，香港人口仅剩六十万左右，强制港民的归乡之路几乎成了港民的死亡之旅。日占时期非人统治的罪魁祸首无疑是以野间贤之助为首的宪兵队，在战后香港战犯审判中，几乎香港各区宪兵队长都作为战犯接受军事法庭审判。该书共设立四章梳理包括野间贤之助等各大宪兵队长的犯罪事实和审判文献，许多证人证言所揭示出来的宪兵队暴行真是耸人听闻，令人不忍卒读。

三是日军的香港战俘营成了人间地狱。1941年12月25日，香港总督杨慕琦宣布投降后，驻港英军、加拿大军共一万一千余人成为日军俘虏，他们先后分别被关押在深水埗、北角、亚皆老街三个战俘营，由香港俘虏收容所所长德永德大佐管理。战后，香港军事法庭分别对战俘收容所所长德永德、总军医官齐藤俊吉、亚皆老街战俘营营长田中齐、深水埗战俘营的茑田五男等进行了为期五十三天的审判，审讯时间之长、人证物证之多，均为香港军事法庭案件之最。该书用三章来论述战俘营的悲惨生活，大量证言证词证实了香港俘虏收容所对战俘的摧残真可谓无以复加。香港俘虏收容所各战俘营条件极为恶劣，人满为患，拥挤不堪，导致痢疾、白喉等传染病肆虐，在最高峰时期，战俘营一个月就有一百至二百宗痢疾新病例。1942年爆发的白喉病就有六百八十七名战俘感染，而战俘营医院也不能及时治疗，有一百零七人不治而亡。另外，在战俘营期间，战俘们每天还要承担大量繁重的苦力劳役，有五千名战俘分六次被运往日本做苦工。即使战俘身患疾病也不能休息，因劳累过度而死亡的战俘不在少数，一些企图逃跑的战俘被抓回后大多被处死。即使到了战后，幸存下来的战俘们一想到战俘营生活仍是不寒而栗。

另外，日本宣布战败投降后，即1945年8月18日至26日，日军岸保夫中队竟然还以搜索游击队为名，在香港大屿山银矿湾逮捕三百余名乡民，残杀其中十一人，伤者更多。这是日本战败投降后发生的极为罕见而轰动一时的惨案，因此成为战后香港军事法庭最早立案起诉的战犯审判案件。

在战后香港军事法庭的审判中，有一些同日军在香港罪行关系十分密切的日军战犯，并未能引渡到香港军事法庭接受审判，例如当时负责指挥进攻香港的日军第23军司令官酒井隆中将，则是在南京国防部军事法庭接受审判并被判处死刑的。后来长期担任日本香港总督的矶谷廉介也是在南京国防部军事法庭接受审判，最后被判处无期徒刑。在南京审判期间，香港曾专门派代表来南京提交酒井隆和矶谷廉介在香港所犯罪行的证据。当时担任第23军参谋长的田中久一中将，则在广州军事法庭接受审判，也被判处死刑。目前有关战后审判的档案文献，不仅英国档案馆陆军部有较完整的全部卷宗，另外，如远东国际军事法庭、南京国防部军事法庭、日本亚洲历史资料中心等，也都收藏有同日军香港暴行有关战犯的档案文献资料，读者可以在阅读该书的基础上，查阅上述相关资料，以对日军在香港的战时暴行进行更为深入的研究。

此次刘智鹏、丁新豹二位先生主编的《侵略的证言：日军在港战争罪行》列入重庆出版社策划的《日本远东战争罪行丛书》，笔者有幸先睹，以上为读后感，敬请读者批评。

今年是抗战胜利七十五周年，前事不忘，后世之师。祈愿战争遇难者安息，世界永久和平！

张连红
南京师范大学历史系教授
2020年2月22日于南京

自序

今年是抗日战争胜利七十五周年，这段远去的历史并没有因为年代湮远而变得模糊。日占时期是香港近代历史最黑暗的日子。日占政府掠夺产业、滥发军票、驱逐住民，宪兵队更经常对香港市民滥施酷刑，炮制惨案无数。在日占结束后的一段漫长岁月之中，这段历史一直被掩埋，无论英治政府或者日占亲历者都无意揭出曾经淌血的伤口。然而，随着英治政府退出历史舞台，历史见证者逐一逝去，香港市民反而对这段神秘而阴暗的历史产生了探索的兴趣。抗日战争胜利六十周年是一个重要的转折点，香港的媒体以特大的篇幅和持续的报道回顾了抗战的历史，历史学界也开始投入这段历史的研究，使人感觉到香港抗战以至沦陷的历史似乎在经历一个重新整理，甚至以香港本位重新定义的过程。

不过，日占时期的香港并不是一段易于论述的历史。在港英时代，这段历史一直被英治政府低调处理。这背后的原因不难理解：英国在1941年12月被日军打败，双手奉上大英帝国在远东的第一块占领地，这种不光彩的事情自然少说为妙。至于沦陷的三年零八个月，英国人要么是被关在集中营，要么就是在香港以外的地域组织情报和策动反攻，因此与香港这段黑暗的历史扯不上直接的关系，也无从说起。到了日本投降，香港的去留引起了中、英、美三国的角力，结果英国在美国的支持下从中国手上夺取香港，在某种意义上重演了鸦片战争的历史片断。这刹那的历史当然不好公开表述，英国强抢香港，毕竟在一定程度上违反了盟军的战时协议。

英治政府尽管无意重提旧事，但亦未有阻止民间回顾这段历史。事实上日占时期的香港是中国抗日战争以至太平洋战争的一个重要部分，不应该从这历史大脉络中抽出来独立观看，更不可能把这段历史抹去不理。每到二战结束的周年纪念，媒体多少会提及香港沦陷的岁月。香港的电视台也曾在抗战胜利五十周年和六十周年的时候摄制香港沦陷的特辑，留下了不少珍贵的口述历史和纪录视频。至于香港抗战中的十八日战争，则更是经常引起关注的热门课题；其中不少参与战斗的老兵和遗属都参与了重构这段历史的工作，发表了不少内容翔实的研究成果。

从这些事实看来，日占香港其实是历久弥新的话题。虽然以往香港市民采取旁观的态度面对这段历史，但近年确实有更多人投入了重构这段历史的工作中。回顾过去十多年间，坊间不时推出有关日占香港的书籍，以此为题的讲座亦很受欢迎。这种发展状况其实有几重背景。其一，回归前香港历史并非广受欢迎的社会课题，但回归后市民渐渐关心时事和政治，也因此对香港的历史感兴趣。从近年书店中香港专柜的设立就可以看出香港历史受欢迎的情况。日占时期的历史是香港近代历史中较少为人论述的一段，自然更容易引起市民的注意。其二，最近十多年，本地历史学者发表日占时期的研究，无论在质和量上都超越以前，市民亦因此对日占时期的香港有更深而广的认识。2009年香港书展有跟日占时期社会生活相关的书籍登场，旋即被抢购一空。出版商认为书市极少同类的书籍，因而畅销云云。这说明日占时期的历史著作有一定的读者基础，只要有新的发现或者不同的角度论述这段历史，都会有读者支持。其三，近年日本首相安倍晋三的政治外交取态让人忧虑日本军国主义复活，不但中日关系处于紧张的状态，香港市民对日本侵华的历史也备加关注，亦因而关注起香港沦陷的历史。

有了这几重背景，再细阅近年有关日占香港的论述，学术界的努力除了投放在梳理历史事实之上，同时亦以不同的视界重整这段历史的论述。香港回归后的相关研究主要依循两大方向：

其一为探索日本侵略香港的计划及经过，以及揭开从日本投降到英国重回香港的个中关键实相。这方面的发现很有意思，尤其在揭示香港作为整个东亚以至太平洋战区一个中心点的重要战略地位。换言之，中、日、英、美在二战前后对这细小的城市有各种不同角度的重视，香港是这地块网络中的重要一环，与周边的其他国家和地区紧紧相扣。其中具代表性的著作有：陈达明的《香港抗日游击队》（2000），陈敬堂、邱小金、陈家亮的《香港抗战：东江纵队港九独立大队论文集》（2004），周奕的《香港英雄儿女：东江纵队港九大队抗日战史》（2004），杨奇的《虎穴抢救：日本攻占香港后中共营救文化群英始末》（2005），梁柯平的《抗日战争时期的香港学运》（2005），陈安邦、陈安国的《陈策将军纪念集》（2011），陈瑞璋的《东江纵队——抗战前后的香港游击队》（2012），邝智文、蔡耀伦的《孤独前哨：太平洋战争中的香港战役》（2013），杨奇、余非的《香港沦陷大营救》（2014），邝智文的《重光之路：日据香港与太平洋战争》（2015），东江纵队历史研究会等编著的《克尔日记——香港沦陷期间东江纵队营救美军飞行员纪实》（2015）等。这方面的英文著作也有可观的成果，代表著作有 Tony Banham. *Not the Slightest Chance: The Defence of Hong Kong, 1941*（2003）；Philip Snow. *The Fall of Hong Kong: Britain, China and the Japanese Occupation*（2003）；Oliver Lindsay. *The Battle for Hong Kong 1941-1945: Hostage to Fortune*（2005）；Geoffrey Charles Emerson. *Hong Kong Internment, 1942-1945: Life in Japanese Civilian Camp at Stanley*（2008）；Tim Luard. *Escape from Hong Kong, Admiral Chan Chak's Christmas Day's Dash, 1941*（2012）。

其二为探索沦陷时期的香港社会状况，以及市民在日军统治下的生活面貌。这方面的成果丰富了过去围绕配给"六两四"白米而作的过度简单的社会描述。这方面的代表著作有：陈君葆的《陈君葆日记全集》（2004），郑宝鸿的《香江冷月：香港的日治时代》（2006），刘智鹏、周家建的《吞声忍语：日治时期香港人的集体回忆》（2009），陈智衡的《太阳旗下的十字架：香港日治时期基督教会史，1941-1945》

（2009），和仁廉夫的《岁月无声：一个日本人追寻香港日占史迹》（2013），刘智鹏、丁新豹的《日军在港战争罪行——战犯审判记录及其研究》（2015），周家建、张顺光的《坐困愁城：日占香港的大众生活》（2015），周家建的《浊世消磨：日治时期香港人的消闲生活》（2015），唐卓敏的《凄风苦雨：从文物看日占香港》（2015），小林英夫、柴田善雅的《日本军政下的香港》（2016），赵雨乐的《军政下的香港：新生的大东亚核心》（2020）等。

总而言之，这几年关于日占香港的研究成果确实较前可观，但这段历史仍有待进一步探索。目前的困难是，相关的历史材料主要在日本政府手上，而且不能轻易从官方档案中查找。因此，要确切理解这段历史，必须通过大规模的社会征集运动，方有可能从民间取得更多数据或者文物。这个过程并非容易，毕竟可以提供资料的市民或多或少都带有日占时期的历史伤口，并非人人可以重新面对。

本书所依据的历史资料是从英国国家档案馆（The National Archives）的陆军部档案（W.O. 235）整理出来的香港军事法庭的记录。这批资料为探索香港日占时期的历史作出了重要的贡献，也是香港市民在日军暴行下度过三年零八个月惨痛岁月的铁证！

前事不忘，后事之师！从历史学者的角度而言，所有历史都有重构的价值，尤其是日占这重大的历史节点。今年是抗战胜利七十五周年，编者谨以此书献给祖国的同胞读者，以纪念两地人民那些年共同抗战的悲壮岁月！

刘智鹏　丁新豹
2020年5月6日

目录

丛书总序一　再塑从全球视野揭露日本罪行的"典范之作"　　1
丛书总序二　全球视野下的日本远东战争罪行研究方兴未艾　　4
序言　战后香港军事法庭审判中的日军暴行　　7
自序　　11

前言　　1
专题文章
第一章　手握大权的宪兵队长
野间贤之助管治下的香港宪兵队　　8
香港岛西地区宪兵部队长牛山幸男　　30
九龙地区宪兵部队长平尾好雄　　43
上水地区宪兵队队长小畑千九郎　　61

第二章　残害百姓的日军宪兵队
九龙宪兵部特高班四处扫荡　　76
沙头角宪兵队嗜血成性　　88

第三章　滥杀无辜的日军部队
侵港战役日军滥杀战俘　　100

日军血洗银矿湾　　　　　　　　　　　　　　　115

第四章　死于非命的战俘和囚犯
　　英军战俘在集中营的悲惨遭遇　　　　　　　　134
　　赤柱监狱医院病人饿死　　　　　　　　　　　　153

档案选译
第五章　野间贤之助的审判
　　军事法庭记录表　　　　　　　　　　　　　　　168
　　控方开案陈词　　　　　　　　　　　　　　　　169
　　控方第十六证人约瑟·威宾的庭上证供　　　　　179
　　控方第三十四证人阿巴杜·奥马尔的庭上证供　　192
　　控方第五十一证人曾茂庭妻子（欧莲）的庭上证供　206
　　控方结案陈词　　　　　　　　　　　　　　　　214

第六章　牛山幸男的审判
　　军事法庭记录表　　　　　　　　　　　　　　　234
　　控方开案陈词　　　　　　　　　　　　　　　　236
　　控方第八证人叶碧云的庭上证供　　　　　　　　238
　　控方第二十证人陆冠春的庭上证供　　　　　　　244
　　控方结案陈词　　　　　　　　　　　　　　　　254

第七章　平尾好雄的审判
　　军事法庭记录表　　　　　　　　　　　　　　　264
　　控方开案陈词　　　　　　　　　　　　　　　　265
　　控方第九证人曾火彪的庭上证供　　　　　　　　266
　　控方第十四证人林少泉的庭上证供　　　　　　　280
　　控方结案陈词　　　　　　　　　　　　　　　　297

第八章　小畑千九郎等人的审判

军事法庭记录表　306
控方开案陈词　308
控方第二十七证人曾阿瑟的庭上证供　310
控方第二十九证人陈英才的庭上证供　328
控方结案陈词　343

第九章　九龙宪兵队特高班大村清等人的审判

军事法庭记录表　358
控方开案陈词　361
控方第二证人温天祥的庭上证供　363
控方第九证人郑贵的庭上证供　388
控方结案陈词　415
控方结案陈词　425

第十章　沙头角宪兵队桑木清盛和中岛德造的审判

军事法庭记录表　428
控方开案陈词　430
控方第三证人叶润的庭上证供　432
控方第七证人叶吉伟庭上证供　448
控方结案陈词　460

第十一章　二二九联队指挥官田中良三郎的审判

军事法庭记录表　466
控方开案陈词　468
控方第三证人班菲尔少校的庭上证供　473
控方第七证人马丁·曹谦志的庭上证供　493

· 3 ·

控方结案陈词　　　　　　　　　　　　　　　　501

第十二章　银矿湾惨案岸保夫等人的审判
军事法庭记录表　　　　　　　　　　　　　　520
控方开案陈词　　　　　　　　　　　　　　　523
控方第七证人曾志诚的庭上证供　　　　　　　530
控方第二十四证人何益的庭上证供　　　　　　545
控方第二十八证人严菊的庭上证供　　　　　　562
控方结案陈词　　　　　　　　　　　　　　　574

第十三章　香港俘虏收容所德永德等人的审判
军事法庭记录表　　　　　　　　　　　　　　592
控方开案陈词　　　　　　　　　　　　　　　598
控方第一证人克罗福中校的庭上证供　　　　　604
控方第三十六证人松田先生的庭上证供　　　　652
控方结案陈词　　　　　　　　　　　　　　　678

第十四章　赤柱监狱医院军医官佐藤畅一的审判
军事法庭记录表　　　　　　　　　　　　　　702
控方开案陈词　　　　　　　　　　　　　　　703
控方第七证人文森·马礼逊的庭上证供　　　　705
控方结案陈词　　　　　　　　　　　　　　　719

参考数据　　　　　　　　　　　　　　　　727
参考资料　　　　　　　　　　　　　　　　737
后记　　　　　　　　　　　　　　　　　　740
出版说明　　　　　　　　　　　　　　　　742

前言

1945年8月15日，日本宣布无条件投降，结束在亚洲太平洋的侵略战争。日本扩展领土的野心，早于19世纪末叶已经暴露无遗。甲午一役日本初尝胜绩，自此处心积虑谋划称霸东亚。1931年9月18日，日本出兵占领中国东北，拉开了全面侵占中国的序幕。1937年7月7日，日本策动卢沟桥事变，开始全面侵华。中国在几年之间失去半壁江山以及千万百姓的生命。1941年12月8日，日本将侵略战争伸展至亚洲太平洋，在同一天分别进攻香港、新加坡、马尼拉、珍珠港。香港的守军英勇作战十八天后弹尽投降，日本占领香港。

日占时期香港是一个苦难伤痛的城市，日本并没有让这里的居民分享"大东亚共荣圈"的所谓美好生活。从沦陷的第一日起，大多数居民就要为生存而挣扎。沦陷日久，生活愈见坎坷；除了三餐不继，香港居民还要面对随时飞来的横祸。日军由攻打香港直至投降，一直以各种卑劣残酷的手段虐待甚至杀害战俘和平民，包括随意在街上围捕平民，然后集体弃于荒岛或者公海听任自生自灭。日军之中最为恶名昭彰的是宪兵队，他们是香港日占时期的主要战犯。

第二次世界大战结束后，同盟国在日本设立远东国际军事法庭，审判甲级战争罪犯，乙级和丙级战犯则交由各国军事法庭自行审判。1946年3月，英国在香港的最高法院和渣甸货仓设立了四个军事法庭，审理了四十六宗案件。其中在香港发生的案件有三十宗，另外十六宗的事发地点分布在台湾、上海、惠州、日本本土和公海。1948年12月，香港的军事法庭结束对日本战犯的审判，整个法庭程序前后共费时两年零八个多月。在受审的一百二十二名日军嫌犯中，二十一人被判死刑，两人被判终身监禁，八十五人被判半年至二十年徒刑，十四人无罪释放。发生在香港的案件中，涉案战犯被判死刑的有十三宗，判监十年或以上的有五宗，其他则轻判或者无罪释放。这些战犯的审判经过严谨的法庭程序，最后留下了详尽的记录，内容包括证人的控词、战犯的自白，以及控辩双方的诘辩。审判结束后，这些记录收入英国陆军部档案，成为佐证日军在香港所犯战争罪行的珍贵历史资料。

2010年，香港大学法律系苏珊娜·林顿（Suzannah Linton）教授利用这批藏于英国国家档案馆（The National Archives）的陆军部档案（W.O. 235），整理出香港军事法庭的记录，并在香港大学图书馆建立"香港战争罪行审判"电子数据库，使这批数据得以回到香港，为探索香港日占时期的历史作出了重要的贡献。香港地方志办公室趁此难得机会，选取资料中与日占香港关系最密切的部分深入研究，翻译成中文，并公开出版发行，以方便关心香港日占时期历史的读者使用。

本书的编译涉及数量庞大的档案数据。我们第一阶段的工作是从电子数据库中筛选出与香港相关的档案，并按特殊性、普遍性、地区性、严重性等分类，选出十个足以概括日军暴行的档案，然后展开翻译和个案研究。

这十个精选的香港军事法庭档案共有八千多页，分量不轻，为我们第二阶段的工作带来一定的挑战。这一大堆资料经过反复检视考证，最后选出最具历史价值的部分翻译成中文，数据类型有军事法庭记录表、控方开案陈词、控方结案陈词以及证人的供词。档案内容所记录的日军暴行涉及的主题有十八日战争、香港宪兵队及分队、深水埗战俘营、赤柱监狱，以及银矿湾惨案。

为了进一步发掘与档案有关的资料，我们根据军事法庭档案的线索重访涉案的地方，包括西贡的黄毛应村、界咸村、南围村；梅窝的银矿湾、涌口村、奕园、白银乡、牛牯塱；沙头角的莲麻坑村；大埔的南华莆村；以及京士柏公园、蒲台岛等地方。在田野考察的过程中，我们找到日军暴行的亲历者和他们的后裔，通过访谈核实和补充档案的数据。除了翻译军事法庭的记录，我们亦利用这些记录辅以其他历史数据，撰写成十个专题报告，交代相关事件的细节。

　　日军在三年零八个月里对香港居民所造成的伤害，其实远不止于本书所述的内容，更多的同类事故大多保存于幸存者的记忆里，并随着岁月的远去而消失。

　　本书在可行的范围内根据档案展示日军在香港所犯的暴行，旨在重现香港日占时期历史的片段，以为后来者鉴戒。

刘智鹏　丁新豹

2015年9月3日

专题文章

▲ 0-01 驻守港九各处的日军投降情形

▲ 0-02 香港战犯调查队编制的《香港战犯》，鼓励平民百姓挺身而出检举日军的战争罪行

▲0-03 1945年被英军逮捕的日本战犯（左三为香港俘虏收容所指挥官德永德）

▲0-04 所有被捕的战犯一律被羁押在赤柱监狱

▲ 0-05 战犯调查队制作的照片，专供证人辨认战犯

▲ 0-06 1946年3月28日，香港军事法庭首次公布日军战犯。照片中的被告是血洗银矿湾的大屿山日军岸保夫等人

▲0-07 中英文报章均以原著的篇幅报道香港军事法庭公布战犯的消息（1946年3月29日的《工商日报》和The China Mail）

▲0-08 部分被香港军事法庭裁定有罪的日本战犯

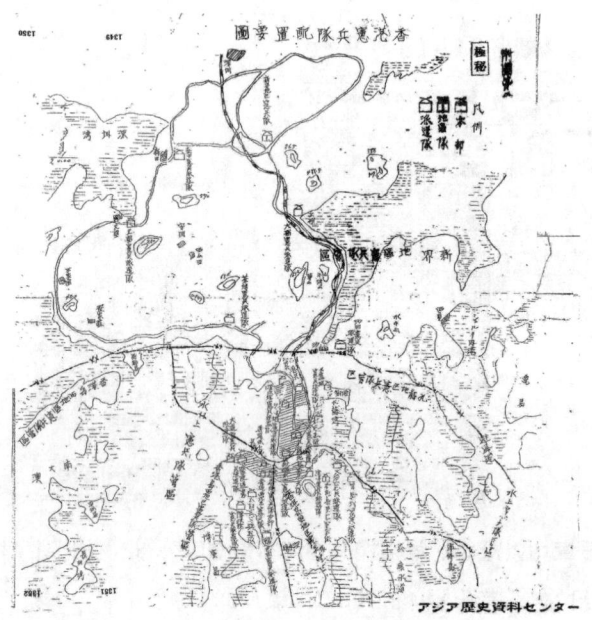

▲ 0-09 绘于 1942 年 4 月的香港宪兵队配置要图

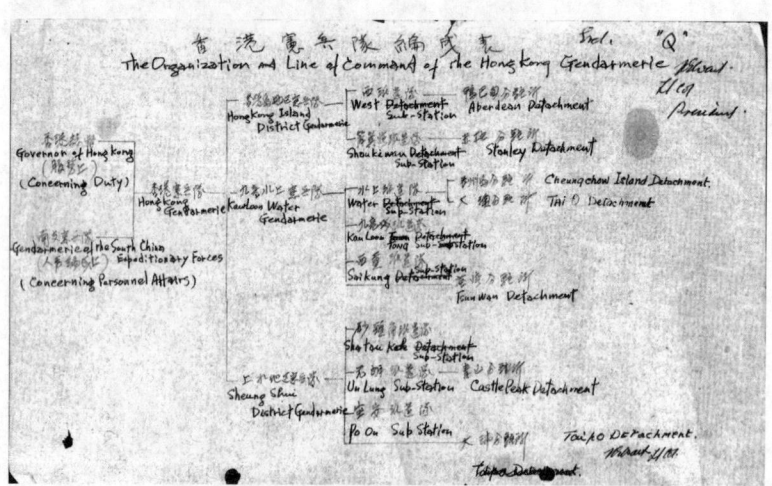

▲ 0-10 由宪兵队队长金泽朝雄绘书，1942 年 2 月改组后的香港宪兵队架构图

第一章

手握大权的宪兵队长

野间贤之助管治下的香港宪兵队

香港沦陷后，日军随即成立香港宪兵队。宪兵[1]集"军警"与"民警"的职能于一身，担任香港宪兵队队长的野间贤之助中佐（1943年3月1日升为大佐）权高位重，既要指挥、督导宪兵履行职务，亦要监管宪兵的操守。然而，在野间贤之助的统领下，香港宪兵队作恶多端，经常在港九、新界不同地区殴打、虐待平民百姓，更在未经审讯的情况下处决囚犯。除此之外，为执行香港占领地总督部的归乡政策，野间贤之助还指使属下宪兵在街上任意拘捕平民，将他们强行遣返内地，导致大量平民在流亡途中死亡。

香港宪兵队的体制

十八日战争期间，野间贤之助以日本陆军第三十八师团宪兵队队长身份随军开入香港。英国港督杨慕琦于1941年12月25日宣布投降，日军第二十三军司令官酒井隆中将随即在12月26日授命野间贤之助以一百五十名宪兵组成香港宪兵队。[2]香港宪兵最初只执行军警的工作，到了1942年1月底，民警的职务亦纳入宪兵队[3]的管辖范围。[4]香港宪兵队既要维持社会治安，也要肩负军事警察的工作，例如防止军事机密外泄、捉拿间谍、阻止敌方的政治宣传和破坏，以及审查信件和演讲辞、镇压抱有敌意的居民和惩治罪犯等等，确保日军在香港的军事利益和优势。[5]

1942年2月20日，香港占领地总督部成立，香港宪兵队改由香港总督指挥。[6]野间贤之助的部下除了一百五十名宪兵之外，还包括二百五十名辅助宪兵[7]、两千五百名华人宪查、五百名印籍宪查和六十至七十名密侦[8]。[9]香港宪兵队的大本营位于战前的香港最高法院[10]（日

· 8 ·

占时期称为香港宪兵队本部），设有"庶务课"和"警务课"。"庶务课"下设"经理班"和"卫生班"，管理一般的行政事务。"警务课"则负责管理军警、民警和各个地区宪兵队"特高班"[11]。[12]

香港宪兵队辖下有五个地区宪兵队，分别为香港岛东地区宪兵队、香港岛西地区宪兵队、九龙地区宪兵队、新界地区宪兵队和水上宪兵队。[13]各地区宪兵队的架构与宪兵队本部大致相同，设有"庶务班"、"警务班"及"特高班"等组织。在地区宪兵队之下还有派驻不同地点的宪兵派遣队和分驻所，管理香港不同地区。各地区宪兵队均由一名队长统领，他们都需要根据野间贤之助的指令执行职务，并要就管辖范围内发生的事情定期向野间贤之助汇报。[14]

香港宪兵队队长的职责

野间贤之助的办公室设于香港宪兵队本部内，他的职责是执行时任总督矶谷廉介发出的命令和监管下属的行为。他每天都会前往总督部谒见总督，向总督报告他的工作情况，并听取总督的指示和命令。[15]为了解宪兵本部前一天所发生的事情，他每天都会听取副官矢田贝大尉和特高班主管监泽少佐的报告。野间贤之助要求各地区宪兵队队长[16]每天亲自到宪兵本部向他汇报各区的情况、宪兵正在处理的不同案件、发生在宪兵部的事件和被监禁人士的审讯进程。除了每天的汇报外，野间贤之助每星期还会与各地区宪兵队队长及宪兵本部的部门首长开会，各地区队长在会议上向他报告各区的情况和交流情报，野间贤之助亦会在会议中向他们发出指示或命令。[17]

为了厘清宪兵的工作，野间贤之助上任后，重新草拟了一份《战地服务工作守则》，清楚列明宪兵的职责，以及军队指挥官与宪兵队长之间的联系。另外，野间贤之助还严格规定拘捕、监禁、审问、移交罪犯的守则。首先，野间贤之助强调只有宪兵有权力拘捕犯人，他们拘捕前要先得到队长的命令；其次，宪兵要监禁犯人来审问，但监禁时间要尽量缩短，以免累积太多犯人；再者，在审问犯人时，犯人招认无疑是很好的证据,但不应使用暴力;最后,在审问的过程中,如清楚确定疑犯是有罪,须将疑犯转交司法部处理。[18]

每逢星期六下午,野间贤之助都会巡视香港宪兵队本部的牢房和视察囚犯的状况,而且每年会正式巡查各个地区宪兵部至少两次。如果他发现宪兵不遵从守则,就会严惩该地区宪兵队的队长,斥责他没有履行好监管下属的职责。[19]野间贤之助还有其他监管下属工作的方法,例如通过报告及会议了解宪兵履行职责的情况。为免被蒙在鼓里,他会直接询问各部的普通职员,或透过传闻了解宪兵部的实际情况。如果发现部下犯错,野间贤之助会对他们作出适当的惩罚,较轻的惩罚是口头训斥,或要他们作书面道歉,较严重的是逐出正规军。[20]

野间贤之助每星期都会与"两华会"[21]的成员开会,收听"两华会"代表在民生方面的投诉及意见,[22]但对野间贤之助而言,"两华会"只属咨询性质,他无需真正落实执行他们提出的建议。

野间贤之助在自辩时表示,香港宪兵队拥有一套颇为完善的制度,能够有效监管并阻止宪兵虐待平民。实际上,香港宪兵队却曾在不同地区作出许多残酷不仁的暴行。野间贤之助既然声言自己每天都会听取部下的汇报,又会定期巡视各区的宪兵部,他肯定知悉这些暴行,不过他选择了纵容下属继续执行种种残暴的酷刑。

纵容宪兵的暴力行为

相对于其他日军占领地如上海,野间贤之助认为香港的宪兵人手非常短缺。当时在港的宪兵只有一百五十人,而本地人口则大约有一百八十万人,即一名宪兵要负责一万两千人。而在上海,一名宪兵仅负责四千人,香港宪兵的工作量比上海高出三倍。由于宪兵人手不足,日军认为要实施有效的方法来维持社会的治安和秩序,令军队的行动更顺利。野间贤之助表示宪兵队的方针是要令居民相信宪兵,愿意与宪兵合作。[23]实际上,宪兵队更惯于使用镇压手段令华人"愿意"与宪兵合作。宪兵肆意逮捕平民,把他们带到宪兵部内加以审问,更利用不同的酷刑来虐待平民。

宪兵虐待平民的手法层出不穷，除了殴打、灌水和烧灼之外，宪兵还会对平民施用电刑，甚至纵犬噬咬手无寸铁的妇女。这些残暴的行为在香港不同地区均有发生，分布各地的宪兵部就像人间炼狱，很多被捕者在宪兵部内遭到酷刑虐待，身受重伤，因此死亡的人多不胜数。

香港宪兵队队长野间贤之助自称经常监督部下的行为，不允许宪兵虐待囚犯。他的办公室就位于香港宪兵队本部，但他对宪兵在本部施行的酷刑视若无睹，未有制约宪兵的暴力行为，野间贤之助其实是默许宪兵的滥虐暴行。

战前香港政府的医务总监司徒永觉（Dr. Selwyn-Clarke）[24]于1943年因间谍罪囚于香港宪兵队本部，囚禁期间宪兵对他施以灌水酷刑。宪兵亦经常在本部内虐打囚犯，部分人更因为酷刑而死亡。宪兵施行酷刑的目的是强迫犯人认罪，部分囚犯因而屈打成招，而认罪后的下场不少都是判处死刑。[25]

香港岛东地区宪兵部位于跑马地加尔瓦略山会院[26]，日军在宪兵部内有一间新建的拘留室，专门用作囚禁重犯。在宪兵部对面的云地利道，宪兵把部分车房用作临时审问室，摆放着砖头、绳子和粗大的木棍之类的刑具，用来殴打犯人或"吊飞机"[27]。[28]

香港岛东地区宪兵部囚禁过不少重要人物，其中有《香港日报》英文版编辑西里尔·福尔（Cyril Munro Faure）及汇丰银行总经理祁礼宾（Vandeleur Molyneux Grayburn）[29]。福尔于1943年2月18日被指控犯有间谍罪，以及威胁和妨碍他人写作反英文章，被捕至宪兵部。同囚者祁礼宾则被指控以不合法途径向达保医生（Dr. Talbot）提供金钱，偷运到赤柱拘留营，故此于3月18日被捕并囚禁。[30]

陈碧翠丝（Beatrice Chan）是一名42岁华裔妇人，宪兵在1944年4月13日指控她充当间谍，将她拘捕至香港岛东地区宪兵部。在囚期间，宪兵曾对她连番虐待及灌水，但她始终拒绝招认。宪兵继而威胁假如再不认罪，就会脱去她的衣服，并用火烧灼她的身体。她闻言后极为

▲1-01 位于前最高法院大楼的香港宪兵队本部

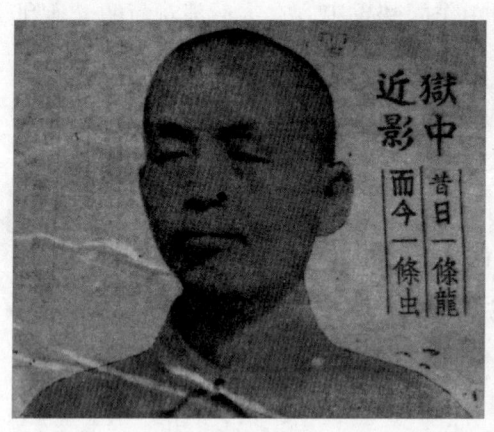

▲1-02 战后被香港军事法庭判处绞刑的香港宪兵队队长野间贤之助

◀1-03 1942年冬，昭和通（德辅道中）中环街市前正在巡逻的日军

▲1-04 跑马地加尔瓦略山会院在日占时期被用作香港岛东地区宪兵队

· 13 ·

恐惧，把头撞向厕所的墙角上企图自杀，但未果。[31]

香港岛西地区宪兵部位于战前的中央警署，队长牛山大尉亦是著名的"杀人王"。1942年1月至1943年3月期间，有接近一百人在宪兵部内死亡，当中约四十至五十人因营养不良而死，另有约四十人被处斩。[32]宪兵部一楼是审问室，二楼是拘留室。香港岛西地区宪兵部的审问室同样摆放了各式各样的刑具，例如木棍、皮鞭、水桶、胶管等。该部宪兵同样经常对犯人施以酷刑，其中一例便是强迫犯人赤足在燃烧中的炭上行走。[33]

九龙地区宪兵部位于战前的九龙裁判法院，内里同样有大量平民遭受虐待和拷问。1944年5月至8月期间，在九龙地区宪兵部审问的案件有五十余宗。他们以酷刑强迫疑犯作供，刑罚当中以木棍殴打、灌水、"吊飞机"、禁食最为普遍。

日本人曾在1942年6月3日的《香港日报》刊登广告，题为"香港占领地总督部收买警犬"。[34]犬只接受训练后，就会派驻到不同的宪兵部，成为宪兵的武器。香港岛东地区宪兵部有一只名为"阿罗比"的狼狗，宪兵经常用它来胁迫犯人招供，更有人目击警犬在宪兵部内追咬一名男童。在宪兵本部内亦有警犬，宪兵会偕同它们在街上巡逻。[35]1943年1月10日左右，十名华籍妇人在摩星岭道与薄扶林道交界处割草时被巡逻的宪兵逮捕，她们被囚禁在附近一个狭小的机枪堡里，之后宪兵便纵放两只狼犬入内乱咬，噬走妇人大片血肉，状况惨不忍睹。有人目睹宪兵用刀刺死一名捡拾柴枝的妇人，弃尸路边，次日早上尸首遭狼犬噬咬。[36]

因为爱德华·西克斯（Edward David Sykes）认识司徒永觉，所以宪兵质疑他同为间谍，并在1943年1月21日将他拘捕。囚禁期间他前后接受宪兵审问共二十次，每次均遭殴打，除了四次灌水和约十二次"吊飞机"之外，宪兵还对他施以电刑。宪兵利用一个木箱形状的发电机，先将电线连接到囚犯的手腕及脚踝上，然后持续转动发电机的摇柄，电流就会传到囚犯身上，直至囚犯不支晕倒为止。西克斯在遭受电刑期间，野间贤之助也在场。他曾恳求野间贤之助命令宪兵停止酷刑，野间贤之助却无动于衷。[37]

在宪兵本部曾发生逃狱事件。囚犯吴带好（音译：Goh Tai Ho）本为野间贤之助亲自选用的间谍，但宪兵指控他为重庆政府服务，因而将他囚禁在宪兵本部内。吴企图逃狱，当时还有一名女子戴冠柔（音译：Tai Koon Yau）计划与他一同逃走。二人本为恋人，而且戴冠柔能与中国政府通讯，因此他们打算一同逃往中国自由区。[38]

事件在1944年9月某个星期日发生，当时由辅助宪兵木村（Kimura）负责看守牢房，他过去经常在当值时打盹。一名协助二人逃走的何姓宪查，事前用油润滑了牢房的大门，使其开关时不会发出响声。吴带好于是趁机偷取牢房的锁匙，自行开门逃去。他与戴冠柔及何姓宪查走到宪兵部门口时，被门前哨兵喝停，吴带好谎称："彼等乃一密侦、一宪查及其妻，一同出门散步。"成功通过门前守卫后，他们开始向山顶小路逃去，越过山岭，到达筲箕湾，在接应人李古（音译：Li Ku）的住处逗留，等候前往自由区的船只。岂料翌日日军下令戒严，各处海面守备甚严，吴带好等人不能出发。等到第三日，他们见戒严稍为放宽，便偷偷登上船只，但最终仍被宪兵逮获。三日后，宪兵将他们处以死刑。[39]

强送海南岛做苦工

1942年3月，宪兵在中环街市附近拘捕了名为甘曾（音译：Kam Tsang）的小贩，以及十名华籍男子。宪兵将他们推上货车，带到告士打道的合记公司（Hup Kee & Co.）。该处已有四百余人。期间有守卫负责把守，禁止任何人离开。十多日后，宪兵命所有人登上一艘名为"榆林丸"的船只，开往海南岛。抵达后，甘曾连同其他囚犯一同被迫留在当地的矿场做矿工。[40]

在合记公司囚禁时，宪兵强迫在囚者签署一份合约，同意到海南岛工作，为期一年。合约注明他们在海南岛期间，每天可获发七十元

· 15 ·

军票作为工资，以及获配给白米、香烟及衣服。可是，到达海南岛后，除了每天获发军票外，其余的都没有兑现。[41]

采矿的工作非常艰苦，大部分苦工都在当地死去。最初一同前往者有四百八十四人，但最后幸存者只有约一百人。一些苦工不是遭虐打致死，就是因饥饿或染病而亡。不少人在患病期间，仍然被迫继续工作，宪兵亦无提供任何药物治疗。当中最残暴的是日籍主管藤林（Fujiyashi），以及他的台籍助手李阿清（音译：Lee Ah Ching）。他们经常虐打苦工。甘曾在海南岛做苦工，直至日军投降才能够返港。[42]

野间贤之助纵容宪兵私自执行死行

根据野间贤之助的描述，日军是依照合法程序处理犯人，假如宪兵有足够证据证明犯人有罪，须将犯人提交司法部，由军事法庭审讯及判刑。

其实宪兵队才是执行死刑的机关，野间贤之助经常未经审讯就下令处决囚犯。在不同宪兵部，私自执行死刑是常有的事，不少囚犯未经审讯已被斩首或枪毙。一名在香港宪兵队本部担任传译的日本人井上金尾[43]（Inoyue Kanao）指出，每个宪兵部的指挥官都有权力执行"严重处分"。假如有一人被捕，又有"充分证据"证明该人有罪，例如犯人招认，该宪兵部就会发出控罪状，并转呈他的所属队长。这份控罪状最终会交到野间贤之助手上，假如野间贤之助认为该犯人应被处决，就会盖印并发回相关宪兵部门，死刑随即执行。[44]

在香港岛西地区宪兵部，队长牛山大尉肆意杀害犯人。谭财（音译：Tam Choi）于1942年1月起在西地区宪兵部担任宪查，他指出，在1942年1月至1943年3月期间，曾有二百多人被处决。行刑者为宪兵石山、石井、铃木等，而处死的平民多被冠以"恶棍"、"密探"等罪名。宪兵在囚室点名传叫囚犯，绑上囚犯的双手后，就推上囚车，然后驶往行刑地点。囚车往往载满囚犯而去，一小时后空车而返，车上有宪兵军曹、伍长及数名士兵随行。大部分犯人在行刑前并无经过审

· 16 ·

讯，只是在囚期间曾接受宪兵审问而已。[45]

强迫归乡

日军攻占香港后，首先要面对粮食不足的问题。香港生产的粮食有限，虽然战前香港政府贮存了足够的粮食，但都陆续被日军调往前线用作军粮，剩余的粮食不可能维持一百八十万人口的生计。日本人为解决粮荒，打算将大量人口迁离香港，强迫他们回乡，务求将香港人口减至五十万[46]，以减轻对粮食及其他物资的消耗。

日军占领香港后随即实施归乡政策。按照日军的计划，遣返的类型分为三类。第一类为自愿遣返：归乡市民会以自费方式离港回乡，或是通过社团及同乡会的协助归乡，这些团体会协助他们申请离境证（渡船许可证），亦会协助他们购买离港的船票，也会资助无交通费的民众步行回乡。第二类为劝谕遣返：经劝谕而离港的人会获政府提供寄宿、膳食及交通资助，费用全免，他们会登上由政府安排的船只，送往内地的指定地点。最后一类为强迫遣返：对象为无业流浪人，即流氓、乞丐等，以及罪犯如劫匪和强盗，宪兵会将他们拘捕，再集中于难民营，待人数足够后就用船运走。离港后政府会给他们派发少量的粮食及金钱。[47]

归乡政策由香港占领地总督部的民治部负责统筹，并成立归乡事务所协助执行。[48]另外通讯部、交通部、卫生部及海港办事处亦有参与，并负责陆上交通、安排船只及船上卫生等工作。宪兵队的主要工作是在街上拘捕民众，再带他们到北角难民营等候遣返，并且派员看守难民营，以防止有人逃走。其次，宪兵与警备队要在遣返过程中随船而行，负责警卫事务。[49]除了官方机构外，总督亦要求"两华会"协助执行归乡措施，负责劝谕无业流浪者"自愿"回乡，以及联系各社团和同乡会协助市民归乡。[50]

日军起初只是劝谕市民自愿撤离，但由于未能达到预期成效，宪兵早于1942年年中开始在街上抓捕平民，再用船只将他们强行运返广

◀1-05 日占时期，在码头外等候归乡的香港市民。许多人并不知道归乡之路很可能变成死亡之路

▶1-06 位于加士居道的归乡指导事务所

▶1-07 归乡指导事务所发出的"离港说明书"

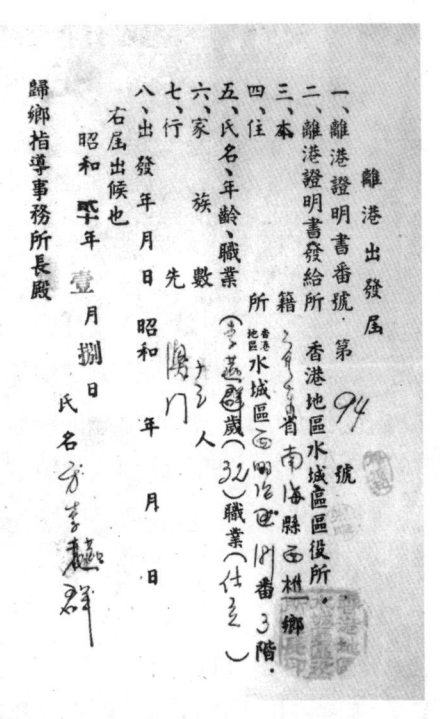

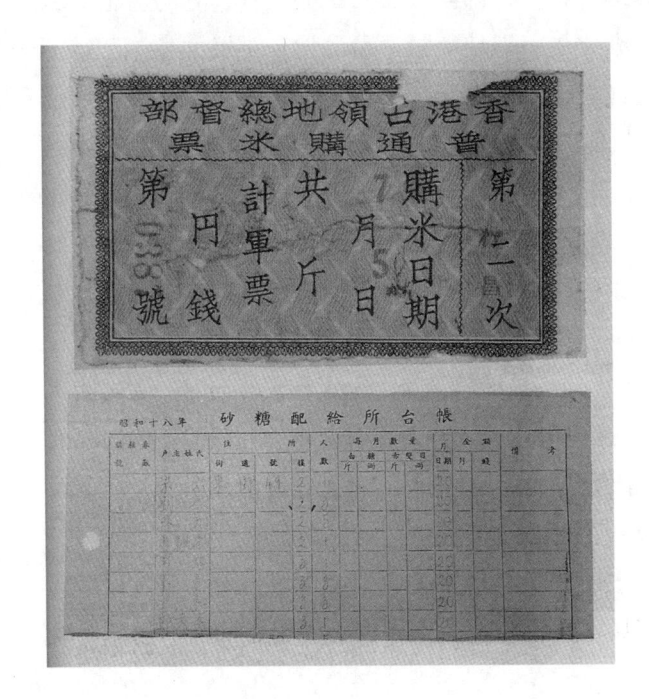

◀1-08 购买票是日占时期香港居民的身份证明之一

东各地。到了1944年底至1945年初，拘捕行动更为严厉，宪兵在街上用绳索围捕市民，被捕者无论是何等职业、何等身份，都一概囚于难民营，等候遣返。[51]

除了以上部门，区役所也会协助执行遣返措施，其中一项工作为接受被捕者家属的保释申请。由于宪兵滥捕，因此有不少市民无辜被抓，这些市民的家人可以到区役所申请保释，如经调查证实为有米票，以及有户口登记，就会获发证明，准予释放。不过申请的程序非常繁杂，实际上能够获释的人只占被捕者的百分之二十至二十五。家人要先到区役所申请，取得保释证明后转交到地区事务所登记，再呈交遣返办公室处理，最后才到达难民营。如此一来需时甚久，故即使家属能取得保释证明，但到命令下达至难民营时，被捕者很大可能已经上船遣返。[52]

悲惨的归乡旅途

很多难民在遣返的过程中，都没有获发足够粮食；有的甚至未出发就已经饿死于难民营之中。即使能抵达目的地，难民的身体已经十分虚弱，甚至无法继续走动。日军为防止香港物资外流，只准归乡市民携带少量行李，以致他们饥寒交迫，不少人死于流亡途中。[53]

1942年，欧莲（音译：Au Lin）和她的夫曾茂庭（音译：Tsang Mau Ting）被迫遣返。农历四月初四中午，夫妇二人正在吃午餐，突然一批宪兵及印籍宪查闯入家中将二人拘捕，并带到骆克道的一个防空洞内囚禁。洞内有士兵负责把守，防止有人逃走。翌日早上十点，他们被赶上货车，运往西环登船。他们被捕时，身上全无行李。当时一同被捕者有数千人，被运往西环者共有近万人。码头合共有十九艘船，他们二人乘坐的船只较小，只能载几百人。登船时，每人获派两斤白米、两个面包、国币十元。登船后，士兵将他们推入船舱，禁止他们进出。[54]

启程时已是晚上七时，十九艘船由一艘火轮船拖领。开行不久，即遇上风暴。当时宪兵在火轮船上值班，由于火轮船抵挡不住强大风浪，宪兵于是斩缆自逃。剩下的十九艘船在海面漂流，其中多艘沉没。欧莲二人所乘的船只船头破裂，大量海水涌入船身，致多人死亡。[55]

船只漂流四日四夜后，开始有一火轮船"金星"号到场施救。当时海上只余下三艘船，船上有不少尸体。火轮船把船只拖行到一山边，再由渔船把难民接驳上岸。据船夫所指，上岸地点名为"半天云"[56]。上岸后各人沿路而行，有些人因过于饥饿而无法走动，只有留落在沙滩上等死。因为早前有另一批难民流落到此地，所以岸上遍布尸体，臭气熏天。二人由黑夜走到日出，终于抵达一个村落，幸好当时身上尚有余钱，最终能返回香港。[57]

此等事件在沦陷期间时有发生。1944年6月，渔民彭任升（音译：Pang Yan Sing）在捕鱼期间无故被宪兵拘捕到赤柱宪兵部。几日后，宪兵带他到北角难民营。到营后随即登记姓名，并在此处囚禁了十日之久。当时难民营内有八百多人，众人均表示不知因何被捕，亦无经过审问。五六日后，营内人数增至一千人，宪兵便将他们分成两组，各自登上两艘帆船前往南澳。此外，还有一艘载有数名宪兵及宪查的火轮船，他们配备枪械，准备射杀跳海逃走者。[58]

船只在早上八点起程。到达长洲后，火轮船离开，宪兵指示帆船水手将难民带到南澳。当船驶到担竿山时，由于风浪太大，要折返蒲台岛。这时船身进水，水深及膝，四五十名老人跌倒并且溺毙，尸体被抛落大海。到达蒲台岛后，船只下锚停行。彭任升趁机跳入水中，游到岸边，找来一艘小艇。他把艇驶到船边，救下其余二十多人，并带回赤柱大潭湾水塘附近上岸。[59]

1944年12月某日下午三时，庄娣正在山边捡拾柴枝，突然有数名宪兵及宪查将她拘捕，并用刺刀刺伤她的背部。当时还有三名老妇人被捕，均被控捡拾树枝。四人被带到香港仔警署，到翌日运往北角难民营。囚禁在营内的人很多，有男有女，更有小孩，门外有宪兵把守。两星期后，在囚人数已有近四百人，宪兵于是强迫众人登上一艘船的船舱内。众人在船上既无粮食，又无获发金钱。到了下午五时，船只启动，船上难民均不知其去向。[60]

二十四小时后，船只终于停航。所有难民被带到船面。日本宪兵从众人中挑选出身体健壮者，将约七十名残弱及患病者逐一用刀斩杀后推落大海，然后命令余下的人登上另一艘帆船，并将他们带到岸边，上岸后始知该地名为"平海"[61]。庄娣徒步走到惠州沦为乞丐。某日，她遇见儿子的朋友，朋友带她到英军服务团营地。在惠州逗留三个月后，她收到儿子从四邑寄来的钱，最终在1945年4月返回家乡。[62]

难民惨死荒岛螺洲

螺洲岛是一个无人居住的荒凉海岛，位于香港岛东南部鹤咀半岛和蒲台岛之间。1944年7月，宪兵用两艘船将数百名难民送往此岛，遗弃于岛上后随即离去。虽然螺洲岛与对岸的岛屿仅一水之隔，但流水湍急，即使擅长泳术者亦难以渡过。有部分难民为求生存，唯有冒险一试，可惜他们多已饥饿无力，最终多人溺毙。[63]

留在孤岛上的人，由于缺乏粮食，只好将死者身上的肉切下来进食，以免饿死。在岛上，求救惨叫之声不绝于耳，声音随风传到对岸的鹤咀村。村内的渔民都不敢前往拯救，因为当时鹤咀村及赤柱均设有宪兵部，若渔民把难民救回村内，必定为宪兵所知，会处斩施救者。可怜的难民最终都相继死去，尸体遍布于岸边的石头之间，有的被大浪冲走，有的被人吃掉。1945年5月，有渔民登上螺洲岛，发现海滨暴露着很多人骨残骸。[64]

根据日方的统计数字，自日本占领香港直至1943年9月为止，离港人数已达九十七万三千人，当中有三十八万一千人自愿离港，五十七万六千人经劝谕后撤离，还有一万六千人属强制遣返。当时日方已与内地商讨，经劝谕离港的人士会集中遣返太平及江门两个指定地点。1943年11月，遣返的地点增加了惠州淡水、汕头等九个地方。[65]

强迫遣返的地点则多数集中于大鹏湾一带。1943年6月至12月期间，已有六千至九千名难民涌入大鹏湾，平均每月一千至一千五百人。

他们从大鹏半岛不同部分登陆，到处找寻食物，导致这个地区的饥荒问题日益严重。难民中身体较佳者，多向北面前进，步行四日到达最近的惠州难民营；年老体弱者多不能承受长途跋涉的磨难，每月至少有四百人死于路途。[66]

"两华会"促请改善华人待遇被拒

作为民间的代表组织，"两华会"定期与野间贤之助会面，向日政府表达市民的诉求。1943年10月19日，香港华民代表会主席罗旭龢及其余三名代表曾与总督会面，向他提出多项改善的要求及建议，包括：

（一）负责拘捕的宪兵须穿着制服或持有宪兵队长的手令，让市民识别，以防止绑架及抢劫案的发生；

（二）宪兵须通知被捕者的家属，以减轻他们的担忧；

（三）尽快将在囚的犯人提交法庭审讯，以减轻囚禁为犯人带来的痛苦；

（四）如被拘捕者只属传召询问性质，应当准许保释外出，只须确保他可随时传召到庭上作供；

（五）准许家属携带食物及衣服到宪兵部；

（六）患病的囚犯应送到东华医院或广华医院治疗。

然而，以上各点都不获总督接纳。[67]

"两华会"代表亦曾就华人在囚室内的待遇向野间贤之助反映，投诉囚室的环境条件欠佳，不但地方肮脏，卫生情况恶劣，而且囚犯的粮食不足，更甚的是有不少华人在囚禁期间被宪兵肆意虐待，以致有人死于狱中。代表要求野间贤之助准许他们进入囚室调查，以及为在囚的华人送上食物和衣服，野间贤之助的回复是他们会考虑这些建议，最后却不了了之。[68]

归乡政策名义上是要疏散无业及无以为生的居民，以缓减人口及粮食的压力，但实际执行时，却罔顾市民的身份，任意在街上捉人押解出境。不少家庭在归乡途中失散，或被迫抛弃幼儿、老人；更多人在途中饿死、病死，至于在路上被洗劫一空者更不计其数。日军将归乡难民遗弃于荒岛或海上任其自生自灭，以及将老弱病残难民斩杀推落海中等暴行，更是令人发指。

日本宪兵的滥捕行为导致不少市民被无故遣返。"两华会"代表对此表示非常不满，并提出改善的建议。罗旭龢谒见总督时，曾要求宪兵调查被捕者及等待遣返人士的身份，以确定他们是无业或无米票的人，不应实时遣返；另外，他又建议将撤离者送返他们的家乡或附近地方，以免他们流离失所。总督响应指，由于大量人口缺乏食物，遣返政策须要严格执行，为了大多数人的福利，要牺牲少数人的利益。[69]

野间贤之助一直担任香港宪兵队队长，负责香港宪兵队的策划及指挥，直至1945年1月18日他跟随总督矶谷廉介返回日本为止。[70]沦陷期间，他授意及纵容宪兵在香港的暴行，实在责无旁贷。1946年2月24日，香港军事法庭裁定他触犯战争公法及惯例，判处死刑。[71]

▲1-09 1944年7月，香港宪兵曾将数百名香港居民遗弃在与蒲台岛一水之隔的荒岛螺洲

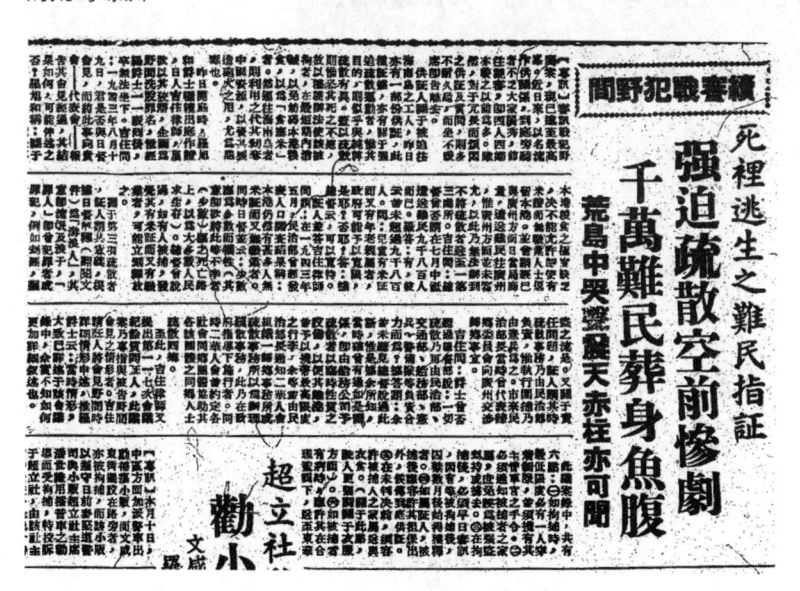

▲1-10《工商日报》详细记载归乡政策造成的空前惨况（1947年1月14日的《工商日报》）

◀ 1-11 矶谷廉介与部分"两华会"的成员

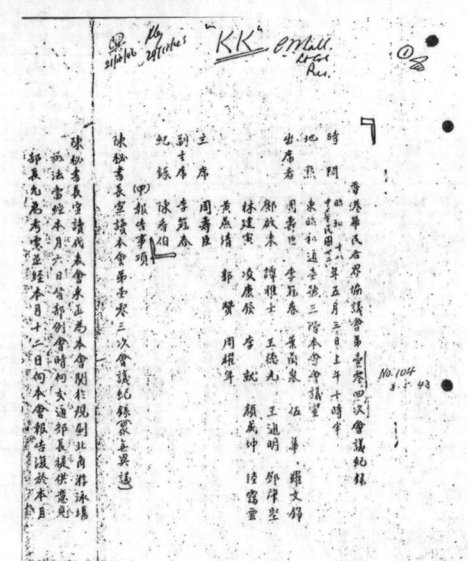

▶ 1-12 1943年5月3日的华民各界的协议会议记录

注释

1. 宪兵是许多国家在军队中设立的正规常设兵种，任务是扮演"军事警察"的角色，负责维持军队的纪律。随着日本军国主义的兴起，日本宪兵的权力急剧膨胀。在抗日战争期间，日本宪兵同时拥有司法警察的权力，负责日军占领区的治安工作（参考：徐平主编．侵华日军通览1931—1945．香港：三联书店，2014：133—135）。
2. 英国陆军部档案W.O. 235/999：336。
3. 民警多由本地居住之中国人及印度人担任，称为宪查。据野间贤之助称，宪查即警察，但因"人才问题"，须由宪兵指导而得名（参考：郑宝鸿．香江冷月：香港的日治时代．香港：香港大学美术博物馆，2006：48）。
4. 英国陆军部档案W.O. 235/999：339。
5. 英国陆军部档案W.O. 235/999：338/735—736。
6. 英国陆军部档案W.O. 235/999：336—337。
7. 香港宪兵队成立之时，从防备军中抽出250人担任辅助宪兵，负责协助宪兵进行维持治安工作。
8. 密侦是宪兵队属下的便衣特务，他们由隶属于特高班之个别宪兵所聘请，协助宪兵进行调查、搜集情报和缉拿地下抗日分子，多由华人充任。
9. 英国陆军部档案W.O. 235/999：339/340—519。
10. 香港宪兵队在1941年12月26日进驻香港最高法院，但一天之后就迁到罗便臣道。1942年2月，香港宪兵队返回最高法院，并以此为基地，直至重光。（参考：英国陆军部档案W.O. 235/999：350）。
11. 特高班（Special Branch Section）为宪兵队之特务机关，主要负责破坏抗日和共产党等组织，及搜集军事、政治、经济情报。
12. 英国陆军部档案W.O. 235/999：339。
13. 新界地区宪兵队的设立只属临时性质。1942年8月香港宪兵队完成第一次改组，新界地区宪兵队被撤销，该队原有的管辖范围交由九龙宪兵队接收。
14. 英国陆军部档案W.O. 235/999：339，344，519；英国陆军部档案W.O. 235/1093：500。
15. 英国陆军部档案W.O. 235/999：347，351。
16. 九龙地区宪兵队队长获豁免，可以通过电话汇报。
17. 英国陆军部档案W.O. 235/999：345，349，522。

18 英国陆军部档案 W.O. 235/999：341 — 342，675。

19 英国陆军部档案 W.O. 235/999：345，522 — 524。

20 英国陆军部档案 W.O. 235/999：345，364。

21 香港华民代表会及香港华民各界协议会，简称"两华会"，是由日本政府授意组织的华人咨询机构，其功能主要是作为日本政府与在港华人之间的桥梁，一方面向政府表达市民的诉求，另一方面协助政府推行庶政，向市民解释政府的愿望及安排。

22 英国陆军部档案 W.O. 235/999：404，514。

23 英国陆军部档案 W.O. 235/999：340，519。

24 司徒永觉（Dr. Selwyn-Clarke）1938年至1947年间任香港政府医务总监。他在日占时期，曾与日本人合作，但后来被控以间谍嫌疑罪遭日军囚禁。香港重光后，回任医务总监。

25 英国陆军部档案 W.O. 235/999：152，226 — 229，231。

26 现为跑马地圣保禄天主教小学。

27 吊飞机是一种将人长时间悬吊起来的酷刑。

28 英国陆军部档案 W.O. 235/999：87，103。

29 祁礼宾1930 — 1943年间任香港上海汇丰银行总经理，1941年7月获港府委任为行政局非官守议员。

30 英国陆军部档案 W.O. 235/999：104，107 — 108。

31 英国陆军部档案 W.O. 235/999：120，122。

32 英国陆军部档案 W.O. 235/999：142，161，173。

33 英国陆军部档案 W.O. 235/999：143，173，551。

34 英国陆军部档案 W.O. 235/999：605。

35 英国陆军部档案 W.O. 235/999：84，91，102，106，224 — 225。

36 英国陆军部档案 W.O. 235/999：53。

37 英国陆军部档案 W.O. 235/999：147 — 148，152。

38 英国陆军部档案 W.O. 235/999：268 — 269。

39 英国陆军部档案 W.O. 235/999：254，268 — 269。

40 英国陆军部档案 W.O. 235/999：604。

41 英国陆军部档案 W.O. 235/999：604。

42 英国陆军部档案 W.O. 235/999：604。

43 1942年11月至1943年9月，井上金尾被征召加入大日本帝国陆军为军曹，被派驻香港深水埗战俘营担任传译员。1944年，井上退役，并加入驻香港的日本宪兵队担任临时传译员（可参阅英国陆军部档案 W.O. 235/927）。

44　英国陆军部档案 W.O. 235/999：261。

45　英国陆军部档案 W.O. 235/999：144，175。

46　关礼雄.日占时期的香港.香港：三联书店，1993：96。

47　英国陆军部档案 W.O. 235/999：677—678；郑宝鸿.香江冷月：香港的日治时代.香港，香港大学美术博物馆，2006：61。

48　英国陆军部档案 W.O. 235/999：298，327。

49　英国陆军部档案 W.O. 235/999：357—358。

50　英国陆军部档案 W.O. 235/999：292—298。

51　英国陆军部档案 W.O. 235/999：316，218，325。

52　英国陆军部档案 W.O. 235/999：217，327—328，622。

53　英国陆军部档案 W.O. 235/999：593。

54　英国陆军部档案 W.O. 235/999：302—303。

55　英国陆军部档案 W.O. 235/999：303—304。

56　半天云位于深圳龙岗区南澳范围。

57　英国陆军部档案 W.O. 235/999：304—306。

58　英国陆军部档案 W.O. 235/999：308—309。

59　英国陆军部档案 W.O. 235/999：308—309。

60　英国陆军部档案 W.O. 235/999：606。

61　平海位于广东省惠东县最南端，西倚大亚湾。

62　英国陆军部档案 W.O. 235/999：606—607。

63　英国陆军部档案 W.O. 235/999：310—311，314。

64　英国陆军部档案 W.O. 235/999：310—311，314—315。

65　英国陆军部档案 W.O. 235/999：677—678；郑宝鸿.香江冷月：香港的日治时代.香港，香港大学美术博物馆，2006：61。

66　英国陆军部档案 W.O. 235/999：330—333。

67　英国陆军部档案 W.O. 235/999：662—664。

68　英国陆军部档案 W.O. 235/999：277，280，299。

69　英国陆军部档案 W.O. 235/999：292—297。

70　英国陆军部档案 W.O. 235/999：336—337。

71　英国陆军部档案 W.O. 235/999：102。

香港岛西地区宪兵部队长牛山幸男

香港岛素来是香港的权力核心地带，这一特点在日占时期亦没有改变，宪兵队投入在香港岛的兵力，绝非九龙和新界所能比拟。在这个小岛上，除了设有香港宪兵队的总部（日本人称为香港宪兵队本部）外，还有两个地区的宪兵部，日本人在此屯扎重兵来维持高压统治。

两个地区宪兵部分别位于中环和跑马地。两相比较之下，位于中环的香港岛西地区宪兵部规模较大，而被囚禁在这里的人下场也是相当悲惨，经常发生宪兵虐待囚犯的事件，令不少平民惨遭杀害。

香港岛西地区宪兵队架构

香港岛西地区宪兵部最初设于雪厂街的圣佐治大厦［日占时期名为大阪商船株式会社大厦（O.S.K Building）］。1942年1月至2月23日，香港岛西地区宪兵部分两阶段迁移到荷李活道的前中央警署，毗邻域多利监狱。[1]

香港沦陷初期，该宪兵部仅设有警务班、庶务班和特高班三个部门。自1942年1月10日起，宪兵部开始纳入宪查，以便在六个不同地点派驻宪兵派遣队。宪兵部迁至中央警署后，再增设行政班、司法班及警察班，并于二十个不同地方设派遣队、分驻所及哨站。[2]

位于中央警署的宪兵部有两个拘留室。第一拘留室是警务班及司法班用作平常拘留的地方。第二拘留室则用作紧急用途，在1944年4月中至8月中期间，这里专门用来囚禁由特高班逮捕的囚犯，可囚禁三四十人，主要是华人。另外，域多利监狱的囚室亦曾多次作为宪兵部的拘留室。[3]

· 30 ·

队长牛山幸男纵容部属肆虐暴行

牛山幸男大尉于1941年12月至1945年2月期间出任香港岛西地区宪兵队队长，负责统领其管辖范围内的一切事务。他的下属包括宪兵、辅助宪兵、印籍宪查、华籍宪查、印籍仓库守卫和日籍及华籍文职人员，最高峰时期有1800人，最少的时候也多于900人。[4]

牛山幸男的主要职责是根据香港宪兵队队长野间贤之助的命令，指挥及训练其部属。[5]在宪兵部内，他每天会审阅下属呈交的关于宪兵部、拘留室、各分驻所的报告，并就案件的调查及审问发出指令。另外，他每两星期就要与派遣队队长、部门主任举行会议；也要亲自到各办公室、拘留室、派遣队、哨站及其管辖范围内的建筑物巡视。同时，他还要每天到宪兵队本部，向野间队长汇报香港岛西地区宪兵部的情况，并出席每星期一次于宪兵队本部举行的地区队长会议，以及在总督部召开的会议。[6]除了担任地区宪兵队队长一职外，牛山幸男在1942年6月中至12月曾兼任水上宪兵队的队长，1944年还担任过防御工事委员会（Fortification Committee）成员及宪兵训练学校导师，负责指挥水上宪兵队、增强香港防务，以及训练宪兵和宪查的工作。[7]

香港岛西地区宪兵部的三个宪兵曹长——森野作藏、石山觉卫和松山弘，因为在审问疑犯期间滥用酷刑，与牛山幸男一同被提控。森野作藏于1944年5月13日加入香港岛西地区宪兵队，随即被委任为特高班的主任。他的下属有家入（Ieiri）、牛饲（Ushigai）、田村（Tamura）、小美野（Komino）、石井（Ishii）及松山（Matsuyama）等。他的工作除了指挥及监管特高班的成员，还要参与调查间谍分子及搜集情报。[8]

石山觉卫于1941年12月30日被派往香港岛西地区宪兵队。在宪兵部组成的首半个月，他只是负责审查日本军人的邮件，其后转到警务班。直至宪兵部迁往中央警署后一段时间，他才从警务班调职至司法班。[9]

▶ 1-13 域多利监狱外站岗的日本士兵

▼ 1-14 前中央警署在日占时期被用作香港岛西地区宪兵队

◀ 1-15《华侨日报》生动地报道战后庭审的情形（1947年7月6日的《华侨日报》）

松山弘于1942年3月20日成为香港岛西地区宪兵队队员，曾在行政班及警务班工作。1944年4月至8月期间，被队长牛山幸男命令协助特高班调查案件。[10]

审问期间，森野作藏、石山觉卫、松山弘连同其他宪兵为了使被捕者认罪，对他们施以残暴酷虐的刑罚，使他们身受重伤，甚至死亡，亦有被囚者难忍酷刑的折磨而选择自杀。队长牛山幸男每日都会审阅下属呈交的报告，了解宪兵部及拘留室内的情况，有时他也会出现在宪兵施虐的现场，因此对于下属虐待囚犯之事，他理应知情，但他仍然纵容这些暴行，没有采取任何措施阻止。

英籍日妇目睹宪兵施虐

布殊金子（Kaneko Bush）是一名日本人，丈夫是英国海军志愿后备队中尉。1942年1月2日，她在德辅道被特高班的宪兵小林（Kobayashi）及佐佐木（Sasaki）逮捕，并带回宪兵部审问，原因是她在战前曾替日本逃兵龙太郎（Ryutaro）翻译一些反战的宣传文件。特高班在她的家中搜获这些宣传单，继而审问她有关这名逃兵的事，然而她矢口否认认识龙太郎。[11]

虽然布殊金子沦为阶下囚，但因为她是日本人，所以在宪兵部有较好的待遇。布殊金子被安排住在上层的独立囚室，也可以离开囚室上洗手间。囚禁在宪兵部期间，她每天都听见华人被虐待时发出的尖叫声。她经过走廊时往下看，曾几次看见石山觉卫在厨房对囚犯施行水刑，亦曾多次见他扭曲囚犯的手指，还利用马鞭及竹竿殴打犯人，又用柔道术把他们摔在地上。有一次，她目睹石山觉卫和另一名宪兵将两名犯人的头发绑扎在一起，再推入囚室。施虐期间，她曾看到牛山幸男队长经过，但他并没有干预及阻止。在另外一次审问的途中，她透过门的缝隙看见一名华籍男子双手摊开放在桌上，宪兵用火烧灼其指甲，使他双手肿胀受伤，不停呼喊。此外，她也曾目睹有囚犯被迫在燃烧的木炭上行走。[12]

囚禁期间，布殊金子经常看见囚犯双手被绑在背后，然后被带出宪兵部。她询问守卫这些人的去向，得到的回复是宪兵正要把他们带到山上斩首。在日本建国纪念日当天，几名宪兵抓住布殊金子，谎称她的丈夫已经遭斩首，并威胁她假如拒不招供，她将会面临同一命运。正在此时，一名宪查走过来向牛山幸男报告拘留室过于挤迫，牛山幸男以中文回应："杀头！"由此可见牛山幸男曾亲自下达滥杀囚犯的命令，以解决囚室挤迫的问题。[13]

1942年3月底，布殊金子转囚在中央警署。她因为答应教导印籍和华籍宪查日文，于是获准在宪兵部自由走动，同时也因此目睹更多宪兵殴打犯人的事件，亦看到有犯人因营养不良而死亡。拘留了3个月后，她在1942年6月初被日军遣返日本。[14]

平民惨遭虐待

叶碧云（音译：Yip Pik Van）战前是香港大学医科学生，曾参加香港义勇防卫军。日军入侵后，他沦为俘虏，被囚禁在深水埗战俘营约九个月。1943年10月20日，他再次被日军逮捕，拘留在域多利监狱，曾三次接受石井的审问。[15]

第一次审问时，石井命令他双手举起一张木椅，不许稍动。每当他有下垂的姿势，石井就用皮鞭抽打他，十分钟后始准放下椅子，但石井旋即又对他施以一轮猛踢。随后石井将他移至别室，命他站于椅子上，然后用绳将其双手缚起，再踢走椅子，使他悬吊在半空，再将他如钟摆般来回摇动，并用拳头击打他。宪兵对他用刑大约半小时，期间不停审问他有关香港大学宿舍"梅堂"学生的事情。[16]11月2日，石井第三次审问他，期间把他绑起来带到浴室施以灌水刑。11月8日，他获得释放，但身体已经变得极为虚弱。[17]

1944年4月5日，打笠治夫人（Mrs. Dorabojee）被宪兵以从事间谍活动的罪名，拘捕到香港岛西地区宪兵部。宪兵带她到审问室，室内放满皮鞭、大石、绳及锯等刑具，并威胁说如不招供，便会用这些刑具来虐待她。有一天，她与狱中另一名囚犯对话，对方问她关于圣约翰堂（St. John Hall）的事。她们对话的内容被石井听到，于是对她审问，及后命令她闭嘴，不准谈及任何事情。翌日，石井把她从囚室拉到下层，在梯间用藤杖及木棍把她打至全身流血，连穿着的睡衣都因此被撕破。[18]

1944年6月8日，吴勤（音译：Ng Kan）被日军拘捕到西区宪兵部，囚禁了四十多天。审问期间，宪兵牛饲和田村对他施以酷刑，不仅是鞭打及灌水，还命令他跪在铺满螺丝钉的地上，然后牛饲更将一重物置于他的大腿上，施加压力，其后更逼他在螺丝钉上行走，使他受尽痛楚。[19]

林勒医生（Dr. S.S. Ramler）在1944年5月16日被宪兵带到域多利监狱拘留。在囚禁的两个多月时间里，日军批准他在狱中为其他囚犯诊疗。林勒医生诊治的犯人当中，除了营养不良及患上痢疾等疾病之外，有不少人都有创伤、瘀伤，甚至被拔去指甲。这些伤员都是因受虐所致，是宪兵对犯人使用酷刑的证明。[20]

林勒医生还见证了一个悲惨的个案。一天，一名囚禁在香港岛西地区宪兵部的年轻华人孕妇突然感到痛楚，临盆在即。林勒医生向一名日籍传译询问能否将她送到医院，但未获答复。直至深夜十二时，她在狱中呼救，一名宪查见状便询问上级是否准许林勒医生为其治疗。林勒医生半小时后到达她的囚室，但由于环境黑暗，又缺乏仪器，只能尽力替她接生。婴儿终于在半小时后出生。可是因为孕妇在囚禁期间缺乏足够食物及营养，婴儿出生时只有两磅，终于在六小时后不幸夭折。[21]

特务的悲惨下场

1944年4月17日，周文光（音译：Chow Man Kwong）被特高班的宪兵家入拘捕。日军指控他参与间谍工作，并由松山弘负责审问他。另一名被囚者陆冠春（音译：Luk Koon Chun）目睹他遭受虐待的惨况。5

月18日,陆冠春看到周文光被捆绑在一张椅子上,然后被施以火烫之刑。宪兵将一拨火棒放在电炉上烧热后,再置于周文光的皮肤上,烧灼他的身体。周文光承受过这样的酷刑之后,日军软硬兼施,派出松山弘审问他,并给他香烟和茶点,周文光随即认罪。结果,周文光在香港岛西地区宪兵部被囚禁约三个月后,转囚于赤柱监狱,最终被军事法庭判以死刑。[22]

施格利中尉(Lt. Shrigley)是英军服务团的情报人员,因此不断遭虐待。黎宗耀(音译:Lai Chung Yiu)在囚禁期间,曾多次担任施格利的传译员,因而见证他受虐的过程。森野作藏及牛饲审问施格利有关英军服务团的事。他否认与此组织有关,于是被森野作藏用皮鞭抽打,并将他的衣服脱去后绑起来施以灌水刑。此后两次审问,他都遭受相同的酷刑。[23]1944年6月底,有一天当警卫来到囚室,把施格利带到下层再次审问时,他突然走出走廊,从二楼跨过栏杆一跃而下。林勒医生被召唤替他检查,只见他已陷入昏迷,大量鲜血由口和耳流出,而且头骨及肩膀骨断裂,最终在两小时后死亡。[24]

兰道家庭的遭遇

亚伦·兰道(Aaron Landau)是一位77岁的老先生。1944年2月13日,他连同其儿子及媳妇一同被捕,囚禁于香港岛西地区宪兵部,十四日后才接受审问。宪兵除了经常击打他的头部外,还对他做出侮辱的行为。每个星期他都要接受两三次审问,宪兵问过问题后,就命令他坐在石头上四小时,期间将他的双手反缚在扫帚上,然后将一条穿着大石的铁管放在他的双脚上,再用力猛压这条铁管来折磨他,直至他支持不住倒下为止。当他向宪兵要求取水洗脸时,宪兵不但没有允许,还用扫帚将粪便抹在他的脸上。他离开宪兵部时,全身瘫痪,需要别人搀扶。[25]

埃米尔·兰道(Emil Landau)夫妇被囚期间,亦惨遭宪兵粗暴虐待。兰道本为餐厅的店主,战前到其餐厅光顾的客人多为外籍人士,因此他与大部分驻军军官都相熟。1944年4月13日，他与妻子一同被捕至香港岛西地区宪兵部，日军指控他与惠州的克雷格少校（Major Craig）有联系，打算迫使他认罪。囚禁了三星期后，宪兵开始对他严刑拷问：首先用狗绳鞭打他三小时，然后要他返回囚室考虑是否认罪。同一天下午，宪兵又将他吊起长达三小时。[26]

随后，宪兵连续十天都将兰道的双手反缚吊起，期间不仅殴打他，还将重五十磅的重物系于他的腹部，以增加悬吊时造成的痛楚。放下来之后，一名宪兵命令他坐着，然后拉着他的头向前，另一个穿着军靴的宪兵则从后踢他的脊椎。虽然他否认参与密谋或间谍计划，但宪兵在其家中搜出英国政府及英国公司用作援助赤柱拘留营的大额借据，因此认定他说谎，并加重刑罚以作报复。兰道除了长时间被迫禁食外，宪兵还曾对他施以灌水刑。[27]

宪兵为了迫使兰道认罪，不惜对他的妻子用刑。1944年5月15日，宪兵脱掉兰道妻子的衣服，把她绑于梯子上，然后不停地对她灌水，直至昏厥。过程中，兰道听到她呼叫，却无计可施。有一次，宪兵把二人带到同一房间，房内有一条绳，宪兵要求兰道用绳将他的妻子反缚及吊起，他不肯就范，结果被掌掴，宪兵还拉着他的头撞向桌面，令他头破血流。[28]

兰道在1944年8月15日被送到赤柱监狱，等候日军的军事法庭审讯。审讯在1944年10月28日展开，日军指控他借出款项是为了间谍目的，整个审讯过程不过历时四分钟，兰道就被判处监禁三年，而他的妻子则在1944年7月18日获准释放。[29]

宪兵敲诈金钱

宪兵由于缺乏有效监管，不但肆意虐待平民，更乘机搜刮民脂民膏。宪兵曾要求宪兵部内的囚犯缴交巨款，作为获释的条件。

高庭芳（音译：Ko Ting Fong）战时是大中华火柴公司的秘书。1942年2月13日，宪兵铃木（Suzuki）亲临其办公室，藉词邀请他去喝茶，实际上把他带到香港岛西地区宪兵部，审问他关于大中华火柴公司的事。日军声称火柴公司是重庆政府的资产，应该移交日方所有，并指控他利用厂内的无线电机与重庆政府联系。高庭芳的审问由石山负责，石山要求他提供公司的股东数据，只要他的答案不能令石山满意，就会被石山虐打。被囚禁的三个月期间，高庭芳曾被传译员施以灌水刑。虽然石山不在行刑现场，但每次施刑后，传译员都会将高庭芳带到石山面前，由石山决定如何处置。最终，他的妻子向一名台湾人缴交了二十万港元，他才获得释放。[30]

1942年4月10日，蔡德（音译：Choy Tak）被石山拘捕，旋即被带到香港岛西地区宪兵部。石山并没有审问蔡德，反而要蔡德交出家中保险柜的钥匙。到了凌晨，石山用铁棍殴打蔡德并把他摔在地上，还曾把刀架于他的颈上，要挟他交出二十万元。如果他能够交出这笔钱，就不会有事发生，否则会被杀头。蔡德回应说他没有足够的金钱，因此他要一直囚禁在宪兵部内。一个月后，石山透过传译员要他交出三万元，但他根本无法交出这一大笔金钱。再过大约十日，石山要他交出七千元，蔡德于是向朋友借七千元交给石山，最后在1942年5月19日获得释放。[31]

战前警察被活活饿死

1942年10月，有六名华人被带回宪兵部，他们在战前均为警察，受聘于香港政府。他们沦陷后不愿作日军的犬马，打算前往惠州，可惜在粉岭火车站被捕，辗转被带回香港岛西地区宪兵部，并由石山负责审问。他们在囚期间相继受虐，又因欠缺食物，身体变得极为虚弱，一个月后因为营养不良相继死去。其中一人名为曾牛（音译：Tsang Ngau），他本来是个强壮的男人，但死时身体十分瘦弱，显然是饥饿致死。[32]曾培福（音译：Tseng Pei Fu）曾就数名警察被捕一事作证，他记得其中两人的名字是韩奔（音译：Hon Bun）和阿球（音译：Kau），两人均在西地区宪兵部里饿死。根据曾培福的记忆，在他担任宪查期间，还有三十多人都在西地区宪兵部饿死。[33]

赤柱沙滩上的处决

印度人阿巴杜・奥马尔（Abdul Kadir Omar）于1943年6月至7月间被宪兵拘捕至香港岛西地区宪兵部，期间曾亲身经历多种酷刑。拘留了两星期后的某一天，他被蒙上双眼，推上囚车，直接驶往赤柱。到达后，宪兵除去他双眼上的手巾，他看见四名华籍男子、一名妇人，以及一名年轻的男孩，一同被宪兵押到海边。其中一名背着长刀的宪兵，命令一华籍男子步至海边的岩石上站立，该人依命前往，众人尚且不知道接下来会发生什么事，那名宪兵已大刀一挥，将男子的头斩下。[34]

随后受刑的是一名男孩，他因为惊慌过度，拒绝前行；宪兵用刀把他刺伤，他最终爬到石上遭处决。其余各人亦逐一被杀，当第五人被杀后，一名随行的传译告诉奥马尔，因为他是印度人，如果他说出真相，宪兵会给予他机会。奥马尔最后被带回囚车折返宪兵部。[35]

牛山幸男被判死刑

牛山幸男在自辩时承认在他任内有大约一百人在宪兵部内死亡，但他解释这些人被逮捕时已经死亡或陷入垂死状态，在宪兵部内死亡的囚犯仅有施格利一人而已。[36]唯种种证据均显示，队长牛山幸男纵容他的下属在香港岛西地区宪兵部内对在囚者施以残暴的酷刑，并导致多人死亡。因此香港军事法庭最终在1947年8月12日裁定牛山幸男触犯战争公法及惯例，判以绞刑，而石山觉卫及森野作藏则分别被判监禁十五年及六年。

◀1-16 英军服务团曾在香港从事情报工作。图为该团创办人赖廉士与贝璐等人合影

◀1-17 由日人授意居港印人举行的反英游行

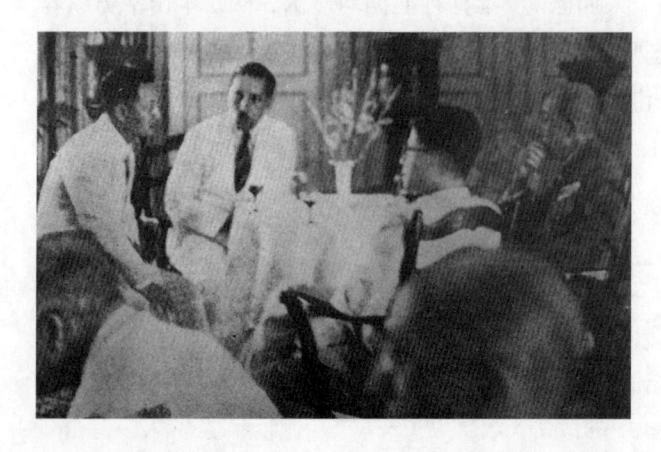

◀1-18 矶谷廉介接见一名鼓吹印度独立的居港印人

注释

1　英国陆军部档案W.O.235/1041：220，358。
2　英国陆军部档案W.O.235/1041：240—241。
3　英国陆军部档案W.O.235/1041：255，257，364。
4　英国陆军部档案W.O.235/1041：242，364。
5　英国陆军部档案W.O.235/1041：220。
6　英国陆军部档案W.O.235/1041：234，252—353。
7　英国陆军部档案W.O.235/1041：251，331。
8　英国陆军部档案W.O.235/1041：244，294—295。
9　英国陆军部档案W.O.235/1041：225，267。
10　英国陆军部档案W.O.235/1041：224，313—314。
11　英国陆军部档案W.O.235/1041：268，383。
12　英国陆军部档案W.O.235/1041：384—385。
13　英国陆军部档案W.O.235/1041：385。
14　英国陆军部档案W.O.235/1041：386。
15　英国陆军部档案W.O.235/1041：114—115。
16　英国陆军部档案W.O.235/1041：115。
17　英国陆军部档案W.O.235/1041：115—116。
18　英国陆军部档案W.O.235/1041：173—175。
19　英国陆军部档案W.O.235/1041：183—184。
20　英国陆军部档案W.O.235/1041：119—120。
21　英国陆军部档案W.O.235/1041：125。
22　英国陆军部档案W.O.235/1041：137，195—196，200，261，369。
23　英国陆军部档案W.O.235/1041：128，153—155。
24　英国陆军部档案W.O.235/1041：121，129。
25　英国陆军部档案W.O.235/1041：164—167。
26　英国陆军部档案W.O.235/1041：395。
27　英国陆军部档案W.O.235/1041：395—396。
28　英国陆军部档案W.O.235/1041：388—389。
29　英国陆军部档案W.O.235/1041：397。
30　英国陆军部档案W.O.235/1041：393。

31　英国陆军部档案 W.O. 235/1041：83 — 85。
32　英国陆军部档案 W.O. 235/1041：104 — 105，130 — 131。
33　英国陆军部档案 W.O. 235/1041：130，133。
34　英国陆军部档案 W.O. 235/1041：141 — 143。
35　英国陆军部档案 W.O. 235/1041：143 — 144。
36　英国陆军部档案 W.O. 235/1041：222 — 223。

九龙地区宪兵部队长平尾好雄

1943年9月8日至1945年8月15日期间，九龙地区宪兵队队长一职由平尾好雄少佐出任。平尾好雄在香港宪兵队的体制之中，身份仅次于香港宪兵队队长野间贤之助大佐和野间的接班人金泽朝雄中佐。平尾好雄长时间担任九龙地区宪兵队队长，是香港宪兵队在九龙和新界这片幅员广阔的土地上的最高负责人。九龙地区宪兵队在平尾好雄的领导之下，作出多项虐待华人和其他国籍平民的罪行，包括牢房环境恶劣使平民病死、使用酷刑虐待平民、未经审判对平民施斩首之刑等。作为九龙地区宪兵队队长，平尾好雄必须为其下属所作的非人道行为负有责任。1947年9月，平尾好雄被提告至香港军事法庭。

九龙地区宪兵队长的权责

日军占领香港后，随即成立香港宪兵队，借以巩固日本对香港的统治。香港宪兵队本部设于香港最高法院，宪兵队的力量控制香港岛绰绰有余，但对于一海相隔的九龙和新界则难以应付。因此，日军在创立香港宪兵队时，便在香港宪兵队之下设立九龙地区宪兵队、新界地区宪兵队和水上宪兵队，分别管辖九龙、新界和香港水域。1942年8月，香港宪兵队裁撤新界地区宪兵队，将新界地区宪兵队原有的管辖范围交由九龙地区宪兵队接收。九龙地区宪兵队一直管辖整个九龙和新界地区，直至1945年2月香港宪兵队再次改组为止。[1]

平尾好雄身为九龙地区宪兵队队长，职责是按照香港宪兵队发出的命令，处理一切与地区治安和军事警察相关的事宜。[2]九龙地区宪兵队的总部位于九龙巡理府[3]，是一栋楼高三层的大楼，设有军械库、牢房、审讯室、办公室、仓库、宿舍等。九龙地区宪兵部下设特高班、警务班、司法班和庶务班四个部门,每个部门的主管均由准尉、曹长或军曹担任,整个架构共有二百四十至二百五十名人员,包括二十名宪兵、三十名辅助宪兵和二百名宪查。[4]

除了直接领导九龙地区宪兵队外,平尾好雄辖下还有多个宪兵派遣队,包括九龙城派遣队、深水埗派遣队、西贡派遣队、荃湾派遣队、元朗派遣队、上水派遣队、沙头角派遣队和大埔派遣队。各个派遣队由二至六名宪兵、二至八名辅助宪兵及十五至一百四十名宪查组成。另外,九龙地区宪兵队属下还有四个分驻所,九龙地区和新界地区各有两个,分别驻守旺角、红磡及青山、沙田四地,每个分驻所均有1名宪兵、一至三名辅助宪兵和二十至四十五名宪查驻守。另外加上十四个位于重要地点、重要建筑或交通枢纽的哨站,平尾好雄的手下共有接近一千人。[5]

每天早上八时左右,平尾好雄都会到九龙地区宪兵队总部的办公室审阅文件,当中包括来自宪兵分部和分队的报告。平尾好雄又会检查属下宪兵的服务日志,检视他们的工作水平,并每天向他们发出指示和训话,又亲自训练属下宪兵和作制服检查。每隔一个星期,平尾好雄都会与宪兵分部的队长开会,让各分部队长汇报该星期的工作报告。平尾好雄还会定期走访辖下的宪兵分部,大概每个月巡视每个宪兵分部两次。[6]

管理下属之余,平尾好雄还需要定时向上级报告。他每天都会与他的上司野间贤之助通电话,每隔三天就要前往香港宪兵队本部面见野间贤之助,汇报九龙地区宪兵队的内部事务,以及九龙区的一般治安事宜。遇有重大事故,平尾好雄则肩负起指挥的工作,调派区内共约一百五十人的辅助宪兵和宪查,以执行大规模行动。平尾好雄在九龙地区宪兵队不单负责指挥策划,他对麾下的宪兵在九龙和新界的活动亦了如指掌。[7]

为了达到维持"日本统治下的治安"的目的,宪兵调查和逮捕的对象除了一般罪犯之外,还包括从事情报工作的间谍和活跃于新界的抗日游击队。九龙地区宪兵队的四个部门之中，警务班和庶务班分别负责维持治安和处理行政事务，司法班和特高班则是专门负责调查和审问的部门。司法班负责调查被捕人士，特高班则专责政治调查；两个部门都会审问被羁押的人士，以及执行一切反间谍或反游击队调查。在设想中的制度下，司法班有责任确保所有调查皆以合法手段执行，包括禁止使用酷刑和确保不会发生不必要的长时间拘留。[8]

平尾好雄身为九龙地区宪兵队队长，其中一个职责是监管属下宪兵的种种行为，以防止违法的事情发生，但实际上他本人就没有依法行事。以他的权限为例，即使他身为九龙地区宪兵队队长，权力亦仅容许他羁押一个人不多于两个月，然而从众多的案例可见，被拘留在九龙地区宪兵部的平民之中，有许多人被囚多达数个月。平尾好雄担任宪兵二十三年，曾花十年时间学习法律，却对日本刑法视若无睹，他的部下在逮捕和审问犯人的时候，自然更肆无忌惮。宪兵视法纪如无物，令在日占时期被逮捕的平民百姓，遭受惨无人道的折磨，最终造成无法弥补的悲剧。[9]

牢房卫生环境异常恶劣

日军接管九龙巡理府后，随即将法院大楼改造成九龙地区宪兵队总部，法院大楼的地库亦被临时改造成四个独立的牢房。每个牢房的大小不一，面积最小的只有十多平方英尺，最大的也只有约二十平方英尺。这些牢房的共通点是设备简陋、环境恶劣，还挤满被拘留的平民百姓。九龙地区宪兵队逮捕百姓后，一旦怀疑他们从事间谍或游击活动，都会将他们直接押送至九龙地区宪兵部，或从各宪兵分部转移至此，在囚牢中听候日军发落。宪兵为使他们眼中的疑犯招供，例必反复审问、长期拘留，施以肉体和精神上的折磨，决不会轻易将他们释放。许多无辜百姓被苦困于九龙地区宪兵部，长期被羁留在环境极为恶劣的牢房，甚至有不少人因抵受不了酷刑，以及食物不足、疾病频生的问题而丧生。

▲1-19 站前的九龙巡理府，在日占时期曾为九龙地区宪兵队的大本营

◀1-20 摄于1946年的九龙地区宪兵队

▶1-21 战后被香港军事法庭判处绞刑的九龙宪兵队队长平尾好雄

九龙地区宪兵队经常执行大规模的搜捕行动，四个牢房长期挤满在九龙及新界各地被捕的人。1944年6月至9月期间，九龙地区宪兵部的二号牢房曾经同时囚禁多达五十名平民。在这狭小的牢房里，所有人都要席地而睡，不分男女。日军只提供十多条毛毯，他们只好把毯子撕破，分成数份使用；在天寒的日子被囚，实在苦不堪言。更恶劣的是，日军向牢房提供的食物少得可怜——每天早晚各派发一个直径约三英寸的饭团。结果每个在囚的人都经常处于饥饿的状态，身体变得非常虚弱。同时，日军亦没有为他们提供饮用水，他们只有在感到非常口渴的时候，才能向守卫恳求少量的自来水解渴。[10]

除了过度狭窄和食物不足外，这些牢房的卫生情况更恶劣得难以想象。九龙地区宪兵部的各个牢房都没有马桶，日军只在牢房内摆放两个油桶，让囚禁在内的人作排泄之用。这些油桶每隔三至四天才会清洁一次，桶内的排泄物有时候会满溢，秽物散落在油桶周围的地上，甚至肮脏得滋生昆虫。即使有人在牢房内失禁便溺或者呕吐，日军都不会派人清理。在囚的百姓每天晚上都要与这些油桶和秽物睡在同一片地上。所有被拘留在监牢的平民，在被带去审问以外的时间都不能踏出牢房半步。牢房地方狭小而囚禁的人数众多，故空气不甚流通，在囚的人根本没有机会呼吸新鲜空气。他们在牢中连稍作运动都不允许，只能在牢房靠墙蹲下，更不许聊天或随意站立，否则会被卫兵泼水或殴打。据法籍打字员朱尔斯·史朗（Jules A. Siron）忆述，他被困在九龙地区宪兵部六十七天，仅仅只有一次因为牢房爆发疫症，他们才有离开牢房稍作活动的机会。[11]

疫症爆发　平民饿死

1944年6月，日军减少膳食供应，早晚两餐由饭团改为仅供应粥水。[12]被捕平民长时间拘留在恶劣的环境中，经常处于极度饥饿的状态；加上宪兵的折磨和虐待，身体变得极为虚弱。日军减少膳食之后，在囚者饿得连站起来的气力都没有。祸不单行，牢房里此时爆发疫症，令几乎毫无免疫力的身体更容易受感染而死亡。

陈胜（音译：Chan Shing）于1944年6月8日被逮捕至九龙地区宪兵队总部。陈胜被囚禁于一号牢房，一下子就被拘留了接近三个月。据他忆述，在他被捕期间，日军曾一度将膳食由小饭团改为稀粥。有些人因为食物不足而开始感到胃痛，有人因染上霍乱而呕吐。陈胜与其他人一样感到胃痛，痛得在地上辗转反侧，又不停呕吐。日军却没有想办法为他们医治，或者调整食物的分量。日军在他们因剧痛而发出呼喊声之时，仍一如既往向他们泼水，试图迫使他们安静下来。陈胜曾看见日军从隔壁监牢抬出一具尸体，估计是来自三号牢房的人。[13]

曾火彪（音译：Tsang For Piu）在1944年6月15日被捕，首先被带到大埔宪兵部，翌日送往九龙地区宪兵部的二号牢房，并在该处囚禁了接近三个月。他亦供称，日军最初会为被捕者提供饭团，但后来有一段时间改为供应粥水。约十多天之后，陆续有人挨不住饥饿和疾病而腹泻，最后在牢房之中饿死或病死。曾火彪亲眼看见两个平民在二号牢房饿死，其中一位年纪超过五十岁。[14]

后来日军重新供应饭团，被捕的平民就好奇地向宪查询问原因。宪查回答，因为太多人因过度饥饿而死亡，所以日军才决定重新供应饭团。[15]

然而，这并不代表日军有善待在囚者的意思，他们依然恶劣地对待这些不幸的平民百姓。1944年10至12月在九龙地区宪兵部庶务班任文员的程肯特（Kent Ching）形容，九龙地区宪兵部的牢房卫生环境依然恶劣。在他任职期间，曾两次在宪兵指示下致电殓房，请他们派人移走牢房内的尸体，从而得知其中一次是被囚者因为严重腹泻而死亡。[16]据1944年12月2日被捕的林少泉（音译：Lam Siu Chuen）忆述，在他囚禁期间，曾目睹两名华人在牢房中死去。[17]1945年5月底被捕的卢亨（音译：Lo Hang）亦指出，二号牢房一名四十岁以上的男人被囚禁多日，却得不到药物医治他的疾病，于是在一个苦痛难忍的晚上病逝。[18]

平尾好雄在军事法庭上表示，他每天都会阅读牢房日志，了解囚犯的人数、健康状况等资料，但却声称没有收过囚犯食物不足的报告，并表示对囚犯在九龙地区宪兵部饿死的事感到惊讶。实际上，平尾好雄的供词前后矛盾，他显然知道九龙地区宪兵部的牢房在1944年6月因粮食供应不足，导致被捕人士死亡，所以他们才迅速将食物供应调整回原来的分量。不过，在1945年后，九龙地区宪兵部再次减少粮食供应，早餐由供应饭团改为供应粥水，相信因此而饿死的平民仍然大有人在。[19]

属下宪兵惯以严刑迫供

在日占时期，日军虐待平民的恶行屡见不鲜，曾被宪兵使用各种酷刑折磨的平民百姓多不胜数，因此丧生的人不计其数。曾在九龙地区宪兵部为日军担任传译的约瑟·威宾（Joseph Venpin）指出，宪兵一直抱着"宁可枉捉千人，莫纵一名间谍"的态度对待华人，处处怀疑一般的平民百姓是重庆特务、游击队成员或英军服务团派来的间谍。九龙地区宪兵部的所有调查和审问均由司法班和特高班执行，通常由一名军曹主持。每一次审问，宪兵的第一条问题总是"你是否重庆特务、英军服务团或游击队成员？"——假如被捕者否认，日军就会开始用竹棍、竹剑击打被捕者；如果继续否认，就会施以水刑。宪兵有很多种酷刑，他们会对囚禁在九龙地区宪兵部的平民施以"吊飞机"、电刑等酷刑。[20]

另一位曾在九龙地区宪兵部担任传译的罗谢洛美（Jerome Law）亦指出，宪兵在审问之前，心中仿佛已经有一些固有的想法；宪兵只是希望在被捕者口中核实他们的想法。因此，若被捕者的答复与宪兵的想法不一致，肯定会遭受拳打脚踢和酷刑。他认为宪兵的盘问与其说是为寻找真相，倒不如说是威迫疑犯认罪。[21]

平尾好雄是九龙地区宪兵队中职位和军阶最高的军官，倘若九龙地区宪兵队虐待囚犯，平尾好雄有责任约束、惩治属下的宪兵，制止同类事件再次发生。事实上，每当宪兵完成调查和审问后，都会向平尾好雄报告，让平尾好雄决定下一步行动。平尾好雄清楚知道九龙地区宪兵队的所作所为，却选择无视、纵容宪兵的粗暴行径，使九龙地区宪兵队的宪兵更加变本加厉。[22]

1944年6月15日被宪兵逮捕的曾火彪，曾在大埔宪兵部接受审问。宪兵指控曾火彪是特务，曾火彪否认，宪兵随即对其施以水刑。过程中曾火彪因承受不起酷刑而失去知觉，一回过神来又继续受刑。日军在差不多三个小时的审问中，不断向他灌水，又以铁条和竹竿对他猛打。曾火彪的胸口因而瘀肿，左眼肿胀，右腿痛得难以行走。[23]6月16日，他被带到九龙地区宪兵部，囚禁了接近三个月。宪兵总共对曾火彪施以一次"吊飞机"、三次水刑，以及多次殴打。日军还曾放置一条铁条于他的手指之间，然后再狠狠地践踏其上。曾火彪每次被审问时，都感到剧烈的痛楚，只能高声呼喊，期望可以尽早得救。[24]

与曾火彪同时被捕的平民当中，有一名叫张凤（音译：Cheung Fung）的孕妇。她与曾火彪一样，最初被囚禁在大埔宪兵部，后来一同转移到九龙地区宪兵部。虽然张凤是一位孕妇，但宪兵并没有因而对她手下留情。与其他因在九龙地区宪兵部的人一样，宪兵曾对张凤灌水和"吊飞机"。每次被审问之后，她都会全身湿透，手腕布满伤痕。当她返回牢房之后，还向其他人哭诉日军用火烧灼她的皮肤和施以水刑。由于她怀有身孕，其他在囚者都对她的遭遇有特别深刻的印象。其后，日军的军事法庭上判张凤死刑，她以怀孕为由恳求宽免，但日军依然维持原判，将她还押于赤柱监狱。结果，张凤在赤柱监狱因过度劳动而流产并死于狱中。[25]

徐贵（音译：Chui Kwai）和他的妻子在1944年年中被逮捕至九龙城宪兵部，皆因日军怀疑他们与深水埗战俘营有秘密联系。徐贵是水上宪兵队的一名低级宪查，宪兵对他的审问因此特别粗暴。徐贵被逮捕当日曾接受三名宪兵审问，每一名宪兵都对他拳打脚踢，并用高尔夫球棍和警棍向他猛打，他被连续殴打了至少四十五分钟。徐贵的头部被警棍猛敲，之后再被猛力撞到墙上，经过一番折磨后，徐贵在审问完毕时已经站立不稳。接下来的数天，徐贵几乎天天都要接受审问，每一次都遭受痛打,还被多次"吊飞机"和灌水。他本来是身体强健的年轻人,在承受酷刑之后却变得十分虚弱,在囚一周之后已经失去自理能力。尤有甚者,徐贵的妻子接受宪兵审问期间,曾被宪兵脱去衣服,并以木棍猛捅下体。日军还戏谑地对她说,徐贵患有性病,让她抛弃和忘记她的丈夫,又肆无忌惮地侮辱她。[26]

卢亨在1945年5月24日或25日被捕至旺角警署,之后转到九龙地区宪兵部囚禁了一个月。宪兵审问他是否曾驾车接载一名叫黄楚祺(音译:Wong Chor Ki)的人,由元朗前往九龙。即使卢亨承认他的确曾经接载这个人,宪兵还是用竹竿猛敲他的头颅。宪兵后来就同一个问题两番审问卢亨,卢亨两次都承认他曾载送黄楚祺,但否认参与政治活动,结果被宪兵鞭打,受尽皮肉之苦。[27]与卢亨一起被捕的潘和(音译:Pun Wo)是一名年约四十岁的健康男性,与卢亨一同在启德机场任职司机。潘和接受日军严刑审问了一个多小时,期间不断惨叫,返回牢房时已经失去知觉。其他人见状,希望为潘和找来药物,但最终他还是得不到任何医治,翌晨三时死于牢房之中。[28]一名台籍传译其后指派认识潘和的人协助他搬走尸体,卢亨与另外两人将潘和的尸体带到九龙地区宪兵部摆放垃圾的地方。卢亨的记忆之中,当时潘和的口腔和胸口有大量鲜血。当时任职九龙公共停尸间医学主任的葡籍法医维拿托·欧维士(Dr. Renalto Emilio Alveres)作供时表示,1945年6月12日早上10时,他曾为一个名叫潘和的三十九岁男子验尸。他的身体没有表面伤痕,但他的口腔有血,喉道受损,估计是死于被人用物品从口腔插穿胃部。[29]

大规模扫荡行动

在平尾好雄的任期内,九龙地区宪兵队曾十至十四次展开扫荡行动,试图剿灭困扰日军的抗日游击队。平尾好雄供称,从1944年4月至1945年1月期间,九龙和新界地区共有二十名辅助宪兵、宪查和传译失踪、被房或被杀。九龙地区宪兵队根据宪兵分队搜集所得的情报,或遇有宪兵、日军或日本人遭攻击时，就会向香港宪兵队队长汇报，等待核准动员九龙地区宪兵队的所有辅助宪兵和宪查，以及联合力量更强大的警备队，一同执行扫荡行动。[30]

1944年9月26日，日军因为游击队俘虏了台籍传译林台宜，所以决定在西贡展开扫荡行动报复。日军从宪兵队抽调六十人，再从驻防军抽调一百多人，到西贡执行联合行动，大规模逮捕西贡乡民。行动中，多达一百人被捕，八十多人被囚禁在九龙地区宪兵部二楼的货仓，由九龙地区宪兵部的特高班，以及西贡宪兵部的宪兵负责审问。[31]

1944年12月，由于大埔宪兵部的三名印籍警卫和一名传译被游击队击毙，加上哨站遭到攻击，大埔宪兵队的山田曹长向平尾好雄报告，指大埔的乡民为宪兵带来麻烦。平尾好雄随即派出一百五十人作支持，与大埔宪兵部一起展开扫荡行动，平尾好雄委派上水宪兵部队长立石准尉指挥整个行动，一共逮捕三十多人。平尾好雄认为大埔宪兵部队没有足够的人手审问村民，于是委派九龙地区宪兵部特高班的川澄曹长和藤原军曹，与大埔宪兵部的山田曹长和安和军曹一同执行审问工作。[32]

平尾好雄任内曾亲自领导约十次大型行动，对付位于上水、沙头角、元朗和大埔等地的游击队。[33]在扫荡过程中，宪兵亦获得授权，可以开火复仇，亦可以扫荡整个村庄。[34]日军每一次行动都会逮捕大量的平民百姓，审问过程中使用不同种类的酷刑，不分青红皂白，但求向乡民严刑迫供，使无辜乡民饱受皮肉之苦，甚至有乡民因此丧生。

邓戊奎是西贡黄毛应村农民。1944年9月21日，他与同村的邓福、邓寅发、邓德安、邓新奎、邓三秀、邓石水一同被六至七名日军和超过十名宪查逮捕。日军逮捕这一批村民后，随即带到村口的教堂审问，企图迫使他们供出抗日游击队的活动状况。邓戊奎回答黄毛应村附近没有游击队之后，竟遭日军连番掌嘴，再以竹竿打至跌在地上。四名日军上前分别踩着邓戊奎的四肢，另一人踏在他的腹上，再将竹竿猛塞进他的口里。五分钟后，邓戊奎感到晕眩，之后被日军悬挂在教堂的梁柱"吊飞机"。除此之外，日军还拿来一堆杂草，在邓戊奎下方放火燃烧。邓戊奎不断呼喊，全力挣扎，令缚着他的绳子断掉。他从高处跌下来之后，立即滚离火堆，但日军没有打算放过他，再一次殴打他，并重新将他吊起来放火燃烧。前后重复五次，历时半个小时。邓戊奎的双腿被烧伤，一度无法走动，要由两名宪查将他拖至教堂门前。[35]与他一同被捕的邓福和邓德安等人，也遭受日军纵火燃烧和施以酷刑。浩劫过后，邓福的脊骨严重受伤，经常感到背痛和脚步不稳。邓德安在此次事件中被严重烧伤，其后更因此而死亡。[36]

未经审判斩杀平民

不论日本的法律是否公允，按照正常程序，倘若某人被怀疑违反日本的法律，宪兵在逮捕疑犯后，必须搜集足够的犯罪证据，若案件的表证成立，他们再向香港宪兵队队长报告，并将疑犯送上法庭接受审判。疑犯应否被判有罪，需要接受什么程度的刑罚，全部由法庭作出裁决。[37]可惜日军在占领香港期间，习惯于搜证阶段便使用严刑迫供。尤有甚者，在1943年9月8日至1945年8月15日期间，九龙地区宪兵队曾多次私自用刑，在未经审讯的情况下将被捕的平民带到京士柏斩首。

1944年6月8日被日军逮捕的陈胜，曾在九龙地区宪兵部拘留了接近三个月时间。他被捕一个多月后的一天，曾看见日军身穿军服，腰悬佩剑，携带十字镐和泥铲，以及一桶清水，从牢房之中带走七名平民。日军将他们的双手反绑背后，然后押上货车。据陈胜忆述，这些人的共通点是十分瘦弱，脸部全都肿起来，其中一人更是跛子。其他在囚的人询问宪兵要将他们带到哪里，宪兵直接回答他们将被带去斩首。[38]在一至两个小时后，宪兵返回九龙地区宪兵部，陈胜看见他们的衣服、十字镐和泥铲都沾上泥土，却再没有看到那七个人。据说日军指控他们在大埔派发反日传单。纵使他们在审问时否认指控，宪兵还是在没有经过正式审讯的情况下将他们斩首。在不久之后，日军又将九龙地区宪兵部内一名经常因疼痛而发出叫声、可能患病的被囚者带

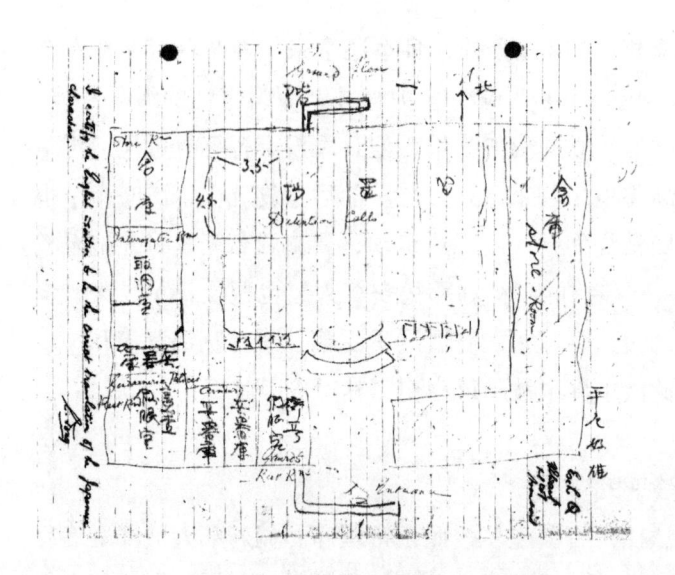

▲ 1-22 日占时期九龙地区宪兵部地面的平面图

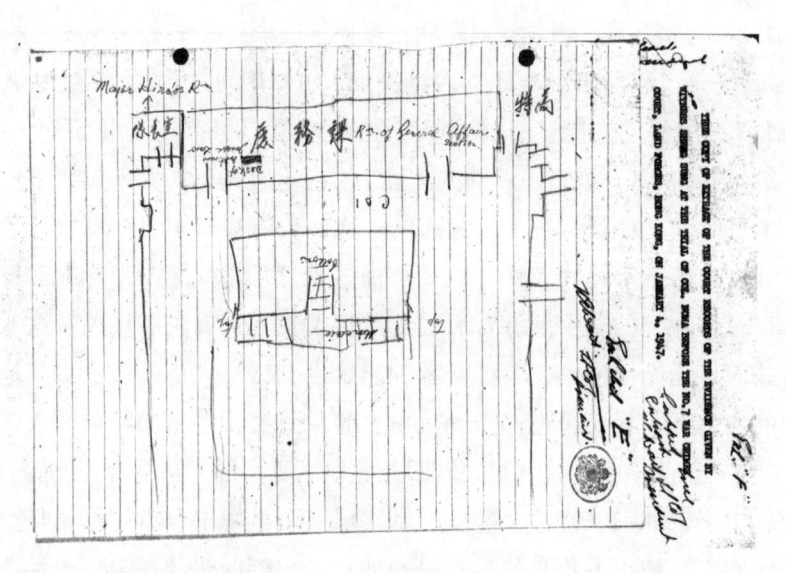

▲ 1-23 日占时期九龙地区宪兵部一楼的平面图

▲1-24 在宪兵部任职的本地华人

▲1-25 西贡黄毛应村天主教玫瑰小堂今貌

往斩首，手法与上次一模一样。陈胜出狱之后，其中一名遇害者的家属曾经找过他，希望知道日军在什么地方行刑，这令他更加确定那七名被带走的人已经惨遭毒手。[39]

1944年12月8日是日军的大东亚战争三周年纪念日，部分囚禁在九龙地区宪兵部的平民获特赦。然而在同一天的下午约1至2时，却有三至四名被捕者被斩首。当时因在九龙地区宪兵部的林少泉忆述，一个携带佩剑的日军将这些被捕者从三号和四号牢房带出来，反缚押上货车。他们已经被囚禁在宪兵部两至三个月了，身体十分瘦弱。其他被捕的华人询问其中一名日军，他身上的佩剑有何用途。那个日军还拔出佩剑，在众人面前耀武扬威一番，说是用来斩首的。其他被囚禁的人们从负责看守牢房的日军口中得知，这些人已经被带往斩首。[40]

约瑟·威宾在1944年12月8日当天正在九龙地区宪兵部工作。他曾看见一辆载着宪兵的货车，从拔萃女书院（当时的宪兵宿舍）驶来，前往牢房将虚弱得无法走动的中国人押到货车上。据他忆述，因为这是四个月以来的第一宗斩首事件，所以宪查都在讨论此事。约瑟·威宾随即爬上九龙地区宪兵部的楼顶偷看，他看见货车行驶到京士柏西洋波会附近的一座山丘停下，所有人双手反绑，被宪兵押至山上。十多分钟之后，宪兵返回九龙地区宪兵部，两名佩剑沾有鲜血的宪兵向上级报告。约瑟·威宾作供时称，他们的长官长原询问那两名宪兵他们的佩剑够不够锋利。较年轻的一名宪兵回答："我一砍下去，头颅就掉下来，这把剑非常好。"约瑟·威宾继续偷听日军闲聊，听到他们说了很多令人发指的话，例如长原曾说："我也曾在中国北部杀人，但没有杀过女人。我讨厌杀女人。"[41]

罗约瑟（Joseph Law）在1944年10月至1945年6月期间，于九龙地区宪兵部庶务班担任文员。他曾看见警务班的主管小笠原曹长，将十多名中国人押上货车，据说是要将他们带往斩首。当小笠原返回宪兵部时，罗约瑟看见他的衣服上带有血迹。[42]程肯特供称，他在担任庶务班文员之前，已经听说日军逮捕了很多平民，并将他们带到京士柏斩首。他在工作期间，曾看见一份来自香港宪兵部的文件，内容是指一名曾为英军服务团工作的人，在九龙地区宪兵部囚禁了一段很长的时间，并已经被下令斩首。[43]

平尾好雄被判绞刑

在军事法庭上，平尾好雄面对众多证人的指控，对于宪兵的所作所为，多以不知情为由试图推卸罪责。最初，当平尾好雄被问及他任内九龙和新界的重大事故时，他供称仅对两件大事有深刻印象，分别是一名偷米贼在1944年3月或4月被宪兵打死，以及九龙地区宪兵部和九龙城宪兵部在1944年6月至8月期间逮捕了超过十人。[44]然而，在他和九龙地区宪兵队管辖范围内发生的大事，岂止于一宗死亡案件和仅涉及十数人的逮捕行动？其后，检控官盘问平尾好雄关于西贡、大埔等地的大规模扫荡行动的时候，平尾好雄竟能够有条不紊地解释这些不寻常的大型行动，他试图掩饰犯罪行为之意可谓昭然若揭。[45]

在审问过程中遭受宪兵施以酷刑的人发出的惨烈叫声，贯彻整个九龙地区宪兵部。平尾好雄的办公室与庶务班位于同一楼层，位置相当接近。在庶务班工作的罗约瑟和程肯特均清楚地表示，在他们工作期间，经常会听到不寻常的尖叫，亦即某人因受虐打而发出的声音，即使没有刻意聆听，声音亦会自然地传入耳中。[46]程肯特还表示，他曾看见日军在宪兵部的庭园，公然以竹竿虐打被捕者，惨遭毒打的人吐血不止，站立不稳，只能够俯伏在地上。[47]可是，平尾好雄声言未曾听过任何不寻常的尖叫声，亦未曾看见任何刑具，还表示他曾指示宪兵不可使用酷刑，并检查审问室有否出现刑具，又去探望囚犯了解他们有否被虐待，甚至会在宪兵审问时，作突击检查以避免他们施行酷刑。这种供词明显地是为了袒护他的下属，以及试图为自己洗脱罪名而作的谎言。[48]

1947年11月14日，军事法庭裁定平尾好雄有罪。身为九龙地区宪兵队队长的平尾好雄，知悉却没有阻止下属以非人道方式对待被逮捕的中国人和其他平民，违反战争法律及惯例，最终判以绞刑。

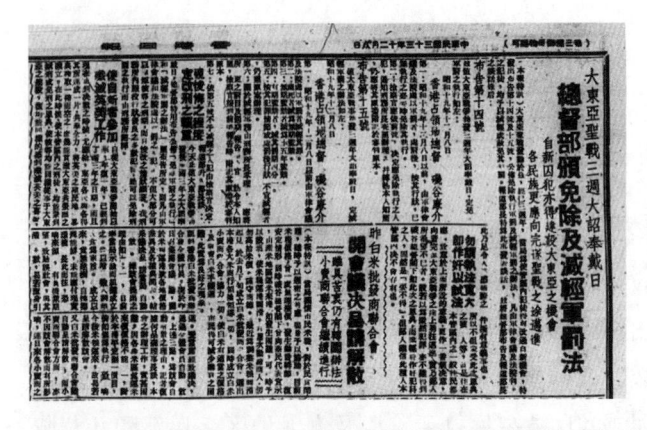

◀1-26 日本人为庆祝大东亚战争爆发三周年，特赦或减免部分囚犯的刑罚，好让他们一同"建设大东亚"（1944年12月8日的《香港日报》）

◀1-27 年逾八十的毕顺海（中）在1944年夏天曾在京士柏目睹日军将两名捆绑在柱子上的华人斩首

◀1-28 摄于1946年10月的京士柏足球场

注释

1 英国陆军部档案 W.O. 235/1098：242，344。1945年2月香港宪兵队改组，成立上水地区宪兵队，部分新界地区的宪兵派遣队改由上水地区宪兵队指挥。与此同时，原有的水上宪兵队改由九龙地区宪兵队指挥，九龙地区宪兵队自此易名为九龙水上宪兵队。

2 英国陆军部档案 W.O. 235/1098：23。

3 即前南九龙裁判法院九龙巡理府旧翼。

4 英国陆军部档案 W.O. 235/1098：232—233。

5 英国陆军部档案 W.O. 235/1098：232—233。

6 英国陆军部档案 W.O. 235/1098：345。

7 英国陆军部档案 W.O. 235/1098：238—239，345。

8 英国陆军部档案 W.O. 235/1098：344—345。

9 英国陆军部档案 W.O. 235/1098：264。

10 英国陆军部档案 W.O. 235/1098：128—130，168。

11 英国陆军部档案 W.O. 235/1098：163，167—168，216—217，247。

12 英国陆军部档案 W.O. 235/1098：250。

13 英国陆军部档案 W.O. 235/1098：209，311，216—217。

14 英国陆军部档案 W.O. 235/1098：125，127，129—130。

15 英国陆军部档案 W.O. 235/1098：134。

16 英国陆军部档案 W.O. 235/1098：86，88—89。

17 英国陆军部档案 W.O. 235/1098：189。

18 英国陆军部档案 W.O. 235/1098：203。

19 英国陆军部档案 W.O. 235/1098：246—250，308。

20 英国陆军部档案 W.O. 235/1098：22—23，46，255。

21 英国陆军部档案 W.O. 235/1098：46。

22 英国陆军部档案 W.O. 235/1098：261—262。

23 英国陆军部档案 W.O. 235/1098：124—127。

24 英国陆军部档案 W.O. 235/1098：127—128。

25 英国陆军部档案 W.O. 235/1098：129—130，134，164，166。
26 英国陆军部档案 W.O. 235/1098：47—48，51，54。
27 英国陆军部档案 W.O. 235/1098：195—197。
28 英国陆军部档案 W.O. 235/1098：198—203。
29 英国陆军部档案 W.O. 235/1098：135—136，139，202—203。
30 英国陆军部档案 W.O. 235/1098：267—268。
31 英国陆军部档案 W.O. 235/1098：268—269。
32 英国陆军部档案 W.O. 235/1098：286—287，341。
33 英国陆军部档案 W.O. 235/1098：345。
34 英国陆军部档案 W.O. 235/1098：23—24。
35 英国陆军部档案 W.O. 235/1098：95—98。
36 英国陆军部档案 W.O. 235/1098：104。
37 英国陆军部档案 W.O. 235/1098：344—345。
38 英国陆军部档案 W.O. 235/1098：212—214。
39 英国陆军部档案 W.O. 235/1098：214—215，222—223，225。
40 英国陆军部档案 W.O. 235/1098：186—188，192。
41 英国陆军部档案 W.O. 235/1098：23—25。
42 英国陆军部档案 W.O. 235/1098：62—63。
43 英国陆军部档案 W.O. 235/1098：89—90。
44 英国陆军部档案 W.O. 235/1098：262。
45 英国陆军部档案 W.O. 235/1098：268—269，286。
46 英国陆军部档案 W.O. 235/1098：56—59，66，85—87。
47 英国陆军部档案 W.O. 235/1098：87。
48 英国陆军部档案 W.O. 235/1098：263—266。

上水地区宪兵队队长小畑千九郎

新界地区宪兵队在日军占领香港后随即成立，总部设于粉岭安乐村，负责管辖新界多个宪兵派遣队。1942年8月，香港宪兵队第一次改组，裁撤了新界地区宪兵队，原有的管辖范围交由九龙地区宪兵队接收。同月，日军成立上水宪兵派遣队，当时仅为一个极小的组织，部址设于上水围一间名为"西江园"（Sai Kon En）的民宅。后来部址不敷应用，宪兵队于是同时征用一街之隔的旧上水警署[1]。1945年2月23日，香港宪兵队第二次改组，上水宪兵派遣队升格为上水地区宪兵队，重新成为新界北以至深圳各个宪兵派遣队的总部。[2]

上水地区宪兵队架构

改组后的上水地区宪兵队沿用上水宪兵派遣队的旧址。新设的上水地区宪兵队与之前的组织有所不同，从前的宪兵派遣队要肩负警务的职责，但上水地区宪兵队内则不设警务部，另外设置的警察组织分局是一个独立的机构，与宪兵队没有从属关系。[3]

上水地区宪兵队下设沙头角宪兵派遣队和元朗宪兵派遣队，以及大埔宪兵分驻所和青山宪兵分驻所。稍后成立于深圳南头的宝安宪兵派遣队同样由上水地区宪兵队管辖，可见该队的管辖范围延伸至香港边界以外的一部分地区。上水地区宪兵队内，队长小畑千九郎中尉是最高权力负责人，队员包括十多名宪兵、二十多名辅助宪兵（主要工作是担任哨兵），以及为数不少的宪查、传译、华籍工人及司机。[4]

队长小畑千九郎的主要职责包括管理宪兵队的行政事宜，通过会议、电话等方式向下属发放指令，同时通过下属上呈的文件，监察他们是否认真履行职责。他亦会定期巡视各分驻所及拘留室。[5]

高山正夫准尉是宪兵队长的副手，也是宪兵内部事务组长，主要负责协助队长处理宪兵部的内部事务，例如制作计划方案及分配下属的职责，每当小畑千九郎不在时，通常由高山负责接管他的职务。[6]

　　游击队活跃在新界上水等地。1945年间，他们曾袭击上水附近一个看守铁桥的哨站，又多次刺杀驻守上水的宪兵、警备队及情报人员，并破坏铁路及日军的军事通讯线路。因此宪兵队经常出动围剿游击队队员。[7]

　　上水地区宪兵队按照香港宪兵队长金泽朝雄的指令，展开稳定治安的行动，在1945年5月15日成立了特别制服防卫队（Special Uniform Security Squad 或 Plain Clothes Security Force）及秘密武装队（Secret Armed Squad）。特别制服防卫队有二十五名队员，他们都是由上水地区宪兵队及旗下的宪兵派遣队中选出，并由高山正夫负责领导，队伍的活动范围包括整个上水地区宪兵队所管辖的地方及边界外的一小处范围。秘密武装队由十名华人密侦组成，另外一名隶属大埔分驻所的辅助宪兵负责担任传译，由元朗派遣队山田规一郎曹长出任队长。此队伍的行踪保密，可自由活动，主要的行动范围集中在元朗。两队特别部队曾经联合出动拘捕游击队员。[8]

　　在小畑千九郎的领导下，其下属高山正夫准尉、矢吹力荣准尉、小田坦平准尉、猿渡德重曹长、毛保嘉治军曹、佐佐木由藏军曹及渡边保上等兵，分别于上水地区宪兵队以及各个派遣队、分驻所使用酷刑虐待平民，甚至在围捕的行动中，未经审判杀害平民。

上水宪兵部虐囚事件

　　上水宪兵部内有两个囚室，宪兵把所谓"游击队疑犯"带到宪兵部拘留，并且严刑逼供，导致不少平民死伤。

　　1945年1月9日，蔡发（音译：Choy Fat）在深圳文锦渡被捕后带返上水宪兵部。1945年3月，他被小畑千九郎审问，宪兵吉冈对他施以灌水刑。被拘留期间，他目睹其他囚犯被吊起、殴打、烧灼、灌水和脚踢，更有两名囚犯因而死亡。[9]

1945年4月2日，元朗辋井村部分村民被宪兵怀疑是游击队员而被拘捕。辋井村村长张候（音译：Cheung How）亲自到上水宪兵部了解事件，尝试证明村民不是游击队员，并请求释放被捕的村民，但最后他也被日军拘留。一个多月后，张候的弟弟张乐（音译：Cheung Lok）从其他村民口中听说哥哥张候已经死亡，于是连同张候的儿子赶到上水宪兵部查证，证实其兄已经离世。[10]

张乐认领尸体时，发现张候的尸体右眼有伤口，肋骨折断并突出皮肤，背部亦有伤痕。村民黄福霖（音译：Wong Fuk Lam）在囚禁期间，从张候口中得知他曾被宪兵虐打。他们每天被迫做苦工，但只获发少量食物，因此瘦弱不堪。[11] 曾协助死者家属搬运尸体的清洁工人李德（音译：Lee Tak）表示，在1944—1945年间，每月平均有八至十具尸体从上水宪兵部运走。另一名清洁工人林少满（音译：Lum Siu Mun）指出当时更多的尸体是从西江园的囚室抬出的。他们多死于营养不良，部分死者身上有伤痕。[12]

1945年6月12日，关景（音译：Kwan King）被指伪造火车票而遭日军逮捕。他先被从港岛转至九龙，最后被押到上水地区宪兵部。三日后，渡边保带他带到宪兵部附近的一个车房内审问。渡边指他持有的十四张火车票都是假的。他回答说，所有车票都是刘运灿（音译：Lau Wan Chan）给予的，他并不知道车票的真伪。当时火车票不容易买到，因此渡边直指他说谎，随即反缚他的双手，把他吊起来，并不停地用皮带鞭打他。十五分钟过后，关景感到非常痛楚，把双脚放在一辆停泊在车房内的货车上休息，渡边见状改用木棍击打他。[13]

渡边联同他的手下对关景施以水刑。他们站在货车车顶，把一盆水倒入他的口中，又抓住他的头发，把他的头塞入水中，使他无法呼吸。两个小时后，关景始被放下。他感到整个人及双臂失去知觉，于是靠在货车的车轮上休息。这时，渡边把点燃的香烟从背部抛进关景的衣服内，烧着他的内裤，使其背部烧伤，并留有伤痕。[14] 半小时后渡

▲ 1-29 旧上水警署

◀ 1-30 上水地区宪兵队队长小畑千九郎中尉

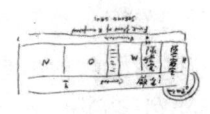

▶ 1-31 上水宪兵部平面图

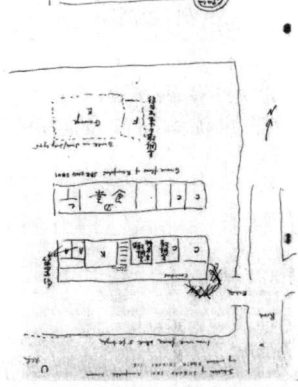

▲ 1-32 抗日武装港九大队海上中队曾活跃在沙头角海一带。图为海上中队作战用的木船（罗欧锋摄）

边命令另外三名被捕者用皮带及竹竿打他，威逼他招供。他拒绝认罪，渡边于是再次将他吊起，使他感到极大的痛楚。宪兵最终把关景放下，并带回囚室，当时他的双腕受伤流血。[15]

沙头角拘捕及滥杀村民事件

沙头角派遣队是上水地区宪兵队辖下的分队，由小田坦平准尉出任队长，下属包括五名宪兵、五名辅助宪兵、五名华人宪查、一名台籍传译，宪兵包括猿渡德重曹长、毛保嘉治军曹等，辅助宪兵有佐佐木由藏军曹等[16]。

当时日军多次受到抗日游击队袭击。1945年3月初，一名日军被游击队员击伤。6月及7月，沙头角派遣队在夜间遭到游击队袭击，另外有印籍警察及警备队成员被绑架。因此宪兵经常在沙头角一带展开搜捕行动，拘捕怀疑是游击队员的村民。[17] 1945年2月—8月，他们在沙头角的万屋边、禾坑、莱洞、鹿颈、乌蛟腾等地执行拘捕抗日游击队的行动，把村民带到沙头角宪兵部肆意虐待，更在未经审判的情况下处决被捕者。

其中一次搜捕行动的起因是由于沙头角警备队队长齐藤少尉（Saito）收到消息，有共产党员聚集在乌蛟腾开会，因此要求沙头角派遣队合作展开扫荡行动。当时沙头角派遣队人手不足，因此队长小田坦平向上水地区宪兵队队长小畑千九郎报告。小畑千九郎于是另派高山指挥的特别制服防卫队约八人参与围捕行动。警备队派出约十八人及一名传译参与行动，而沙头角派遣队则派出队长小田坦平及两名辅助宪兵参与。全队共有约三十人。[18]

1945年7月11日早上[19]，各队会合后，由其中约五名警备队队员作为先锋带领，向乌蛟腾前进。数名先锋进入鹿颈村后向四至五名华人大叫，这些人随即向左右两边逃跑。警备队队长立即走上前，指示先锋向逃跑的人开枪，令其停下。他指示宪兵负责向右边追捕，而他则带领警备队向左边追捕，两队稍后在乌蛟腾会合。[20]

宪兵队首先到达乌蛟腾，一小时后警备队亦到达。警备队队长表示曾经向逃跑的人开枪，击中一名华人，同时拘捕了另一名华人。[21]

这名被日军开枪打中的华人名叫李海才（音译：Lee Hoi Choy），是禾坑村村民，遇害当日他与叔父到鹿颈村探望朋友。他到达鹿颈村后，遇到日军的猿渡和佐佐木执行扫荡。为免被捕，他向山边逃跑。几名日军见状从后追赶，走到田里就向他开枪。村民陈英才（音译：Chan Ying Choy）则向另一方向逃跑，最终被日军拘捕。李海才避过枪击继续逃走，走到山脚位置时再遭到日军枪击。他中枪倒地，但仍奋力往山上爬行，最后还是被日军抓获。日军将他抬到树下审问及搜查，最后就地开枪击毙。陈英才之后被日军带走，并继续前往乌蛟腾。李海才的尸体随后由他的叔父埋葬在山上。[22]

另一宗拘捕事件同样发生于1945年7月。7月初，一名隶属沙头角派遣队的传译员因病到九龙就医，在返回沙头角途中被绑架。沙头角派遣队队长小田坦平向上水地区宪兵队队长小畑千九郎汇报，小畑千九郎于是命令他调查此事。他指派其下属猿渡及两名辅助宪兵在7月14四日至15日展开两次拘捕行动。其中一次行动地点在粉岭军地马场附近，另一次则在一间茶馆内。[23]

此次行动拘捕了五名疑犯，包括万屋边村长钟安（音译：Chung On）、村民罗贵（音译：Lo Kwai）及莱洞村长邓顺（音译：Tang Shun）等。由于没有传译，小田坦平命令华籍宪查负责审问犯人。审讯后得知该名传译在7月11日失踪，而且绑架传译的游击队队员曾经过万屋边，另外禾坑与莱洞也与事件有关。[24]

根据审问得来的情报，沙头角派遣队于是在7月16日于万屋边、禾坑与莱洞展开拘捕行动，拘捕了十多名村民。日军将他们带回沙头角宪兵部逐一审问。审问期间，村民均遭受到不同程度的虐待。钟安、邓顺、罗贵分别被猿渡及毛保用木棍、竹竿、藤杖等殴打，其中邓顺被打至左眼失明，宪兵更用锄头的把手戳他的腹部及私处，又用狗来威吓他，迫使他说出失踪传译的下落。[25]

· 67 ·

其他被捕的村民张国文（音译：Cheung Kok Mun）、唐劳（音译：Tong Lo）、钟健泰（音译：Chung Kin Tai）、李送（音译：Lee Sung）、李福（音译：Li Fuk）、郑三才（音译：Chang Sam Choy）、陈天送（音译：Chan Tin Sung）、唐舟（音译：Tong Chau）、陈福昌（音译：Chan Fook Cheung）等也惨遭残暴的对待。7月16日他们被带到沙头角宪兵部，猿渡及毛保用棍击打他们身体的不同部位。李福、郑三才、陈天送三人更被"吊飞机"。后来，他们三人又被猿渡及佐佐木带到六里外的莲麻坑作苦工，负责在高处拆掉铁片，用以修葺宪兵部。李福在出庭作证时指证，在被囚禁期间，他们没有获发任何食物。[26]

元朗八乡拘捕及滥杀村民事件

1945年6月16日，由高山领导的特别制服防卫队及山田领导的秘密武装队合作，在元朗八乡附近联合拘捕游击队队员；事缘有三名密侦在元朗的一间酒店内被杀。当日早上6时半，两队共派出二十多人到八乡附近的一条村落搜捕疑犯。他们认为村内有很多土匪埋伏，具有危险性，因此由高山的队伍负责包围村落。山田调查了有关疑犯的特征，并准备了一份列有五人的拘捕名单。他们计划拘捕疑犯后就由山田带回元朗宪兵部审问。[27]

队伍入村后，山田没有发现拘捕名单上的疑犯，他的队伍于是转移到另一个村落，在村内拘捕了两名村民，并确定其中一人是游击队队员。[28]这两名被捕的村民是范国良（音译：Fan Kwok Leung）及八乡上村的村长杜悦强（音译：To Yuet Keung），他们被带到邻近的莲花地村，饱受残暴的虐待，杜悦强更惨遭宪兵斩首。

当天，日军先拘捕了杜悦强，再来到范国良的家中搜查他的住所，将他拘捕。日军带二人到附近的莲花地村，并命令他们坐在村长郭应运（音译：Kwok Ying Wan）的住所门外。当时有大批日军进出屋内。[29]

然后，日军将二人带进屋内审问。他们指控范国良收藏枪械，并用枪杀死数个人，于是命令他交出枪械，更怀疑他窝藏共产党军人。

杜悦强被指是游击队队员，他否认并重申自己只是刚上任的村长。日军于是对他灌水，并用秤锤击打他的双手。他大声呼叫，最终被迫认罪。日军绑起他的双手，带到屋外庭院准备处决。[30]

此时范国良服从日军的命令走到屋外，高山用枪柄击打他的背部，其他日军则踢他的大腿迫使他躺下。日军又用手遮掩他的双眼，并指示军犬咬他的颈及手臂，连衣服也被撕破。此时，高山用刀指向他的喉咙，另外两名日军分别用枪对准他，又用力踩他的腹部，迫使他认罪。他否认控罪，三人再次跳到他的身上，踩踏他的身体。他最终由于力气不支晕倒。[31]

其后山田向高山借了一把长刀，向杜悦强走去，把他的头砍下。为了杀一儆百，日军勒令在场人士排列成一行，观看杜悦强被斩首的过程，更威胁在场人士如再次发生同样事件，将烧毁整个村落。杜悦强被斩首后，皮肉仍然相连，日军于是用刀把相连处斩断，并向其尸体开了六至七枪，鲜血不断流淌出来。约两小时后，范国良恢复意识，当时日军已经离去。他无法站立，只见杜悦强的尸体在其附近。[32]

元朗派遣队隶属上水地区宪兵队，由矢吹力荣担任队长，其下属包括四名宪兵、十名辅助宪兵、五名宪查。[33]在元朗宪兵部内，有不少平民被滥捕及肆意虐待。

1945年3月上旬至中旬，元朗派遣队收到消息，有共产党成员在元朗市内的商店及娱乐场所活动。他们于是派遣情报人员到不同的地方看守，并拘捕一名疑犯。根据这名疑犯提供的资料，队长矢吹带同下属展开拘捕行动，于不同时间地点逮获另外八名村民包括文英寿（音译：Mun Ying Sau）、文清乐（音译：Mun Ching Lok）、文森福（音译：Mun Sam Fok）、文权招（音译：Man Kuen Jiu）、文权梅（音译：Man Kuen Mui）、文平泰（音译：Man Bing Tai）及文瑞福（音译：Man Sui Fok）等，他们被带到元朗宪兵部审问。[34]

文英寿和其他同村的村民于1945年3月28日被捕，宪兵带同村长到不同的住所拘捕他们，然后用货车运到元朗宪兵部。他们在宪兵部

· 69 ·

审问期间被指控是游击队成员，文英寿遭受宪兵矢吹及辻冈以不同的方法虐待，除了灌水，二人还用木棍和铁棒击打他的身体，又让狗咬他的大腿。[35]

被捕一星期后，宪兵第三次审问文英寿。他们把木棍置于文英寿的膝后，然后命两名日军站在木棍的两端，使其膝部受压；又点燃纸张烧灼他的脸颊及背部。宪兵还对他施行电刑，将连接了电池的电线缠在文英寿的手指上，使他触电受伤；最后再来一轮殴打及灌水，直至五十天后才释放他。与他一同被捕的文清乐、文瑞福等人同样遭受宪兵虐待，屈打成招。[36]

1945年8月1日，宪兵展开了另一次拘捕行动，有十五人被捕，当中大部分人姓张。日军带张永乐（音译：Cheung Wing Lok）到元朗宪兵部后，矢吹及辻冈多次对他用刑，包括灌水及殴打至晕倒。矢吹又放出狗威逼他认罪，还把燃烧着的烟头放入他的肚脐。张永乐的同村亲戚张华炳（音译：Chung Wa Bun）亦于同日被捕，宪兵怀疑他是游击队成员，并要他讲出游击队的驻地。他否认指控，因此遭辻冈多番虐待。所有村民在宪兵部被囚禁了十多日，直至日军投降后才获得释放。[37]

1945年2月—8月期间，上水地区宪兵队队长小畑千九郎与他的多名下属，在上水、沙头角及元朗等地虐待新界村民，滥用酷刑，而且未经审判处决村民。香港军事法庭裁定他们的行为触犯战争公法及惯例，判处高山正夫死刑，并判其余各人分别监禁一至十二年不等。[38]

▶1-34 元朗宪兵部平面图

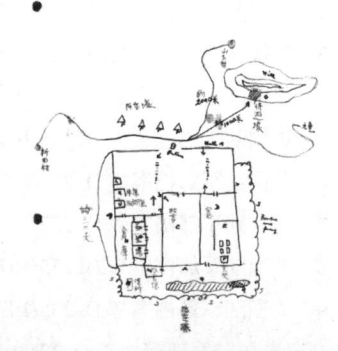

▶1-33 位于乌蛟腾村口的"抗日英烈纪念碑",由东江纵队司令员曾生题写碑名

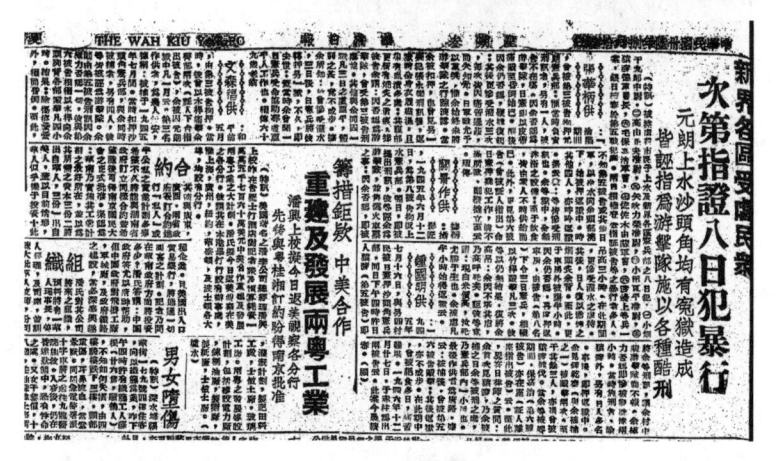

▲1-35 战后,元朗、上水、沙头角乡民纷纷指证上水宪兵队的暴行

· 71 ·

注释

1. 旧上水警署现址被用作大埔区少年警讯会所。
2. 英国陆军部档案 W.O. 235/1073：100 — 101，353。
3. 英国陆军部档案 W.O. 235/1073：353 — 354。
4. 英国陆军部档案 W.O. 235/1073：5，354。
5. 英国陆军部档案 W.O. 235/1073：355。
6. 英国陆军部档案 W.O. 235/1073：363。
7. 英国陆军部档案 W.O. 235/1073：357，516。
8. 英国陆军部档案 W.O. 235/1073：370 — 371，490。
9. 英国陆军部档案 W.O. 235/1073：61 — 65，73。
10. 英国陆军部档案 W.O. 235/1073：76 — 78，84，290。
11. 英国陆军部档案 W.O. 235/1073：78，291 — 292。
12. 英国陆军部档案 W.O. 235/1073：91，95，99 — 101，631。
13. 英国陆军部档案 W.O. 235/1073：177 — 180。
14. 英国陆军部档案 W.O. 235/1073：180。
15. 英国陆军部档案 W.O. 235/1073：181，183 — 184。
16. 英国陆军部档案 W.O. 235/1073：427。
17. 英国陆军部档案 W.O. 235/1073：429。
18. 英国陆军部档案 W.O. 235/1073：436。
19. 控方证人陈英才及李新有（音译：Lee San Yau）作证时指事发日期是1945年7月11日；被告小田坦平提出的日期是1945年8月初。
20. 英国陆军部档案 W.O. 235/1073：293，305，437。
21. 英国陆军部档案 W.O. 235/1073：427 — 438，500。
22. 英国陆军部档案 W.O. 235/1073：305 — 310，436，538 — 541。
23. 英国陆军部档案 W.O. 235/1073：429 — 430。
24. 英国陆军部档案 W.O. 235/1073：429 — 431，457，467。
25. 英国陆军部档案 W.O. 235/1073：156 — 158，194 — 197，235 — 236，430。
26. 英国陆军部档案 W.O. 235/1073：165，170 — 171，203，209，214 — 215，218，220 — 222，228 — 230，243，247 — 248，452。
27. 英国陆军部档案 W.O. 235/1073：274，278，492 — 493。
28. 英国陆军部档案 W.O. 235/1073：494 — 496。

29　英国陆军部档案W.O. 235/1073：260 — 261，315。
30　英国陆军部档案W.O. 235/1073：260 — 262，320。
31　英国陆军部档案W.O. 235/1073：263 — 265。
32　英国陆军部档案W.O. 235/1073：266，278 — 279，322 — 323。
33　英国陆军部档案W.O. 235/1073：404 — 405。
34　英国陆军部档案W.O. 235/1073：106，411。
35　英国陆军部档案W.O. 235/1073：105 — 110。
36　英国陆军部档案W.O. 235/1073：111 — 114。
37　英国陆军部档案W.O. 235/1073：130 — 137，142，144，413。
38　英国陆军部档案W.O. 235/1073：3。

第二章

残害百姓的日军宪兵队

九龙宪兵部特高班四处扫荡

　　九龙地区宪兵队是香港宪兵队辖下的一个地区宪兵队,管辖范围除了九龙半岛外,还包括新界的一些地区,例如西贡、大埔等地。在九龙地区宪兵队中,队长平尾好雄少佐权力最大,负责指挥和管理下属,并处理有关军事警察、维持秩序,以及各类行政上的事项。队长之下设有一名班长,直接向队长负责,通常由准尉出任。班长主要负责协助队长,管理整个宪兵部的人事事项,并为曹长级别以下的士兵分配职务。[1]班长以下是四个不同的部门,包括庶务班、警务班、司法班和特高班。[2]

特高班的编制

　　特高班是九龙地区宪兵队的一个重要机关,对外主要从事反间谍、反共产党游击队的行动,对内则要预防间谍在组织内部出现。特高班由一名主任负责领导,他的职级于班长之下,由班长监管。主任的职责包括向下属传达队长的命令,以及就他们的工作情况编写报告。[3]

　　特高班其他成员的职责分为文书及外勤两类。前者包括审查邮件及相片、处理及归纳进出宪兵部的文件;后者则包括护送重要人物、在特殊场合担任看守工作、跟踪疑犯、审问疑犯、搜查或突击检查、调查空中的可疑爆炸及因空袭造成的死伤。另外一项重要的工作是搜集情报,情报经过确定后,就会展开拘捕行动。[4]

　　特高班的每名队员,无论是主任或其他成员,都要编写个人的工作日志。他们要把每日的职责、工作详情及注意事项都记录在案。翌日早上该工作日志会经由班长呈交队长平尾好雄查阅,以监管他们是否遵从及执行相关指令。平尾好雄也会就日志中报告的内容,向下属发布命令及指导。[5]

当时九龙地区宪兵队特高班的主任为大村清准尉，其余成员包括川澄准曹长、吉冈荣造曹长、西田政人军曹及川井久雄军曹等。他们于1944年至1945年间在西贡及大埔展开大规模拘捕行动，将村民带至油麻地警署[6]审问，期间施以酷刑，导致多人死亡。

大埔南华莆拘捕事件

1944年3月，大埔宪兵派遣队的两名印籍宪查被游击队掳走。五月，属于该队的元州哨站受到游击队袭击，而且被放火烧为灰烬。10月左右，该队的一名传译员也被捉走。[7]

当时大埔派遣队的队长是山田规一郎，他就有关事件展开调查及搜集情报。他拘捕了一名与游击队有联系的情报员，在审问期间发现大埔林村是游击队的基地，更与上述事件有关。他将搜集得来的情报向九龙地区宪兵队队长平尾好雄报告，平尾好雄于是下令展开围捕行动。1944年12月28日，日军派遣一百五十人到大埔不同的村落拘捕游击队员。除了九龙地区宪兵队外，其他地区如上水、沙头角、元朗的派遣队亦有到大埔参与行动。这次围捕行动中，宪兵队缉捕了约三十名村民，并将他们带回大埔宪兵部审问。同日，平尾好雄派遣特高班的川澄和藤原协助大埔派遣队审问村民。整个审问历时二十天，其中五至六名犯人移交到日军的军事法庭，其余都获释放。[8]

大埔南华莆是遭受宪兵围捕的其中一个村落。村民郑贵于1944年12月28日与村民林华、林侨惠、林宠锡、林瑞祺、郑保、林侨章等被拘捕到大埔宪兵部，翌日早上由山田规一郎及川澄准负责审问。郑贵被脱光衣服，跪在地上，任由山田规一郎用粗棍击打。其后二人命他躺在桌上，将他的手脚绑起，然后山田规一郎将用蜡烛点燃卷起的报纸灼烧郑贵的手臂、胸口及背部。由于郑贵不肯承认是游击队队员，山田规一郎便对他灌水，使他饱受折磨，之后更将他吊起来毒打。[9]

郑贵在囚期间，亦见到其他村民被虐的情况。郑贵的伯父郑保[10]是

◀2-01 郑伦光(中)的祖父郑保在日占时期是南华莆村村长，日军扫荡南华莆时用酷刑将郑保折磨致死

◀2-02 省躬草堂在日占时期曾被征用为大浦宪兵部

◀2-03 九龙宪兵队特高班长官大村清准尉

南华莆村村长，他在审问期间除了被施以灌水刑外，还被山田规一郎用砖头击伤腿部，使他的双脚肿胀并不断流血。另外，宪兵用电线绑住他的脚拇趾，再把他拖拉移动。返回囚室后，他告诉被捕的村民不要承认是游击队员，否则全部都会被日军杀害。翌日，他再次受审问折磨，最终在十数天后伤重身亡。[11]

林天球与郑贵一同被捕，他紧接郑贵之后被带去审问。期间，他遭山田规一郎及日军传译员何朗灌水、虐打及吊起，全身湿透，身体变得十分虚弱。数日后，他再次接受山田规一郎等人的审问，最终耐不住酷刑的折磨而死。[12]

川澄准及山田规一郎将另一名村民林侨惠，带到宪兵部内的一块空地审问，并施以水刑。其后，又将他带到另一个地方"吊飞机"，同时不停殴打他。林侨惠在大埔宪兵部被囚禁折磨二十八日后被释放。[13]

林瑞祺[14]也惨遭虐待至体无完肤。由于他是大学生，加上香港本来是英国的殖民地，所以宪兵不但怀疑他是游击队员，更认为他必定与英军成员有联系，于是指控他不协助日军，在审问期间对其施以更为残暴的酷刑。宪兵用锄头击打他的背部，导致背部割伤流血及发炎，伤口深可见骨。至于他的十只手指则被人用刀尖从指甲缝中插入，右腿亦有受伤。他并未从未因此而承认有关控罪，山田规一郎遂对他施以毒打及灌水刑，更把他吊在一根铁柱上，再在下方点燃报纸，焚烧他的双脚。他被扣留二十八日后予以释放，但当时已无法自行走路，需由家人抬返村内，最终在回家两个多月后死亡。[15]

除南华莆村外，其他村落如坑下莆村、塘下村亦有村民被捕。他们在审讯期间均遭川澄准及山田规一郎殴打及施以灌水刑。村民被囚禁多日，皆未获得日军发放任何粮水。

西贡大拘捕事件

新界西贡是抗日游击队港九大队活跃的地区之一。该大队于1942年2月在西贡半岛黄毛应村建立，西贡因而成为日军残酷镇压和清剿抗日游击队的重要地区之一。

1944年9月26日，九龙地区宪兵队于西贡大蓝湖村、界咸村、蚝涌村、大洞村及南围村展开大规模围捕，带走一批被怀疑是游击队员的村民。日本宪兵发动这次围捕的原因是，在1944年9月18日，游击队俘虏了宪兵队的台籍传译员林台宜，并带到西贡蚝涌村附近。当时驻守西贡的日军警备队小队正在该地区巡逻；他们听到消息后，立即派人跟踪共产党的游击队伍。途中，警备队成员捡到了据称是游击队的若干文件。[16]

九龙地区宪兵队队长平尾好雄从警备队西贡宪兵队队长手上接到这批文件。文件中详细记载俘虏台籍传译的计划，以及游击队的常备队、生产队、公益堂、小鬼队（指参与游击队的年青成员）、阅读会等组织的会员姓名和地址等数据。另外，亦有文件提及共产党军队位于大浪的训练学校。文件中提到的游击队员都是西贡的村民。[17]

翌日，平尾好雄带同文件到香港宪兵队本部会见宪兵队长野间贤之助，报告有关事件。9月26日，平尾好雄发出行动指令，下令九龙地区宪兵队所有宪兵，连同九龙塘及深水埗派遣队，一起参与西贡的拘捕行动。行动当日，宪兵根据文件上的名单，拘捕了大约八十名西贡村民，并将他们拘留在油麻地警署。[18]

由于案件牵涉游击队，属于特高班的工作范畴，故此平尾好雄表示，所有审问都交由九龙地区宪兵队的特高班负责。特高班主任大村清透过班长向平尾好雄表示，他们无法处理如此大量的囚犯，而且当时特高班手上仍有等待处理的案件。平尾好雄于是调动宪兵队其他部门的成员，以及其他派遣队的宪兵协助审问。审问从9月28日开始，持续了二十多天。一个月后，被捕的八十名村民当中有五十人获释，其余三十人被解往九龙地区宪兵部。直到12月30日，这三十人当中有二十人移送至日军司法机构审讯，其他则获释。[19]

为了迫使村民承认与游击队有关，宪兵在审问的过程中，对他们施以种种酷刑，导致有些村民死亡或身受重伤。日本宪兵大村清、川澄准、西田政人、吉冈荣造都曾参与审问，其中大村清、川澄准、西田政人当时驻守于九龙地区宪兵队，吉冈荣造则驻守于隶属九龙地区宪兵队的西贡分队。

宪兵认为西贡界咸村是游击队的据点[20]，于是在该村拘捕了不少村民。村民谢天然在1944年9月26日被捕后，连同其他村民谢佑芳（音译：Tse Yao Fong）、谢旭明（音译：Tse Yuk Ming）、谢石（音译：Tse Shek）等人囚禁在油麻地警署。四日后，吉冈荣造以及一名钟姓传译员开始审问谢天然是否为游击队队员。他一共接受了两次审问，期间均遭人用木棍等物件殴打，痛苦万分。[21]

谢天然的父亲谢容保更为不幸。他惨遭吉冈荣造殴打至遍体鳞伤，头部流血，最后死于狱中。谢天然在油麻地警署囚禁一个半月后，与其他囚犯一同转移到九龙地区宪兵部。在那里他得知一同被囚禁的村民遭宪兵虐待致死，其中李业（音译：Lee Yip）、温生记（音译：Wan Sang Kee）、刘牛（音译：Lau Ngau）及刘宁（音译：Lau Lin）均遭受虐打；温生记更被灌水，最后四人相继死去。[22]

界咸村村长谢恩[23]本为一胖壮男子，被捕四日后接受吉冈荣造审问。期间他被打至左臂骨折，断骨更插穿皮肤突出皮外。他难以抵受创伤带来的痛楚，最终在两小时后口吐鲜血及白沫死亡。[24]

村民谢石在油麻地警署受审期间，亦遭吉冈荣造虐打及灌水。其叔父谢佑芳也被吉冈荣造殴打至手臂断裂，双腿无法走动，受审当日黄昏时分在囚室内死去。谢石随后被转囚于九龙地区宪兵部，半月后方获得释放。[25]

村民曾甲（音译：Tsang Kap）同样惨遭宪兵虐待。他与其他村民先被带到西贡大埔仔，再运送到油麻地警署。三日后，他在警署后院一间小屋接受大村清审问，期间被施以夹棍刑。大村清先命令他蹲下，两名传译员将一根棍子放在他的膝后，再站在棍的两端施加压力，使其痛不欲生。[26]

除界咸村外，其余的村落亦逃不出日军的魔掌，大蓝湖村是其中之一。1944年9月26日，宪兵及传译共十多人到大蓝湖村内展开捕行动，拘捕温天祥（音译：Wan Ting Cheung）、他的两名兄长及同村的村民。日军先把他们带到邻近的蛮窝村，再拘捕该村另外一批村民，然后一同带回油麻地警署。[27]

囚禁期间，温天祥与其兄温容福（音译：Wan Yong Fuk）均遭西田政人用木棍殴打，当中后者更被打至全身受伤。吉冈荣造同时将温天祥的另一名兄长温容石（音译：Wan Yong Shek）打至腕骨折断，臀部受伤。温容石于1944年12月前后离世，而温容福则于1945年1月死亡。温天祥随后转到九龙地区宪兵部囚禁，期间看到多名村民被虐待，甚至死于宪兵部内，两个月后他再被转囚于赤柱监狱。[28]

南围村亦有不少村民被捕。渔民成仲安（音译：Sheng Chung On）与村内四十多名村民，被数十名宪兵带到油麻地警署囚禁一星期后，由吉冈荣造负责审问。成仲安否认自己是游击队员，吉冈于是毒打他和施以灌水刑，及后宪兵还用烟头及火柴灼伤他的背部。[29]

在油麻地警署囚禁期间，成云华（音译：Sheng Wan Wah）遭宪兵殴打及灌水，最终在囚室内死亡。死前鼻孔流血，更看似患上疟疾。[30] 袁福（音译：Yuen Fook）同样遭受宪兵灌水及毒打，以致手臂受伤、腿骨骨折，不能走路，而且身上有多处撕裂损伤，数天后去世。[31] 日本宪兵残酷的暴行还见于刘煜光（音译：Lau Yuk Kwong）身上。他们不仅用火点燃刘煜光身上的衣服，更焚烧他的私处，使其饱受折磨，痛极离世。[32]

九龙地区宪兵部内的虐囚事件

除了参与九龙地区宪兵队的大规模搜捕行动之外，特高班队员还需要处理其他零星的案件。当时有很多囚犯在九龙地区宪兵部遭受特高班的宪兵虐待，因为宪兵怀疑他们与英军或游击队有密切的关系。

其中一个案件是有关游击队队员教唆印度人逃走。1944年2月至3月期间，在不同地方如日军的仓库、船坞、沙头角、九龙地区宪兵等都发生印度人逃走的事件。他们携带大量武器逃走出境。这些逃犯原本都是根据总督部的指令而获得假释的战俘或囚犯，他们出狱后为日军工作，或于宪兵部担任守卫或宪查。由于一连串的事件都在九龙地区宪兵队的管辖范围内发生，因此引起队长平尾好雄的关注。他认为是游击队的成员煽动这批印度人逃走，于是下令特高班尽快展开调查及拘捕疑犯。[33]

西田受命负责搜集有关的情报，其下属从一名印度人身上获得资料。这名印度人称，在九龙塘遇到一名华人。这名华人声称当时战争的进展对日军非常不利，盟军将会发动登陆作战；如他想返回印度，可以免费带领他，并提供所需物资，但条件是要尽可能携带更多武器出境。西田命令该印度人假意答应，并进一步套取资料。情报显示这名华人是游击队队员，平常在一间印刷店工作，以便隐藏身份，并持续地劝诱不同的印度人携带武器逃走，更有四至五名同党负责夺取日军的武器。[34]

此时，西田接到平尾的命令，负责审问一名与案件有关的名为杨鸿（音译：Yeung Hung）的犯人。从他的供词中可知，游击队的行动基地位于九龙模范村（Mo Fan Village），而且提及了其他游击队的成员，包括许树培（音译：Hui Shu Pui）、吴有兴（音译：Ng Yau Hing）、吴伟奇（音译：Ng Wai Kee）、吴伟全（音译：Ng Wai Chuen）、吴泰兴（音译：Ng Tai Hing），以及他们未来的行动计划。根据这些资料，宪兵展开拘捕行动，把相关的人员都带回宪兵队审问。[35]

1944年4月24日，西田拘捕了吴泰兴和吴伟奇，并带到九龙地区宪兵部囚禁，期间曾多番审问他们。西田不但用棍及锁匙击打二人，吴伟奇更遭受"吊飞机"及踢胸等残酷的刑罚。[36]另外，他们亦目睹其他成员受虐。吴伟全及吴有兴遭川澄及西田用棍殴打；许树培则从一楼跃下，但自杀未遂，之后被西田吊起了一日一夜。[37]吴泰兴最后被迫认罪，承认是游击队队员，宪兵更替他签署认罪状，他最终被判监禁三年。[38]

另一名受害者是钟雪英（音译：Chung Shuet Ying）。她于1943年6

月18日与戴福（音译：Tai Fook）及其余十多人一同被捕后带到九龙地区宪兵部。西田最初将她吊起来虐打，她因受不了连番折磨，于是把头撞向墙企图自杀，却遭到西田嘲笑。在往后的审问中，除了不停虐打、灌水及"吊飞机"外，西田更脱掉她身上的衣服，用棍打她及戳她的私处。[39]

戴福也同样遭到宪兵虐待，他被指控是英军服务团的成员。他和钟雪英被捕前，负责传送香港的数据到惠州，包括有关香港的商品、空袭的结果及港内船只的数目等资料。另外，每隔三至四日亦会走私香港的报章到惠州。他们被捕的原因是他们的同伴陈景（音译：Chan King）被捕后遭迫供，透露了组织内其他成员的名字。连同他们在内，组织内共十三人本被判处死刑，但最终改判为监禁。[40]

日本宪兵大村、川澄、吉冈、西田四人在油麻地警署，以及九龙和大埔宪兵部内，对被捕村民滥用酷刑，肆意虐待，导致多人死亡，最终于1948年3月31日被军事法庭裁定有罪。吉冈被判以绞刑，大村、西田被判监禁二十年，川澄亦被判监禁十二年。[41]

▶2-04 日军认为西贡界咸村是抗日游击队的据点，不少村民因此惨遭折磨

▶2-05 1944年9月，宪兵队在西贡南围村拘捕了40多名村民，部分村民被酷刑折磨致死

▶2-06 新界西贡曾是港九独立大队活动的重要地区之一。图为战后英国名将李芝上将在一次集会中代表军方感谢西贡乡民热心抗日

注释

1 英国陆军部档案 W.O. 235/1112：273—274。
2 英国陆军部档案 W.O. 235/1112：273。
3 英国陆军部档案 W.O. 235/1112：273，410—411。
4 英国陆军部档案 W.O. 235/1112：274—275，305。
5 英国陆军部档案 W.O. 235/1112：274—275。
6 油麻地警署曾经驻有油麻地宪兵派遣队，后来该队裁撤，旧址改作印籍宪查宿舍，但宪兵仍会利用该处来囚禁及审问犯人（参考：英国陆军部档案 W.O. 235/1112：390）。
7 英国陆军部档案 W.O. 235/1112：289。
8 英国陆军部档案 W.O. 235/1112：288—289，394。
9 英国陆军部档案 W.O. 235/1112：158—162。
10 又名郑子宏。
11 英国陆军部档案 W.O. 235/1112：167—169。
12 英国陆军部档案 W.O. 235/1112：163—165。
13 英国陆军部档案 W.O. 235/1112：180—185。
14 又名林昌才或林大学。
15 英国陆军部档案 W.O. 235/1112：193—197。
16 英国陆军部档案 W.O. 235/1112：276。
17 同上。
18 英国陆军部档案 W.O. 235/1112：276—277。
19 英国陆军部档案 W.O. 235/1112：277—278，394。
20 英国陆军部档案 W.O. 235/1112：328。
21 英国陆军部档案 W.O. 235/1112：82—84。
22 英国陆军部档案 W.O. 235/1112：85—87，89—92。
23 档案原文错误译音为 Chan Yan，真实名字应为谢恩，又名谢汉恩。
24 英国陆军部档案 W.O. 235/1112：116—119，121—123。
25 英国陆军部档案 W.O. 235/1112：101—102，104—105，109。
26 英国陆军部档案 W.O. 235/1112：153—155。
27 英国陆军部档案 W.O. 235/1112：62，72。
28 英国陆军部档案 W.O. 235/1112：64—67，69—70。

29　英国陆军部档案 W.O. 235/1112：123 — 126。
30　英国陆军部档案 W.O. 235/1112：143 — 145。
31　英国陆军部档案 W.O. 235/1112：127 — 128，140 — 143。
32　英国陆军部档案 W.O. 235/1112：146 — 147。
33　英国陆军部档案 W.O. 235/1112：314 — 315。
34　同上。
35　英国陆军部档案 W.O. 235/1112：314 — 317。
36　英国陆军部档案 W.O. 235/1112：225 — 231。
37　英国陆军部档案 W.O. 235/1112：232 — 235，386。
38　英国陆军部档案 W.O. 235/1112：236 — 237。
39　英国陆军部档案 W.O. 235/1112：250 — 253。
40　英国陆军部档案 W.O. 235/1112：260 — 261，383。
41　英国陆军部档案 W.O. 235/1112：3 — 4。

沙头角宪兵队嗜血成性

日军侵袭香港之后，沙头角的华界和英界皆被日军占领。日军在沙头角设置宪兵部，驻扎在沙头角车坪街。中英街三号界碑附近有一栋金字顶旧屋，是当年沙头角宪兵部的主要建筑，遗址至今犹存。日军除了在沙头角驻有宪兵派遣队外，还在华界的沙栏吓派驻了一支称为"警备队"的军队，借以巩固沙头角的防务。[1]

沙头角位处新界东北部的边境地带，与内地山水相连，是香港通往内地的交通要道之一，在政治及军事上具有重要地位，因此为抗日游击队提供了良好的游击阵地。东江纵队抗日游击队在沙头角地区十分活跃，沙头角宪兵派遣队为了打击抗日游击活动，经常与警备队连手扫荡各个乡村，抓捕大批村民。日军对村民施以毒手，以宁枉勿纵的手法严刑迫供；不少村民饱受其苦，更有村民因此命丧刑下。

中岛德造是沙头角宪兵派遣队的军曹。他在该区恶名远播，直接参与日军在沙头角的种种暴行。中岛德造与他的上司桑木清盛曹长同在战犯之列，被控在1943年6月—1944年12月期间对沙头角地区的村民施以酷刑，并导致十多名村民死亡。[2]

沙头角宪兵派遣队

在1943年6月—1944年12月期间，沙头角宪兵派遣队隶属九龙地区宪兵队，共有两名宪兵、五名辅助宪兵、五十多名华籍及印籍宪查以及一名台籍传译员，管辖范围包括新界东北部的山岳地带内的四十多个村落。沙头角宪兵派遣队主要的工作是按照九龙地区宪兵队队长发出的指令，执行军事警察和行政警察的职责。另外，派遣队亦负责巡逻边界地区以及收集危害地区治安的情报。[3]

沙头角宪兵派遣队的两名宪兵分别是桑木清盛和中岛德造。1942年7月7日，桑木清盛由日本大阪宪兵队转调至九龙地区宪兵队，当时的军阶是军曹。1943年8月，桑木清盛升为曹长，并担任沙头角派遣队队长，任职至1945年5月20日。[4]

中岛德造是沙头角派遣队的宪兵军曹。1942年2月底，他调迁至位于粉岭的新界地区宪兵部。该部是当时新界各区的宪兵总部，由石川中尉主理。同年八月香港宪兵队改组，新界全区宪兵统一由九龙地区宪兵队指挥。同年十月中旬，中岛德造调往沙头角派遣队。沙头角派遣队最初有三名宪兵，当时中岛德造只需负责日常的工作，如文书及账目的处理，以及配发军火弹药及粮食等事宜，一切审问均由当时的队长大村曹长和另一名宪兵主理。沙头角宪兵派遣队在1943年4月缩编，之后只剩下两名宪兵，中岛德造因此开始参与审问工作。[5]

日军在沙头角区的扫荡行动

沙头角地区近海多山，地形复杂。中国共产党领导的抗日游击队在沙头角的活动非常频繁，多次对日军发动攻击，日军防不胜防，因此视沙头角为危险地区。

日军占领香港后，着力清剿于新界活动的游击队。在沙头角，日军为了搜捕游击队队员，时常在附近一带村落展开大大小小的扫荡围捕。每当宪兵接获游击队在沙头角村落出没的线报，即派遣数十人的队伍入村搜索。宪兵利用沙头角区的人口记录，搜捕实际上并不居住在沙头角的人。另外，日军怀疑青壮年男子是游击队队员，亦会专门捉拿他们。这些村民在宪兵部遭到严刑拷问，不少村民被活活虐待致死。[6]

在日军的全面扫荡下，沙头角多个村落的村民都遭逢日本宪兵的毒手，莲麻坑、南涌、荔枝窝、三桠、万屋边等地都有村民被逮捕。日军主要到村内搜捕游击队队员或与游击队有联系的村民，亦有村民因为走私粮食及日用品而被捕。1943年10月及1944年9月，莲麻坑村就遭遇了两次大规模搜捕，每次被拘捕囚禁的村民多达六七十人。[7]1943年6月18

日，南涌村约二十名村民被拘捕至沙头角宪兵部。[8]在荔枝窝村，中岛德造连同三十名日军及宪查于1944年6月1日到村内搜捕，带走村长及一名村民。[9]三桠村及万屋边村也有多人分别于1944年9月2日及1944年12月27日被捕并带到沙头角宪兵部。[10]

宪兵将村民逮回沙头角宪兵部后，随即展开审问，并施行酷刑，迫使村民承认曾参与游击队的活动。一般使用的酷刑是毒打、灌水、"吊飞机"及火灼，村民饱受皮肉之苦。在荔枝窝村，宪兵每家每户调查村民是否窝藏游击队队员，并把可疑人士抓捕后集中在村内的空地，再押返宪兵部拷问。[11]大部分村民都被宪兵用竹竿或铁棍殴打；其中两名姓曾的村民不但被铁锤击伤及灌水，更被中岛德造用燃烧着的报纸及香烟烧灼身体及私处。[12]同样的情况同时发生在三桠村、万屋边村等。[13]

莲麻坑村两次大拘捕

1943年10月9日，沙头角派遣队队长桑木清盛、队员中岛德造和戴传译率领十多名日军和宪查前往莲麻坑，拘捕了村内近七十名村民，带到沙头角宪兵部内的一处露天空地拘留。[14]

村民被拘留了三天后，日军来到空地，把当时的村长叶吉伟带到审问室拷问。中岛德造指控莲麻坑村村民匿藏游击队队员，另外又指村民协助九龙游击队的活动，以及参与轰炸粉岭发电站。[15]

叶吉伟否认这些控罪，中岛德造随即对叶吉伟施以酷刑。中岛德造指令宪查把叶吉伟缚在一把梯子上，使他无法弹动，又将一条水管放进他的嘴里，然后将水透过水管注入他的腹中，历时约五分钟之久。当叶吉伟被灌满水后，中岛德造随即踩在他的肚子上，让他把水吐出来。中岛德造再次迫叶吉伟认罪，叶吉伟再次否认，结果又遭受第二轮水刑。在离开审讯室时，叶吉伟已经无法正常走路。[16]

叶吉伟被单独囚禁了一个星期，当中两天没有获发任何食物。后来他被带到中岛德造的办公室。中岛德造再次向叶吉伟提出相同的问

▲2-07 昔日的沙头角宪兵部

▲2-08 叶维里在沙头角宪兵部旧址前介绍70年前莲麻坑村民被日军拘禁、拷打的亲身经历

▲2-09 1950年代的莲麻坑村

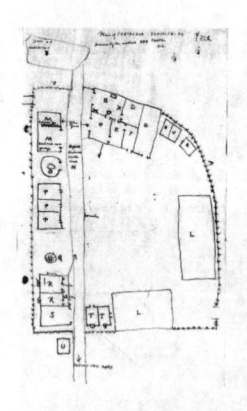

▲2-10 沙头角宪兵部平面图

▲2-11 日本人在日占时期继续开采莲麻坑矿山的铅矿

题,并哄骗叶吉伟说,若他认罪将会获释,否则就要受刑。叶吉伟回答说:"我情愿被用刑也不会认罪,因为我真的没有做过这些事。"中岛德造于是点燃一束大肉香[17]灼烫叶吉伟的颈部,并且命令叶吉伟跪下,然后用一条粗钢条横放在他双膝背后。中岛德造指示两个华人宪查在钢条左右两端跳动并往下压,使他的膝盖受压,苦不堪言。尽管遭受酷刑,叶吉伟始终没有承认日军对他的指控。之后他被继续囚禁了一个多月才获得释放。[18]

其他莲麻坑村的村民也惨遭中岛德造迫害。在叶吉伟遭受水刑而被折磨得不似人形后,宪查告诉被拘捕的村民,村长已遭受严酷的水刑,并警告村民要说实话,否则会遭到同样的对待。中岛德造进而迫令所有村民跪下,并指控村民匿藏游击队成员。村民叶天祥否认协助游击队活动,中岛德造于是用一根粗棍往他的背上猛打。后来叶天祥在审讯室被打至遍体鳞伤,走出审讯室时已经无法步行及吃喝。[19]

叶天祥被带出审讯室后,一直躺在地上,奄奄一息。村民叶吉邦请求为叶天祥寻找药物,但被宪兵阻止。当时中岛德造还说:"即使杀你们莲麻坑二三十人,我也不在乎!"叶吉邦只好向传译员恳求释放叶天祥。翌日,叶天祥获提早释放。他的母亲及一名叫尹氏的妇人到宪兵部把他抬走,他当时已经昏迷不醒。在返回莲麻坑的途中,年仅24岁的叶天祥已经死亡。[20]

1944年3月,日军控制的莲麻坑矿山失去了大量炸药,日军为此展开了调查。1944年9月8日的清早,桑木清盛、中岛德造、传译员和三十多名宪查再次包围莲麻坑村,并把村内约六十名十六岁以上的男性拘捕。日军将村民带到沙头角宪兵部,迫他们在露天的空地曝晒,再次对村民严刑逼供。[21]

中岛德造指控村民联同游击队盗取莲麻坑矿山的炸药。叶吉宏是六十一岁的老人,亦是当时莲麻坑村的村长。他否认这些指控,中岛德造随即用一根粗棍对他猛击,期间不停威逼他认罪。叶吉宏被打五六次后,中岛德造命令他跪在地上,并以一条铁棍放在他双膝拐弯处,命二人在左右两端往下压，持续了约十分钟。叶吉宏极度痛苦，整个人趴在地上不能动弹。叶吉宏再次否认控罪，接着被带回空地拘禁，两星期后才获释。[22]

叶吉宏的儿子叶天送的遭遇更为凄惨。叶天送在宪兵部被中岛德造不断用铁棍猛击，折磨了半个小时，期间不断发出惨叫声。他被带出来时不断吐出鲜血，身上还有多处瘀伤。叶天送在囚室中被囚禁了二十天才被释放。然而当时他已经难以行走，需依赖他的母亲搀扶才能回村。叶天送回家后无法进食，不时吐血，回村后约二十天死去，时年仅十七岁。[23]

在第二次大规模拘捕中，莲麻坑矿山技工叶生（音译：Yip Sang）亦遭中岛德造折磨致死。中岛德造指控他偷走莲麻坑矿山的炸药，随即施以酷刑。叶生在受刑时痛苦叫喊，中岛德造目睹这个情景却哈哈大笑，继续挥槌拷打。叶生被囚二十天后获释，回家十余天后逝世。[24]

日军暴行遍及沙头角各地

日占时期，不仅日军无法无天，连他们的爪牙也仗势欺人。1943年8月15日，一名宪查在沙头角中英街二十一号的店铺购买蛋糕，但拒绝付款。店内的伙计胡勇（音译：Woo Yung）与宪查争执，结果遭宪查击打；胡勇随即逃走，最终被日军拘捕并带至沙头角宪兵部。宪查竟颠倒是非，跟日军说他被胡勇侮辱，中岛德造于是将胡勇双手反缚于屋外的一条铁柱上，然后命人取出一具电池。他将钢线分别捆绕在胡勇的颈上、下身近小腹处及双脚上，再将钢线与连接电池的电线接驳。钢线通电后胡勇立即被电流刺激而大声呼叫，继而身体发抖，面色苍白。宪查随后向胡勇泼水，并用棍戳刺他的身体；后来发现他已气绝身亡，于是把尸体弃置在一角。[25]店主叶润（音译：Yip Yun）亲眼目睹胡勇被中岛德造折磨致死的经过。[26]

1943年6月19日，居住于沙头角石涌凹的二十九岁青年罗冠平（音译：Lo Koon Ping）于南涌村附近一处被日军逮捕。他被带至沙头角宪兵部，拘留了两个多月。除了灌水及"吊飞机"等宪兵惯用的酷刑之外，中岛德造还在拷问期间对他施行了"撑腰"刑：他由两名印籍宪查扶着，半跪于地上，另一人将铁铲置于他的背后，撑着他的腰骨，然后中岛德造及一名传译将其上身尽力推压，向后屈曲，使他痛不欲生，他在同年十二月底再次被捕。在七次的审问当中，连续六次都遭中岛德造及桑木清盛灌水，最后一次又再度被"吊飞机"。[27]

与罗冠平同时被囚的村民都同样惨遭中岛德造的毒手，他们均被殴打及灌水。罗冠平曾看见一名在囚者被中岛德造提出囚室外，随即听到他凄厉叫喊。二十分钟过后，只见其尸体横陈在露天的水沟中。[28]另外，与他同囚的蔡福（音译：Tsui Fook）和毛马大（音译：Mo Ma Tai）遭灌水后都惨死。[29]罗屋村村民罗泮（音译：Lo Pun）亦曾遭受"吊飞机"刑；中岛德造将他反缚，印籍宪查再把他吊至半空。经历此刑后，他的双臂因扭伤而残废，连进食和穿裤子都无法做到，臂上更留下疤痕。[30]

1944年6月1日，荔枝窝村村民曾务昌（音译：Tsang Mo Cheong）被押解到沙头角宪兵部接受刑讯，宪兵指他屋内藏有游击队队员。他否认有关的指控后，中岛德造便对他施以水刑，再用铁锤锤打他的头部，令他失去知觉。待他清醒后，中岛德造对他施以更残酷的虐待。中岛德造脱掉他的衣服，命令他躺在铺了报纸的地上，再在其身上覆盖几张报纸。接着，中岛德造点火燃点报纸以焚烧他的身体，他因此被烧伤，并留下疤痕。[31]

万屋边村村民唐路亦曾遭受火烫之刑。在审问时，中岛德造命唐路躺下，再将数个乒乓球放于他的身上，然后用火柴把乒乓球点燃，藉此烧灼他的身体。[32]另外，三桠村村民曾贵（音译：Tsang Kwai）亦有类似的遭遇，中岛德造将扭成条状的纸燃点，烧灼他的右脚脚踝。[33]除了纸张，中岛德造经常用香烟来烧灼村民不同的身体部位，使他们留下深深的疤痕。

日占时期，女性亦是日本宪兵的施虐对象，受尽万般凌辱。在宪兵部内，中岛德造曾威逼十多名女子脱光衣服，除了乳房外，在她们的脸部及身体涂上黑炭，刻意暴露其乳头及下体私处。这种精神上的凌辱对传统的中国女性来说，真是不堪回首的痛苦经历。[34]

桑木清盛及中岛德造在沙头角的暴行，对沙头角乡民造成无法弥补的伤害。在这二人之中，又以中岛德造的罪孽更为深重。庭上提及的每一宗事件，证人都能就中岛德造"伍长"[35]的罪行详述相关的内容。最终，他们被军事法庭裁定触犯战争公法及惯例，分别被判以监禁四年及绞刑。[36]1948年3月9日，中岛德造在赤柱监狱死于绞刑。[37]

注释

1 英国陆军部档案 W.O. 235/1106：276；刘智鹏. 潮起潮落：中英街记忆. 香港：和平图书有限公司，2010：51。

2 英国陆军部档案 W.O. 235/1106：5。

3 英国陆军部档案 W.O. 235/1106：275—276，426。

4 英国陆军部档案 W.O. 235/1106：443。

5 英国陆军部档案 W.O. 235/1106：313—314，426。

6 英国陆军部档案 W.O. 235/1106：277，317。

7 英国陆军部档案 W.O. 235/1106：107，110。

8 英国陆军部档案 W.O. 235/1106：79，84。

9 英国陆军部档案 W.O. 235/1106：145，157—158，259。

10 英国陆军部档案 W.O. 235/1106：228，230—231，374。

11 英国陆军部档案 W.O. 235/1106：147—148。

12 英国陆军部档案 W.O. 235/1106：152—153，163。

13 英国陆军部档案 W.O. 235/1106：193—194，217，240。

14 英国陆军部档案 W.O. 235/1106：107，123。

15 英国陆军部档案 W.O. 235/1106：98，108。

16 英国陆军部档案 W.O. 235/1106：98—99，108。

17 1947年11月7日的《工商日报》记载，叶吉伟在庭上作证时指出，当中岛再次拷问他时,"用大肉香将其颈部焚烧"。

18 英国陆军部档案 W.O. 235/1106：99 — 101。
19 英国陆军部档案 W.O. 235/1106：108 — 109，125。
20 英国陆军部档案 W.O. 235/1106：109，126，247 — 248。
21 英国陆军部档案 W.O. 235/1106：10，110，126，318。
22 英国陆军部档案 W.O. 235/1106：123，127，129。
23 英国陆军部档案 W.O. 235/1106：117，128 — 129。
24 英国陆军部档案 W.O. 235/1106：110，113，117 — 118，250。
25 英国陆军部档案 W.O. 235/1106：38 — 43。
26 同上。
27 英国陆军部档案 W.O. 235/1106：18 — 20，23 — 26。
28 英国陆军部档案 W.O. 235/1106：24。
29 英国陆军部档案 W.O. 235/1106：27。
30 英国陆军部档案 W.O. 235/1106：86 — 87。
31 英国陆军部档案 W.O. 235/1106：145，152 — 154。
32 英国陆军部档案 W.O. 235/1106：239 — 241。
33 英国陆军部档案 W.O. 235/1106：217 — 218。
34 英国陆军部档案 W.O. 235/1106：53。
35 中岛的军阶原为伍长。
36 桑木曾长时间因病住院，而且证人的口供普遍针对中岛，桑木可能因此获得轻判（参考：英国陆军部档案 W.O. 235/1106：275 — 276）。
37 英国陆军部档案 W.O. 235/1106：3 — 4。

第三章

滥杀无辜的日军部队

侵港战役日军滥杀战俘

1941年12月8日（香港时间），日军偷袭珍珠港，同时挥军攻打香港，意味着太平洋战争正式爆发。其实日军在偷袭行动付诸实行之前，早已制定一系列的作战目标，打算一鼓作气将势力范围扩展至东南亚的英、美、荷属殖民地。日军跨越深圳河之后，一路势如破竹，连原本预计可以固守的醉酒湾防线（Gin Drinkers' Line），都在两日内宣告失陷。

战事的发展出乎意料，日军轻松地攻陷了新界和九龙，随即准备渡海进攻香港岛。进攻香港岛的日军部队以第二十三军三十八师团为骨干，师团长为伊东武夫少将，辖下有三个步兵联队：第二二八、二二九及二三〇联队，三个联队的指挥官分别是土井定七大佐、田中良三郎大佐、东海林俊成大佐。[1]经过一番整备，日军在12月18日晚上发动渡海战争，从香港岛东北部登陆。第三十八师团的三个联队分成左、中、右三翼进攻，左翼是田中部队，中翼是土井部队，右翼是东海林部队，分别于筲箕湾（太古船坞的东面）、太古船坞的西面和北角附近登陆。[2]

日军登陆香港岛后，因应实际战况的需要将攻港部队重新整编，三支联队被整编成左、右两翼，分别由田中良三郎和伊东武夫统率，循各自的行军路线迈向目标。[3]其中，左翼的田中部队在战争期间，曾在不同的地方使用残酷的手段攻击、杀害没有战斗能力的战俘和战地医院的医护人员，以致死伤无数，尸横遍野。目无军纪的日军还借机大举敛财，甚至奸污妇女，犯下严重的战争罪行。

田中良三郎统领的左翼部队，包括第二二九联队的第二和第三营，以及两支直属师团的部队，兵力约有两千人。[4]按照日军的计划，田中部队在12月18日晚上10时登陆筲箕湾,扫荡驻守的英军之后,主要的作战目标是在12月19日凌晨3时前占领紫罗兰山,再于早上7时前抵达西高山。[5]

西湾山惨案

田中部队登陆后,按照计划迅速抢攻鲤鱼门军营和西湾山。西湾山有一个炮台,由香港义勇防卫军的第五防空炮兵连驻守。[6]陈任广(音译:Chan Yam Kwong)和曹谦志(音译:Martin Tso Him Chi)隶属该连,并驻守在炮台。1941年12月18日大约晚上10时[7],日军发动突袭,所有驻守的士兵都躲进防空隧道内。日军先向防空隧道掷入手榴弹,导致三名士兵受伤,随即以英语向士兵劝降。班纳特中士(Sgt. Bennet)曾经命令所有士兵装备好刺刀,跟随他杀出隧道,可惜甫踏出隧道就遭日军连枪射击,三人中枪身亡。守军突围无望,只好向日军示意投降。[8]

日军命令他们逐一步出,经过搜身之后把二十六人[9]带进一个用作弹药库的碉堡囚禁起来。囚禁期间,日兵夺去他们的财物,并曾简单记录他们的人数。约三小时过后,一名日军军官到此下达指示,日军随即包围碉堡。那名军官佯称所有俘虏获得释放,但当第一名俘虏踏出碉堡时,即被日军用刺刀刺伤,其他俘虏全都面临同一遭遇。[10]

陈任广被刺穿手腕,血花溅到衣服上,使日军误以为他已经被杀。曹谦志则被刺中腹部,但仍能拾回性命。其他人却没有那么幸运,大都身受重创,被日军抛回碉堡内。事实上很多俘虏当时尚未死亡,但当他们发出悲鸣时,日军不单没有救助他们,还向他们投掷石头,并且向碉堡开枪,其中一名呼救的俘虏更被日军用刺刀刺死。陈、曹二人躺在地上装死;翌日早上,曹谦志听到陈任广的呼唤,当时只有他们二人生还。其后的三日三夜,他们都不敢乱走,继续躲在碉堡内,直至第四日有数名华人走过,他们才得知日军已经到了铜锣湾,两人便换上平民的衣服遁去。[11]这场杀害战俘的事件导致二十多名士兵丧生。

▲3-01 开战前日军越境拍摄的一张香港高空照

◀3-02 西湾山惨案发生的位置：西湾炮台

▲3-03 筲箕湾慈幼会修院今貌

▶3-04 由一位日本人绘于战时的画作，描述黄泥涌一带的惨烈战况

筲箕湾慈幼会修院惨案

1941年12月19日的黎明时分，与西湾山惨案差不多同一时间，筲箕湾的慈幼会修院发生了另一宗屠杀事件。班菲尔少校（Maj. S.M Banfill）是加拿大皇家来复枪营（Royal Rifles of Canada）的军医，12月13日被派往慈幼会修院设立急救站，是慈幼会修院事件的生还者之一，见证日军以残酷的手法滥杀院内的军人及医护人员。[12]

慈幼会修院是英军在香港岛的中央医药供应库，由皇家陆军医疗队（Royal Army Medical Corps）负责营运。在慈幼会修院内，除了班菲尔之外，还有由香港政府医务总监司徒永觉（Dr. Selwyn-Clarke）设立的专门医治平民的红十字会急救站。这个急救站由柯罗夫医生（Dr. Orloff）领导，他与数名华人医生轮流当值，成员还包括三名护士和约三十名圣约翰救伤队成员。当时平民或军人受伤会先送到急救站，再转送到军事医院。[13]

1941年12月18日晚上，英军与日军爆发激烈的炮战。19日接近黎明时分，两名隶属印度拉吉普团的英军军官严重受伤，由一名印籍勤务兵送抵急救站；其中一名军官当场死亡，另一名军官向众人表示，他们本来打算从香岛道前往大潭峡，给霍姆上校（Col. Home）传递一个重要的消息，途中不慎被加拿大军的哨兵误伤。[14]

由于他们没有提及日军来袭，因此班菲尔等人当时仍未意识到日军已经登岛。两名军官和一名华人伤者被送上临时救护车，打算立刻驶向大潭。救护车出发数分钟后，车上众人跑回急救站，表示在路上遭日军用机关枪扫射。班菲尔立即登上修院的三楼向外观望，惊见修院外已有大批日军。他立即通知一名急救站的护士，要她尽快安排站内的人员逃往修院外的山坡。[15]

此时，日军已走到修院的门外，班菲尔吩咐军人放下武器，不要作出抵抗。日军命令修院内所有人列队走到外面的空地上。当时修院内约有五十人，他们被分成三组，分别为华人及圣约翰救伤队职员、欧籍女士和士兵。众人步行至香岛道后被押往不同的地方：圣约翰救伤队人员依指示向筲箕湾方向前进；所有女士被带至鲤鱼门军营；皇家陆军医疗队的成员曾向日军展示他们的红十字会证件，但日军并不理会，将他们的证件扔在地上，继续将他们（包括班菲尔在内）与其他军人及医生共十五人押往大潭方向。[16]

这批军人随后依照命令排成一行，突然三名日军开始用刺刀刺向军人，有些人被刺中多刀倒地，日军就将他们踢入前面一条沟渠里，当中包括柯罗夫医生。部分军人见状后企图往山上逃走，日军于是向他们开枪。[17]班菲尔当时被日军反绑双手，按在地上。他质问日军为何要杀人，日军回答他"命令是所有的俘虏都要死"，班菲尔愤而跟日军说"你还未杀我"，日军的回应是"我们一定会杀你，但你要帮助我们"。日军押着班菲尔，同时威胁他说出沿途由英军埋下的地雷位置。[18]

后来班菲尔与一位懂英语，名叫本田的日军军官在路途上交谈，更谈及宗教和战争道德观。班菲尔指证本田曾经向上级请示，希望部队不要胡乱地大开杀戒，但本田回来之后对班菲尔说："很抱歉，所有俘虏都要死……但长官说我们可以带你回司令部。"其后，队伍在途中遇见一名隶属香港新加坡炮兵团（Hong Kong Singapore Royal Artillery）的少尉。纵使他已经受了伤，只是在地上爬行，日军还是把他刺伤，再向他开枪以确保他死亡——同样的事情在沿途时有发生。班菲尔表示与他一同被押走的十五名军人当中，最终只有数人生还，其余都被日军杀死。[19]

黄泥涌峡附近发现大量英军尸体

在黄泥涌峡以南、浅水湾道以东，有一个名为"山脊"（The Ridge）[20]的地方，当地有三间房屋。战争期间，英军以此作为军需品和军械的仓库。沿路往下走，另有一间称为"湾上别墅"（Over bays）[21]的建筑物，曾被英军用来安置伤兵。日军攻占这两个地方后，对投降或受伤的士兵开始疯狂屠杀，尸体遍布附近的地方。[22]

1941年12月19日晚至20日晚，一支约一百五十人的英军部队从"山脊"被派去清除日军沿黄泥涌峡道设下的埋伏。他们成功打通道路并继续前进，直至凌晨时分到达"湾上别墅"，并在该处护理伤兵。12月21日早上，这支英军部队被日军发现，双方再次交火。到了晚上，他们商讨战况之后，认为该处已无法留守，决定只留下足够的人员照顾伤兵，其他人在晚上7时突围而出。至此，"湾上别墅"内只剩下数十名士兵，他们最终决定留下来照顾伤者，并准备随时向日军投降。这支英军部队放下武器，举起白旗，再由传译员向日军示意投降，日军却把这面白旗击落。[23]

12月22日黎明时分，日军冲进大屋，纵使英军并无反抗并表明投降，日军仍然屠杀屋内的伤兵。部分英军躲到上层的房间，日军赶上去把门砸开，掷入手榴弹，英军被迫开枪反击，但在毫无准备之下根本无力抵抗。日军刺杀屋内的士兵后离开，并且放火烧屋，只有数名及时跳窗逃生的士兵生还。[24]

赖廉士上校（Col. L. T. Ride）战时为英军的战地救伤队队长。香港沦陷后，他在1941年12月28日得到日军的批准，允许他在29日连同另外两名英军在港岛的战争范围内搜索山上的伤者，搜索的地点主要集中于港岛中央及西面。三人在"山脊"和"湾上别墅"发现大量英籍和加拿大籍军人的尸首，尸体显示他们被日军拘捕后，遭到枪毙或刺死，有的甚至被斩首。[25]

救伤队带领救护车越过黄泥涌峡，往浅水湾道前进时，发现路旁有五六具英军的尸体，于是到附近进一步搜索。到达"山脊"时，又见到地上有若干具尸体，有些尸体双手僵硬放于背后，而且手腕上有瘀痕，显示这些人死前曾被反绑双手。而且所有尸体背部都有被刺伤的伤痕，有些头骨的侧面凹陷。[26]

他们离开"山脊"后，沿路往下走，到达"湾上别墅"。他们在大屋的底层发现一些尸体，屋子有被焚烧的迹象，部分尸体亦已烧焦。

屋旁草地护土墙背后有一陡峭的山坡，在山坡下有二十多具尸体，他们显然是被日军刺杀后推下山坡的。[27]

救伤队继续朝深水湾的西面前进，并且在路上发现一大片血迹，附近有六名米杜息士军团（Middlesex Regiment）士兵的尸首躺在梯级上。这些尸体的双手及双脚都被绑起来，头部更几乎被斩断，其中一人是隶属皇家苏格兰部队（Royal Scots）的麦花臣上尉（Capt. Macpherson）。从黄泥涌峡至浅水湾道，救伤队一共发现五十三具尸体。[28]

佐治·拉美（G. A. Lemay）是香港义勇防卫军的成员，英军投降后，他被拘留在北角战俘营。1942年1月，他被指派参与一个小组，负责寻找和埋葬英军的尸体。小组沿浅水湾道到达"山脊"，该处的两所屋子由一个网球场分隔。小组在网球场护土墙附近，发现大量英军的军服，军服上有皇家陆军军需部队（Royal Army Ordnance Corps）的徽章。他们沿护土墙往下搜索，发现大约十八具尸体分散在护土墙四周。这些尸体的双手被反绑，其中一具上下半身分离，另一具头颅脱落，小组认为他们都是被捕后遭日军刺死或斩首的。小组得到日军守卫的许可，在护土墙附近掘了一个坑，把尸体埋葬。[29]

浅水湾枪杀战俘事件

哈姆雷（C. S. M Hamle）隶属英国皇家陆军补给与运输勤务队，是1941年12月20日从"山脊"被派去切断日军于深水湾与黄泥涌峡之间的通讯路线的士兵之一。12月21日晚上7时，他的部队收到指令，分成小队从"湾上别墅"撤退，目标是前往浅水湾酒店。在抵达浅水湾酒店前，部队再次遇到日军的伏击，哈姆雷被迫逃到余园（The Eucliffe）[30]。他在余园遇见三名加拿大军士兵，一同匿藏在大宅外园丁的小屋。[31]

到了12月22日日出之时，日军明显地已经全面控制余园，并且打算以此作为总部。日军在早上开始搜查所有房间，并将哈姆雷等人俘虏。日军解除哈姆雷等人的武装，再用枪柄虐打他们，又将弹匣扔在三名加拿大军人的脸上，令他们流血不止。[32]

接着，日军反绑他们的双手，将他们带到主楼外的草坡上。他们很快就知道他们即将要被处决，因为草坡的高处有大量鲜血，而底部近岸边的位置有多具尸体，这些人显然都是在草坡上被枪毙后滚到岸边的。日军命令他们背向日军盘坐于草坡上，行刑队由余园走出来。几分钟后，日军向所有人开枪。哈姆雷在那一刹那把头转向了左面，子弹擦过他的左颈，再由右边脸颊穿出，因此侥幸生还。他沿着草坡滚下，躺在地上，其余三名加拿大籍军人接连滚下，压在他的身上，其中一人当场死亡。行刑队离去后，他爬到海滩上，往深水湾方向逃去，最终成功与他所属的队伍会合，再被送到玛丽医院。[33]

另一名加拿大军人迪克斯（C. J. Dicks）也有相同的遭遇。日军登陆时，迪克斯被派往"山脊"军械库（The Ridge Ordnance Depot）增援。1941年12月19日，由于队伍无法突破日军的攻击，因此决定分成小队离开。迪克斯连同其他队员往浅水湾酒店前进，在途中加入了加拿大皇家来复枪营的队伍。他们继续行程，直至遇到一批埋伏的日军向他们开枪，所有人四散找寻掩护。[34]

迪克斯连同其余八人逃到余园内暂避，其中两人外出侦察，但从此失去踪影。12月22日，剩下的六人发现日军进入余园，经过仔细考虑后，他们决定向日军投降。他们打开房门，高举用内衣及刺刀制成的白旗，向日军示意投降。但日军没有理会，并向他们开枪，其中一人被击中，伤势严重。日军将他们俘虏，把他们带到余园背后的围栏外枪毙。行刑队拿出手枪，指向其中一人的后脑，准备开枪。此时，迪克斯立即扑下，并从围栏前的悬崖滚下，其他人争相仿效，日军于是向他们开枪。他和另一名加拿大皇家来复枪营的军人成功逃脱，其余各人都被日军杀死。[35]

浅水湾酒店位于余园附近，酒店内有数百名住客及平民。1941年12月23日，日军闯进酒店，酒店内的英军立即宣布向日军投降。日军接管酒店后，命令酒店内的所有人排成一行，步行至余园外的闸前。[36]

波特（Joseph Marie Baud）是酒店的住客之一，他连同众人步行到余园外时，已经有约七名英籍及印籍士兵跪在地上，双手被捆绑。波特见到两名路过的士兵被日军逮捕，一辆随后驶过的汽车被日军截停，车上的人正是波特的朋友戴乐谷（Mr. Delcourt）。日军命令那两名士兵及戴乐谷一同跪下。戴乐谷向日军解释他的身份，但日军认为他协助英国人，要被枪毙，于是把他的双手绑起来。[37]

后来，所有人被带进余园内，田中良三郎透过传译员对他们讲话。讲话完毕后，田中示意住客返回酒店内，命令他们在战争期间不准外出。返回酒店后，波特从窗外望去，见到一批英军士兵由余园步出，日军命令他们坐于斜坡之上。然后数名日军走到战俘的背后，把他们逐一射杀，当中包括那两名士兵及戴乐谷。奥尔（Beatrice Ohl）与她的丈夫也是酒店的住客，她亦亲眼目睹战俘被杀的经过。[38]

英军投降后，马基中尉（Lieut. W. Markey）曾到过余园，他证实该处有不少士兵的尸体。他看见约十五具残缺不全的尸体躺在海边的草坪上。他们是加拿大皇家来复枪营、英国皇家工兵部队（Royal Engineers）、皇家陆军军需部队及皇家陆军补给与运输勤务队的成员，都被日军用刺刀刺死。马基中尉认出其中一人是英国皇家陆军军需部队的威尼中尉（Lt. Wynne），他的颈部被"绑腿布"紧紧包裹，而且双手被反绑，头部严重受创，手腕也被刺伤。另外，在海面上有两具被斩首的尸体，以及一名香港义勇防卫军成员的尸体，被人由头顶至肩膊切开。马基中尉等人把尸体埋葬及火化。[39]

圣士提反书院惨案

1941年12月25日早上6时左右，日军闯进当时用作战地医院的圣士提反书院，随即展开残酷的大屠杀。[40]

圣士提反战地医院由军医伯南克上校（Col. Black）[41]主理，他与另一名军医云妮上尉（Capt. Whitney）以及七名护士，一同照顾医院内的伤兵。在惨案发生前，超过两百名伤兵集中在书院的大礼堂接受治疗。

◀3-05 圣士提反书院礼堂今貌

◀3-07 日军第229联队队长田中良三郎在沦陷后不久摄于筲箕湾避风塘侧的山坡上

◀3-06 寿臣山遇害的英军遗骨

在临时病床上的伤兵，大多都伤得卧床不起。他们手无寸铁，得到的救助只是绑在头上的绷带和用以固定断骨的夹板。[42]纵使学校的塔楼上高悬着鲜明的红色十字旗，外墙又漆上庞大的红色十字标志，但依然无法阻止日军大开杀戒。[43]

日军闯进礼堂后二话不说，每看见一张病床，都用刺刀狠狠地捅下去，大量躺卧在病床上的伤兵就这样被刺死。伯南克上校和云妮上尉尝试阻止日军，指出圣士提反书院是一间战地医院，要求日军停止屠杀，但日军一概不理，甚至将二人就地杀害。[44]

日军对可以走动的伤兵和医院职员搜身之后，将他们一同送入储物室。大约一小时后，日军将所有人驱往上层的另一狭小房间时，带走了同行的护士。[45]伊莉沙伯·费度（Elizabeth A. Fidoe）是战地医院的护士长，与两名护士和数名伤兵被带到独立的房间。她指出日军在白昼时已经不断进出房间，经常凝视着她们。不幸的事情在入夜的时候发生，两名日军进入房间，命令她们站立起来，彻头彻尾地看了她们半个小时，随即带走其中一名护士。不久，日军回来把她们带到一间小书房，内里有五名华人妇女，地上有床铺，书房外还有一间小浴室。日军就这样来来回回，逐一将书房内的女性带到浴室强奸。后来，一名日军藉词要替伤兵包扎，希望带走其中一名护士。护士们都知道此行凶多吉少，于是坚持要跟她走在一起。日军将她们带到另一个房间之后，随即施暴。一名配有刺刀守在门外的日军，还不断呼唤其他士兵进来发泄兽欲。几位护士后来被带回书房，日军的兽行在这个晚上重复发生。一群又一群的日军不断进出这房间，肆无忌惮地蹂躏几位可怜的护士。[46]

其他被俘虏的伤兵也遭遇颇为凄惨的下场。受困期间，他们再次被日军搜身。日军的目标显然不是搜出武器或危险品，而是这些伤兵身上的财物——手表、戒指和金钱等。不久，一名日军带来一堆子弹，歇斯底里地用子弹掷向他们的脸。每隔半个小时左右，都会有伤兵被抓到走廊处决。加拿大士兵轩达臣（E. J. Henderson）和麦凯（Mackay）

先后被日军强行拉走，大家都听到他们发出的凄厉叫声，但就没有看见他们回来。12月25日下午4时半左右，一名日军军官进来制止虐杀战俘的暴行，还说剩下的俘虏十分幸运，他们不需要被枪毙，因为香港政府已经投降。[47]

史超域·伯格（Stewart D. Begg）是香港义勇防卫军的士官长，本来驻守在"山脊"。防线被日军冲破后，他的部队决定从浅水湾游往赤柱。部队中途遭日军从余园以密集火力攻击，四十人的部队连同他在内仅剩三名生还者。伯格千辛万苦游到赤柱，在12月24日下午5时到达圣士提反书院。死里逃生的他非常巧合地遇上正在此处当护士的妻子，并在她的悉心照顾下度过了二人最后一个圣诞夜。日军在12月25日攻占圣士提反书院后，伯格与妻子被迫分开。到了12月26日早上，他终于有机会恳求一名日军军官带他去寻找妻子。他们先是找到费度和另外几名女护士，但大家都不知道伯格太太的下落。隔了二十分钟之后，日本人告诉伯格他的妻子已经被枪杀，原因是她尝试逃走。伯格太太的尸体与另外两名护士——史密夫太太（Mrs. Smith）和毕斯顿太太（Mrs. Buxton）的尸体被摆放在一起，三具尸体都是赤裸的，只以一张毛毯覆盖。[48]

巴莱特上尉（Captain James Barnett）是加拿大军的随军牧师，他在12月26日早上获允许自由活动，随即到处视察战地医院劫难过后的惨况。原本充满伤兵的大礼堂共有约七十人遭刺杀，死于病床上，向日军抗议的伯南克上校和云妮上尉的尸体残缺不全、肢离破碎。横尸于走廊和楼梯的麦凯和轩达臣，双眼、耳朵和舌头均被切走，手法极为凶残。[49]

日军在圣士提反书院大开杀戒，可能与他们进攻赤柱时面临顽强抵抗，因而损失较大有关。一名日军曾跟费度说，因为他的兄弟在战斗中牺牲，所以他要杀掉医院内的所有人报仇。12月30日上午，生还者与其他战俘一起被日军驱往北角战俘营。[50]

田中良三郎率领的左翼部队，所到之处都有不少战俘遭惨杀。整合众多的杀害俘虏事件，左翼部队明显是根据指挥官的命令，故意攻击、杀害已经投降的俘虏，此等行为严重违反国际公约及战争法。因此，田中良三郎被香港军事法庭判处监禁二十年。[51]

注释

1　英国陆军部档案 W.O. 235/1030：149 — 150，219。

2　英国陆军部档案 W.O. 235/1030：263。

3　英国陆军部档案 W.O. 235/1107：182，190。

4　英国陆军部档案 W.O. 235/1030：150，263。

5　日军的推进遇上英军的顽强抵抗，不仅快速占领香港岛的美梦落空，日军还付出了沉重的代价（日军的计划可参考：英国陆军部档案 W.O. 235/1107：160）。

6　英国陆军部档案 W.O. 235/1030：264。

7　陈任广忆述的时间是晚上8时，相信有误。

8　英国陆军部档案 W.O. 235/1030：71 — 72，74。

9　陈任广指他们有29人。

10　英国陆军部档案 W.O. 235/1030：72，75。

11　英国陆军部档案 W.O. 235/1030：73，75。

12　英国陆军部档案 W.O. 235/1030：30。

13　英国陆军部档案 W.O. 235/1030：30 — 31，310。

14　英国陆军部档案 W.O. 235/1030：310。

15　英国陆军部档案 W.O. 235/1030：31。

16　英国陆军部档案 W.O. 235/1030：31 — 32，45。

17　英国陆军部档案 W.O. 235/1030：310。

18　英国陆军部档案 W.O. 235/1030：32 — 33。

19　英国陆军部档案 W.O. 235/1030：33，45 — 46。

20　"山脊"现时为浅水湾道19号。

21　"湾上别墅"现时为浅水湾道71号。

22　英国陆军部档案 W.O. 235/1030：90，324。

23　英国陆军部档案 W.O. 235/1030：324。

24 英国陆军部档案 W.O. 235/1030：324 — 325。

25 英国陆军部档案 W.O. 235/1030：90。

26 英国陆军部档案 W.O. 235/1030：90，92。

27 英国陆军部档案 W.O. 235/1030：91，331。

28 英国陆军部档案 W.O. 235/1030：91 — 92。

29 英国陆军部档案 W.O. 235/1030：94 — 95。

30 余园位于浅水湾道，是著名商人余东璇之府第，即今日浅水湾道56号御苑。

31 英国陆军部档案 W.O. 235/1030：307。

32 同上。

33 同上。

34 英国陆军部档案 W.O. 235/1030：327。

35 同上。

36 英国陆军部档案 W.O. 235/1030：110，117。

37 英国陆军部档案 W.O. 235/1030：110 — 111，113。

38 英国陆军部档案 W.O. 235/1030：111 — 112，114，116，155。

39 英国陆军部档案 W.O. 235/1030：308。

40 英国陆军部档案 W.O. 235/1107：140，294。

41 巴莱特上尉指伯南克的军阶为中校（参考：英国陆军部档案 W.O. 235/1107：296）。

42 英国陆军部档案 W.O. 235/1107：75，296。

43 英国陆军部档案 W.O. 235/1107：90，91，140。

44 英国陆军部档案 W.O. 235/1107：90，91。

45 英国陆军部档案 W.O. 235/1107：294。

46 英国陆军部档案 W.O. 235/1107：74，77 — 79。

47 英国陆军部档案 W.O. 235/1107：91，295，312。

48 英国陆军部档案 W.O. 235/1107：80 — 81，88 — 93。

49 英国陆军部档案 W.O. 235/1107：295 — 296。

50 英国陆军部档案 W.O. 235/1107：297。

51 英国陆军部档案 W.O. 235/1030：3。

日军血洗银矿湾

银矿湾是梅窝的一个海湾,位于大屿山东南部,昔日与大澳和东涌并列为大屿山三大繁盛地方。梅窝的银矿洞在19世纪一度盛产银矿,银矿湾之名不胫而走。有一段颇长的时间,习惯称呼当地为银矿湾的人,比称它为梅窝的人更多。[1]银矿湾地区有包括涌口、横塘、白银乡、大地塘和鹿地塘等多个乡村。涌口村是该区的中心,设有繁盛的市集和连接香港的码头,即使牛牯塱的乡民亦会远道而来购买粮油杂货。银矿湾虽然比不上港九市区的繁荣发达,但不失为一个自给自足、生活安宁的地区。

1945年8月19日至8月26日,银矿湾地区发生了一连串惨绝人寰的事件。日军藉词搜索游击队,将约三百名乡民逮捕,并且洗劫当地的商铺和民居。十一名村民在浩劫之中惨遭杀害,伤者不计其数,多间房屋被纵火焚毁。[2]

其实日本于银矿湾事件发生前数日已经宣布无条件投降,驻港日军本应安分守己,原地待命等候缴械投降。然而,驻扎大屿山的日军却无视投降令,在银矿湾地区作出大规模的逮捕、报复行动,犯下严重的战争罪行。在日占时期,日军无理杀害香港居民的事例早已屡见不鲜。令人意想不到的是,日军居然自恃余威,继续在银矿湾滥杀无辜,血洗银矿湾顿成轰动一时的惨案。

日军构筑防御工事

抗日战争后期,随着日本在战场上节节败退,日军被迫采取守势,加紧构筑防御工事。自1945年2月21日起,大约八十名日军被派驻大屿山,目的是在银矿湾至汲水门之间的大屿山东北山岳地带,挖掘地道和防空洞，以抵御盟军可能发动的海空攻击。[3]

银矿湾有优越的战略位置，驻大屿山日军于是强征位于涌口滩[4]的海屋酒店和寄闲酒店作为大本营。该队日军最初由安原敏夫大尉担任队长，其后日军于1945年5月10日调防，改由岸保夫中尉接任驻军队长，松元长三郎中尉接任驻军副队长。[5]

日军在当地征用大批乡民担当苦力和泥工。乡民纵使极不情愿，但苦于日军的淫威，实在无法拒绝命令。[6]结果，大批乡民被迫于荒山野岭工作，在山岭树林风餐露宿，处境苦不堪言。不少乡民因此得病，以致工程有所延误。日军死心不息，从港九其他地方引入苦力，务求达到目的。[7]

日军每天都会驱使七十至八十名工人由早上7时一直工作至晚上7时8时，只有星期日例外。只要他们对工人的表现感到不满，或觉得工人没有听从命令，就会随时掌掴工人。挖掘地道、防空洞的工程直至日本宣布投降才结束。[8]

日军在大屿山兴建防空洞、地道的消息，引起港九大队大屿山中队的注意。1945年5月7日，抗日游击队在牛牯塱附近的山岭成功伏击日军，杀死一名军官和四名士兵。[9]日军清楚知道抗日游击队的存在，而且对他们深恶痛绝，但当地的居民普遍都对神出鬼没的游击队知之甚少。

大规模搜捕银矿湾乡民

1945年8月19日下午2时40分，日军在涌口滩军营与抗日游击队交火，双方激战接近一小时。[10]抗日游击队藏身于涌口村旁的蝴蝶山，以山岭掩护与日军交战。结果，装备精良的日军仅以一名士兵受伤的代价，就轻易将游击队击退，而且还击毙了一名游击队成员。可是，日军并不满足于这样的战果，随即展开进一步的报复行动。[11]

当天下午3时多，日军掩至涌口村开始大规模搜捕。队长岸保夫当时正在长洲处理日军的粮食补给，搜捕行动于是由副队长松元长三郎

▲3-08 银矿湾今貌

▲3-09 日军长官岸保夫（右图）及松本长三郎（左图）

▲3-10 日军前往白银乡搜捕时，曾闯入米业殷商杨瑞生的大宅奕园

▲3-11 银矿湾沙滩进横塘河涌处为日军处决乡民的刑场

率领。[12]

涌口村内店铺林立,仿如一个小型的墟市。乡民在战斗发生之时,或在商店购买粮油杂货,或在茶楼饮茶聊天。他们听见响亮的枪声之后,立即从农田、市集跑回家中。商铺亦匆匆关起门,途人纷纷找地方暂避。日军抵达涌口村之后,不分青红皂白,见人就抓,将村内的男女老幼悉数逮捕,带到军营旁的游泳棚前拷问。

大地塘村民林茂福(又名林奋)事发当时碰巧在涌口村的茶楼。他听到枪声后立即跑进附近的小商店避祸。日军逐家逐户搜捕乡民,他也被日军冈本吉太郎二等兵抓去。林茂福在涌口滩被日军安藤乔兵长和佐藤义夫军曹毒打了整整两个小时,鼻子、背脊等多处被木棍重击,一度昏厥。[13]

牛牯塱村民何谭(音译: Ho Tam)与当地二十名乡民远道来涌口村购买金银衣纸,为两天后的"鬼节"[14]作准备。何谭听见枪声之后,立即躲进曾三利店暂避。半小时后,随着枪声停止,日军就到来将他和其他牛牯塱村民逮捕。他在涌口滩被松元长三郎用柴薪猛打,然后反缚吊在涌口滩游泳棚的梁柱上,双足离地悬挂一日一夜,令他痛苦不堪,由此造成的伤害事隔一年仍留有痕迹。[15]

日军声称他们是在涌口村搜捕游击队,但在所谓的"调查"过程中,士兵曾闯进曾志诚和方林(音译: Fong Lam)经营的杂货店,除了将两位店主带走"调查"之外,还顺手牵羊,抢走香烟、酒水、蛋糕等物品。[16]

事发当时适值在涌口村,而又能够逃过一劫的,就只有少数逃到山上和几位躲在曾三利店阁楼的乡民。[17]松元长三郎完成对涌口村的搜捕后,立即派出部队前往银矿湾附近的各个乡村,包括白银乡、大地塘、鹿地塘、田寮等地,继续逮捕银矿湾地区的乡民。日军除了捉走乡民,还进入乡民家中洗劫一番,以搜捕游击队为名强抢民产。[18]

·119·

村妇、女童惨遭毒手

大搜捕当日，大部分银矿湾乡民都因走避不及而被日军逮捕，但仍有少数幸运的村民能够乘机躲过日军的魔爪。樊福是白银乡村民，日军与游击队交战的时候，樊福正在家中照顾卧病榻上的妻子曾水娣（音译：Tsang Sui Tai）。

眼看日军来势汹汹，快要到白银乡逮捕村民时，樊福与妻子商量，打算与她一起逃往深山。然而，曾水娣自知身体不适，力有不逮，又不欲拖累樊福，于是极力劝他独自逃去，免得被日军拷打致死。樊福迫不得已，只好丢下妻子，在混乱之中避走山岭。

同天下午5时多，樊福在山上遥望，望见日军已经收队离去，就马上下山赶回家中。令人哀叹的是，原本卧床养病的妻子，竟然横尸在离门约十英尺处，腹部有一个大黑痕，相信是被日军重击打死。[19]

另外，日军前往白银乡途中，闯入米业殷商"义和隆米行"老板杨瑞生的大宅"奕园"。[20] "奕园"内当时只有老弱妇孺，毫无反抗之力，亦无游击队成员，日军依然将大宅内的所有人带走。

在搜捕过程之中，大宅内一位名叫任有（音译：Yam Yau）[21]的女佣过度受惊，打算逃回自己的房间躲起来，冷不防日军对她开枪射击，她立即毙命。日军的子弹还击伤了杨瑞生只有五岁的女儿。女童的右额惨遭枪伤，左胸亦受到不浅的伤害。危机过后，女童被带到香港延医，成功通过手术取出子弹碎片逃过一劫，侥幸拾回性命。[22]

沙滩斩杀长老

8月19日下午5时左右，日军陆续将被捕的银矿湾乡民押到涌口滩游泳棚与日军大本营前的空地。当时整个银矿湾地区仅有五百多名居民，在这次行动中被日军逮捕的就有接近三百人。[23]

队长岸保夫在下午5时半返抵银矿湾，日军随即开始用刑。曾寿和林福曾被水上宪兵队拘禁在长洲接近一个月，8月18日早上才获释。[24]8

月19日早上，他们曾到涌口滩日军司令部报到，说明自己已经被释放，顺道与日本人商讨日军撤退事宜。当天下午，林福再一次前往日军司令部，与日本人继续沟通。当他离开日军大本营后不久，日军就与游击队发生冲突，令日军认定是曾寿和林福通风报信。[25]

在未经审讯的情况下，岸保夫以柴枝重击曾寿的头颅，曾寿立刻头破血流。其后岸保夫又故技重施，以柴棍猛击林福背部，对林福造成严重伤害。[26]

岸保夫殴打过曾寿和林福后，命令士兵在沙滩上接近横塘河处挖掘一个小坑，然后将曾、林二人押至坑边，将他们捆绑起来，蒙上双眼。晚上7时左右，岸保夫手执军刀，亲自对曾寿和林福行刑。他们身首异处，尸体被草草推入坑中掩埋了事。[27]

曾寿是一位年届六十岁的长老，备受区内居民尊重。林福亦为当地长老，是大地塘乡长。银矿湾有一个由乡民组成的涌口维持会，但凡日军有任何要求，该会都会尽力满足，免得日军来找麻烦，借此保障当地的安宁。曾寿是涌口维持会的主席，林福亦为该会代表之一，可惜这个身份始终无法挽回他们的性命。[28]

悲惨的晚上

曾寿和林福在众目睽睽之下被施斩首刑后，倒行逆施的日军此时才向被捕的银矿湾乡民展开审问。严刑逼供是日军惯用的手段，日军企图用这种手法威逼各村村长和乡民，迫使他们承认自己是游击队的一分子，却毫不理会被捕的人只是对当前局面一无所知的平民百姓。

一位名叫何益（音译：Ho Yick）的商人，在曾寿开设的曾三利店旁边经营杂货店。日军搜捕涌口村村民的时候，他立刻关上商铺的大门，但日军开枪射击，子弹穿过墙壁再打伤他的背部，他在接受拷问前已经奄奄一息。何益与曾寿、林福一同被押到日军挖掘的小坑旁边，他近距离目睹了曾寿和林福遇害的惨况。当他看见岸保夫一刀砍下曾寿的头颅后，吓得六神无主，昏倒过去。日军用水泼醒何益，他醒来的时候发现自己被缚着。日军以槌柄敲打他，又对他灌以海水，目的是迫令他承认自己是游击队成员。日军不断使用酷刑，直至他再次不省人事。[29]

与何益有相同遭遇的村民多不胜数。日军将所有被捕的男性村民全都缚起来，用酷刑对他们百般拷问；妇女则跪在游泳棚四周的草地上照顾与她们一同被捕的儿女。在这一个悲惨的夜晚，银矿湾男女老幼的哀号声不绝于耳，遍布整个银矿湾。[30]

村民载送日军后失踪

8月20日早上，为了载送在8月19日的战斗中唯一受伤的义则伍长离开银矿湾接受治疗，日军强征三名被捕的银矿湾乡民充当船夫。[31] 林本泰（音译：Lam Poon Tai）与另外两人被迫令驾驶渡船载送日军。他们随船离开银矿湾之后，自此音讯全无，相信已死于非命。[32]

另外两名失去踪影的华人当中，其中一人可能是温金豪（音译：Wan Kam Ho）的父亲——已届六十三岁高龄的温祖成（音译：Wan Cho Sing）。温氏父子均为渔民，在日军与游击队交战期间，温祖成正在岸上晒鱼。温金豪在渔船上听到枪声，又看见日军开始搜捕村民，只好在海上静观其变，不敢贸然泊岸。他等待日军离开之后，立刻泊船上岸寻找父亲，但是先后两次返回涌口村，都未能找到温祖成。[33]

8月20日，温金豪看见他的父亲在日军的船只上，正要驶离银矿湾，于是就尾随该船五小时。当日军的船只驶至荔枝角，他在远处看见父亲被日军连打八下后倒下。温金豪不敢驶近日军的船只，只能够在远处呼唤父亲，但也得不到响应。他猜想父亲已被日军打死，只好默然离去。[34]

义则伍长战后在军事法庭作供时，仅称船上有三名华人船夫，同船载有岸保夫部队的日军。他又称曾听见一声枪声和尖叫声，然后诸多隐瞒，事事推搪说毫不知情。他在庭上曾反问检控官，他的供词会否伤害他的同侪；当被询问同行华人的下落时，他思考了一段时间后

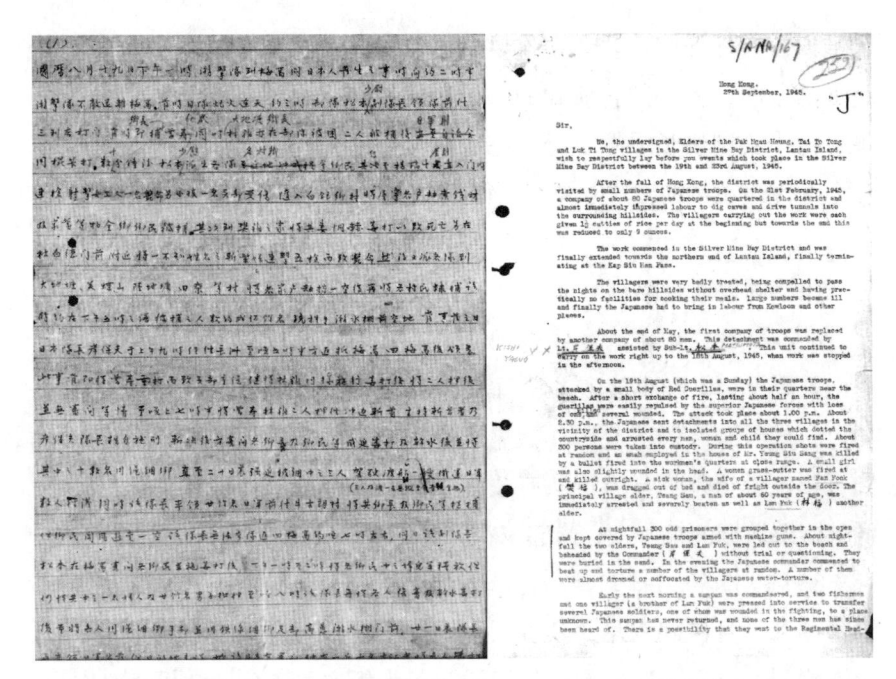

▲3-12 银矿湾各乡长老叙述日军暴行的信件，该信件由油麻地小轮公司秘书杨俊达翻译成英文

▲3-13 海屋酒店及寄闲酒店已经拆除。旧址现已重建为银矿度假酒店

就推说没有任何印象。他在作供时已经被多番提醒，三名华人自那天起下落不明，他必须将所知的事情如实作答，但他依然无动于衷。结果，由于义则伍长采取不合作态度，法官对他严词指斥，指其供词对整个案件毫无帮助，这一冤案只得石沉大海。[35]

十余村民遭受酷刑

8月20日，银矿湾乡民被拘留了一整个晚上后开始陆续获释，当中以长者、妇女和小孩为主。[36]而未获释放的人，主要是在事发时途经涌口村的外来乡民，或居住在靠近山岭地带的乡民。日军认为他们特别可疑，觉得他们与游击队有关，不但没有释放他们，还把他们绑在涌口滩游泳棚的柱子上，悬起来在烈日下曝晒。

8月19日至26日，日军将十多名男子和一名妇女用麻绳和铁线捆绑着颈部、身体和双足，其后再绑到柱子上，一连八天高悬于涌口滩游泳棚门前。在头一两天，他们的亲属带饭送水来到游泳棚，日军也不准他们吃喝。在炎热的天气下，他们长时间被太阳曝晒；口渴时日军竟向他们灌以海水，让他们遭受极不人道的折磨。[37]两三天后，日军终于准许他们进食由家人送来的食物，但居然从中抢去部分食物。在整段羁留期间，日军不曾为被捕人士提供任何食粮。[38]

在没有证据的情况下，这些银矿湾乡民被指控是游击队成员，白天受太阳曝晒，晚上就接受日军残酷的拷问。日军的问题来来去去都是："你是否游击队成员？""你有没有看见游击队成员？""你认识任何游击队成员吗？"等等。每当被捕人士回答不知情的时候，日军就会对他们拳打脚踢，或灌以海水，令他们受尽百般折磨。种种打击所造成的伤害，使他们身上留下深深的伤痕。

背部中枪的何益从昏迷中苏醒后，日军不但没有立刻将之释放，还把他扣留在涌口滩七天。他于8月19日至21日被日军吊起三日三夜，日军每天都对他灌以海水，企图屈打成招。[39]他的妻子吴英（音译：Ng Ying）送饭时，看见他背部伤口的子弹突出，打算偷偷地用钳子将子弹拔出，却不慎被日军发现。日军毫不留情，用木棍将这名妇人殴打至吐血不止。[40]

林勤是林福的弟弟，也是鹿地塘村的副村长，日军因此恐吓他将步林福后尘。他在家中被逮捕时，日军一言不发就直接将他带到涌口滩。拘留期间，日军曾在8月20日晚上用粗柴毒打他。直至25日获释之前，他只能依靠母亲送来的食物充饥。[41]杜彪是白银乡村民，曾被日军用槌柄重击近十次，他上庭作供时仍感到身体有不寻常的肿胀。[42]卢兰（音译：Lo Lan）是油麻地小轮公司经理杨俊达的佣工，事发时正在杨俊达的农场喂猪。她被拘禁在游泳棚期间，日军曾多次猛踢她的私处，以及用竹竿击打；所有女性在8月20日被释放，她是唯一的例外。日军指控她是一个叛徒，所以没有释放她。日军仅以她居于靠近山岭的住宅为由，就怀疑她知悉内情，将她缚在游泳棚的柱上，在烈日下曝晒八日。[43]

无休止的报复行动

日军完成大规模逮捕行动，又在游泳棚前扣留着数十名无辜乡民，但他们仍未满足，没有为报复行动划上句号。

8月21日晚上，日军突然指控苏保华是游击队成员，曾参与8月19日的战斗；又以梁东昌的茶楼"招待陌生人"为由，认定他与游击队有关联。结果，松元长三郎亲自下令，由内田军曹将苏保华和梁东昌二人斩首。[44]

战后，松元长三郎在军事法庭上表示，日军是为了"自卫"才杀害苏保华和梁东昌，所以他应获判无罪。他指控苏保华和梁东昌二人企图逃走，而且打算联络游击队的同党，故此必须要杀害他们。[45]

事实上，在斩首令下达之时，二人已经被捕两天，在此期间受尽折磨，身体已经非常孱弱，令人难以相信他们足以对日军安危构成威胁。再者，日军的指控并无确实的证据——他们指苏保华是游击队成员，只是因为苏保华与游击队成员的衣着相似，就估计苏保华"大概是攻击他的那一名游击队成员"。人称"梁伯"的梁东昌更为无辜，茶楼招徕四方客，却被指控他的茶楼在8月19日曾招待了一位被日军形容为"陌生人"的茶客，而他的茶楼又与日军大本营对望，所以日军就怀疑这名茶楼东主协助游击队。在没有正式审讯的情况下，苏保华和梁东昌命丧于日军无情的刀下。[46]

两次扫荡牛牯塱村

8月22日，岸保夫率领二十多名日军前往牛牯塱村，寻找失踪的野田村一等兵和木下二等兵，并企图抓捕该村村长和全数村民。牛牯塱村与梅窝距离甚远，位于银矿湾至东涌的古道上，是由银矿湾步行至东涌的必经之路。牛牯塱村设有一个更楼，在8月22日当天，村民看见日军前往村中，于是立即跑上山躲避，只有数名村民因走避不及而不幸被捕。[47]

林荣（音译：Lam Wing）是牛牯塱村民。他因为身体不适，无法迅速走到山中，只好躲藏在离家数分钟路程的树林之中。结果，他清楚看见日军在牛牯塱村的一举一动。日军抵达牛牯塱村后，随即抓到未及逃脱的林赞，将他从村尾拖到村中的空地殴打。殴打一番之后，士兵用枪瞄准林赞的右胸，一击使他毙命。[48]日军在牛牯塱村逗留期间，夺取了村民遗下的牲畜，随即杀鸡割猪，就地烹煮作食。日军离开牛牯塱村之前，更纵火焚烧了村中三间民居。[49]

林令娇（音译：Lam Ling Kiu）也是牛牯塱村民。她在逃跑之前打算先到母亲家中，携着母亲一起逃跑，却被赶至的日军以枪柄打击。她被打后大惊，继续往山上奔走，结果被日军放枪打伤左腿。林令娇应声倒地，幸得其他村民将她抬去。[50]牛牯塱村民看见日军收队离去之后返回村中，在一轮混乱过后，却发现林令娇的父亲林权失去踪影，生死未卜。两天之后，牛牯塱村民接到其他银矿湾乡民的通知，才知道林权已经伏尸于涌口滩上。[51]

在8月22日，林权在牛牯塱村被小玉光敏曹长逮捕，之后带到涌口滩游泳棚。同样是在没有经过审讯的情况之下，林权就被岸保夫在游泳棚前施刑斩首。小玉光敏作供时声称，他看见林权曾于8月22日的清晨5时向他开枪射击，所以就将他带到涌口滩。检控官盘问小玉光敏的时候，小玉光敏却承认林权被捕时是手无寸铁的，而且日军曾在牛牯塱村觅证长达三十分钟，依然未能查获任何证据。结论是，日军捕捉了一个没有枪械的人，指控他开枪攻击全副武装的日军，一口咬定他是游击队成员，然后对他处以极刑。[52]

8月23日，岸保夫率领日军第二次扫荡牛牯塱村。牛牯塱村民看见日军来势汹汹，只好再次避走山岭，村内只剩下年迈老弱的村民。日军进村后一无所获，于是重施故伎，纵火焚烧民居以及更楼，焚毁了多达二十间房屋。[53]

趁机勒索村民

8月23日晚上，日本已经宣布投降一个星期，驻大屿山日军的粮食补给问题逐渐浮现。日军利用手上的银矿湾乡民作为人质，威胁他们的家属交出猪肉共一百斤，另外每家每户再交出鸡肉三斤。如数交出者，被捕亲属即可获释。[54]

被捕乡民的家属心急如焚，立即依日军所言照办。只消一个晚上，他们即凑足如数的鸡和猪，第二天依约交付日军以换取亲人的自由。可是日军并没有在8月24日立刻释放人质。[55]

到了25日，日军进一步命令被捕人质家属呈上花生、芋头、鸡蛋等食物。为了自己的亲人，乡民面对日军的苛索亦无可奈何，只好顺从日军的要求。村民在当天遵照日军的命令交上食物，部分被捕村民随即被释放。8月26日，驻大屿山日军接获命令从梅窝撤退，余下的村民才重获自由，银矿湾惨案至此告一段落。[56]

香港军事法庭首宗案件

1946年3月28日，香港军事法庭第一次公审日本战犯，大屿山银矿湾事件成为法庭审理的首宗案件。控方律师除了阐述银矿湾事件的来龙去脉，还重点引用国际法解释战争罪行的定义。其中至关紧要的一点，就是"在未经公平公正的审讯下，绝对不能随便对他国人民施以刑罚，甚至处决"。[57]驻大屿山日军被判于1945年8月19日至26日期间在大屿山违反战争法律及惯例，杀害、殴打、虐待银矿湾乡民，岸保夫、松元长三郎和内田宏被判处绞刑，[58]另外九名日军被判监禁二至十年不等。[59]

▶3-14 被日军两次扫荡的牛牯塱村今貌

▶3-15 驻大屿山日军向英军投降的情形

▶3-16 日军在牛牯塱杀人放火，目击暴行的村民愤而指证（1946年4月3日的《工商日报》）

注释

1 吴灞陵:《大屿山风光》.香港：华侨日报，1946：22—23。

2 英国陆军部档案 W.O. 235/993：4，624—625。

3 英国陆军部档案 W.O. 235/993：624。

4 涌口滩即今日的银矿湾泳滩。

5 英国陆军部档案 W.O. 235/993：284。

6 英国陆军部档案 W.O. 235/993：197。

7 英国陆军部档案 W.O. 235/993：624。

8 英国陆军部档案 W.O. 235/993：522，624。

9 英国陆军部档案 W.O. 235/993：349；王江涛在《回顾港九大队》一书中，较详细地记载了大屿山中队在牛牯塱附近歼灭五名日军的战斗。由于是多年后的回忆，他将战斗发生的时间误记为1945年6月。请参看徐月清编.战斗在香江.香港：新界乡情系列编辑委员会，1977：134—135。

10 英国陆军部档案 W.O. 235/993：83，285。

11 英国陆军部档案 W.O. 235/993：604—605；王江涛指大屿山中队一名战友阵亡，但击毙了九名日军。请参看徐月清编.战斗在香江.香港：新界乡情系列编辑委员会，1977：138—139。

12 英国陆军部档案 W.O. 235/993：604，613。

13 英国陆军部档案 W.O. 235/993：81，83，89。

14 1945年8月19日为农历七月十二日，农历七月十四日为盂兰盆节。

15 英国陆军部档案 W.O. 235/993：90—94。

16 英国陆军部档案 W.O. 235/993：50，65。

17 英国陆军部档案 W.O. 235/993：84。

18 英国陆军部档案 W.O. 235/993：614。

19 英国陆军部档案 W.O. 235/993：175—177。

20 银矿湾优美的环境于战前吸引了两位香港的贤达至此建屋，分别是杨瑞生和油麻地小轮公司秘书杨俊达。他们并非当地原居民，所建的屋宇与原有乡村有一定距离，又从香港聘请外来工人从事耕作或照顾家人，以上两点都触犯禁忌，使日军对他们的工人更为残酷。

21 1946年3月29日《工商日报》称她为三嫂。

22 英国陆军部档案 W.O. 235/993：207—208。

23　英国陆军部档案 W.O. 235/993：51，66，192，624。
24　英国陆军部档案 W.O. 235/993：39—41。
25　英国陆军部档案 W.O. 235/993：518，528。
26　英国陆军部档案 W.O. 235/993：192。
27　英国陆军部档案 W.O. 235/993：51。
28　英国陆军部档案 W.O. 235/993：164，169。
29　英国陆军部档案 W.O. 235/993：157，159，162，165—167。
30　英国陆军部档案 W.O. 235/993：194。
31　英国陆军部档案 W.O. 235/993：393，615。
32　英国陆军部档案 W.O. 235/993：194。
33　英国陆军部档案 W.O. 235/993：143—144。
34　英国陆军部档案 W.O. 235/993：144—146。
35　英国陆军部档案 W.O. 235/993：359—361，367。
36　英国陆军部档案 W.O. 235/993：72，97。
37　英国陆军部档案 W.O. 235/993：74—75。
38　英国陆军部档案 W.O. 235/993：75，101。
39　英国陆军部档案 W.O. 235/993：167—168。
40　英国陆军部档案 W.O. 235/993：161，183。
41　英国陆军部档案 W.O. 235/993：71—72，75。
42　英国陆军部档案 W.O. 235/993：96，101。
43　英国陆军部档案 W.O. 235/993：201—211，213，218—219。
44　英国陆军部档案 W.O. 235/993：382—383。
45　英国陆军部档案 W.O. 235/993：383—385。
46　英国陆军部档案 W.O. 235/993：383。
47　英国陆军部档案 W.O. 235/993：125，130，615，661。
48　英国陆军部档案 W.O. 235/993：125—126，129，131。
49　英国陆军部档案 W.O. 235/993：125，127，615。
50　英国陆军部档案 W.O. 235/993：120—121，123。
51　英国陆军部档案 W.O. 235/993：127。
52　英国陆军部档案 W.O. 235/993：418—420，423—425，615。
53　英国陆军部档案 W.O. 235/993：615。
54　英国陆军部档案 W.O. 235/993：615。

55　英国陆军部档案 W.O. 235/993：612。

56　英国陆军部档案 W.O. 235/993：612。

57　英国陆军部档案 W.O. 235/993：518。

58　岸保夫、松元长三郎的绞刑在 1946 年 7 月 30 日于赤柱监狱执行。内田宏军曹则获减刑至十年徒刑。

59　英国陆军部档案 W.O. 235/993：4。

第四章

死于非命的战俘和囚犯

英军战俘在集中营的悲惨遭遇[1]

日军在1941年12月8日发动侵略香港的战争,经历18天的攻防后,香港总督杨慕琦在12月25日"黑色圣诞节"向日军无条件投降。驻港英军沦为战俘,命运掌控在日军手中。1942年1月,日军征用英军原有的营地,在不同地方陆续建立战俘营和集中营,囚禁不同国籍的战俘和平民。

1942年1月31日,"香港俘虏收容所"正式成立,总部设于九龙科发道的前亚皆老街军营[2],由德永德大佐出任香港俘虏收容所所长。德永德的职责是按照日本陆军省的规定和香港总督的指示,指挥及管辖香港范围内所有集中营、战俘营和战俘医院,督导和指挥香港俘虏收容所所有职员,确保战俘营和集中营正常运作。在防止俘虏逃走、生事的同时,要为俘虏的生命和健康负责,是香港战俘营和集中营的最高负责人。[3]

1942年1月,德永德到港履新,这时候香港共有约一万一千名战俘。[4]在日军的安排下,英军和加拿大军战俘分别被关进深水埗战俘营和北角战俘营。随着亚皆老街战俘营于1942年4月启用,大部分军官阶级的英、加战俘亦转移至此。北角战俘营和亚皆老街战俘营分别在1942年9月和1944年5月关闭,之后所有战俘均集中在深水埗战俘营。[5]自香港沦陷开始,英、加战俘在战俘营度过了四十四个月的黑暗日子,直至日本宣布无条件投降为止。

1929年的《日内瓦关于战俘待遇公约》(下称《公约》)已经清楚列明战俘应有的待遇。连同日本代表在内,共有四十七国代表在日内瓦签署了《公约》,但日本政府其后却没有批准落实《公约》,理论上不受《公约》约束。太平洋战争爆发后,日本外相曾作出保证,表示日本愿意在互相遵守的基础上按《公约》的要求对待英、加、美等国战俘。[6]然而，日军治下的战俘营却未能提供卫生的住宿环境，足够的食物、衣物，以及适当的医药治疗。除此之外，日军还经常殴打和虐待战俘，侵吞国际人道援助物资，强迫战俘从事危险的战争工作。最终，战俘营爆发疫病并带来惊人的死亡数字，部分战俘因被殴打或过度劳动而死亡，更有战俘遭日军处决。

抗战胜利后，香港战犯调查队向香港俘虏收容所所长德永德以及他的部下——总军医官齐藤俊吉大尉、亚皆老街战俘营营长田中齐中尉、深水埗战俘营军官部副主任茑田五男和香港俘虏收容所职员原田城太郎军曹提出检控。

战俘营的恶劣环境

北角战俘营即英国人在战前设立的"北角难民营"，最初用来收容中国难民。日占时期，北角难民营改为战俘集中营，日军称之为香港俘虏收容所第三分所（香港岛支部）。北角战俘营约有三十间长四十米、宽七米的木屋；按日军的标准，每间木屋可以容纳最多七十名战俘，但实际上却挤进了约一百三十人。深水埗战俘营即英军原来的深水埗军营，日占时期改为香港俘虏收容所第一分所（深水埗支部）。在日军接手之时，深水埗战俘营约有五十间长四十米、宽六米的木屋，每间木屋最多只能容纳六十名战俘，但当时亦挤进了八十至九十人。营内本来用作已婚军人宿舍的租庇利大楼（Jubilee Building），亦被日军改建，分隔成狭小的房间囚禁战俘。[7]

这些木屋设计简陋，在战时经受战火摧残，且人满为患，卫生环境十分糟糕。厕所严重不足是战俘营最大的卫生问题。以深水埗战俘营为例，战俘营设有三十六个抽水马桶，却要供大约七千名战俘使用。原有的抽水马桶已不敷应用，部分更因破损而无法使用，战俘只能依赖数量不足的水桶作为临时厕所。[8]水桶破损后战俘也只得亲自动手维修，日军从不予以替换。[9]北角战俘营面对同样的问题，加军战俘最初

▲ 4-01 战前深水埗军营外貌

▲ 4-02 正在走向战俘营的英军

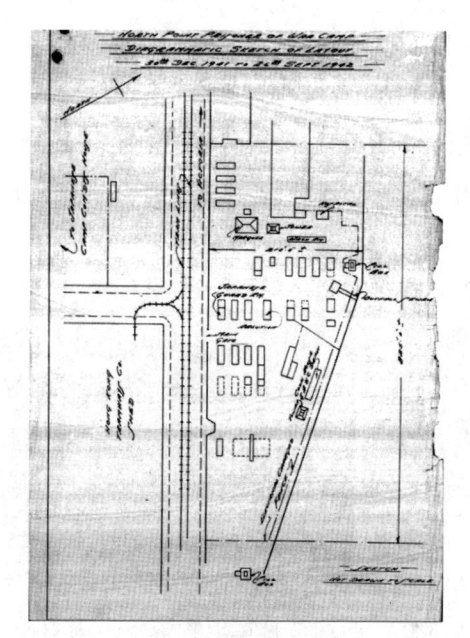

▲ 4-03 北角战俘营平面图

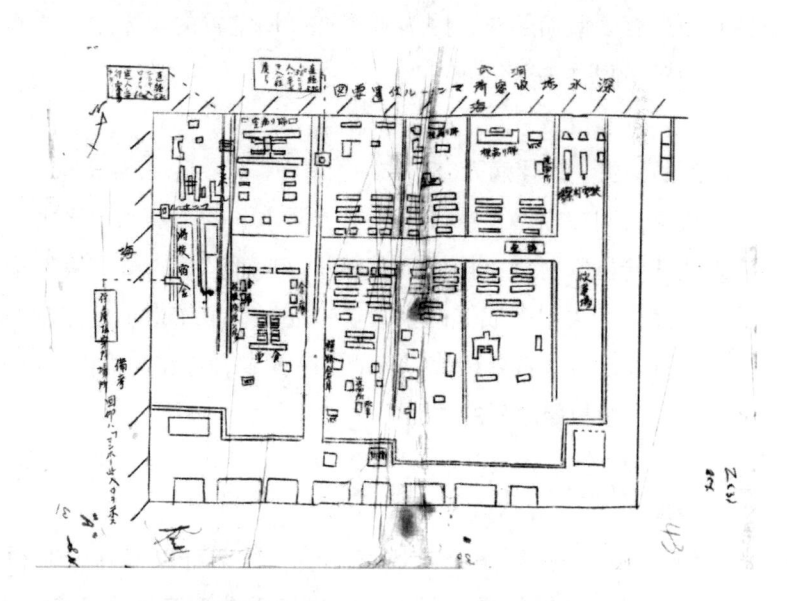

▲ 4-04 深水埗战俘营平面图

获准离开营地,到铁丝网外的海边如厕;后来日军感到看守困难而停止了这个安排。结果战俘只好在地上挖坑如厕。[10]

亚皆老街战俘营的环境同样十分恶劣。每间木屋都至少囚了四十至五十名战俘军官;但木屋内没有任何寝具,战俘只能席地而睡。与其他战俘营一样,木屋经常渗漏,雨水流入木屋时,战俘就被迫与雨水同眠。战俘曾向日军提出漏水问题,却不获理睬。[11]

加拿大军的高级医务主任克罗福中校(Lt. Col. Crawford)曾先后被囚禁于北角战俘营和深水埗战俘营。他指出深水埗战俘营木屋的设计可以容纳三十二人,但在他被囚禁期间,一间木屋有时候却囚禁了八十名战俘,总之从未少于五十人。由于窗户不足,木屋亦有空气不流通的问题。[12]

木屋由于过度拥挤和太多破损,战俘曾多次向日军要求木材,让他们自行建造更多木屋或维修,但均被日军以物资不足为由拒绝。[13]随着战俘陆续被征召到日本当苦力,营内开始有一些空置的木屋,但挤拥问题没有因此而解决,因为日军选择用空置的木屋放置油罐,也不愿意让战俘使用这些空间。[14]

疫病丛生　战俘病死

战俘长期被囚禁在空气不流通、漏水和拥挤的木屋之中,病菌轻易地快速传播,对健康构成严重威胁。战俘营曾大规模爆发痢疾、白喉等疫症,夺去很多战俘的生命。疫症爆发虽然由不可控制的因素引起,但日军没有认真处理战俘营的卫生问题,亦没有提供足够的药物,实是导致大量战俘病死的主因。

痢疾

痢疾是一种传染病,其致病源痢疾杆菌可以通过患者和非患者的直接接触或苍蝇传播。不少战俘早于香港防卫战时已经患上痢疾,被关进战俘营后,恶劣的卫生环境和拥挤的住宿安排,令痢疾迅速扩散。[15]为了应付痢疾，罗德里格斯医生（Dr Rodrigues）早在痢疾爆发初期就被委托在深水埗战俘营的租庇利大楼建立一间专门医治痢疾的医院。由于痢疾病人实在太多，租庇利大楼的痢疾医院只运作了两个星期就迁移至旧军士饭堂（Old Sergeants' Mess）。深水埗战俘营关了三千名战俘，但每月患上痢疾的战俘却一度达到一百八十人，患病比例奇高。[16]

当时身处北角战俘营的克罗福中校指出，每个月都会有七十至一百二十五名病人因为痢疾或腹泻入住营中的医院。这个数字并未包括所有痢疾患者，因为身体状况较好的病人会留在木屋，重症病人则会被送往宝云道医院。[17]1942年9月，北角战俘营的加军战俘转移到深水埗战俘营。由于营内原有的英军战俘医院人满为患，加军战俘抵达后，必须自行在战前用作军官食堂（Officers' Mess）的地方建立专供加军战俘使用的战俘医院。[18]

所谓的战俘医院，卫生环境与一般木屋不遑多让。位于军官食堂的战俘医院只获日军分配十二个桶厕。可是，单单在1942年10月，就有约五百名病人入院，当中包括痢疾病人。桶厕数量不足，排泄物很快就溢满于地，加剧痢疾的传播。[19]

痢疾爆发后，战俘医生在治疗痢疾病人时都遇到药物不足的问题。深水埗战俘营的医院每月都会向日军申请配给药物，但收到的药物通常比要求的数量少，又时常出现延误，医院有时候会连续一两个星期面对无药可用的问题。[20]

在最高峰时期，战俘营一个月会有一百至二百宗痢疾新病例。到了1943年11月，痢疾疫潮开始逐渐消退；直至1944年4月，痢疾终于不再是战俘健康的主要威胁。痢疾危机能够得以解决，部分原因是战俘营的环境有所改善。不过，归根究底是因为大量战俘被征召到日本，战俘营的人口密度大幅减少，加上苍蝇问题缓解，才令这种传染病不再轻易传播。[21]

白喉

白喉是一种急性呼吸道传染病，透过人与人近距离接触传播，一经发现，就必须隔离病患者。在疫症爆发初期及时发现，并立刻采取隔离措施，就能够有效阻止白喉杆菌散播。

1942年6月，战俘医生库姆斯（Dr. Coombes）已经在深水埗战俘营诊断出疑似白喉的个案，他随即要求日军检验三名怀疑染上白喉的病人之喉咙分泌物。虽然日军给予的回复是化验结果呈阴性反应，但这三名病人后来都确诊患上白喉，其中两人更因此丧生。[22] 同年7月，北角战俘营开始有零星的白喉个案。克罗福中校为此准备了一份报告，交由加军高级军官霍姆中校（Lt. Col. Home）转呈日军。他在报告中指出，食物配给减少是疾病暴发的原因；北角战俘营已经出现白喉病例，必须检验战俘的喉咙分泌物，并对带菌者采取隔离措施。他的请求被拖延至10月才获批准。[23]

齐藤俊吉在庭上辩称自己曾请求总督部派出防疫部队到战俘营提供支持，让他可以为战俘检验喉咙分泌物。事实上，防疫部队于9月进驻深水埗战俘营之前，他一直对战俘医生的请求置之不理，导致白喉疫情恶化。齐藤俊吉作供时解释他不知道香港的化验室拥有检验喉咙分泌物的设备，而战时被日军委任为技术专员的梁国泰（音译：Leung Kwok Tai）作证时表示，香港卫生试验所在战时已有足够的能力检验，但在1942年，只有赤柱拘留营曾要求他们检验白喉。[24]

抗白喉血清是唯一可以医治白喉的药物，战俘医生在白喉疫情刚爆发时，已经三番四次要求齐藤俊吉大尉提供抗白喉血清，但齐藤俊吉的答复却是没有任何血清可以提供。日军自1942年10月5日起才开始提供抗白喉血清，但剂量明显不足。克罗福中校当时只获分配一万单位血清，实际上每个成年白喉患者需要的剂量应为十万单位，这少得可怜的剂量只能救助刚刚感染白喉的病患者而已。被囚禁在深水埗战俘营的罗德杰医生（Dr. Rodrigues）表示，由于无法取得抗白喉血清，他们只好买通一名日军，托他从战俘营外购买血清。[25]

齐藤俊吉表示，在白喉爆发时已经尝试到香港的各间药房购买血清，后来因为香港的存货不足，曾远赴广州购买，可是数量依然有限，因而认为自己已经尽力而为。外科专科医生安德臣（Dr. Anderson）在宝云道英军医院被囚禁期间，继续履行医生的职责，他在庭上表示，他知道香港在战前藏有大量抗白喉血清，因此提议亲自带领齐藤俊吉寻找战俘急需的血清，但遭齐藤俊吉拒绝。他亦曾画图标示售卖抗白喉血清的商号，以及英军收藏血清的货仓位置，但因为日军没有尝试去寻找，结果徒劳无功。[26]

日军对战俘营的白喉疫情视若无睹，因而错过了及早隔离和医治病人的时机，令白喉疫情扩散。其后，日军还试图文过饰非，透过传译要求战俘医生在死亡证上造假，命令他们不可以在死因一栏填写白喉或痢疾。[27]

白喉疫情自1942年6月爆发，1942年底才受控。日军于1943年2月的统计显示，香港战俘营共有六百八十七名战俘感染白喉，当中一百零七人死亡。战俘医生指出，假如药物供应充足的话，白喉的死亡率不应高于2%。[28]

强迫劳动　过劳而死

战俘拘留在战俘营期间，不时会被日军征召，组成苦力团队，被迫接受日军委派的任务。日军自1942年4月开始征召苦力团队，战俘在被选进苦力团队之前，均会接受身体检查，按检查的结果归入A组、B组或C组。A组战俘的身体状况最佳，C组最差，并且不适合担当苦力。可是，日军不顾战俘死活，即使是C组的战俘仍然要被强迫劳动。故此，苦力团队既有健康正常的战俘，也有连走也走不动的战俘。[29]

克罗福中校作证时表示，曾经有不少战俘自称身体不适，要求免除该日的差役。不过，日军对苦力团队的人数有既定的要求，不管营内是否有足够的健康战俘，都必须安排指定人数的战俘当苦工。克罗福中校很多时候都不得不向战俘指出，假如免役的请求得到答允，结果只是代表另一位比他们瘦弱的战俘代替他们劳动。[30]

沦陷期间，战俘曾分别被派往启德机场、香港仔、荔枝角、跑马地、大埔等地劳动。在最高峰时期，北角战俘营和深水埗战俘营一天会合共派出上千名战俘，为日军担当苦力。[31]据曾经多次参加苦力团队的霍尔（Hall）忆述，日军为了方便战斗机升降，曾命令苦力团队夷平了两三个古老的村落和"圣山"，扩建启德机场供军队使用。他们在香港仔的任务，是将最重可达二百五十公斤的航空炸弹，由南朗山的货仓搬运至香港仔码头，使日军能够在晚上乘着夜色搬运炸弹。另外，在何文田挖掘地道是苦力团队最危险和最艰巨的任务。日军只顾赶工，迫令战俘从早上8时挖掘至晚上8时，而晚上8时至次日早上8时则由华工挖掘。整项工程风雨不误，日以继夜。草草挖掘的坑道没有足够的支撑物，地道在雨季常因水土流失而塌陷，有时候更会将战俘困于其中。[32]

《公约》禁止战俘从事危险的，或与军事行动有关的工作，拘留国亦不得迫使战俘从事其体力不能胜任的工作。[33]在日占时期，日军无视国际法规，往往强迫瘦弱病残的战俘做苦工，指派他们从事军事工作，要他们在危险、恶劣的环境下为日军服务。

另外，日军还曾六次用轮船，将五千名战俘送往日本工作。[34]日军在挑选战俘时会替战俘做身体检查，但过程十分草率，无法反映战俘的健康状况。以1943年1月19日被运往日本的战俘为例，日军打算将一千二百名战俘送往日本，但战俘医生向日军表示，健康和适合劳动的战俘只达要求人数的一成多。齐藤俊吉毫不理会战俘医生的结论，出发前一星期在深水埗战俘营安排步操，但凡能够步行的战俘，都会被判断为"健康"。与征召苦力一样，日军只求达到目标，不会理会战俘的体质。这些被选中的战俘，不少都患有不同程度的疾病，并不适合送往日本劳动。[35]

霍金斯（Henry Felton Hopkins）在1943年12月15日被送往日本，

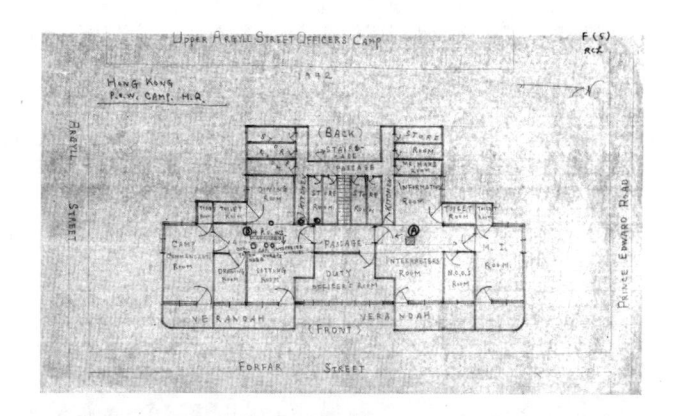

▲ 4-05 亚皆老街战俘营平面图

▲ 4-06 两幅描述战俘营的绘画

他提到与他同行的两名战俘——杰克（Jack）和沃克（Walker），不论是年龄还是健康状况，都明显不适合往日本做苦力，但他们结果仍然被安排上船。两名战俘抵达日本后，不曾获分配任何工作，立刻就要送进医院。杰克和沃克的情况，连日军军医亦感到惊讶，质疑为何他们会被送到日本劳动。最终，杰克和沃克分别在抵达日本一个月内和九个月后逝世。[36]

侵吞红十字会物资

日军分配予战俘营的粮食相当短缺，战俘长期无法摄取足够营养，许多人都患上不同类型的维生素缺乏症。除了日军的配给外，战俘亦获准接收亲友送来的私人包裹，以及红十字会送来的人道援助物资包裹，内里包括罐头食品、香烟等物品[37]。红十字会将这些物资储存在枪会山（Gun Club Hill），然后向全港战俘分发。日军深知这些物品奇货可居，部分高级军官从中中饱私囊，侵吞战俘的人道救援物资。[38]

在战俘营担任传译的松田（Matsuda）供称，他曾经到过德永德的大宅，看见一些已经开封和未开封的红十字会包裹。德永德每个月的工资只有517日元，却能在香港供养情妇，以及维持一个大家庭。日本政府不会为日军的情妇提供配给，所以松田推断德永德私吞了红十字会的物资和其他战俘的配给品。[39]德永德的司机梁磊（音译：Leung Lui）证实了松田的推断。梁磊曾受命从香港俘虏收容所总部运送红十字会的物资返回德永德位于九龙嘉道理道35号的大宅。在大宅内，他曾与德永德的佣人一起打开这些罐头，取出罐头内的芝士、肉块供德永德和他的朋友享用。[40]

英军服务团情报人员麦尤金（Eugene Mak）战时在香港俘虏收容所总部任职打字员。他在整理战俘名单和红十字会物资的收据时，发现原来并非所有物资都会分发给俘房。据他了解，只有约一半的物资会送到战俘手上，其余的都是由德永德和其他日军瓜分。他们甚至会将

· 144 ·

这些物资秘密出售以牟私利。麦尤金指出，收容所内曾私吞红十字会物资的高级军官不只是德永德，还有管理仓库的安倍大尉（Capt. Abe）和加藤大尉（Capt. Kato）等人。安倍和另一名日军新森（Niimori）还公然地在柯士甸道与弥敦道交界开设杂货店，直接贩卖私吞得来的物资。他从日军的警卫口中得知，是德永德在背后指使货车将红十字会的物资送到他们的店铺贩卖。[41]

强迫战俘签署不逃走誓约

在沦陷初期，日军没有严密看守战俘营，很多战俘都能成功逃走。1942年2月，德永德曾向战俘中的高级军官——英军司令莫德庇少将（Major General Maltby）传达命令，要求战俘签署不逃走誓约。德永德表示，假如战俘不签署该誓约，日军就会枪杀任何尝试逃走的战俘。纵使有很多战俘强烈反对签署誓约，莫德庇少将还是被迫在德永德面前，向深水埗战俘营的所有战俘宣布日军的命令。[42]

日军最初未有强迫战俘签署誓约，但德永德在1942年8月改变主意。日军还使用暴力，以强制战俘签署不逃走誓约。德永德召见深水埗战俘营的战俘军官弗雷德里克中校（Lt. Col Frederick）时，[43] 命令他带领战俘签署誓约，但弗雷德里克中校严词拒绝。当天晚上，两名士兵报称收到德永德的命令，要强迫他签署誓约，他再次拒绝却遭殴打——同样的事情于翌晚再次发生。[44] 弗雷德里克中校没有屈服，还游说其他战俘，要求他们在得到莫德庇少将的明确指示之前，不要签署该誓约，令日军一无所得。日军因此对弗雷德里克中校恨之入骨，认为他带头反抗，德永德于是命令卫兵将他绑起来殴打，德永德亦曾亲自动手"惩罚"弗雷德里克中校。一番宣泄过后，德永德才向弗雷德里克中校展示莫德庇少将已经签署的誓约。[45]

最终，深水埗战俘营仍然有一百一十二名战俘拒绝签署誓约。日军将他们押离战俘营，让他们在营外过夜，晚上还加以恐吓和折磨，战俘最终被迫在违背个人意愿的情况下签署誓约。当中有六至七名战俘坚拒签署誓约，结果被送到赤柱监狱囚禁。[46]

未经审讯处决逃狱战俘

1942年8月，加军战俘派恩中士（Sgt. J. O. Payne）、布新其准下士（L/Cpl. G.Berzenski）、亚当斯二等兵（Pte. J. H. Adams）、艾利斯二等兵（Pte. P. J. Ellis）决定在一个台风夜趁机逃走。他们成功地逃出北角战俘营，找来一艘舢舨横渡大海，但在驶过鲤鱼门时不幸翻船，结果第二天被追捕而来的日军抓获。[47]日军在香港俘房收容所科发道总部拷问四人，在该部工作的麦基成（音译：Mak Kee Shing）供称，他看见四名战俘在德永德和田中齐等人面前，遭传译新森一边用棒球棍殴打，一边拷问，历时约一个小时。[48]拷问过后，四名战俘在九龙地区宪兵部的监牢拘留，听候发落，最终在京士柏的枪会山遭处决。[49]

1942年9月，日军发现英军战俘布兰逊二等兵（Pte. V. Branson）、拜恩准下士（L/ Cpl. W.G. Byrne）、康纳利准下士（L/Cpl. P.Connely）、史度沃二等兵（Pte. J. Stoppworth）和邓尼二等兵（Pte. M. T. Dunne）在深水埗战俘营的租庇利大楼挖掘地道，企图逃走。于是日军同样将他们送到九龙地区宪兵部审问，然后于1942年9月14日处决。[50]

未经公平审讯就随意处决战俘，是此案最严重的战争罪行。德永德在法庭上多番强调他明白这一点，只推诿道他是听从参谋长的命令行事。[51]事实上，即使是日军制订的《惩处战俘规例》（意译：*The Prisoner of War Punishment Law*），亦列明假如一批战俘逃走，只有主谋才可以被判处最高刑罚死刑，其同党的最高刑罚是终身监禁。[52]

日军还向东京俘房情报局（Tokyo POW Information Bureau）呈交虚假报告，意图掩饰这些抵触国际法的罪行。以上两宗个案的报告都只字不提日军"处决"战俘的事，反而谎称战俘是在逃走时被卫兵"射杀"。[53]日军的条例允许卫兵开枪，以阻止战俘逃走，日军便利用这灰色地带，企图隐瞒未经审判就处决战俘的事实。[54]同样的报告在战后亦被呈予英国军官，幸好真相水落石出，日军终究无法逃避私自杀害战俘的责任。[55]

最漫长的审讯

德永德与他四名部下的审讯历时五十三天，其审讯时间和人证物证的数量，均为香港军事法庭案件之最，足见英国人对于战俘的遭遇格外重视。在军事法庭的审讯过程中，不少证人都表示曾经目睹日军在战俘营和战俘医院滥用私刑、虐打战俘和平民，部分证人更身受其害。

战俘在战俘营囚禁的日子，行事必须小心翼翼。稍有差池触怒日军，就不免要受皮肉之苦。例如德永德曾猛踢怀斯曼上尉（Captain Wiseman）[56]，原田城太郎曾殴打巴尼特中尉（Lt. Barnett）[57]，茑田五男曾以腰带鞭打胡德科柏中尉（Lt. Heiderkoper）[58]，等等。证人除了指证日军残酷对待战俘的罪行，还揭示了日军残害华人平民的事实，包括殴打在营内为日军服务的华人司机，在战俘营附近抓捕和折磨华人平民，等等，部分华人更惨遭杀害。[59]

最终，因为香港俘虏收容所所长德永德大佐和总军医官齐藤俊吉大尉手握最高权力，亦犯下最严重的罪行，香港军事法庭将他们判处绞刑。[60]田中齐中尉、茑田五男和原田城太郎则分别按其所犯罪行之轻重，被判监禁三年、两年和一年。[61]

▲4-07 战俘刚抵达日本时的情形

▲4-08 日军曾征集战俘和平民扩建用作军事用途的启德机场

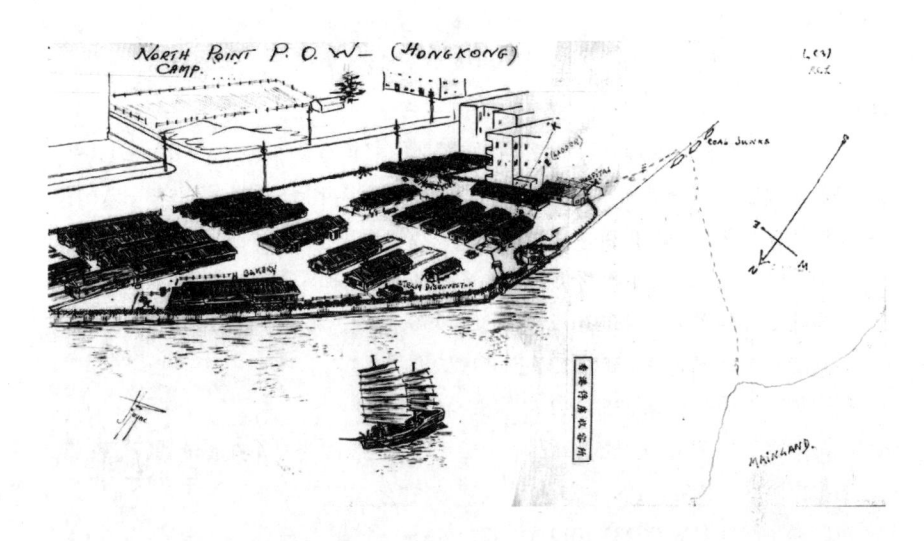

▲4-09 战俘绘画的北角战俘营

▲4-10 日军制订的《惩处战俘规例》　▲4-11 日军制作的战俘死亡证

注释

1 本文中战俘营的日文译名可参考英国陆军部档案 W.O. 235/1012 B：10 — 11。
2 战前用以收容"香港孤军"（编按：深圳于1938年年底失陷，但仍有一队国民党军队在沙头角顽强抵抗，他们最终退入英界，决不向日人投降。香港政府先将他们安置在马头涌难民营，其后转移到亚皆老街孤军营）。
3 英国陆军部档案 W.O. 235/1012 A：338，456，459，462，463。
4 英国陆军部档案 W.O. 235/1012 A：461。
5 英国陆军部档案 W.O. 235/1012 A：44，464。
6 英国陆军部档案 W.O. 235/1012 A：462；谢永光．战时日军在香港暴行．香港：明报出版社，1991：199 — 200。
7 英国陆军部档案 W.O. 235/1012 A：47，613 — 615。
8 英国陆军部档案 W.O. 235/1012 A：157。
9 英国陆军部档案 W.O. 235/1012 A：48。
10 英国陆军部档案 W.O. 235/1012 A：618。
11 英国陆军部档案 W.O. 235/1012 A：133 — 134。
12 英国陆军部档案 W.O. 235/1012 A：44，47，57。
13 英国陆军部档案 W.O. 235/1012 A：539。
14 英国陆军部档案 W.O. 235/1012 A：47。
15 英国陆军部档案 W.O. 235/1012 A：55，635。
16 英国陆军部档案 W.O. 235/1012 A：97 — 98。
17 英国陆军部档案 W.O. 235/1012 A：55。
18 英国陆军部档案 W.O. 235/1012 A：46，49，53。
19 同上。
20 英国陆军部档案 W.O. 235/1012 A：57，99。
21 英国陆军部档案 W.O. 235/1012 A：55 — 56。
22 英国陆军部档案 W.O. 235/1012 A：239，240。
23 英国陆军部档案 W.O. 235/1012 A：46，64。
24 英国陆军部档案 W.O. 235/1012 A：260，642 — 643，712。
25 英国陆军部档案 W.O. 235/1012 A：62 — 63，104。
26 英国陆军部档案 W.O. 235/1012 A：213 — 214，646 — 650。
27 英国陆军部档案 W.O. 235/1012 A：67 — 68，102。

28　英国陆军部档案 W.O. 235/1012 A：63，201，652。

29　英国陆军部档案 W.O. 235/1012 A：104，162，473，689。

30　英国陆军部档案 W.O. 235/1012 A：70 — 71。

31　英国陆军部档案 W.O. 235/1012 A：472。

32　英国陆军部档案 W.O. 235/1012 A：400 — 401。

33　《日内瓦公约》第二十九、三十一和三十二条。

34　另有二十四名战俘在1943年8月被送往台湾（参考：英国陆军部档案 W.O. 235/1012 A：682）。

35　英国陆军部档案 W.O. 235/1012 A：71 — 72，540 — 541，682。

36　英国陆军部档案 W.O. 235/1012 A：228，230。

37　1929年修订过后的《日内瓦公约》保障了士兵在沦为战俘时的待遇，第七十八条列明战俘救济团体可以在各交战国允许下为战俘提供物资支持。

38　英国陆军部档案 W.O. 235/1012 A：54，378。

39　英国陆军部档案 W.O. 235/1012 A：346，347，359。

40　英国陆军部档案 W.O. 235/1012 A：359 — 362。

41　英国陆军部档案 W.O. 235/1012 A：377 — 379。

42　英国陆军部档案 W.O. 235/1012 A：476。

43　战俘军官于1942年4月被移送至亚皆老街战俘营，弗雷德里克中校是少数留在深水埗战俘营的战俘军官。

44　弗雷德里克中校的证词指该事件发生在1942年5月，但比较其他证人的证词，相信正确日期应为1942年8月。

45　英国陆军部档案 W.O. 235/1012 A：221 — 222。

46　英国陆军部档案 W.O. 235/1012 A：221 — 222，476 — 478，560。

47　英国陆军部档案 W.O. 235/1012 A：12，340。

48　英国陆军部档案 W.O. 235/1012 A：365 — 366。

49　英国陆军部档案 W.O. 235/1012 A：340，482 — 484。

50　英国陆军部档案 W.O. 235/1012 A：12，340，485 — 486。

51　英国陆军部档案 W.O. 235/1012 A：485。

52　英国陆军部档案 W.O. 235/1012 C：608。

53　英国陆军部档案 W.O. 235/1012 B：218 — 219；英国陆军部档案 W.O. 235/1012 C：614 — 615。

54　英国陆军部档案 W.O. 235/1012 A：526。

55　英国陆军部档案W.O. 235/1012 A：506，509。
56　英国陆军部档案W.O. 235/1012 A：311，532。
57　英国陆军部档案W.O. 235/1012 A：303，780—782。
58　英国陆军部档案W.O. 235/1012 A：70。
59　英国陆军部档案W.O. 235/1012 A：400，415，428，432，434，437。
60　德永德和齐藤俊吉其后均获减刑，分别改判终身监禁和监禁二十年。
61　英国陆军部档案W.O. 235/1012 A：8—10。

赤柱监狱医院病人饿死

在日占时期，赤柱监狱专门囚禁被日军军事法庭判处入狱，或等候军事法庭审判的人。赤柱监狱于1937年建成，是一所规模宏大的监狱，设有一座两层楼高的监狱医院，专供患病的囚犯接受治疗。然而，由于日军蓄意疏忽，医院内的病人都没有获得适切的诊治，以及足够的药物和膳食，许多人因而死亡。

赤柱监狱医院虽然没有出现过虐打、拷问、灌水等日占时期常见的暴行，但同样有大量平民在医院内饱受折磨，不少人因为得不到基本的治疗和食物而病死或饿死。赤柱监狱医院恶劣的环境，可以说是由日军一手造成的。负责管理赤柱监狱医院的佐藤畅一中尉因此被列为战犯，送到香港军事法庭受审。

佐藤管治下的赤柱监狱医院

赤柱监狱的最高负责人是监狱长，他的下属按职级排名分别为狱吏长、狱吏和辅助狱吏。监狱长不会长期留守监狱，而狱吏长则根据监狱长的指令，带领狱吏和辅助狱吏负责监狱的实际运作。虽然部分狱吏和辅助狱吏通常都是在监狱医院工作，但实际负责管理监狱医院的人，却不是这些监狱内的常规职员。[1]

根据日军的监狱守则，监狱内的医务卫生工作应交由就近的医疗机构负责。因此在赤柱监狱体制以外的军医官佐藤畅一，就在日占时期肩负起监狱医院的管理工作。佐藤畅一于1942年10月28日调配到香港，再于1942年11月10日获委任为医务官，在总督部的医务课工作。他的主要职责是为总督部约二百名军人和约八百名隶属军队的人员诊病，以及监察酒店、餐厅和其他与军械库有联系的地方，处理与卫生和防治传染病有关的事宜。在获委任为医务官的同一天,医务课的主管江口中佐(Lt-Col. Eguchi)告诉佐藤畅一,他同时需要为赤柱监狱医院的犯人诊病。[2]

从1942年11月10日至日本宣布投降期间,佐藤被委以管理赤柱监狱医院和医治院内病人的重任,是医院唯一的主管和医生。当时的赤柱监狱医院还有一名狱吏和三名辅助狱吏,狱吏是一位名叫铃木(Suzuki)的日军军士,辅助狱吏就是三位战前已经获聘在监狱医院工作的印度人。佐藤供称铃木是一名日军的医务士,三名印籍辅助狱吏之中的卡达·毕斯(Kader Buksh)更拥有接近医生的能力,而另外两位辅助狱吏均为经过良好训练的医护人员。[3]

佐藤在军事法庭上作供时声称,他每次返回监狱医院时,都会在医院逗留一至三个小时。每当他为病人诊症,铃木和卡达·毕斯都会在场,佐藤会指导他们接下来应该如何照顾病人。当他不在医院时,通常会由卡达·毕斯为病人诊症,铃木则负责联络佐藤,向他报告病人的情况及有关医院的各样事情。遇有突发状况,佐藤收到电话通知后,会立即赶回医院救治病人。万一他无法赶回医院,卡达·毕斯和铃木都能够为病人提供紧急救治。[4]

事实上,佐藤绝少返回监狱医院。他没有一个固定的时间表,从来都不会依时定候返回医院诊治病人。在这种情况下,监狱医院的日常运作只能够依靠院内的狱吏和辅助狱吏。与佐藤的供词相反,那些号称有能力行医的狱吏其实不曾为监狱医院的病人诊病。

病人在监狱医院根本得不到必要的诊治,加上医院的环境恶劣,药物和食物供应短缺,往往导致病人的病情恶化。佐藤的职责本来是要确保病人在医院得到合适的对待,但他未有履行责任,造成病人肉体上的痛苦,甚至死亡。佐藤治下的监狱医院,根本难以称为一所医院。

监狱医院环境恶劣

赤柱监狱医院在战前由英国人建成,一楼有两间病房,底层有一间病房和四五间小房间。每间病房可以容纳约二十人，通常用来囚禁女病人的小房间就可以容纳二至三人，监狱医院合共可以容纳六十至七十名病人。虽然医院内的诊症室、化验室、手术室等都一应俱全，但不少良好的医疗设备，包括手术桌，都被日军在1942年6月底至7月初期间运走。日军将这些用来医治病人的器材送到当时征用为香港陆军病院的玛丽医院，至于监狱医院的病人，自然就因为缺少必要的器材而无法得到救治。[5]

佐藤供称，当时监狱医院的病人都染上不同程度的传染病或因营养不良所引起的症状。当中有大约20%的人患上脚气病和肺疾病，约15%的人患有疟疾，约15%有肠道疾病，约10%患有肺病，约10%染上皮肤病，约10%患有其他疾病。1943年至1944年间，每个月平均有三十至四十人入院；到了1945年，由于囚犯的数目减少，入院人数亦随之下降至每个月平均十人左右。[6]

因病送院的病人体质虚弱，需要适当的照顾和休息，才能够早日康复，日军却视这些病人为不事生产的人。在日占时期，赤柱监狱的患病囚犯会按病情分四个级别，第一级是仍能工作，第二级是需要休息，第三级是必须躺下，第四级是需要入院；日军通常只允许第三和第四级别的病人到医院接受治疗。[7]在日军的眼中，这些病人不事生产，假如他们获得充足的食物，肯定不会离开医院，因此监狱医院的病人获得食物的分量只有一般囚犯的一半，令囚犯即使生病也不愿意入院。[8]

除此之外，医院的卫生情况亦差强人意。医院一楼的两间病房经常挤满病人，染上不同疾病的病人都被安排在同一个病房，没有任何分类隔离的措施。[9]病房的床铺充满寄生虫，即使前一位使用者患有严重的性病，或床铺曾经被痢疾病人的排泄物弄脏，医院都不会更换或清洗被铺床单。[10]每名刚入院的病人都会获分配三至四张毛毯，但当病人出院时，使用过的毛毯不会经过消毒，而只是放在太阳下晾晒。[11]

诊治粗率　草菅人命

在军事法庭上，不少病人都投诉住院期间没有得到检查和治疗，亦有不止一个病人表示住院期间从没见过佐藤巡视监狱医院。在医治病人方面，佐藤可谓极其马虎。他不会定期返回监狱医院，而且每次的逗留时间都很短，只会目测病人的病情，极少为他们作详细的检查。佐藤在监狱医院只会处理新症或是病情严重的病人，病得较轻和休养中的病人，佐藤却对他们不闻不问。[12]

陈慧芝（音译：Chan Wai Chi）被捕前是一名合资格护士，日军于1943年10月19日判她监禁十五年，随即送到赤柱监狱服刑。从当天起至1944年9月15日期间，日军指派她到医院担任护士。她形容佐藤只会不定期返回医院，甚至曾经两个月才回来一次。他每次返回医院，只会循例与印籍狱吏在病房内巡视，看看病人的病历卡以及听取狱吏汇报病人的情况。十个病人之中，只有两至三人有机会获佐藤诊症。[13]

爱德华·西克士（Edward David Sykes）在1943年1月21日被捕，随后送到赤柱监狱囚禁。1943年5月至1944年1月期间，他因患有脚气病，双脚麻痹呈半瘫痪状态而入住赤柱监狱医院。他住院的半年内，佐藤只为他作过一次简单的诊治。当时他向佐藤表示双脚无法动弹，而且感到痛楚，佐藤笑说"麻痹了，麻痹了"，然后离开。隔了一个星期，他看见佐藤为三名垂死的脚气病患者注射药物，于是要求佐藤也为他注射。佐藤最终用同一根针筒为他们4人注射，完全没有理会这样做会危害病人的生命。[14]

马礼逊（V. M. Morrison）于1943年5月至1944年6月期间，曾四次住进监狱医院。最初三次住院时，佐藤都没有替他作任何检查或给予他药物，反而很快就安排他出院。他在1943年7月最后一次入院，一直至1944年6月的整整一年间，佐藤只在1943年11月粗略地检查过他的病情，包括听心跳、检查脉搏和量度体温，然后就诊断他患上疟疾。实际上，马礼逊同时患有脚气病、粗皮症和恶性贫血。在诊断后的两

▲4-12 战时赤柱拘留营外观

▲4-13 赤柱监狱医院军医官佐藤畅一中尉

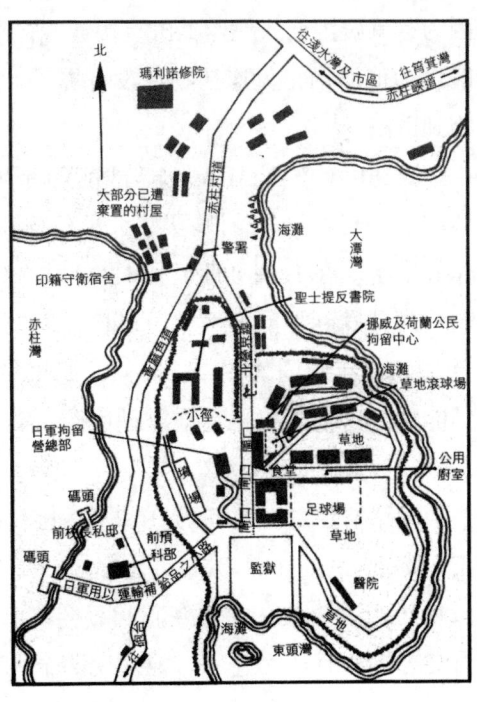

▶4-14 一名曾被拘禁的美籍公民所绘画的赤柱拘留营地图

· 157 ·

天，佐藤只给予他两粒药丸，这就是马礼逊四次住院，一年多期间获得的药物。毫无疑问，这些药丸没有改善他的病情。[15]

住院期间，佐藤曾一度为马礼逊注射药物，但注射之后马礼逊的手臂异常肿胀，痛楚使他五天不能入睡。后来一名印籍狱吏为他用针筒抽走皮肤下的液体，狱吏跟他说这是因为药物未有打入静脉，而误打在肌肉上所致。由于检查草率，处事马虎，佐藤不单误判了他的病情，还没有提供适当的治疗，令他平白受了不少苦楚。马礼逊后来被送到赤柱拘留营的医院，该处的医生替他检查时，发现他十分虚弱，体重只有一百零五磅，并患有致命的疟疾、脚气病、糙皮病及恶性贫血。[16]

病人无法获得药物

在监狱医院内，病人只是偶尔获发些许药物，有些更为不幸的病人甚至不曾获发任何药物，以致病情每况愈下。杨士文（音译：Yeung Sze Man）在1944年7月被囚进赤柱监狱，在等待军事法庭审判期间，因为严重腹泻而入住监狱医院接近1个月。在住院期间，不但没有任何医生为他诊病，就连药物也没有提供，他只能依靠监狱外的妻子送药物到医院。[17]

安达臣（W. J. Anderson）战前负责管理政府的仓库。据他所知，香港政府在1941年12月购买了大量药物和医疗仪器，特意为与日军开战作好准备。在12月8日至17日期间，这批药物及仪器从政府位于北角的仓库分发到不同的医院、机构，以及赤柱监狱。他于1943年6月底至1944年年中囚禁在赤柱监狱，期间多次因病进入监狱医院，当时他仍能看到这批药物贮存在监狱医院。药物仓库的钥匙本来由印度狱吏保管，后来被日军收回。[18]

米路斯（C. F. Miles）在和平后曾担任香港军政府的副助理医务总监（Deputy Assistant Director of Medical Services），负责管理药物仓库。1945年11月，在一次医务首长级会议上，陆军部委派米路斯负责清查当时香港所有药物仓库。他发现两个大型的药物仓库，一个位于汇丰银行大厦六楼，该层的九个房间全部放满不同类型的药物；另一个位于北角的政府仓库大楼，同样贮存了大量药物。根据米路斯的调查，很多来自英国、美国和中国的药物在日军占领香港前已经贮存在此。卷标显示来自民间的药物则估计是在香港沦陷时落入日军手中。除此之外，米路斯还发现大量日军的药物、敷料及医疗仪器。[19]

种种的证据显示，香港在日占期间有能力供应足够药物。佐藤也承认，直至战争终结时，医院内除了部分药物例如维生素，其他药物的供应基本充足。给予病人适当的药物是佐藤的职责，他需要估计各种药物每月的消耗量，然后向军事医院的药物供应部提出申请，为病人取得所需药物。然而监狱医院的实际情况是，佐藤没有充分利用医院内的药物医治病人，不顾病人的生死。[20]

祁礼宾、艾文逊病死狱中

日军攻占香港后，所有汇丰银行的职员都囚禁在新华酒店（Sunwah Hotel）。该酒店本来是一间妓院，环境十分肮脏。1943年3月，日本人逮捕了汇丰银行的总经理祁礼宾爵士（Sir Vandeleur Grayburn）、达保医生（Dr. Talbot）和史卓非（E. P. Streatfield），指控他们将金钱送进赤柱拘留营，并带到宪兵部审问。同年4月13日，日军又将他们送到赤柱监狱，并于6月1日判决监禁90日。达保医生和史卓非在庭上表示，祁礼宾爵士入狱时健康情况已属一般。[21]

祁礼宾爵士在囚禁期间曾三度入住监狱医院。1943年8月，祁礼宾爵士最后一次入院，他当时长有疖疮，而且正在发高烧。他的疖疮主要集中在右腿，另有一严重的疖疮长于阴囊，令他疼痛非常，但一直没有医生到来替他诊治。两日后的晚上，他已经陷入昏迷，印籍狱吏卡达·毕斯前来了解情况，却无能为力。翌日早上，卡达·毕斯看见他的情况毫不乐观，至少四次请求日军救治祁礼宾爵士，但每次日军都对他不理不睬，显然不打算采取任何行动。卡达·毕斯亦要求日军就祁礼宾爵士的状况通知祁礼宾夫人，又或让达保医生为祁礼宾爵士诊病，但这些卑微的要求亦得不到响应。[22]

同日下午，卡达·毕斯偷偷地带了达保医生替祁礼宾爵士诊病，可惜为时已晚。晚上7时30分，祁礼宾爵士不治死亡，尸体至第二天早上才被运走。祁礼宾爵士死前数个月身体已非常虚弱及消瘦，加上在留院期间缺乏敷料作适当的包扎，伤口发炎引致败血病。达保医生表示，如果及早得到药物是可以治愈的，但直至他死亡为止，他都未有获得任何药物及治疗。[23]

艾文逊（David Charles Edmonston）是汇丰银行的经理，他在1943年5月24日被日军逮捕和审问。日军在1943年6月送他到赤柱监狱等候审判，并在1943年10月29日以违反日本军法和破坏占领地治安的罪名指控他，然后判处监禁十年。[24]

艾文逊的身体本来十分健康，入狱后他的颈背长有严重痈疮。他第一次进入医院时曾经接受切开痈疮的手术，但康复速度缓慢。后来，颈背的痈疮复发，他需要再度入院，但这次他没有得到任何的治疗就被送出医院。后来他又因患上严重痢疾和脚气病而住院，仅仅数天又被送回监狱。这时艾文逊已经非常瘦弱，没有能力工作，却要与普通犯人一同到花圃劳动。经过安达臣的多番请求后，艾文逊终于再次入院，可惜仍然没有获得任何治疗。[25]

1944年8月29日，艾文逊夫人获准到监狱探望艾文逊。虽然艾文逊夫人早已得知丈夫长有痈疮及患有痢疾，但见面时她还是相当惊讶，面前的丈夫竟与之前判若两人。艾文逊夫人带了一位医生及一些药物探监，当时艾文逊口吐白沫、神志不清，但日军仍然不准许医生为他诊治。即使获准注射带来的药物，但一切已经来得太迟。结果，艾文逊在当天不治死亡。[26]

蓄意的医疗疏忽

由于得不到适当的治疗，加上食物匮乏，医院内不少病人都在疾病与饥饿的双重折磨下死亡。根据赤柱监狱的辅助狱吏长华默・可汗（Rahmet Khan）忆述，赤柱监狱在1942—1945年间共有约一千五百名囚犯，死于赤柱监狱医院的就有一百六十至一百七十人。[27] 陈慧芝在监狱医院担任护士期间，只计算在她眼前死亡的病人，就已经有超过三十个。[28] 杨士文从1944年10月直至香港重光都在监狱医院工作，单计算他亲自从监狱医院抬出的尸体，就已经有五十至六十具。[29] 他们的证供都指出，在监狱医院死亡的大多数是华人，亦有部分印度人和洋人，而且尸体都非常瘦弱，死前明显处于营养不良的状态。

在赤柱监狱内，除了华人及欧洲人外，其实还有日籍囚犯。与其他囚犯不同，日籍囚犯全都关在独立的囚室，他们的待遇也比其他囚犯为佳。一般囚犯一天只获供应两餐饭，日籍囚犯则获供应三餐饭。日籍囚犯每次生病都会得到诊治，又获得充足的药物，例如每星期均获发对抗脚气病的药物。这种不平等的待遇，更显示出日军是故意忽视其他国籍囚犯的病情。[30]

佐藤畅一身为赤柱监狱医院的军医官，需要为患病囚犯的健康负责，但他没有履行医生的责任，故意不向病人提供足够的医药援助和膳食，导致病人饱受折磨，甚至死亡。因此，他在1947年8月12日被香港军事法庭裁定触犯战争公法及惯例，判以监禁八年。[31]

▲4-15 汇丰银行总经理祁礼宾

▲4-16 位于遮打道的横滨正金银行及其旁的台湾银行

▲4-17 汇丰银行的职员在日占时期徒步走往中区工作的情形

注释

1 英国陆军部档案 W.O. 235/1027：130，254。
2 英国陆军部档案 W.O. 235/1027：124—125，254，310。
3 英国陆军部档案 W.O. 235/1027：130—132，259，310。
4 英国陆军部档案 W.O. 235/1027：132，134—136。
5 英国陆军部档案 W.O. 235/1027：93，99，116，129—130。
6 英国陆军部档案 W.O. 235/1027：132，134。
7 英国陆军部档案 W.O. 235/1027：132，134。
8 英国陆军部档案 W.O. 235/1027：50，70，111。
9 英国陆军部档案 W.O. 235/1027：61，93。
10 英国陆军部档案 W.O. 235/1027：115，118—119。
11 英国陆军部档案 W.O. 235/1027：290，293。
12 英国陆军部档案 W.O. 235/1027：65，69，83，135—136。
13 英国陆军部档案 W.O. 235/1027：82—83。
14 英国陆军部档案 W.O. 235/1027：109—110。
15 英国陆军部档案 W.O. 235/1027：91—93。
16 英国陆军部档案 W.O. 235/1027：93—94。
17 英国陆军部档案 W.O. 235/1027：85—86。
18 英国陆军部档案 W.O. 235/1027：115—116。
19 英国陆军部档案 W.O. 235/1027：78—79。
20 英国陆军部档案 W.O. 235/1027：139—140。
21 英国陆军部档案 W.O. 235/1027：62—63，71，317。
22 英国陆军部档案 W.O. 235/1027：63，71，96—97。
23 英国陆军部档案 W.O. 235/1027：71—72，96—97。
24 英国陆军部档案 W.O. 235/1027：117，317。
25 英国陆军部档案 W.O. 235/1027：117—118。
26 英国陆军部档案 W.O. 235/1027：317—318。
27 英国陆军部档案 W.O. 235/1027：51。
28 英国陆军部档案 W.O. 235/1027：82—84。
29 英国陆军部档案 W.O. 235/1027：87—88。
30 英国陆军部档案 W.O. 235/1027：50，95。
31 英国陆军部档案 W.O. 235/1027：3。

档案选译

凡例

1. 法庭记录中的华人、日人姓名均被翻译成英文，并无注明原姓名。本书按粤音音译将这些姓名翻译成中文，在旁标明"音译"并附上法庭记录原姓名。至于法庭记录上可见的华人和日本战犯签署，经考证后确认原名，则不附法庭记录原姓名。

2. 其他族裔人士姓名的翻译采用官方或通用译法，例如"Sir Mark Young"译为杨慕琦，"Dr. Selwyn-Clarke"译为司徒永觉，"Sir Robert Kotewall"译为罗旭龢等；无法确认者则采用粤音音译，并附上法庭记录原姓名。

3. 法庭记录的原文中，有些证人有多于一个以英文记录的姓名。本书按证人正确的姓名将拼法不同的姓名统一。

4. 法庭记录中的军阶及军队名称多以缩写的形式表达，例如BAAG（British Army Aid Group）、Lt. Col.（Lieutenant Colonel），本书引述及翻译缩写时，一律采用官方译名或按规范化军事用语翻译。日军的专有名词，如特高班、庶务班、警务班等的翻译，则参照档案中所附汉字并以其他数据辅证。

第五章

野间贤之助的审判

军事法庭记录表

被告：大日本帝国陆军宪兵队大佐野间贤之助　由第四十二突击队（皇家工兵团）中尉押解。

审讯地点及时间：香港　1946年12月24、28、30、31日。1947年1月2、3、4、6、7、8、9、10、11、13、14、15日以及2月17、18、24日。

召开法庭者：驻港陆军司令

庭长：波尔中校　隶属：印度军军法署（大律师）

法庭成员：阿恩斯比少校　隶属：西约克郡军团

　　　　　高尔利上尉　隶属：国王皇家来复枪队

指控：犯战争罪。野间于1941年12月25日至1945年1月18日期间，任宪兵队长，负责公众安全，管辖宪兵人员，并管理香港各拘留所，期间违反战争法律及惯例，与虐待平民一事有关，其中因而致死者多人，被日军杀戮者多人，身体受苦难者多人。

答辩：无罪答辩

裁决：有罪

刑罚：绞刑　日期：1947年2月24日

确认判刑：驻港陆军司令　日期：1947年5月14日

公布日期：1947年5月23日

备注：野间贤之助大佐之绞刑须于赤柱监狱执行　1947年5月27日

呈交庭审记录：致东南亚陆军总部第三副官　日期：1947年6月9日

　　　　　　陆军军法署　日期：1947年6月15日

　　　　　东南亚陆军军法署副署长

案件编号：65196　JAG

控方开案陈词

　　自战犯法庭于东南亚开审至今,已有差不多一年的光景;这段期间,法庭处理了大量案件,包括日本人所有违反国际法的罪行。在日军及日本平民当中,有一个组织于审讯期间恶名昭彰,大概比其他任何一个部门更为人所知。那就是宪兵队。他们过去在香港发生的事,与他们在其他军事行动范围的记录并无不符。他们在香港犯罪的程度、规律、连贯性以及类型都让人认为这些并非没有关联的个人行为,亦非仅仅是一些个别的违法行为,而是由他们领导下,精心策划的政策的一部分。庭长阁下,在您面前是被告野间贤之助大佐,他是香港宪兵队队长,任期由1941年12月日军入侵直至1945年2月被解除司令权,返回日本为止。关于在他权力范围之下发生的全部罪行,控方认为他必须负责。

　　为了解释其下属的失误是归因于被告,我必须先向庭长阁下清楚说明他们的行动范围以及活动性质。由一名富有责任感兼有知识的官员去向您可靠地传达最为适合,而他当时确实身在香港。当然,没有人比被告本人更能作出交代。因此,一份由他所作出的陈述书会向庭长阁下提供这方面的数据,这份证供会被认证并呈堂。庭长阁下会从中得知宪兵队的职责:监察及控制日军于占领时期的行为,保护敌国国民及被捉拿的敌军,阻止平民被抢掠及一般的虐待,围捕间谍、反间谍行为及审问涉嫌触犯以上任何一项罪行的疑犯,如一般警察般维持民间治安。为此,野间会告诉庭长阁下,现有的警队曾隶属于宪兵队。再者,如宪兵队依据以上职责把某人逮捕,他们会对被捕者进行审问,然后交由称之为司法部(的部门)审判。但是,执行任何处决或由司法部下令之刑罚并非宪兵的职责。宪兵队将疑犯移交(司法部)

后，便已完成责任。庭长阁下或从一开始便能发现野间的组织是强大的，因为它能够实时接触和控制市民，也因为它的活动范围广大。

庭长阁下现在要审讯的控罪是基于疏忽和故意犯罪。当中，你可看到被告被指控涉及虐待平民，不少人因此死亡或被日军非法杀害，亦有很多人要承受身体上的痛苦。

控方的举证大致上分成三个部分，陈列如下：

（一）所有宪兵队在香港所犯下之恶名昭彰的不当行为，都是不受限制的，因此，可被推断其不当行为获得批准。

（二）这部分拥有最多的证据——在正常文明标准完全不接纳的情况下监禁及拘捕平民；他们被虐待、拘留，甚至未经审讯便遭处决。

（三）为了执行减少人口的方案，宪兵围捕平民，强制递解他们离开香港。

我会为以上各部分提供更多详情。

施特卡（J.A. Stericker）先生将会告诉庭长阁下，近花园道山顶缆车站，有七名华人苦力在众目睽睽之下被绑住。施特卡先生最初看到他们时，其中几人已经昏倒，而且所有人都完全虚脱。二十四小时后，他们仍然在那儿，那时有一些人已明显死亡。当日是1941年12月30日。庭长阁下也知道，这地方位于香港的心脏地带——因此，所有行人必定能目击此事，而且这事必定得到拥有警察地位的宪兵队认可。

埃米尔·兰道（Emil Landau）先生将会描述一名华人女子于摩星岭道遭阿尔萨斯狼狗乱咬；以及华人平民在水泥地上被用来练习柔术。他也说到，宪兵把华人用作活靶子，以训练阿尔萨斯狼狗攻击人。在此过程中，那些不幸的人被咬得体无完肤。

齐格菲·拉姆拿（Siegfried Ramler）医生会指证宪兵队也在摩星岭道纵容犬只乱咬人。每次约十二人为一组，男人、女人和孩童均会被对付。证人称，1943至1944年间，他见过至少十次同类事情发生。

另一名见证人是腓特烈·丁达尔（Frederick Tyndal），他曾于1945年初，看见宪兵队带着阿尔萨斯狼狗或猎狼犬在街上巡逻；这些犬只受过训练，会听从宪兵的指令攻击人。

最重要的一点是被告的陈述指宪兵队没有利用犬只。但是，从一开始，庭长阁下就可从这些事件中得悉，宪兵队愿意公开让大家知道，他们在维持秩序方面，完全摒弃了正统的方式。

亚历斯·汉高（Alex Henkel）是温尼伯榴弹兵营的二等兵，他的陈述书会被读出。香港沦陷时，他是玛丽医院的病人，曾留院两星期。他在那里看到日军虐待华人平民，刺杀其中一些人以及把他们扔入海中。有一次，大约有十五名华人平民被迫在烈日下曝晒，头被汽油罐盖着，直至窒息而死为止。在此我恳请庭长阁下考虑，以上的行为是否符合野间所承认，有关阻止虐待平民以及维持秩序之职责。

那都是一般的事项。第二部分是关于被告所管辖的警察组织及宪兵部所作之险恶行为。庭长阁下应该记得他的陈述列举出其中一些宪兵部，如：大埔、九龙、深水埗、油麻地[1]、东地区或跑马地、中央警署以及最高法院。

庭长阁下将会听到证人作供，讲述有关这些宪兵部普遍的管理及情况。他们的见证不只是局限于某一段时间。他们的证供涵盖了被告于香港的整段任期。他们会告诉庭长阁下下列事项：会使人饿死的膳食；非常肮脏又极少量的食物配给；极度拥挤的牢房而且情况每况愈下；他们如何不准梳洗；他们唯一的寝具就是有虫的被子；他们完全缺乏药物及医疗。因犯死于狱中是平常事，看起来并不会引致什么严重的后果。请容许我再次重申，上述发生的所有事情都不限于某一地点或时段。所以，他们的口头描述会经常使人厌倦；他们都描述了令人不寒而栗的酷刑，这些描述都使我们不得不把酷刑与"审问"及"宪兵队"联系起来。这些词语都经常在军事法庭上出现，并且广为人知。酷刑当中有水刑，使疑犯有窒息的感觉，如同溺水一样。在水刑之下，有人因而死亡，也有人因逃避受刑而自杀。疑犯也会被人用棍、皮带、竹棒、皮条以及电线殴打。有时，受害者会被香烟或卷起的报纸烧烫，其他例子还包括，有人在审问期间要于热煤炭上行走，又或其胸部被置上煤渣。庭长阁下将会看到出庭作供的人身上带着疤痕，那些疤痕是不会说谎的。不同的是，有一些人被练习柔道的人猛踢及摔在水泥地上；这些人不是为其主子野间服务，就是对以上事情袖手旁观。庭长阁下也会听到一种被形容为"飞行"或"吊飞机"的酷刑。还有，电刑曾被施行。受害者会被接上电池或军用电话，在连绵不断的电流下受苦。

某些宪兵部会用上犬只。大型犬只，即阿尔萨斯狼狗及猎狼犬也会被用作迫供的工具；尽管明明在最高法院内就有一只狗，被告对用上狗只的事情否认知情。我恳请庭长阁下记住这一点，听取证供时，请考虑被告是否有合理的理由否认犬只存在。您实在无法把一只阿尔萨斯狼狗在大楼藏起来几个月，并瞒得过身处同一座建筑物的人。

接着是未经审讯便将疑犯处决。在其中两件案件中，日军亲自举证，指出事实是被告命令他们这样做的。于其他案件，虽然不能非常明确地证实这一点，但我们不得不能推论出被告批准这个做法。有证据显示受害人从未有接受过审讯。稍后会有证据提到各宪兵部也要向宪兵总部报告处决犯人。

控方认为第二部分是三个部分中最显浅的：即宪兵队持续、广泛地实施所有做法，被告定必知悉这些情况。所以，他们持续进行了多久，被告就必须为他们负上多少责任。

庭长阁下可能也会估计到有一些直接向野间抗议的事例。金泽中佐于1944年7月至1945年2月担任总督的参谋长，表示总督收到因犯受暴力对待的报告后，透过他向被告发出训诫。富田少将（Major General Tomita）来港时，听到同僚说香港宪兵队有很多弊端。富田说野间作为队长，应为这些不当行为负责。这也是令野间大佐被调回日本的原因。

另一名证人李冠春会告诉庭长阁下，他是代表团其中一员，反对将囚犯拘留于各个不适宜作为牢狱的地方；这些地方都非常简陋，囚犯也只得到极差的粮食；他们遭受的对待根本是要把他们逐步迫死。

代表团曾申请视察囚房，但不获批准。以上全部事情于1942—1943年间发生，但庭长阁下可以看到在1944年，被囚的人仍然因为相同原因相继死亡。这就是为何控方展示1944年的境况时，感到十分悲痛的原因；情况根本就与1942年的一模一样。面对着这么一个根深蒂固的政策，抗议根本无效；原因简单至极，因为它根深蒂固，它是一个政策。

被囚禁在被告所属总部的人会告诉庭长阁下，他三年以来，没有一天听不到其他人被审问时的惨叫声。庭长阁下会听到他说当牢房过度挤拥，容纳人数超出近三倍时，被告曾视察牢房。一名证人会告诉您，他有一天于中环被施电刑。在同一间房内，有其他人被悬挂在梁上。被告进入该房间，站着观察了几分钟。他并没有干涉。

野间亲口说出他曾收到各种由华人所写的匿名信，投诉施行酷刑一事。其中两封是在盐泽大尉（Captain Shiozawa）管辖九龙巡理府时收到的。野间承认曾告诫盐泽大尉。他甚至到宪兵部搜索施行酷刑的工具，但未有寻获。也许庭长阁下对他的热忱留下深刻印象。他在另一场合说，他为其下属殴打囚犯的事，感到遗憾。

只要庭长阁下审查这个日军组织，施行酷刑的原因便已显而易见。像我早前所说，宪兵逮捕疑犯并进行初步调查。若案中表面证据成立，该囚犯便会转交到司法部，以作审讯。野间说，基于一个人承认控罪便等同有罪，他的下属获指示要疑犯招供。来自司法部的两名证人古木大佐（Colonel Kogi）及山口大尉（Captain Yamaguchi）会告诉您认罪状是其中一份基本文件，宪兵队经常也会把要审讯的疑犯连同认罪状一并转交至司法部。所以，庭长阁下可以看到，在野间的立场，运作制度大体就是——尽快拿到认罪状，然后将这些要审讯的犯人除掉。他不愿看到有人不肯招供，因而被拖后腿。在任何人的管辖范围内，如有太多事情有待处理，都是一件坏事。其中一些人被转送到赤柱，后来被处决了。如果他们的罪行真的那么严重，有没有人会认为宪兵队不须说服他们，他们就会轻易招供？庭长阁下亦可以推论出在被处决者当中，至少有一些人是被那些认罪状定罪的。野间如是说——根据法律，一个人承认控罪便等同有罪。庭长阁下亦须考虑有一些有罪的人会否认控罪。

现在来到第三部分，证据是指证宪兵队将人强行驱逐出境的归乡政策。

日军占领后不久，他们声称被占领地的食物供应不足以支持所有居民。尝试过不同的应急方案后，宪兵队决定要实施驱逐出境的计划，强迫他们认为是"不受欢迎"的人离港。这样一来，被占领地对食物的需求便得以减少。"不受欢迎"的人是指罪犯、露宿者以及没有配给许可证以购买白米的人。宪兵队的责任是要围捕这些人，看守他们，然后以舢板押送他们至某个被选定的目的地。过程始于1942至1943年。假如只能证实这种行为，控方都会斥责在这种情况下的大规模递解离境行动是完全违法的；而正因为被告有份协助此违法计划的安排，他必须为此罪行负上部分责任。

但是，事实还不仅如此。宪兵队不习惯既有效率又公平地做事；所以不久后，他们只是随意围捕任何遇见的人，不管那人是谁以及有没有配给许可证。被捕的人当中有些能买回自由，有些因为亲人的努力而重获自由，但其他被粗暴捉拿的人连通知亲人的机会都没有，就被驱逐出境了。庭长阁下可以看到宪兵队的态度：一名好市民得到的食物就与罪犯一样。比起令人厌烦的调查工作及逮捕指定人士，随意逮捕来得更加容易，这样一来他们可以随便赶走任何人。对于他们来说，行动的目的就是要减少人口，他们的行动，若非执行命令上的繁文缛节，便是体现命令背后的精神；他们办事效率之高，不是归功于对命令选择性的理解，便是基于对行动的热诚。

日占时期，香港有两个团体，名为华民各界协议会以及华民代表会。

简单来说，这两个团体的职责是代表华人社会的利益以及担任他们与日本政府的中间人。对于任何可能会出现的公众问题，他们会向政府传达华人的看法，反之亦然。

陈香伯会提供并核证上述团体的两次会议的纪录复印本。各会议纪录的翻译本会经由第十三战犯调查队（13 War Crimes Investigation Team）的陈少校查证。

第一份是有关华民各界协议会于1943年8月16日召开的会议，会议当中，主席李冠春提出一项临时提案，内容关于以不合理形式将人递解离境的行动。决议将提案交由另一团体，即是华民代表会处理。罗旭龢爵士（Sir Robert Kotewall）为时任华民代表会主席。他会说出大约在8月16日收到该会议记录的复印本；因此，隔天或不久后，他便将此议题带到与总督一同参与的例会上。此例会每隔两星期召开一次。他的确曾这样做，在8月19日他所属的华民代表会记录了这个行动。

庭长阁下，稍后那两份会议记录的翻译本均会被读出，而您会了解到罗旭龢爵士如何反对那些不法行为，即：随意围捕市民，迫使他们登上将会驶出的车辆，然后赶上最先起航的船，把他们驱逐离港。他要求把这些市民送返家乡。

总督回应了代表团。他的响应也间接反映出日占时期，对于居住在殖民地、长期受苦的华人大众来说，什么才是最残酷的暴行。可是，在这事上，更重要的是：总督确实说出他注意到这些不法行为。同样地，在事件中，他也注意到宪兵队的腐败情况。总督回应过后，民治部部长（Head of the Civil Affairs Department）也开腔提及一项关于释放被错误逮捕人士的计划。他说，释放的人数占总被捕人数20%~25%——对于宪兵队在逮捕行动中展现的行为，这是令人震惊的情况。他补充，即使这样，宪兵队仍然认为他们于这行动上是过于仁慈。

庭长阁下可以看到这与被告没有直接联系。我认为如果一个举足轻重的华人团体向杨慕琦爵士（Sir Mark Young）投诉殖民地警队的行为，而杨慕琦爵士亦必须对他们其中一些论点保持公正时，那警务处处长很快便会知道有关的事了。因此，我想说，假如野间之前对宪兵队的行为毫不知情，那他很快便会在1943年8月19日以后知道。但此后事情有否得到任何改善？完全没有，只有变得更糟。

现在让我们一起了解此递解离港计划的实际执行情况——被迫离港的人有什么样的遭遇？

首先，被捕的人会被带到北角收容所。当凑够人数，他们便会被挤进舢板上。这些舢板会被汽艇拖走，全副武装的宪兵会在汽艇上担任守卫。有时，宪兵也会在舢板上。庭长阁下会听到一名证人讲述有一次抵达目的地时，体弱和患病的人是如何被推下海的。看来在路程当中，约七十名男人、女人及孩童丧生。另一次，有八或九只舢板在台风下前往大亚湾，途中沉没了。再次，有一些人被迫于螺洲登陆，螺洲就是蒲台群岛其中一个无人居住的岛屿，大概坐落于香港的南部，从赤柱可望到。螺洲岛上没有任何可维生的东西；而后有访客会指出岛上有头颅骨及其他骨头。庭长阁下可推断出这些都是弃尸的残骸。另一名被流放的人会描述那历时六天的噩梦旅程；当大伙儿登陆后，他们因严重缺乏食物及食水濒临死亡，很多人也因而曝尸于沙滩。事件发生在大鹏湾区域。

上岸时，他们——乞丐、孩童、好市民等任何人，都被粗暴对待——因此有些人甚至在上岸前就已经死亡。我们在两处不同地方的证据均显示，有数以百计的人在登陆后死亡。我深切认为庭长阁下必须推断出他们当中有一些人是好市民，而他们唯一的罪行就是在错误的时刻在街上出现。

一名前英军服务团（British Army Aid Group，原文缩写BAAG）少校是美国援华联合会于大鹏湾区的代表。他于1943年6月至12月间，有好一段时间都留守在那里。那里饥荒处处。而于那段时间，大量从香港递解离境的人口加剧了问题的严重性。原来的情况已经恶劣，加上大量人口涌入，引致许多人饿死。证人会指出在该时段内，每月的死亡人数介乎五百至七百人之间。这些数据反映了当时这是一场多么悲惨的灾难。

1943年，两个具影响力的团体提出了清晰而明确的抗议。他们的会议记录可以证明此事。但是，一些能够知道大众境况的证人亦会告诉庭长阁下，当时的情况并没有得到改善。这些人是各区区役所的所长，而区役所是一些如地方政府部门般运作的机关，负责处理有关公众健康以及分配白米的事务。因此，他们经常与平民接触。

庭长阁下可看到1944年的情形——当时正在实行的强迫归乡政策于本质上被认为是违法的。宪兵队在被告知情、准许的情况下互相合作。事情逐渐恶化，计划变得不受控制，宪兵可以任意逮捕他人，不只是不受欢迎的人会被捉拿——顺带一提，这个从宪兵队口中说出的字词十分奇怪——任何在街上的人也有可能被递解离境。其中一些人能在被捕后获释，有一些人则逃不过这旅程。在其中一个登陆地点，就有数千人饿死。

现阶段，我们应考虑一个队长到底要为下属的违法行为负上多少责任。要么被告的责任会被转嫁到其下属身上，要么控罪成立，这都取决于上述问题的答案。关于他最多要负上多少责任的部分，我不打算于现在阐述。但假如庭长阁下问自己以下两条问题，其实也会碰到这个部分。

（一）被告有否下令要进行那些行为？

（二）被告有否默许、赞同他们，或是知道当时正进行什么计划，但没有成功阻止？

而从第二条问题推断，如果一个队长故意或因轻率鲁莽而无视警告或征兆，以致不该发生的事情发生，那他就不能够以不知情为理由；如果他真的是不知情，那就是他自己的错。

在传召第一名证人前，尚有一点要说明。我希望可以强调一下控诉范畴。这案件是指控野间的行为，而这些行为若经证实，是明显的违法。这些行为持续了好几年，也是广泛地在这狭小的被占领地上进行。我们坚决认为，这些被指责的行为于本质上都是极坏的。被告是一个有经验的军人，也是一个成熟的人，拥有不限于军事教育的学历及经验。因此，比起一个初级军人或军士，庭长阁下审视他的行为时，必须更加小心谨慎。庭长阁下也可期望他的技能、管理及行为比任何一个下属都有更高的水平。他被指当时至少知道正发生什么事情，但没有抑制这些邪恶的事。庭长阁下，请抚心自问，对于我刚才提到的事情，要采取相应行动，是多么的容易？同时，他曾经能够避免制造多少痛苦和伤亡？就是因为他没有做到，因而发生了惨剧、苦难，肆虐程度更是这殖民地历史上前所未见的。

控方第十六证人约瑟·威宾的庭上证供

控方讯问

问：你可否告诉法庭，你的全名是什么？

答：约瑟·威宾（Joseph Venpin）。

问：你的年龄是多少？

答：三十一岁。

问：你的地址是什么？

答：城南道三十号。

问：你的职业是什么？

答：商人。

问：你可否告诉我，1942年7月至1944年8月期间，你的工作是什么？

答：1942年8月，我与九龙货仓的宪兵队在一起。

问：你以什么身份与他们在一起？

答：我在那里是一个传译员。

问：你是否记得在1944年12月8日早上发生的事情？

答：记得。1944年12月8日早上，我站在九龙巡理府（日占时期为九龙地区宪兵部）的走廊。接着，我看见货车上有二十至二十五名日本宪兵。他们从位于拔萃女书院的宿舍来到那里。他们从货车下来，参观了那里，然后住在裁判司署后方。

问：你说这些日本人是宪兵。从你当时站着的位置，你如何知道？

答：因为我可以看到他们的臂章，上面写着"宪兵"。

问：如果我请你写，你能否写下臂章上的字？

答：我能。

证人写下一些中文字，法庭拿之与臂章（证物J）比较，发现互相吻合。

问：你曾告诉我说货车来到并停在大楼的后方。我估计这大楼就是九龙巡理府的宪兵总部。那之后发生了什么事？

答：之后我看见五六名华人从后门被拖出来，还有两名女士。

问：两名女士是指另外两人，还是包含在那五六人当中？

答：四五名华人和两名女士，合共约七人。

问：你认为他们的健康情况看起来怎么样？

答：他们的情况看起来就很可怜，看起来就像半人猿，瘦得只剩一把骨头。

问：他们穿着什么衣服？

答：有点衣衫褴褛。

问：当这些人被拖出来后，发生了什么事？

答：他们马上就被推上了货车。

问：谁推他们上货车？

答：宪兵。

问：当他们被推上车后，接着发生了什么事？

答：接着我看到了整个情形。我走上巡理府二楼，看到货车离开，转弯然后前往京士柏。那里有座山，而上山的人包括宪兵和他们全部人。我走上屋顶，躲在烟囱后面看，看得清清楚楚。半小时后，他们下山，但不包括囚犯在内。

问：你说你走上屋顶，躲在烟囱后面，以获得更佳视线。什么驱使你去观察该情况以及为什么要这样做？

答：因为我听过很多次，说他们会在宪兵部把人斩首，而当日有一个庆祝活动，是战争第二或第三周年纪念日。

问：你告诉我们，说囚犯和士兵在石头后面不见了。你一直看着，而半小时后，有一些人再次出现。那么，谁再次出现？

答：只有日本宪兵。

问：这次有多少人？

答：宪兵的人数与他们起程时差不多一样。

问：你有否注意到他们当中有任何人带着任何物件？

答：他们出发前，持有来复枪和军刀。

问：那么，这些宪兵再次出现在你眼前时，发生了什么事？

答：他们再次出现时，有些人回去拔萃女书院，那里是宪兵队的宿舍。还有一名日本人带着军刀回宪兵部了。

问：这名日本人回宪兵部后，去了哪里？

答：他去了巡理府内民治部的房间。名古家（Nakoka）是这里的负责人，他把那把军刀带了进去。

问：这名叫名古家的人，隶属日军哪一队？

答：他是民治部的曹长。

问：当你走进名古家曹长的办公室时，你知否正发生什么事？

答：长原（Nagahara）和石川（Ishikawa）在那里。

问：长原和石川，隶属日军哪一队？

答：石川是民治部，长原则是特高班。长原取回的那把军刀是属于他自己的。

问：接着在那房间发生了什么事？

答：长原和石川在房内。他交回军刀，并鞠躬。长原说："这是我带来的军刀。"并且问："它没问题吗？""军刀还可以吗？"那个日本人说："是的。"并且鞠躬。

问：那个人拿着军刀，说那刀没问题，是哪一个"他"？

答：他是辅助的宪兵。

问：他是什么国籍？

答：日本。

问：你那次有否机会看到军刀？

答：有。

问：为何你能够看到军刀？

答：那里还有其他台湾传译员。我很好奇，所以我进去了那房间。

问：你是否发现那军刀有什么奇怪的地方？

答：长原把刀抽出来展示。接着，他拿了一张日本白纸清洁军刀。刀刃上沾着的血和头发全黏在纸上。

问：你早前说你在那房间。你留在房间还是离开了？

答：石川试了试军刀，把刀擦干净后，他说："来看我的三种'剑道术'诀窍。"他把刀像击剑似的在我颈边试剑，接着我走开了。

问：你可否告诉我，当时谁是九龙宪兵部队长？

答：平尾好雄少佐。

问：他隶属于日军哪一部门？

答：宪兵。

问：你说过你为日本人担任传译员。你可以选择是否为他们工作吗？

答：我是一个商人，一个普通的商人。因为我去过日本，因为我被某人出卖，而这人就是野间，是坐在那里的人的其中一名顾问，他出卖我，所以他们强迫我在九龙货仓的宪兵队工作。

问：关于那些你看到被带走的囚犯，你之前有否见过他们？

答：没有。

辩方盘问

问：谁是你在九龙地区宪兵部时的指挥官？

证人（向着传译员）：你不需要翻译，我会日语。

检控官：辩方律师会用日语问问题，而这些问题将会被翻译成英语。你用英语回答，而你的答案将会被翻译成日语，可以吗？

证人：可以。

问题被重复。

答：村上中尉。

问：他的职务是……

答：他是九龙货仓宪兵部主管。

问：村上中尉通常会在哪里办公？

答：他一直都在货仓里办公。

问：你当时是否也在货仓？

答：1942—1943年我都在货仓。

问：为什么你会在巡理府？

答：由于不少日军宪兵在1944年7月或8月时被游击队杀死，所以日军便派韩裔军队和辅助宪兵来增援。村上因此解散了九龙货仓（宪兵队），再安排自己调任为特高班的宪兵。

问：当我第一次问你村上平时会在哪里时，你的答案是他是在货仓。

答：他曾经隶属九龙货仓宪兵部。

问：到底村上是在货仓还是九龙地区宪兵部工作？

答：他本来是在九龙（货仓）宪兵部工作，后来才被转至九龙巡理府。

问：在12月8日的早上，村上在哪里办公？

答：他是九龙巡理府特高班的辅助宪兵。他自行将自己调职到此部门，而我也被带到该处。

问：村上的办公室在哪里？

答：他有三至四个妻子。办公室吗？是的，他在洗手间附近有一个小办公室，平尾在前面，之后就是特别政治班，然后才到大村和名古家。

问：你平常是在哪里工作？

答：我是在特别政治班里的阳台工作，在洗手间附近。

问：当天是开战的周年纪念，是否有举行任何纪念典礼？

答：有。当天日军分派了在典礼时才会有的日本蛋糕，也在拔萃女书院向天皇鞠三次躬，表达为天皇流血捐躯的决心。

问：纪念典礼在几点开始？

答：典礼在早上9点或10点左右开始，全部宪兵都列队出席。

问：纪念典礼什么时候结束？

答：典礼四五分钟就结束了。日军分别向天皇和旭日（旗）等鞠躬。

问：在纪念典礼结束后，宪兵队是否与平时一样继续工作？

答：是的，有些宪兵在九龙地区宪兵部的宿舍里休息，有些去工作，有的穿上拖鞋。

问：拔萃女书院的宿舍是否离九龙地区宪兵部很远？

答：不远，几步路的距离，甚至不到二十五码。

问：你在纪念典礼结束后做了些什么？

答：他们叫我与宪兵坐在一起。

问：你有没有做任何工作？

答：没有。我只是坐下吸烟。

问：房里是否还有其他宪兵？

答：有的，村上和他养的阿尔萨斯狼狗在我的房里。

问：你是几点走到阳台？

答：除了午饭时间，我几乎在那儿待了一整天。我回家吃完午饭后就回来了。

问：当时有多少人在阳台？

答：我一个人站在房里的一个小角落。大多数日本人都会坐在自己的房间里，而在厕所的旁边也摆放了一些沙发，右边是平尾的房间。旁边又是另一间房，又另一间房，法庭……

问：回答我的问题。你到底是一个人还是和他人一起站在阳台上的？

答：当时只有我一个人站在阳台上。

问：你说你目击一辆货车驶入九龙地区宪兵部然后前往京士柏。你可否告诉我货车载有什么人？

答：货车由拔萃女书院开来，车里载有十五或二十或二十五个列着队的宪兵。包括穿着白色外套的司机在内，全都是日本人。货车兜了一圈后便在后面停下。

问：他们是刚到达九龙地区宪兵部，或是早在驶往京士柏时已在货车上？

答：他们是由位于拔萃女书院的宿舍出发，然后停在巡理府背面。巡理府背面有扇通往牢房的门。货车在囚犯们都被带上车后才开往京士柏的山上。

问：你所提到的日本军人是否配有……

答：他们全都配备了武器，有刀、刺刀、步枪等。

问：除了宪兵外，货车上是否还载有其他人？

答：有四五辆载满宪兵的货车，而平尾则站在一辆私家车旁边，森山也有一辆车，约有四五辆漂亮的汽车，两三辆货车被宪兵们围着。

问：你是否在货车停下前便看到它？

答：我听到他们喊杀头后便悄悄地躲在烟囱后偷看。我能给你指出京士柏的位置，我能把这些画出来给你看，宪兵队上了山，推倒了……

庭长：请将你的答案限制在所问的问题范围内。

问：你能看到货车……

答：我看见货车往下走后，便到屋顶上以便看得更清楚。

法庭书记唐佐治（George Tong）：证人打断了传译员的翻译。

庭长（向证人）：你必须等到传译员完成翻译。

证人：我听得懂日语。

问：你是否能从你所站的位置看到货车？

答：我能在我站的位置看到货车开走，我到屋顶上以后，看见宪兵和囚犯们全都往山上走。

问：你是否看到那五六名华人被带下车？

答：是，同时还有两个女人也被带下车。当时一阵骚乱，他们走不动，所以宪兵使劲把他们推进去。

问：请你回答我的问题。你是否有看见那些华人被带下车？

答：有。我是亲眼看见的。

庭长（向证人）：你是否看见他们在货车到达目的地后被带下车？

证人：是。我在屋顶上能看到包括西洋波会（Club de Recreio）在内的整个京士柏景观。

问：当时日本军人是否也下车了？

答：他们一个一个地下车，然后囚犯跟在后面下车。

问：日本军人们是否和华人一同上山？

答：他们是一同上山，而全部华人，包括那两名女人都是被绑着，慢慢地走上山。

问：过了一会儿后日本军人才走出来？

证人（向传译员）：我听得懂他说什么，我能回答。

庭长：让传译员先将问题翻译为英语。虽然你会日语，但我们不会。

问：过了一会儿后日本军人才走出来？

答：对，但只有军人们从山上回来，并没有囚犯的踪影。

问：之后日军全员便上了货车？

答：对。他们全都坐上货车返回拔萃女书院了。

问：当时有多少人？

答：就是同一批人。

问：让我再问一次，当他们从山上下来后，在场总共有多少日军？

答：从山上下来后他们便回拔萃女书院了，并没有回九龙地区宪兵部。

庭长：有几人？

证人：大概十五，或二十，或二十五人，他们都聚在一起。

问：你本来是站在阳台上，后来为何登上屋顶？

答：第一次是因为聚在外面的人们提到杀头，再加上我多次听过京士柏是执行斩首的地点，勾起了我的好奇心。因此我便冒着危险悄悄跑到屋顶。

问：为什么你会进名古家的房间？

答：因为我听到杀头，又看见货车的到来，而名古家是负责保管牢房钥匙的人，所以我想取证，想……

问：你想确认什么？

答：牢房。当囚犯被带离牢房时一定会有报告，我会说和读日语，而且认识日本人职员。

问：你确定了什么？

答：牢房。

问：货车是否直接前往九龙地区宪兵部？

答：最初货车是直接前往总部，但后来货车则前往拔萃女书院。

问：你是想说货车是先前往拔萃女书院？

答：至少有几百个宪兵住在那里。货车之后先前往九龙巡理府然后再上山。

问：你是说货车并没有回到山上？

答：既然囚犯都已死了，货车哪还需要回去？因此，货车直接回到宿舍。

问：有多少宪兵从宿舍前往总部？

答：我不是很清楚正确的数字，但应该有十五至二十，至多二十五个人。他们全都围着货车。

问：他们去了什么房间？

答：他们回到了自己在拔萃女书院的宿舍。

问：我是在问你到底有多少个宪兵回来。

答：只有一名宪兵回到总部报告，而他配备了一把属于长原的刀。

问：是你先进入长原的房间，还是他们在你入房后才进来？

答：我当时站在走廊等人回来。我觉得肯定会有人回来。

问：是谁先进名古家的房间？

答：一个佩刀的日本人先进房。当时名古家并不在房间里，但石

· 187 ·

川在。我便跟着他们进去了。

问：你提到名古家是司法班的负责人？

答：是。

问：你当时是在特高班工作？

答：是。

问：一个在特高班工作的传译员进入民治部是不是很不寻常？

答：是很不寻常。部门里的人们都颇为亢奋，华人宪查更到处走动。

问：事情的概括，就是你看见一名佩军刀的日本军人进入名古家的房间，而你则跟着他进去？

答：我是跟另一名传译员一同跟着他。

问：有没有人在你进房后再进来？

答：没有。

问：除了那些人之外就再也没有别人进房？

答：没有。

问：长原离你多远？

答：不太远。我在这边，长原在那儿，而石川就在那儿。房间面积比较小，里面还摆了四张桌子，而他们在聊天。如果需要的话，我能重现当时的摆设。

问：你说刀上沾有血、皮肤和头发，这是不是你亲眼所见？

答：是。

问：皮肤和头发黏在刀的什么部分？

答：长原抽出刀，他看见刀刃完整没有凹痕时说"很好"，然后他就用薄的日本纸擦拭干净。

问：那皮肤和头发是黏在刀的什么部分？

答：刀口上。他用纸擦干净了。

庭长：你是被问到皮肤和头发是黏在刀的什么部分，它们离刀尖有多远，是不是在刀刃的中间？

证人：大概在中间，那是一把很长的刀。

问：头发和皮肤是否黏在同样的位置？

答：是。

问：这些头发和皮肤是否蹭在了纸上？

答：是。

问：分量有多少？

答：不算多，薄薄的一点，就像吸墨纸或刚刮完胡子一样。

问：是否有任何凹痕？

答：没有。

问：你提到在你跟着一名佩刀的宪兵入房后便再也没有人进房，但这和你在1946年3月4日的证供有差异，你是否能够解释？你当时的证供是"三十分钟后，那两名宪兵到达了名古家军曹的办公室"。哪一个才是正确的证供？

答：那是正确的，我是亲眼看见的。我能发誓，我是天主教徒。

检控官：这存在什么矛盾吗？该证供是"三十分钟后，那两名宪兵到达了名古家军曹的办公室"，这和证人说他"先进房"并没有差异。

辩方律师：根据证人所说，他是跟着佩军刀的宪兵进房。我问他是否还有人在他之后进房。

庭长：他说"没有"。在该证供中，他是说三十分钟之后，而当中并不存在矛盾。根据我的理解，辩方的问题是在证人跟随佩刀的宪兵进房后是否有人紧跟在他之后进房。这和证人所说，两名宪兵在三十分钟才进房并不存在差异。

辩方律师：可能因为我只读出证供的一部分，导致你并不明白矛盾之处在哪里。因此，我将会继续读出证供。"三十分钟之后，那两名宪兵到达了名古家军曹的办公室。我听到他向其他宪兵报告说事情毫无问题地完成了。长原问：'那把刀斩首的效果是否令人满意？'其中一名我不认识的宪兵回答'不错'后便笑了一笑。跟着长原和石川便开始讨论他们各自拥有的刀。石川称他的刀可一刀断头，但女人碍事的头发以及尖叫令他不喜欢砍女人的头。长原则说他不介意砍女人头,但每次砍完头后血都会弄脏军靴。拿着军刀的士兵将刀交给长原后便离开了。长原把刀从刀鞘拔出,而我看见刀上沾有少量皮肤碎片和血迹。"

检控官:他说有人在他之后进房,但他在证供和证人席时并没有提到。

庭长:他好像在之前的证供提供了更多详情。

辩方律师:这里的证供说"三十分钟左右后,那两名宪兵到达名古家军曹的办公室",但证人刚才提到只有一名佩刀的宪兵进房。

庭长:他只是被问到关于一名士兵而已。我们将会让打字员读出该证供。

打字员读出正被讨论的证供。

庭长:好吧,你能用该段有异议的证供质疑证人,而这会被记录在案。同时,你也能在结案陈词上随意使用此证供。

辩方律师:当你在今年3月4日被讯问时,你有没有说过"三十分钟左右后,那两名宪兵到达名古家军曹的办公室"?

证人:有。

问:刚才你亦作证指一群士兵从京士柏归来,但在同一份证供中,你却说"我走上屋顶,看见戴着红色臂章的日本士兵带着那些华人上山,直到从我的视线里消失。大约半个钟头后,我看见两名宪兵出现"。

答:他们在半小时后回来。

庭长:你有这么说?

证人:有。

问:那你所说的沾血的刀是宪兵的普通佩刀还是一把特别的刀?

答:是一般配备给军曹和曹长的刀。

问:你是在宪兵队工作,应该清楚地知道刀的类型。到底那把刀是普通的日本刀(yipponto)还是政府提供的配给品(kankiuhin)?

答:我不敢肯定,但长原是那把刀的主人,因此刀一定是来自日军宪兵队。

问：你曾提到被告在牢房。那些要被斩首的囚犯是被特高班还是被司法班逮捕羁押的？

答：应该是其中一个部门，但我分不清。我从名古家的传译员那里听说被逮捕的人包括了走私分子和游击队员。我只知道他们全是囚犯。

问：当这些华人囚犯被推上货车时，你是否立刻就知道他们将会被斩首？

答：是，因为日军所为太不寻常。我在那儿已有两三个月，但从没看见此情形。

问：你是从宪兵口中还是通过当时发生的骚乱，才得知囚犯将会被斩首的？

答：我看见宪兵队和一些宪查到处走动，便向华人宪查打听，他们说会"杀头"，我就明白了。

问：这名华人宪查是什么人？

答：当时有很多华人宪查在场。

问：你还记得这些华人宪查的名字吗？

答：这是很久以前的事了，我已记不清了。

问：你记得同一天是否有空袭？

答：我记不起来。

检控官不再覆问。

控方第三十四证人阿巴杜·奥马尔的庭上证供

控方讯问

问：你可否告诉法庭，你的全名是什么？

答：我的名字是阿巴杜·奥马尔（Abdul Kadir Omar）。

问：你的年龄是多少？

答：三十一岁。

问：你的职业是什么？

答：牛奶公司冰厂及冷房有限公司（Hong Kong Dairy Farm, Ice and Cold Storage Company, Ltd.）的管理人员。

问：你的地址是什么？

答：骆克道四二四号二楼。

问：日军侵略香港时，你的职业是什么？

答：日占时期，我的职业仍是牛奶公司冰厂及冷房有限公司的管理人。

问：你有否曾经被日本人逮捕？

答：有，我曾被日本宪兵逮捕。

问：那是何时发生的？

答：1943年6月至7月间。

问：你被带到哪里？

答：我由薄扶林被带到中央警署。

问：你被关在那里多久？

答：我被关在那里大约三个半星期。

问：你在那里有否曾经接受审问？

答：有。

问：多少次？

答：至少四至五次。

问：先不说审问期间的问题和任何交谈，你可否告诉我，你受到怎样的对待？

答：在我被逮捕的第一晚，我被鞭打。就在第二天我受水刑后，还受了吊飞机刑等虐待。

问：你说你曾被鞭打。你被鞭打了多久？

答：那晚只被鞭打了数下。

问：谁打的？

答：石井。

问：谁是石井？

答：我发现石井是中央警署的宪兵。

问：为何你知道他是宪兵？

答：因为他戴着宪兵的臂章。

问：那臂章上有什么？

答：臂章上有"宪兵"两个中文字，表示是宪兵。

问：如果我给你一张纸，你能否写那两个字？

答：不，我不会写。我知道他的身份是因为当我被捕时，他先后向我展示了臂章和徽章，以表示他是宪兵。他告诉我说，有人想向我问话。

问：如果我向你展示那臂章，你可以认出来吗？

答：嗯，我不认为我可以。我不认得那些字。

问：你可以还是不可以？

答：我不可以。

问：你说你在第二次审问时，曾被施吊飞机刑。受刑时间有多久？

答：约半小时。

问：谁负责的？

答：石井和一名华人密侦。

问：你也说过你曾受过水刑。你一共受了多少次水刑？

答：一次。

问：这次受刑多久？

答：约半小时。

问：谁向你施刑？

答：石井。

问：当你身处中央警署时，你可否告诉我，与你在外面吃的食物比较，监狱的食物分量如何？

答：在日占时期我吃的分量，是我在监狱里吃的二十倍。

问：就你所见，中央警署的囚犯有否得到任何医疗护理？

答：没有。那里完全没有任何医疗护理。

问：顺带一问，你说你留在那里多久？

答：大约三个半星期。

问：当你在那里时，有否任何让你洗漱或运动的安排？

答：我被带出来洗漱过两次。

问：你在中环时，你有否离开监狱，前往其他地方？

答：有，我被人带去坐车，去了赤柱。

问：你如何到达赤柱？

答：一辆货车把我带到那里。

问：现在，我想你说出从离开牢房那刻开始到前往赤柱的经历。请分段说明，以便传译员能够翻译成日语。

答：某天快天亮的时候，我被带离中央警署，而我一离开牢房，就被人蒙上眼睛。接着，一辆货车直接开往赤柱，而当货车停下时，我注意到有四五个人一同从货车下来。

问：你说你留意到四五个人一同下车。你双眼被蒙着，怎样知道呢？

答：我听见他们下车的声音。

问：这些人是否一直与你一起在货车内？还是中途在其他地方

上车？

答：据我所知，货车中途没有停过，一直由中央警署驶到赤柱。

问：那么，这些人在哪里上车？

答：我想他们是来自中央警署。

问：如果他们是来自中央警署，你下车前，知道他们都在货车上吗？

答：我想他们在我上车前已在货车上。

问：你为何这样认为？

答：当货车颠簸着行驶的时候，我感觉到身旁边有人。

问：你曾告诉我们说你到达赤柱后，你从货车下来，其他一些人也跟着你一起下车。之后发生了什么事？

答：接着，我留意到车上也有一些日本宪兵和士兵，至少有两名。

问：然后？

答：我知道他们是因为我听到了来复枪柄击打货车的声音和靴子的声音。之后，我一下车眼罩就被解开了，面前站着以下这些人：四名华人男子、一名女子和一名年约十四岁的小男孩。然后，我们一行人就走到海边。接着，其中一名拿着长军刀的日本人，叫一名华人踏在大石头上。这名华人还什么都不知道，就被处决了。他被命令要站在大石头上，而当他正看着海，专注地站在石头上寻求平衡时，那日本人单手持刀就把他的头砍下来了。速度之快，使整群人都感到震惊。第二个被命令踏上大石的人拒绝站上去，所以被一名日本哨兵用军刀刺。他被刺伤后另一名华人叫他接受，因为无论如何都要死，"所以要接受，才可以死得快些"。所以，那人慢慢爬上大石，然后就被处决了。我闭上眼睛。第一个人在站着时被处决，第二个在跪下时被处决。剩下最后一个人要被处决时，传译员过来跟我说："现在是时候招供了。如果你讲出真相，作为印度人，他们会给你一个机会，把你送返集中营与英国人待在一起。如果你不肯讲真相，你就会步最后这个人的后尘。"我说我已告诉他们真相。

问：之后，发生了什么事？

答：之后，当最后那人被处决，他们就带我回货车。

问：你早前提到有一个女人和一个十四岁的男孩。他们发生了什么事？

答：他们都被处决了。

问：执行处决的人隶属于日军或平民的哪一部门？

答：我不肯定他是士兵还是宪兵。

问：你之前有否见过他？

答：没有。

问：当你最初被带离牢房时，谁带你出来？

答：一名日本军官。

问：你见过他吗？

答：我见过他。

问：那他在赤柱吗，还是他留下来了？

答：他也和我们一起走了。

问：你知道他隶属日军哪一个分支吗？

答：不，我不知道。

没有其他问题。

辩方盘问

问：在宪兵逮捕你之前，你是在哪里？

答：我在牛奶公司工作。

问：你是如何取得牛奶公司这份工作的？

答：我在投降后成了战俘，但后来被释放，然后被牛奶公司重新雇用。

问：在你被俘虏前，你是隶属于军队的哪一个部门？

答：我隶属于香港义勇防卫军第三营。

问：你在第三营中担任什么职务？

答：我是一名炮兵。

问：你是如何在成为战俘后被牛奶公司雇用的？我记得牛奶公司是被日军管辖的。

答：全部亚裔义勇军，包括印度人、马来人及华人都被释放。一些在1942年被释放，另一些则在1943年被释放。我是在1943年获释的。

问：获释后，你是自己应征，还是在他人的帮助下才获得这份工作的？

答：我直接去找了一名在牛奶公司工作的朋友，而牛奶公司本来就聘请了欧洲人和葡萄牙人等第三国国民。

问：你的朋友是日裔人士还是……

答：他是葡萄牙人。

问：牛奶公司由日军管辖，而你并没有尝试透过日本人来取得这份工作，对吗？

答：我去找那葡萄牙人，而他带我去见格高利（Gregory）。格高利则带我去见一名叫船山（Funayama）的日本人。

问：船山是什么人？

答：他应该是牛奶公司的经理。

问：你的意思是你在与船山取得联系之前，从来就没有接触过任何在牛奶公司工作的日本人？

答：不是的。他说他会帮我联系养殖场的经理稻垣（Inagaki），而稻垣聘请了我。

问：除了船山和稻垣这两名日本人外，你没有其他人帮你安排工作？

答：对。

问：你确定？

答：是。稻垣应该是养殖场的负责人，而他也是我的上司。

问：你认得这份证供吗？是不是由你描述的？

答：是。

问：我将会读出由你作的证供中的其中一段。"后来，日军决定释放所有印度囚犯，但我被告知若我没有工作的话就不会获释。所以我和田中中尉（Lt. Tanaka）接洽，而他让我去见牛奶公司的格高利。格高利带我去见日裔经理，而后者决定聘请我。"难道你不是透过田中大尉的斡旋才成功受聘于牛奶公司的吗？

答：不。我只是从他那里取得一封推荐信，作为获释战俘身份的证明。

问：几分钟前我问你如何取得在牛奶公司的工作时，你所提到的那些日本人就是让你得以被雇用的恩人？

答：在求职这方面，我并没有欠田中大尉任何人情。他只是出具了一封证明我曾是义勇军的信，而这仅仅是因为我只有军服没有便服罢了。

问：你是否记得在被牛奶公司雇用后两三个月时见到田中大尉？

答：记得。

问：当时你看见田中和其他十个通过他的帮助而得到牛奶公司工作的人在一起，对吗？

答：对。那些人全都通过田中大尉才得以被雇用。

问：你是否亦记得这十个人邀请田中大尉参加茶会？

答：我不在场，所以我不知道这件事。

问：你是否记得当时你们向对受邀的田中大尉表示感谢？

检控官："你们"是指什么？是证人的家属或……

庭长：他所说的"你们"是指什么？

传译员继续翻译问题：

问：（继续）……包括你自己在内，被田中大尉释放的囚犯们在商量过后决定自己组成一队防空兵团，并因此要求获得一座防空炮。你记得吗？

答：不，由于田中大尉向稻垣和船山提供了一封证明我是义勇军的信，我只是为此事亲自向他道谢而已。

问：你说你曾到处决现场，你能不能告诉我货车停下的确切地点？

答：货车在一条转入赤柱的道路附近停下。

问：你是想说你刚才提到的地点靠近村子？

答：靠近村子，在沙滩上。

问：你当天并没有到访监狱？

答：没有。

问：我将会再读出你的证供的其中一段："一个礼拜后，我被施以水刑，然后被独自关押了七天左右。之后，我和另外约六人被带到赤柱监狱（我被蒙住双眼）。在到达监狱后，我被逼着走。"你明白我刚读出来的这一段证供的意思吗？

答：明白。

问：你可以自己解释刚才我读出的那段证供的意思吗？

检控官：这一段证供的意思好像十分明显。

庭长：你想要他说明什么？货车载他至赤柱，他则说他从没到过监狱。你是不是想指证此处前后矛盾？

庭长（向证人）：你有在证供中提到货车将你载到赤柱监狱？

证人：我并不在监狱里。该监狱是在赤柱，离海滩不远，但我不曾进过这监狱。在货车停下来后，我们全都步行至海滩旁的一个公园。

辩方律师：根据你的证供，你是在抵达赤柱监狱后才被迫走动。不管怎么样，你的确到过监狱对吗？

证人：不对，我是到监狱附近。

问：你可以更详细地解释当时的情况吗？你是否能更详细地交代货车到达赤柱后的情况？

答：我能远眺到海滩和监狱，之后货车便停下，车上的人们开始下车，而我是最后一个下车的。

问：由于昨天下午休庭的关系而使得我的盘问被中断。请你再一次交代当时货车停下来的确切地点。你昨天的作证为此："货车在一条转入赤柱的道路附近停下。"

答：货车停在赤柱附近，距离非常近。

问：你所说的赤柱是指赤柱村还是赤柱监狱？

答：是在赤柱村附近。

问：由这里往赤柱监狱的途中，要先经过一个村子然后才到达通往赤柱的道路。刚才你所提到的地点是位于这一点和先经过的村子中间或者是在村子和监狱之间？

答：我无法告诉你确切的地点，但我能让你知道中间有一条明渠。有一条石水渠连接海滩，可以说是一条通往海滨的排水沟。我能注意到这一点是因为当时我并不知道那里是什么地方，但通过漫长的路程，我猜想那里是赤柱。

问：他们在什么时候为你解开蒙眼布？

答：在我下了货车后。

问：当他们为你解开蒙眼布时，你是不是在监狱里？

答：不，我不是在监狱里。

问：你因为什么嫌疑而被宪兵队逮捕？

答：根据石井（Ishii）所说，我是因为一封在惠州（Wai Chow）和香港间被截下的信而被逮捕的。

问：有没有传译员在审问现场？

答：有一名华人密侦。

问：你会不会说中文？

答：我会说中文。

问：当你前往处决地点时现场好像有一名传译员在场。他是什么人？

答：他穿着日军文职军服，没有军衔的那一款。

问：你所提到的这个人是不是现场唯一一个传译员，或者现场还有其他人在场？

答：还有一名军官在场。

问：他是在场的唯一一个传译员？

答：没错，其余的是配备着长刺刀和军刀的宪兵。

问：我将会读出你证供的其中几段。这一段证供和你前往处决现场的情况有关。我将会让你看的这一段证供和我昨天呈现出来的那一段不同。昨天的证供是在1946年3月25日被记录下来的，而现在将会让你看的证供的记录日期则是在同年的9月30日。这是不是由你亲自提供的证供？

答：是。

问：在这个在9月30日被录下的证供中提到一些关于你当时下货车后和前往处决现场的情况。内容如下："将我从牢房带出来的日本宪兵亦陪同着我们。另外还有一个台湾传译员和一个（当地）华人传译员。"这两个传译员是什么人，一个台湾人和一个（当地）华人？

答：他是个台湾籍的华人传译员。

问：我的英语不算很好。我刚读出来的这一句话的意思是不是该理解为在场有一名台湾传译员和一名（当地）华人传译员？

答：那名台湾传译员本身就是名能说得一口流利汉语的华人。他穿着一套没有军衔的军服。

问：我认为这句话是说在场有两名传译员，对吗？

答：现场只有一名台湾的华人传译员。

问：在昨天的讯问中，你描述了前两名被处决人士的情况。请你按顺序描述剩下的每一个人如何被处决。

答：第一个人双手被绑在背后，以站立的姿势被处决。

问：从第三个开始？

答：由于过程太过可怕，所以在其他人被处决时我闭上双眼没有看。

问：你有没有清清楚楚地以双眼目击前两名人士被处决的情形？

答：我清楚地看见第一个人被处决的过程。虽然在第二个人被处决时我几乎闭上双眼，但我仍能看见一点，而我还是想闭上双眼。

问：你能描述一下第二个人是如何被处决的吗？

答：第二个人也是双手被绑在背后，跪着被处决。

问：为什么他跪在地上？

答：因为他被刺刀刺了，这我记得很清楚。

问：他是被刺在身上的什么部位？

答：他是身体侧面被刺。

问：他是在同一个位置被刺和被斩首的吗？

答：不，不是在同一个位置。他是爬过去的。他爬到行刑的石头上是因为有另一名华人劝他："不管怎样你都会死，去面对它吧，没人能救你的，你是无法逃出生天的。"

问：你能不能推测一下行刑地点距离被刺地点大概有多少米远？

答：大概从这里到那里的帽子或杯子那么远。他是爬过去的。（法庭估算有五码）

问：在第二个人被处决后是不是就轮到妇孺们？

答：对，他们全都被处决。

问：是不是在这第二名人士被处决后就轮到妇孺们被处决？

答：由于过于紧张，我当时已崩溃并一直闭着眼睛，所以我并不清楚之后被处决的人的性别。

问：告诉我，妇孺们是否被处决？

答：他们被处决了。因为我听到他们的惨叫声，当全部人被处决后，最后一名是男性，传译员对我说："这男人之后就是你，如果你说出真相，看在你是亚洲裔和印度人的分上，我们将会把你放回你所属的集中营，如果你不说，那你就会跟这男人的下场一样。"

庭长：你是否有看见所有被斩首的尸体？

证人：当我回答问题时我周围已没有任何华人。

庭长：我只想知道你有没有看见那些尸体。

证人：我没法看得清楚，也并没有数。

辩方律师：既然你说直到第二人为止你都有目击处决，那你能不能告诉我第二个被处决的是什么人？

证人：那是一个男人。

问：他是什么类型的男人？

答：我不知道，因为当时我很紧张，当看见第一人的血喷出来时我就崩溃了。第二个人是在别人劝说之下自行爬到石头上，我就只记得这么多。

问：这第二名被处决的人年龄有多大？

答：由于当时已近黎明，光线不足，所以我无法告诉你。

问：那你至少能看出那个人是男或是女，是成人或小孩？

答：一定不是女人。根据那人的哭声和叫声判断，我猜他是那个十四岁的男孩。

问：当你下货车后，蒙眼布被松开时，你是否有看见那些被带去处决的人们？

答：有，他们就在我前面。

问：你认为这些被带去处决的人知道他们将会被处决吗？

答：我不知道，我无法告诉你。

问：除了宪兵外，当时还有多少人在场？

答：六人，不包括我自己。

问：你是说若包括你在内的话，总数就是七人？

答：对，七人。

问：我将会再读出你在1946年3月25日所作证供的其中几段。"第一名华人被叫去站在一块石头上面，而其中一名日本人就用军刀将那人的头猛地砍下来。之后的一个男孩、一个女人和四个男人都被相同手法处死。"根据这几段证供，总共有七人被处死，你承认吗？

答：当我从货车上下来，他们在我前面排成一列往前走的时候，我数过大概是六个，而且我的证供里也说了大概是六个。在处决现场我也数过，包括我在内大概是六个。

问：根据刚才这段证供……

相同的段落再度被读给证人听。

庭长：听清楚，总数为七人，对不对？你不能否认。

证人：我在那里出了错。六人。

辩方律师：你认为一个十四岁的男孩在身体侧面被刺伤后是否仍可爬到有五码远的地点？

证人：他是一个颇为矮小的男人，而我也没有说他一定是个十四岁的男孩。他的叫声让我觉得他是个孩子，但那男人身材矮小，而他当时正在爬动。

庭长：你能描述他是如何被刺刀刺的吗？是被猛烈地刺到，浅浅地刺到或是别的什么？

证人：我不知道刺刀刺得有多深，但那男孩叫了声"唉呀"而日军则喊"哈"。在被刺到后，男孩大声喊叫，而下一个男人则劝他走。

庭长：他被刺刀刺了几次？

证人：好像只是一次。

辩方律师：在昨天的讯问中，你给主控官关于这第二名人士被处决时的答案将此人称为男人而不是男孩。关于这第二个被处决的人士，你昨天作证说"面对吧，可以死得快一些"。你认为这是会说给一个小男孩听的话吗？

证人：不，我不认为这是那名小男孩说的话。

问：我一直在问你和这第二名被处决的人有关的问题。到底他是个男人还是男孩？

答：我无法准确地告诉你，但我认为是个男孩。

控方覆问

问：首先，对于行刑场地的形状及位置，你认为该场地是否可能让第三个及第四个或任何一个你曾提及被处决的人，被带走或是被移走，而不是被处死？

答：按照这事件，我不认为他们有被移走了，他们是被带往处决的。

问：奥马尔先生，我想你告诉我，你能否肯定他们是被处死，或是你对此并不确定？

答：我肯定他们是被处死的。

问：还有一个问题。昨日，你被提议要感激田中大尉，因他帮助你获得牛奶公司的工作，对于此事你有没有任何要提出的？

答：有，我从来都没有感激田中大尉，因为根据辩方律师所说，所有男孩都被分配了工作，但不幸的是与我一同获释的那些男孩从来都没有被分配工作，只有在1942年获释的人才有被分配工作。

问：还有其他吗？

答：有。可以请他告诉我有关为田中举行的茶会的详情以及谁参与了此茶会吗，我会十分感激。

庭长：你是在否认为田中举行了一个茶会？

证人：正是，但在文件中好像显示我有参加。

控方第五十一证人曾茂庭妻子（欧莲）的庭上证供

控方讯问

问：你可否向庭长说出你的名字？

答：欧莲（音译：Au Lin）。

问：你的年龄是多少？

答：我今年五十九岁。

问：你丈夫的名字是什么？

答：曾茂庭（音译：Tsang Mau Ting）。

问：你的地址是什么？

答：成和道十七号二楼。

问：你记得1942年4月15日发生了什么事吗？

答：记得。

问：当天发生了什么事？

答：我丈夫在云地利道被逮捕了。

问：当他被捕时，你在哪里？

答：我不在家。当我回到家，别人跟我说他被捕了。

问：你何时再见到你丈夫？

答：三天后，我在宪兵部再见到他。他被带到难民营。

问：这个难民营在哪里？

答：筲箕湾七姊妹区。

问：你怎样在那里见到他？

答：我每天带食物给他时都见到他。

问：你知道为何他被带到那里吗？

答：他被逮捕并带到那里。我曾尝试要保释他，但他们说他所有的家人都要去（那里），才能把他保释出来。我连续十五天给他带食物。然后，他说他将跟着日本人一起被撤离到广东。

问：你可否告诉我你丈夫被捕的原因？

答：没有原因。我丈夫有工作。他是一个砌砖工人。

问：你去了一个监狱，探望了你丈夫十五天，并给他带食物。这是在哪一年发生的事？

答：这是（沦陷后的）第四年。我们叫大前年。

问：那你连续去了十五天，带食物给你丈夫一事是否发生在1942年？

答：是。

问：关于你丈夫被捕一事，谁逮捕他的？

答：宪兵。

问：你是怎么知道的？

答：他的臂章上面有"宪兵"二字。

问：当他被捕时，你不在场，那你如何知道？

答：别人看到。

问：你能否给予任何原因，解释为何你丈夫理应被逮捕？

答：我丈夫并没有做什么事情。他被捕时，正在街上走着。白天，我也要工作。他当时也在工作。他是一个砌砖工人。

问：你丈夫是否曾为宪兵队做过任何砌砖工作？

答：没有。我们只做华人生意。

问：当时，你或你丈夫有没有白米配给许可证？

答：有，我们都有。

问：你或你丈夫有没有任何犯罪记录？

答：没有。我在跑马地住了二十四年。

问：那你丈夫呢？

答：超过四十年。他今年应是五十九岁。

问：你曾说你连续十五天去为你丈夫送食物。之后，发生了什么事？

答：当我再送食物给他时，有人告诉我他已经和日本人一起被带到广东。

问：自此之后，你有没有再见过他？

答：我没有再见过他。他没有回来。

问：你有否听说过他发生了什么事？

答：自此之后，我再没有收过任何有关他的消息。

问：我想你把记忆追溯到1942年。你曾否被日本人逮捕？

答：那年的4月4日，我和丈夫一起被日本人逮捕。日本人来到我们家，把我们捉走了。

问：谁逮捕你？

答：宪兵和印度宪查。

问：你如何知道他们是宪兵？

答：他们有枪，也有宪兵的臂章，上面有"宪兵"二字。

问：你被带到哪里？

答：他们把我带到骆克道的防空洞。我被扣留在那里一晚。

问：那你丈夫呢？

答：当时，他们在捉拿难民。我们一起被带到西角某处，然后被送上船。

问：当你被捕时，有没有人告诉你，你被捕的理由？

答：他们来逮捕时，我们正在做午饭。我问他们为何要来逮捕我们。他们回答说："没什么，只是问话。"

问：当时，你丈夫的职业是什么？

答：他是一个砌砖工人。

问：当你被捕时，你有没有白米配给许可证？

答：有，我们全部人都有。

问：你说你有一晚被扣留在防空洞，那里是怎样的？

答：我们全部人都被扣留在防空洞。洞内不是很高，由防空洞的砖建造。

问：那里是否只有你和你丈夫？

答：那里有数千人。

问：防空洞内有没有守卫？

答：士兵守着，不准我们出去。

问：他们是哪些士兵？

答：他们是宪兵和宪查。

问：当时，你有没有带任何行李或个人物品？

答：没有。只有我身上的衣服。他们告诉我说，他们只是要查问我。

问：次日，发生了什么事？

答：隔天早上大约10点，我们被送上一辆货车，前往西角，接着被送上船。

问：你何时离开防空洞？

答：我们被扣留在那里一晚。次日早上大约10时，我们被带到西角。

问：在西角发生了什么事？

答：那地方有很多人聚集，大约有一万人。当晚我们被带上船。

问：你说你们被带上船，你们被带到什么船上？

答：木造的驳船。他们用来运煤的。

问：你当时坐的那艘船有多少人？

答：那时有其他大船，但我坐的是小船，载有一百至二百人。

问：当时，总共有几艘船？

答：十九艘。其中有一些是大船。

问：登船前，你有否收到任何东西？

答：一罐米、两条面包和十元国币。

问：除了载人的大船外，还有没有其他船？

答：没有其他船。十九艘驳船载我们。

问：谁负责带领你们？

答：宪兵。

问：他们当时在哪里？

答：我们被带上船时，宪兵离开了。我们登船后，就被遮盖着。

问：之后发生了什么事？

答：大约7时我们启程了。一艘蒸汽船拖着我们航行。

问：这趟旅程如何？

答：我们起航后，开始下雨，接着暴风雨就来临了。蒸汽船抵挡不住，所以他们把拖绳切断了。

问：蒸汽船上有什么人？

答：宪兵。他们由日本人照顾。

问：拖绳被切断后，发生了什么事？

答：我们被遗弃在暴风雨之中，我们的船也断成两截。

问：你发生了什么事？

答：由于船破了，我们为了活命，要把船内的水往外倒。

问：请你告诉我，由你不想死的一刻直至靠岸，期间发生了什么事？

答：在这样的情况下，我们被遗弃了四天。然后，一艘叫"金星"（音译：Kum Sing）的蒸汽船确定了我们的正确位置，接着也在所有驳船当中，找回三艘。我们再重新被拖领。所有在驳船上的人都转移到蒸汽船上。船上留着许多尸体。

问：你坐的驳船上有尸体吗？

答：有，很多。

问：你登上"金星"后，发生了什么事？

答：当蒸汽船到达一座山，他们找来附近的渔船，然后那些渔船带我们上岸。

问：这是什么地方？

答：我问一名女渔民那里是什么地方，她说是"半天云"（音译：Boon Tin Wan）。我问那里有没有村落，她就叫我沿着路走。

问：和你同船的人身体情况如何？

答：有一些能够走路；有一些因为饥饿，所以不能。健康的人如我，能够走路。

问：那些不能走路的人发生了什么事？

答：他们在山边死去。

问：你如何知道？

答：那些人比我们更早被送到那里，死在那里。当我们经过时，那里臭气冲天。

问：除了臭味，你有否看见什么？

答：我看见那周围都是尸体，也有人在走动。

问：有人在走动是什么意思？

答：他们是那些被捕的人，比我们早几天被送到那里。

问：你曾说有人指了一条道路，让你跟着走。你接着怎样做？

答：我们一直走，直至听到鸡叫，就知道那里有个村子。那时差不多天亮。如果我们有钱，我们可以走路回香港；如果没有，就不能。但最后我们成功回到了香港。在十九艘驳船当中，只有三艘幸免于难。因此失踪人数超过了一万人。

问：你说过当你离开你坐的驳船时，船内有一些尸体。你是否确实见过这些尸体？

答：当我把水倒出船外时，我踩过一些尸体。

问：驳船上有多少具尸体？

答：超过二十具不同性别、身型的尸体。

问：你见到岸边有多少具尸体？

答：大量。他们是数天前被逮捕的。

问：你能否告诉我驳船上的人为何会死亡？

答：他们被锁在船舱内。他们浑身湿透了，而船舱里很冷。

问：你如何解释他们死去，但你没有？

答：我到船长室，拿来一些麻布袋盖在身上。

问：这些人有食物吗？

答：没有。哪里有食物？连水也没有。

问：你曾说你上岸时，带着一些食物。其他人也有同样的分量吗？

答：每人得到的分量都一样。

辩方盘问

问：你知道为何你丈夫于1944年被宪兵逮捕吗？

答：没有原因。他只是走在街上，然后就被逮捕。十五天之后，他被遣送出境。

问：这是否你的陈述书及签名？

答：是，这是我的签名。

问：较早前，你作证指你丈夫没有为宪兵队工作，只替华人工作，对不对？

答：对，他是一个砌砖工人。

问：你在陈述书中说："1944年7月1日某时，隶属东地区的日本宪兵叫我丈夫帮他们做些建筑工作。他拒绝了，因为在上一次接他们的工作时，他没有获得酬劳。"你是否这样说过？

答：是，我有这样说过。我现在记不清这些事情。

问：你说该蒸汽船的名字为"金星"。你如何知道？

答：我登上蒸汽船时，看到上面写着"金星"二字。

问：你如何得知十九艘驳船中只有三艘幸存？

答：只有三艘船被找到并被拖走。

问：是否有可能是你只看到了三艘船，而其他的船都被拖到另一处去了？

答：别的船都在暴风雨中沉没了。在跑马地我家附近，有数百人被带走并被聚集在一起，而只有我们回来了，其余的人再也没能回来。

问：在"金星"上，你有否收到任何配给？

答：我们每人拿到三块面包，然后就上岸了。

问：在渔船上，你是否没有收到任何配给？

答：当我们上岸时，每人拿到一块蛋糕。就这些而已。

问：你首先被带到防空洞时，你是不是在几小时后被带走？或是你留在那里一晚？

答：我们被扣留在那里一整晚。隔天早上，我们被带到其他地方。

控方覆问

问：请以你的手作比对，展示在你拿到的三块面包中，其中一块的大小。

证人比划出一块约三英寸宽面包的大小。

问：那你拿到的蛋糕是什么尺寸？

答：那些是剩下来的点心。他们先给我们每人分发三个，然后在那情况下，我们再获发余下来的。

问：意思是指它们都和之前三块的大小一样？

答：对。

庭长提问

问：你怎样知道有一万人聚集在西角？

答：那里的空地都挤满了人。数百人于跑马地被捕。防空洞内已有数千人。

问：你说当你看到驳船开动时，宪兵离去，而你被遮盖着。这是什么意思？

答：船身被帆布遮盖着，而我们被困在内。

问：你说拖领着驳船的蒸汽船上有宪兵。你如何知道？

答：当我们想走出船舱时，船长告诉我们，蒸汽船上的宪兵在看着，叫我们不要出来。

证人已经完成作供，当她离开证人席时，她说："我想问宪兵队长（指着被告），我的丈夫身在何方。"

控方结案陈词

本案指控被告于1941年12月至1945年1月期间：
（一）作为香港宪兵队队长
（二）因此，有下列职责：
（甲）维持公众秩序
（乙）掌管宪兵队
（丙）管理拘留地方

触犯战争法律及惯例，与虐待平民一事有关，许多人因而遭受肉体痛苦；部分人遭受肉体痛苦后，被日军不合法所杀。

关于我刚才阐述的控罪，前三部分是没有争议的；事实上，被告已于证供中承认这三部分。真正的争论点——我是指辩方激烈反驳的论点——是到底有否发生任何虐待事件，假如有，此等事情是否与野间有关，因此他要负上刑事责任。"有关"这个字词是起诉的基础，因此我们必须清楚明白其含义。被告被指称与该等不当行为"有关"，意思是指他拥有非常高的军阶及职级，而他下达一连串的命令均与宪兵队人员有非常密切的联系；无论他们进行什么行动，被告的策划及指导均存在，而且最为重要。当那些行动有一点违法成分时，被告就可被说成与不法行为"有关"，而在此基础上被控。至于被告应否被罚——即是指达到必须被判有罪的程度，承受应有的刑罚，庭长阁下须同时考虑证据，以及一名队长基于下属的犯罪行为而要负上的法律责任，然后再作定夺。

本案控罪所指的触犯战争法律及惯例，可在野间下属执行的所有行动中看到。所以，庭长阁下还须清楚知道究竟一个高级军官须为下属的行为负上什么责任。

我们不需要全面阐述这个责任有多大。有些人甚至认为他要负上绝对责任。但无可争辩的是，被告肯定要为已证实的不法行为负责。

（一）他下令要进行犯罪行为；

（二）他对行为知情，并且准许或者没有成功采取适当措施，以阻止这些行为继续肆虐。

而从第二个情况推论，如果他收到有关不当行为的警告，而未有对此进行调查，那控方再次表示他应负上刑事责任。

庭长阁下可看到，被告是否知情是本案的重要因素；控方认为这是庭长阁下唯一真正要考虑的要点。

因此，基于以上的论述，庭长阁下必须考虑到底触犯战争法律及惯例的行为曾否出现，如有的话，被告是否知情，或有否无视需要跟进的警告。

关于这些罪行，我认为可分成三点。我恳请庭长阁下考虑时，能接受如此分类。这三点分列如下：

（一）没有妥善管理拘留所，由于牢房过度挤迫、囚犯饥饿、被施酷刑及被拒绝给予医药治疗，以致囚犯身体受苦及死亡。

（二）非法执行死刑。

（三）于被告整段任期内，从1942年或1943年开始，大规模递解平民离港。

关于第一点：没有妥善管理拘留所，证据分析显示，十一名证人作供指出牢房过度挤迫；二十四名证人各自提出证供，证明因在牢房时所得的粮食配给不足；另外二十四名证人投诉宪兵没有提供医疗护理或设备；三十二名证人描述了他们及其他人遭受的酷刑。证据涵盖了八个不同的宪兵部；而在野间任内，每一年都有这些事情发生。我已预备一份关于以上指称的概要，包括相关证人的名字，并为证人某些特定证供，标上来自证言笔录的出处，稍后会呈上给庭长阁下检查。

在审理与本案类似的案件时，法庭仔细审阅控方证据是正常的程序，而为了小心起见，减轻一些指控也是正常的。当然，凭借庭长阁下的智慧，如本案合适，您也可以这样做。不过，无论庭长阁下减轻多少指控，我认为没有人——不论是被告本人、律师或证人——能够说服庭长阁下，上述证据是捏造的，甚或是非常夸张失实的。关于前述的犯法行为，控方非常有信心，相信庭长阁下必定能够接受控方证据。

假设庭长阁下接受这份证据，对于谁是犯罪者，您应该没有任何疑问，只因他们不是自己承认了，就是他们的臂章表明了宪兵的身份。在任何情况下，他们都是受制于野间的日军。因此，我不会过分仔细阐述有关辨认身份的问题；我们在庭长阁下面前的整份证供中，已谨慎地处理过这个问题。

早前，我已扼要地讲述被告如何被指与所有事件有关，庭长阁下现在可以根据法律验证提出的论点，判定野间应否为全部或任何一项罪行负责。本案的基石，就是整件案件的核心部分，不是证明被告知情，就是证明被告轻率地无视警告。现在是适当时候，考虑这个最重要的因素。当庭长阁下考虑这一点时，会发现这点不缺证据，更多的是关于不当行为本身。

首先，庭长阁下手上有两份金泽大佐（Colonel Kanazawa）的陈述书，他确曾于陈述书上签署，但他的陈述中，对于某一项内容表示"不是记得很清楚"，为本案的关键。第一份陈述书（证物S）记录于1945年10月，证人提到在野间任宪兵队队长的时期内，矶谷总督（Governor-General Isogai）收到大量关于宪兵对囚犯施予酷刑的投诉；总督就酷刑以及看到囚犯被暴力对待的事件，多次透过证人严厉地警告野间。庭长阁下应该记得，金泽承认曾签署这份陈述书，但表示传译出错。1946年8月，证人承认签署了另一份陈述书。陈述书中，矶谷被指曾命令证人告知野间，宪兵及华人警察在街上和各个宪兵部，对市民大众作出违规行为。证人再次质疑传译出错，而应我的邀请，他尝试形容该传译员。接着，该传译员被传召，但证人显然把他与其他人混淆了，因为该传译员与证人的描述无一吻合。金泽于庭长阁下面前作供时称，他收到的命令——只是提及华人警察行为不当，从未包括宪兵在内。金泽又说——总督不会指出这些不当行为是什么——这是一个奇怪的命令。但较早前他在证供中解释道："曾就进行审问的方式收到投诉。"请容许我提出评论，有谁曾听过华人警察进行审问呢？那是宪兵的专属职权。

庭长阁下会留意到，他相继三次发言中，证供愈见薄弱，直至软弱无力。盘问时，庭长阁下听到他承认知道野间对他尖锐的批评；及后他说出一个愚昧的原因，解释他为何要否定原来的陈述。他说到——而以下是他说的话："野间大佐曾经抽走若干对我不利的陈述，因此我也抽走对他不利的陈述。"

庭长阁下可以认为这话解释了整个情况。大概就是这些日本高级军官认为他们对彼此来说，都有太具威胁性的潜在危险；于是唯一的方法就是要扭转形势。金泽有数之不尽的理由惧怕被告——庭长阁下也听到被告在盘问期间，接连承认了一连串对证人极之不利的指控。但庭长阁下须判断的是，被告有否在过程当中得悉总督的指示——如果他当时还不知道实情——即酷刑是必须被杜绝的行为。请谨记，那些投诉跟审问有关——即是使用酷刑的时候。如果被告已得悉有关指示的话，那他便是知悉其下属不可原谅的行为。

证人西克斯（Sykes）的证供是另一项证明被告知情的证据，庭长阁下可因此质疑被告知悉部属的行为。西克斯供称在他被施电刑时，被告确实站在旁边，并观察施刑过程；在此之前，被告从另一房间走出来，而当时那房间正在行"吊飞机"刑，也有另外一个人正被殴打。由西克斯带领，庭长阁下已经亲眼见过那地方，而那处与他的描述相符。对于这内容大意，牛山大尉（Captain Ushiyama）的证供有相关辩护。他说西克斯从来没有因涉及间谍罪案件而被捕。我也很疑惑，到底这说法引申了什么？西克斯也没有说过自己曾是间谍。他说当被问到控罪时，他的回应是："我也真的不知道。"西克斯作供指阪本（Sakamoto）住在他对面的牢房；虽然被告知道阪本的姓名，但他否认这事件。西克斯能够提供巧妙的佐证。西克斯说他认识被告是因为他们曾一同前往香港大学圣约翰堂。当时有末大佐（Colonel Arisue）也在那里。被告记得曾去过香港大学圣约翰堂,但不肯定西克斯是否在场。但盘问时,被告承认他前往香港大学圣约翰堂时,有末与他在一起。辩方律师在盘问这名非常重要的证人时,使出最后的王牌,揭露这男子的一件前事,尽管微不足道,但足以证明西克斯对英国政权十分不满。或许在您看来,这是新奇的程序,因为本案的控方证人是日本人的旧友,并且企图巴结英国人,这是常见的说法。但在这份证供上,庭长阁下必定曾预计西克斯会不欲协助英国控方,拒绝给予能够成为证据基础的数据。可是,事实证明别无此事。庭长阁下,请问自己:野间曾否站在一旁,观察施酷刑的过程?假如真的曾发生这回事,对于他声称对审问时使用暴力感到厌恶,否认曾目击不人道的做法,并保证曾尽力阻止这些事情发生,您会相信吗?这都交由庭长阁下决定了。假如庭长阁下相信西克斯,则不能接受被告否认其知情,因此,这会缩短庭长阁下考虑判决的时间。

  显示被告知情的另一证据不过是源自从事实的推论。庭长阁下曾听过一连串的证人形容他们以及监狱内的同伴所受的苦难,从不间断的迫害,以及多么创新奇特的刑具,使他们毫无还击之力。死亡在这些宪兵部内司空见惯,显然不会带来什么后果。原因看来是出于一个经过计划且长期施行的残暴政策,再加上另一个恶性的饥饿政策;证据证明被告于整段任期内,在他管辖范围下的八个不同地点,这些暴行持续发生;其中一半的地点仅在被告所属总部的数里范围内。试想想如果被告对这些事情一无所知,这些事情还会发生吗?可能的是,被告对此感到满意。这是否真的就是他所追求的良好结果,以及一个忠于职守的仆从替日皇做事的方式?庭长阁下,决定权再一次在您手里。

  另外需要考虑的是最高法院的情况。换个委婉的说法,假如在审问者的"施压"之下,囚犯日以继夜地啼叫痛哭,被告会否听见这些声音?不会,他在房间时不会听到。他承认自己白天经常需要离开办公室,并列举了其中一些因由,也补充说:"还有很多其他的原因。"他有否听到这些被斩首的人绝望但无人理会的惨叫声?若他听到,而且是多于一次,庭长阁下认为一个智力正常的军官会否去调查原因呢——假设他当时并不知道。抑或是庭长阁下认为,在一个人持续大叫几秒的情况下,您试着站在房门外就能够解决问题?副官的辩护证供可以佐证这一点。矢田贝(Yatagai)声称他不曾听见尖叫声。就此,庭长阁下,您是否会毫无保留地接受这说法,它是认为这说法可能是出于下属对上级的所谓忠诚呢?他们终究是代表他作供的,但是,请让我再说一次,被告不是经常在自己的办公室。很显然,庭长阁下已被告知他就是流动性最高的队长,无论如何您也会发现,当时被告办公室的背景噪音比此时法庭里的声音要小得多。

因此,总括而言,根据这些号叫声,或是根据个人的常识,庭长阁下认为野间知道发生什么事吗?在这些不同的拘留所内,普通士兵受到严格监管,经常接获命令,务必要全心全意地执行日常的工作。如此一来,庭长阁下认为他知道拘留所内进行着什么活动吗?

但是,真的需要分析这些有关被告知情的证据吗?让我们先引述被告(野间贤之助)的陈述及证供里有关酷刑的说法:

"我为此感到担忧,而我四处查看,但没有发现那些事情。"

"我对'刑事法'及诉讼法有正统的知识;作为一个专家,我反复严厉警告下属,不可使用任何暴力招供,特别是酷刑;任何酷刑,不管以任何形式,在我指示下都是绝对禁止的。"(证物G)

"1941至1945年间,我收到几封来自市民的请愿密函,说他们被错误指控,惹上很多麻烦及遭人戏弄。我都记得,但是,因为信上提到有些案件涉及施行酷刑,我实在太害怕,于是我叫部下要小心留意有否施行酷刑,也要谨守我的指示。"(证物G)

前述的两段话语都是野间亲口说出的,并记录在他的呈请书上。

"我也曾出访宪兵部,搜索施酷刑的工具,但都没有发现。"(证物H)

听到这里,先停一停,然后再次问一问自己——庭长阁下是否相信由二十四名证人提出的控方证供?还是认为这些都是捏造的证供,不予考虑？另外，从这些引述，野间有否察觉到施行酷刑的可能性？他声称他自己是一个工作谨慎小心的人，也不停反复对庭长阁下说自己充满仁爱之心，庭长阁下真的认为这样的人不能阻止罪恶发生？他是否真的需要收到通知，才知道部下的行为？他说："我平均每隔两至三个月便巡查各地区的宪兵部一次。"他说自己一直都担心部下会犯严重过错，并追查过失，庭长阁下会否相信被告所言属实？若居其位，庭长阁下会否隔两个月才巡查一次？他是否真的想杜绝这些事情？

前述的全与酷刑有关。有关牢房过度挤拥、粮食不足以及缺乏医药治疗的事，被告知情的来源是什么？这方面并没有大量证据。有关牢房过度挤拥，我联想起两件事情。西克斯称野间曾见过他身处中央警署的牢房，当时还有大约十二人在内。如果庭长阁下喜欢的话，就只算一半人吧！法庭也巡视过这牢房，知道面积为八英尺乘六英尺。也就是说，平均每名囚犯也只有八平方米（或少于三英尺乘三英尺），有些人更要与厕桶为邻。

请留意被告在陈述书修订本上的言论：

"他大约每星期便巡查总部一次，包括牢房。"（证物G）

庭长阁下已经听过全部控方证人的证供。蔡上尉（音译：Captain Choy）说在1943年5月，他在该处，而当时的囚犯人数为四十至七十人不等。胡威（音译：Wu Wai）也于同年4月中至8月初被囚在该处，指出囚犯数量由最低的十五或二十人至最高的一百人。他说在5月前，除了身处真正的牢房的囚犯外，主要的露天空地还有二十五至三十名囚犯。他的证供得到证人丁达尔佐证。蔡兴昌（音译：Choy Hing Cheung[2]）说他1943年被囚在该处时，有三十余名囚犯，也说野间曾巡查该处。朗帕尔·吉尔伯特（音译：Rampal Ghilote）说1943年5月时共有二十二名囚犯；他只在该处三天。矢田贝及盐泽分别说出牢房的可容纳人数为十五人和十五至十八人。即使野间从未参观过这些牢房，请庭长阁下谨记，他声称他会收到所有逮捕行动的报告（证物H）。庭长阁下是否相信他会从巡查时或报告中，得知牢房的拥挤情况？如果庭长阁下认为他是知道的，不管是探访西克斯时或从其他方式得知，那他看来并不反对将囚犯弄得像被塞进箱子里的动物一样。因为这个说法有足够的证据证明；有十一名证人曾就此作证，并提及五个宪兵部。

有关粮食及医药供应，被告并无响应任何有关供应贫乏的指控。被告下属指出犯人的固定粮食分量为一般士兵的2/3；有时还会有剩食。庭长阁下是否相信犯人能获得这分量的食物？即使他们不获提供这分量，被告会否知道？假如答案为否，在此实际情况下，他不能被判有罪。没有证据显示纵然被告有意增加粮食分量，他都能够付诸实行；至于医疗，被告概述了运作系统（证物 H）并声称没有遇到任何药物短缺的难题，然而矢田贝说的"充裕的供应"在1943年后并不是太充裕。他记忆中的药物短缺是指缺乏治疗疟疾的药物。但是，控方证人何时曾投诉缺少预防疟疾的药物？二十四名证人就医疗缺失问题作证，但没有一人曾提及此项。

现在要考虑到底被告有否注意到其系统的弊病。1943年6月，华民代表会的代表团甚至要就囚犯住院提出请求。这个请求实在合理，因为这只是适用于控罪不严重的囚犯（证物 MM-1）。由此可见，要他们关心控罪严重的囚犯的健康情况，实在是期望过高。对于这么一个团体都作出如此的请求，庭长阁下认为有此必要与否？野间的响应是会为转送往医院的要求"作考虑"。或许庭长阁下会认为这就是他说要仁慈待人的表现，显明他宽厚的态度。但我先不要离题。庭长阁下认为野间能否由此知道被拘留的人没有获得足够的医疗设备？关于本案这个范畴，这是庭长阁下要决定的问题。假设有一刻，庭长阁下认同施酷刑是一项政策，或至少是宪兵队的整体程序，而野间是知情的，却没有透过任何实际方法成功阻止——或是因为这能带来良好的结果——源源不绝的认罪状，如此一来，医疗护理会否仍是宪兵队关注的事情？为何陈碧翠丝（Beatrice Chan）头部的伤口会受感染；与西克斯同囚的人会被殴打至死亡，尸体的头骨碎裂，肋骨也有受伤？如果你一直采取的政策会引致如斯状况，你会否改变立场并致力减少伤亡呢？所以，庭长阁下或可考虑医疗护理的问题，它肯定与酷刑的问题有密切的关系。

无论如何，关于这些拘留所的整体情况，庭长阁下曾听到李冠春以及代表团的证供。请听听他于证供中怎样说有关向被告抗议的事：

"他们提出投诉，不满华人在宪兵部内被羁留的情况。他们被关在肮脏的地方，他们没有得到足够的粮食并遭受虐待。他们被囚在肮脏的地方以及没有足够的食物，我们告诉他，有些囚犯在牢房内死了。我们请求他让我们探访、巡查牢房以及携带食物给囚犯。"

证人于这些代表中，提名了三位人士作为发言人，罗旭龢爵士是其中一位。辩方律师在盘问后者时证实罗旭龢爵士并不记得这几次抗议。但是，庭长阁下会发现在覆问时，证人表示他不确定自己是否为这些代表团的其中一员；还有较早前，他曾提到他不能把全部人记清楚。因此，就算他不在场，代表团也能够轻易地提出抗议。

因此，我希望庭长阁下衡量一下李氏的证供。假如你相信他，就必须否定野间的说法，他否认收过任何这样的议案。假如你认同李氏的话，你认为从证供中，被告是否知道粮食不足以及由于缺乏食物、虐待、缺乏医药或三者共同造成的死亡事件？如果他知情，那裁决便显而易见。

现在很快便来到非法执行死刑的部分。谭财（音译：Tam Choi）、曾培福（音译：Tsang Pei Fu）、威宾（Venpin）、奥马尔（Omar）、井上（Inouye）及被告本人的证供证实，曾有非法执行死刑事件发生。庭长阁下已听过所有证人的证供，能够判断、评估各证供的可信程度；庭长阁下可能会相信这些事情曾经发生，但对于如何联系到被告知情，或许会感到疑惑；在指被告与事件刑事上"有关"之前，被告知情与否，至为关键。先不论被告自愿提出的资料。于其他证供，有两个例子指称被告是知道有关事件的。曾培福说有人告诉他，他们的案件是要向宪兵总部汇报的。面对如本案一样严重的案件时，庭长阁下绝对有权认为这只是一个传言，是未经佐证的，也相当使人不能接受。但是，请谨记，被告曾说他每天也会收到有关审问进度的报告（证物H）。被告一方面采取行动以铲除眼中钉，从而免却继续审问的需要，但又预期会收到报告，这是否合理？抑或是这些宪兵如此放肆，喜欢杀人就杀人，为了满足虐待癖，竟然欺骗他们的队长？

平尾好雄少佐（Major Hirao Yoshio）来港为被告辩护。要是没有他，香港没有一场战犯审讯是圆满的；虽然与威宾的证供不同，但丰富的经验使他心平气和，为长原（Nagahara）提供不在场证据，指他于12月8日不在九龙宪兵队。威宾作供指他在早上听到长原与行刑者的一段长对话，他们在商讨处决的事。平尾作供指他约在早上11时从大帽山回来，而当时长原前往核对空袭的伤亡者，因此他不可能如威宾的证供所指，在现场出现。可惜，这名证人老手早前作供指由于空袭的缘故，他要直到傍晚较晚时分才能回来，这说法粉碎了其不在场证据。也许因为少佐经常上庭作供，所以要负上代价。如果将来的案件没有他的证供，无论是为辩方或控方作供，对于法庭来说，都是一个损失。

井上说他不只看到处决吴带好（音译：Goh Tai Ho）及其余四人的命令上有被告签署，而且副官拥有酌情决定权也是公认的做法。辩方就此提出一个强而有力的反证，例如：证人从来没上夜更。林（Hayashi）是告知他一切详情的人；虽然井上说他并非首次听到详情，而是第二次，但当他们同上夜更时，林理应会告诉他所有详情。同一名辩方证人指出，井上不会看日文，但后者指出他认得少许日文字，足以认得野间的签名。最后，不同辩方证人指被告从来没有向下属发出书面命令，至少未有从最高法院的本部发出的。除了否认曾收到曾培福的报告外，被告于证供中没有提及这些处决事件。由此推论，这是疏忽。

我希望再加以强调以下一点。朗帕尔·吉尔伯特说有人带他到另一个人面前，那人被指是被告，并要求得到批准，把他枪毙。看来因为他是印度人，所以这个要求被拒绝。证人指被告对此要求没有表现出惊讶。野间自己于证供中提及此事件，指他"斥责"森山（Moriyama）竟有如此苛刻的要求。宪兵竟然未经审讯就要求处决犯人，假设这是一件荒诞稀奇的事,这要求可会令庭长阁下感到震惊、诧异?还是根本不算是那么异常或残暴的行为?庭长阁下曾于盘问时听到野间说他认同印度人是被日本人逮捕的。被告会否有可能为了不冒犯印人社会,因此拒绝该处决要求?

那么,庭长阁下会有什么取态?宪兵队内,到底有否发生未经审讯便处决的事件?如果有,被告是否知情?

接着就是略略提及野间自愿提供的数据。他认同我说没有审讯就不该有处罚。他告诉我们,他收到有末大佐的命令,要处决一些游击队队员。就他的知识而言,他知道这行为是不合法及备受争议的。对他而言,这行为明显违法,但最终他还是接受了,并传令予其下属。他说:"因此我下令地区队长,把这些人当场处决。"

尽管被告已被警告,但他还是坚持要提出此证供,而我们不需要有其他证据,上述证供已足够把被告定罪。他知道这是不合法的命令。他没有提出任何疑问,例如连这案件有否先被总督审视过之类的问题也没有问,便接受这命令。他并不是初级军士或军官——他的职位虽然与有末不一样,但两人的军阶却是相同的。当命令不是明显违法时,上级命令才能成为辩护理由。虽然庭长阁下有权认为这是减罚理由,但绝不是辩护理由。我认为很难认同有末提出任何一个不转送囚犯至赤柱的理由,例如:他们或会在途中再次被捕。

现在是时候谈论控罪的最后一点。关于他在大规模递解平民离港行动中的责任。我认为这样的行动在本质上已是违法。在这么偏远的地点,实在很难找出相关的事件先例。

英国、美国以及苏联于1945年8月8日签署了起诉主要欧洲战犯协议书,列出好些项目,而犯下这些项目的人会被起诉。其中一个项目就是大规模递解人民离境。诚然,这些战时领袖因这事而被检控,并不等于这是违法的。国际法已证实这项目是战争罪,违反人道立场,因此赋予其非法性。假如这并非已有的非法行为,根本就不会被纳入该项目列。我有这协议书的复印本,稍后会呈上给庭长阁下详细参阅。

这份文件当然不是证物。因此，在如何执行整件事情、实际的计划详情以外，有关这个非法行动，任何形式的参与都无可避免地被视为违法参与。我认为问题核心是对任何一个文明社会来说，这行为都是一种侮辱。流放是历史上一种著名的方法，用以惩罚罪犯。于是，庭长阁下会联想起西伯利亚、圣赫伦那岛、魔鬼岛、悉尼和安达曼群岛。现在，国际法要求审讯后才可把人惩处。被告认同此说法，也说当人被定一些小罪，才会被递解出境。

这说法得到牛山的支持，牛山管辖的宪兵队是模范：没有人遭受虐待；没有人死于牢房；有发放干净的被子；每天都有医护检查以及当囚犯病重时，会送到平民医院。他辖下囚犯得到的粮食，令邻近检察院的指挥官也感到羡慕。因此，我不会试图说他的审讯不是经过法证审议的模范，又或审讯后以递解离境作为惩罚是非法的判决。但是，即使如此，请看看被告阐述的计划，他说要被递解离境的人是：

"最初是乞丐及露宿者"。

及后他在其陈述书提到：

"这些人大部分为乞丐及露宿者。"（证物H）

接着是引述总督的话，从在华民代表会于1943年8月19日的会议记录中撷取：

"正因食物的供应不充裕，所以无业者只吃饭，不做事是不对的。政府认为不只无业游民要被强制疏散，就连那些持有配给许可证，可买白米，能自给自足但没有职业的人很可能在未来也会受到类似的待遇。"（证物00-1）

还有同类型的事。即使是孩童，若被发现在街上抢东西，也不能幸免。除非这是第一次犯案，而其父母均有职业并保证将来行为良好，否则这些孩童会与其父母一起被递解离境。庭长阁下认为这计划是只适用于罪犯，还是主要是适用于罪犯？

然后，在同一份文件中，他大致勾画了一个计划，于一个月内释放那些有配给许可证以及受雇工作的人。这样一来，释放的人数便稳占被逮捕人数25%。可是区役所代表作供指出市民透过区役所提出抗议，要释放被错误羁押的人士，但很多时候，这些抗议都是没用的，因为他们已被递解离境了。因此，从这些数据及证据，庭长阁下可见到也许超过25%的人应该获释。这是否表示逮捕过程是没有经过筛选的？另外，所有人都认同是宪兵队进行逮捕的。被告说总督曾叫他"作出一些修正"。这与执行逮捕行动时，总督接到投诉一事有关。然后，被告作供称：

"他们（华民代表会）要求我们要更小心地逮捕被疏散者，并说已不能帮助那些被指定要疏散的人，但请我们要小心，不要逮捕那些没有被指定要疏散的人。对第一个诉求，我响应说我会指示地区队长要与之前一样小心谨慎。"

由此可见，被告承认两项指宪兵队不守指示的警告。因此，毫无疑问，庭长阁下可相信被告是知情的——是他自己承认的。

有趣的是，野间其实是自愿负责逮捕那些需被递解离境的人的。原本野间是与民治部合作的，但他认为他们"没用"，因此决定要夺回整件事的控制权。这也许可以解释为何释放人数的数据——即占总被捕人数的25%——由民治部部长提供，他补充说："即使这样，宪兵队仍然认为他们是过于仁慈。"这是否整件事的重点？尽管使人厌恶，但为了得到良好的结果——被告坚信的信条，他必须拒绝民治部帮忙进行逮捕并全权掌控这职务。

从所有证据中看到，看来当不幸要被递解离境的人集合在北角的集中营后，民治部就会负责挑选那些可以重获自由的人。但当被告的部门都未能给予平民较好的待遇时，他又能否要求其他部门给予更好的待遇？如果民治部的人运作释放制度时，就像他先前逮捕人民一样冷血，答案就十分浅显易见。很大部分从北角被送走的人都不是原有计划，以及记录中要被驱逐的目标。或者用"铲除"的字眼更为恰当。相对民治部，宪兵队才是把市民递解离境的主要原因。

作为总结，我希望可以简略地概述以下重点，使本结案陈词不会因为太长而失去了行文框架。

最初，我曾重申控罪及提出了证据支持当中的重要元素。然后，我讲述了一个队长与下属有怎样的法律关系，以及他如何会因为下属的非法行为而要负上责任。我曾强调，若要定罪，被告对这些违法行为知情是不可缺少的因素。最后，有关犯法行为，庭长阁下会听到三点（罪行）：于拘留所牢房内发生的事情、非法执行死刑以及宪兵队在归乡政策中参与的部分。就各点而言，我引述相关证供，使庭长阁下可由此推断，被告是否对实况知情。

现在只差最后一步。控方现在会证明排除合理疑点后，日本人是受制于被告，作出违法行为的；同时，这也能证明被告必定知道这些非法事件。就此，我已经详细阐述过，也没有什么值得再深究的。

假若庭长阁下接纳控方全部论点或任何一点，即您认为曾有酷刑、粮食不足、医疗设备不足、牢房过度挤拥、非法处决，或宪兵队在归乡政策的违法行为确凿无疑，那便要考虑到底野间是否对这些事情知情。如果庭长阁下的答案是正面的，排除合理怀疑，在定罪前，您还需考虑另一点。当被告知晓这些恶行后，应立即采取修正措施。假如庭长阁下接纳控方证据，您会发现被告的任期完结前夕，在三点（罪行）之下，仍然存在同样的不法行为，问题没有被消除，而在某些例子而言，情况更是比之前还要差。庭长阁下也可留意到被告当时有充裕的时间，改善原来的不当行为、方式。而庭长阁下必须注意被告有充足的时间及足够的机会查明实况，但他没有采取适当的做法以纠正恶行。

至于牢房的情况，请留意林华及郑贵的证供。两人身上的疤痕是在1944年12月底造成的。他们被囚期间，就有三人因受虐致死。他们只得到极少的食物，而那些有需要的病人并没有得到任何的医药治疗。在1944年下半年，证人罗氏（音译：Law）有三个月为九龙城宪兵队担任传译员。林说："我想不起有哪一次审问是没有用酷刑的。"而他声称他见证过五十多宗案件。根据他提出的数据，每名囚犯只有少于七平方英尺的空间。就当这是百分百错的,庭长阁下就曾听过有人表示曾住在四英尺乘三英尺的牢房。那里没有医药治疗,食物也"只有极少"。由1944年9月底至11月初,成送(音译:Sheng Shung)身处于油麻地宪兵部。他形容那里有五个人死亡,虐待是该处的特点,并说牢房内没有足够的位置躺下。关于这份证供,已没有必要再花时间说明。至于非法执行死刑,井上提及的人都被指于1944年10月处决。

关于大规模递解离境的政策,三名证人指出行动不但持续进行,而任意逮捕情况最严重的时期为1944年末或1945年初。这些证人为李仲清(音译:Li Chung Ching)、简文(音译:Kan Man)以及郭兴宏(音译:Kwok Hing Wang)。

有关证供部分,以上就是全部我认为要重点描述的地方。

有关最后一点,庭长阁下认为上述情况是否得到改善?假如您认为情况是有改善,除非您认为被告曾在之前准许或支持其下属的邪恶行为,那您仍然可以宣判他无罪。假如您认为情况没有改善,以及认为被告须为其余两点的全部或部分负责,那您要考虑的就只有其犯罪程度。假如被告有罪,我们可以很肯定地说犯罪的规模、范围,令人震惊。震惊这字词能形容犯罪程度之深。

如果一个真正有良知的人处在被告的职位,就算只论宪兵部内,可以减少多少生灵涂炭,多少痛苦呢?有多少人为了逃避酷刑,招认根本不曾犯的控罪?根据认罪状,被告施予的惩罚有多严重?证据相当确凿。

庭长阁下,您手上有至少关于六十宗处决案件的证据——您认为这些是否已经是全部的案件?

有关递解离境的规模,我们真的是等到辩方发表才知道确实数字。证物ZZ中第三页提到一万六千人被强制疏散,五十七万六千人被"劝谕"疏散。有人会感到疑惑,究竟这字词背后蕴含了什么意思?顺带一提,证物指出大鹏是一个被递解离境人士被"劝谕"迁移的地点。庭长阁下认为受苦的人数有多少?这计划当中,存在着多少个螺洲岛,多少个大鹏半岛？数以百计不幸的人因饥荒、贫穷死在这些地方，而他们唯一的罪行就是当时身处街上。这些人——就是辩方证物中提到的"不事生产"、"没有工作"、"最穷困"的人，很难在香港找到工作。我不得不再引述这份证供：

"从前，香港有很多装扮得体的人。他们已经失去东方的精神。这些人现在已不需要存在。"

如果被告没有自愿去逮捕人，而是提出抗议或在最坏的情况下，只逮捕那些被挑选的人，这样可以拯救多少生命？当考虑该受判罚的程度有多高时，以下的项目可能有用。

在庭长阁下考虑判决时，最后被提出的几项观察或会有用。首先是使用犬只的问题，庭长阁下早前已听过很多相关讨论，直至感到厌倦。对控方证据来说，这问题的重要性不在其带来的伤害——我们不会缺少任何从其他途径所得的证据——而在于它成了一把量尺，能让您量度出被告的诚信。以下是野间的陈述书（证物H）：

"最高法院内没有任何警犬。香港宪兵队任何分部内都没有警犬，我不知道有任何一名宪兵拥有或使用警犬。"

很明显地，控方未有理会这项反驳；庭长阁下已有关于身处跑马地的犬只阿罗比（音译：Ah Lo Bi）以及于那里采用这犬只或另一犬只的证据。于此宪兵部，我已引述7项有关犬只的证据。九龙、七号警署、山道宪兵部以及最高法院也各有一只。

拉姆拿医生于摩星岭道与薄扶林道交界看见它们。他也相当肯定地认出是宪兵带领着它们，并形容它们的用途。请想想，就全部的证据所提出的，这些是否宪兵队的安排？它们全是阿尔萨斯狼狗。我和庭长阁下一样，都会形容它们为警犬。那被告作供时怎样说呢？

"宪兵队内没有警犬，但警备队拥有一些由总督部发放给他们的犬只。"

被告特别提到它们是"军用犬"，而非警犬。接着，他提出有关警备队臂章的证据，他认为这会与其下属的臂章混淆。后者是控方证人辨认身份的重要因素。我已请他识辨这个警备队臂章，现成为证据（证物WW）。庭长阁下可以作判断，决定这是否足以与宪兵队臂章（证物J）混淆。辩方真正的目的变得明显，尤其当您听到矢田贝作供指摩星岭道与薄扶林道设有警备队哨站时。顺带一提，他也佐证于薄扶林设有丁达尔提到的宪兵部。其他证人也有就摩星岭道的警备队及其犬只的事情作供。我恳请庭长阁下判断究竟证人拉姆拿及丁达尔有否见过宪兵队带着犬只当值；假如他们确有见过，那警备队有否使用阿尔萨斯狼狗，与事件都已经不大相干。同时，若合适的话，可考虑招揽警犬的广告，这证据已被呈上（证物SS）。请留意当中的字词——"警犬"，这不可能适用于警备队，他们用的是"军用犬"。响应我的问题时，被告认同若是他要动物的话，那是要用于警犬队。可是，他记不起该广告，就连它已被呈上为证物也不知道。至少，他要直到庭长提问才知道。接着，他突然记起曾出版这广告，甚至讲述他曾就此询问过警犬队。庭长阁下，我实在非常欣赏您对证人有魔法般的影响。因为这并没有影响到我们。

接着就是一个整体性的问题。简而言之，我想请庭长阁下决定的就是：关于这问题，被告有否说真话，抑或您认为他回避问题以及作供失实？假若他曾说谎，您认为他为何要把自己与犬只划清界线？对于整件案件，他的证供是否就成了一个指标、一把量尺，衡量他在其他方面所作的证供的可信性？

庭长阁下曾耐心地听过很多当被告身体不适时作出的呈请及陈述。以下是有关的日期，全部都顺序记录于1946年：

（一）4月，由邱中尉（音译：Lieutenant Yau）记录的陈述书（证物K）

（二）9月，由葛洛佛上尉（Captain Glover）记录的陈述书（证物H）

（三）10月17日，被告的呈请书（证物F）

（四）10月23日，控罪状

（五）11月29日，被告第二份呈请书（证物G）

被告声称因精神不适，拒绝承认第一份陈述书，即是在4月记录的那一份。请阅读这份陈述书，并看看是否像一个人失控地不停乱讲话。不管怎样，我认为11月29日的呈请书理应会更正任何错误的陈述。由于当时被告已被起诉逾一个月，那看来是公平的。被告也必定审阅过那份陈述书，因为在11月29日的呈请书（证物G）上，当他想提交重写的部分时，逐字逐句地引用了原来的证供。他说"回想"起来，那特定的篇幅是唯一的错误。"回想"这字眼确实很奇怪，他一字不漏地阐述那备受争议的篇幅，而他的律师手持那些文件已有一个月的时间。因此，我认为盘问余下的部分是公平的。庭长阁下可以见到被告对此的反应。他想逃避为所有写过的文件负上责任，即使在他自己的证人史密夫（Smith）作供称他那神秘的病患已完全康复时，他也曾作书面更正。无论如何，我小心地避开不要引用那备受争议的篇幅——对他来说最致命的部分——力求对他公平。根据史密夫所述，他于9月记录证供时，身体感官一切正常。就此证供，于盘问时，我也谨守上述的做法。总之，虽然我就呈请书（证物G）上称葛洛佛上校不允许有任何更改一点指责被告，但我接受他改正证供的事实。我向被告展示曾被他大量更改的陈述，而他最终也为诽谤葛洛佛上校一事道歉。总的来说，庭长阁下会否认为有对被告不公的地方？为了加强确保这事情不能发生，于本结案陈词，我没有引用过4月的陈述书（证物K）以及9月的原文（证物H）中的任何一项。

对于盘问时提出的、未经验证的证供，辩方经常都会反驳对其不利的条件。于本结案陈词，我一直避免引用那些陈述中的任何一项；而且，控方没有依靠那些陈述中的任何一项或任何一项的任何部分——虽然我们有权这样做。这些证供除了提供很多额外的佐证外，别无其他。我提出的全部数据也没有把那些计算在内，而如果庭长阁下愿意，您可以跳过那些证据而直接判决。原因是这事件实在很鲜明。本案没有任何细微处要斟酌。控方欢迎庭长阁下验证以下任何一个论点：

（一）宪兵队于香港市民身上，犯下了一连串使人极为悲痛的罪行。

（二）被告对这些罪行知情，而他身在其位，毋庸置疑，必须阻止这些罪行。

（三）被告没有阻止，因他没有履行职责而为居民带来最大的灾害。

假如超越所有合理疑点，以上的论点都不能说服庭长阁下，那被告必须被判无罪。

最后，请记住此人的资历与此相呼应的重责；记住他曾有独一无二的机会，在军队内外接受训练和教育；被告能够有机会观察到另一种生活方式，就是那种常被形容为英式和美式的生活——虽然这是一个陈腔滥调的说法，但确实有其意义。

庭长阁下可以指望他会把自身宝贵的经验带到香港，而他也能轻易地因此为居民带来更多福祉。

被告在这个穷乡僻壤已有三年之久。有多少位曾留在这样一个地方的高级军官，拥有这样的机会？

有关法庭判处的刑罚，可从三方面作考虑。第一，庭长阁下的惩处应能阻止被告于其他类似的情况，施行类似的政策。第二，也许是最重要的一点，就是要告诉未来有机会变成野间的人以及如他般有才能的初生之犊，在类似的情况下，像被告一样的行为会带来怎样的下场。所以，惩处必须具备极高的阻吓性。第三是要复仇——要还以愤恨的社会大众一个公道。除非身处于无政府状态，在成立适当的法庭前，受苦的人民也无从表达其屈怨。如果真的激起民怨，那么合乎公义的复仇绝对需要庭长阁下的特权，而现在是展现的时候。

译注

1　油麻地，香港地名。——编者注
2　原文为 Choy Ching Cheung。根据其他法庭资料，证人名字应为 Choy Hing Cheung。

第六章

牛山幸男的审判

军事法庭记录表

被告：（一）牛山幸男大尉

（二）石山觉卫曹长

（三）森野作藏曹长

（四）松山弘曹长

以上大日本帝国陆军由东根德郡兵军团第二营押解。

审讯地点及时间：香港　1947年7月7、8、9、10、16、17、18、19、21、22、30、31日以及8月1、2、5、11、12日。

召开法庭者：驻港陆军司令

庭长：威特中校　隶属：情报部队

法庭成员：奇利和夫少校　隶属：皇家炮兵团

高尔利上尉　隶属：国王皇家来复枪队

指控：犯战争罪。在1941年12月30日至1945年2月17日期间，被告牛山大尉身为香港岛西地区宪兵部队长，而其余被告则是上述宪兵部职员，于香港违反战争法律及惯例。他们与虐待被拘留在上述宪兵部的人士一事有关，导致部分人死亡，并对其他人造成肉体痛苦。

答辩：每名被告均以无罪答辩

裁决：第一、二、三被告有罪

第四被告无罪

判刑：第一被告：绞刑

第二被告：监禁十五年

第三被告：监禁六年

日期：1947年8月12日

确认判刑：驻港陆军司令　日期1947年10月9日

公布日期：1947年10月13日

备注：第一被告之绞刑须于1947年10月21日执行。

呈交庭审纪录：致英国远东陆军总部第三副官　日期：1947年11月13日

陆军军法署　日期：1947年11月23日

英国远东陆军军法署副署长

案件编号：65248　JAG

控方开案陈词

庭长阁下，四名被告共同被控以一项控罪，指他们在1941年12月30日至1945年2月17日期间，与虐待被羁押在香港岛西地区宪兵部的囚犯有关，导致部分人士死亡和对其他人造成肉体创伤。

我们可以有把握地说，这宗案件不论在法律层面还是事实层面都没有新颖的特点。就控罪指出的虐待事件，控方会提出大量证据。事实上，虐待事件邪恶的性质——与军事法庭不时审理的其他宪兵队案件都很相似——相似得令人感到悲痛。

首被告是牛山大尉，于1941年12月30日至1945年2月17日期间，为香港岛西地区宪兵部队长。次被告是石山曹长，于1941年12月30日至1945年2月期间，为香港岛西地区宪兵部职员。第三被告是森野曹长，大约于1944年5月14日至1945年2月期间，为香港岛西地区宪兵部特高班班长。第四被告是松山曹长，于1942年3月20日加入香港岛西地区宪兵部，直至1945年2月。

在控罪提及的时段，香港岛西地区宪兵部位处大阪商船株式会社内。其后，他们分两个阶段，搬往战前的中央警署。第一阶段大约是1942年1月的第一个星期，第二阶段大约是同年2月的第三个星期。

中央警署内，有一座监狱名叫域多利监狱。香港岛西地区宪兵部把监狱的其中一部分用作拘留所，而这拘留所也就在他们的管辖范围之内。

关于第一被告牛山大尉，由于他在案发时段手握指挥权，因此，请庭长阁下更严格地审查他的行为，以判断他要为其下属的违法行为负多少责任。我认为假如庭长阁下问自己以下其中一条问题，您便能够更仔细地分析整件事情：

一、牛山有否发起或下令要对被羁押囚犯作出违法行为？

二、他有否默许、纵容该等行为，或对此知情，但没有加以阻止？

显然地，假如能证实牛山曾发动、下令要执行虐待事件，又或是假如他对此等行为知情，但默许这些罪行或没有采取适当措施，阻止违法行为持续肆虐，他就要为此负责。

根据所有将会呈上庭长阁下的证据，请法庭考虑被告牛山应否被判有罪，因为证据显示他不是直接与虐待事件有关，就是纵容该等行为，纵容程度足以使法庭在排除合理疑点后，判定被告与控罪有关。

关于其余三名被告，他们积极虐待被羁押囚犯，也是显而易见的事实。

有关控罪指称的虐待事件，庭长阁下会听到证人谈起长期遭受的肆意殴打，不人道的"水刑"和"飞行"或"吊飞机刑"；宪兵无情地处决囚犯，臭名远播；他们蓄意把人饿死以及将人安置于污秽得无法形容的居住环境，卫生条件极其恶劣。所有这些虐待事件的总和不仅令部分人屈服并死亡；也迫使一些人选择自杀，视之为逃避痛苦的唯一方法；至于其他努力挣扎求存的人，将会叙述他们如梦魇般的经历。

最后是有关控方证据。控方只会提出经过筛选的证人的证供，而这些证供覆盖控罪列明的不同时段；就犯罪而言，不论是一次还是多次，都是犯罪，应受到司法审判和制裁。我认为庭长阁下可根据现有证据，考虑四名被告是否曾一同参与执行这个可耻的运作制度，而这个制度来自一个臭名昭著的组织，即香港岛西地区宪兵部。

控方第八证人叶碧云的庭上证供

控方讯问

问：你会说英语吗？

答：会。

问：你叫什么名字？

答：叶碧云。

问：你的国籍是什么？

答：中国。

问：你的住址在哪里？

答：你指现在？

问：对。

答：轩尼诗道一六六号。

问：你在战前的职业是什么？

答：我是香港大学医学院的学生。

问：你有否加入任何军队？

答：有。

问：什么军队？

答：我是香港义勇防卫军成员。

问：此地向日本投降后，你发生了什么事？

答：投降后，我被关押在深水埗战俘营。

问：你被拘留了多久？

答：我被关在那里略略超过九个月。

问：之后，你有否曾被日本人逮捕？

答：有。

问：你能否记得是哪一天？

答：我记得。

问：哪一天？

答：1943年10月20日。

问：你被拘留在哪里？

答：我被拘留在香港岛西地区宪兵部，就是现在的域多利监狱。

问：你留在那里多久？

答：我留在那里总共十九天。

问：你有否被审问？

答：有。

问：谁审问你？

答：一名日本人，他的名字以中文读出就是石井（音译：Shek Cheng）。

问：你总共被审问了多少次？

答：我被审问了两次。

问：你知道石井的日语读音吗？

答：我记得是读作"Ishii"。

问：审问时，你受到怎样的对待？

答：我被带进去的时候，该日本人就叫我用双手举起椅子。过程中，每一次我的手一垂下来，他就会用皮带抽打我。这过程持续了约十分钟，接着我就被他用脚踢。踢完了，我就被带到另一受刑房间。在那房间内，我被下令站在一张凳子上面。他先用绳子的一端把我的双手绑在背后，然后把凳子踢开，让我在半空悬荡着。他将我推来推去，我就像是钟摆般（摇晃），同时他也用拳头打我。过了三十至三十五分钟，他问了我几个问题。关于那些住在梅堂的男生，他说我知道的事非常多。梅堂就是香港大学一间宿舍。

问：你可否只集中提及你在日本人手上时所受的虐待？之后发生了什么事？

答：这持续了大约三十五分钟。最后我被放下来，留在地上。该名日本人和传译员——我相信是台湾人——开始踢我。接着他们问我感觉如何，要不要水喝，并恐吓要给我喝水。我知道给我喝水就是要对我施水刑。可是，他没有对我施水刑，反而把我送回牢房。翌日，就是1943年10月9日，我又被带走接受审问。这次，我没有遭受任何虐待，但在1943年11月2日，我再被带走。这次，我被命令躺在床上，然后他便用绳子把我绑在凳子上。他用尽一切方法恐吓我，要我说话，最后他带我到洗手间。洗手间内还有他的两名助手。这两名助手都是华人，其中一人抓紧我的脚，另一人则拿着一满碗的水。那日本人用毛巾盖着我的脸，而那名拿着碗的华人开始往毛巾上倒水。水倒下来的时候，我有窒息的感觉，换句话说，我不能呼吸。

问：你什么时候获释？

答：我在1943年11月8日获释。

问：你获释时，健康情况如何？

答：我很虚弱，而事实上，我全身都很疼。

问：当你被拘留在那里时，你获发什么食物？

答：当我被拘留时，我每天获发两个饭团。

问：白饭的分量大约有多少？

答：我说不出分量有多少，但饭团大约比网球小一点。

问：你还有得到其他食粮吗？

答：除了水之外，什么也没有。

问：你能使用怎样的冲洗设备？

答：当我被拘留时，我并没有任何机会冲洗身体。

问：你被囚在怎样的牢房内？

答：我被关在非常狭小的牢房，地上还有很多蛆虫。

问：你获发怎样的床铺？

答：我有一张救护担架和毯子。

问：毯子是怎样的？

答：上面全是小虫和虱子。

问：你知道是否有其他前香港义勇防卫军成员被捕？

答：我知道有。

问：你记得他们的名字吗？

答：我记得。

问：如果你知道他们的名字，可否尝试说出其中数人的名字？

答：冼碧豪、李孝方（音译：Lee How Fong）、郑美轩（音译：Cheng Mee Hin）、容佐治（音译：George Yung）和廖学宜（音译：Liao Hok Yee）。

问：他们在何时被捕？

答：我不记得是什么月份，但肯定是在1943年。

问：你知道他们被关在哪里吗？

答：他们被带到现在的域多利监狱。

问：你知道他们有什么下场？

答：其中一人，冼碧豪因脚气病死亡。

问：你知道他大概的死亡日期或月份吗？

答：不知道。

问：你知道他在哪一年死亡吗？

答：1943年。

问：你说他在牢房死亡，是指哪一个牢房？

答：我是指域多利监狱。

问：其他人怎样？你知道任何关于他们的事吗？

答：我不知道，截至现在，我没有听说过任何有关他们的事。

问：你可否看一看席内四名被告，然后告诉法庭，你被拘留在中央警署时，有否见过他们？

答：没有，我想应该没有。

检控官：庭长阁下，我没有其他问题。

辩方盘问

问：你说你被一名日文名叫"Ishii"，中文名叫石井的人虐待。如果你再看到他，能否将他认出？

答：我当然可以。

问：他有多高？

答：大约五英尺。

问：你说香港义勇防卫军的冼碧豪死了。你怎么知道这事？

答：是柴艾利（音译：Chai Ai-lee）医生私下告诉我们的。

问：他在哪里私下告诉你？

答：他透过余医生（音译：Dr. K.C. Yu）告诉我们。

问：他在哪里告诉你？

答：他在防疫局告诉我们。

问：防疫局在哪里？

答：消防局一楼。

问：消防局在哪里？

答：就在中央市场对面。

问：你提及审问期间被施行水刑。那个设施在审问室里面还是外面？

答：这个设施与酷刑室连接起来。

问：两个房间中间有没有分隔，或是你口中的酷刑室就是审问室？

检控官：庭长阁下，我认为证人与辩方律师产生误会了。证人没有片言只字提及过审问室。

庭长：你最好简化你的问题，不要一题多问。

问：你说你在浴室接受水刑。浴室是否在审问室旁边？

答：对，是的。

问：浴室有多宽？

答：我说不清有多宽。那是一个小浴室。

问：它的尺寸大约是多少？

答：你可以想象，如果我背靠地面躺着，至少一定有六英尺长，四英尺宽。

辩方律师：庭长阁下，我已完成盘问。

控方不再覆问。

庭长提问

问：你回忆起有关审讯的事情。你可否再次告诉法庭你第二次被审问的日期？

答：那是在1943年10月9日。

庭长：有没有任何问题提出？

检控官：没有，庭长阁下。

庭长：村田先生（Mr. Murata）？

辩方律师：没有，庭长阁下。

控方第二十证人陆冠春的庭上证供

控方讯问

问：你的名字是？

答：陆冠春。

问：你的国籍？

答：中国。

问：你住在哪里？

答：乍畏街[1]七十六号。

问：这条街道位于哪个市镇？

答：香港。

问：你的工作？

答：现在的工作？

问：对，现在的工作？

答：（我）在邮政总局工作。

问：1944年6月期间，你在何处？

答：我在中央警署。

问：你在什么时候被带到中央警署？

答：5月17日。

问：哪一年？

答：1944年。

问：当天之前你身在何处？

答：我在香港。

问：如你所说，你在5月17日被带到中央警署前，你已经在香港多久？

答：半个月。

问：在此之前，你在哪里？

答：我本来就在香港。

问：你说你被带到中央警署的半个月前来到香港。你从哪里来？

答：我从曲江来到香港。

问：我希望你了解到这与你在战时的活动有关，尝试回想日子和月份，越接近越好。

答：战争爆发时我在香港，然后我去了内地，后来又回到香港。

问：你可否再次回想，你在哪个月从内地回到香港？

答：我在1944年3月从韶关回到香港。

问：你被关押在中央警署多久？

答：三个月多一点，除去我被关押在赤柱的日子。

问：我希望你专注在中央警署的那段日子。你为什么会在中央警署。你在那里做什么？

答：我被指控为一名间谍。

问：现在，你被扣押在中央警署期间曾否被审问？

答：有，曾经。

问：多少次？

答：很多次。

问：那么，谁先审问你？

答：石井。

问：你在审问期间被怎样对待？

答：我遭受了很多次由他主使的虐待——殴打、水刑以及"吊飞机"刑。

问：你被扣押在中央警署期间，曾被这样虐待多少次？

答：我曾接受四次水刑和三次"吊飞机"刑，以及很多次殴打和鞭打。

问：这些虐待和殴打对你的体能和健康造成了什么影响？

答：即使到了现在我的身体也不好，我的记忆力也变得很差。

问：你现在健康欠佳的原因是？

答：我在那个岁数应该是发育阶段，但或许由于我曾被虐打和遭到其他虐待对待，我认为我已经遭受内伤。

问：现在你的年龄是？

答：二十四。

问：与英国重新占领这片地方时相比，你现在的健康状况有什么分别吗？

答：没有太大分别。

问：当你被扣押在中央警署时，你是否曾在那里见到朋友或认识的人？

答：是，我见到了。

问：你记得他们的名字吗？

答：我记得。

问：你可否说出他们的名字？

答：黎新培（音译：Lai Sun Pui）和周文光。

问：先停一停。关于此人，周文光，你看到他多少次？

答：数次。

问：你知道周文光在中央警署遭受了怎么样的对待吗？

答：我知道。我（亲眼）见过。

问：你可否概括地告诉法庭，你看到了什么？

答：在我被石山审问之前，他为了恐吓我，带我去看一些执行酷刑的过程。因此，我看到他。

问：好吧，关于周文光，你可否告诉法庭，你看到什么？

答：他被绑在椅子上承受着火刑，就是将一根烧热的拨火棒烙在他的皮肤上。

庭长：唐先生（音译：Mr. Tong），作为传译员，理解比文字重要。你肯定这是证人想表达的意思？

书记：庭长阁下，我已尽所能传译，这是我可以做到的事。

检控官：庭长阁下，我会再次带出这一点。

问：这根烧红了的拨火棒是烙在谁的皮肤上？

答：周文光。

问：它是怎样烙在皮肤上，怎样可以将这枝烧热的拨火棒烙在皮肤上？

答：这枝拨火棒是用电炉加热的，待它烧热了，就被放在这人的皮肤上。

问：你确实看见整个过程，对不对？

答：他只展示了这场面一会儿，不准我看太久。

问：好吧，你可否告诉法庭，当你朋友遭受如此对待时，有没有任何日本人在场？

答：是的，有日本人在场。

问：好的，如果你再看到他们，你能否辨认出其中任何一人或全部人？

答：能，我可以把他们认出来。

问：你记得你看到的那些日本人当中任何人的名字？

答：是的，我能想起来。

问：你可以说几个吗？

答：石井（Ishii）、牛山（Ushiyama）、松山（Matsuyama）、田村（Tamura）、家入（Ieyea[2]）。

问：你说你记得牛山和松山，对吗？

答：是的。

问：现在，你可否环顾法庭，看看松山是否在场？

答：对，他在。

问：你可否离开座位并触碰松山的肩膀？

证人在被告席上认出被告松山。

问：清楚告诉法庭，松山这个人是做什么的？

· 247 ·

答：那时候他是宪兵军曹。

问：等等。你告诉法庭你看见朋友周文光被虐待，是吗？

答：对。

问：同时你也告诉法庭，你朋友被虐待时松山在场，对吗？

答：那时候我不认识松山。

问：我的问题是，当你看见你的朋友周文光被虐待时，那里有没有日本人在场？

答：那时候我不认识松山。

问：我不是问你认不认识。当你看到你的朋友被虐待时，他是否在场？庭长阁下，我可否更改发问形式？这或许有提示性。当你看见你的朋友被虐待时，松山在哪里？

答：我不知道。

问：让我们把这一点弄清楚，陆冠春。你说你看见你的朋友周文光在中央警署被人虐待？

答：对，我看见他被烧炙，接着我就被带走了。

问：现在，你可知道谁对你的朋友施行这个酷刑？

答：我没看清楚。

问：你曾告诉法庭你认识松山，并在法庭内认出松山？

答：对。

问：概括地告诉法庭，你在什么情况下看见他？

答：那是在我招供以后。他过来把门打开，叫我与其他朋友见面，游说他们招供。

问：你希望告诉法庭关于松山的事情就是那么多？

答：松山没有殴打我，他没有对我做任何事。

问：你还知道什么与松山有关的事？

答：我有些朋友曾被他审问，并被斩首。

问：你如何知道你的朋友曾被松山审问？

答：当我们被带到赤柱后，我们获准做运动，即上午和下午各自散步一次，我们可以各自秘密交谈。

问：你能否告诉法庭松山是怎样审问你的朋友的？他怎样对待他们的？

答：我的朋友说他们被毒打，以及遭到水刑和"吊飞机"刑对待。

问：现在，你在之前的证供提及了牛山这个人。你可否环顾法庭，看看这人是否在场？

答：是的，他在。

问：你可否离开座位并向法庭指出牛山？

证人认出在被告席上的被告牛山。

问：你曾看见他多少次？

答：两次。

问：你在什么情况下看见他？

答：当我被石井审问时，他来了，我觉得他是来检查一下的。当石井看见他后立刻起立向他敬礼，并与他交谈了一会儿。

问：那一次你在哪里被审问？

答：中央警署。

问：我知道，但中央警署的哪一部分？接着你在哪里？

答：在"B"厅下面。

问：牛山大尉在什么时候前来观看审问？

答：大约下午三点。

问：牛山来访时，石井以什么方式对待你？

答：我被审问，跪在地上。

问：你能否告诉法庭，你在审问室内跪下而牛山来访的那段时间间，房内有什么可用的东西？

答：那里有绳子、鞭子。

问：那是第一次的情况。那么第二次？

答：那时候他正在巡查牢房。

问：什么时间？

答：下午2点到4点。

问：你的牢房在他探访之际情况如何？

答：非常肮脏。

控方律师：庭长阁下，我没有其他问题。

辩方盘问

问：昨天你在证供中提及看到周文光被人用烧热了的拨火棒虐待。那是什么时候的事？

答：1944年5月18日。

问：我记得你昨天提及曾在军事法庭上被审讯？

答：我昨天没有说过。

问：你曾提及你被送到赤柱？

答：是的。

问：你是在被送到赤柱之前还是之后在军事法庭上被审讯？

答：对，我是。

问：你知道周文光同样被送到军事法庭进行审讯吗？

答：知道，我们是一起的。

问：你知道周文光在军事法庭的判刑吗？

答：他被判死刑。

问：你说周文光被判死刑，但你可知道判刑有否执行？

答：死刑执行了。

问：另一个问题，回到拨火棒的讨论。你昨天曾提及周文光被绑在椅子上并被人用烧热了的拨火棒虐待，当时牛山也在场，是否正确？

答：我没有说过。

问：那我可以理解为你被带到虐待室时，牛山并不在场？

答：我不知道房内的人是谁。那时候我不认识牛山。

问：再一次我希望弄清楚这一点。我可以理解为当时你并不清楚牛山是否在房间内？

答：我不肯定。

辩方律师：庭长阁下，我已经完成盘问。

控方不再覆问。

庭长提问

问：你可记得曾在证供中提及当你招供后，牛山来到你的牢房？

答：对。

问：那是在你看见你的朋友周文光被虐待之前还是之后的事？

答：之后的事情。

问：牛山在你招供后来到你的牢房，在此之前你有否见过他？

答：那是我第一次看见他。

问：你的朋友周文光被审问时，（日本人）曾使用过拨火棒或热铁棒，你可记得当时房间内有多少人，他们是谁，以及国籍是什么？

答：房间内有三名军曹以及一名传译员。我不知道他们的名字。

问：你知道他们的国籍？

答：日本。

庭长：有没有问题提出，黎少校？

检控官：没有，庭长阁下。

庭长：村田先生？

辩方律师：我希望透过法庭，询问证人被捕的日期以及谁前来将他拘捕。

辩方律师经庭长提问。

庭长：法庭估计该点已作讨论。

检控官：证人已经回答了那条问题，庭长阁下，在文稿第128页。日期是1944年5月17日。

庭长：日期已经提供了。如果辩方希望询问谁作出逮捕，法庭将会批准发问。证人可以回答。

证人：石井。

辩方律师：证人是指石井前来将他逮捕？

庭长：这是他所说的。

辩方律师：还有没有其他人与石井一同前来逮捕？

庭长：证人可以被问及谁将他逮捕，人数有多少以及他们的身份。

证人：总共有三人前来将我逮捕。石井和另外两名为宪兵部特高班工作的华人。

辩方律师：我可否透过法庭询问他曾否就本案给予任何陈述？

庭长：可以提问。

证人：有。

辩方律师：他是否记得大约的日期？

庭长：证人可以回答。

证人：1945年10月。

辩方律师：我可否获得法庭批准以取得该证供中有关他被捕的部分，并交由传译员朗读一遍。

庭长：是的，法庭准许这样做。

传译员（朗读）：1944年7月17日，我在香港乍畏街七十六号被两名日本宪兵部特高班华人成员，李有兴（音译：Lee Yau Hing）以及叶威（音译：Ip Wai）逮捕，并被带到中央警署。

庭长：村田先生，你认为这段摘录与你的案件有关？

辩方律师：我认为证人在这里提及的被捕日期以及前来逮捕的人士前后矛盾。

庭长：对于已给予的证供，你认为这对本案被告具有重要性？

辩方律师：我认为证人在法庭提供的证据与他早前作出的陈述有所出入，这对于证人是否可信有非常大的影响。

检控官：我可否提个建议，庭长阁下，由于这部分证供已经向证人朗读，或许他能够就着证供作出一些解释，法庭是否批准？

庭长：法庭认为已在这一点上花费过多时间以及关注。村田先生，你是否希望跟进这一点并提出一条跟进问题？

辩方律师：我没有其他跟进问题，但我希望在这里指出一点，就是透过指出证人陈述日期和逮捕行动时前后出现矛盾，以显示证人就目击虐待发生所作的证供并不有力和可靠。

检控官：我真的认为，庭长阁下，由于这份证供摘录已经提出并记录在案，证人或许可以作出一个解释？

庭长：如果顾问官认为这是可取的，该份文件可以用正规方式处理。

检控官：如果法庭希望的话。谢谢。

庭长：向证人展示文件，村田先生。

顾问官：不好意思，庭长阁下，这只是一份副本，不是原件。

庭长：的确，但证人应该可以确认。

庭长（向证人）：你可否确认这份文件是你在早前所作证供的一份副本？你可否确认这份文件，不要逐字阅读，并就辩方律师所引用的证供予以赞同？

证人：我可以确认。

庭长：你是否同意辩方律师朗读的那部分证供是准确的？

证人：是准确的。

庭长：你可否告诉法庭为何刚才选读的部分证供与你今天于法庭上所作的陈述有所出入？这是法庭希望弄清楚的。

证人：因为我曾被日军虐待，我的记忆力变差了。

庭长：你在什么时候作出这份证供，即你现在看的那份副本？

证人：1945年9月24日。

辩方律师：庭长阁下，我没有其他问题。

控方结案陈词

庭长阁下，经过颇长时间的审讯，现在是时候根据证据提出的争论点作出判决。在您面前的四名被告在1941年12月30日至1945年2月17日期间，违反战争法规及惯例，参与虐待被羁押在香港岛西地区宪兵部的人士，导致部分人死亡，并对其他人造成肉体伤害，因而被提审。对于在控罪时期，四名被告曾于某个时候身在香港岛西地区宪兵部一事，辩方并没有予以反驳。在整段控罪时期，牛山大尉一直担任队长一职。石山曹长于1941年12月30日至大约1945年2月中旬，担任宪兵部职员。森野曹长大约于1944年5月中旬至1945年2月间，担任特高班班长。松山曹长大约于1942年3月20日至1945年2月间担任宪兵部职员。

有关牛山，至今真正需要处理的争论点，也就是辩方强烈反驳的，是香港岛西地区宪兵部内到底有否发生虐待被羁押囚犯的事件。如果有，到底牛山是否违法牵涉其中？控罪内"牵涉"一词，意味着牛山在西地区宪兵部拥有较高级的职位与军阶。事实上，他指挥所有宪兵队队员，因此毫无疑问地，他需要为他们的行动负责。当牛山的下属做出指称中的违法行为，即经常对囚犯施以虐待和酷刑时，那么显然地，他就可被视为与这些罪行有关，因而被控。控罪提到违犯战争法规及惯例的个案，全都是由牛山的下属于控罪时期，在香港岛西地区宪兵部犯下的。因此，法庭需要决定的是：一名高级指挥官须为其下属的行为承担多少责任。

在审讯开始时，我假定了两条问题，让庭长阁下考虑：

（一）牛山有否发起或下令要对被羁押囚犯作出犯罪行为？

（二）他有否默许、纵容这类行为，或对此知情，却没有加以阻止？

假如被告牛山曾下令要执行这些犯罪行为；又或是假如他对此类行为知情，却默许这些罪行或没有采取恰当措施以阻止罪行持续肆虐，那他就要为已证实的虐待事件负责。因此，庭长阁下真正需要判决的一点，就是到底牛山有否保持积极的态度，关注这些违犯战争法规及惯例的事件，但没有加以阻止？

当考虑指控牛山的控罪时，基于他是香港岛西地区宪兵部队长，我大胆提议庭长阁下不仅要考虑牛山的不作为错误，也要考虑他那较明显的错犯以及因此而要负上的刑事责任。关于本案，庭长和各位法庭成员都十分熟悉相关法律。在"山下奉文案"（Re Yamashita）中，美国首席大法官斯通（Stone）读出多数判决时说："这些规定（指在各种国际会议订立的）清楚地表明上诉人（山下）应在其权限范围内，并针对特定情势，合理地采取保护战俘和平民措施的确定责任。有天山下身负指挥官的职责，在此之前已获承认；未履行责任者，当受我们自己的军事法庭惩处。"[3]

关于另外三名被告——石山、森野和松山，牵涉的争论点在于他们到底有否如控罪指称，亲自虐待、折磨囚犯？若经证实，到底牛山作为香港岛西地区宪兵部队长，在其整体责任范围内，是否也需要承担刑事责任？

如果可以的话，我希望可以在概括地评论证供前，先提出一两项观察。庭长阁下曾观察出庭证人——包括控辩双方行为举止。除此以外，关于他们在庭上描述的内容也能够帮助庭长阁下评估证供的准确性。我认为当听到有互相矛盾的陈述时，您需要决定要相信哪一个人。当你认为一名证人的陈述前后矛盾，而拒绝相信某部分证供，那么站在法律观点上，如果您不相信部分证供，就有权视整份证供为已变质，予以不信任。庭长阁下曾巡视过位于大阪邮船株式会社以及中央警署的香港岛西地区宪兵部。您也曾到访赤柱泳滩。这些视察活动必定能协助您更加了解有关事件的案发日期和地点，证人也曾叙述过这些信息。

审讯之初，我曾提及根据控罪列明的案发时段，控方证供是经过筛选的。控方证供显示的并不只是独立的虐待事件。相反，控方证供能够反映出牛山于任内有多臭名昭著，而这也成为其管理的特点。[4]

由于四名被告的控罪要旨是虐待——没有一个文明社会会赞同这种做法，我只能够根据在香港岛西地区宪兵总部发生的虐待事件，依照其类型和性质，将证据分类。

审问

于控罪涵盖的案发时段内，控方证人曾被羁押。他们在香港西地区宪兵部受审，而审问的最主要目的就是迫使他们认罪。辩方承认审问期间，疑犯会在宪兵队能够收集的证据面前，接受当面对质，这些证据就是要使疑犯认罪。审问总是耗时甚长，证据显示审讯会分散在许多天或星期内进行。松山形容他审问周文光（音译：Chow Man Kwong）的情况，这并非无关痛痒的证供。我引用他在第249页中间的话语——他说："就我记忆所知，由我进行的审问维持了二十二至二十三天。"接着在第251页说："就我记忆所知，我每天最长会用六至七小时进行审问，但有时只会用三十至四十分钟。"从第261页记录的结果来看，松山说周文光最终认罪了。

虐待与酷刑

事实上，审问和疑犯遭受的残暴对待是紧紧相连、不能分割的。控方认为一个残暴的组织，如宪兵队，试图作迅速反应，并准备好对任何潜在的疑犯采取"快速行动"，因此使用暴力和严刑逼供并不少见。控方已掌握多种证据以指控四名被告，因此我现在只需扼要地重述要点。

布殊金子（Kaneko Bush）在已经宣誓的陈述书说到，被逮捕后她先被押至大阪商船株式会社，其后又到中央警署时，看见他们用尽各种不同的方式折磨囚犯，尤其是石山，他殴打囚犯并扭弯华人囚犯的手

· 256 ·

指；有一次，她看见石山把两名华人的头发绑在一起，当时牛山经过现场，却未有加以阻止。她还提到有一次吃晚餐的时候，听到有人报告牢房人满为患，牛山便说："把他们的头砍下来。"控方认为庭长阁下相信布殊金子的陈述与否，对判决牛山有罪还是无罪是非常重要的。

除了同案被告，曾在牛山其他部属手上经历各种酷刑的其他证人有：周（音译：Chaun）医生、叶碧云（音译：Yip Pit Wan）、车士打·宾尼夫人（Mrs. Chester Bennet）、奥马尔（Omar）、黎宗耀（音译：Lai Chung Yiu）、亚伦·兰道（Aaron Landau）、埃米尔·兰道（Emil Landau）、兰道夫人、李陶乐丝（Dorothy Lee）、邓启荣（音译：Tang Kai Wing）、打笠治（Dorabajee）夫人、吴勤（音译：Ng Kan）、叶兰丝（Nancy Yip）小姐和陆冠春（音译：Luk Koon Chun）。他们的证供并没有被反驳，而证供之间，也互相佐证了绝大部分内容。拉姆拿（Ramler）医生作供指他被囚禁在香港岛西地区宪兵部期间，曾寻求并获发特权，以治疗营养不良的、负伤的、有瘀伤的和指甲被扯断的囚犯；他还听说过囚犯被殴打，特别是埃米尔·兰道和兰道夫人，他们曾受酷刑。

除了布殊金子外，蔡德（音译：Choy Tak）作供时，也特别指称石山曾殴打和折磨囚犯；他和侄子蔡排（音译：Choy Pai）被严重虐打，后来花了好一笔金钱才能赎回自由。谭财（音译：Tam Choi）作供指石山在审问时，大肆虐待囚犯，并参与全部声名狼藉的酷刑。曾培福（音译：Tseng Pei Fu）作供指石山殴打年届六十岁的方抱齐（音译：Fong Pau Chai）；另一名囚犯高庭芳（音译：Ko Ting Fong）则被传译员殴打，而当时石山在现场。关于森野，黎宗耀作供指他有时被叫去当传译员，（他目睹）森野殴打施格利（Shrigley），而所有迫使施格利自杀的酷刑都是由森野下令执行的。黎宗耀还作供指有一次，森野出席埃米尔·兰道的审问，森野用烟头烧兰道的胡子。关于松山，庞秀英（音译：Pong Sau Ying），即周文光的遗孀，作供指在丈夫被逮捕后，松山曾到她家搜查。黎宗耀说他看到松山向周文光施水刑，而陆冠春目击周文光在香港岛西地区宪兵部被人用灼热的拨火棒烧灸。这名证人，陆冠春，再进一步作供指他的朋友被捕后，被羁押在香港岛西地区宪兵部，期间被松山严重虐打和施水刑。

全部四名被告在证人席作供时，否认曾有殴打和酷刑事件发生，也否认对这些事件知情。庭长阁下手上有他们这样的证供，值得您作考虑。牛山说他很忙，且人手不足。虽然如此，他作供指他信任所有高级职员，包括另外三名被告；他们享受着牛山对他们的这份信任，而从来没有对之滥用。关于森野，虽然森野否认曾在香港岛西地区宪兵总部参与任何审问环节，但是牛山指在他审问疑犯的时候，他（森野）是公正的。牛山再作供指尽管下属经验丰富又值得信赖，但他曾警告他们应要有礼貌、温和地审问疑犯。牛山以司令的身份发出这警告。他的三名主要下属，即另外三名被告，对于当时的状况为何会迫使牛山发出这警告，有不同的描述；他们的证供都不是毫无用处的。石山说在第213页上写有指示："善待疑犯，绝对不可虐待他们。如有违规，必受重罚。这些指示经常会被重申。"森野在第232页的证供是："指示说明每一个主理审问的人往往都会打人和踢人。这种审问方法是最没有效率的……"松山在第248页作供指："警告的要旨大概如下：处理任何有关特高班的案件时，最重要就是先把证据集合，而在所有审问中，都要非常友善地对待任何一名疑犯。这样一来，每名疑犯得到仁慈、亲切的对待，从而主动招供；另外，要花点时间，不用急……"牛山知道他有责任确保他们以一种正确和恰当的方式来审问疑犯。这记录于第197页。为了强调他对负责执行全部审问的主要下属的信任，牛山作供指在整个任期内，他只曾看过审问疑犯的情况两次。关于这两次审问，引用他在第192页的话："在我第一次巡查时，没有进行任何审问；我记得我回到办公室，问坡本准尉在那时段前后，有否进行任何审问。第二次，我看到传译员大冢（Ohtsuka）带一名女囚犯去审问，并让她坐在椅子上。"可是，当法庭提问时，牛山在第200页上的证供却指出第一次巡查时，石山正在进行审问。关于这一点，庭长阁下或会记起陆冠春作供说在他受审时，牛山已经走进了审讯室，他被迫要下跪，而桌子上有绳索和鞭子。

石山一方面否认控方证人特别指明他曾虐待囚犯的说法，一方面承认曾以手掌或拳头殴打罪行较重的囚犯。至于轻率随意的殴打的原因，他说是出于对公义的自觉以及当下的兴奋，尽管他在盘问时曾否认了后者。

森野承认大约在1944年5月中旬至1945年2月期间担任特高班班长，但他在自愿提出的陈述书（证物F）中却说他当时是副班长。在审问施格利和埃米尔·兰道一事上，他既否认曾参与审问过程的任何一部分，还否认曾对他们施以虐待。可是，他承认有责任要确保特高班下属执行正确、恰当的审问。关于施格利的个案，您知道牛山的证供称尽管他曾下令不要逮捕施格利，施格利还是被逮捕了。森野也作供指他没有下令要逮捕施格利，但牛饲（Ushigai）和小美野（Komino）擅自把施格利逮捕，这是违例、非法的逮捕，因此森野训斥了他们二人。至于施格利的自杀原因——我现在引用第157页——以下是牛山的证供："施格利上尉早前被囚在九龙的深水埗宪兵部，当时他看见他认识的人被虐待致死，所以他宁愿自杀，也不愿受那样的折磨。他也说他身受脚气性心脏病之苦，非常虚弱。"森野在第233页的证供则指出："他（施格利）曾被捕至某宪兵部，而这次是他第二次被捕。他误以为他会再受酷刑。"牛山和森野二人坚决否认施格利曾在西地区宪兵部遭受过任何形式的酷刑，森野试图令庭长阁下相信，黎宗耀之所以提出有关施格利和埃米尔·兰道的证据来指证他，纯粹只是出于恶意，因为森野曾把黎宗耀的两名兄弟送去审讯，而他们之后都被处决了。森野继续讲述有关施格利的事情，说施格利被发现时受伤，并倒卧在木地板上——虽然庭长阁下在视察时，发现中央警署那栋所谓B座大楼，用的是水泥地板，而森野一抵达现场，便立即叫拉姆拿医生返回牢房，因为后者不获批准、授权照料受伤的施格利。

松山也否认曾虐待周文光，大概除了指他是关了门才进行审问，因此没有人能够目睹审问过程外，松山并没有解释为何控方证人黎宗耀会指证他。辩方传召大冢作证人，但他未能够描述松山在审问期间怎样处置疑犯，因为他（大冢）从未目击过任何一场审问。可是，我认为他们的行径是如出一辙的；在庭长阁下巡视中央警署时，辩方律师问松山，黎宗耀在哪里接受审问，松山的回答是他记得不太清楚——这记录在第148页——可是，在法庭上，松山却带着一张详细的草图，绘有黎宗耀被审问时所处房间的许多细节。

各样苦痛

接下来，我会讲述囚犯曾在香港岛西地区宪兵部承受的各样苦痛，例如：蓄意饿死囚犯的配粮分量以及污秽不堪的居住环境。控方证人承认囚犯只获发极少量的白饭。车士打·宾尼夫人和兰道夫妇被饿了整整一星期，作为他们不招供、不承认所谓的罪行的惩罚。牛山作供指根据规定，每名囚犯每天可获四百克白饭，但他从未亲自查过囚犯有否拿到他们应得的食物分量。辩方证人矢田贝，香港宪兵队高等法院总部副官，作供指："囚犯如没有拿到全部应得的食物配给，要承担最大责任的是西地区宪兵部队长，亦即是牛山。"

控方也有大量证据证明囚犯居住环境的卫生条件极为恶劣。囚犯连续数星期或数月不能洗澡，尽管牛山对此作出相反的陈述。然而，关于这一点，松山的证供非常重要；松山指出他批准周文光，就是他审问的人，使用冲洗设施等，但只限于审问期间；当周文光一认罪，他就立刻收回这个权利。

死亡

最后是有关囚犯死亡的证据，而控方认为，这些完全是非必要的事件，并且是蓄意使人死亡的个案。关于囚犯在西地区宪兵部所受的对待，假如庭长阁下相信控方对此的陈述，便可得知囚犯死亡是不可避免的。谭财作供指有五名警察被捕一事，石山也牵涉在内。其中一名警察叫曾牛（音译：Tsang Ngau），编号714，在被捕后一个月死亡。当棺木被抬出来时，他的尸首十分瘦小，看来像饿死的。谭财作供指还有很多人死亡。文扬（音译：Man Yeung）作供指屈芊仪（音译：Wat Chin Yee）被拘捕并被羁押在西地区宪兵部，二十天后他在那里死亡；被捕前，他老当益壮，精神饱满。叶碧云作供提及五名前香港义勇防卫军（Hong Kong Volunteer Defence Corps，原文缩写HKVDC）成员被捕一事。他说，其中一人叫冼碧豪（音译：Sim Beck Ho），因脚气病于西地区宪兵部病逝。据这名证人所述，他再也没有听说过有关余下四人的消息。曾培福就数名警察被捕一事作供，指被捕的其中两人分别是韩奔（音译：Hon Bun）和球（音译：Kau），他们二人在西地区宪兵部里饿死。显然，该证人提及的那两名警察与谭财作供指出的警察是一同被捕的。根据曾培福的证供，另外三名警察都死去；除他们以外，还有三十多人都死于西地区宪兵部，全都是饿死的。最后，奥马尔作供，讲述有五名华人在赤柱泳滩被肆意处决。他也在此清楚详细地叙述这场可怕的悲剧。

除了施格利外，牛山为自己辩护时否认西地区宪兵部曾发生囚犯死亡事件。可是他说在他任内，有大约一百人死亡，这些死去的人都是从街上逮捕回来的，被捕时他们已经死亡，或处于垂死状态。据石山所说，共有约三十人死亡。石山也否认西地区宪兵部职员曾将任何囚犯处决。

考虑牛山的控罪时，庭长阁下可以考虑一点，就是他住在西地区宪兵部大楼内，每天也至少跟下属一起共进一次主餐；我实在难以想象，牛山竟会对囚犯日复一日遭到虐待的事毫不知情。虽然牛山没有公然参与虐待囚犯，但假如庭长阁下相信布殊金子和陆冠春的证供，您便会明白牛山必定知道这些酷刑，他们每天都会在西地区宪兵部，把酷刑施在绝望、不幸的囚犯身上。另外，牛山曾经说过在他三年多的任期内，只视察过审问囚犯的过程两次，而且从来没有亲眼验证过囚犯有否获发日军规定的食物分量；基于他上述的陈述，庭长必须认同牛山有履行其"绝对责任",即国际法要求他保护平民和战俘的责任。假如庭长阁下真的认同,并得出结论,认为牛山不能够知悉其下属的虐囚行为,那牛山就应被判无罪。但是,根据庭上证据,牛山只以无知抗辩,声称自己对每天持续在西地区宪兵部里发生的虐待事件毫不知情;只反复坚称那里不存在任何虐待或酷刑;还有就是其下属不会施酷刑,我认为以上的申辩不会对牛山有利。

关于石山,我认为他已在庭上供认有罪,承认曾经殴打囚犯。假如庭长阁下认为控方证人是可信的,他们已证明石山滥用酷刑,喜欢怎样处置囚犯就怎样处置。

就森野和松山所牵涉的事件,假如庭长阁下认为控方证供不可靠,而对他们自己叙述的行为深信不疑,那么您便可判他们无罪。

最后,我认为本案确实如所有刑事案件一样,举证被告有罪的责任落在控方身上。控方已排除合理疑点,我恳请法庭把全部四名被告定罪。但假如庭长阁下有合理疑点,我恳请您把疑点利益归于任何一名或全部被告,并判决他们无罪。合理疑点,就如同您自己在一件极为重要的事上,作出一项重要的决定,足以影响大局。

译注

1 又称苏杭街。
2 原文出现拼音的差异,正确拼音应为"Ieiri"。
3 赵秉志、卢建平主编;王秀梅执行主编:《国际刑法评论》第5卷,北京:中国人民公安大学出版社,2010:495—540。
4 原文模糊不清,译者曾作适当补充。

第七章

平尾好雄的审判

军事法庭记录表

被告：大日本帝国陆军宪兵队平尾好雄少佐　由东根德郡军团第二营押解。

审讯地点及时间：香港　1947年9月4、5、6、8、9、10、11、12、13、15、16日；11月3、4、5、6、7、8、11、14日。

召开法庭者：驻港陆军司令

庭长：威特中校　　隶属：情报部队

法庭成员：奇利和夫少校　　隶属：皇家炮兵团

　　　　　高尔利上尉　　隶属：皇家来复枪队

指控：犯战争罪，被告在1943年9月8日至1945年8月15日期间，任大日本帝国陆军九龙宪兵队队长，在香港九龙违反战争法律及惯例。被告与其下属以非人道方式对待被拘禁于上述宪兵总部以及其他所属宪兵部的华人和其他平民一事有关，这些非人道行为包括杀害部分平民与虐待其他平民。

答辩：无罪答辩

裁决：有罪

刑罚：绞刑　日期：1947年11月14日

确认判刑：驻港陆军司令　日期：1948年2月13日

公布日期：1948年2月16日

备注：1948年2月24日　平尾好雄之绞刑于香港赤柱监狱执行。

呈交庭审纪录：致英国远东陆军总部第三副官　日期：1948年3月5日

　　　　　　陆军军法署　日期：1948年3月14日

　　　　　　英国远东陆军军法署副署长

案件编号：65291　　JAG

控方开案陈词

庭长阁下：

在您面前被提审的被告平尾好雄少佐，被控于1943年9月8日至1945年8月15日期间，与其下属非人道对待被羁押于九龙宪兵总部以及其他所属宪兵部的华人和其他平民一事有关。这些非人道对待被指包括杀害部分囚犯，以及虐待其他囚犯。

由1943年9月8日至1945年8月15日，平尾少佐为九龙宪兵队队长。当时，九龙宪兵总部位于战前的九龙巡理府。日军在九龙的不同地点成立了多个宪兵部，全部都由被告主理。九龙有一部分被命名为"新界"的地区，位于那里的宪兵部同样属于被告的管辖范围，直到1945年2月才由他人接管。

平尾少佐的办公室位于九龙巡理府的宪兵总部，那里也用作拘留疑犯。被告定期巡视管辖区内的宪兵部，并以电话与他们保持联络。

证据证明平尾少佐的部属不时逮捕市民。控罪指称的非人道对待是逮捕事件的必要伴随物，当中包括法庭熟知的暴力行为。更仔细而言，这些非人道对待包括水刑、电刑、"吊飞机"、凶狠的殴打、残暴的烧炙、无理处决以及卫生恶劣情况。控方认为这些非人道对待并不限于某一时段或某一地点。若不幸被被告旗下的宪兵逮捕，所有的人均会遭受如此对待。因为这些非人道行为引致死亡，或遭受极大苦痛，也是预料之中。

控方恳请庭长阁下基于稍后将会呈上的证据，判决被告是否有罪。证据证明他直接与这些暴力事件有关或默许这些行为，或是显示他没有采取适当措施阻止这些行为；或是反映出在被告整个管辖范围内，暴力行为实在太盛行，这足以说服庭长阁下相信这些行为都是出于一项政策，排除合理疑点，被告与指称控罪有关。

控方第九证人曾火彪的庭上证供

控方讯问

问：你会说英语？

答：不会。

问：你叫什么名字？

答：曾火彪。

问：你的国籍是？

答：中国人。

问：你住在哪里？

答：九龙弥敦道三一七号二楼。

问：你的职业？

答：我在进出口部（Import & Export Office）担任文员。

问：你曾被日本人逮捕？

答：对。

问：你可记得时间、日期、月份和年份？

答：1944年6月15日。

问：你可记得时间？

答：大约晚上9点。

问：谁将你逮捕？

答：一名穿便服的日本人以及两名穿便服的中国男子。

问：你知道这个穿便服的日本人来自哪里？

答：他来自九龙宪兵总部，名字是矢持。

问：你被逮捕后被送到哪里？

答：最初我被送到大埔宪兵部。

问：你被留在大埔宪兵部多长时间？

答：我被扣留了一晚。

问：你有否曾在大埔宪兵部被人审问？

答：是的，我曾经被审问。

问：你可否告诉法庭，在审问期间你被如何对待？

答：他们一开始指控我是地下间谍，当我否认后，他们对我施行水刑近半小时。

问：谁对你施行水刑？

答：水刑由那两名穿便服的华人执行，当时矢持亦在场。

问：你可否向法庭简述水刑是什么？

答：他们在地上摆放一条梯子，我被迫躺在梯上，四肢和身躯分别被四组手铐以及绳子绑在梯上。他们将我脚部被绑的位置倚在板凳上，以使我的头部被置于水龙头下，接着将一块布放在我脸上，然后打开水龙头。

问：你向法庭表示你被水刑虐待近半小时。受刑后你的情况怎样？

答：水刑持续至我失去知觉为止。当我醒来后，他们再次审问我。当我否认指控，他们就又对我施水刑，如此重复约三小时。当我否认指控时，我亦会被殴打。他们见我一直不认罪，才决定这一天到此为止。

问：现在，你可否告诉法庭他们用什么打你？

答：房间内有很多铁条和木棒。我被他们用一根约有我小指那么粗的铁条殴打。

问：用你的手指展示大小。

答：约这么长。

法庭估计直径约三分之一英寸，二点五英尺长。

答（续）：他们还用一根木棒打我；打了一段时间之后就盘问我，然后又再接着打，他们有时候还会打开水龙头。

问：你在接受近三小时的酷刑后身体状况如何？

答：他们持续施刑直至我彻底失去知觉，接着向我泼水直至我醒来为止。

问：是的，但这一连串毒打以及水刑对你身体造成什么影响？

答：刚结束时我并没有立刻察觉，但当我被送回羁留室后，我发现胸口有瘀伤，左眼肿起来了，而右腿亦情况欠佳，因为当我被打时，右腿距离他们较近。

问：你说你被拘留在大埔宪兵部一整夜，其后你被押送到哪里？

答：第二天，即是16日，我被三个人带到油麻地警署。我被关在二号牢房。

问：这是很久以前的事。你可否尝试冷静回想，请告诉法庭，你是否确定当时你是被带到了油麻地警署？

答：巡理府所在的位置位于油麻地。

问：你比我更熟悉九龙。你可否告诉法庭那个地方的位置，以及位于九龙哪里？

答：普庆戏院后方，平安戏院对面，现在巡理府的位置。

问：谢谢，你说你是从大埔宪兵部被带到那里。你可否告诉法庭那里是一个怎样的地方，以及被什么组织使用？

答：那时候该处被宪兵队占用。

问：当你到达你所称的"巡理府"后，你被关押在哪里？

答：我被关押在一楼的二号牢房。

问：请你描述这个牢房，二号牢房有多大？

答：十七至十八英尺宽，约二十英尺深，前方设有铁栏。

问：你可否告诉法庭，二号牢房关押了多少人？

答：我被关押时约有五十人，包括华人男女，一些印度人，以及一名日本人。

问：你在巡理府被拘留多久？

答：两个多月，接近三个月。

问：你曾否被审问？

答：有，三次。

· 268 ·

问：可否简短描述这三次审问你遭受什么对待？

答：我记得第一次是17日。我被审问、施水刑和"吊飞机"。我被要求站在门边的一张椅子上，双手被绑在身后，绳子一端绑着我的手腕，另一端跨过门梁并系于其上。当我拒绝认罪，他们会将那张椅子移走，接着推我，使我在空中摇荡。

问：你被吊在半空中多久？

答：他们将椅子放回我脚下并再次审问我。然后他们又移开椅子，令我在空中摇荡，接着再放回椅子。他们以此方式重复了一段时间，在此期间还殴打我，直至我双腿以及双臂变得麻木为止。

问：你可否告诉法庭，你被吊在半空时，双脚离地多远？

答：约三英尺。

问：你向法庭描述了这个刑罚以及水刑。你被审问期间，还有没有其他事情发生？

答：当我失去知觉后，被他们搁在房间一角，我穿的短裤在被殴打时弄破了。矢持好像曾替我换上另一条裤子，但我失去知觉所以不太肯定。当我醒来后，再次被他审问。这一次我否认指控，便被他用竹竿毒打。他用的竹竿是平时苦力搬运的很重的那种。

问：让我们整理一下。你说你前后被审问三次，谁负责这三次审问？什么人在场？

答：第一次审问时，矢持、郭姓传译员、徐国桢（音译：Tsui Kwok Ching）、陈锦培（音译：Chan Kam Pui）在场。那两名华人是密侦。接着的两次审问，只有徐国桢、陈锦培、冯志强（音译：Fung Chi Keung）在场。有时候矢持会进来看一看然后离开。

问：在这三次审问期间，你曾多少次被施以水刑、吊在半空以及殴打？你可否概括地告诉法庭，你曾被这样虐待多少次？

答：连同大埔那一次的话，我曾三次被施以水刑、一次被"吊飞机"和一次被人用竹竿殴打。除此以外，他们曾将一枝铁铅笔夹在我的指间，然后踩我的手指。

问：你受刑时做过些什么？

答：他们想说服我认罪，承认自己是地下间谍，但我没有这样做。

问：是的，但你是默默受刑吗？你有否反抗？或是对此并不在乎？你受刑时做了些什么？

答：被"吊飞机"期间，我胸口的肌肉感到强烈痛楚，因此我用最大的声音呼喊，希望可以得到帮助。被施以水刑期间，水流倾泻在我的脸上，如果我用嘴把水喝进肚子里，水就不会灌入鼻孔，但如果我不喝，水就会灌入鼻孔。

问：当他们把铁铅笔夹在你的指间施刑时，你做了什么？

答：当然我感到手指剧痛，因此我尽力大叫。碰巧这时遇到空袭，因此他们将我押回牢房。

问：据我的理解，你刚才是说你痛得大叫？

答：对，我痛得大叫。

问：你告诉法庭你被吊在半空，及后双手和双腿变得麻木并失去感觉。此后你的双手情况怎样？

答：我的手指麻木了近四个月。我双手手腕都留有伤痕，就像我（长时间）戴过手镯似的。那伤痕维持了约一个月。

问：你告诉法庭你曾被关押在巡理府两到三个月。你可否告诉法庭，有否听过其他类似你被折磨而痛得大叫的那种声音？

答：当囚犯被带离牢房接受审问时，我时常听到囚犯痛得大叫。我能清楚听到惨叫声，因为我身处的二号牢房距离审问室只有约十码的距离。

问：你在囚期间，每隔多久会听到囚犯惨叫？

答：我不能很定时地听到那些叫声。当宪兵工作繁忙，无暇审问囚犯时，就不会有那些声音。但每当他们进行审问时，都可以听到那些叫声。

问：你在巡理府的那两三个月，他们大约进行过多少次审问？

答：数十次，至少超过三十次。有时候他们甚至会在晚上审问囚犯。

问：你能否告诉法庭，二号牢房内其他囚犯遭受什么对待？请概括地告诉法庭。

答：牢房的大小我刚才已经提及了。牢房里面大约有五十名囚犯，我们全部人都要睡在地上。那里有十多张毯子供我们使用。我们不得不把它们撕成两份或更多份以供我们使用。至于食物方面，我们能分到两个饭团。起初饭团有我的拳头那么大（法庭量度所得为直径约二点五至三英寸）。后来有时候就变成供应稀粥，分量只有一个罐头那么多。约十天后，他们发现太多人因饥饿而奄奄一息，就再改为供应米饭。

问：二号牢房约有五十名囚犯，你可知道他们曾被审问？

答：我不清楚在我被关押之前已经在囚的人的情况，但那些在我被囚后才被关押的人，我知道他们都曾被审问。

问：你知道他们被审问时的情况吗？

答：当他们被审问过后回来，有些人表示他们曾被施以水刑以及"吊飞机"。

问：你刚才说他们曾谈及那些酷刑，有没有任何迹象证明他们曾被施刑？

答：那些曾被"吊飞机"的人的手腕都留有伤痕，而表示曾受水刑的人都全身湿透。

问：你是否真的看见那些囚犯身上，有被使用酷刑的迹象？

答：是的，我亲眼看到。

问：现在，你早前在你的证供中曾提及二号牢房内有一些华人女性。你记得她们任何一人的名字吗？

答：我记得其中两个人的名字，张凤和李玉春（音译：Li Yuk Chun）。

问：我希望你概括地告诉法庭有关张凤的事。日本人在巡理府有否对她做过什么？

答：她与我被囚禁在同一牢房期间曾经被审问。我看到她有曾被施以水刑以及"吊飞机"的迹象。她也说过她曾遭受这些酷刑。她是一名孕妇,与她一起的李玉春告诉我,当她们被送往赤柱监狱后,张凤因为这些酷刑于狱中死于流产。我对张凤这位女士很有印象,因为我被关押在大埔宪兵部的那个晚上,她也在那里。这位女士来自大埔,而我们又在油麻地宪兵部相遇。

问：你告诉法庭你是从大埔宪兵部被带到位于巡理府的宪兵部。你现在所说的油麻地宪兵部是指什么？你在该处曾逗留多久？

答：那个油麻地宪兵部位于现在普庆戏院后方的九龙巡理府。

问：你说你看到张凤有曾被虐待以及"吊飞机"的迹象。除了你提及的那两种酷刑,你有没有看到她曾被其他酷刑虐待的迹象？

答：很多人回到牢房时的情况跟他们差不多,但我忘记了他们的名字。

问：你不明白我的问题。你说你看到那位女士曾被施水刑以及吊在空中施虐的迹象。你有没有看到她曾被其他酷刑虐待的迹象？

答：有,我刚才误解了你的问题。我只是留意到她身上湿透了,头发也湿了,手腕上有疤痕。因为她是孕妇,与普通的女士相比,看起来不一样。

问：除了你刚才所提及的那两种酷刑,她有没有告诉过你,她曾受其他酷刑虐待？

答：她只向我谈及过这两种酷刑。我们不能经常与对方交谈,因为所有囚犯被要求蹲在牢房的墙边,并且不许交谈,否则我们会被打。

问：你曾向法庭表示这个位于巡理府的宪兵部有多人死去,你曾否看见任何囚犯在你面前死去？

辩方律师：容许我打断一下,庭长阁下,也许我搞错了,但据我记忆所及,我不认为证人曾提及任何关于有人死亡的事。

庭长：有的,证人曾经提及因饥饿而造成的死亡个案。他提及有人饿死后,米饭的配给供应便恢复了。

问：我问你的问题是——既然你说那里有很多人死去——你是否记得任何在这个位于巡理府的宪兵部内死去的囚犯？

答：有两人在我的牢房内死去。我被关押近三个月的这段时间，我见到两个人死去。

问：这两名囚犯在死去前情况如何？

答：他们在供应粥水期间死去。大体而言，我们觉得饿的时候，没有东西可以吃，没有水可以喝。第一个死者是一位留着长胡子的、年过五十的老翁。即使我们在有米饭吃的时候，他也经常觉得饿，当转为供应粥水后，他就受不了并出现腹泻。他腹泻的情况是在我们获供应粥水后开始的。

问：你可知道这个宪兵部的指挥官是谁？

答：我们那时候被关押在牢房，没有机会得知或看到他。

问：请你看看被告席上的被告并告诉法庭你在巡理府的那两三个月期间有否见过他。

答：在此之前我从没见过他。

检控官：庭长阁下，我完成讯问了。

辩方盘问

问：你被日本人逮捕时，你当时的住址是？

答：我忘记了门牌号码，但这是在大埔墟仁兴街。

问：你被逮捕时的职业是？

答：我当时从商，买卖柴薪。

问：你可否向法庭略作说明，讲述你被捕时的情况？

答：当日晚上9点左右，我和妻子在家中，那时候我们在前厅睡觉。突然有人敲门，我问是谁，他们说来自宪兵部，因此我不得不开门。两名华人首先进屋，那名日本人紧随其后。

问：在什么情况下你知道矢持这个名字？

答：当我被逮捕时我并不知道他的名字，但在我被拘留的这三个月期间，其他囚犯告诉我他叫矢持。当他来进行审问时，我看到他胸口写着他的名字。

问：你刚刚告诉法庭你留意到他胸口上有他的名字。当时你有否留意到他的姓名只出现两个字，还是你也留意到那里也写着他的名字？

答：当他身穿制服参与审问时我看到他制服胸口的位置附有一块像我两只手指并起来那样厚，约一英寸宽的白布。矢持两字写在布上，但不是十分清楚。我也听到宪兵部的华人密侦称呼他为矢持先生。

问："吊飞机"也是你在巡理府的那段时间进行的？

答：他们在巡理府一楼的审问室对我施行"吊飞机"。

问：你向法庭表示曾被人吊在横梁上。你可否向法庭详细说明这条横梁在审问室内的哪个位置？

答：就像那一个（指出）。我被迫站在那条木横梁下方的椅子上，绳子的一端绑在我的手腕上，穿过横梁，另一端绑在那门上。

问：你说的横梁是指审问室入口那道门上方的门楣？

答：审问室有另一个入口连接通道，这道门是通往审问室旁边另一间房的入口。

问：当你被这样吊起来时，身体哪一部分被绳子绑着？

答：我的手腕被绑在背后，绳子的一端绑着手腕，另一端从门楣上方穿过。

问：你向法庭表示当你被吊起折磨时双脚离地三英尺，而头部同时碰到天花板？

答：不，我的双手被拉得很高，比我头部还要高。

问：你可否说出你的头部是高于还是低于门楣？

答：低于门楣。

问：确实是传译员将你这样吊起来，还是另有其人？

答：徐国桢和陈锦培。

问：你也告诉法庭你的审问曾经因为空袭而中断。请问审问是否经常因为空袭而中断或中途停止？

答：我是说，那场审问暂停是因为当时有空袭警报，那时我的手指夹着铁条并被人踩踏。那是当天晚上9时以后的事，审问因此而停止了。这个情况只出现了一个晚上。

问：你可知道当有空袭出现时，日本宪兵会做什么，而他们需要参与什么任务？

答：我所知道的就是当晚我的手指夹着铁条并被人踩，我在大叫，当时正好出现空袭。于是他们暂停审问，宪兵命令将我带回牢房。就是这么多。

问：你在巡理府的那三个月期间，多久会出现一次空袭？

答：我曾经五至六次听到空袭警报以及飞机的声音。

问：你不知道当空袭警报响起时，其他正在被审问的囚犯有没有被带回牢房吗？

答：我自己只经历过一次，并不知道其他囚犯的情况。

问：你在二号牢房时，那里共有多少囚犯？

答：约五十人，包括男性和女性，一些印度人，以及一个日本人。

问：囚犯数目维持在二十七人？不是吗？

庭长：证人刚刚给了你一个很清晰的答案。但是，问题仍然可以被提出。

答：多于二十七人。

问：你是否曾于用餐时看到囚犯因为争抢食物而打架？

答：当我们获发饭团时，我们需要排队轮候。如果我们不守纪律，当值的日本人会用他们的佩刀打我们。当我们拿到饭团后，会离开那条队伍。

问：你离开地区宪兵总部之后被带到哪里？

答：当我们来到这里之后，首先被带到现在的辅政司署（Colonial Secretariat's Office）大楼。我在那里接受简短审问后，就被带到赤柱监狱，关押在"B"座。

问：你曾被香港的军事法庭审讯以及获判死刑，是吗？

答：以候审犯人身份被关押在监狱一段时间后，我们被送到法庭接受审讯。我曾被两次被带到法庭。我们在法庭内排队，法庭职员宣读一些文件后就表示我获判死刑。

问：这不是因为他们事实上有足够证据证明你是间谍吗？

答：翻译员告诉我，因为我将报纸带到惠州，所以我的行为是一个间谍，因此我将会被处死。

辩方律师：庭长阁下，我完成盘问了。

庭长提问

问：你曾对我们诉说你的经历，说你曾被四副手铐绑在梯子上施以水刑，法庭的理解是否正确？

答：四副手铐。手铐一端绑在木梯上，另一端绑在我手臂上，另外一只手臂和双腿的情况都一样。

问：是平时警察使用的手铐？

答：是。

问：当你被这样绑起来时，你的手臂和双腿能否适当地移动？

答：他们将手铐压得很贴很紧，我动不了。

问：你说你最靠近（行刑者）那边的一条腿情况欠佳。你的意思是什么？你可否告诉我们发生什么事？

答：我那条腿被铁棍殴打，因此我被从木梯松绑后不能站立。那条腿没有知觉，上面有很多黑印。

问：你谈及手指之间被放进铁铅笔，你是指一块铁块、一根铁条，还是粗如铅笔的铁？

答：那是一根铁条。

问：事实上那并不是一支铅笔？

答：不是。

问：你的手指有没有感到不适？

答：非常的痛。

问：这个痛楚持续多久？

答：在施刑期间以及我回到牢房后的一个小时。

问：此后你可否正常运用这只手？

答：可是在此之前，我的手指已因"吊飞机"而失去感觉。

问：你能否运用它们？你可否拿起东西？

答：我可以。

问：你曾提及食物短缺，你说"他们发现太多人饿得半死，于是他们再次供应米饭"，你记得吗？

答：记得。

问：法庭首先想知道的是，你是否亲眼看见有人死去——忘记任何听闻或任何推断所得的结论，只说你亲眼看见的。

答：我刚才提及的那个人就是那样死去的，是我亲眼所见。

问：有没有其他人？

答：我只看到两个人死去。我没有谈及另一人，是因为我没有被问及。有一天早上我醒来时，看见这个男人已经死去。

问：这是哪一个人？这一个人是你刚才曾经提及的，还是另一个人？

答：第二位死者。

问：告诉我们关于他的事情。

答：当时我们全部人都觉得很饥饿。第二位死去的人与其他人一样，也是觉得很饥饿。有一天晚上我们如常睡觉，第二天早上醒来时，我看见他已经死了，然后宪兵把他的尸体移走。

问：你肯定他死了？

答：我肯定他已经死了，因为我是亲眼看见的。

问：你能否简略地告诉我们，你凭什么肯定这是一具尸体，而且没有任何生命迹象？

答：他动也不动，而且他的身躯冰冷，四肢展开且僵硬。

问：现在，你说你亲眼看到这些情况，包括了两个人。回到你所说的那句话："当他们看到很多人饿得半死，他们再次分配米饭。"你为什么这样说？你是从其他人口中得知，还是有其他原因令你认为有一部分人正在死去？

答：当我们再次获分配米饭时，我们向派饭的人询问为何我们会有米饭。他说太多人因为吃稀粥而死亡。

问：你记得将这件事告诉你的那个日本人叫什么名字吗？

答：他不是日本人，而是一个在厨房工作的华人。

问：名字是？

答：阿方（音译：Ah Fong）。

问：回到这一具尸体的问题。他的名字是？

答：这是很久以前的事。我记不起他的名字。

问：还有一个问题。你谈到那名孕妇在赤柱因为流产而死亡。你怎么知道她死了？你只是道听途说，还是你有较可靠的根据？

答：我们在宪兵部那里被关押在一起。当我们被移送到赤柱后，男女囚犯被分开监禁。当我们从监狱获释后，我们这些政治犯乘坐同一辆货车离开。我向那名姓李的女士询问那名女士的情况，她告诉我她因流产而死去。

问：有没有其他人跟你说过同一件事？

答：我们曾经在同一个牢房，所以我只问过她。我没有问过其他人。

问：这是另外一点。除了这名女子之外，你有没有从其他人那里得悉她是死于虐待和怀孕？

答：有。

问：从什么人那里得知？

答：我从在监狱医院工作的囚犯那里听说的，但当时我不敢肯定。我从那位女士口中得知这事后，才肯定这是正确无误。

庭长：有没有其他问题，黎少校？

检控官：关于庭长提问的最后一个问题，我有一个小问题。证人是否知道或曾经听说当该名孕妇死去时,李女士身在何处?

庭长:证人可以回答。

证人:她们在狱中一起服刑,因此那名女士知道该名孕妇因过劳而死。

庭长:田中先生,有没有其他问题?

辩方律师:没有,庭长阁下。

控方第十四证人林少泉的庭上证供

控方讯问

问：你可否告诉法庭你的名字？

答：林少泉。

问：你的国籍是？

答：华人。

问：你住在哪里？

答：九龙旺角通菜街一百八十一号。

证人展示一张类似名片的卡片。

检控官：这是什么？你把它留着，回答我的问题，可以吗？

问：你的职业是？

答：我在其昌保险公司（China Underwriters Insurance Company）工作。

问：你是否曾被日军逮捕？

答：是的。

问：你可记得日期——月份和年份？

答：1944年农历十二月初二日。

检控官：法庭书记稍后可否提供相应月份？

书记：可以。

问：你在哪里被逮捕？

答：我被逮捕时正在旺角锦台茶室（音译：Kam Toy Teahouse）品茗。

问：被捕后你被押送到哪里？

答：我被押至普庆戏院后方的宪兵部。

问：这个宪兵部有没有名称？被人称为什么？

答：我记不起那个宪兵部的名字，但是位于普庆戏院后方。

问：宪兵部旧址现在仍然存在？

答：存在，就是现在的巡理府。

问：谢谢。当你被押到宪兵部后，被囚禁在哪里？

答：我被关押在四号牢房。

问：你被关押在四号牢房时，那里有多少囚犯？

答：超过二十人。

问：四号牢房有多大？可否离开你的座位并触摸墙壁，以展示牢房的两端？

答：由这里到那个角落。

证人步行至法庭守卫处以标示尺寸。

庭长：大约十三英尺乘十三英尺。

问：你曾在这个宪兵部被审问？

答：是的。

问：你可否告诉法庭在审问期间发生的事？

答：徐国桢指控我是来自惠州的情报人员。

问：后来发生了什么事？

答：我的双手被绑在背后，然后我被一条绑在天花板上的绳子吊起，接着被捅和被殴打。

问：你被什么捅和殴打？

答：约这么长的棍子（展示长度），有些部分是圆的，有些部分是方形的。

问：另外，绳子是怎样被悬挂在空中的？

答：绳子穿过天花板上的一些东西，接着我被吊起来，双脚距离地面这个高度（展示——法庭估计高度约三英尺），而那里的天花板与这里的不一样。

问：你可否更清楚描述多一点，绳子是怎样被悬挂到天花板上的？

答：我记不清楚具体情况了，但那里有些东西让绳子穿过，好像是一个铁环或什么东西。

问：你在那个位置被吊着虐打多久？

答：这曾发生过很多次。

问：什么事情曾发生过许多次？我不太明白。你说你被吊起来，及被捅和被打。什么事情曾发生过许多遍？

答：我被吊起来和虐打，总共曾发生过三次。

问：你想告诉法庭这样的事情曾在某一次审问期间发生过三次？

答：这发生在不同的审问期间。第二次审问时，一条毛巾被放到我的脸上，然后有水被倒在毛巾上，所以我要把水吞到嘴里，但我没有将水咽下。

问：你比我快得多了。你可否尝试回答我向你提出的问题——你一直向法庭谈及那一次的审问——你第一次接受的审问——你被吊起的那次。现在，尝试集中在那次审问而已。现在，告诉法庭，在你已经大篇幅谈论的第一次审问期间，你被吊起以及被棍虐打了多久？

答：十五至二十分钟。

问：在那段时间，即你被吊着的那十五至二十分钟期间，你有什么感觉？你的身体对被这样吊起来以及虐打有什么反应？

答：我当然会感到头晕。当我感到头晕时，他们就将我释放了。

问：这次虐打对你的身体造成什么影响？

答：我被虐打至头晕，因此当我被释放后，我不得不找一名中医治疗。

问：在那一次审问中，你被吊着并虐打约十五分钟之后，接下来发生了什么事？

答：我被松绑并被送回牢房。

问：你被送回哪个牢房？

答：四号牢房。

问：你被这样对待期间，有谁在场？

答：徐国桢以及一名姓杨（音译：Young）的男子。

问：有关徐国桢这人，你可知道他在宪兵队的职位？

答：密侦。

问：是的，但你是否记得是属于哪个分支，哪个领域，哪一个部门？你可记得他在哪个部门工作？

答：这个我不知道。但所有人都说他是宪兵队的密侦。

问：你可知道他在那个宪兵队内是否听命于任何上级军官？他在那里有没有上司？

答：徐国桢这个人隶属于专门负责审问某几类人士的特务部门。

问：现在，你起码提及了他在特务部门工作。你能否告诉法庭谁负责管理那个宪兵总部的特务部门？

答：人人都叫他栗田。

书记：恐怕我不知道怎样将这些字转化成日文发音。

庭长：你向控方提供中文名称，可以吗？你能够拼写相同的字，可以吗？

书记：可以。

庭长：来吧。

书记：L–u–t T–i–n。

庭长：如果证人用中文写出，能否协助你辨认出他的日文名字？

书记：肯定可以，庭长阁下。

庭长：请证人用中文写出来。

控方律师：你能否用中文写出这个男人的名字？

证人：我不知道是哪两个字，尽管我听到其他人叫他栗田。

问：你可知道这名叫栗田的男子是什么国籍？

答：日本籍。

问：你被关押在那个宪兵部多久？

答：两个月零五天。

问：在这段时间你被审问了多少次？

答：我被审问了八次。

问：现在，你可否告诉法庭，在这八次审问期间你被如何对待。意思是，在这八次审问期间，你发生了什么事？

答：第一次我被吊起来，第二次我被施以水刑，第三次又被吊起来，第四次是水刑，第五次再被吊起来，第六次我被一个日本人而不是被徐国桢拳打脚踢。第七次我被要求躺在地上，然后一个男子穿上钉鞋，踩踏、磨蹭我的脚踝骨。

问：这个人是谁，你可记得他的名字和国籍？

答：他是个日本人，但现在我记不起他的名字。

问：关于你在那个宪兵总部所遭受的种种对待，你还有没有任何东西希望向法庭补充？

答：在最后一次审问时，我再次被人盘问是否情报人员，当我否认后被要求脱下所有衣服，并被人从头上淋水，使我全身湿透。那时候大约是农历十一月，正值最寒冷的季节，我冷得发抖。

问：你可否告诉法庭这一系列酷刑最终对你的身体造成什么影响？

答：那时候我们只能获得一个小饭团，而且那段时间我几乎一直在生病。

检控官：我想请问，我可否询问法庭书记，现在能否为证人提及的栗田提供相应的日文名字。

庭长：书记，可以吗？

书记：在字典的协助下，我现在可以指出相应的日文名字是"Murita"。

问：当昨天下午开庭时，我问你的问题是，除了你已经提及的缺乏米粮供应外，那一系列的虐打和折磨还对你的身体和健康造成了什么影响？

答：整体而言我变得很瘦，（体重）只有现在的一半。每次被虐打后，我都几乎要死。

问：你亦告知法庭你曾被关押在四号牢房，你被关在那里多久？

答：我被关在那里两到三天，然后被移送到一号牢房。

问：你在这段长时间的监禁期间，有否曾到过其他牢房？

答：被关押在一号牢房超过十日后，我被移送到二号牢房。

问：一号牢房内有多少囚犯？

答：有时候八人，有时候九人，有时候十人。

问：你认识当中的任何一人？

答：不，我不认识任何人。

问：你可记得他们的名字？

答：那里有一个叫黄辉（音译：Wong Fai）的人，他后来也被送到赤柱，并在一段时间后获释，现在他居住在旺角。

问：你还记得其他人的名字？

答：那里还有一个叫林琛其（音译：Lam Sam Ki）的男子，来自沙田火车站。

问：到现在为止，你想起了两个人的名字。你能否想起更多人？

答：那里还有一个人叫梁夏龄（音译：Leung Ha Ling）。他也被移送到赤柱监狱但也死在那里。

问：以我理解，你刚才提及的那三个人，全部都是男性囚犯的名字，对吗？

答：是男性。

问：那么你能否告诉法庭，你被拘留的一号牢房内，是否全部都是同一性别，都是男性，或有异性囚犯？

答：全部都是男性。

问：你提及了黄辉，你可记得他在宪兵部被怎样对待？

答：他被关在二号牢房，也曾被严重虐打，后来被转送到赤柱。

问：你怎知道这名男子曾被严重虐打？

答：我们一同被拘禁，并互相询问对方的情况。我告诉他自己的情况，而他也告诉我，他曾被严重虐打。

问：除了在言语上交流彼此的经历，你还看到这些虐打对黄辉造成什么影响吗?

答：当他被审问过后回来，呻吟了好一段时间。有时候他能够进食，有时候不能进食。因为无法进食，所以他经常需要喝水。我说那些水不好，但他还是继续喝。

问：为什么你说他不能进食？你知道什么原因使他不能进食吗？

答：他说他不舒服，而且他经常躺在地上。当他不吃东西时，会把米饭分给我和其他人。

问：我想你再次集中在一号牢房。你说你和黄辉被转移到二号牢房。你可否告诉法庭你所提及的那八到十个囚犯后来怎样了？他们发生了什么事？

答：有些人曾经被打，但我记不起他们现在身在何方。

问：你可记得1944年的战争周年纪念日是在哪一天？我现在是说与日本的战争。你是否记得？

答：12月8日，那是三周年。

问：我现在想你仔细回想1944年12月8日这一天。你可否告诉法庭，当天巡理府有没有任何不寻常的事情发生？

答：有些人被绑起来并带离宪兵部，之后被斩首了。应该有三到四人，我不肯定。

问：你可记得这些囚犯来自哪一个或哪几个牢房？

答：来自三号和四号牢房。

问：当时你身处哪个牢房？

答：二号牢房。

问：你知道谁将这些囚犯从三号和四号牢房带走？

答：一个日本人。

问：有多少人？你可记得他们的人数？

答：有一辆货车接送他们，那里有很多日本人，有些人佩有长刀。他们曾拔出佩刀，并向我们展示。

问：你可否告诉法庭那把刀是如何向囚犯展示的？谁展示的？

答：他是那名刽子手，当时在通道的人请他向他们展示佩刀，接着他把刀拔出来展示。我可以从二号牢房看到。

问：通道上的人是谁？这些要求展示佩剑的人是谁？

答：我想在那里的华人正在和他开玩笑，问他那把刀的用途，那名男子回答是用来斩首的，接着便拔出配刀并向他们展示。

问：林少泉，你弄得太复杂了，你没有回答重点。你可否只尝试回答问题所问？现阶段不需要长篇大论。我问你的问题是：通道上那些要求看刀的华人是谁？他们是谁？他们是囚犯、工作人员，还是围观者？

答：他们是囚犯。一号、二号、三号、四号牢房是连成一排的，在这排牢房前有一条信道，信道的一旁设有一张长椅。那些被怀疑触犯了轻微罪行的囚犯会被要求坐在那里，不需要被关押在牢房内。他们打趣般问那日本人佩刀有什么用途。

问：这个日本人用什么语言，说那把刀是用来将囚犯斩首的？

答：中文。

问：你记得那个说中文的日本人的名字吗？

答：我只是听到他那样说话，我不知道他的名字。

问：这个日本人穿什么衣服，你可记得？

答：当时他携带佩刀，因此身穿制服。

问：在此之前你曾否见过这个日本人？

答：没有，那次是他第一次到那里去。

问：你告诉法庭你看到有些囚犯从三号牢房和四号牢房被带走，那里有些日本宪兵，接着他们被带上货车，你可记得？

答：是的。

问：现在，你曾提及那些战俘被绑起来。你可否向法庭描述战俘们是如何被绑的？

答：他们双手被绑在背后。

问：有没有任何补充？

· 287 ·

答：货车车身很高，他们有些人爬不上去，要被推上去。

问：你可否告诉法庭这些囚犯们的外观？他们的身体状况如何，你有没有一些头绪？你曾看见他们？

答：他们全部人已经被关押在那里几个月，两或三个月，而且非常瘦弱，因为在这段时间他们每人只能得到小饭团，（所以都饿得）骨瘦如柴。

问：你可记得任何一个被带走的囚犯的名字？

答：我不知道。

问：你看到那辆货车在那里装载囚犯？

答：牢房是连成一排的，我当时在二号牢房，入口就在我的前方，我可以从入口看见那里有一辆货车在外面。

问：你可否告诉法庭，货车在离开前，车上大约有多少人？

答：车上有些宪兵以及有些等待被处决的人。

问：你可否告诉法庭这名携带佩刀的日本人在哪里？

答：他坐货车离开了。

问：你有没有再次看见这名佩剑的日本人？那一天你有没有再次看见他？

答：没有。

问：那天你有没有看见任何其他在货车上的日本宪兵？

答：那天我再没有看到他们。

问：你是否知道，或曾经听说，这一伙人当天离开了多久？

答：我不知道，因为我没有看见他们回来。

问：我希望你再一次细心回想那些与囚犯一起离开的宪兵。你可记得他们带着囚犯离开时，有否携带什么东西，或身上有什么东西？

答：那是很久以前的事，我记不清了。

问：那么你凭什么告诉法庭这些人是被带去斩首的？

答：人人都这样说，在牢房当值的日本人也说这些人是被带去斩首的。那些日本人通常每次当值一小时。

· 288 ·

问：你有没有再次看见那些从牢房被带走的囚犯？

答：没有，他们已经被斩首了，我又怎会再看到他们？

问：你有没有更确凿的证据证明这些人事实上被斩首了？

答：那些在三号和四号牢房的人也说他们被带去斩首。

问：我问你的问题，并不是问你从其他人，包括日本人和其他囚犯口中听见的一切，而是你有没有更确凿的证据，证明这些人的确被斩首了？

答：没有，只有这些。

问：你告诉法庭的这一件事，是一件发生在被囚禁在宪兵部囚犯身上的一件不寻常事件。是否正确？

答：对，这是一件重要的事件。

问：现在，我希望你再次回想一号和二号牢房所发生的事。你能否告诉法庭任何发生在该处，与你刚才提及那些囚犯的遭遇同样重要的事件？

答：没有更多事件发生。当然，那两个牢房内有一些人被带走审问，而且他们也被毒打。

问：你是否知道曾与你一同被关押在一号和二号牢房的那些囚犯，无论如何，他们最后结果如何？

答：有些人被送到了赤柱，有些人最后病死。

问：你说有些人病死。你怎知道他们因病而死？

答：因为有些人就在我睡觉的地方旁死亡。当一个牢房关押着八或九名囚犯时空间较多，但当有更多囚犯被关在同一间牢房时，空间就会减少，因此死者需要被移走。

问：在这些死者中，你亲眼看见多少人死去？

答：我看见一或两个与我同囚的囚犯死去。

问：你能否肯定是一人还是两人？为什么你说一或两人？难道你记不起曾看到多少名死者和亲眼看到多少人死去？

答：我被关在四号牢房期间，没有看见任何人死去，因为我只有几天的时间在那里。但当我被关在一号和二号牢房时，我看见有人死去，因为我在那里的时间较长。我对死者数目不太肯定。

问：但你可否告诉法庭，在一号牢房和二号牢房分别大约有多少人死去？

答：一号牢房的死者被控偷电线，二号牢房的女死者被控贩卖人肉。

问：你在理解我询问的问题时是否有任何困难？

答：我明白，两个牢房各有一人死去。

问：这样好多了。现在，你可知道这两名囚犯每人是否曾被审问？

答：他们曾被审问，但那个贩卖人肉的女士没有被审问。她被带到那里两三天后就死去了。

问：这个在一号牢房的男人，你知道他在死前被关押在牢房多久？

答：我被带到该处时他已经在那里，但我认为他已经被关押在那里有一个月或以上。

问：你说这名男子曾被审问，你可记得他在被审问后多少天死亡？

答：他在我移送该处前已被审问，我关押在该处期间他没有被审问。起初我与他一同被关押在1号牢房，但他在我被移送到2号牢房后死去。

问：你怎么知道这名男子死了？

答：因为我从二号牢房听到有人说"噢，那个男人死了"，然后我看见一具尸体被抬走。

问：你有否听说过这名男子被关押在宪兵部期间，被如何处置或对待？

答：他没有被虐待，他死于食物短缺。我们可以从监狱外面获得食物，但没有人送食物给他，所以有时候他会偷或抢其他人的饭吃，亦因此被牢房内其他囚犯殴打。

问：你是一个医生？

答：我不是。

问：你告诉法庭你知道有些囚犯因病死亡，你怎么知道他们是病死的？

答：因为他们死去时都生病了。我们每人都只能获得一个很小的饭团，所以他们是饿死的。

问：这样，我可否将你所指的"饥饿"理解成疾病，或类似生病。这是你对"饥饿"的理解？

答：不是，那里有些人生病了，而且没有医生为他们诊症，因此每隔几天就会有人死去。

问：那名在二号牢房的女士，你有没有看到她的遗体？

答：有，她倚在牢房的墙壁上死去。第二天早上我们看见倚在牢房的墙壁上死去。

问：她被送进二号牢房时的健康状况如何？

答：她是一个年纪很大的女人，五十到六十岁，他们说她砍下街上的尸体的肉之后贩卖。

问：你知道她的死因是什么？

答：我不知道，但当天早上她没有反应，因此其他人都说："噢，为什么她动也不动，她肯定死了。"接着尸体就被抬走。

检控官：庭长阁下，我完成讯问了。

辩方盘问

问：当你被逮捕期间，你被哪个分部或部门审问？

答：徐国桢审问我，最后几次则由日本人审问我。

问：你没有回答我的问题。我所问的是：你被哪个部门或分部审问？例如司法班、特高班之类？

检控官：我认为证人已在讯问中回答这个问题。他说他被特高班审问。

庭长：允许提问。

答：特高班。

问：你在哪一个房间被审问？

答：那里的牢房连成一排，距离一号牢房不远处的角落有数间小房。

问：那么，你不是在二楼的任何一间房间接受审问的？

答：不是，经常都是在一楼。我被释放当天被栗田带到上层接受审问。

问：你认识一名叫古鸿章（音译：Koo Hun Cheung）的翻译员？

答：那个宪兵部有几名传译员，所以我不记得他们的名字。当我被日本人审问时有传译员在旁，但当徐国桢和姓杨的人负责审问时，没有传译员在旁。

问：为节省时间，请不要回答与我的问题无关的内容。你是否认识一名叫约瑟·威宾的欧亚混血儿？

答：那里有一名台湾传译员，人们习惯叫他阿勤（音译：Ah Kan）。

问：我向你重复一次我的问题。问题是，你是否认识一位名叫约瑟·威宾的欧亚混血儿？请答"是"或"否"。

答：我不认识。

问：我觉得你有非常好的记忆力，你能向法庭详细描述你在那里接受的各次审问，你可否大概描述一下，你在那八次审讯中所遭受的各种折磨？请将它们逐一列出。

答：第一次审问时我被捆绑和吊起来。我的脸上放了一条毛巾，双脚被绑着，水被倒在脸上。

问：第二次审问发生了什么事？

答：第三次审问时，我再次被吊起，然后被殴打和用棍子捅。

问：我现在是问第二次审问时所受的酷刑？

答：第二次审问时是水刑。

问：第四次审问？

答：水刑。

问：第五次审问？

答：我被吊起来，被殴打。

问：第六次审问？

答：我被抓住颈部，在地上被拳打脚踢，有些牙齿被打断了，因此现在我嘴里装了一副假牙。

问：那第七次审问呢？

答：我被迫躺在地上，脚踝骨被镶有许多钉子的鞋子践踏。

问：你没有提及第八次审问的遭遇。那一次发生了什么事？

答：我的衣服被脱掉，水从我头上倒下来，持续了四十至四十五分钟。接着他把烟头从我的颈部扔进背部，但我并不感到烫。

问：在第一次审问中，除了徐国桢外，有没有任何日本人在场？

答：没有日本人在场。

问：那么第二次审问时，有没有任何日本人在场？

答：没有，直到第五次审问才有日本人。

问：你说直到第五次审问才有日本人，你的意思是有日本人在第五次审讯中出现？

答：日本人在第一、第二、第三、第四、第五次审问中都没有出现，只有徐国桢和姓杨的人在场。

问：较早前的早上，你告诉法庭一号牢房的囚犯曾被殴打，但你也告诉法庭你不知道他们当时身在何处。那么你如何得知一号牢房的囚犯曾被殴打？

答：当通往牢房入口的铁闸门被打开时，有些人会被带去审问。当他被带回来的时候，他会在叫喊或呻吟，我们就知道他曾被人殴打。每当那道门被打开时，我们就知道其中一些人，可能是我，也可能不是我，总之某个人会被带走审问。

问：你可否再次告诉法庭战争爆发的周年纪念日？

答：12月8日。

问：农历或是公历？

答：公历。

问：你告诉法庭12月8日你身处二号牢房。当天有没有响起任何空袭警报？

答：那是很久以前的事，我不记得了。

问：你告诉法庭三号和四号牢房合共有三到四名囚犯被带走，他们全都是男性？

答：他们全都是男性。

问：囚犯在什么时候被带离牢房？早上、正午或是黄昏？

答：下午1至2时。

问：在那一次，你看见多少辆货车？一辆、两辆、三辆，或多少？

答：一辆。

问：你可否形容一下那一把你曾向法庭提及的刀？

答：那把刀的刀锋稍微弯曲，鞘有皮革保护。他将刀拔出并向我们展示。

传译员：辩方律师开始提及那三到四名囚犯，但改变主意，并希望将问题撤回。

问：请容许我提醒你，你已宣誓需要根据事实作供。你是否从二号牢房亲眼目击这些囚犯被推上货车？

答：是的，我的确从二号牢房看到这事。

辩方律师：庭长阁下，我完成盘问了。

控方覆问

问：你告诉法庭，你在前五次审问中遭到折磨，当时有两人在场，徐国桢是其中一人？

答：在前五次审问中，徐国桢和姓杨的人在场。

问：徐国桢后来怎样？他现在身在何方？

答：他被吊死了。

问：你知道他被吊死的原因？

答：因为一些证人挺身作证，指出这名男子将人逮捕并加以折磨，致使部分人死亡，因此香港政府将他施以绞刑处死。

问：当你描述在第八次审问中所受的对待时，你的用词是"八或九个五分钟"，你可否告诉法庭其实你想表达什么意思？

答：当时我身上没有手表或时钟，因此我不是很清楚时间，但八个五分钟是指四十分钟，而九个五分钟是指四十五分钟。

检控官：我明白了，谢谢你。

庭长提问

问：在你的证供中，你被逮捕期间你使用农历，你记得吗？

答：记得。

问：当你提及某一个特定周年纪念日的日期时，你使用的是普通的公历？

答：是的。

问：你可否告诉法庭为什么你给出的日期是使用公历而不是使用农历计算？

答：因为当天是战争爆发的三周年纪念日，有些人因为特赦获释，也有人被斩首。

问：这不足以解释。我们知道当天是周年纪念日，但这样不能解释你为何使用公历计算当天日期？你大可以用农历，似乎你应该更能理解？

答：因为当天是战争爆发的第三个周年日，有人因特赦获释，也有人被砍头。我通常在农历十月初一将换下一季的衣服，接着我在翌日就被逮捕。

问：我想你看着我。我正在问你一个问题。现在，我已经很清晰地向你提问了两次。我会再提问一次，我希望你想清楚接下来应该说什么，并作出合理答复。请不要答非所问，只是回答你被提问的问题。

答：是的，我正在将我记忆所及的事实说出。

· 295 ·

问：你是否记得，当你被问及被逮捕当日的日期，你使用了农历计算，原因是你不懂公历？

答：是的，因为我……

问：我不想有任何解释。你记得吗？

答：是的，我记得。

问：因此，所有你曾提及的日子、所有你想提及的事，都使用农历而非公历计算，是这样吗？

答：我记得12月8日是使用公历计算，但我记得被逮捕以及被释放当天的日期。我在农历十月初二被逮捕，而我释放当天……

问：法庭没有询问细节。法庭问了一个很直接的问题。

庭长：书记，当证人快要离题时，请他暂停发言。

书记：是的，庭长阁下。

问：除了农历之外，你是否懂得其他历法？

证人继续作出冗长的答复。

庭长：打断他的话，要求他只回答"是"或"否"。

答：举例说明，我知道今天是1947年9月13日，而以农历计算是七月二十九。

问：我们不想知道这件事。这名男子并没有被问及这件事。他只是被问除了农历之外是否还懂得其他历法。只是"是"或"否"。

答：我看得懂公历。

庭长：还有没有其他问题，黎少校？

检控官：没有，庭长阁下。

辩方律师：没有，庭长阁下。

控方结案陈词

庭长阁下：

在这冗长的审讯中，双方提出了不少证据；庭长阁下，现在请您基于这些证据，对本案作出判决。被告平尾好雄少佐，因为被控于1943年9月8日至1945年8月15日期间，与其下属非人道对待被羁押于九龙宪兵总部以及其他所属宪兵部的华人以及其他平民一事有关而被提审。这些非人道对待被指包括杀害部分囚犯以及虐待其他囚犯。被告于案发时段为九龙宪兵队队长，在他管辖范围内的宪兵部包括九龙城、油麻地警署、西贡、大埔以及荃湾，这一点没有争议。

辩方唯一要强烈反驳的论点是，到底被羁押的人有否被虐，从而遭受极大痛苦，甚或毙命；以及如果答案是有的话，到底平尾少佐是否涉及刑事责任。控罪中的"涉及"一词，使人联想到平尾在位于巡理府的九龙宪兵组织总部内拥有高军阶和高职级。事实上，他指挥九龙区内的全部宪兵人员，他的影响力对宪兵队的任何行动都是实实在在，并且不容置疑的。当平尾的下属作出违法行为，而且虐待疑犯的事件经常地发生，那很显然，平尾可以相对被指与这些违法行为有关，因而被起诉。关于被指称违反战争法律及惯例的行为，庭长阁下审阅过全部个案的证据，可见是由平尾的下属于其管辖区内执行，这些不法行为在他任内都十分盛行。因此，庭长阁下必须衡量一个高级指挥官需要为其下属的行为负上多少责任。

庭长阁下在仔细考虑控罪时，一个重要的考虑因素是，一个指挥官的确要为已证实的不法行为负上法律责任；他不是曾下令要作出违法行为，就是知悉下属的罪行，并默许他们，又或没有采取适当措施阻止这些不法行为。因此，被告对案件的知悉程度，是庭长阁下仔细考虑判决时最重要的因素。基于这些证据，到底庭长阁下是透过公开的资料相信被告知情，抑或是根据每一个案的情况合法推断出被告知情，都由庭长阁下决定。我认为庭长阁下作出决定前，就庭上的所有证据，必须确信两项事实。第一，庭长阁下必须认同控方证人描述的各种虐待形式确曾发生。第二，庭长阁下必须认同被告对这些虐待事件知情。除非您在排除所有合理疑点后认同以上两点，否则您必须判被告无罪。

  在评论证据前，如果可以的话，我希望提出一至两项看法。庭长阁下曾有机会观察控辩双方证人在法庭上的言行举止。这样能够帮助庭长阁下评估他们在庭上的描述是否诚实可信。我认为庭长阁下可能曾听到互相对立的陈述，这时候您必须决定哪一名证人才值得相信。当您确信一名证人的陈述前后矛盾，而您不信任其部分证供，那么以法律观点，您有权认为整份证供都已变质，把它视作不可信。庭长阁下也曾视察位于巡理府大楼的九龙宪兵总部。这应该更能帮助您了解证人对相关地点发生的事件之描述。

  我不肯定庭长阁下会如何看待其中一些控方证人。不论如何，其中三名证人曾被强制于九龙宪兵队工作。特别是约瑟·威宾（Joseph Venpin），辩方认为他也有参与罪行；如果庭长阁下认为他是共犯，根据严格的法律，共犯的证供都足以使被告入罪，只要您认为他是可靠的。庭长阁下固然有足够的法律权力，能够只以共犯的证供把被告定罪，但假如他的证供仍然未被佐证的话，这样做往往会有潜在危险。很多时候，共犯的证供是精心设计的，用来把责任推卸予其他人身上，或是用来避免任何可怕的后果。要佐证一份证供，我们需要的是一份独立的证供以确认一些关键数据，这样不仅能够证实这些罪行曾有发生，更是要证明被告实施这些犯罪行为，或与这些罪行有关。话虽如此，我必须要说的是，庭上没有任何证据，证明约瑟·威宾曾以任何形式参与控罪列明的虐待行为。但是，假如庭长阁下判断约瑟·威宾为共犯，那我认为独立证人林少泉（音译：Lam Siu Chuen）的证供，关于1944年12月8日发生的事情，充分地佐证约瑟·威宾有关九龙宪兵总部的证供。

为处理庭上的证供，我提议就每一个曾发生虐待被羁押人士的宪兵部，包括宪兵总部，作一个简要的评述。

九龙宪兵总部

约瑟·威宾（控方第一证人）作供指，他大约于1944年10月至同年12月间被雇作宪兵总部传译员。宪兵总部的牢房都过度挤拥，而且每天都可以听到囚犯被殴打的声音和他们的惨叫声，囚犯要承受各式各样的虐待，例如：殴打、水刑、电刑和"吊飞机"。威宾进一步作供指宪兵队的政策为"宁捉一千个疑犯，也不要让一人逃脱"。最终，威宾在庭上和在九龙巡理府，都曾生动地描述1944年12月8日发生的事情——一群华人囚犯被送上货车并带往处决。关于这事件，威宾作供时指他曾看见一纸命令，该命令已得到野间大佐以及被告的印章，正式授权执行处决；当这些囚犯被带离牢房时，被告身处于宪兵总部的建筑内。

林少泉（控方第十四证人）佐证威宾关于一群华人囚犯在1944年12月8日被带往处决的说法；他本人曾被羁押在宪兵总部超过2个月，并多次经历被日本宪兵殴打、悬挂在半空以及施水刑。

罗约瑟（Joseph Law）（控方第三证人）说他约于1944年10月至1945年6月期间受雇于宪兵总部，曾听到人们被宪兵殴打的声音。罗提及一次事件，指有十名华人被带去斩首，事后他看见小笠原回来时，紧身短上衣上有血迹。

成送（音译：Sheng Sung）（控方第四证人）作供指他从油麻地警署被转移到宪兵总部后，被羁押在牢房内，他能证实囚犯刘宁（音译：Lau Lin）、刘牛（音译：Lau Ngau）、刘康（音译：Lau Kong）以及程方（音译：Ching Fong）死于宪兵总部中。

程肯特（Kent Ching）（控方第五证人）作供指他于1944年10月至

· 299 ·

12月期间受雇于宪兵总部，曾听到人们的叫喊声；有一次，他还亲眼目睹一名囚犯被殴打和流血。他在宪兵总部任职期间，曾两次致电公共殡仪馆，召人来搬走总部牢房内的尸体；最后，他曾看见一道命令，要处决一名已被长时间审问、监禁的囚犯。接着，他向庭长阁下解释为何他相信被告平尾少佐有权下令处决囚犯。

曾火彪（音译：Tsang For Piu）（控方第九证人）作供指他于1944年6月15日被日本人逮捕；在大埔宪兵部过了一晚后，他被带到宪兵总部，被当成囚犯监禁了两个月。在那时段内，他被囚于第二牢房，那里共有超过五十名囚犯。证人接着说有一名叫张凤（音译：Cheung Fung）的孕妇遭受虐待，继而死于赤柱监狱；他曾亲眼看见两名囚犯死于牢房内。从两人的身体情况来看，他认为他们是死于饥饿。

朱尔斯·史朗（Jules A Siron）（控方第十二证人）作供指他于1944年6月8日被逮捕，被当成囚犯，监禁于宪兵总部第二牢房六十七天。他佐证曾火彪关于一位名叫张凤的华人孕妇受虐，最终致死的证供。史朗向庭长阁下进一步讲述他曾在宪兵手上经历过的各种酷刑。最后，他提到有一次，与他同囚的三人和另外四人被带去斩首。

卢亨（音译：Lo Hang）（控方第十五证人）称他大约于1945年5月25日被日本宪兵逮捕，在接着的约一个月时间被拘禁在宪兵总部内。卢亨除了描述遭受酷刑的亲身经历和黄楚祺（音译：Wong Chor Ki）的受刑经过外，他还描述其中一次潘和（音译：Pun Wo）从第一牢房被带走接受审问的情况。潘和在一个小时后返回牢房，在1945年6月12日死亡。卢亨曾帮忙把潘和的尸体搬出牢房，并发现潘和的口腔不断流血，左胸位置也残留着一小块血迹。欧维士（Alvares）医生（控方第十证人）于1945年6月12日进行验尸，判断潘和的死因是有硬物从他的喉咙插入体内，以致胃部穿孔。

陈胜（音译：Chan Shing）（控方第十六证人）作供指他于1944年6月8日被捕，被囚于宪兵总部第一牢房约三个月。他向庭长阁下提及各种他亲身经历过的酷刑；被囚一个月后，他曾看见一群囚犯被带走处决。他作供指在这事件发生后不久，另一名常常"抱怨"的囚犯也被带走处决。庭长阁下曾于视察巡理府时，巡视过牢房以及陈胜目击事件发生时身处的位置。

最后，庭长阁下曾细阅温有丁（音译：Wan Yau Ding）的誓章（证物 M），当中描述他在 1944 年 5 月 11 日被捕后，在接着一个星期于宪兵总部遭受的酷刑。

九龙城宪兵部

罗谢洛美（Jerome Law）（控方第二证人）作供指他被迫在 1944 年 5 月至 8 月期间在九龙城担任传译员。从他所看到的一切，他归纳出日本宪兵审问囚犯的方法是一种迫供，而且牢房过度挤迫。囚犯缺乏食物，住宿环境也不卫生。罗谢洛美再作供讲述徐贵（音译：Chui Kwai）及其妻子受虐的经过，特别是其妻子如何被宪兵侮辱，以及陈氏家庭的父亲、母亲和儿子怎样受到虐待。最后，罗谢洛美还提及被囚期间严重受虐的吴德昌（音译：Ng Tak Cheng）自杀一事。徐贵的誓章（证物 L）的所有细节佐证罗谢洛美的证供。徐贵指他被非人道对待和被迫挨饿三天。关于九龙城宪兵部发生的虐待事件，温有丁的誓章（证物 M）提供了更多详情。

油麻地警署

约瑟·威宾（控方第一证人）作供指在他于油麻地警署任职期间，他看到一百至一百三十名渔民，包括男人、女人和孩童，被宪兵逮捕和暴力对待。被告于同日下午巡视该宪兵部并逗留约半个小时，虐待囚犯的行为在这段期间则继续进行。

成送（控方第四证人）作供指他与另外四十五名同村村民一同被捕，所有人被囚禁于油麻地警署的一个牢房内。成送被当成囚犯般监禁了超过四十天。他作供时指出与他同囚的刘煜光（音译：Lau Yuk Kwong）被捕前是一名健康的年轻人，但他在审问期间被烧灼，继而在当晚死亡。证人再告诉庭长阁下他的堂兄弟成云华（音译：Sheng Wan Wah）被捕前十分健壮，但在审问期间被虐待及施以水刑，最终死于油麻地。成送进一步作供，列出已经死亡的囚犯，包括：袁福（音译：Yuen Fook）、谢容保、谢勤（音译：Tse Kan）以及程英（音译：Ching Ying），他们的死主要是因为虐待和缺乏食物。

成兴隆（音译：Shing Hing Lung）（控方第八证人）作供指他是被羁押于油麻地警署的四十六名被捕者之一。被囚的一个月期间，他曾被殴打，也看到数名与他同囚的人死亡。由于被殴打及施酷刑，袁士福（音译：Yuen Sze Fook）有一只脚因而折断，双脚也有伤口，最终死亡。另一名叫成云华的囚犯吐血而亡。最后，他指其叔父谢容保确实被殴打致死。

大埔宪兵部

林华（控方第七证人）作供指他于1944年12月25日被捕，并被囚于大埔宪兵部二十八日。在这段期间，他曾被殴打、吊起以及烧炙。证人曾展现他身上的疤痕。他再作供指郑贵也曾受类似的虐待，被施水刑和烧炙。根据这名证人的证供，两名囚犯，林天球以及郑波被殴打致死。

曾火彪（控方第九证人）指他曾于大埔宪兵部过了一晚，期间被殴打以及施水刑。

西贡宪兵部

邓戍奎（控方第六证人）作供指他是其中一名被捕的村民，于1944年11月6日被西贡宪兵部的宪兵逮捕；他被带到邻近的教堂，在那里被殴打以及烧灼。他曾展示身上因受虐而留下的明显疤痕。证人再作供指两名同囚的人，邓福以及邓安也被宪兵烧灼，后者更因而死亡。

荃湾宪兵部

萧英（音译：Siu Ying）（控方第十一证人）作供指他是四名被羁押在荃湾的被捕人士之一，他被羁押超过三个月。这段期间，他曾被吊起、施水刑以及殴打。证人称其中一名与他同囚，名叫郑汉英（音译：Cheng Hon Ying）的人，在被捕前身体健康，及后被施虐，被羁押约四十天后死亡。萧英曾说一名女囚犯死于第二牢房，在牢房死亡的还有林秀（音译：Lum Sau）和萧贵（音译：Siu Kwai）。

王福（音译：Wong Fook）（控方第十三证人）曾提及他被宪兵殴打的情况。最后，萧连（音译：Siu Lin）的誓章（证物N）也为您描述囚犯遭受的同类酷刑。

我认为大量的控方证据一面倒地指向被告。庭长阁下应该也清楚看到，在平尾任内的不同地点，他的下属均持续地以类似的、冷酷无情的审问模式对待被羁押的疑犯，目的同样地邪恶。庭长阁下经过深思熟虑后，无论要对约瑟·威宾的证供打多少折扣，也不会得不到以下的结论：被告并非对这些虐待事件不知情，受害疑犯都有相似而又极为严重的下场。

关于宪兵队虐待被羁押人士一事，被告否认对任何一个个案知情，而且他也重申他的立场，即在他的任期内，庭上指控的虐待与酷刑事件不可能发生。他在本案作供时指，不管是自然死亡还是其他原因，没有任何囚犯死亡；但是，在野间大佐的审讯中，他作供时曾谈及一宗牢房内的死亡事件。关于下属对疑犯使用酷刑，被告却承认曾两次目击事件。其中一次是在九龙城，一名曹长对疑犯施酷刑；另一次是在宪兵总部，被告听到他办公室对面的房间传出一名女人的惨叫声。被告所画的一楼平面草图（证物R）并没有显示有这样的房间；根据这一张草图，无论如何也想象不到有一间这样对着他办公室的房间。我不是要评论这些事件。在盘问的时候，被告竭力地推脱这些事件的重要性，又或辩解它们是多么的微不足道。有关证供的抵触之处，我认为庭长阁下要看被告的整份证供。

总括而言，我提出这是控方在排除所有合理疑点后证明被告有罪。被告并非要证实自己无罪。如果庭长阁下面前的所有证据，令庭长阁下认为指控中的虐待事件曾有发生，而被告对此等事件知情，加上被告的证供在某程度上确实承认以上因素，您必须裁定被告有罪。相反，假如排除所有合理疑点后庭长阁下并不认同以上两点，那您必须判被告无罪。

就以上观点，请庭长阁下考虑判决。

第八章

小畑千九郎等人的审判

军事法庭记录表

被告：(一) 小畑千九郎中尉

(二) 高山正夫准尉

(三) 矢吹力荣准尉

(四) 小田坦平准尉

(五) 猿渡德重曹长

(六) 毛保嘉治军曹

(七) 佐佐木由藏军曹

(八) 渡边保上等兵

全部隶属大日本帝国军队，由东根德郡军团第二营押解。

审讯地点及时间：香港　1947年8月5、6、7、8、9、11、12、13、14、15、16、18、19、20、21、22、25、26、27、28、29日以及9月1、2、3、4、8、9、16、17日。

召开法庭者：驻港陆军司令

庭长：林明中校　隶属：印度军军法署

法庭成员：毕打菲路少校　隶属：印度榴弹兵团

宾容上尉　隶属：皇家工兵部队

指控：犯战争罪。上述众人被控于1945年2月底至同年8月15日期间，于香港新界违反战争法律及惯例，与虐待新界居民一事有关，导致部分人死亡，并对其他人造成肉体痛苦。其时，被告小畑千九郎中尉为上水地区宪兵队队长，其他被告则为上水地区宪兵队队员。

答辩：每名被告均以无罪答辩

裁决第一、二、三、四、五、六、八被告：有罪（有例外情况）

第七被告：无罪

刑罚：第一被告监禁十二年

第二被告绞刑

第三被告监禁十一年

第四被告监禁五年

第五被告监禁五年

第六被告监禁三年

第八被告监禁一年

日期：1947年9月17日

确认判刑：驻港陆军司令　日期：1947年11月21日

公布日期：1947年11月24日

备注：(无)

呈交庭审纪录：致英国远东陆军总部第三副官　日期：1947年12月19日

陆军军法署　日期：1947年12月28日

英国远东陆军军法署副署长

案件编号：65263

控方开案陈词

庭长阁下，今天在你面前被控战争罪的是八名前日本宪兵队队员，他们于1945年2月至8月期间虐待新界的华人居民，导致其中一些人死亡。

庭长阁下稍后会听到的违法事件的描述是在香港新界上水区发生的。

由被告小畑所主管的地区宪兵队的总部位于上水。总部辖下有各个不同的派遣队：沙头角、元朗、南头、大埔和青山。案发时期内，其余七名被告全部都在总部或各派遣队服役。

高山，前准尉，于1945年2月至8月期间，担任仅次于小畑的总部副队长。同时，他从（同年）5月起开始担任特别制服防卫队（意译：Special Uniform Security Squad）的负责人，该队是一队反游击队的部队。

矢吹，前准尉，于2月至8月期间主管元朗派遣队。

小田，前准尉，除了在4月至6月期间在总部负责处理特高班的职务外，他还于2月至8月期间，主管沙头角派遣队。

猿渡，前曹长，2月至8月期间曾在总部和沙头角派遣队服役。

毛保与佐佐木，前军曹，于2月至8月期间在沙头角派遣队服役。

渡边，上等兵，于2月至8月期间在上水总部服役。

首先，关于在上水总部以及两个派遣队，于沙头角和元朗发生的虐待平民事件，控方将会提供证据。华人受害人会亲自描述在这些地方发生的事件。以下是曾被使用的虐待方式：

普通的拳打脚踢

用香烟烧炙（囚犯）

吊飞机刑、水刑和电刑

命令犬只攻击囚犯

拒绝给予食物,导致(囚犯)营养不足

证据会显示所有被告均直接或间接参与虐待事件。这些酷刑引致的死亡也会被描述。

接着,关于两队日本反游击队部队,即特别制服防卫队和秘密武装队伍(意译:Secret Armed Squad),控方将会提出证据。有关1945年6月在八乡的一个村子里发生的突袭事件会被描述。这次突袭中有一人被处决,多人被虐待。证据会显示被告高山曾参与这场突袭,执行处决时山田(于香港战犯法庭接受审讯后,已被绞刑处决)亦在现场。证据会再次由当时在场的部分受害者在庭长阁下面前提出。

庭长阁下将会听到于1945年7月,在沙头角附近,鹿颈的一个村子里发生的另一宗突袭事件。被告猿渡随意杀害华人的事情也会被描述。

最后,于7月或8月在沙头角附近,禾坑的一个村子发生的突袭事件,将会由目击证人描述。被告毛保曾参与这次突袭,而他的所作所为会呈现在证人的证供之中。

如果庭长阁下允许,我希望可以开始提出控方证据。首先,我想向法庭提交一些认人手续的记录。

控方第二十七证人曾阿瑟的庭上证供

控方讯问

问：你叫什么名字？

答：曾阿瑟。

问：你的年龄是多少？

答：三十九岁。

问：你现在住在哪里？

答：元朗。

问：在哪里？

答：元朗合成街。

问：你做什么生意？

答：肥料。

问：1945年6月16日，你在哪里？

答：莲花地。

问：你可否告诉我们，当天发生什么事？

答：清晨，有十名日本人和二十名华人密侦来到我家，他们搜遍了整个房子但什么也没找到，所以他们带我去另一个隔壁的村子。

问：你记得是早上何时吗？

答：大约是早上7时。

问：那些日本人当中，你记得任何一人的名字吗？

答：不记得。

问：你被带到哪一个村？

答：我被带到一个叫莲花地的村子。

问：谁带你去的？

答：日本人和华人密侦。

问：那是早上什么时候？

答：7时。

问：他们7时来到你家，对吗？

答：对。

问：你在什么时候被带到另一个村？

答：大约二十分钟之后。

问：你到达莲花地村后，发生了什么事？

答：他们带我去见一名便装打扮的日本人，他带我到一片空地上。

问：你知道这日本人的名字吗？

答：我想他的名字叫新田。

问：你怎么知道他的名字？

答：后来他们告诉我的。

问：这人有否有任何别称？

答：我不知道。

问：之后发生了什么事？

答：他们拿了一些稻草放在空地上，并叫我坐上去。稻草是放在我背后的。

问：你有否听过一个名叫高山的日本人？

答：有。

问：如果你再看到他，能认得他吗？

答：能。

问：他今天在哪里？

答：第三号。

问：你可否前往犯人栏，假如认出他的话，请你轻碰他的肩膀。不要以任何方式攻击他。

法官：证人认出被告高山。

问：你第一次跟此人碰面是在什么时候？

答：他当天就在那里。

问：你现在告诉我们，当有一些稻草放在你背后时，你在莲花地发生了什么事。当时，你见到高山吗？

答：我当时没有看到他。

问：你可否准确地告诉我们，你第一次看到他是在什么时候？

答：我第一次看到高山时，他正坐在桌边吃早餐。

问：这是在同一天吗？

答：同一天。

问：你在哪里看到他？

答：莲花地。

问：那是早上什么时候？

答：我想大约是8时吧。

问：你认识一名叫范国良的人吗？

答：认识。

问：在该场合，你第一次看到他是在什么时候？

答：当他从他的车上被日本人和密侦带走的时候。

问：他从哪里被带走？

答：在他位于普卢（音译：Pol Lo）的花园。

问：你见到他时是早上几点钟？

答：我想大概是8点钟。

问：你在哪里见到他？

答：莲花地。

问：这是在你见到高山之前还是之后？

答：我先见到的是高山。

问：你看到范国良时，他是坐着还是站着？

答：坐着。

问：在哪里？

答：房子的门前。

问：你知道这间房子是谁的？

答：知道。

问：这间房子是谁的？

答：姓郭（音译：Kwok）的人的房子。

问：他当时是自己一个人，还是有人在旁边？

答：杜悦强和他一起。

问：他是谁？

答：他是上水的村长。

问：他当时在做什么？

答：他与范国良一起坐着，等待日本人把早餐吃完。

问：你知道这两人为何会以这样的姿态出现在那里吗？

答：不知道。

问：他们是活动自如的？还是被绑着？还是怎样？

答：他们自由地坐着。

问：他们维持了这样的姿态有多久？

答：直至日本人吃完早餐，杜悦强被传召入屋。

问：谁叫他进房里的？

答：新田。

问：他被传召进房子时，发生了什么事？

答：另一名日本人和约六名华人密侦进入屋内，之后我听到大叫声——他们打杜悦强。

问：你知道高山在哪里吗？

答：他在外面坐着。

问：谁主管这伙日本人？

答：我不确定，但我想可能是高山主管的，因为他身穿制服，佩长刀。

问：他是唯一一名佩长刀的人？

答：不，还有一些人也是。

问：什么原因使你认为他是负责人？

答：我只是看到他的制服像军官打扮，而且他佩有长刀。

问：有没有其他日本人也穿着制服？

答：有。

问：你知道有关军职肩章的事情吗？

答：不知道。

问：杜悦强在那房子里待了多久？

答：约半小时。

问：范国良在哪里？

答：他被带到另一间房子里去了。

问：另一间房子在哪里？

答：两道门以外。

问：他在那里发生了什么事？

答：我不知道。

问：你看到杜悦强走出房子吗？

答：对。

问：谁带他出来？

答：日本人和华人。

问：他出来时，状态如何？

答：他被殴打得很惨。

问：你可否解释"殴打得很惨"的意思？

答：他看起来很累，而且在哭。

问：他身上有任何伤痕吗？

答：我看不到。

问：杜悦强出来时，范国良仍在另一间屋子里吗？

答：范国良也被带到空地上。

问：何时？在杜悦强出来之后？

答：对，在杜悦强出来之后。

问：多久以后？

答：大约二十分钟后。

问：你为何能够看到这些情况？

答：我当时站在门口。

问：有否任何人阻止你站在那里？

答：没有。

问：范国良出来时，状态如何？

答：我没有太留意他。

问：他们二人被传召到空地时，发生什么事？

答：新田用柔道术打范国良。

问：高山这时在哪里？

答：他站在后面。

问：在谁后面？

答：杜悦强后面。

问：杜悦强这时在做什么？

答：他被迫要跪下。

问：被谁逼迫？

答：新田。

问：高山在哪里？

答：站在后面。

问：杜悦强跪着时，有否被虐打？

答：当时没有。

问：范国良被虐打了多久？

答：阿尔萨斯狼狗受令要咬他，他戴着头盔坐在那里。

问：然后发生了什么事？

答：他被新田踢了几次，之后新田走向杜悦强。他问日本人拿了一把长刀，并叫我和那些女士注意，接着他走到杜悦强面前，在我们面前把他斩首了。

问：新田跟你说话之前，高山在哪里？

答：他在旁边站着，然后新田走过来问高山拿刀——新田没有佩刀——所以他要问高山并与他交谈。

问：这事发生之前，高山跟你和该女士具体说了什么？

答：他说三名密侦于元朗锦田酒店被谋杀，所以他要砍三个人的头——我、杜悦强和范国良。然后，他说这次只有一人招供，所以他砍了他的头，但下次，他会烧光整个村子。

问：高山把刀挂在皮带上？还是他拿着？还是怎样？

答：在皮带上。

问：刀在鞘内？

答：有一个护套。

问：新田走近高山时，高山的态度如何？

答：他说日语，我听不懂。

问：他有否有交出刀？

答：有。

问：新田有否立刻处决杜悦强？

答：他叫我和那些女士看着斩首之刑。

问：他跟你说这些的时候手中有否持刀？

答：有。

问：有否任何人尝试阻止他处决杜悦强？

答：没有。

问：他被处决后紧接着发生了什么事？

答：他写了一张纸，贴在杜悦强身上。

问：谁写的？

答：新田。

问：尸体被遗弃在那里还是被带走？

答：尸体被遗弃在那里。

问：处决进行时，范国良的状态如何？

答：范国良在地上，躺在杜悦强旁边。

问：他有意识还是没有意识？

答：他没有意识。

问：处决后，他也留在那里？

答：对。

问：之后，你发生了什么事？

答：我和人群——那些女士——跑开了。

问：你记得任何一名当时与你一起目击处决的人的名字吗？

答：记得。

问：你可否告诉我们，他们是谁？

答：我不知道她们的名字，但她们是郭应（音译：Kok Ying）的妻妾，还有一名姓袁的女士。

问：你还认识其他人吗？

答：还有很多其他女士，但我不知道她们的名字。

问：处决之前，你和这些女士能够逃跑吗？

答：不能。

问：为何不可？

答：我们被命令要排成一行。

问：这命令是被如何执行的？

答：命令被执行，直至处决完之后。

问：他们叫你怎样站着？

答：我们都靠墙站成一排。

问：好，谁叫你站在那里？

答：新田。

问：有否任何人协助他叫你们站到那里？

答：没有。他命令我们要站到那里。

问：附近有否任何日本士兵？

答：有，有很多日本士兵，但他们站着守卫这地方。

问：他们有携带武器吗？

答：有的。

问：什么武器？

答：来复枪。

问：这些来复枪有多大？

答：他们有左轮手枪和来复枪——来复枪是这么长（比划长度）。

问：你指一些士兵有左轮手枪，一些有来复枪？

答：对。

问：当天，曾先生，你有否受虐？

答：有，早上当他们带我到莲花地时，我遭受虐待。

问：那是你第一次到那里？

答：对。

问：你知道谁负责是次虐待吗？

答：知道，新田。

问：他在那里？

答：对。

问：他的下属或其他军士在场吗？

答：一些华人密侦。

问：没有其他日本人？

答：有的。

问：有多少人？

答：大约十名日本人。

问：这次，你发生了什么事？

答：新田和一名密侦走到空地——他们把稻草放在我背后，并叫我招供承认自己是游击队员和英国特务，否则他们就要烧我。

问：接着，发生了什么事？

答：他叫我承认，我拒绝，于是他开始烧我。

问：他怎样烧你？

答：他在我背后点火，一名密侦就在前面用左轮手枪指着我。

问：他们烧你背后什么位置？

答：先生，我这儿仍有疤痕（臀部）。

问：还发生了什么？

答：当他烧我时我拒绝招供，而火快烧到我衣服的时候，他让我从火里出来。

问：接着发生了什么事？

答：他试图以金钱引诱我招供。

问：你有否再被虐打或施酷刑？

答：有，我拒绝（承认），然后他让我回去继续被火烧。

问：接着，发生什么事？

答：当我回到火里，火烧得正旺，他又把叫我出来。

问：你双手可自由活动，还是被绑着？

答：我的手可以自由活动。

问：如果你想的话能反抗吗？

答：不能。我会被枪击，他手上有左轮手枪。

问：接着，发生什么事？

答：他叫我在没有任何护送的情况下返回我的屋子，拿一些荔枝（水果）。

问：事实上在这次火烧虐待后，他们有否以其他任何方式虐待你？

答：没有。

问：这是在日本人吃早餐之前的事？

答：对。

问：这次，你是否还未见到高山？

答：新田带我到空地时，我没有见到高山。但之后，我回到房子里，看到高山坐在那里。

问：你家和你被火烧的地方，相距多远？

答：步行大约十分钟路程。

问：你是在被火烧后回到家时看到高山，还是在此之前？

答：不是，我回家拿荔枝到那个日本人坐着的地方，那时才看到高山。

问：就是在你被烧之后，对吗？

答：对。

问：他在你家做什么？

答：他在莲花地，不是我家——这房子不是我家。

没有其他问题。

辩方盘问

问：你提及在被捕当天早上，有十名日本人以及二十名华人密侦来到你家，我想知道这些人身穿什么衣服。

答：有些人穿制服，有些人穿便服。

问：华人穿什么衣服？

答：华人穿便服。

问：你第一次听见高山的名字是什么时候？

答：我从那些华人口中听到的。

问：你在什么时候听见他的名字？

答：后来。

问：哪里？

答：华人密侦那里。

问：你表示在被捕当天早上第一次看见高山时他正在吃早餐，当时他身穿什么服装？

答：他身穿制服。

问：他有没有携带任何武器？

答：他有一把长刀。

问：当时有多少人正在吃早餐？

答：我想大约有六个日本人。

问：那些日本人与逮捕你的日本人是同一批人？

答：对。

问：你怎么知道他们是同一批日本人？

答：因为唯一的成员在那里，所以我猜他在那里。

问：这些日本人在哪里吃早餐？

答：莲花地。

问：室外还是室内？

答：室外。

问：他们吃早餐的地方距离杜悦强被杀的地方多远？

答：很近，只有数英尺。

问：你在哪里第一次看见高山？

答：他坐在桌子旁。

问：这张桌子距离那人被杀的地方多远？

答：约十英尺。

问：那时候他在做什么？

答：他只是坐在桌子旁。

问：从那时候到杜悦强被杀为止，他到过哪里，做过什么？

答：杜悦强被杀时，他站在桌子旁。

问：杜悦强被杀后，高山没有走到该处？

答：没有。

问：当狗攻击杜悦强时，高山在哪里？

答：高山坐在桌子旁。

问：杜悦强被杀后，你有没有看见高山与新田谈话？

答：有，我看见他与新田谈话。

问：你知道他们在谈论什么吗？

答：不知道。

问：你觉得他们看起来在吵架吗？

答：不。

问：杜悦强被斩首后，他的尸体发生了什么事？

答：他的尸体被遗弃在地上。

问：他被斩首后没有任何事发生？

答：他的尸体被塞了一张写了字的纸。

问：有没有人曾经开枪？

答：有。

问：有人曾经开枪，是否正确？

答：是。

问：谁开的枪？

答：新田、日本和华人传译员。

问：日本人有开枪吗？

答：没有，他们向尸体开枪。

问：开了多少枪？

答：六到七下。

问：那时候高山在哪里？

答：那时候我怕得根本不敢看，我不知道他在哪里。

问：你提及行刑现场有些村民，他们站在多远的位置？

答：六英尺外。

问：你说你看见杜悦强被斩首，当时你距离多远？

答：同样距离，即是六英尺。

问：你说行刑时那里有些配备来复枪的日本人，多少日本人有枪？

答：我记不清楚。

问：大约多少？

答：我记不清楚。

问：那些配备来复枪的士兵身穿什么服装？

答：宪兵军服。

问：这些宪兵距离行刑地点多远？

答：他们在守在莲花地的道路上。

问：距离是多少？

答：我不知道距离。

问：你有没有出席今年1月29日在八乡举行的列队认人手续？

答：有。

问：举行列队认人手续的地点是位于室内？

答：在室外。

问：那时候你第一个认出的人是谁？

答：我不知道那个日本人的名字。

问：接着你认出谁？

答：接着我认出高山。

问：你在被捕前见过高山？

答：你的意思是？

问：你在被捕前是否见过高山？

答：我在莲花地见过他，那时候他向我这边进发——我看到一队人马向莲花地进发。

庭长：我不认为辩方律师的问题是这个意思。他想问你当天之前有没有见过高山。你在他来到莲花地以及发生那些事情的那天之前，有没有见过他？

答：没有。

问：你认出高山前，即是你认出第一个人之后，有没有人在大厦内大叫？

答：没有。

问：在认人手续期间，你是否曾被一名英国军官审问？

答：不，我没有被审问。

问：你没有录一份证供？

答：没有，不是那个时候。

问：但你曾被审问，是否正确？

答：不，我没有被审问，那是另一个人。

辩方律师：我没有其他问题。

控方不再覆问。

庭长提问

问：你有否留意到，高山来到莲花地当天，身上有否佩戴了任何种类的军阶徽章？

答：没有。

问：你没有在他的衣领上发现任何东西？

答：我很害怕所以我不够胆看他。

问：将杜悦强斩首的那名男子新田是不是也一样，你留意到他的衣服上有什么任何特别的东西吗？

答：他那时作便装打扮。

问：你说在这个认人手续中，你并不知道第一个被你认出的日本人叫什么名字。你之前在哪里见过这个人？

答：我觉得他是其中一名男子，这名日本人曾协助新田在莲花地的房子内殴打杜悦强。

问：你相信你曾看到他进入杜悦强被殴打的房子，是否正确？

答：对。

问：你可知道你认出的那名男子在哪里？

答：知道。

问：他在哪里，他今天是否在庭上？

答：我会看一下。

问：请你走近被告，另外如果你认出那名男子，请你轻轻触碰他的肩膀。

证人触碰被告矢吹力荣准尉的肩膀，并说："这就是我在认人手续中认出的那名男子。"

问：当时你认出高山后，你有没有说些什么？

答：我说他就是那时在莲花地的其中一人。

问：高山有没有说什么？

答：有。

问：你记得他曾说过什么吗？

答：他否认他曾在莲花地。

问：新田来找高山取长刀，两人是否在他取刀前进行谈话？

答：是。

问：对话后，高山具体做了些什么？

答：他与新田交谈，然后把长刀交给他。

问：他亲自拔出刀，并交给另一名男子？

答：是的。

问：你告诉法庭你背后的一些稻草被人点燃，是谁点的火？

答：新田。

问：你的衣服是否被烧着？

答：衣服被烧成咖啡色。

问：烧焦了？

答：对。

问：谁给你钱以游说你供认曾担任一名英国间谍？

答：新田。

问：他除了坐在桌边并将长刀借给新田，你有没有看见高山做其他事情，或下达命令以积极参与在莲花地发生的事情？

答：不，他只是与新田和其他日本人谈话。

问：你告诉法庭你认为高山是负责管理这个团伙的人，有什么原因令你这样想？

答：因为每次新田与高山谈话后，高山都会走在前方，因此我认为他是领导，但我不太肯定。

问：你可否向法庭解释一下，你认为高山是领导的原因？

答：他看起来是领导，因为他说话时，新田一直在聆听，而且他有一把很长的刀以及一套很好的制服，因此我认为他是领导。

问：你告诉法庭那里有其他日本人也有佩刀，是否正确？

答：是的。

问：你可记得那里有多少人？

答：三或四人。

问：就你的观察，当新田与高山谈话或是其他日本人与高山交谈时，他们的态度是否恭敬，或是他们有否向他敬礼？

答：是的，我认为他们向他敬礼。

问：你认为他们有向他敬礼？

答：对，但这是很久以前的事了，我记不清了。

庭长（向辩方律师）：就法庭对证人的提问，你会否希望向证人提出其他问题？

辩方律师：希望。

问（辩方律师）：你刚刚认出的那个人，你曾否在认人手续之前见过他？

答：你的意思是？

问（辩方律师）：今天你认出的那名人士，我想知道你在认人手续中把他认出之前曾否见过他？

答：没有。

没有其他问题。

庭长：你向法庭表示你认出的那名男子曾在莲花地出现？

答：是的，我认为他就是那名男子，而当我把他认出时，他说他并不在场。另一名男子留有小胡子，他的脸看起来很像那人，但那人没有留有小胡子。

问：他出现在莲花地当天身穿什么服饰？

答：他穿便装。

庭长向检控官：你有没有任何问题想向证人提出？

检控官：法庭可否检验证人背部的疤痕？

证人脱下了他的大衣和衬衣，法庭在脊椎右侧发现一道不规则形状的疤痕，约在右肩膀下方二点五寸的位置。没有任何东西可以向法庭证明这道疤痕已存在多久或是由什么原因所造成。

庭长：欧斯比少校（Major Ormsby），可否让证人接受医生检查？

检控官：好。

庭长：有待再次传召接受医学检查，证人可以退下。

控方第二十九证人陈英才的庭上证供

控方讯问

问：你的名字？

答：陈英才。

问：年龄？

答：二十四。

问：现时地址？

答：新界沙头角鹿颈村。

问：1945年农历六月三日，即1945年7月11日，你身在何处？

答：我在鹿颈村。

问：那天发生了什么事？

答：那天，一个叫猿渡的日本人与大约十名日本人，一同来到我的村子。

问：他们在当天什么时候来到？

答：我不知道具体时间，但是在下午时分。

问：如果你再见到猿渡本人，你可否再次认出他？

答：应该可以。

问：他今天在哪里？

答：正在站着的那个人，从这边数第二个。

问：你可否过来犯人席这边，如果你认得任何人，你可否碰他肩膀？不要掌掴或打他，否则你将会在本庭内被检控。

证人步向犯人席，并触碰被告——猿渡德重曹长。

问：当你看到这帮日本人时，你是否在村内？

答：我在同一个村内。

问：他们全是日本人，还是有华人在内？

答：有几个华人。

问：这帮人穿什么衣服？

答：日本人穿制服，而华人穿便服。

问：你是否记得这帮人之中有多少个日本人？

答：我不肯定。

问：你肯定那里总共约有十个人？

答：多于十人。

问：那里多于二十人还是少于二十人？

答：多于二十人。

问：多于三十人还是少于三十人？

答：我不太肯定，但大约是二十到三十人。

问：你可记得他们是否每个人都配备武器？

答：是的。

问：配备什么？

答：那里有来复枪、手枪，我记得还有一台机关枪。

问：猿渡身穿制服？

答：是的。

问：他配备武器？

答：是的。他有一把左轮手枪。

问：谁管理这帮人？

答：猿渡。

问：你怎么知道？

答：那时候他负责管理沙头角，沙头角每个人都知道。

问：我们正在谈论的这天下午，是你第一次看见猿渡吗？

答：是。

问：当你在田野第一次看到这帮人时，你距离他们多远？

答：离他很远。

问：有多远？

答：比那边的那间屋还要远。

法庭估计距离比80码略远。

问：你可以从那么远就认出猿渡？

答：那时候我没认出来。

问：你怎么知道他与他（们）在一起？

答：那帮人走过来，当他们走到我身旁，他将我逮捕。

问：你被带到哪里？

答：当他逮捕我后，将我穿过田野并带到了山上。

问：你独自被捕还是与其他人一起被捕？

答：同村有另外两名村民与我同时被捕，但他们在途中就被释放了。

问：你到了山上以后发生了什么事？

答：当我到山上，那里有一名叫李海才的男子和几名密侦。密侦向猿渡说了有关李海才的事，然后猿渡拿起来复枪并对他开火。

问：直到你在田野里被捕的时候，日本人有否开枪？

答：有，日本人开了很多枪。

问：你是否在被逮捕前很久就听到过这些枪声？

答：是的，我在被捕前，听见了很多次枪声。

问：你听到枪声从哪个方向传来？

答：从日本人那边。

问：枪声来自村里还是其他地方？

答：在田野里。

问：当你听到枪声时，是否看到了那帮人？

答：对，我看到了。

问：你第一次听到枪声时，他们距离你多远？

答：由这里到另一边的那排房子，约为这个距离的1.5倍。

法庭估计距离约一百二十码。

问：当你第一次听到枪声时做了什么？

答：我第一次听到枪声时，仍在田野里。

问：你后来听到枪声时，仍然逗留在同一位置？

答：那时候我正在收割（庄稼），拿着两个篮子。

问：当你听到枪声时，李海才在哪里？

答：当我听到枪声时，我没看见李海才在哪里。

问：你听到枪声时仍然拿着篮子？

答：对。

问：当日本人将你逮捕时，你仍然拿着篮子？

答：对。

问：你在田野里被捕的位置距离你在山上逗留的位置有多远？

答：你是指李海才被枪击的那座山？

问：你说你被捕后，被带到山上某处地方？

答：大约与我在田野里第一次看到日本人时的距离一样。

问：他来自哪里？

答：其实李海才是来自禾坑村，但他来我的村子拜访他的朋友。

问：李海才在你到达山上后多久出现？

答：我到山上十分钟后就见到了李海才。

问：当你在十分钟后看见他，他是自己走过来的还是被别人带过来的？

答：他是自己上的山。那时候日本人起疑心，便将他们看到的一些人逮捕了。而李海才是来自另一个村的，他只是来我的村子里拜访朋友。

问：这时候，为数二十到三十名男子的那帮人在你身边？

答：在这帮人之中有十人是华人，他们包围这个地方，而其他人则分散在田野里，负责守卫这个地方。

问：这时候猿渡在哪里？

答：猿渡在我前面。

·331·

问：李海才在山上被捕的确切地点是哪里？还是在其他地方？

答：日本人一看到李海才就将他逮捕了，还对他开枪了。

问：现在请清楚解释开枪的过程。这时候你是绑着，还是随意地站着，或是怎样的？

答：我是被绑着的。

问：你是站着、蹲下、坐着，还是怎样的？

答：站着。

问：你曾否被人审问？

答：没多久我就被审问，他们要求我出示一份可以证明我来自那个村子的文件。

问：李海才是否在你被审问期间出现？

答：事情是这样的。当我在田野里被捕，我就立刻被绑起来，然后又被带到山上。当我穿过田野并在十分钟后抵达山边，两名密侦看见李海才并立即通知了猿渡。这时猿渡拔出手枪并向李海才开枪。李海才中枪后被带到山上一处树荫下审问。他在审问后被搜身，但他们在他身上并没有任何发现。

问：李海才中枪时，他距离你多远？

答：很近。

问：多近——你能用这间房内的一些物体作比较吗？

答：从这里到那边坐着的两位英国官员（顾问官）。

庭长：法庭估计距离约十二英尺。

问：猿渡距离李海才多远？

答：从这里到检控官那边。

庭长：法庭估计距离约八英尺。

问：李海才被枪击的那刻他正在做什么？

答：他中第一枪时不能说话。

问：当李海才中第一枪时，他是否正在逃跑？还是他正坐着，或是躺着？他当时正在做什么？

答：当他中第一枪时他就倒下了，然后就被挪到了树荫下——接着他被审问、被搜身，搜完身后他又挨了第二枪。

问：李海才中第一枪时，他是否在逃跑？

庭长：欧斯比（Ormsby）少校，这问题太具引导性——驳回发问。

问：李海才中第一枪时身体是什么姿势——他是坐着、站着，还是怎样的？

答：他中第一枪就倒地了。

问：在当天，李海才被射杀前，你有没有见过他？

答：我没有见过他。

问：因此，你在他中枪时才第一次看到他，是否正确？

答：对。

问：当他中枪时，你能否看到他是站着、躺着还是怎样？

答：他倒在地上。

问：他被枪击前已经倒在地上？

答：被枪击前他坐在地上。

问：他哪里被击中——他被第一次枪击时身体哪部分中枪？

答：我不知道子弹射中哪里。

问：你怎么知道他中枪了？

答：因为他们距离很近，他一定是瞄准他。

问：他在地上移动、站着，还是怎样？

答：他动也不动。

问：开了第一枪后发生什么事？

答：开了第一枪后，猿渡和另一个日本人将他带走了。

问：他们将他带到多远？

答：距离很近的地方。

问：有多近？

答：大约与猿渡和李海才两人的距离一样。

问：接下来猿渡做了什么？

答：猿渡对他进行搜身。

问：是的，那他搜到了什么东西吗？

答：什么也没搜到，除了一份证明。

问：这时候李海才仍然活着？

答：他仍有呼吸。

问：他搜身后发生了什么事？

答：他在搜身后又对他开了一枪。

问：猿渡自己一个负责搜身？

答：除了他自己，还有一些日本人。

问：这一次他对他身体哪个部分开枪？

答：我不知道。

问：你看见血？

答：是的。

问：血从身体哪一部分流出来？

答：这一部分。

庭长：证人指出是腹部以及胸骨左边。

问：李海才中第二枪后情况如何？

答：日本人在开了第二枪后离开了那里，并将我一起带走——李海才死了。

问：他在什么时候死了？

答：他在中了第二枪后很快就死了。

问：你怎么知道？

答：因为他中了第二枪后动也不动。

问：他仍有呼吸？

答：我看见他的身体动也不动，因此我推断他已经断气了。

问：谁将你带走？

答：其他日本人。

问：你知道李海才的尸体怎么了吗？

答：日本人接着把我带到沙头角，当我被释放后，我听说李海才的家人将他埋葬了。

问：当你离开李海才被枪杀的位置时，有没有人留在他的尸体旁？

答：没有。

问：你怎样从你的村子前往沙头角？

答：从我村子出发，我们需要前往乌蛟腾，接着穿过谷埔，并在那里坐船到沙头角。

问：谁将你带到沙头角，是日本人、华人还是其他人？

答：日本人。

问：你可知道猿渡在哪里？当你被带到沙头角时，他在哪里？

答：猿渡在沙头角。

问：你从村子到沙头角的途中，他沿路曾否在任何时候随行？

答：有。

问：当你被人带到沙头角时，他起初并不在场，是否正确？

答：他在场，我们是一起去沙头角的。

问：你在当天什么时候到达沙头角？

答：我不清楚时间因为我没有手表，但到达沙头角时正值黄昏。

问：天已经黑了？

答：天还没黑。

问：你被带到沙头角哪里？

答：沙头角宪兵部。

问：在路上，有没有人与你一同被带到宪兵部，还是只有你一个人？

答：没有。

问：只有你自己，对吗？

答：对，是的。

问：你到达宪兵部后发生的第一件事是什么？

答：抵达沙头角后我被关押在一间羁留室里，接着我在当晚被殴打。

问：你曾被日本人审问？

答：没有。

问：谁殴打你？

答：猿渡。

问：你在哪里被他殴打？

答：沙头角宪兵部。

问：这发生在你被关押的地方还是其他地方？

答：猿渡来到牢房将我带出来并殴打我。

问：他将你带到哪里？

答：我被带到猿渡工作的地方。

问：这个地方距离你的牢房多远？

答：从这道墙到那道墙的距离。

问：你是指犯人席后方的那道墙？

答：窗户旁的那道墙。

庭长：顾问官于法庭内踱步，报告距离为正常步伐十八步。

问：你怎么知道猿渡在这里工作？

答：当我在沙头角时可以看到宪兵部——宪兵部地方不是很大，所以我可以看到他在哪里工作。

问：在这天之前你有没有见过猿渡？

答：有。

问：你之前在哪里见过他？

答：沙头角。

问：沙头角哪里？

答：沙头角的大街上。

问：你曾在他的办公室里见过他？

答：没有。

问：那么你怎么知道这是他的办公室？

答：我从很多人那里都听说到了。

问：你到这个办公室后，第一件遇到的事是什么？

答：我一进去就被殴打了。

问：你有没有被问任何问题？

答：他说了一些话——我不明白——接着他殴打我。

问：除了你和猿渡，还有没有什么人在房内？

答：有，那里有四五个日本人。

问：那里有没有华人？

答：没有。

问：他用什么殴打你？

答：一条这么长、这么粗的棍子。

庭长：法庭估计长度约为四英尺，厚度约一点五英寸。

问：棍子是什么做的？

答：木头做的。

问：他打你身体哪部分？

答：全身都打了。

问：哪一部分？他打你全身，还是身体某个部分？

答：全身，包括脚。

问：他有没有打你的头？

答：没有。

问：他有没有打你的手臂？

答：有。

问：你被打了多少下？

答：我不知道。

问：殴打持续了多久？

答：大约两三分钟。

问：你被殴打时，双手是被绑着，还是能活动自如？

答：是的，我被绑着。

问：你的双手在哪里——身前或是身后？

答：在我身后。

问：你是站着、跪下，还是怎样？

答：我站着。

问：你被殴打后发生什么事？

答：殴打后我被带回牢房。

问：你在那里有没有被再次折磨或虐待？

答：没有。

问：你什么时候在沙头角被释放？

答：日本人投降时。

没有其他问题。

辩方盘问

问：你说你身在田野时看见猿渡，当时他身穿什么服装？

答：当时他身穿制服。

问：他穿什么鞋？

答：皮鞋。

问：他有戴帽？

答：有，一顶军帽。

问：他身上有什么武器？

答：他有一把手枪。

问：在此之前曾否见过猿渡？

答：有，我曾在沙头角见过他。

问：当你身在田野时附近有没有其他华人？

答：有。

问：多少人？

答：你是指那些跟日本人一起来的华人？

问：我是指除了那些跟日本人一起来的华人以外的人。

答：有，除了那些华人外，田里还有很多村民。

问：田里的华人中有你认识的人吗？

答：是的，我认识他们。

问：他们是谁？

答：那里有些女人。

问：你被带到沙头角后被送进一间牢房，那是一间什么类型的牢房？

答：这是一个很小的牢房。牢房的宽度和这块黑板的宽度差不多，但牢房更长。

庭长：法庭估计宽度约是三英尺半到四英尺。

问：这个牢房位于宪兵部内哪个位置？

答：位于宪兵部的左边。

问：你说你被带到猿渡工作的地方——宪兵部内部的间隔是怎样的？

答：我身处的牢房在英国人统治时是一间用作存放药物的房间，而我被带到审问和虐待的另一个地方原本是一家商店。

问：我想知道猿渡工作的房间内部构造是怎样的。

答：那是一间用水泥建造的房间。

问：房间有多大？

答：那是个正方形建筑——那三条柱子那么宽。

庭长：法庭估计牢房的面积约为二十七平方英尺。

问：在你被关押期间，有没有任何你认识的人与你一同被关押？

答：有。

问：他的名字？

答：李君福（音译：Li Kwan Fok）。

问：他是唯一一人？

答：还有李日生（音译：Li Yat Sang）。

问：就只有他们两人？

答：对。

问：他们在什么时候被关押？

答：我不知道。

问：他们何时被释放？

答：我们同一时间被释放。

辩方律师：我完成盘问了，庭长阁下。

控方不再覆问。

庭长提问

问：你告诉法庭，你看见李海才之前，曾听到你声称是来自日本人的枪声，你知道日本人向什么人开枪？

答：我不知道他们向什么人开枪。

问：猿渡使用什么向李海才射击？

传译员向庭长：你是指证人看见李海才之前？

问：你告诉法庭他首先拿起来复枪向李海才开枪——我想知道他第二次向李海才开枪时使用的什么？

答：一把来复枪。

问：当你看到李海才被枪杀的时候，有没有其他村民在场？

答：是的，有。

问：你记得谁在该处？

答：黄冠泰（音译：Wong Koon Tai）。

问：还有其他人吗？

答：陈冠麒（音译：Chan Koon Ki）。

问：只有那两人——那两人在什么地方？

答：他们与我一起站着。

问：那么，那两个人来自哪里？

答：他们也是在田野里被捕的。

问：你向检控官表示——"有另外两名村民与我一同被捕但在中途被释放"——你这是指什么——到哪里的半路？

答：那是李海才被枪杀后发生的事。

问：你也曾告诉法庭，"我到达山上后十分钟看到李海才——他自己来到山上"——你是指你看着他走到山上？

答：我没有看着他走到山上——当我到达这座山——十分钟后两名密侦看见李海才，当密侦告诉日本人后，接着我就看到了李海才。

问：当这两名密侦和你看见李海才后，密侦接下来与你谈话——当时密侦距离李海才多远？

答：很近，李海才在树荫下，而两名密侦与他距离很近。

问：你可否告诉法庭那里的情况如何——这座山上的地面如何——那是个有草丛和树木分散生长的空旷地方，还是个竹林，或是树林之类？

答：那座山是一片荒地——没有人在那里耕作——然后——那里有些矮灌木丛。

问：你知道为什么李海才会被带到这样的一片荒地吗？

答：我不知道。

问：你在华人来的那天之前，曾否见过李海才？

答：没有。

问：你谈到那里的矮灌木丛——李海才当时就在这些矮灌木丛中？

答：那里的山顶都有一些这样的荒地，四周长着矮灌木丛，而李海才就倒在那里。

问：他倒在那里的时候，面部朝天还是背部朝天？

答：在他被射杀前——我不知道。

问：你是否觉得当你看到李海才的时候，他已经倒在灌木丛中？

答：我不知道。

问：你告诉法庭当你与日本人到达山上之际，是所有人看到李海才前十分钟的事情——那段时间发生了什么事？

答：当我在田野里被捕后，被带到山上，途中有另外两名村民被捕——然后我们到达山上，并在十分钟后看见李海才——我当时不知道发生了什么事。

庭长：就法庭的提问，广濑先生(Mr. Hirose)，你有没有问题希望提出？

辩方律师：没有问题。

庭长：欧斯比少校，就法庭的提问，你有没有问题希望提出？

检控官：我希望透过庭长提问一条问题。

检控官：当李海才第一次被猿渡枪击时，猿渡站在一个怎样的地方上？

庭长：你可以问这个问题。

证人：那是一片草地。

检控官：猿渡是站在草地上，对吗？

证人：是的，草不是长得很高，就像外面庭园的那些草。

庭长：证人可以退下。

控方结案陈词

各位，由于这单一公诉性质广泛、牵涉被告众多以及控辩双方在上庭前需要筛选大量证据；因此，案件的审理过程耗时且费力。

但是，从大量的证据中，可见1945年2月底至1945年8月15日期间，香港新界上水地区宪兵队的各个宪兵部发生过的事件情况。

让我们先按照庭上作供次序，审视证据。控方第二证人蔡发（音译：Choy Fat）、第十五证人关景（音译：Kwan King）、第十六证人侯根梅（音译：How Kou Mui）、第三证人张乐（音译：Cheung Lok）、第四证人张国泰（音译：Cheung Kok Tai）、第六证人林少满（音译：Lum Siu Mun）、第五证人李德（音译：Lee Tak）和第二十八证人黄福霖（音译：Wong Fuk Lam）曾描述在上水总部发生的事件。最后五名证人曾就张候（音译：Cheung How）的死亡事件作供。

在费了不少周折后，蔡发告诉我们，他曾于3月1日后，在一楼被小畑（被认出）审问过仅一次；那次，他被吉冈（Yoshioka）带到厕所，接受水刑。他说早在1月和2月时已遭受过吉冈这人虐待。他也描述了在他被拘留的整段期间，即1月9日至4月4日期间，其他囚犯所遭受的虐待。他告诉我们在接近3月底时发生的两宗死亡事件。那些囚犯死亡之前，提到自己曾被吊起来和施水刑。（当局）拒绝（提供）医疗设施，没有任何冲洗设备，而被拘留者身上长满虱子。小畑每月巡视牢房约一至两次。

控方第十五证人关景作证指在1945年6月，他被渡边（被认出）逮捕和施酷刑。酷刑包括：吊起、被殴打、被香烟烧炙、水刑和脚踢。他记得控方第十六证人侯根梅也在同一时段被拘留；有一次，他看到侯根梅穿着湿衣服回到牢房，手腕有瘀伤。这证人（关景）也展示了背上和手腕上的疤痕。

控方第十六证人侯根梅告诉我们于6月期间，他被一名叫小稹（Siu Chan）的日本人所施的虐待。他也见过关景的伤痕。

我不希望详述有关拿取张候遗体的证据。他的两名亲属，张乐和张国泰告诉我们，他们看到他遗体的背部有疤痕，右眼受损，肋骨是突出来的；而张候于1945年5月被捕时身体健康。两名苦力，李德和林少满没有看到遗体的其余部分，只留意到其右眼肿胀。这两名证人还告诉我们，1945年2月至8月期间，他们曾于其他情况被叫到宪兵队去把尸体搬走；李德提到数字，说在2月至6月间，每月有八到十具。事实是，与警署相比，有更多的尸体是从其他位于西江园（Sai Kon En）一建筑物里搬出来的，所以在该时段内，数目会是每月十至十五具。他还提到尸体上有疤痕，也有饿死的迹象。控方第二十八证人黄玉霖（音译：Wong Yuk Lam）于1945年4月2日被捕。他被一名不知名的日本军官殴打和吊起。他在那里认识了张候。张候告诉黄玉霖，说在他（黄）被捕后第十二或十三天，他在接受审问时被殴打；当他被拘留二十八天后获释时，他（张）仍在那里。

辩方第三证人，即被告渡边说他从1945年2月开始，直至投降，都在上水总部，承认曾逮捕关景，并说他在一间没有门的车房前站着看守，车库是用来作审问的，天花板架着横梁；有时，他要在牢房外面站岗；车库于1945年5月建成之前，他要押送囚犯到其他地方接受审问；简单和历时较短的审问需时10~15分钟，而历时较长的则要一个小时以上。

庭长阁下可透过控方第七证人文英寿（音译：Mun Ying Sau）、第八证人文平泰（音译：Mun Ping Tai）、第九证人张永乐（音译：Cheung Wing Lok）、第十证人张华炳（音译：Cheung Wah Bing）和第十一证人文森福（音译：Mun Sam Fook）提出的证据，了解在元朗派遣队发生的事件。

文英寿告诉我们，他在三个情况下被审问和虐待。他于1943年3

月28日被矢吹（被认出）逮捕。酷刑包括：水刑、烧炙、电刑、一般殴打以及被阿尔萨斯犬攻击。他的审问由一名会说粤语、名辻冈（Sup Kong）的日本人（执行）。他说他被施酷刑时，负责军官矢吹一直在场。文英寿（较年轻的）告诉他，说他曾被矢吹施水刑。他看到他（文英寿）的膝盖全是血，被告知他（文英寿）曾被辻冈殴打。文清乐（音译：Man Ching Lok）和文瑞福（音译：Man Sui Fok）二人均告诉了他，他们怎样在矢吹手下被虐待。他也看到他们的身体上有疤痕。这名证人还描述了陈锦福（音译：Chang Kam Fook）于1945年5月3日在第四牢房死亡的事件；陈锦福告诉证人他过去曾被虐待。牢房的肮脏情况以及矢吹有时每天会探访一次的事情也被提及。

文平泰于1945年4月4日被辻冈逮捕，他本人没有被虐待，但能够告诉我们有关文英寿（较年长的）的被虐情况。陈锦福告诉文平泰，说他曾被辻冈殴打。这名证人协助把陈锦福的尸体搬离牢房，被告知他（文平泰）说陈锦福在死亡前并没有被给予药物治疗。他认得矢吹是负责军官，而且曾巡查牢房。

文森福告诉我们，有关他在1945年3月28日一次被矢吹（被认出）殴打的情形。

张永乐和张华炳二人在1945年8月1日被矢吹（二人都认出他）逮捕。矢吹下令将前者殴打、施水刑和烧炙。他（张永乐）看到张华炳穿着湿衣服回牢房，然后张华炳告诉他，说他曾被施水刑。这名证人告诉我们他与卢亚平（音译：Loh Ah Ping）的对话，卢亚平告诉他，说被拘留了四个月（自4月开始）和曾被施水刑。他（卢亚平）在8月4日或5日，在第四牢房死亡。矢吹过去惯常于早上和晚上探监，有时候，一天会探监三次。牢房情况肮脏。在矢吹审问时，一名叫方功华（音译：Fun Kun Wa）的宪查从旁协助他。

张华炳于两个情况接受过水刑，而辻冈也在密侦方功华和李桂生的协助之下，殴打他。这名证人看到张永乐审问后回来时，穿着湿衣服和破烂的裤子，胃部位置上方有烧过的疤痕，而且大腿有血；张永乐跟这名证人说矢吹要负责任。接着，他（这名证人）告诉我们，卢亚平对他说自己曾受水刑。日期和名字没有被提及。他在第一牢房内死亡时非常瘦弱，当时证人在第四牢房。

被告矢吹提供了大量的数据给我们。他告诉我们，说他和他的下属于1945年3月底至8月初期间，逮捕了与游击队活动有关的人士。他告诉我们，说辻冈（Tsujioka）军曹能说流利粤语，是两场审问的主要审问者；他（矢吹）曾造访于4月时进行的第一场审问。虽然无法成功得知与中文读音"辻冈"对应的日本名字，但我认为他就是辻冈军曹。每名与元朗有关的证人，来到法庭时，都提到过他的名字，他不是在他们被逮捕时，就是于被审问时在场的日本人。关于一名被拘留者在1945年4月死亡一事，矢吹认为那人是警务局的疑犯。除了张锦福之外，可能发生了另一宗死亡事件，因为辻冈作为一名宪兵，怎可能与警务局的审问有关呢（透过文平泰）？他告诉我们，说他太忙于兴建防空壕，而未能正式参与于4月进行的审问。当然，辻冈有足够能力主理审问的话，就算得不到矢吹的协助，他也有足够能力执行逮捕。

我认为被拘留人士很惧怕被命令要攻击他们的犬只，是非常合理的。根据矢吹的描述，那里有动物不足为奇。我引述他的话："那狗的鼻子很怪，再者它会捉老鼠；对我来说，它不像是一只狗……它有时会吠。"很有可能，这些小狗在8月时，已长得相当大了。除了这只狗，他（矢吹）告诉我们，还有一只属于新田的猎犬，是牧羊犬与唐狗的混种。他承认要负责牢房的清洁，并告诉我们，他会探望他们。他说，文英寿指称那个受水刑的地方，从未被用作审问房。我认为这地方和他在视察时向我们展示的房间都非常适合施行那闻名于世的水刑，水龙头、盆子、旋转椅子和稳定、源源不绝的供水，可谓一应俱全。天花板上，有木柱支撑铁板，而这与矢吹在庭上所言有矛盾。

接着，我会处理在沙头角宪兵部发生的事件。从比例上看，这里的活动占证据的较大部分。一如以往，有关疑犯都被指控与共产党或当时相当活跃的游击队有关。关于在元朗进行的逮捕案件，看来是同样的随意。任何人只要看起来可疑，便会自动被捕，然后被强行带到宪兵队，接受严厉的审问。控方第十二证人钟安（音译：Chung On）、第十三证人张国文（音译：Cheung Kok Mun）、第十四证人唐劳（音译：Tong Lo）、第十七证人邓顺（音译：Tang Shun）、第十八证人钟健泰（音译：Chung Kin Tai）、第十九证人李送（音译：Lee Sung）、第二十证人李福（音译：Li Fuk）、第二十一证人郑三才（音译：Chang Sam Choy）、第二十二证人陈天送（音译：Chan Tin Sung）、第二十三证人罗贵（音译：Lo Kwai）、第二十四证人唐舟（音译：Tong Chau）、第二十五证人陈福昌（音译：Chan Fook Cheung）都提出了有关证供。以上每名证人都作证指出，于1945年7月中审问进行期间曾发生虐待事件。

钟安于1945年7月15日被猿渡（被认出）逮捕，其头部被猿渡殴打了四小时，直到他昏倒为止。他向法庭展示其头部的伤痕。他也留意到被告毛保（被认出）也有参与是次殴打。那里没有冲洗设备。除了亲属带来的食物外，未曾给予食物。

翌日，张国文被猿渡（被认出）逮捕。他被猿渡殴打两小时。毛保（被认出）也在场。除了家人提供的食物外，未有给予食物。

唐劳在同一天被猿渡和毛保（二人同被认出）逮捕。他被二人殴打。猿渡看似是审问的主理人。

邓顺于7月14或15日被猿渡（被认出）逮捕。他被毛保殴打。他被殴打时，猿渡在隔壁的房间。这名证人投诉是次殴打导致他的生殖器至今依然肿胀。证人米恩（音译：Milne）告诉我们，说检查过证人（邓顺），肿胀是曾因受重击所致。

钟健泰于1945年7月16日被猿渡和毛保（二人同被认出）逮捕。他被猿渡审问和殴打。他看见钟安的头部有血，钟安告诉他说曾被猿渡和毛保攻击。

李日送（音译：Lee Yat Sung）于7月15日被猿渡逮捕。他被一名不知名的日本胖子审问。他作证指出牢房的肮脏情况。

罗贵在农历六月某日（7月9日—8月7日期间）被猿渡逮捕，而他颇为有力地认出此人。他被猿渡审问和殴打,也曾被毛保(被认出)殴打。牢房十分肮脏,而且他只能在家人获准探望时,从他们手中获得仅有的食物。

唐舟也是在农历六月被猿渡和毛保(二人同被认出)逮捕,于宪兵队的建筑物被审问和殴打。在毛保殴打人的同时,猿渡坐着写字。他被殴打前,猿渡与毛保曾有对话。

陈福昌在农历六月被猿渡和毛保(二人同被认出)逮捕。他被毛保审问和殴打。罗贵、邓顺和唐舟均告诉他,说曾被毛保殴打。证人李福、郑三才和陈天送均指出被告佐佐木负责虐待他们,或是牵涉入虐待他们的行为。

李福说他于7月11或16日被佐佐木和猿渡(被认出)逮捕。他告诉我们,那时佐佐木留有小胡子。他未能在法庭上认出佐佐木,但能够从相片(证物S)中把他认出来,相片中的佐佐木留着小胡子。他告诉我们说,有一次在审问期间,佐佐木和其他日本人交谈过后,他被吊起来十分钟。辩方要求证人写下在佐佐木衣领上看到的文字:结果翻译成"Si Si Ki"(证物M)。除了家人带来的食物以外,未曾给予食物。

郑三才于7月11或16日被佐佐木(被认出)逮捕。他被一名不知名的日本人审问、殴打和吊起。佐佐木命令他工作。他的牢房很肮脏。

陈天送于7月11或16日被佐佐木(他只从相片,即证物M,认出被告)逮捕。他被审问,猿渡(被认出)和佐佐木当时均在场。他告诉我们说,每当佐佐木对一些日本人打手势后,他就被殴打。当时,猿渡坐在他后面。殴打期间,他与佐佐木都留下来。接着,他看到佐佐木再打手势,然后他就被吊起。证人被要求写下在佐佐木胸口看到的文字,结果被翻译成"Sasa"或"Hidari"(证物N)。

猿渡告诉我们,由于一名传译员失踪,他亲身与其他人于1945年7月15和16日执行逮捕活动。他告诉我们,他记得在第一次逮捕中,逮捕了钟安、邓顺和罗贵。他收到小田准尉的命令,要宪查执行审问。他接着告诉我们,问话在等候室和瞭望塔的地下进行。第一场审问由下午6时半开始，直到晚上9时半。他曾于晚上6时半至7时以及晚上9时至9时半在场。这一小时内，他有到场并观看事情进展。假设他说的是真话，我认为这已有足够的时间，让疑犯好好把他认清楚。翌日，他在其属下的派遣队队长和其他人的帮忙之下，召集更多疑犯。他们再次采用了一贯的程序。任何人士如果运气不够好的话，就会在路上被随意围捕。这一次他们收获甚多，准确来说逮捕了二十人。他接着说，审问都在跟前一天相同的房间进行。又如他所说，他再次探访这两个地方，"向宪查讲解基本情况"。这次，审问在早上和傍晚较早时分进行。在现阶段，我想先引述被告的某部分供词。关于7月16日审问结束后的供词：

  问：他们被拘留之后，发生了什么事？
  答：他们被拘留之后，宪兵就有关疑犯的情况和林（音译：Lin）传译员的行踪，搜集情报和证据。
  问：在搜集情报期间，有否进行审问？
  答：没有进行审问。
  问：为何？
  答：因为那时没有传译员，就算宪兵进行审问，也不能从疑犯那里获得情报……

被告已告诉我们，审问期间没有传译员。这不是说明了对宪兵来说，由宪兵一方亲自执行审问是必要的吗？

被告毛保（老虎仔）否认他本人曾执行逮捕，但详细地解释了他在进行审问时的行踪。7月15日，他在下午5时半至晚上7时期间，不在宪兵队。他告诉我们，他回来时，看到最后那场的审问也将告完结。根据他的话"他去瞧一瞧"那两间房间，即瞭望塔和等候室。事实是，审问持续至晚上9时半（猿渡的证供），而他（毛保）休息了四十分钟，因此这次他有大约一小时二十分钟的时间在宪兵队办公室。次日（7月

16日），他看来非常忙碌。他其中一项职责就是把疑犯从防空壕押送至其中一间审问室。不用押送囚犯时，他就经常探访这两间审问室，有时会逗留5~10分钟。当不做以上这些事情时，他会留在与等候室相连的办公室。他告诉我们说，整个审问过程从下午2时开始，持续到下午6时半，其中，他只缺席了一小时。我不认为在这两名被告——猿渡和毛保曾有虐待行为一事上，有任何合理怀疑，而控方证人已描述过这些虐待事件。他们二人承认曾被要求监督或协助这些审问；他们告诉我们，说他们确实曾监督和协助。假如庭长阁下相信他们与这些酷刑有关，请谨记他们的罪行更为严重，因为他们在法庭上说过他们知道这是错的。

在我们讨论的有关时段中，小田准尉正掌管沙头角宪兵部。对于传译员事件引致要逮捕可疑人士以及紧接着的审问，他给予我们相当清晰的解说。除了他收到地区队长的命令，说要继续行动之外，他并没有免除自己的责任。他甚至在进行审问那两天探访了两间审问室，他在某些情况逗留了五分钟。我们可以说小田准尉就是那个审问和殴打李日送的日本胖子吗？他承认假如牢房肮脏污秽，他就要为此负责任，因为巡视牢房是他其中一项职责。毫无疑问，当时并没有任何粮食短缺的问题，而他说，他的部分责任是确保被拘留人士获得应有的粮食配给。

假如庭长阁下相信控方证据，裁决必须判这人有罪。他必定是目击事发经过，却任由虐待事件在审问期间发生。否则，他采取了什么方法阻止事情发生？他必须要为食物彻底短缺和牢房的不卫生情况负责任。

关于佐佐木，庭长阁下已听过双方的陈述。佐佐木说他在6月一场空袭中受伤。他的地区派遣队和总队长就这事佐证，但辩方并没有提供任何一名确实曾看到他被抬离事发地点的证人。我并没有怀疑他曾在某时某地受伤。从五月开始至投降的整个时段内，确实有很多机会受伤。除了曾被拘留在沙头角的证人认得他以外，罗冠平也没有丝毫犹豫便把他认出来,他于1945年7月11日发生的鹿颈事件中在场,也有出席1946年12月27日在赤柱举行的认人手续。控方不是要提出他无论如何都要为该天发生的事负责,只是基于那村落与沙头角的邻近程度以及当天军事行动的性质,这看来是重要的。

可是,假如庭长阁下在排除合理怀疑后,不相信控方证人,那庭长阁下就须判这人无罪。

按事件顺序,我认为现在适宜讨论在鹿颈发生的事件。控方第二十九证人陈英才(音译:Chan Ying Choy)、第三十证人李新有(音译:Lee San Yau)和罗冠平曾上庭作供,罗冠平的宣誓证供也被呈上(证物T)。

陈英才在7月11日下午,第一次看到一群配备来复枪和手枪的日本人,有20~30人。他认得穿着制服的猿渡(被认出)当时也在场。他被逮捕,也被带到山上去,他在那里第一次看到李海才(音译:Lee Hoi Choi)。被带到这地方之前,他在被捕的地方听到田野里出现枪声。他看到猿渡向李海才开枪,这次,他们只相隔8英尺。开了第一枪后,李海才再被抬离8英尺;猿渡找着他后,开了第二枪。之后,李海才没有再动了。他看到其下腹和左胸骨有血。这事结束后,他被带到沙头角宪兵队,在那里被猿渡殴打。他在那里看到李日送,其后与他和其他人一起获释。

李新有第一次看到一群20~30人的团队,与他相距80码;当时,他与其侄儿李海才一起。李海才看到这群人便开始逃走。他被团队其中一些人追捕,一直追到山坡某处。他听到一下枪声。他看不到李海才当时是躺着还是站着,但他知道李海才正在某处躲着。一两分钟以后,他听到了第二下枪声。他当时是在60码以外。他记得在那天,曾见过陈英才站在田野里。他只从后来埋葬李海才的苦力口中听说,李海才的下腹左方有伤口。

罗冠平诉说了他当天发生的事。可是,他看到猿渡(被认出)向李海才开枪。当他跑开时,李海才跌倒在地上,又爬起来继续跑。然后他听到两下枪声，但当时没看到李海才。后来他才看到李海才的尸体，并留意到他右边胸口下面和其中一只脚上有伤口。我的朋友提及一个有关李新有的问题。就罗冠平的证供我们不清楚他所说的是否同一人。根据罗冠平的证供，他提到有一男子名叫李新有，此人是李海才的叔父，他当时也在场；但是，这不足以说此人跟罗冠平在本案证供提到的为同一人。

猿渡否认事件，而辩方试图提出这事件于8月初发生，而当时小田准尉和高山与守卫军一起参与联合搜捕。但是，如果庭长阁下相信控方证据，只需要评估猿渡在此次事件上的罪责。即使李海才最初的伤口被说成是逃跑时造成的，也说得过去，但其后发生的事件则没有其他借口。无论如何，没有证据证明李海才是游击队疑犯，日本人大概只是觉得他和其他人一样，都长得可疑而已。虽然证人陈英才没有提到李海才腿上有任何伤口，在排除任何可能性之下，当他首先在山坡看到李海才时，李海才确实已受了伤。他（证人）说他当时坐着，而在此之前他也听到一些枪声。

这事件的最后一幕是于莲花地进行的处决。控方第二十六证人范国良（音译：Fan Kwok Leung）、第二十七证人曾阿瑟（音译：Arthur Tsang）和第三十一证人郭聂齐（音译：Kwok Lip Chai）提供证据。

这事件从高山与一群华人和日本人在6月初访问莲花地那时开始。他们到访的地方之中，有范国良和郭聂齐的住所。这次，在其他日本人的帮助下，前者被高山殴打。是次访问的目的，一如以往，都是查问有关游击队的信息。高山也去过郭聂齐的屋子，问她某些村长的行踪——其中一人是她的丈夫郭应运（音译：Kwok Ying Wan）。这次她没有受虐。证据不能明确显示这是在同日发生的，因为郭聂齐只可以说是农历四月二十几日，换算就是6月2日左右。可是，范国良看来相当肯定地说那是（农历四月）二十五日，即是6月5日。

事情接下来的发展就是高山与一群华人和日本人在农历五月初七（即6月16日）再度到访同一个村。我们听到村长杜悦强（音译：To

Yuet Keung）就是在这一次被处决。这场处决实际是由一名叫"新田"（San Tin）或"山权"（San Kuen）的日本人执行的；曾阿瑟和郭聂齐二人目击这场处决，均说处决期间，高山在场，靠墙站着。范国良告诉我们，说他在杜悦强身旁跪着的时候，看到杜悦强被殴打和被犬只攻击。郭聂齐看到杜悦强在她的客厅被施水刑和被高山以槌子殴打。曾阿瑟和郭聂齐被迫目击日本人对杜悦强执行处决。他们二人均肯定高山是行动的负责人。

对于6月16日发生的事件，高山给予了我们一个详尽的描述。他当然声称自己与这些事件无关，他和下属只在村子周围协助新田（Yamada）。我们能否相信他在处决前，确实是什么也不知道呢？庭长阁下曾到访该地点。庭长阁下曾在这房间听取证人的证供，也听过一名当时确实在现场的证人的证供。假如庭长阁下相信高山当时在他所说的大楼左边的空地上用餐，您能相信他从来不知道当时正发生什么事吗？他告诉我们说，在他听到一些枪声的五至六分钟前，听到尖叫声——法庭清楚明白这些尖叫声的来源——但他却不为所动。各位，这些事情都是在他旁边的屋子里发生的。我们能否接受他对于其后事件的解释？这名正规军人有十六年的经验，会容许自己为了一名低级军人，而摒弃对上级的忠诚吗？当他"接到有关交通的电话"后，是什么阻止他向总部汇报事件？我必须提醒庭长阁下，这事是在新田来到并"再三鞠躬道歉"之前发生。如果有人于1945年6月16日有内疚之心，这必定是高山。

关于这范畴，我认为控方已在排除合理怀疑的情况下，证明下列事实：

有一名华人男子被处决。

没有在正式组成的法庭接受审讯，就开始进行处决。

处决未经上级批准。

而我们进而证明被告高山确实牵涉在内。

他的上级军官小畑中尉和金泽（Kanazawa）中佐告诉我们，说如果当时高山在场，阻止此处决就是他的职责。小畑说，就他所知，假如有人向他汇报该处决，他必定会根据当时的情况，将高山送往军事法庭。请谨记，如果您参照书面证供，并相信控方的证供，高山应知道此事的影响。

总括来说，各位，我想就每名被告被控的相应罪行说几句话。

证据证实，佐佐木和猿渡确实有可能于（一个情况）除外，在排除合理怀疑的情况下，所有被告在被指称犯下有关控罪的时段内，确实出现在相关时间、相关地点。这证据是由被告本人在宣誓后提出的。地区和派遣队长相较其下属，须接受严厉得多的惩处，其下属本应要受他们管制的。

小畑中尉是一名拥有二十年经验的正规宪兵，在控罪提及的时段内他负责指挥各个派遣队。首先，对于在其管辖的上水总部发生的违法行为，他必须负责。关于审问，他告诉我们说，他过去会定期巡查。他告诉我们说，他个人对蔡发的案件很感兴趣。假如庭长阁下记得该证人的证供，他告诉我们说，他被小畑问话之后，就被带去施酷刑。小畑作证时，看来十分难过，这证人得到优待后，竟说出如此残酷的事情。

至于总部内的死亡事件，他全盘否认。可是，他热切强调自己与运送张候遗体一事有关。庭长阁下曾听到有关遗体情况的控方证供，假如您相信这些证供，庭长阁下便要好好问自己，为何小畑要这么热切地对死者表示尊敬，特别是死者（的死状）被如此地描述？有任何原因要否决李德和林少满的证供吗？当中并没有任何夸大。这些纯粹是事实的陈述；但是，面对这些陈述，除了张候以外，他否认还有其他任何人的死亡事件。

他承认当时没有粮食短缺，那为何囚犯都缺乏食物呢？

他有可能会留意不到元朗、沙头角和其管辖的总部的牢房的肮脏情况吗？他告诉我们说他会定期巡视牢房。

高山和金泽二人告诉我们，说小畑工作时很努力，但"并不灵活"。大概是指他不能灵活地审查下属的不法行为。

庭长阁下也要认为另外两名派遣队队长,小田和矢吹须为不法行为和对下属管理不足负责任,但责任较小。关于所有被告,假如庭长阁下排除合理怀疑,采用事实测试,请谨记他们都知道虐待被拘留人士是错误的。

就事实的判例,我恳请庭长阁下按照控罪判被告有罪。

第九章

九龙宪兵队特高班大村清等人的审判

军事法庭记录表

被告：（一）大村清准尉
　　　（二）西田政人军曹
　　　（三）川澄准曹长
　　　（四）吉冈荣造曹长
　　　（五）川井久雄军曹

全部大日本帝国陆军，由东根德郡军团第二营押解。

审讯地点及时间：香港　1948年2月24、25、26、27日；3月2、3、4、5、9、10、11、13、15、16、17、18、19、30、31日。

召开法庭者：驻港陆军司令

庭长：窝域中校　隶属皇家陆军补给与运输勤务队（大律师）

法庭成员：侯斯少校　隶属：英皇直属皇家兵团
　　　　　宾容上尉　隶属：皇家工兵部队

指控：见控罪状

答辩：每名被告—每项控罪—无罪答辩

裁决：第一被告

　　　首控罪：有罪，唯"刘康、叶兴和温容功"的字眼除外。

　　　次控罪：有罪，唯"萧约翰夫人、华伦·钱凡、简霞那·星"的字眼除外。

　　　第二被告

　　　首控罪：有罪，唯"因而致死者……谢九"的字眼除外。

　　　次控罪：有罪，唯"吴伟全"的字眼除外。

　　　第三被告

　　　首控罪：有罪，唯"……谢九死亡"的字眼除外。

次控罪：有罪，唯由"萧约翰夫人"至"华伦·钱凡"、由"钟雪英"至"邓浩良"的字眼除外。

第三控罪：有罪，唯"林宠锡、林华、林英源、钟植洪、林天球、郑保及林瑞祺"以及"因而致死者有林天球、郑保及林瑞祺"的字眼除外。

第四被告

首控罪：有罪，唯由"谢恩"至"(袁福)以及"温容福"的字眼除外。

第五被告

无罪释放，无需答辩。

刑罚：第一被告：监禁二十年

第二被告：监禁二十年

第三被告：监禁十二年

第四被告：绞刑

第五被告：无罪释放，无需答辩

日期：1948年3月31日

确认判刑：驻港陆军司令　日期：1948年6月21日

公布日期：1948年6月21日

备注：吉冈荣造之绞刑须于赤柱监狱执行

行刑日期：1948年6月29日

呈交庭审纪录：致英国远东陆军总部第三副官　日期：1948年8月10日

陆军军法署　日期：1948年8月15日

英国远东陆军军法署副署长

案件编号：65310　JAG

控罪状

第一控罪（指控所有被告）：

犯战争罪。于1944年9月26日至1944年11月15日期间，首被告身为准尉,指挥九龙地区宪兵队特高班;其余被告身为九龙地区宪兵队队员,在九龙油麻地警署大厦,违反战争法律及惯例,与虐待香港新界平民一事有关,导致他们肉体受苦,因而致死者为谢恩(别名为谢汉恩)、刘煜光、袁福、成运华、叶兴、刘牛、刘宁、温生记、温勇生、温容功、李业、刘康、刘良、曾兴、温容石、温容福、谢容保以及谢佑芳(别名为谢九)。

第二控罪(指控大村清准尉、西田政人军曹、川澄准曹长)

犯战争罪。于1943年10月27日至1944年10月30日期间,被告大村清身为准尉,负责指挥九龙地区宪兵队特高班;被告西田政人及川澄准身为特高班成员,在九龙地区宪兵队总部,违反战争法律及惯例,与虐待平民一事有关,尤指萧约翰夫人、方清、许树培、吴有兴、华伦·钱凡、吴泰兴、吴伟全、钟雪英、简霞那·星、吴伟奇、杨香及邓浩良。

第三控罪(指控川澄准曹长)

犯战争罪。于1944年12月20日至1945年1月31日期间,于大埔宪兵队(九龙地区宪兵队的分部),违反战争法律及惯例,与虐待新界平民一事有关,尤指郑贵、林侨惠、林宠锡、林华、林英源、张福贤、钟植洪、林天球、郑保及林瑞祺,引致他们肉体受苦,因而致死者有林天球、郑保及林瑞祺。

控方开案陈词

今日在庭长阁下面前有五名被告，被提审三项有关虐待的控罪，其中部分个案导致某些华人和居住在香港的平民死亡。各项控罪的主旨都很类同，唯一不同的是受害者的名字、案发日期及地点。

第一控罪与全部五名被告有关，他们全都是前日本宪兵队队员，名字分别是大村清、西田政人、川澄准、吉冈荣造及川井久雄。关于这项控罪，控方会证明全部被告都有参与对控罪列明的受害者，以及某些不知名人士施以酷刑。控方也会描绘逮捕和审问受害者的各种情况。于1944年9月底，有多少西贡区村民被逮捕，全被带到九龙地区宪兵部并扣留在油麻地？这些村民如何被有系统地诘问，和被指称与游击队活动有关？有多少人被这五名被告和其他人施以诸如拳打脚踢、吊飞机、炙烧以及水刑之类的酷刑？牢房的环境是何等污秽以及过度拥挤？最后，那些死者是如何因为这些虐待而直接死亡？控方会证明第一被告大村不仅有份施以酷刑，而且在1944年9月那一次调查之中，实际上他也是唯一的负责人。

第二控罪只与大村、西田及川澄有关。在1943至1944年期间，这三名被告是位于九龙巡理府的宪兵队总部的特高班成员。庭长阁下会听到疑犯是如何被带到宪兵部、被搜身、被审问以及被施以酷刑；在某些案件中，疑犯还会被迫签下认罪状，有些人亦会因为酷刑而死亡。所有受害者都被指称为某些英国组织的成员或与其有关连。不同的酷刑模式及虐待方法都与第一控罪的描述一致。在此，证据会再一次证明大村于控罪提及的时段内是特高班的负责人，而另外两名被告确曾参与施以酷刑。

最后一项控罪，第三控罪，与1944年12月于新界大埔的村落发生的事件有关。只与被告川澄有关。您会听到很多被怀疑为游击队成员的人的被捕经过，以及他们如何被带到大埔宪兵部审问和施以酷刑，手法与之前的描述如出一辙。您还会再一次听到那些疑犯如何被虐待致死。控方的证据会说明川澄不单是高级的调查员，实际上他还曾参与施行酷刑。

有关以上三项控罪——控方认为证据将会描述那些与五名被告有关的暴行，个中没有牵涉复杂的案情，但可以被定义为违反人道立场和直接抵触现行有关对待敌国平民的战争法例的罪行。

除了证人出庭作供及缺席证人的誓章外，本案调查期间的列队认人证据，以及一些已经付出代价和死于绞刑的日本人的誓章亦会被呈上，用以支持控方在本案的立场。

控方第二证人温天祥的庭上证供

控方讯问

检控官：你叫什么名字？

证人：温天祥。

问：你有别名吗？

答：温亚金。（音译：Wan Ah Kam）

问：你的年龄是多少？

答：二十六岁。

问：你的国籍是什么？

答：中国。

问：你现在的地址在哪里？

答：新界大蓝湖村。

问：你现在的职业是什么？

答：小贩。

问：你是否曾在1944年9月26日被日本人逮捕？

答：我在1944年农历八月初十被日本人逮捕。

检控官：庭长阁下，传译员可否就中国历法的运行制度，给我们一个正统的解释？

传译员：参考这本书（传译员手上拿着），1914年版本的中英历法（the Anglo-Chinese Calendar）有两轮循环。香港最高法院以这本书为权威，用作把中国日期翻译成欧洲日期。根据这本书，（旧历）1944年八月初十等同于1944年9月26日。

问：你在哪里被逮捕？

答：在我自己的村子里。

问：哪些日本人来逮捕你？

答：他们是军人。

问：你自己一个被捕，还是与其他人一起被捕？

答：还有其他人与我一起被捕。

问：你记得他们的名字吗？

答：记得，他们有些在我的村子里被捕，也有一些在其他村子里被捕。

问：你记得他们的名字吗？

答：温容福、温容石、温阿九（音译：Wan Ah Kow）、温生记、温勇生、温天送（音译：Wan Tin Sung）、温容功、温耕福（音译：Wan Kang Fuk）和温容树。

问：你们被带到哪里？

答：还有其他很多人。我们被带到油麻地警署。

问：好的。到达那里后呢？

答：我们在那里被殴打。

问：你是否被拘留在这警署？

答：我被拘留在这警署、九龙巡理府，还有赤柱监狱。

问：你被拘留在油麻地警署里面的哪处？

答：第三牢房。

问：你知道总共有多少间牢房吗？

答：五间。

问：除了你之外，第三牢房内还有没有其他人？

答：有。

问：你记得他们的名字吗？

答：记得，那里有温容石、温生记、温容树、温冠福（音译：Wan Koon Fuk）、温冠连（音译：Wan Koon Lin）、曾甲、温阿九、骆九妹（音译：Lok Kau Mui）（她是个女人）、温天送和我，一共十个人。

问：那牢房有多大？

检控官：庭长阁下，假如我给证人一支粉笔，他或许能把尺寸画在地上。

证人在法庭地上画出牢房的大小。

答：牢房的大小大约就像这样；门口大约在这里。第四牢房在这边。第一牢房在最左边，接着那边就是第二、第三、第四牢房。

问：你的意思是指第四牢房是稍稍在对面？

答：第三和第四牢房在角落处。

问：第五牢房在哪里？

答：第五牢房在其他地方。

根据证人的画图，法庭估计牢房的面积为十一英尺乘八英尺。

答：现在，我画成这样，这是长的一边；那是短的一边。但是，事实上，这才是长的一边，那才是短的一边。由于这边没有位置，所以我倒转来画。

问：你的意思是短的那边就是行人走道的那边，对不对？

答：对。

问：你被囚在牢房后，第一件发生的事是什么？

答：当我被带进牢房后，就被带走，前往审问。我接着被虐待。甚至在此之前，我在村里被捕后，已被他们殴打，而我被带到另一个村子后，也在那里被殴打。

问：在油麻地警署被殴打之前，你知道在那两个村子里打你的人的名字吗？

答：在我被带到警署之前，已被一名姓钟（音译：Chung）的传译员打过两次。当时还有其他日本人在场，但我不知道他们的名字。

问：可否告诉我们，你在油麻地警署的审问情况如何？

答：他们审问我是否游击队队员。我对此事毫不知情，于是便否认了，接着他们就开始折磨我。

问：谁带你离开，前往审问？

答：我被钟姓传译员带离牢房。在那个坐在第一排中间的日本人

· 365 ·

来到之前，我先到达。（指着犯人栏）

检控官：庭长阁下可否叫证人去他指出的那人面前，并且轻碰他，同时警告证人在任何情况下都不要袭击任何被告？

证人指着被告西田政人军曹，并轻碰他。

问：你刚才轻碰的人，叫什么名字？

答：西田。

问：他说的中文名字是什么？

传译员：西田（以中文读出）。

问：除了你自己、传译员和西田外，那房间内还有其他人吗？

答：那房间内还有其他人。我看到那个坐在第一排的人，在房间的另一边审问我哥哥。

问：你可否站出来，并指出那人？

证人指着被告吉冈荣造曹长。

问：你知道他的名字吗？

答：吉冈（以中文读出）。

问：你认得犯人栏内任何一名日本人吗？

答：不认得。

问：请告诉我们在审问期间，你发生了什么事？

答：我被殴打。

问：他们用什么来打你？

答：我被他们用木棒打。

问：那根木棒有多大？

答：大约这么厚（比划）。

问：那根棒有多长？

答：大约这么长（比划）。

法庭估计木棒的直径为两英寸，长度则为三英尺。

答：我的哥哥——温容福也同样被西田殴打。

问：我想知道的是你发生了什么事，不是你哥哥。你被打了多久？

答：我被审问，然后被打；接着再被审问，然后再被打。大约持续了四十五分钟。

问：接着发生了什么事？

答：我曾在那地方接受了三次审问。前两次我都被打，但在最后一次没有，他们问我的名字、地址和个人资料。

问：你第一次被审问和被殴打的事，是否在被捕当天发生？

答：被捕后，我在翌日接受第一次审问。

问：第二次是在什么时候？

答：被捕后第三天。

问：在这两次审问当中，谁殴打你？

答：西田和钟传译员。

问：你说第一次受审时，看到你哥哥也在房内。这说法是否正确？

答：是的。

问：他的名字是什么？

答：温容福。

问：你看到他时，他的状况如何？

答：在我们全部人里面，他是第一个受审的。他被打得躺在地上，全身上下都被打肿了。他们威胁我说如果我不说真话，我也会被打成这样。

问：可是，你说他被吉冈殴打。这说法正确吗？

答：我哥哥温容福被西田殴打，另一名兄弟才被吉冈殴打。

问：你怎么知道温容福是被西田殴打的？

答：当我被带离牢房前往审问时，西田指着我哥哥说，除非我说真话，否则我会被打得跟他一样惨。

问：这次之后，你有否与你哥哥温容福交谈？

答：及后，我哥哥叫我拿些东西给他喝。我请日本人给他一杯茶，但被拒绝了。可是，他之后还是设法拿到了一杯茶。

问：温容福有否告诉你，谁曾殴打他？

答：我哥哥告诉我说，他很有可能活不久了。假如他死了而我活着，他嘱咐我要照顾老母亲。他还告诉我说，他被西田严重虐打。

问：你哥哥温容福是否只有这一次被西田殴打，还是其后再曾被打？

答：这次被殴打后，他被囚在第五牢房，所以我不知道他接着有否再被殴打。

问：你另一名兄弟发生了什么事？

答：他是温容石，手腕被打，因此有一节腕骨断了，臀部也擦伤了一大块。

问：这人是否就是你说被吉冈殴打的那名兄弟？

答：是。

问：你怎么知道？

答：我问他谁殴打他，他说是吉冈。

问：他被打了多少次？

答：他被打了两次。

问：两次都是被吉冈打，还是其他人？

答：对。

问：哪个是对？

答：两次都是被吉冈打。

问：你两名兄弟或其中一人有否告诉你，他们被人用什么打？

答：温容石被人以一条圆形的木头殴打，那是一条树枝。在第一次被打时，他的手腕断裂了。第二次，他被一根木棒所打。当这根木棒断了，没法再打时，他的臀部已擦伤了。

问：关于温容福，他有否告诉你，他被人用什么东西打？

答：温容福只跟我说过，他被打得很惨，伤势之重使他觉得自己活不久了。他也没有对我提及过他被人用什么东西打。

问：有关温容石，他被殴打的日期是什么？

答：他第一次被打是在被捕后第二天，第二次是在被捕后第三天。

问：你曾描述过你两名兄弟身上的伤痕。除了这些以外，他们的身上还有什么吗？

答：如果说伤痕的话，就只有这些了。可是，我见到他的身体是湿的。他身上的衣服都被撕破了。

问：你指的是两名兄弟，还是只是其中一名？

答：我是指温容石。

问：温容福的衣服是湿的吗？

答：我发现他的衣服也是湿的。

问：为何你能够如此清楚地看到温容石？

答：因为他与我被关在同一间牢房里。

问：今天，你两名兄弟身在何处？

答：他们二人都已经死亡。

问：他们在什么时候死亡？

答：温容福大约于1945年1月10日，死在赤柱；温容石大约在1944年农历十月，死在九龙巡理府。（1944年农历十月始于1944年11月16日至12月14日。）

问：他们被殴打后，我是指你兄弟温容福和温容石，有没有在油麻地警署得到任何医药治疗？

答：完全没有。

问：在油麻地警署，有没有其他受虐的人与你一起被关在同一个牢房？

答：牢房内，我们十人全数被殴打。我不能说出是谁殴打我们。

问：你指的十人，是你早前曾说出名字的那十人？

答：对。

问：你在囚期间，有没有任何人死在牢房？

答：有。

问：谁？

答：谢恩。请问是否包括邻近的牢房？

问：可以，这也是在油麻地。

答：谢容保。

问：哪个牢房？

答：第二牢房。我不肯定第三人名叫刘煜方（音译：Lau Yuk Fong）还是光（音译：Kwong）。也是第二牢房。第四人是谢九，他不是在第一，就是在第二牢房。第五人姓袁，我不记得他的名字了。他在第四牢房。还有就是一个姓成的人，他是成送的弟弟。成送现在就在外面。

问：在这些人当中，谁是第一个死亡的？

答：谢恩是第一个。

问：他在什么时候死亡的？

答：他在下午5时死亡的，而他的遗体在当晚大约8时被带离牢房的。

问：那是什么日子？

答：这不是在我们被捕的第三天，就是第四天。

检控官：昨日完结前，我们提到囚犯在油麻地警署期间死亡的事情。你正在谈及谢恩。谢恩死亡前，有否被虐待？

答：他被带走，然后被殴打。当他回来后，就死亡了。我没有看到他被打，但我看着他死亡。

问：你知道谁曾殴打他吗？

答：我不知道。

问：你怎么知道他曾被打？

答：他被带走后，我也被带走。当时，日本人问谢恩，我是否也是游击队队员。那时，我看到谢恩。

问：当你看到谢恩时，他的状况如何？

答：宪兵对谢恩说："你认识他，你知道他住在哪儿，为什么你不说真话呢？"然后，谢恩就被殴打了。

问：所以，谢恩亲口告诉你说，他曾被殴打。这说法对吗？

答：那次是我亲眼看到的。当他回来后，他告诉我，他被日本人打得非常惨。

问：他是否只被人打了这一次？

答：他临死前曾被打了一次，而在这次之前还有一次被打。我只见过一次他被打。

问：如果你说你看到他被打，那是谁打他？

答：我不知道他的名字。

问：他是日本人吗？

答：他是日本人。

问：那次被打之后，谢恩回来的时候，你是否看到他身上有任何伤痕？

答：我看到一些黑色的瘀伤。

问：在哪里？在他身上哪个部位？

答：在他的背部。

问：关于其他人，即是刘煜方、谢九和谢容保，你知道他们曾在油麻地警署受虐吗？

答：这些人与我并不关押在同一间牢房，所以我不知道。

问：好的，你被囚在油麻地警署总共多长时间？

答：大约两个月。

问：你离开油麻地警署后，发生了什么事？

答：我被转送至他们的总部，位于普庆戏院（Po Hing Theatre）后方。

问：你知道这地方今天的名称是什么吗？

答：我想它现在是叫巡理府，我不太肯定，但它位于普庆戏院后方，是一栋相当高的大楼。

问：你说这是巡理府，什么巡理府？

答：我最近没有去那里，我不知道。

问：那是在香港、九龙，还是新界？

答：九龙。

问：当你到达位于九龙的巡理府时，发生了什么事？

答：我到达那里后，并没有接受审问，只是被关在那儿。

问：你有否和其他人一起前往那里，而这些人曾与你一起同在油麻地警署？

答：我们一群人一起被转移。

问：你是否说出他们的名字？

答：只是那些与我同囚在一间牢房的人？

问：那是油麻地的第三牢房，对吗？

答：你只是说那些与我一起在第三牢房的人，还是包括其他人？

问：现在，我要知道所有你认识的人——所有由油麻地警署去九龙巡理府的人——的名字。即那些你在油麻地警署认识的人。

答：温容福、温容石、温冠福、温耕福、温天送、温容树、温容功、温生记、温勇生，另一名温勇生，两名都叫李业的人，刘牛、刘良和刘宁。

问：你在九龙巡理府期间，有没有人在牢房内死亡？

答：有。

问：谁？

答：温生记、温容石、李业、温容功、刘宁、刘牛和温勇生。

问：你怎么知道这七人死亡了？

答：在巡理府，他们与我一起被囚在相同的牢房。

问：他们死前，曾否受虐？

答：我只看到温容石受虐，至于其他人，我就不知道了。

问：温容石是你的兄弟，对吗？

答：对。

问：你被关在九龙巡理府多久？

答：我在那里差不多两个月。

问：所以，从被捕至在九龙巡理府获释，你总共被拘留了四个月，对吗？

· 372 ·

答：不管怎样，我被拘留在九龙巡理府，直至1945年1月6日。接着，我被转送至赤柱监狱。

问：关于那七个在九龙巡理府死亡的人，你能否记得他们的死亡日期？

答：我不记得他们的死亡日期。

问：事件是在你从九龙巡理府获释前多久发生的？以星期还是日子作单位？

答：我不记得日期，但温容石是第一个死亡的人。我也记得温生记和温勇生是在同一个早上死亡的。

问：关于你提到的这些人，在他们被捕前，你认识他们吗？

答：认识。

问：关于你提到那些在油麻地警署和九龙巡理府死亡的人，以及你那名在赤柱死亡的兄弟，在他们被捕前，你认识他们吗？

答：认识，以前我就认识他们全部人。

问：被捕时，他们都是健康的吗？

答：他们的健康没有问题。

问：你从九龙巡理府转送至赤柱后，被拘留了多久？

答：从1945年1月6日开始，我就被关在那里，直至同年农历二月初三（即4月14日）。

问：你在赤柱监狱期间，有否碰到其他与你一起囚在油麻地警署的人？

答：有。

问：这些人当中，有否任何人在赤柱死亡？

答：有，温容福死亡。

问：那是你哥哥，对吗？

答：至于有否其他人在那里死亡，我就不清楚了。

问：你记得一名叫谢九的男子吗？

答：这名叫谢九的男子于油麻地警署死亡。

问：你在赤柱监狱期间，有否任何姓谢的人死于赤柱？

答：我不知道。有一个姓曾的男孩。他与我们一起被捕，但我没有看见他出来。还有另一名叫刘良的人，我也没有看到他从监狱里面出来。

问：当你在油麻地警署时，牢房内的卫生安排如何？

答：牢房内没有冲洗设备。在整个拘留期间，我只被带走一次，在大楼的后花园冲洗。那里没有洗手间，我们要在牢房内解决生理需要。

问：好吧，那么就是你看到两名人士死亡。关于他们，即是你兄弟温容石和谢恩，你怎样知道他们已经死亡？

答：他们不再呼吸，也不能动弹，于是被抬走了。

检控官：庭长阁下，我没有其他问题。

辩方盘问

问：你的职业是？

答：我是一个卖汽水、蛋糕等商品的小贩。

问：这是你现时还是当时的职业？

答：这是我现时的职业，那时候我是个农夫。

问：你在被捕期间曾被谁殴打？

答：油麻地警署的西田。

问：你被虐打的原因是？

答：我被问是否与游击队有任何关系以及我是否为成员之一，当我否认后，他就虐打我。

问：你是指在当时审问已经开始了？

答：对。

问：审问是否在那里立刻开始，他们有没有在你被带到警署后就立刻开始审讯？

答：就在我被带到警署后不久，我被问及个人资料。翌日我的审讯就开始了。

问：你第一次被人虐打，是否因为你在被捕后作出任何反抗？

答：我没有作出任何反抗。

问：你颇为肯定你曾被带到蛮窝村？

答：对。

问：你为什么被人特别带到这个地方？是否有任何原因？

答：在蛮窝村那里也有些日本人。在当天，逮捕行动除了在我的村子展开以外，还在其他村落进行。

问：我是问你因为什么原因而被带到这里。

答：我不知道他们为什么将我带到那里。

问：你是被带到这里的唯一一人，还是有其他人？

答：还有其他人，他们都在同一个村子被捕。

问：他们是谁？

答：你想知道他们的名字？

问：对。

答：温容福、温容石、温阿九、温勇生、温生记、温容功、温天送、温耕福、温容树、温冠福以及我本人。

问：这些人是否与你受到同样对待？

答：日本人来到我的村子后，首先把我找出来，审问我，脱掉我的汗衫，并开始殴打我。后来他们把我的汗衫绑在我的口部位置，并将我带到蛮窝村。

问：你是想说你在这时候被殴打？其他人有没有像你这样被打？

答：没有。

问：某一个人被殴打，背后肯定有一些原因。有什么特别原因？

答：日本人来到我村子的时候，我正在屋里看书。当他们来到我家，把我抓起来，审问我村里有没有任何游击队。当我说没有，他们就问我是否为成员之一。当我否认后，他们便殴打我。我的兄弟也被姓钟（音译：Chung）的传译员用枪捅着。

问：那时候有多少名宪兵和传译员前来逮捕？

答：他们包围了那里，所以我不知道确切有多少人，但我估计大约十人。

问：他们的衣着是？

答：他们有些人的制服上有"宪兵"两字。那些人穿的是军服。有些翻译员穿的是平民服饰。

问：他们手臂上的字是怎样标记的？是用日文标记的？

答：在那块布上我看到红色的中文字"宪兵"。至于那里是否有其他颜色或其他文字，我记不清了。

问：那个标记是贴在手臂上，绑在手臂上，或是只是一小块绣在袖子上的布？

答：那是绑在手臂上的，是个像这样绑起来的臂章。

问：你刚才提及那些是中文字。你有没有认错？不是用其他方式标示的？

答：我不知道臂章上是否有任何其他标记，但我记得"宪兵"那两个字，因为字体大、显眼。

问：你在什么时候认识那个来逮捕你，叫西田的人？你是否在被逮捕前已经认识他？

答：我在警察局那里知道他的事。我问其他被逮捕的人他叫什么名字，他们说他叫西田。

问：我一直在问有关宪兵队制服的事。那时候西田是否穿着同样的服装？

答：我在村里被捕时没看见西田。我不记得他在审问我的时候是穿着制服还是平民服装。

问：你在被捕的时候没有看到西田？

答：我没有看到他。

问：我听到你提及被逮捕时被西田殴打。这是我听错还是你说错？

答：我没有这样说过。

问：在逮捕你的人之中，是否有任何辅助宪兵？

答：大部分时间我都在郊外，所以我并没有留意他们的组织。

问：你能否分辨宪兵和传译员的衣着？

答：当他们来到我们的村子时，姓钟的传译员身穿中式服装。

问：他是唯一一名在当天出现的传译员？

答：其他人我不知道。至于姓钟的传译员，我是在他把我带离牢房时认识的。我听到其他人说这是传译员钟氏。那里有其他华人身穿中式服装，并配备枪械。我记得他们，这是因为我觉得他们拿枪时笨手笨脚，而传译员钟氏就教导他们如何持枪。

问：当天最终只有一名传译员？

答：那时候我只认识一名传译员。我不知道那里有没有其他传译员。

问：接下来我会问有关审讯的事。谁带你前往接受审问？他的名字是？

答：传译员钟氏。

问：他带你到那里后，发生了什么事？

答：我看到西田坐在那里。他问我是不是游击队员以及村内有没有任何游击队。

问：这时候宪兵的衣着是？

答：宪兵有时候穿军服，有时候穿中式服装，有时候穿起其他的平民服饰。我分不清，因此我不能肯定。

问：我想你应该对第一次审问有清楚记忆，因为你是被审问的对象。当时宪兵的衣着是？

答：当时他并非是身处在房内的唯一一名宪兵，我完全搞不清楚，因此我记不起他是穿制服还是平民服饰。

问：我只是问其中一名负责审问你的宪兵的事。即使是这样你也没有记忆？

答：这不是昨天或是数个月前发生的事。那是很久以前发生的事，所以我记不起。

问：这样足够了。我不会就这一点坚持提问下去。

答：当这名宪兵审问我时，有时候穿军服，有时候没有。因此如果我靠猜测来妄下判断，可能会造成错误。因此对于我不记得的事实，我会说不记得。

问：我记得你在昨天提及殴打你兄弟温容石的人是吉冈。你对此是否肯定？

答：是。

问：你说他曾被殴打三次？

答：对。

问：这时候有多少人在房内？除了吉冈和传译员外，还有没有其他宪兵？那里总共有多少人？

答：他没有告诉我这方面的事。他只是说吉冈殴打他。

问：当你在房内被人殴打时吉冈不在现场，对吗？

答：他不在房内。

问：谁在你的房间内？

答：我记得有一次审问后，正准备回到牢房，那时候西田和吉冈在谈论一些东西。

辩方律师：我希望提交一份证人的证供作为呈堂证供。如果正本在检控官手上而我可以看到的话，我会很感激。

检控官：我没有留意到这位证人曾作任何陈述。

庭长：你必须先证明证供是存在的，才可提交法庭。

问：你可记得大约在1947年6月6日，曾于调查员哥连臣（Collison）上校面前作供？

答：我记得。

问：你懂英文？

答：不。

辩方律师：我希望这份证供可以由证人核实。由于他不懂英文，我会请传译员翻译。

庭长：我建议你向证人读出证供的相关部分，并询问他是否曾作出该部份陈述。

问：这份证供的签名在底部。这是你的签名？

答：对，这是我的签名。

问：（从证供读出）"从所提供的描述以及当我回来时他被同一个传译员带走的事实，我肯定西田就是虐待他的人。"

庭长：我认为你读出的部分证供难以令证人理解。至少对法庭来说并不是清晰明确。

问：（从证供读出）"当我醒来后，我发现我兄弟温容石被人带走。他回来时说他在我回来之际被人带离牢房。他全身湿透，右手手腕骨折。我可以感受到碎骨在晃动。他的臀部有一瘀伤。他提及那个殴打他的宪兵，并看到我大哥倒在地上不省人事。我们两人都被宪兵用同一方式恐吓。从所提供的描述以及当我回来时他被同一个翻译员带走的事实，我肯定西田就是虐待他的人。"你真的说过这些话？

答：对。

问：（从证供读出）"两天后我再次被西田用木棍毒打，而温容石也被带走。在第二天，牢房内的人一个接一个被带走和殴打，但我不知道谁打他们。我知道这次殴打我兄弟温容石的人与他第一次被打是同一人。"你有没有说过？

答：有。

问：还有没有人与你在房间里一同被虐待？

答：我的哥哥温容福。

问：有没有人也在那里受到虐待？

答：我不知道其他人怎样。他们在其他房间被殴打。

问：你知道温容福在何时被带离牢房？

答：第二天。

问：被谁带走？

答：我不知道谁把他带走，但当我看到他时，西田和传译员钟氏

· 379 ·

也在现场。

问：当他在房内被人虐待时，你在做什么？你在观看？

答：当我进去时，殴打已经停止了。我的兄弟倒在地上，只要他稍微动一下就被殴打。

问：接下来你兄弟的状况如何？

答：他在不久后被送回去。有一个医生来看他。

问：医生在什么时候过来？当医生来了以后，你的另一个兄弟温容石仍在房里？

答：倒在地上的那个人是温容福。温容石不在那里。

问：医生提供了什么治疗？

答：他用听筒检查了我兄弟的胸部。

问：接着他做什么？

答：他在诊症时说了一些我不明白的东西。就这样。

问：温容福有醒来吗？

答：他能说话。

问：接下来发生了什么事？

答：不久后他被带走。

问：他自己步行离开？

答：他被抬走。

问：他能走路？

答：他不能走路。他被抬走。

问：他身体哪一部分被殴打？

答：他全身满布黑印，身体肿胀，皮肤发亮。我不知道他们在他身体上涂了什么。

问：身体上有没有任何特定地方有显著的伤痕？

答：黑色、肿起来的位置。

问：你另一个哥哥温容石有没有与温容福交谈？

答：你是指被拘留的整段期间？

问：我是指他们在那个审问室见面的时候。

答：他们在审问室里看不到对方。

问：你在哪里看到温容福？

答：当我被审讯的时候。

问：你在昨天的证供中提及温容福被带到五号牢房后，再没有机会看到他。此后你没有跟他谈过话？

答：后来他与我一同身处巡理府。

问：他的健康情况怎样？

答：你是指什么时候的健康？

问：当你在巡理府见到他的时候。

答：他身体瘦弱，我看见他的四肢上有黑印。

问：医生有否诊治他？

答：没有医生诊治他。

问：你最后一次看到他是什么时候的事？

答：我最后一次看到他是我们被送到赤柱监狱的时候。

辩方律师：昨天你谈到牢房。我希望你能对此作更清楚的解释。你知道有五个不同的牢房？

证人：对。

问：它们是怎样排号码的，从左边还是右边开始？

答：牢房从入口开始排号码。从入口开始第一个牢房是一号，第二个牢房是二号，如此类推。

问：四号和五号牢房的面积是否与其他三个不一样——较大还是较小？

答：我不肯定但我不敢说它们较大还是较小。

问：你可否用粉笔画出它们的大约位置？

答：是的，我可以。

问：你可否画在一张纸上？在庭长面前。

证人在法庭的桌子上绘图。

答：五号牢房在这边。一号、二号、三号、四号在这边。我在三号牢房。五号牢房在这道墙后方。

问：这是其中一名被告绘画的平面图（辩方律师提供草图）。这会否对你有任何帮助？

答：这是我们被关押的地方。我不是在解释外面怎样，但我是在谈论建筑内部。

问：从外面看，它们的位置就像这样？

答：我被关在这样的一个地方（证人的草图）。五号牢房在这边。这是裁判司署（辩方的草图）。我说的是油麻地警署。

问：我在谈论油麻地。这是油麻地。你可否将平面图画得大一点，以便我们看得更清楚？

证人绘画另一张草图。

答：这是警署的入口。这里是一个大型会客室或是一个大厅。这里的小路可通往五号牢房。这是一号牢房、二号牢房、三号牢房、四号牢房，这些牢房的后面是片荒地。

问：四号和五号牢房是像这样分开的吗？它们不是相连的？

答：有道墙在中间，四号牢房的人看不到五号牢房，五号牢房的人看不到四号牢房。

问：三号和四号牢房的门在哪里？

答：这里有条小径，三号牢房的入口在这里，四号牢房的入口在这里。

问：五号牢房的入口怎样？

答：这是通往五号牢房的小路。我不知道距离有多远，但五号牢房的入口也是在这边。我忘了提及那里还有个洗手间。

问：那是在二号和三号牢房之间？

答：对。这好像一个洗手间，像一个冲厕系统，那里有两个像这样的东西（证人绘画另一幅草图），水箱在最顶，水管向下延伸，好像一个洗手间的冲厕系统。我记得那里有一个或两个这样的水箱连接墙身，但我不肯定是一个还是两个。

问：牢房的另一边是否有个空置的房间？

答：没有。

问：那些牢房是否用水泥建造？

答：是。

问：那条小路是通往四号和五号牢房的唯一入口？

答：我不是非常肯定，因为我只到过这个牢房一次，当时他们叫我将兄弟带回他的牢房。

问：四号和五号牢房的囚犯会否在一号、二号、三号牢房前方经过？

答：我看到一些被关押在五号牢房的小男孩从这边出来，经过牢房前方前往洗手间，以清理他们在牢房里的厕所用具。

问：五号和四号牢房的囚犯前往接受审问时，会否在三号、二号、一号牢房前方经过？

答：四号牢房的囚犯会在一号、二号、三号牢房面前路过，五号牢房则不会。

顾问官：我可否与辩方律师说几句话，庭长阁下？

庭长：批准。

辩方律师和顾问官以及传译员退到法庭的一角。经过几分钟的商议，盘问继续。

问：你可否指出审问室在哪儿，距离有多远？

答：在这个会客室的另一边有另一个圆形的会客室，审讯就在这里进行。

问：从五号牢房到那里需要走那条路？

答：我不知道，因为我从来没有从五号牢房出发前往这个地方。

问：你有没有见过任何人到哪里？

答：不，我从来没有见过。

问：那里有没有任何入口通往右方？

答：我们从来没有到过这边，所以我不知道。我们被带到这个入口后，先在这里停留一会儿，接着被锁在不同的牢房。我只有一次获准离开牢房到这里梳洗。

问：牢房是否被水泥墙分隔，而从这边可否听到墙另外一边的噪音和声音？

答：正常对话不会听得到，但如果一个人高声谈话，这当然会听得到。

问：（关于草图的盘问）就这么多。

辩方律师、他的顾问官和检控官回到座位。

问：我记得你曾说过一个叫谢九的人在油麻地死去。你曾这样说？

答：对。

问：发生在哪间牢房？

答：起初我们被逮捕并送到油麻地警署时，他被关押在二号牢房，至于他有没有被移送到一号牢房我不知道。当他离世时，一定身处一号或二号牢房。我可以肯定他不在四号牢房。

问：你亲眼看到他死去，还是你只是听到此事而已？

答：其他人告诉我他的死讯。

问：除了在三号牢房内死去的囚犯外，你有没有从其他人那里听到一些人的死讯？

答：我也看到袁福在四号牢房内死去，并被抬出来。

问：关于其他人的死讯，你都只是从别人那里打听回来的？

答：对，我听到其他人谈论这事，但我看到有些人在巡理府内死去。

问：你是否颇为留意三号牢房内那些死者的受伤情况？

答：对。

问：你是否也知道他们的死因？

答：在三号牢房内死去的谢恩回到牢房时告诉我们，他曾被毒打，背部有深色、肿起的瘀伤，并在不久后死去。

问：我并不是叫你这样去形容那些伤势，但我想知道，你是否认为这些你在三号牢房囚犯身上看到的伤势，是造成他们死亡的唯一以及真正死因？

答：我不能说这是直接导致他们死亡的原因，但他是个壮汉，当他被殴打后回来不久就死了。

问：我不是指明他们任何一人。我是问你是否认为他们的死因是基于他们口中所讲的那些虐待？

答：我不敢肯定地说什么，因为我不能说什么。

问：概括而言，你不肯定他们的死因是因为遭受虐待？

答：我什么也不肯定。

问：你大哥温容福离世时多少岁？

答：三十九岁。

辩方律师：庭长阁下，我已经完成我的盘问。

控方覆问

检控官：你可记得为你哥哥温容福诊症的医生叫什么名字？

证人：我们没有要求他诊治。我不知道他来自哪里。

问：他的国籍是？

答：我记不得他的国籍。我只记得他用听诊器为我哥哥进行检查。

问：他是日本人？

答：如果他不是日本人，那就一定是华人，因为华人和日本人的外貌有些相似之处。我被人殴打完注意不到那么多。

问：形容一下那些逮捕你的人所穿着的制服。今天早上你说他们在衣袖位置戴上有"宪兵"两字的臂章，就是这样，不是吗？

答：对。

问：你被扣押在油麻地的那段时间，西田和吉冈是否穿着这套制服？

答：不，我没看见。

问：请你在这张纸上写上"宪兵"两字，大小与你在把你拘捕那些人的衣袖上看到的一样。

证人根据指示在一张纸上写字。

检控官：我可否将它提交为呈堂证物，庭长阁下？

庭长：你可否解释这个证物是用来代表什么？

检控官：依他所说，将他逮捕那些人的衣袖上之"宪兵"二字。

庭长：这代表将二号证人温天祥逮捕人士之衣袖上的字词，呈上法庭，标记为证物"P"，由庭长签署。

问：当你身处油麻地期间，你是否看见任何人戴上类似的臂章？

答：我不记得。

问：你在油麻地的整段时间都是在三号牢房？

答：整段时间我都在三号牢房。我被带到警署后被关在二号牢房，但我在完成审问后被关在三号牢房。

问：你身处三号牢房期间，有否听到审问室内任何声音？

答：是的，我听到。

问：你听到什么？

答：我听到殴打声和叫喊声。

问：你怎么知道声音是来自审问室？如果你没有且不能从你的牢房看到，那怎会知道？

答：当我们其中一人被带离牢房后不久，就听到那些叫喊声。

问：这些叫喊声从审问室的方向传来？

答：对。

问：你每隔多久就会听到这些殴打声和叫喊声？

答：早上和下午。

问：你在那里整整两个月的每一天，你是这个意思？

答：在第一个星期左右，每天都可以听到这样的叫喊声，但当事情看起来逐渐解决，这就变得没有那么频繁。

问：你是指那些将你逮捕的人完成审问后，叫喊声就停止了。你是这个意思吗？

答：对。

问：如果可以的话，你能否向我们展示你在油麻地和九龙巡理府内被关押的位置？

答：可以。

检控官：庭长阁下，我没有其他问题。

控方第九证人郑贵的庭上证供

控方讯问

问：你叫什么名字？

答：郑贵。

问：你今年多少岁？

答：三十三岁。

问：你现在的住址是哪里？

答：大埔南华莆村。

问：你是否曾经被日本人逮捕？

答：是。

问：何时？

答：1944年农历十一月十四日。（1944年12月28日）

问：谁逮捕你？

答：很多人前来逮捕我，有山田、华人宪查和密侦。

问：山田是谁？

答：他是大埔墟宪兵队队长。

问：他是否日本人？

答：是。

问：你们怎样以中文称呼他？

答：山田。

问：你独自一人被捕，还是与其他人一起？

答：我们很多人一起被捕。

问：你记得他们的名字吗？

答：我自己、林华、林侨惠、林宠锡、林瑞祺、郑保、林侨章、林柏凌（音译：Lam Pak Ling），一共九个人。[1]

问：你被带到哪里？

答：我们被带到大埔墟宪兵部。

问：你到达那里后，第一件发生的事是什么？

答：次日早上，我们被审问。

问：明白，但在你被审问前，你刚到达那里时，首先发生了什么事？

答：很多人在那里站着，我们也被迫加入。当天色渐黑，我们被锁在他们称之为牢房的一个车库里。

问：你们，就是与你一同被捕的九人，是被关进一间牢房，还是分开囚在不同的牢房？

答：我们被关在同一个地方。

问：你说你被审问。这是在何时发生的？

答：隔天早上。

问：你被带到哪里审问？

答：我被带到一个看起来像厨房的地方。

问：从牢房到那里，需要多长时间？

答：距离就像从这里走到外面的电车轨道一样。

庭长：你估计距离有多远？

检控官：四十码。

庭长：辩方同意吗？

辩方律师：庭长阁下，我们同意。

问：你接受审问的那间房间与车房，是否位于不同的大楼？

答：那是在同一栋大楼。

问：谁带你去接受审问？谁带你离开牢房？

答：一名叫何朗（音译：Ho Loong）的传译员和山田带我出去的。

问：你进入这房间时，第一件发生的事是什么？

答：他们问我问题。

· 389 ·

问：谁问你问题？

答：那个日本人（指着犯人栏）。

问：哪个日本人？你可否过去犯人栏，轻碰他的肩膀，在法庭面前把他指出来？不要攻击他。

证人轻碰被告川澄的肩膀。

问：你知道他的名字吗？

答：我不知道他的名字，他不是驻守在大埔墟的。

问：那次是你第一次看到这人吗？

答：那次是第一次。

问：好的，那除了你以外，还有谁曾出席这场审问？

答：我自己、山田、何朗和这人。

问：你是指刚才在法庭面前指出的那人吗？

答：对。

问：谁首先问你问题？

答：山田和这人问我，然后传译员翻译问题。

问：他们问你什么样的问题？

答：山田和这人说我是游击队队员，以及与英国军队有关系。

问：你说了什么？

答：我说这些都不对。

问：接着发生了什么事？

答：我否认之后，我被要求脱掉衣服和裤子，并且跪下来。山田拿着一枝粗木棒，开始殴打我。

问：当山田开始殴打你时，你今天认出的此人当时在做什么呢？

答：我不知道他当时在做什么，但他那时正与山田谈话。

问：山田殴打你的那根木棒有多大？请用双手展示它有多粗和多长。

答：这么粗和这么长。（法庭估计大约是二至二点五英寸乘四英尺。）

问：他用木棒打你身体哪部分？

答：他没有打某一特定部位。我全身都挨打，直至我无法动弹为止。我当时只能躺在地上。

问：殴打持续了多久？

答：我被打了好一段时间，接着我被烧炙和施水刑。包括烧炙和水刑的时间在内，我想总共有两小时那么长。

问：你被殴打之后，下一样发生的事是什么？接着你有没有被施水刑或烧炙？

答：我先被火烧。

问：在整场殴打中，你今天认出的此人在场吗？

答：他在场，但他没有打我。

问：他在那里做什么？

答：我不知道他到底在做什么，我只知道他在喃喃低语，或是在跟山田说话。

问：谁烧你？

答：山田。

问：你怎样被烧炙？

答：在殴打之后，我被要求躺在桌子上，手脚都被绑起来。他点起一支小蜡烛，接着拿起一张报纸，卷起来点着。然后，他就把报纸放在我的手臂、胸和后背上面。那时我已失去知觉，感觉不到疼了。

问：烧炙期间，你仍然被问问题吗？

答：当时他没有再问我问题。

问：当你被烧炙时，你今天认出的此人在场吗？

答：他在场。

问：他们停手之后，发生了什么事？

答：我被问会不会认罪，当我再次拒绝时，他们就在水龙头下面放一张桌子，而因此我的嘴巴就刚好在水龙头之下。然后，他们就开水喉。

问：谁问你这些问题？

答：山田。

问：当你被放上桌子时，你今天认出的此人在场吗？

答：那不是桌子，是一把梯子。

问：当你被放上梯子时，你今天认出的此人仍然在场吗？

答：我不知道他确实在做什么，但他站着那里看着。

问：请你再次解释这遭遇。你可否仔细说明，当你被放上梯子时，发生了什么事？

答：他们烧烫我，之后就把我的嘴巴直接放到水龙头下面。

问：你双手有没有被绑起来？

答：我双手双脚都被绑着，身体不能动弹。我的颈上还系着一条绳子，不能转头。一块布，类似衬衣的东西，盖着我的眼睛和鼻子，然后水就流进嘴巴里。

问：你当时能否呼吸？

答：我被迫吞下大量的水——我不知道我喝了多少。我不知道之后发生了什么事。

问：当这一切发生的时候，他们还有没有问你问题？

答：我没有被问问题，可是之后，我不知道是谁，但有人用脚踩我的肚子。

问：这令你有何感觉？

答：我痛得要命，然后就昏厥了。

问：当恢复意识后，你在哪里？

答：我躺在这厨房外面的走廊上，身体被一些衣服盖着。然后，一些宪兵进来，协助我返回牢房。我被扔回牢房。

问：之后你有没有再被审问？

答：有，就在翌日。

问：翌日发生了什么事？

答：那人来牢房带我走时，我不能行走。于是，我的同囚送我到牢房门口，然后那传译员何朗协助我进入该房。当我进去后，就被问会否认罪。我说"不会",他们就把我吊起来,再次毒打我。他们没有继续审问我,而是先毒打我。

问:你被带到前一天的房间审问,还是在别间?

答:那是同一个地方。

问:你刚进去房间时,谁在场?

答:山田、何朗和这人。这人跟山田说了几句,接着我就被吊起来了。

问:这人就是你今天在法庭认出的人吗?

答:是。

问:你怎样被吊起?以什么方式?

答:那里有道像那样(指通往法庭会议室的门)的铁闸。我首先被要求站在椅子上,但我站不住,于是何朗扶着我站立,然后我的手被绑起来,再被吊高。之后,我站着的椅子被拿走了,所以我悬空挂在那里。

问:你可否准确示范一下双手是怎样被绑的,以及当你被吊起时,他们身处的位置在哪里?

答:就像这样。(双手比头高)

问:当你被吊起时,有没有任何人问你问题?

答:这人离开,但山田和何朗仍在场。他们问我会否认罪,说我是游击队队员,也与英军有关系。假如我不认罪的话,我会死亡,至少会被殴打致死。

问:这人就是你今天在法庭认出的人吗?

答:是。

问:当你被吊起时,有没有被殴打?

答:有。

问:被人用什么殴打?

答:他殴打我之后,那根粗棒就断了。他接着就拿一根类似这样(指着证人栏的栏杆)的木棒,使尽全力打我,实在太可怕了。

问：那根断了的木棒，是否就是你之前向法庭描述过的木棒？

答：是。

问：这根新棒是怎样的？你会怎样形容这根新棒？

答：这是类似这样的木棒（再次指着证人栏的栏杆），大约这般粗，比它更宽，这样长。

问：你是指如证人栏的栏杆那样？

答：是，但再长一些。

检控官：庭长阁下，超过两英尺六英寸吗？

庭长：他指该棒是正方形的，还是圆形的？

证人：长方形的。

庭长：那大约有多粗？

证人：就像这么粗，这么宽（比划）。

庭长：一英寸乘三英寸。

问：你身体哪部分被打？

答：在膝盖与背部之间，我被这样子打（证人示范——双手举起，像是拿着什么东西）。

问：这持续了多久？

答：很久。我不知道自己在什么时候被放下来的。

问：你是否晕倒？

答：我恢复意识时，已躺在牢房门口。

问：当你在大埔时，是否再被审问？

答：没有。

问：你是否再被虐待？

答：没有。我的身体仍留有疤痕。

问：你说过你与林天球一起被捕，对不对？他也被关在你的牢房吗？

答：对。

问：你在大埔时，他有没有被日本人审问？

答：有。

问：何时？

答：同一天。

问：在你被审问之前或是之后？

答：在我之后。

问：你的意思是指他跟你一样，在同一天被审问，对不对？

答：很多人都相继接受审问。我在同一天比他先接受审问。

问：他被带去审问时，你是否留在牢房内？

答：当别人帮助我回牢房时，他正从那里出去。

问：有人押送他，还是他自己一个离开？

答：他与何朗一起离开。

问：他离开了牢房多久？我是指林天球。

答：我不知道他过了多久才回来，因为当时我实在很痛苦。

问：你知道他被带去哪里吗？

答：我不知道。

问：你有否听到他的声音？

答：我听到他叫得非常大声。

问：这些声音从哪里传来？

答：我不知道是来自哪一间房，但是从审问的地方传来的。相距不远，距离就像是从这里到外面的电车站。

问：声音传过来的方向是否与你接受审问的地方一致？

答：差不多是在同一方向。

问：他回到牢房后，你有没有看到他？

答：有。

问：他的情况如何？

答：他的身体湿了，看起来很虚弱。我没有问他发生了什么事。

问：他身上有任何疤痕吗？

答：我记得不太清楚。

问：他有否告诉你，他发生了什么事？

答：有。

问：他说了什么？

答：他说他被施水刑。传译员何朗、山田和一名他不认识的日本人都在那里。他又说，那里有一大桶水，而有人用铁罐把水倒在他身上。不久后，他就死亡了。

问：他有否说，当有人把水倒在他身上时，他有什么感受？

答：我不能准确记得他说了什么。

问：除了被施水刑外，他还有说自己曾经历任何事吗？

答：他被殴打和吊起来。

问：他有否说在整段过程之中，这三人是否在场？

答：他没有对我说太多，只说山田、何朗和一名他不认识的日本人在那里。我们二人当时躺在地上，都很痛苦。

问：林天球有否再被带去审问？

答：我不清楚，但我认为他接受过两次审问。

问：在第二次审问时，他有否发生什么事？

答：他叫得非常大声，而当他回来时，他全身都是湿的。几天后，他就死亡了。

问：他有否告诉你，他在第二次审问期间，发生了什么事？

答：他说他再次被施水刑并被殴打。我看到他的身体全湿了。

问：关于第二次审问，他有否说是谁对他做这些事情？

答：我看见他十分痛苦，所以没有问。

问：第二次审问是在何时进行的？

答：我不记得。

问：在第一次审问之后，过了多久，他才被带走接受第二次审问？

答：很多天之后。

问：他在被捕后多久就死亡？

答：十余天左右。

问：他在哪里死亡？

答：牢房内。

问：他死亡时，他是否在牢房内？

答：是。

问：他在什么时候死亡？

答：他在下午死亡。

问：你怎么知道他已经死亡？

答：我们当时身处的车库不是很大。一开始，我们看到他有呼吸，后来呼吸停止了。我们尝试推他、摇他时，发现他的身体已经变冷了。他再也不能动了。我们再碰他时，他的身体已变得僵硬。所以，我们叫当时在场的日本人来。接着，他的尸体就被日本人和宪查搬出去了。

问：林天球被捕时，你认识他吗？

答：我认识他。我们都来自同一个村子。

问：当他被带出去接受第一次审问时，身体状况如何？

答：他就跟我现在一样。他没有生病，身体一点毛病也没有。

问：从他第一次被审问后回来，直至他死亡的这段时间内，他有否接受过任何医药治疗？

答：完全没有。他甚至没有得到过任何食物和水，更不要说看医生了。

问：你是否认识林瑞祺？

答：是，我认识他。

问：他也被关在你的牢房吗？

答：对。

问：他有否在大埔接受日本人的审问？

答：有，他曾被审问。

问：何时？

答：我们一同被捕，也一同在隔天接受审问。

问：他在你之前，还是之后接受审问？

答：我忘了谁前谁后了。

问：他从审问回来后，你有否看到过他？

答：我在牢房内看到他。

问：你怎么知道他被带去审问？

答：我们被关在同一间牢房，所以我们都看到他从审问回来。

问：他返回牢房前，你有没有听到他的声音？

答：我听到他在拼命叫喊。

问：这些大叫声从哪里传来？

答：也是从那间审问室传来的。

问：你可否形容他回来时的状况？

答：他的状况非常差。他的拇指不停地流血。他被打得很惨。他的胸口都是湿的。一些尖锐的东西插进他的手指里了。他全身都有深黑色的瘀伤，特别是在背脊的下方。他被人用锄头殴打。

问：还有呢？

答：一些尖锐的东西从他的指甲背面，插到他的手指头里。他的手指全都在流血。

问：他有否说是谁对他这样做的？

答：他说是一名他不认识的日本人、山田和何朗三人做的。

问：他说过他有否受过水刑？

答：有。

问：他有否详细解释？

答：他没有仔细描述，只说曾接受水刑。

问：这次之后，他有否再被带离牢房？

答：他接受过两次审问。

问：第二次审问后，你有否再看到他回来？

答：有。

问：这次，他的状况如何？

答：他的双手和手指都非常痛。他的背脊骨被重击，走路摇摇晃晃的，靠宪查扶着他才回到牢房。

问：这次，他有否说是谁对他这样做？

答：他说是山田、何朗和一名他不认识的日本人。

问：他从第二次审问回来后，发生了什么事？

答：他在牢房里没有食物可吃。他很痛苦，但没有得到任何药物治疗。

问：他发生了什么事？

答：他在获释后两个月就死亡了。

问：我理解为你只是听说了他死亡，对不对？你并没有看见他死亡，对吧？

答：我在家里看见他死亡。我甚至在他的葬礼上帮忙了。

问：他被宪兵队释放后，健康情况有没有丝毫好转？

答：没有。

问：你被捕时，与他很熟悉吗？

答：我们互相都很熟悉，因为我们都是同村的。

问：他被带去进行第一次审问时，身体情况如何？

答：他非常胖，就如你一样高（指着传译员），但比你胖得多，强壮得多。

问：在大埔时，你认识郑保吗？

答：认识。

问：他是否与你因在同一间牢房？

答：是。

问：他是否与你一起被捕？

答：他在我被捕的第二天被捕。

问：他是否曾在大埔接受审问？

答：是。

问：何时？

答：他被送进来那天，就接受审问了。

问：你看到他被带去审问吗？

答：他先被审问，再被送到牢房。

问：你怎么知道他曾接受审问？

答：我们一起接受审问，当晚我听到他的经历。

问：你说一起接受审问，是指二人一起在同一间房？

答：我是指我们在同一天相继接受审问。

问：他当时的状况如何？

答：他的身体是湿的，左边小腿有伤口。伤口在流血。他的双腿被砖头打得全都肿起来了。

问：他回来后，有否对你说了什么？

答：那一晚有。

问：他在那一晚告诉你什么？

答：他告诉我们，不要承认我们是游击队，如果我们承认了，全部人都会被处决。

问：他有否说在这次审问中，发生了什么事？

答：他说山田、何朗和另一名他不认识的日本人对他施水刑、殴打他，还在他的大脚趾头上绑了一根电线，然后拖着他到处走。

问：你是指他的大脚趾头吗？

答：他的大脚趾头上被绑上一根电线，然后就被拖着走。

问：他提到曾被施水刑。他有否仔细描述？

答：他只说他曾被施水刑，但没有说明过程。

问：他有否说所有事情，即是水刑、殴打以及被绳绑着大脚趾头，再被拖行，持续了多久？

答：他只说自己遭受了这些折磨，但没有说持续了多久。

问：除了你曾描述的这次外，他还有否被带去审问？

答：他在翌日再被审问。

问：他从第二次审问回来后，你看到他了吗？

答：我看到他被送回来。

问：这次，他的状况如何？

答：他被两名宪查扶着，不能说话。

问：他的状况如何？他看起来怎么样？

答：他看起来很痛苦。他肿胀的双腿在流血。

问：这次，他的衣服是否湿的？

答：他的衣服也是湿的。

问：他有否告诉你，说这次发生了什么事？

答：他当时已经精疲力尽了，我没有问他。

问：这次，他是否不省人事？

答：他回来后，一直在呻吟，整整呻吟了一晚。我不知道他有否昏厥了。

问：他的情况好转了吗？

答：没有，反而死在牢房里。

问：他的死亡是在第二次审问过了多久后？

答：过了十天或十多天后，他就死亡了。

问：从他第二次审问回来后，直至他死亡的时段内，他有否告诉你他在这次的审问中，发生了什么事？

答：我问他，我能帮他做什么。他说我没有什么可以帮他做的事，他叫我不要承认我们是游击队。如果能救其他人，他一个人死去也没有问题。他还让我到他家里去，告诉家人他的死讯，并叫他们不要太伤心。

问：他从第一次审问回来后，曾对你说过他发生了什么事，对不对？

答：对。

问：他从第二次审问回来后，他有否对你说他发生了什么事？

答：我们二人都非常痛苦，因此我没有问他，他也没有告诉我。

问：他在什么时候死亡？

答：大约在下午刚过4时，他就死亡了。

问：你是否目睹他死亡？

答：是。

问：你怎么知道他已死亡？

答：他是我的叔叔，所以向他喊"叔叔"，但他已不会响应了。我摇他，他也不会动了。他已经死了。他一只脚还穿着鞋，于是，我替他把另一只鞋穿上了。

问：他仍有呼吸吗？

答：没有。

问：当你发现他已死亡后，发生了什么事？

答：有人通知守门的宪查。那宪查通知日本人。一个日本人拿着一块旧被单包裹尸体，然后把尸体搬出去了。

问：他被捕后多久就死亡？你知道吗？

答：大约十天。

问：他在第一次审问至死亡之间，有否得到任何医药治疗？

答：他没有得过任何东西，甚至连食物和水也没有。

问：他有否获得任何食物和水？

答：我们被捕后的第一个星期，并没有得到任何食物。接着，我们每天都能获得两个非常小的饭团，早上一个，晚上一个。

问：你可否向法庭展示饭团的大小？

证人比划大小。法庭估计直径大约是两英寸。

问：饭团是否压紧的？

答：它是压出来的。

问：除了这饭团外，你还拿到了别的食物吗？

答：没有。

问：关于林瑞祺和林天球，他们在审问期间被问到什么问题？

答：他们被指控是游击队队员。

问：这次，你所属村子的村长也被捕了吗？

答：郑保是村长。

问：林瑞祺死亡的时候，年龄是多少？

答：我不知道他当时几岁。

问：大约呢？

答：刚刚三十出头。

问：林天球呢？

答：大约三十岁。

问：那你叔叔郑保呢？

答：他差不多五十岁。

问：在大埔的牢房内，卫生安排是怎样的？

答：什么都没有。

问：你用什么来解决生理需要？

答：那车库的角落里放着一个木桶。

问：这木桶多久清理一次？

答：我不清楚，但至少是当木桶满得几乎要溢出来，日本人才叫宪查安排清理。

问：你在那里时，可否洗澡？

答：不可以。

问：你被拘留在宪兵队多久？

答：二十八天。

问：假如我请你向法庭展示你身上的疤痕——就是那些你宣称是于大埔宪兵队，被日本人虐待所致的疤痕——你愿意吗？

答：可以，我愿意。

问：你可以现在展示吗？

证人脱下外套、毛衣和背心，向法庭展示身上各伤痕。

法庭记录他的左肩上、左胸上方、左边二头肌下面和肚脐上面都有烧伤的疤痕。

问：你肚子上的是什么疤痕？

答：烟头烫伤的疤。

问：右边胫骨上有疤痕。这是什么？

答：这是当我被绑在梯子上面殴打时造成的疤痕。

检控官：庭长阁下，你想更加清楚地知道那疤痕的大小吗？

庭长：我认为没有需要。

检控官：庭长阁下，我没有其他问题。

辩方盘问

问：我记得你曾提及在大埔被人审问的时候，除了山田外还有另一名日本人，不是吗？

答：对。

问：你是在那里第一次看见他？

答：对。

问：你熟悉多少名驻守在大埔的宪兵？

答：我认识山田和安和。

问：那位叫安和的男子像不像当时在审问室的那位男子？是同一人吗？

答：不，安和年轻得多。

问：你可知道还有一名叫藤原的宪兵？

答：不，我不知道。

问：我记得你说过当山田对你进行审问时，有另一名日本人在场？

答：对。

问：你被施行烙烫时他在场？

答：对。

问：你被虐待的整个过程他都在场？

答：对，他在那里。

问：你在第一次审问中受虐待多久？

答：大约两小时。

问：整整两个小时都是虐待，还是审问与虐待交替进行？

答：他们先盘问我。当我否认后，他们开始虐打我。接着他们再盘问我，当我否认后他们再打我。过程就是这样重复下去。

问：这表示整整两个小时内，他们并不是全部时间都在虐待你？

答：当我被带到那里后，被查问姓名以及其他数据。接着我被要求脱下衣服，然后开始虐待我。早上八时刚过我就被带到这个房间，而被带回牢房时已经是早上11时。

问：在你被虐待期间，你提及当时在场的那名男子只是站着？

答：他有时候与山田交谈。

问：你曾说过尽管那名男子在场，但不知道他在做什么？

答：我不知道他做了什么。

问：这让我很难理解——你不知道这名长时间在场的男子究竟在做什么。你没有发现任何特别的东西？

答：我不懂日文，所以我不知道他们在说什么。当我被问是否为一名游击队员时，我否认，接着被殴打。就是这样。

问：总结一下，这名男子即使全程在场，也只是与山田谈过几句？

答：就是这样。

问：你在被捕翌日被审问，不是吗？

答：对。

问：在接下来的一天，你再一次被审问，不是吗？

答：是的。

问：这名你不认识的日本人依旧在第二次审问中出现？

答：对。

问：你能否更肯定地提供林天球、林瑞祺、郑保三人被审问的日期？

答：林天球、林瑞祺、郑保以及我本人都在同一日接受第一次审问，他们在数天后再次被审问。

问：我记得你早前曾提及不知道林瑞祺在哪天被审问。你现在记起来了？

· 405 ·

答：他被审问了两次。我们大部分人被审问了两次。

问：他在什么时候接受第一次审问？

答：同一天，与我们一起。

问：你记得这三个人各自在当天什么时间接受审问？

答：我不记得，因为这是很久以前的事了。我是第一个被审问的，我不知道接下来谁接受审问。

问：你说你在当天早上8点被审问，不是吗？

答：对。

问：那是审讯刚刚开始的时候？

答：我是第一个被审问的。

问：这历时多久？

答：当天我被审问了近两小时。

问：在这三个人当中，谁接下来被审问，你可知道？

答：我不知道谁是第一位谁是第二位。我记得郑保约在当天早上4时或5时曾被审问。

问：下午4时？

答：大约是下午4时。我没有时钟可以看。

问：林瑞祺大约在什么时候被审问？

答：同一天，但我不记得谁是第一人以及谁在我之后接受审问。

问：那是在下午还是上午？

答：我说了我不记得。我被打得头晕目眩。

问：我不是在问细节。我只是问你审问的时间。他们都是在同一天被审问，还是持续至翌日？

答：我们全部人都是在同一天被审问。

问：林瑞祺也是在同一天被审问？你记得他在什么时候被审问？

答：他在同一天被审问。我被带回牢房时他出来了。

问：你们全部四人，包括那三名男子，还有你本人都是在同一天被审问，对吗？

答：还有一些也是在当天被审问。

问："还有一些"你是指"还有一些男子"的意思？

答：对。

问：在第二次审问期间，那三名男子是否紧随在你之后接受审问？

答：我不清楚第二次审问的情况，因为日本人在审问方面没有既定程序。他们只是挑选其中一名囚犯，将他带走并进行审问。

问：我认为你曾提及三名囚犯回到牢房的确切时间，原因是你与他们共处同一牢房，不是吗？

答：我身上没有时钟，因此我没有说过他们回到牢房的确切时间。

问：但我仍然认为你曾提及看到他们回到牢房。我认为你应该记得他们回来的时间。你应该记得那两场审问都是在同一天进行？

答：你是指我们各自所接受的两次审问？

问：对，同一人所接受的两次审问。

答：不，只有一次。

问：你在翌日被审问了两次，不是吗？

答：我在第二天只是被审问了一次。

问：你总共被审问了两次，一次是在你被捕后那天，第二次是在翌日？

答：假设我在今天被捕。翌日我接受了第一次审问。后天我接受第二次审问。

问：林天球也被审问了两次，还是只有一次？

答：对。

问：郑保只曾被审问一次，对吗？

答：两次。

问：郑保两次接受审问的日期是否接近？

答：他连续两天被审问。

问：他的第一次审问需时多久才将他送回到牢房？

答：换句话说，我们在农历八月十四被捕。郑保在农历八月十五

· 407 ·

被捕。他在我们被审问当天被捕，他先接受审问，接着于4时左右被带到牢房。

问：郑保第一次以及第二次审问分别历时多久？

答：我不知道他的第一次审问历时多久，因为他被带到警署的时候，我没有看到他。第二次审问持续了一段长时间。

问：看来你不能完全回答出他们接受审问的时间，换句话说，其实你并没有完全注意到真实情况，对吗？

答：我们都是在同一个牢房，当然我知道很多关于他们的事情。

问：那么我希望你可以更准确地提供他们接受审讯以及其他事情发生的时间。

答：有什么需要更准确？

问：我只是问这名男子在什么时候和被审问了多长时间，下午还是上午……

检控官：哪名男子？我理解错了这个问题？哪会有证人能够回答这个问题？

问：首先是林天球。

答：我没有手表，因此很难回答，但大概是比一个小时多一点。

问：接下来，郑保，审问了多久，是在下午还是上午？

答：我不太肯定，因为他在来到牢房前已经被审问。

问：你不知道时间？

答：我不知道他被审问了多久，因为他不是被人带离牢房接受审问。

检控官：我的朋友使证人感到迷惘。这些人当中每一位皆曾被审问两次。他可否说明他是在谈论哪一次审问？我相信我们会得到答案。

庭长：辩方律师有时候很容易使证人感到迷惘。直到现在，他的提问大致上都是可接受的，尽管它们并非十分重要。

检控官：我自己不明白这些问题，就是这样，庭长阁下。

辩方律师：我认为这些审问的时间或许对被告有一些重要性，因此我希望与证人厘清这一点。我会尝试向证人做出清楚的提问。

庭长：我认为证人已经处理了这一点。你已经提问，而证人也给了答案。他说没有时钟所以不清楚时间。如果对证人不停重复提问，尝试使他更改答案，这不太好。

辩方律师：现在有关林天球以及郑保的事我已经有颇为足够的解释。最后，还有林瑞祺。我希望可以获准提问一到两个问题，有关他被审问的时间。

庭长：是的，你有权提出这些问题。

问：得到法庭准许，有关郑保的事。遭受虐待期间他被审问了多久？

答：什么时候？

问：第二天。

答：只是一会儿。

问：接着到林瑞祺，他的第一次审问历时多久？

答：我没有时钟或类似的东西计算时间，我没办法说。

问：你知道那名你不太熟悉的日本人，是否在那三名男子各自两次审问中均有出现？

答：我不知道，但他们告诉我有另一个日本人在山田旁边，但我不肯定是不是这名男子，还是另一人。

问：这名男子在林天球接受水刑时是否在场？

答：林天球说除了山田和何朗，那里还有一名他并不认识的日本人。

问：这是我不明白的那一点。我希望有人可向我读出证供。或许我曾听到只有山田，而非何朗或那个日本人在场，还是证供记录了他们三人均在场？

庭长：松冈（Matsuoka）先生，到底你的困难是什么？

辩方律师：到底那名日本人是否在场。我记得不太清楚。

庭长：证人的证供非常清楚。他已经两次或三次提及三人在场，而他并不知道其中一个人的名字。他从三人处接受到这个信息,包括郑保、林天球、林瑞祺。他曾两次或三次提及。这十分清楚。

问:在你所接受的任何一次审问中,林天球、郑保、林瑞祺当中任何一人有没有过与你一同接受审问?

答:没有。

问:你被审问时,宪兵的服饰是?

答:你是指哪个男人?

问:审问你的那名男子,是山田对吗?

答:日军制服。

问:另一个日本人的衣着是?

答:他穿日军军服,宪兵穿的那种制服。

问:他穿的衣服就是你现在指出的那一种吗?

答:有一些相似,但不一样,那件衣服颜色更黄。

问:你提及了食物。你说林天球没有进食是什么意思?你是指他不能进食?

答:我们被捕后一星期才可以每天获派两个饭团。在此之前,我们没有得到任何食物。

问:林天球在那星期之后有没有吃那些饭团?

答:他不能进食。

问:这是他被虐待后的结果,对吗?日本人有没有提供任何食物?

答:因为他受太多折磨,不能进食。

问:你已经指出了饭团的大小,不是吗?但真实的大小不是比你指出的大小大得多吗?

答:饭团是像这样放在餐盘上分发的。重量大约是三两。

问:大小是不是像双手这样握起来(展示)?

答:不,米饭最初是放在一个茶杯里,接着用手挤压,并放在餐盘上。

问:有没有加盐调味?

答：有时候有，有时候没有。为了乞求他们放一点盐，我们不得不称他们为"爸爸"，甚至"爷爷"。

问：有时候有黄豆？

答：没有，什么也没有。

问：附有任何蔬菜？

答：没有，什么也没有。

问：你说你曾被告知永远不要提及或承认与游击队活动有关，对吗？

答：我们不是游击队员，没有必要承认这项控罪。

问：你说你被告知不要承认是游击队员，如果承认，你可能会被毒打。是否正确？

答：日本人问我是不是游击队员，我一直都否认，因为我不是。

问：你曾否向一名与平尾少佐一案有关的调查人员作供？

答：我不认识他，但我参与了野间一案。

问：你可记得曾否向调查人员哥连臣上校作供？

答：是的。

问：那时候你有没有在作供前宣誓？

答：有。

问：这份证供是句句属实的？

答：证供是正确和真实的。

问：我希望向你读出这份证供的其中一部分。请聆听："我们全部被带到大埔宪兵部并被关押在同一个牢房，第二天一名叫郑保的男子也被关进来。那一天，1944年12月29日，我被何朗带到山田面前，控告我为中国军队以及英军服务团工作。我否认，并被山田用一根大木棍殴打近半个小时。我继续否认，山田命令我脱下所有衣服。我照他的话做了并被绑在木梯上，接着山田卷起一些报纸，用蜡烛将它们点燃，用来烫我的背部、左臂以及左肩。这持续了五分钟，他们尝试逼供但我否认了指控，因此他们对我施水刑。我依然否认指控，所以他们把我带回牢房。翌日我再次被山田以及何朗审问。我被关押在大埔宪兵部二十八天，期间我看到林天球被山田和何朗带走。我看见山田和何朗带走林天球，并听到他在惨叫。我被扣押期间也曾看见郑保两次被山田和何朗带走，并听到他的惨叫声。两次我都看到他被几个印度人带回来，不省人事，衣服湿透。他在第一次审问后醒来时，告诉我他被一根很大的木棍殴打，遭受水刑，并被山田吊起来。他在第二次醒来后告诉我，他被山田用一根大木棍殴打。"你说过这些东西。你是否承认？

答：只有山田和何朗两人前来牢房并将囚犯带到其他房间。他们被带到房里，看到一些他们并不认识的日本人。

庭长：我认为辩方律师是问证人曾否作出以上陈述，而非要他解释证供的内容。

证人：对，那是我的证供。我不知道华人在那时候怎样犯错。

问：你为什么提及犯错？

答：这是很久以前的事，我说不出。

问：你不是说记得曾作该份陈述，而且当时曾经宣誓，不是吗？

答：是的。

问：那么你对此是否承认？

答：那是事实。

问：如果这是事实，那么这会与你在本庭的证供有很大分别。你在本庭上提及那里还有另外一名日本人？

答：因为他没有殴打我，所以我对此只字不提。当我前往赤柱参与认人程序时，负责的军官叫我去辨认曾经在那些时候殴打我的人，而我认出了山田。这里的这名男子并没有参与当时的认人程序。

庭长："这里的这名男子"是什么意思？

证人：那个日本人（指向犯人席）。当我参与第一次认人程序时，他并不在场，而那个三星军官问我有没有任何人在场，我说："没有。"

庭长："这里的这名男子"你是指被告川澄？

证人：我不知道他的名字。

庭长：那名你已经辨认出来的被告？

证人：对。

庭长：被告已经被认出，而他的名字亦已被指出，因此在将来提及他时请使用他的名字。我希望这可以加以澄清。

问：我并不是指认人手续。我问的是你这份证供中的内容是否事实？

答：这是一份真实的证供。他就在大埔那儿审问我，你可以问他。

问：我不是要你作任何含糊的解释。我只想你承认你这份证供的内容皆属事实。

庭长：证人已经说了证供是真实的。

辩方律师：我希望将这（证供）提交为证供，但只包括速记员到目前为止所记下的东西，这对法庭来说是否足够？

庭长：对法庭来说颇为足够。

辩方律师：庭长阁下，我已经完成盘问。

控方覆问

问：在上述情况下，负责审问你的人看起来是负责管理整个审讯的人？

答：山田是负责指挥那个宪兵部的军官。

问：谁看起来是负责提问这些问题的？

答：提问是由山田负责的。

问：川澄是否曾作出任何尝试，以阻止对你施行酷刑？

答：不，他没有。

问：郑保是在当天与你一同被捕的所有人当中，第一个接受审问的人，是否正确？

答：我不清楚，因为我只知道他在大约4点被带到警署。我不知道他在什么时候被审问。

检控官：庭长阁下，我没有其他问题。

庭长提问

问：你可否告诉法庭大埔有多少个宪兵部？

答：只有一个，庭长阁下。宪兵部那里有很多座建筑物。

问：那里有多少名宪兵？

答：很多。我不知道确切人数。

问：你可否提供大概数字？

答：我不肯定，但大约是十人。

庭长：有没有其他问题，松冈先生？

辩方律师：就证人于平尾少佐一案所给予的证供，如果我希望使法庭注意的要点已获法庭清楚理解，我觉得没有问题。否则，我希望提数个问题以厘清这一点。在平尾少佐一案中，本案内同一位证人从未在该案的证供内提及川澄，所以我希望弄清楚现在的情况。

庭长：法庭对此颇为理解。必须指出的是，陈述内有错漏并不一定等于出现矛盾。

辩方律师：是的，庭长阁下。

庭长：有没有其他问题提出，奥斯比少校（Maj. Ormsby）？

检控官：没有，庭长阁下。

庭长：证人可以退下。

控方结案陈词

有关被告：大村清准尉
　　　　　西田政人军曹
　　　　　川澄准曹长

自2月24日以来，法庭已经呈现了这个被占领地的平民于1944年在日本宪兵队手上被施以酷刑和虐待的恐怖故事。有关这些事件，庭长阁下曾听到大部分受害者亲自作证和三份誓章的描述。事件发生在三个不同的地方——油麻地、九龙巡理府和大埔——当时全部都被征用为宪兵部。所有使用酷刑的加害者都被指称是现已恶名昭彰的宪兵队特高班成员，主要负责反间谍工作。这五名日本人，全部都是前特高班成员，于庭长阁下面前被提控三项有关使用这些酷刑的控罪，并已经被界定为战争罪行。

第一控罪：

第一控罪与全数五名被告有关，分别为大村清准尉、西田政人军曹、川澄准曹长、吉冈荣造曹长及川井久雄军曹。最后提到的被告在控方举证完结前被判无罪。根据程序规则（Rule of Procedure）40（A），指控吉冈的案件须独立处理。第一被告大村清被指称于案发期间，为特高班主管。此控罪只包括1944年9月底至11月中旬在油麻地宪兵部发生的事件。宪兵队成员于9月26日在西贡区大规模逮捕约八十名住在界咸村、南围村和大蓝湖村的华人居民；这些人因被指控参与游击队活动而被拘留。在油麻地被拘留期间，他们饱受酷刑造成肉体上的痛苦。部分人被转送到九龙巡理府，部分人之后被送到赤柱；这些被指控的人如何因为酷刑而死，成为本控罪唯一的主题。

这些受害者之中，其中七位男性来到法庭并诉说个中的来龙去脉。

· 415 ·

这条控罪没有涉及誓章，至少没有来自那些被指称受害者的誓章。两名证人准确地辨认出被告西田及川澄，两名被告被指直接使用酷刑，或于施酷刑期间在场。控方认为对大村的辨认不够确实，他在任何情况都只被形容为"好像是那个在他身上施以酷刑的人"。〔参照控方第八证人曾甲（音译：Tsang Kap）。〕

关于西田的案件，根据控方第二证人温天祥（音译：Wan Tin Cheung）的证供，他于被捕后的第一日及第三日两次被西田审问和用木棍殴打；关于川澄的案件，根据控方第七证人成送（音译：Sheng Sung）的证供，他于被捕后第十日被川澄审问及用木棍殴打。其他五名证人，分别是控方第三证人谢天然、控方第四证人谢石（音译：Tse Shek）、控方第五证人温容树（音译：Wan Yong Shu）、控方第六证人成仲安（音译：Sheng Chung On）以及控方第八证人曾甲，他们均出庭作供，讲述他们被宪兵逮捕和拘留至油麻地，并被施以酷刑的经过。这些酷刑包括殴打、炙烧以及水刑，全部都有完整、仔细的描述。酷刑事件发生在逮捕后一星期内。七名证人作供指他们全都在同一天，即1944年9月26日被捕。可是，最严重的指控是有其他的受害者因为酷刑致死。这些人的名字全都在控罪中列明，因此，我们有必要详细地研究这些证供。

有鉴于此，在证供方面，控方认为有需要带出以下几点：
逮捕时的健康情况
目击证人对虐待的描述
受害者死亡之前与他被囚在同一牢房的人的传闻证供
将受害者带去接受审问和送他回来的人的身份
没有自然疾病或任何其他原因引致死亡

第一位是谢恩，别名谢汉恩；三名与他同囚的证人：控方第二证人温天祥、控方第五证人温容树及控方第三证人谢天然，就他曾受酷刑并因而死亡出庭作供。

明显地，受害者是死于油麻地第三牢房；被审问之后，受害人告诉其他人他被一名不知名的日本人殴打；控方第二证人温天祥——看见受害人的背部有瘀伤；控方第五证人温容树——看见他的手臂断了，衣服也是湿的；受害人约于被捕后第四天的傍晚死亡——一名证人说时间是下午5时，另一名证人说是过了下午4时后不久；受害人被捕时身体健康，是界咸村村长，年龄四十岁；钟（音译：Chung）传译带他去接受审问。控方第三证人谢天然只提到受害人死于第三牢房。

刘煜光（音译：Lau Yuk Kwong）：他死于第二牢房。控方第七证人成送是唯一有描述其情况的证人。证人曾讲述他如何三次被带离第二牢房，并告诉证人他曾被施水刑和炙烧。这名证人告诉我们，他看到刘氏的私处周围有被烧炙过的疤痕，以及看见他在第二次被审问后被背回牢房。刘氏在被捕后约第八或九天死于牢房内。控方第二证人温天祥指他被捕时身体健康。

袁福（音译：Yuen Fook）：三名证人都曾为您讲述一些细节。受害人曾被囚于第四牢房，并于被捕后两星期的下午约5时死亡。控方第六证人成仲安及控方第七证人成送，曾描述袁福怎样告诉他们自己曾被殴打及施水刑，两名证人也见到袁福的双脚被割伤及有血，衣服被撕破而且湿掉。钟传译之外的另一名传译员把他带离牢房接受审问。被审问之前，他是一个健康的人；被审问之后，直至他死亡之前，并没有得到任何医药治疗。在审问以至死亡之间，他没有得任何疾病。控方第二证人温天祥看到他的尸体被搬离第四牢房。

成运华（音译：Sheng Wan Wah）：受害人亦与控方第六证人成仲安及控方第七证人成送同囚在第四牢房。证据显示他曾被带往审问、施水刑及殴打，回到牢房时失去知觉；他的衣服湿掉；背部有瘀黑色疤痕；他在被捕之后约一个半月死亡，死去之前曾流鼻血。但是，关于他确切的死亡时间证供有分歧，一名证人说是下午2时，另一名证人说是凌晨3时或4时；他被捕时身体健康，并没有任何疾病。

叶兴（音译：Ip Hing）：只有控方第四证人谢石的证供有提及这名受害人。可是，证人只单单作供指他死于九龙巡理府。控方没有任何证据显示他曾受虐。

刘牛（音译：Lau Ngau）：受害人被指称曾于油麻地遭受酷刑，并曾告诉控方第三证人谢天然与控方第六证人成仲安有关的事情。他与温生记在同一个早上由油麻地被转送到九龙巡理府，他于十天之后死于第三牢房。他被捕时身体健康。

刘宁（音译：Lau Lin）：同样的两名证人作供指受害人也死于九龙巡理府第三牢房，他亦曾对他们讲述他在油麻地遭受的酷刑；他被捕时身体健康。

温生记（音译：Wan Sang Kee）：受害人在李业死后两天死于九龙巡理府第三牢房；他曾告诉控方第三证人谢天然与控方第六证人成仲安，他曾被灌水和胸部被猛击。关于该水刑的描述已被呈上；他被捕时身体健康。

温勇生（音译：Wan Yung Sang）：成仲安的证供证明受害人死于九龙巡理府第三牢房；他曾对证人讲述他在油麻地遭受的酷刑；他被捕时身体健康。

温容功（音译：Wan Yong Kun）：没有任何证供提及此受害人。

李业（音译：Lee Yip）：受害人自油麻地被转移送到九龙巡理府，十天之后死于第三牢房，他曾告诉控方第三证人谢天然与控方第六证人成仲安，说自己曾在那里被施酷刑。他被捕时身体健康。

刘康（音译：Lau Hong）：一名证人，即控方第六证人成仲安，告诉我们此受害人死于九龙巡理府第四牢房，他曾在油麻地被施酷刑，当时他被囚于第二牢房。他被捕时身体健康。

刘良（音译：Lau Leung）：受害人明显地曾被虐待，并死于赤柱，可是，没有任何证据显示他在哪里受虐（控方第七证人成送）。

曾兴（音译：Tsang Hing）：受害人也死于赤柱，并曾告诉控方第三证人谢天然他在油麻地曾被施以酷刑，当时他与证人被囚于同一牢房。

温容石（音译：Wan Yong Shek）：受害人是控方第二证人温天祥的

弟弟；他曾告诉证人他于油麻地被一名已知姓名的宪兵施以酷刑。他两次被审问后，腕骨折断，衣服是湿的。他死于九龙巡理府的第三牢房。他死亡之前没有接受过任何医药治疗。受害人也告诉控方第六证人成仲安他曾受的酷刑。

温容福（音译：Wan Yong Fuk）：受害人是控方第二证人温天祥的哥哥；他曾告诉证人他被西田殴打，而证人亦留意到他的衣服是湿的。证人确曾看见他在审问室不省人事，证人被西田威胁如果不肯招供，便会遭受相同的对待。那一天是9月27日。在此之前，证人看见他被西田及钟传译从牢房中带走。当他们同在九龙巡理府时，证人看见他哥哥的脚上有疤痕，而且很瘦弱。他于1945年1月10日在赤柱死亡。他被捕时身体健康，被审问后没有得到过任何医药治疗。

谢容保：受害人是控方第三证人谢天然的父亲，证人作供指他曾看到父亲被一名已知姓名的宪兵殴打。证人背着父亲走回第二牢房，当时他仍然是不省人事。证人看到他头上有伤口，身上也有瘀黑且肿胀的伤痕。受害人约于半小时后之后死亡，日期为10月1日或2日。他被捕时身体颇为健康。控方第二证人温天祥及控方第四证人谢石可为受害人死亡的佐证。

谢佑芳（别名谢九）（音译：Tse Yao Fong、Tse Kow）：控方第四证人谢石作供指受害人是他的叔父，证人曾看见他在审问室昏厥，而且手臂断了。受害人其后告诉他的侄儿，他曾被一名已知姓名的宪兵殴打。受害人约于被殴打后九小时死于第一牢房，日期为10月1日或2日。他被捕时身体健康。控方第二证人温天祥及控方第三证人谢天然可佐证上述事件。

证据证实一共有十八人死亡；其中十五人死前曾于油麻地被施以酷刑。在更进一步考究证据时，我们会发现全部人都于同一天，即1944年9月26日被捕；另外，没有证据显示这些人死前曾感染任何疾病。这十五人当中，六人死于油麻地，分别为谢佑芳（别名谢九）、谢容保、成运华、袁福、刘煜光及谢恩（别名谢汉恩）。其余的人死于九龙巡理府，他们是温容福、温容石、曾兴、刘康、李业、温勇生、温生记、刘宁及刘牛。有关刘良和叶兴，控方没有证据指明虐待事件在哪儿发生；有关温容功，控方完全没有证据。

对于此控罪，控方向庭长阁下提供其他证据，即平尾好雄的誓章（证物 I、J、K）；平尾好雄于1943年9月至1945年8月是九龙宪兵队队长。从他的证供得知，大村清是一名准尉，在1944年4月至1945年5月期间领导九龙宪兵总部的特高班；在1944年9月，他指挥西贡事件的调查工作。他负责被拘留在油麻地的囚犯的管理。这包括给予囚犯足够的粮食及医药治疗。平尾的誓章也能告诉我们在大村之下，还有川澄准曹长及西田政人军曹在此案件协助他。

第二控罪：

此控罪与1943年10月底至1944年10月底于九龙巡理府发生的五件独立事件有关，大村、西田及川澄被指控。

按时间顺序，第一件事件发生在1943年10月底，关于华伦·钱凡（Warren Chin Fen）和萧约翰夫人（Mrs Siew）被逮捕和被虐待的事件。后者讲述她被带到九龙巡理府的第一天如何被西田和传译员用竹棒猛打，扭伤其手臂。她只看见钱凡被西田推到墙壁上。此事发生以前，她留意到钱凡的脸上有瘀伤。控方第十九证人李佐治（George Albert Lee）能够准确指出他跟萧约翰夫人一同于10月27日被捕。他说当天约下午5时半，他看到萧约翰夫人被西田掌掴。这是他听到钱凡于邻房被打的第二天。他听得出他的声音。在此之前，他曾看见西田和钱凡在他的房门前行过。两名证人于庭上认出被告西田。

第二件事件发生于同年，即1943年12月，关于控方第十四证人简霞那·星（Kandhara Singh）被逮捕及于九龙巡理府被西田虐待的事件。虐待形式是简霞那·星双手被反绑背后，然后整个人被吊起，在悬挂于半空时被殴打。日期被指为12月13日。

假如庭长阁下细心审视来自李佐治证供的誊本，您会发现证供没有出入；当他提及华伦·钱凡受虐时，他指的是之后的一天，即是萧约翰夫人被捆及棒打的第二天。

第三件事件发生于1944年4月或5月，吴泰兴（音译：Ng Tai Hing）、吴伟全（音译：Ng Wai Chuen）、吴伟奇（音译：Ng Wai Kee）、杨香（音译：Yeung Heung）、方清（Walter Fong Chin）及许树培被逮捕的事件，全部人都被怀疑协助印度人逃离香港。控方第十六证人吴泰兴是唯一出庭作供的证人。证人能够说出他在被捕后两至三天，遭被告西田（已认出）虐待，方式是以竹棍殴打及用锁匙猛击。他也认出川澄（已认出）是约一个月后用木棍殴打他的人。证人同时给予我们关于吴伟全、吴伟奇、杨香及许树培被虐待的详情，他们均指称西田应为他们被虐待负责，只有证人看见吴伟全被川澄殴打。许树培（证物H）及方清（证物F）的誓章均被提供。后者的虐待事件未经佐证。

控方第十八证人钟雪英（音译：Chung Shuet Ying）和戴福（证物G）于1944年6月初被西田逮捕及虐待的事件是第四件事件。钟小姐所受的殴打分外凶狠，这名证人很明确地辨认出西田是负责施虐的人。虽然钟小姐某程度上能够佐证戴福的誓章，但这两名证人在逮捕日期的证供有十天的差异。戴福指出的日子，即6月8日，可能较为可信。西田施虐的借口是指称他们参与英军服务团（British Army Aid Group，原文缩写BAAG）的活动。

控罪中最后的第五件事件是关于控方第十五证人邓浩良（音译：Tang Ho Leung）被逮捕的事件。被提供的日期是1944年10月6日，庭长阁下曾听到水刑、吊起来毒打及炙烧这些酷刑。以上全部都指称由西田执行，而他也被证人轻易地在庭上认出。证人是另一名被怀疑是英军服务团特务的人。

第三控罪：

我们现在离开油麻地及九龙，将注意力转投在新界一个乡村——大埔。1944年12月底，这地方发生了另一桩大规模逮捕事件，规模较9月在西贡的逮捕行动略小，无辜的村民被拘留在当地的宪兵部，饱受酷刑之苦。此控罪只与被告川澄有关。五名证人来到法庭，其中四名是曾被拘留及施以酷刑的受害人。名字分别是：控方第九证人郑贵、控方第十证人林侨惠及控方第十三证人张福贤（音译：Cheung Fuk Yin），全都作供指他们被该宪兵部的负责人山田施以酷刑时，川澄亦在场，而他也被证人立即认出。殴打、水刑、炙烧、吊起的事件又再一次被重复道出。在这控罪中，更严重的指称是被告川澄滥施酷刑，导致三名受害人死亡。证供经过法庭审核后，控方的结论是此控罪不太可能与川澄、藤原（音译：Fujihara）军曹、安和（音译：Awa）军曹及富良野（音译：Furano）上等兵这四名日本人被告有关。庭长阁下也记得郑贵曾告诉我们，郑保、林天球及林瑞祺这些受害人，除了要为他们受酷刑负责的山田之外，无法说出另一名宪兵的名字。他们只能形容这个人是一个陌生人。关于安和，郑贵和林英源（音译：Lam Ying Yuen）都认得他；郑贵说他比川澄年轻许多；而林英源说他曾看见安和与川澄走在一起。在这事件发生之前，安和已经在大埔驻守了一段时间——参照：富良野的陈述书（证物 O）、平尾的陈述书（证物 L）、安和本人的陈述书（证物 N）。富良野是一名上等兵，所以他不大可能参与审问。这样一来，剩下的只有藤原军曹，他与川澄一同被派往协助山田；故此，对于村民而言，他也必定是一个陌生人；根据富良野义男（Furano Yoshio）的陈述书（证物 O），川澄与藤原的年龄差不多（只差一两年），高度也差不多（只差两英寸）。公道而言，控方承认证据是有疑点的，有关死者的环境证据未有足够的一致性来证明他有罪。但由于证人认出川澄有份施虐，控方认为这样已无疑问。

控方举证就此结束。现在是合适的时候讨论被告对控罪的响应了。我会先谈论川澄的响应，因为他被提控全部三项控罪。

关于西贡事件，尽管他承认他在1944年整个10月期间都在九龙地区宪兵部，而大部分的审问都是在这个时期进行的，可是他全盘否认控罪。关于第二控罪，他承认曾于1944年6月上旬在九龙巡理府对吴泰兴进行审问。这与证人提出的日子大致相符。在大埔发生的事件成为第三控罪的主题，他承认曾到大埔，但折中地说他只审问了一名疑犯。即使真的如他所说,他只留在那里四天,我相信庭长阁下也很难认同他在这段时间只能审问一名疑犯。从控方证物——富良野的陈述书(证物O)可见,直至1945年1月15或16日,川澄与藤原都驻守在大埔;平尾少佐的陈述书(证物L)也提到他曾指示山田要"尽快"完成调查。

川澄在被告席内作出了冗长而又未经宣誓的陈述,他实际上完全否认曾参与在西贡发生的事件;至于第二控罪,他承认曾审问全部被指曾遭受虐待的人,但不包括方清、简霞那·星、钟雪英小姐及戴福。因为那是未经宣誓的陈述书,我不会花太多时间深究,因为它在法庭上的价值很低。

现在要考虑的问题是大村的责任。从控方证据——平尾的陈述书(证物I)可以看出,于1944年4月至1945年5月期间,他负责管理九龙地区宪兵队的特高班。被告承认这个说法,但他告诉我们1944年11月30日至1945年2月28日期间,他并不是首长。有鉴于此,控方认为在该时段内,他必须为他特高班的下属所犯的罪行负责。平尾的陈述书(证物I)从未提及过大村在指定的时期内不是特高班首长。辩方证人提出了很多页的证供,否认一个班的班长须为属下的行为负责。控方认为平尾是为了帮自己脱罪而牺牲他的属下。控方对此无法认同。没有任何情况能使我们认为一个地区队长,无需为他所有的下属的行为负最终的责任。假如庭长阁下细心研究平尾本人的陈述书(证物J),您会看到他承认他应为西贡疑犯被拘留在油麻地一事负责,他亦说每星期的当值长官要就囚犯的管理对他负责。但是,他确实地将调查此案的责任下放予大村清,他队内的一个班长。平尾的管辖范围内有不只一个班,所以这不足为奇。辩方指大村不可能知道1944年9月或10月发生在油麻地的虐待事件。为何会不知道呢?假如被告指挥一个班,那巡视他的属下有没有恰当地执行职责,当然是他的职责。是否有任何证据证明他曾到访这些牢房?一点儿也没有。我们听到的,却是一个详尽的故事,讲述他如何于数天的时间内巡视上水、大埔及沙田。这并不能免除他进行视察的职责。如果西贡事件要动用到每个分部所有可以动员的宪兵，就足见这事件有足够的重要性。请谨记，那里也有八十至一百名疑犯。是否有任何证据证明他曾以惩罚阻吓任何违反"不可虐待囚犯"规条的行为？没有。我认为西田在1944年4月、5月、6月及10月进行的审问，符合第二控罪的主旨，也是被告的责任。

　　总括而言，基于我较早时就死亡事件阐述的特别发现，我恳请您判处所有被告有罪。庭长阁下可就每名被告的职级、职务和责任衡量判决。我也恳请您能仔细考虑这些人被指称使用的酷刑；现在您和我已听过这些故事，某些案件已有两年的时间，或许我们有点儿太习惯这些酷刑的方式，而未能完全体会到个中的可怕。可是，对于这些受害人来说，这些酷刑都是非常真实的体验，他们毕生都不会忘记。我们曾听过多少次有关那些可怕、残忍的虐待——水刑。每个人都应知道其行为的后果。水刑最终的结果，假如施行时间太长没有别的结果，其结果就是抹杀生命——这纯粹是使人窒息的谋杀；我认为这正是为何十五名华人居民，从未于1944年9月或10月或11月活着离开油麻地及九龙的首要原因。即使他们承认有参与反日活动，这也绝对不构成虐待疑犯的理由；他们若早一点承认指控，也不见得可以捡回性命——这也是绝对错误的讲法。各国承认的国际法提出对任何疑犯，无论是一般军人或无军服的游击队，都需要有公平的审讯。

控方结案陈词

有关被告：吉冈荣造

这被告只被提审第一项控罪，仅有关于1944年9月在西贡发生的事件。现场出庭作供的证人有四名，他们是控方第三证人谢天然、控方第四证人谢石、控方第五证人温容树及控方第六证人成仲安。以上证人指称吉冈须为他们所遭受的酷刑负责。所有审问在逮捕后一星期内进行，按推论，即是9月26日至10月1日或2日。这名被告被指称行使水刑、炙烧及殴打。这些证人提出更严重的指称，说有些受害人因被告施行的酷刑而死亡。这些受害人为谢容保、谢佑芳及温容石。关于谢容保，他的儿子，即控方第三证人谢天然确实曾看见他遭被告殴打，而证人背着他走回第二牢房，当时他已不省人事。他的身上有瘀黑色且肿胀的伤痕以及头上有伤口，他于半小时后死亡。当日是1944年10月1日或2日（按推论）。这是他于1944年9月26日被捕后一星期。他被捕时身体健康。控方第二证人温天祥及控方第四证人谢石的证供也能佐证上述的死亡事件。

谢佑芳（别名谢九）是控方第四证人谢石的叔父，证人作供指曾看见他在讯问房间内昏厥，当时他的手臂断了。他于第一牢房醒后告诉侄儿，说他曾被吉冈殴打。他在被殴打后约9小时死亡，他当时并没有感染任何疾病。控方第三证人谢天然说出谢佑芳与他父亲谢容保于同一天，即10月1日或2日死亡。

第三名受害人温容石，他是控方第二证人温天祥的弟弟。证人说温容石告诉他说曾于9月27日或28日两次被吉冈殴打。他回来时，证人也留意到他的手腕骨折，臀部有损伤，衣服也湿了。于1944年11月16日至12月14日期间他没有得到任何医药治疗，其后死于九龙巡理府第三牢房。虽然控方第六证人成仲安不能说出日子，但他能佐证该死亡事件。

平尾好雄于案发时期身为九龙地区宪兵队队长，他已宣誓的陈述书（证物J）囊括了其他控方证据。根据他的证供，调查西贡一案中，吉冈荣造曹长是大村的部下。

尽管被告承认在一乡村进行逮捕时在场，以及于油麻地出席了好些审问，可是，他惯性地否认曾发生虐待事件。被告作出些微让步，说他只审问过其中一名出庭的证人，亦审问过其他五个人。

我不会再斟酌于这名被告的证供，庭长阁下曾听到控辩双方的证供，而对于哪一方说真话的问题，答案取决于您。控方很有信心构成此控罪的因素已得到证实，只有三人是死于这名被告的手上。所有庭上的认人程序绝非事先安排的，而被告早于西贡事件发生前已为人所知，这是不能推翻的事实，绝对不会引起认错人的情况。我深信庭长阁下会认同整体来说，证人的证供没有报复或怨恨的元素，认人过程也颇为公平，而且当被问到一些细节时，他们经常都会表明自己是否肯定。

让我再次指出这名被告被指称曾施行最危险及残暴的酷刑，亦即水刑。

译注
1　原文如此。

第十章

沙头角宪兵队桑木清盛和中岛德造的审判

军事法庭记录表

被告：（一）大日本帝国陆军宪兵曹长桑木清盛

（二）大日本帝国陆军宪兵军曹中岛德造

全部由东根德郡军团第二营押解。

审讯地点及时间：香港　1947年11月1、3、4、5、6、7、8、10、11、12、13、14、26、27、28、29日以及12月1、2、3、4、10、11、17日。

召开法庭者：驻港陆军司令

庭长：林明中校M.B.E.　隶属：印度军军法署（大律师）

法庭成员：毕打菲路少校　隶属：印度榴弹兵团

宾容上尉　隶属：皇家工兵部队

指控：见控罪状

答辩：每名被告——每项控罪——无罪答辩

裁决：首控罪

第一被告：有罪，唯法庭裁定被告于1943年8月4日至1944年6月15日期间为沙头角宪兵队队长，而非1943年8月1日至1944年12月31日；以及控罪中"该虐待引致他人死亡，包括胡勇、蔡福、毛马大、邓福、叶天祥、叶生、叶天送、李华、李义贵、李冠锦、毛扬以及毛义财"的字眼除外。

第二被告：有罪，唯法庭裁定被告于1943年8月至1944年12月20日期间为沙头角宪兵队员，而非1943年8月1日至1944年12月31日期间；以及控罪中"他人"与"蔡福"、"毛马大"、"李义贵"、"李冠锦"的字眼除外。

次控罪（只适用于第二被告）

有罪。

判刑：第一被告：判囚四年

　　　第二被告：判处绞刑

日期：1947年12月17日

确认判刑：驻港陆军司令　日期1948年2月24日

公布日期：1948年3月1日

备注：中岛德造之绞刑须在1947年3月9日于赤柱监狱执行

呈交庭审纪录：致英国远东陆军总部第三副官　日期1948年4月7日

　　　陆军军法署　日期1947年10月5日

　　　英国远东陆军军法署副署长

案件编号：65302　JAG

控罪状

首控罪：

犯战争罪。被控在1943年8月1日至1944年12月31日期间，首被告作为沙头角宪兵队队长，而次被告作为沙头角宪兵队队员，曾于沙头角违反战争法律及惯例，与虐待沙头角村民一事有关，该虐待引致他人死亡，包括胡勇、蔡福、毛马大、邓福、叶天祥、叶生、叶天送、李华、李义贵、李冠锦、毛扬以及毛义财。

次控罪（适用于被告中岛德造军曹）：

犯战争罪。被控在1943年6月至7月期间，曾于沙头角违反战争法律及惯例，与虐待沙头角村民一事有关。

控方开案陈词

庭长、各位军事法庭成员：

我会代表控方，而两名被告则会由英明的平川先生作代表。他的法律顾问班菲尔（音译：Banfield）中尉会从旁辅助。

各位，今天在您们面前的是两名日本宪兵队的士官。由于当时一个极坏的制度，他们手握大权，监管并控制新界一大片范围。权力在任何人手上都可以是一件危险的事情，权力落在未受过教育、凶残的人手上时，更会带来灾难；而在本案之中，我们就遇到两个这样的人。他们拥有的权力确实为很多热爱和平以及纯朴的沙头角乡民带来灾难。

在两条控罪涵盖的时期，证据将会证明大量村民在不同的日子因为被怀疑是游击队成员，或曾协助游击队而被捕。这些人士于沙头角宪兵总部被审问（关于这个地点，如果庭长愿意，我乐意在审讯的稍后期间带领庭长到这个地方）。在这个地方，宪兵队采取一贯的手段务求取得他们想要的情报。那些不幸的受害者被拳打脚踢、虐待以及施以酷刑。好些人因而死亡。

中岛德造，本案的次被告，几乎与所有受害者被虐待的事件有直接关系。第一被告桑木清盛，与部分受害者被虐待的事件有直接关系，但控方认为他亦须为其他人被虐的事件（于第一控罪提及的时期）负上责任；鉴于桑木的操守及行为，唆使及鼓励次被告，在他管辖的宪兵总部使用有系统的虐待手段。

第二控罪只与中岛有关，庭长阁下将会从稍后提出的证据中看到，这个人甚至在桑木曹长出现之前，已经开始这些暴虐行为。

由于难以安排证人在指定日子出席聆讯，某些特定事件的证供可能会失去连贯性。如果出现这种情况，我为此道歉。

关于这宗案件，我恳请各位谨记1907年《海牙第四公约》附件的第四十六条，日本亦是签约国。此条文可见于1929年出版的《军事法手册》(*Manual of Military Law*)（1944年于印度重印）第234页：家族的荣誉和权利、个人的生命和私有财产，以及宗教信仰及仪式应被尊重，私有财产不得被没收。

在请求庭长阁下批准我传召控方第一证人之前，请容许我恭敬地提醒各位，控方有责任提出证据证明被告有罪，当案件审结之时，如果有任何合理怀疑，疑点利益归于被告。

如果庭长阁下允许，我将会传召第一证人罗冠平（音译：Lo Koon Ping）。

控方第三证人叶润的庭上证供

控方讯问

问：根据法庭的理解，你是叶润，是一名店主？

答：是。

问：你是华人，今年五十岁？

答：是。

问：你的永久住址是否沙头角中英街二十一号？

答：是。

问：日占时期，你是否曾经于某个时候被拘留？

答：我未曾于日占时期被逮捕。当我的伙计被捕时，我曾被拘留数小时。

问：你记得你于什么时候被拘留吗？

答：1943年8月15日。

问：你被拘留的原因是什么？

答：原因是一名宪查，即是警察，于日占时期来到我的店铺，向我伙计买蛋糕。

问：你的伙计叫什么名字？

答：胡勇。

问：而当该中国警察向胡勇买蛋糕时，发生了什么事？

答：我伙计把蛋糕给他，但那宪查（警察）拒绝付款。

问：那是否你被拘留的原因？

答：那宪查打我伙计，而我伙计逃跑，然后那宪查带我回警署。

问：你说警署，你是指什么？那是什么地方？

答：于沙头角火车站附近，是一个碉堡。

问：你在那里发生了什么事？

答：我被查问为何我的伙计会打该警察。

问：谁人问你那问题？

答：他叫马贵崇（音译：Ma Kwei Sung），是一名警察。他问我那问题。

问：当你被问那问题时，有没有其他任何人在场？

答：没有，除了那警察及日本人。

问：你是否希望庭长理解为，在问你那问题的警察之上，还有一个或一些日本人？

答：那里有三个日本人——包括中岛。

问：于法庭上，你有没有看到任何当时在场的人？

答：坐在左边的是中岛。

问：你的左边？

答：是，我的左边。

证人指出被告中岛，他的名字被以中文读出。

庭长：审讯继续之前，我想请传译员告诉我们"伙计"的确切意思。

传译员：受雇于商店的员工。

问：之后发生了什么事？

答：那警察说我伙计于日本人面前侮辱他。

问：你有没有再见到你伙计胡勇？

答：有，他也在场。

问：你什么时候再见到你伙计？

答：他在那里被打，受电刑致死。

问：你刚才告诉庭长，你伙计胡勇在发生与警察有关的事件后，从你店铺逃跑。然后，你下一次见到他是什么时候？你何时于何地再见到他？

答：我被带到那里约二十分钟后，胡勇被带到我身处的地方。

问：你有没有于那里看见他？

答：有，我当时也在那里。

庭长：是否同一天？

检控官：证人已说在他被捕后二十分钟。

庭长：他于什么时候被带到那里？我想知道这是否于同一场合。我想更确定，你能否明确说出那是否同一天？

答：同一天。

问：当胡勇来到警署时，他发生了什么事？

答：一开始他就被人用拳头打。

问：被谁？

答：那警察。

问：当他被打时，有谁在场呢？

答：三个日本人、一个警察、胡勇及我自己。

问：你知道其中任何一个人的名字吗？

答：我当时并不知道。

问：于法庭上，你有否看见任何一个当他被打时在场的人？

答：只有中岛，而他当时坐在对面。

问：你希望庭长理解为中岛当时在场，对不对？

答：对。

问：这是否唯一一件于胡勇身上发生的事？

答：我听到中岛命令那警察快点把胡勇绑起来。

问：那警察有没有遵守命令？

答：他确实有。

问：胡勇是如何被绑的？

答：他被绑在铁柱上。

问：怎么绑的？你能否示范？

答：那里有一根直立的铁柱。他被带到铁柱前，双手被绑在柱子上。

问：他的手是如何绑在铁柱上的？

答：他的手被绑在身后。

问：然后发生了什么事？

答：我见到中岛拿起插头，插进插座。

问：这插头实际上是什么？

答：是一个圆形的金属，有两个孔，能插进插座。

问：那插座在哪里呢？

答：插座的电线连上了电箱。

问：你是否希望庭长理解为插座连上了电池？

答：是。

问：之后发生了什么事？

答：中岛把插头插进插座后，转动电池的把手。

问：胡勇当时在哪里？

答：他在碉堡里。

问：中岛转动电池把手的目的是什么？

答：他想绑紧胡勇，让电线连接电流，继而转动电池的把手。

问：电流连接到哪里？

答：我看见电线连接了电池箱。

问：没有接上电池箱的另一端电线，发生了什么事？

答：它看来没有什么特别。

问：胡勇发生了什么事？

答：电线连上电源之前，胡勇当时没有大碍。

问：电线另一端是否空着，没有连接电池箱，就这样放在地上？

答：它就是放在地上而已。

问：你刚才告诉庭长，电线连上电源之前，胡勇没有大碍。那胡勇后来发生什么事，以致你要加上"之前"的字眼？

答：他在发抖，而他的脸色变得苍白。

问：那是转动把手后的反应，对吗？

答：对。

问：你能否解释电池的把手转动如何影响胡勇？

答：我不知道，但我看到他在发抖。

问：你刚才告诉庭长胡勇被打——被什么打呢？

答：我见到胡勇被人用拳头打。

问：然后呢？

答：然后我看到那警察把水倒到胡勇身上。接着那警察拿起一根棍子猛戳他。

问：什么样的棍子？请向庭长形容它的长度以及它有多粗。

答：大约这么长以及这么粗。大约两尺五寸（中国量度单位）。

庭长估计该棍的长度为三英尺至三英尺六寸，而直径约为一英寸。

问：谁用这棍子打胡勇？

答：那警察用这棍子打胡勇。

问：这事件发生时，有没有其他人在场？

答：没有。

问：你在哪里？

答：我在场。

问：你首次被审问时在场的那些人，你知不知道他们发生了什么事？

答：一个叫马贵崇的警察叫我不要说话，不久，我就见到胡勇被带进来。

问：你刚刚形容的棒打，是在你见到电池的把手转动前，还是转动后发生的？

答：他先被打，然后被绑。

问：当胡勇被木棍打时，他在哪里——他的姿势如何？

答：他被警察棒打时是站不稳的。

问：当胡勇被打时，除了你自己和负责打人的警察，你记得还有其他人在那间房吗？

答：有三个日本人。

问：你知道其中任何一个日本人的名字吗？

答：我不知道他们的名字，但这人亲手绑了胡勇，因此我可以把他辨认出来。

问：你希望庭长理解为胡勇是被其中一个日本人所绑的，对不对？

答：是中岛把胡勇绑起来的。

问：之后，电池的把手是否被转动？

答：是。

问：现在请您简单讲述胡勇之后怎样。

答：当把手被转动时，胡勇在发抖，然后那警察把水倒在他身上，再用棍子猛戳他。当那警察发现胡勇已经死亡，他就通知了区役所。

问：你认为为何当把手被转动时，胡勇会发抖？

答：因为把手被转动，所以胡勇在发抖。

问：胡勇发抖的原因是什么？

答：我不懂电池运转的原理。

问：你意思是因为把手被转动，引致他发生某些事情，所以他在发抖？

答：是。当把手被转动时，他在发抖。

问：胡勇的身体是否和电池绑在一起？

答：胡勇的颈部围着钢线，而他腰间的钢线连上了电线。

问：你是否希望法庭理解为胡勇的身体与电池通过某种方法建立了直接联系？

答：插头插进电池内的插座，而电线连着缠在胡勇腰部的钢线。

问：电线的一端连接插头和电池，另一端连着胡勇身上缠着的线，对不对？

答：对。

问：把手被转动了大约多久——你记得吗？

答：大约五分钟。

问：然后，胡勇怎样？

答：他的身体显得很苍白。

问：他是否仍被绑于柱上？

答：他仍被绑于柱上。

问：你什么时候离开此堡垒——警署？

答：同日下午3时。

问：当你离开后，胡勇在哪里？

答：区役所一些人把胡勇松绑，然后把他放置在角落里。

问：他看起来是否仍有生命迹象？

答：他已经死亡。

没有其他问题。

辩方盘问

问：你有没有出席过列队认人手续？

答：有。

问：在哪里？

答：石涌凹。

问：不是在沙头角？

答：那是沙头角警署的旧址。

问：何时？

答：我不记得认人的日期。

问：当时，你有没有认出任何人？

答：我确实认出了中岛。

问：当时，你跟他说了什么呢？

答：我没有跟他说任何话，但有一个洋人跟我说，如果我确认是他，就要触碰他。

问：你触碰他后，做了什么事？

答：那洋人问我："是否这一个？"我说："是。"

问：当时，你有没有说出这人于1942年9月24日对胡勇施以酷刑？

答：当时，我的确说过中岛有殴打过胡勇。我也有说过是中岛把胡勇打死的。

问：你当时说此事是什么时候发生的？

答：我不记得日期了。

问：你什么时候被捕？

答：1943年8月15日。

问：那天，你有没有见过胡勇受虐？

答：我确实见到胡勇受虐，也曾目睹胡勇被殴打致死。

问：你的意思是他被打致死的？

答：我曾于庭上说过。他被殴打，然后受电刑致死。

问：列队认人时，你有没有说过此事发生于1942年9月24日？

答：有，我有说过。

问：这与你今天作供说的日期有分别，所以这是指你伙计于另外的日子里被打？

答：当时我说的是中国历法日期。

问：列队认人时，你当时不是说1942年吗？但现在你说是1943年，为何有此分别呢？

答：我没有在列队认人时把1943年说成1942年。

问：刚才你提到列队认人时，你说的日期为1942年，对不对？

答：我不知道英国历法中是哪一年，但我知道于中国历法，那是民国三十三年。

庭长：你现在有没有中国历法？祈卡邦（Kikabhoy）先生，请你看一看历法，然后告诉法庭民国三十三年于英国历法是哪一年。

传译员：1944年。

庭长：那你的意思是1943年等同于中华民国三十二年？

传译员：于中国历法，1943年等同于中华民国三十二年。

庭长：根据你的历法，现代中国历法从何年开始算起？

传译员：我现在没有完整历法。

庭长：柯罗士少校，你需要更仔细地证实日期。

检控官：庭长阁下能容许我呈上调查局的书吗？

庭长：当然。

传译员：第三十一年即是1942年。据我所知，民国只到三十六年，即是1947年。

问：根据证人提出的证供，他指日期为1943年。我可否理解为民国三十三年？

庭长：民国元年为1911年，因此1943年应是民国三十二年。

问：证人说日期为民国三十三年，我可否理解这是等同1944年？

答：胡勇被殴打致死的那一年，是光复前的一年。

辩方律师：庭长阁下，请问我可以诠释民国三十三年等同英国历法1944年吗？

庭长：可以。

辩方律师：当证人于供词说出1943年，即是指1944年，对不对？

庭长：我不知道他指什么，又或这是否一个错误。他的供词提出了一个日期，而现在他说于列队认人时，他曾作供说过民国三十三年的字眼。

辩方律师：可是，根据证人于列队认人时的供词，他指出日期为1942年。

庭长：平川先生，根据当时出席列队认人的传译员所说，证人首先指出这事件于1942年发生。然后继续查问时，他实际上没有提到1942年，而是用民国三十三年的说法。与欧洲年历相比，证人大概对这种说法更为熟悉。而现在，民国三十三年被计算出等同于欧洲年历1944年。至于证人回忆日期的准确程度，就交给法庭来判断了。

辩方律师：庭长阁下，我明白了。

问：你聘用了这员工多久？

答：两年。

问：他生于哪里？

答：他以前曾告诉我，他是中英街地区的原居民。

问：这员工有没有家庭？

答：我不知道他有没有家庭。

问：你的意思是指虽然他是你的员工，但你不知道他有没有家庭？

答：我不知道他有没有家庭。

问：你曾说这员工被绑在岗楼的铁柱上，这是什么类型的铁柱？

答：是一截黑色的排水管。

问：这排水管有多高？

答：与岗楼一样高。

问：这管子在哪里，是否位于岗楼内部？

答：就在岗楼的入口处。

问：你曾说这管子与岗楼一样高，那岗楼是有两层的建筑物吗？

答：岗楼有两层的。

问：管子位于岗楼内还是外？

答：岗楼外。

问：你的意思是指这人是于岗楼外受虐？

答：就在大门外。

问：你于证供中提到一个电池，这是什么样的电池？它有多大？

答：它是一座正方形的建筑物，而我认为该房间是用水泥做的。

庭长：辩方律师是请你形容那电池，而非岗楼。

答：根据中国量度单位算的话，长约一尺二寸，宽八寸。

问：它有多高？

答：跟我现在比划的一样高。

庭长：法庭估计高度约为十二英寸。

庭长：你知道中国的寸和英寸有何分别吗？

传译员：中国的一寸比一英寸长少许。

问：它是什么颜色？

答：白色。

问：它是一个可携带的东西？

答：它是轻便、可携带的，一个人都能拿得动。

问：这电池从哪里带来的？

答：我当时很害怕，不知道这电池是从哪里带来的。

问：你当时在哪里？

答：我当时在岗楼内。

问：谁带来了电箱？

答：我没有看到谁把电池带进来，但我确实看到中岛将电线连上电池。

问：你当时认为这箱子是用来做什么的？

答：我不知道电池的用途，但我看到中岛转动电池，而胡勇在发抖。

问：把手附设在哪里？

答：固定在电箱内电池的一侧。

问：你用"电池"这字眼，但你真的知道电池是什么吗？

答：我不知道电池的用途，但有人告诉我电力可将人杀死。

问：这电池是否与那个箱完全不同？

答：它是一个木箱，内有四个电池。

问：你是否确实见过它？

答：是。

问：你当时是否认为这机器可将人杀死？

答：我相信电池的电力可将人杀死。

问：你知道伏特——电力的强度吗？

答：我当时不知道，只知道当他转动把手时，胡勇在发抖。

问：这电箱是如何连接着胡勇？

答：胡勇的颈部、腿部、腰部被钢线紧紧缠绕着。中岛把电线接上他腰间的钢线。

问：电线有没有连系起来？是在衣服外吗？

答：电线与他腰上的钢线相连，而不是绕在衣服上。

问：除了腰部，电线还连着哪里？

答：他身上系有三条钢线，一条在腰间，一条在腿上，一条在颈部。

问：电线连着颈部？

答：中岛用钢线缠在胡勇的颈部、腰间及腿部。

问：你的意思是钢线是直接缠在胡勇身上，然后电线连接钢线，对不对？

答：对，有三条电线连上了钢线。

问：电线是外露的，还是绝缘？

答：缠着颈部、腰间及腿部的钢线是没有包胶的，而连着电池及腰间、腿部和颈部钢线的电线有包胶。

问：那段被绝缘、连着钢线的电线，是什么颜色的？

答：与那电线差不多颜色。

（证人指着庭上电灯的电线。那电线是分叉的，有两种颜色。）

问：那段绝缘电线有多长？

答：长度和这里到桌子的距离差不多。

（法庭估计距离有大约十二至十六英尺。）

问：当把手被转动，会有什么结果？

答：当把手被转动，我看到胡勇在发抖而他的脸色变得苍白。

问：他如何发抖？

答：胡勇只抖了一小段时间。

问：我知道一个人触电了，会有烫伤的痕迹。你有没有见到胡勇身上有任何烫伤的痕迹？

答：我不敢看他。

问：你的意思是指你闭上了眼睛？

答：我别过脸。

· 443 ·

问：刚才你的供词里提到电线的一端被丢至地上，这是什么意思？

答：我没有说过有一些电线被放在地上。

问：刚才我听到证人说有一些电线被丢至地上。我希望庭长阁下能查明此事。

答：电线连上电池前，被放在地上。

问：我希望证人能画一张草图，显示电线是如何连着那人及电箱的。

证人画了一张草图，呈交上庭长并加以说明。

庭长：这正方形的物体代表什么？

答：一个木箱。

庭长：那此箱里是否装有电池及发电机？

答：我看见一些与此杯一样大小的电池在这箱内。

证人指着桌上的玻璃杯，大约四英寸高，直径为一点五英寸。

庭长把装着电池的木箱标记为"A"。

庭长：这条线是什么？

答：这是有包胶的电线。

庭长把绝缘的电线标记为"B"。

问：这个人像是什么？

答：这是一个人，代表胡勇。

庭长把胡勇的人像标记为"C"。

庭长：这些位置，一、二、三，是什么？

答：胡勇身上的钢线就围绕在这几个位置。

庭长把胡勇腰间、腿部以及颈部的钢线标记为"D"。

证人绘画的草图被庭长列为证物，标记为证物"E"，附录于审讯纪录。

问：这是否只有一条电线？你有没有触过电或被电流所伤过？

答：我没有触过电。

问：你是如何知道胡勇确实已经死亡？

答：那警察把水倒在胡勇身上，然后另一个警察拿棍子打他。当一个警察用小刀割掉绑在胡勇身上的钢线，他就倒地了。

问：他的遗体怎样？

答：区役所的人把他的尸体放置在一个角落里，用床垫盖着。

问：之后呢？

答：一会儿后，日本人警告我，如果我攻击警察，就会跟胡勇一样，受到同样的惩罚。

问：你随后有没有去领他的遗体？

答：没有。

问：据我的理解，你的雇员被捕仅仅是因为他攻击了一名买蛋糕而不付款的警察。就因为这么一件小事，他就受到如此严重的虐待？还有其他原因吗？

答：除了这原因，别无其他。

辩方律师：庭长阁下，我完成了盘问。

庭长提问

问：于盘问期间，你曾提到胡勇被绑在排水管上。你知道这管子现在仍然存在吗？

答：仍然存在。

问：胡勇被绑在排水管上时，双脚也被绑着吗？

答：他双脚着地。

问：他的双脚是绑在一起还是绑在管子上？

答：他的腿部只是被钢线缠着。

问：你可以站起来示范钢线是如何绑在他的腿上吗？请以你的双腿示范。请你再示范一次，让控辩双方律师都看到。

证人示范钢线如何围着脚踝。

问：当把手被转动时，或把手刚停止转动，胡勇有没有大叫？

答：他叫得很大声。

问：胡勇被捕当天，他的身体是否健康？

答：被捕当天，他的身体十分健壮。

问：自那天起，你有没有再见到胡勇？

答：他已经死亡，不可能再见到他了。

问：你是否知道他于任何地方被埋葬？

答：警察将他松绑，把水倒在他身上以及在他死后打他的时候，我都不敢正视胡勇。

问：证人大概不明白问题。你是否听到消息指胡勇于任何地方被埋葬？

答：可否重复问题？

问：我不认为我的问题会被误解。你是否听到消息指胡勇于任何地方被埋葬？

答：我没有听过。

问：当把手被转动时，胡勇的双腿动过吗？

答：我没有注意到他的腿，只见到他的身体在发抖。

问：当把手停止转动，他的身体继续发抖吗？

答：当把手停止转动后，他的身体没在发抖。

问：你曾两次提到胡勇被绑起来，但第一次你说是中岛命令该宪查把胡勇绑起来，而该警察执行了。后来你又说是中岛自己把胡勇绑起来的。你可否就此解释？

答：我听到中岛命令该警察用绳子把胡勇绑在排水管上，而中岛自己则用钢线缠着胡勇的颈部。

问：这事情发生在岗楼外。那岗楼是坐落于道路上，还是道路附近的任何位置？

答：庭长阁下，请问您能重复问题吗？

问：我想知道岗楼距离道路有多远。

答：胡勇被绑在门外的排水管上。

问：我明白，但我想知道岗楼的位置。

答：岗楼与路的距离就和这里至那通道的距离一样。

法庭估计距离大约为十步——十码。

问：除了那些在场的日本人，还有没有其他人目击整个过程？

答：除了四名警察和三名日本人外，没有其他人。

庭长：平川先生，就庭长的提问，你有其他问题提出吗？

辩方律师：没有。

庭长：柯罗士少校，你有没有问题？

辩方律师：没有。

庭长：很好，证人可以离开。

控方第七证人叶吉伟庭上证供

控方讯问

问：法庭是否可以理解为你名叫叶吉伟，年龄五十二岁，华人，正确吗？

答：正确。

问：你是否住在莲麻坑村三十三号？

答：是。

问：在日占时期，你曾被逮捕吗？

答：我曾被逮捕。

问：逮捕日期是什么？

答：1943年10月9日。

问：当时你在村中担任什么职位？

答：当时我是村长。

问：你被什么人逮捕？

答：中岛、戴传译员和几个华人。

问：被逮捕后，你被带到什么地方？

答：当时大概有六十人与我一同被捕，并被带到沙头角宪兵部。

问：你能否在庭上看见参与逮捕行动的人？

答：能，他在庭上。

问：你能否为法庭指示出这个人？

答：在我的左方（证人指向犯人栏）。

问：这个人是谁？

答：他的名字是中岛。

证人指向被告中岛，接着说"我知道这个人名叫中岛"。

问：当你被带到宪兵部之后，发生了什么事？

答：包括我在内，所有被捕的人都被关进警卫室。

问：你被关押在什么地方？

答：我被关在警卫室三日，后来被带去审问。

问：除了与你一起被捕的人，你在警卫室有没有看见其他人？

答：我们总共有超过六十个人被关押在警卫室。三日后，有人来了，说要找叶吉伟。其他人将我指出来，然后我被带到审问室。

问：那时候，你知道沙头角宪兵部的日本人队长是谁吗？

答：那时的队长是桑木。

问：假如你再次见到桑木，你能否把他认出来？

答：桑木正在法庭上。

问：你能否为法庭指示出这个人？

答：在我的右方（证人指向犯人栏）。

证人指向被告桑木，接着说"他就是我认识的桑木。他当时是沙头角宪兵部的日本人队长"。

问：你说他们前来把你带去审问，他们把你带到哪里？

答：中岛、戴传译员和几名华人宪查把我带到一间房内审问。

问：他们审问你什么？

答：他们首先问我是否村长，我告诉他们我是。之后我被指控在村内匿藏游击队，以及协助一支曾蓄意破坏粉岭无线电台的游击队。

问：你如何回应这些指控？

答：我回答说我从未参与过这些活动。

问：之后你发生了什么事？

答：当我否认的时候，我被恐吓将遭受水刑。然后，我确实被施以水刑。

问：他们恐吓你时，你的姿势是怎样的？

答：当时我是站着的。

问：当你被恐吓后发生了什么事？

答：我立即跪下来，告诉他我真的对这些活动不知情。

问：在你跪下后有没有发生什么事？

答：我跪下来乞求中岛，说我真的没有做过这些事。他十分愤怒，他命令那些中国宪查拿来一把梯子和绳索，然后把我绑到那梯子上——将我的颈部、双手和双腿绑到梯子上，并对我施以水刑。

问：水刑的意思是？

答：我所说的水刑是指他们将一条水管插进我的嘴子里，通过管子直接把水灌到我的胃里。

问：请向法庭示范一下当时那水管到底是如何使用的。

答：那些水从水管进入我的嘴子里。

证人作出示范。

问：之后发生了什么事？

答：当我被灌入足量的水后，中岛一脚踩在我的肚子上，然后我把水吐出来。

问：水刑大概进行了多久？

答：大约五分钟。

问：之后发生了什么事？

答：我被给予短暂的休息，之后我再被审问刚才在法庭上提及的问题，要我认罪。

问：你承认了？

答：不，我没有。

问：当你否认后，发生了什么事？

答：因为我否认了，所以我被再一次施以水刑。

问：谁对你施加第二次的水刑？

答：也是中岛，他命令宪查做的。

问：在第二次水刑前，谁问你那些问题？

答：我被传译员问了这些问题。

问：这时候有没有其他人在说话？

答：中岛指示传译员审问我。

问：第二次水刑持续了多久？

答：也是大概五分钟。

问：最后发生了什么事？

答：第二次水刑后，我全身的衣服都湿透了。他们将我松绑，由两名宪查把我带回牢房。

问：带回牢房是什么意思？

答：当他们将我松绑后，有两名宪查带我去牢房，然后打开牢房的门，再把我放进去。当时有两个牢房，我独自一人被囚在一个牢房。

问：你是否希望法庭理解为"当你被审问后，你被带到另一个地方"？

答：是的。因为我没有认罪，所以我被关进牢房，数天之后我再被带出来。

问：这一次谁将你带出牢房？

答：我被关进牢房后，有两天没有得到任何食物。一星期后，中岛命令几名宪查把我带出牢房。

问：你如何知道是中岛下的命令？

答：宪查告诉我这是伍长的命令。

问：他们用什么语言告诉你？

答：广东话。

问：你被带到什么地方？

答：这一次我被带到一个不同的地方——我被带到伍长的营房。

问：这个地方是否仍然在沙头角范围内？

答：是。

问：你到达那里时，有什么人在场？

答：那名伍长、戴传译员和几名华人宪查——我不知道他们现在身处什么地方。

问：那伍长是谁？

答：中岛。

问：之后发生了什么事？

答：我被问及相同的问题，而同样地，我也一一否认了。

问：当你否认后，发生了什么事？

答：中岛告诉我，说假如我承认的话，就会被释放；否则，我将会被用刑。然后我告诉他，我宁愿受刑也不会承认，因为我确实没有做过这些事。

问：之后发生了什么事？

答：我告诉他，说我不会承认任何我没有做过的事。之后，他燃点了一束大肉香灼烧我的颈部。现在那里仍留有疤痕。然后，他逼我跪下，将一根钢条放在我双膝后的弯处，两个人站在钢条两侧，并把钢条用力往下压。

问：整个过程持续了多久？

答：灼烧约两分钟，而另一个酷刑则约有十分钟。

问：之后发生了什么事？

答：即使被施以这些严苛的酷刑，我仍然没有认罪。我告诉他因为我没有做过这些事情，所以我不能够认罪。因此，两名宪查再次把我带回牢房。

庭长：现在应是合适的时间检查证人的疤痕。

法庭检验证人的颈部，但没有发现任何疤痕。

问：在你曾为法庭描述的审讯中，那伍长在那里？

答：他当时也在场。

问：关于那些与你一同被捕的村民，你知道当中任何一位的遭遇吗？

答：因为我被关进牢房，而其他村民仍留在外面的露天空地，所以我不知道其他人的情况。

问：最后一次审问结束后，隔了多久你才被释放？

答：最后一次审问结束后，我有三天没有得到任何食物。三十二天后，我被释放。

问：是否所有被捕的人都与你一同返回村里去？

答：其他村民在被拘留二十天后被释放，但我比他们多十二天。

问：他们是否全部都回到村里去了？

答：我不知道他们是否回村，也不知道他们什么时候被释放，这些都是送饭的人告诉我的。

问：你有否回到村里去？

答：当我获释后，我便步行回村。

问：当你回到村里的时候，是否所有与你一同被捕的人都已回村？

答：因为当时有太多人被捕，我看到很多村民，但没有看见全部被捕的人。

问：当你在沙头角宪兵部的时候，你有否看见一些特别不寻常的事情？

答：我被拘留在沙头角时，我被囚在牢房——非常小的牢房中，所以我不知道外面发生了什么事。

问：你曾否听过与你一起被捕的村民发生了什么事？

答：由于我被囚在牢房，不可以进出房间；加上我妻子送来食物时，我甚至不被允许与她说话，所以我不知道当时发生了什么事。

问：你后来有没有听说过发生了什么事？

答：我的牢房距离审问室有一段距离，我没有消息来源。

问：当你回村后，有没有任何人告诉你他们被拘留时的遭遇？

答：我没有问过，他们也没有告诉我。

问：你被释放的时候，有没有什么特别的事情？

答：我没有发现什么特别的事情。

问：你能否向法庭形容一下，就在你被释放前不久发生的事情？

答：我已经告诉法庭我在宪兵部的经历，我也告诉法庭我有数天没有食物供应，我被拘留三十二天后被释放。

问：有没有任何特别的原因令你获释？

答：我不知道。

问：这是否唯一一次你被日本人拘捕？

答：当我被释放后曾再次被捕，但这次我没有被虐待。

问：被捕后你被带到什么地方？

答：我同样被带到沙头角。

问：你在那里的时候，有没有看到什么不寻常的事情？

答：第二次被拘捕时，只有十六岁以上的男性被捕。

问：可否请你回答我的问题？你在那里的时候，有没有看到什么不寻常的事情？

答：当时我们大约二十个人被囚进牢房，其他人没有被囚进牢房。我不知道发生了什么事。

问：被捕的人是什么人？

答：被捕的是莲麻坑村的村民。

问：逮捕你们的人是谁？

答：在黎明的时候，中岛、戴传译员和二十多个华人宪查包围了整个村子，并逮捕我们。

问：这一次你被关押了多久？

答：大约两周。

问：这一次逮捕有没有什么不寻常的地方？

答：一些囚犯被带出去审问。那时，我已经不是村长，吉邦才是当时的村长。我估计吉邦会更加了解详情。

问：这是否所有你知道的事情？

答：是，我不知道。

检控官：控方请求将这证人列为敌意证人。

庭长：基于什么理由？

检控官：基于他的宣誓证词与庭上的陈述完全相反。

庭长：你是否肯定这不是单纯地因为证人忘记了，而是有意隐瞒？

检控官：我不肯定，但我已尽我所能，试图唤起他的回忆。

庭长：看来这个村曾发生过两次大规模逮捕。你现正谈及第一次逮捕，而这些事件有可能于第二次逮捕时发生，对吧？

检控官：庭长阁下，我一直尝试提问有关那些被指在第一次和第二次审问时发生的事情，但证人对两次皆表示不知情。

庭长：你说这个证人曾在正式宣誓后作供——你可否告诉我这份供词是何时记录的？

检控官：这份供词记录在1947年6月16日。

庭长：你可否首先向证人展示这供词，并问他是否曾在上面签署？

顾问官：这个证人是否已被列为敌意证人？

庭长：我首先要核实这份证供。

问：这是否你的签名？

答：是。

问：这是否你的名字的首字母？

答：是。

问：你有否看过这些书面文件？

答：一名调查官和传译员带着这份文件到沙头角，叫我在上面签署。

问：在你签署前，他们有否用你的语言，把文件的内容读给你听？

答：当时，他用广东话读这份供词给我听，所以我签署了。

问：你听得懂广东话吗？

答：不太懂。

问：当时，你有否说你不懂？

答：我不太记得。

庭长：祈卡邦先生，证人现在用什么语言讲话？

传译员：广东话。

庭长：这是否他当证人以来，一直在用的语言？

传译员：今天早上，当这名证人来到证人席，用客家话作声明时，我发现他其实会说广东话。因此，我自愿担任这工作。一开始他来到时，我便问他懂不懂广东话，而他回答说他懂。

庭长：柯罗士少校，你说证人曾经作出具关键性的陈述，但他现在否认对此知情？

检控官：对，庭长阁下，是两项具关键性的陈述。

庭长：辩方是否也有这一份陈述？

辩方律师：对，庭长阁下。

庭长：柯罗士少校，最好的方法是把这两份证人现在否认知情的陈述提交予法庭，让庭长判断这些是否对案件起关键作用。你可否把供词呈交予庭长？

供词被呈上至庭长。

庭长：我想或许在批准你把这证人列作敌意证人前，你可以问他是否记得某个人的身份，以及此人是否与他一同于沙头角被捕，并问如有的话，能否记得他发生了什么事。问他能否记得就不会是引导性提问。

问：叶天祥是否与你一同被捕？

答：叶天祥——有，在我第一次被逮捕的时候。

问：你能否记得他发生了什么事？

答：当我被释放时，有人告诉我，他已经死了。

问：当你在沙头角时，有否见过他？

答：我们一起被捕，但我被带到牢房，而他留在露天空地。

问：你被带进牢房后，你还有没有再看到他？

答：没有。

问：你知道他在哪里死去吗？

答：我被释放后，我从村民口中得知他死于宪兵部。

问：你知道他的死因吗？

答：我不知道他为何会死亡，我只是从村民口中听到。

问：你认识他的母亲吗？

答：他没有母亲。

问：在你第二次被捕时，是否有一名叫叶天送（音译：Yip Tin Sung）的人与你一起被捕？

答：是的。

问：以及叶生？

答：是的。

问：你知道叶生发生了什么事吗？

答：叶生和叶天送都死了。

问：叶生在哪里死去？

答：他死于家中。

问：你知道为什么他会死吗？

答：我只知道他在家中死去，但我不知道原因。

问：在叶生被释放后，你有否见过他？

答：有。

问：他的身体当时健康吗？

答：他几乎无法行走。

问：你曾否在宪兵部见过他？

答：叶生和叶天送被关在牢房中，但我在第二次被捕时没有被关进牢房。

问：你在宪兵部的时候见过他吗？

答：在他被带进牢房前，我见过他。

问：在宪兵部时，你有没有看到什么不寻常的事情发生在他身上？

答：我没有看到什么不寻常的事情。那个牢房离我很远，他被带走之后，我无法看到他。

问：叶天送——他在什么时候死亡？

答：我知道叶天送死了，但我不知道他在什么时候、什么地方死去。

问：有没有什么明显的原因令他死去？

答：我不知道。

检控官：可能证人有点健忘。

庭长：可能是这样。我知道其他证人将会就同样事件作证，他们或许可以就此事提供更多线索。

检控官：是的，庭长阁下。我撤回申请。

没有其他问题。

辩方盘问

问：由于证人声称他是莲麻坑村的村长，我可否理解为他认识一个名叫叶安（音译：Yip On）的人？

答：我不认识这个人。

没有其他问题。

庭长提问

问：你数次被中岛审问的时候，这位在犯人栏上——被你认出是桑木的人在审问时在场吗？

答：他很少出席审问。

问：他曾否在任何一个你被审问的场合出现？

答：我从来没有见过他。我只见过中岛和戴传译员。

问：你如何知道那位被你认出是桑木的人，是沙头角宪兵队的队长？

答：当我被囚禁在沙头角宪兵部时，我发现所有被捕的人都知道他是队长。

问：在叶天祥被捕之前，你认识他吗？

答：我认识他。

问：你知道他的年龄吗？

答：他是一个二十四五岁的男子，而且体格很好。

问：他依靠什么谋生？

答：他是一个农夫。

问：据你所知，他在被捕前，身体好吗？

答：他一直很健康。

问：那在叶生被捕之前，你认识他吗？

答：我认识他。

问：他的岁数是多少？

答：他大约四十岁。

问：他依靠什么谋生？

答：他在莲麻坑当技工。

问：你知道他在被捕前的健康状况吗？

答：他的身体状况很正常，但叶天祥的体格比他好。

问：那第三个人——叶天送——你认识他吗？

答：我认识他。

问：他在被捕时年龄是多少？

答：十八九岁。

问：他依靠什么谋生？

答：他做临时工。

问：就你所知，他在被捕前身体状况如何？

答：他很健康。

问：你曾告诉法庭有很多人与你一同被捕，你也告诉法庭后来你见过部分村民——没有任何人跟你说过他们被关押在沙头角期间所发生的事情？

答：当我见到他们时，我从来没有与他们谈话。因为我需要到南涌工作，我是一个商人。

庭长：就庭长向证人的提问，你有没有任何问题？

辩方律师：没有。

庭长：你有没有问题？

检控官：没有。

庭长：证人可以离开。

控方结案陈词

庭长、各位军事法庭成员：

您已经听过控辩双方的证供，您亲眼见过各位证人，能够看到他们的反应。另外，您亦曾造访沙头角宪兵部，尽管建筑上有些许改动，但我确信您能够了解此处在本案发生期间的布局。因此，我不打算过分地浪费庭长阁下的时间。

可是，我觉得我有责任在此提出数个要点。

我希望先谈论第二控罪。就此而言，若干证人曾于庭长阁下面前作供，全部均诉说他们曾在1943年6月18日或19日被捕。根据他们的证供，他们在被审问期间遭遇的对待，几乎在所有细节上都是相似的。罗冠平（音译：Lo Koon Ping）作供时告诉您，他曾遭受水刑，跟张才（音译：Cheung Choy）所说的一样。罗冠平、罗泮（音译：Lo Pun）和李福（音译：Lee Fook）均告诉您，他们曾被吊起在一条横梁上。所有证人均曾告诉您，是中岛（次被告）进行他们的审问，以及参与或指挥施行酷刑。

另一方面，中岛在承认认识各位证人的同时，否认他们曾于当时被逮捕。

庭长阁下，这必须要由您判断。如果您经过深思熟虑，认为控方证人是捏造证供，那就此控罪，被告中岛必须被判无罪。

现在我会转为谈论第一条控罪。我希望先处理叶润（音译：Yip Yun）的证供。我的理由是他声称电刑亦被用作酷刑的其中一种，是案件中唯一一次。

庭长阁下必定记得证人曾形容电流如何从他所谓的电池，传送到他的伙计［胡勇（音译：Woo Yung）］体内。医学证人曾告诉您，二百五十伏特足以致命。我现在希望引用泰勒（Taylor）的《法医学的原理和实践》（意译：*The Principles and Practices of Medical Jurisprudence*）（第一册，第八版），第七部分中第548、549及550页。

（主控官从书中朗读一段关于触电致死的长文。）

庭长阁下当然会记得这一位名叫胡勇的人当时才刚被殴打，几乎可以肯定他是处于一个非常焦虑的状态。要记着当时正是——8月——几乎可以肯定当地的气候使他流着大汗。

让我们转而讨论本控罪的其他事件。证人一个接一个地出庭作供，讲述其中一名被告或两名被告共同地在沙头角宪兵队管辖范围内的不同地方，进行大规模逮捕行动，并将他们捉拿。

根据被告的证供，如此大规模的逮捕从来没有发生。桑木亦曾告诉您，在他任内，没有任何一天有多于八至十名人士被羁押。

证人作供时，各控方证人提到的酷刑方式，于各项细节上经常都是一致的。水刑、棒打、烧炙以及用铁锤锤击。不同事件的不同证人，都能够十分准确地形容宪兵队施行酷刑的情况。我认为倘若这些酷刑没有被施行，这些不曾于同一时期被羁押的人，是不可能有如此巧合的描述的。

多名证人作供时声称这些酷刑引致他们受伤，令法庭找来皇室陆军炮兵主炮手（Royal Artillery Master Gunner，原文缩写RAMG）沙普（Sharpe）少校（医生）为他们部分人进行检验。各位，您可以留意到所有证人——除了李来（音译：Lee Loi）之外——医生都证明他们的伤痕与他们自称遭受的酷刑相符。

庭长阁下，您曾被告知这些被羁留在沙头角宪兵部的人曾被拳打脚踢、施以酷刑或饥饿致死。被告否认曾发生过以上的事情。这些人被拘捕之后，再也没有人见过他们，究竟他们去了哪儿呢？根据证供所显示，这些都是平凡而又纯朴的乡民，不大可能会离开家园和家人而一去不返，除非是某些他们控制不了的事物将他们拘禁。

出庭作供的女士，例如张娣（音译：Cheung Tai）［叶生（音译：

Yip Sang)夫人],如果她讲述有关丈夫死亡的事情时,她的证供是不真实的话,这是难以置信的。各位,请谨记,这名女士当时是极度忧伤的。

曾兴(音译:Tsang Hing)作供时提到他被羁押于煤仓,以及他是如何与其他被羁押的人一起在墙上挖洞,并且于1944年12月3日逃走的。

桑木及中岛告诉您,这煤仓是不会用来拘禁囚犯的,他们亦提到当他们离开沙头角的时候,煤仓墙身并没有洞。庭长阁下曾视察过这个煤仓,亦于视察期间发现墙上有修补的痕迹。控方认为这是由于逃亡者挖开了洞,才会有该修补处。

中岛的陈述书(证物K)声称:"我本人从来没有于沙头角对囚犯进行过任何审问。"他承认自己曾进行审问后,就此陈述书而被质问;当时,他尝试解释他的意思是他未曾就调查主任给予他的某一特定案件进行讯问。孰真孰假,我留给各位判断。

在沙头角,罗冠平曾向庭长阁下讲述拘留所自日军投降后的改动。桑木同意那道门的确从罗冠平指出的地方被移走,但不同意当时罗冠平指出的另一个位置曾有一个窗户。但是,我认为两个地方的砖头和水泥的颜色相似,与墙身其他的部分却颇有分别。我进一步提出,在罗冠平所指的那个窗前的位置有一条排水管,假如那条排水管已经存在一段长时间的话,它会有更多磨蚀的痕迹,而且制造者的名字也不会那么清晰。

第一被告作供时告诉您,他在1944年6月16日因"同时感染阑尾炎以及腹膜炎"而被送院,直至1945年1月中旬才返回他的部队。被告桑木经由沙普少校(医生)检验,说明被告下腹的疤痕与他声称做过的手术吻合。

听过被告的病症后,沙普少校提到被告的留院时间异于平常,并补充说:"但我必须要补充留院时间取决于治疗方法。"沙普少校提到平均一个病人的留院时间为三个星期。当他被问到有关并发症的问题时,他对此存有保留。桑木于日军的医院留医，我认为必须推断他是接受合适的治疗。被告是否真的如他所言，在这么长的时期留院？这点十分重要，没有控方证人在1944年6月初至9月1日期间的逮捕行动或事件中提到桑木。

控方认为被告中岛的两项控罪均成立，恳请庭长阁下有相同的判决。

控方认为被告桑木虐待及参与对被羁押在沙头角宪兵部的人施以酷刑，他是有罪的。

此外，我认为部队的指挥官有责任为部下的行为负责，特别是这些行为本来就不应该存在，然而他又对此知情。由于桑木未能控制甚或纵容中岛的行为，他于是被牵连到中岛触犯的罪行中。

第十一章

二二九联队指挥官田中良三郎的审判

军事法庭记录表

被告：大日本帝国陆军田中良三郎少将　由德云郡军团第一营押解。

审讯地点及时间：香港　1947年4月8、9、10、21、22、23、24、25、26、28、29、30日以及5月1、5、21、22日。

召开法庭者：驻港陆军司令

庭长：林明中校　隶属：印度军军法署（大律师）

法庭成员：罗兰渣少校　隶属：加拿大军军法署分部

毕斯菲特上尉　隶属：皇家装甲部队

指控：首控罪

犯战争罪。被告被控在1941年12月17至28日期间，担任大日本帝国陆军第三八师团二二九联队队长，于香港违反战争法律及惯例。其下属以非人道方式对待战俘，而被告与此事有关。上述非人道方式包括杀害部分战俘与虐待其他战俘。

次控罪

犯战争罪。被告被控在1941年12月17至28日期间，担任大日本帝国陆军第三八师团二二九联队队长，于香港违反战争法律及惯例。其下属以非人道方式对待英国、加拿大以及盟军已经投降的部队，而被告与此事有关。上述非人道方式包括杀害部分人与虐待其他人。

控罪三

犯战争罪。被告被控在或大约在1941年12月19日，担任大日本帝国陆军第三八师团二二九联队队长，于香港违反战争法律及惯例。被告与杀害医护人员一事有关。当时，该批医护人员被拘留在筲箕湾慈幼会修院。

答辩：被告对每一控罪均以无罪答辩。

裁决：首控罪与次控罪为有罪

　　　 控罪三为无罪

刑罚： 监禁二十年　日期：1947年5月22日

确认判刑：驻港陆军司令　日期：1947年7月30日

公布日期：1947年8月5日

备注：

呈交庭审纪录：致英国远东陆军总部第三副官　日期：1947年9月2日

　　　　　　 陆军军法署　日期：1947年9月14日

　　　　　　 英国远东陆军军法署副署长

案件编号：65220　JAG

控方开案陈词

1941年12月，被告时为大日本帝国陆军第三八师团二二九联队（或部队）队长；因此，他参与了一连串侵略、攻陷香港的行动。

他麾下的联队以三个大队组成，但在攻打香港岛前数天，第一大队被调走。所以，他便指挥余下的两个大队，即第二和第三大队，加入战事。除了这两个大队外，还有一支总队，队员是从这两大队中挑选出来的。这支总队也是听命于被告的，因此他需要为总队的行动负责。

为使审讯更加顺利，以下是日军攻打香港的战略扼要。日本派出三个联队参战；左翼（或东翼）是田中（Tanaka）部队，中翼是土井（Doi）部队，右翼（或西翼）是东海林（Shoji）部队。田中部队于筲箕湾，即太古船坞的东面着陆；土井部队于太古船坞的西面上岸；而东海林部队则在北角附近登陆。三个联队兵分三路，各自前进，处理沿途的抵抗，最后会师于黄泥涌峡。会合后，各联队都有各自的目标。

由于东海林部队与被告所指挥的军队只有视觉上的接触，因此我们没必要考虑其行动。庭长阁下需要把三支部队会师前，土井部队的动向与被告指挥的行动一并作考虑。有关被告所属部队的行动，庭长阁下更是要仔细入微地审查。故此，我将会呈上被告曾作标记的地形图作为证据。

1941年12月18日晚上至19日凌晨，日军发动攻击。田中部队的第一个任务是要镇压在西湾山及其附近的抵抗。西湾山位于柏架山东面的一个海角上。此任务由第二大队负责（执行）。

与此同时，第三大队与总队分别越过柏架山，从柏架山与毕拿山中间的山道进入内陆。至于西面，在他们右方的土井部队也想设法潜入内陆。

日军如期发动攻势。田中部队第二大队登陆并占领了鲤鱼门军营和西湾山。在西湾山，日军攻占了香港义勇防卫军第五防空炮兵连的哨站。

从鲤鱼门军营所在的岬角远眺，在柏架山的东北山坡下，角落处就是慈幼会修院。这就是地形图上标示为A5的地方。慈幼会修院正位于被告军队猛攻的范围内。当时，慈幼会修院内都是英国与加拿大士兵和平民医护人员。1941年12月19日黎明时分，田中部队占领了慈幼会修院，并羁押上述医护人员。

同时，田中部队与总队一同从柏架山西面的山坡上山。他们的路线细节并不重要。12月19日约上午11时，在前往赤柱峡道的路途上，他在大潭上水塘附近，即柏架山的西南面的位置会合第三大队；约下午4时，他到达赤柱峡道，它只和黄泥涌峡相距数百码。他与从西湾来的第二大队在那里会合。

从那时开始，田中部队的任务就是要攻取浅水湾地区和深水湾之东面地区，而最终就是要沿着深水湾的路一直走，突击西面，攻陷南朗山以及班纳山附近地区。

他计划绕过紫罗兰山，沿该山西面的集水区攻击浅水湾。若要实行此计划，明智的做法是派出一小队士兵消除从深水湾另一边而来的战火，该处是一个能俯瞰集水区的地方。因此，他从第三大队调派了一小队士兵负责这件事。他余下的队员继续前进，并按照计划，于1941年12月19日晚上至20日凌晨向浅水湾进发。

英军在浅水湾区域的抵抗集中在浅水湾酒店。英军在浅水湾苦守三天，据点最终失陷。

随着浅水湾沦陷，田中于1941年12月22日傍晚派遣了一部分兵力前往攻击位于深水湾西面的南朗山。12月23日黎明时分，部分兵力被派往进攻位于深水湾的高尔夫球场。

这些地方被日军控制后，第二大队随即于1941年12月24日傍晚攻占班纳山。这是田中部队在香港岛的最后一场行动,但我们即将展示他们还进行了别的活动。

从上述的日子至1941年12月27日期间,被告指挥的军队于战区内的不同地点,犯下大量暴行。控方会证明当被告的军队于1941年12月18日晚上至12月19日凌晨攻占西湾山时,他们掳获了若干俘虏。这些俘虏被关在一个混凝土弹药库数小时。当他们被叫出来时,就立刻被刺刀刺死,而尸首则被抛到石堤下。其中有两人奇迹生还,他们会出庭就这事件作证,并讲述整个过程。

当被告的军队占领那里时,慈幼会修院里其中一些医护人员,不管是军人还是平民,都沦为囚犯;他们列队走上香岛道,然后再走到柏架山的深谷、峡谷;在那里,除了一人以外,全部被枪毙。幸存的那一人就是班菲尔(S.M. Banfill)少校,即该事件的目击证人。他会亲自上庭作证。另一名目击证人,费伦(Fearon)小姐也会亲自上庭作供。另外,两名奇迹生还的受害者的证供也会以誓章形式呈上。其他受害者已当场被残忍杀害。班菲尔少校会说明他如何知道这是基于上级命令的举动,也会讲述他在被俘虏抓走的路上,看到很多受伤的英国军官、士兵被屠杀。

关于班菲尔少校的证供,值得我们留意且重要的是他被俘虏抓去的路线,排除任何合理疑点,那些抓捕看押俘虏者就是被告辖下的军队。

关于浅水湾事件,多名证人将会出庭作供,指他们看见俘虏于余园外之岸边的草坡上被杀。另外,庭长阁下也会听到一份誓章,它来自这场屠杀中的幸存者。控方会提出证据,证明这也是田中军队所犯的罪行。

我们还会呈上英国士兵的誓章;当时,他们受伤了。日军把他留在房子里,然后点火烧房子;我们同样认为这也是田中下属策动的事件。

赖廉仕(L.T. Ride)上校也会出庭作供,讲述他发现的英国和加拿大军人的尸首的状况,他们已被斩首,手臂被绑在背后。控方会提出证据证明这些都是田中军队的暴行。

透过誓章，我们会证明温尼伯掷弹兵的队员在投降后，立刻被刺刀刺死。再次，控方会证明事件发生在被告有份参战的战区。

我们也会举出其他日军暴行的证据，而被告有必要为这些日军的行为负责。这包括一名目击证人，黎广的证供。他曾看见一名或以上英国囚犯被刺刀刺死，而他们的尸体被抛进井内。战犯调查队的詹士·克罗士（James Cross）少校会作供，证实于该指定的井口，发现一副人类骸骨，还有一些装有英军弹药的弹匣。

控方恳请庭长阁下视察这些发生暴行的地点。庭长阁下就算不能巡视全部，也请巡视大部分的地点，特别是慈幼会修院、浅水湾以及围着深水湾的道路。

在讨论被告需要答辩的三项控罪前，我希望庭长阁下可以留意以下从英国1929年出版的《军事法手册》撷取的条文：

第十四章第五十六段（c）

"下列的人若被捕于敌军手上，可享有战俘的资格……交战者认为有需要将之作为俘虏的个别敌人和敌军军官。"

附录四（《日内瓦公约》第一章第二条）

"……军中一切负伤以及患病者如落在敌人手上，便成战俘，而一切有关俘虏之国际法，也适用于他们身上。"

《海牙第四公约》第一编第一章第一条第一项条件

"战争的法律、权利和义务不仅适用于军队，也适用于具备下列条件的民兵和志愿军……由一个对部下负责的人指挥。"

现在，我会略述被告被提审的三项控罪。值得留意的是首两项控罪的含意概括，犯罪性质也是一致，只有一处不同的地方。战俘与已投降军队的差别在于后者没有被视作俘虏。这两项控罪是关于对军职人员的暴行，当中的英国和加拿大军队，我们认为部分是俘虏，而其余的或已于慈幼会修院投降。

另一方面，第三控罪则较独特。虽然也是关于慈幼会修院屠杀事件，但这特别指控被告在杀害军队医护人员外，也杀害当时被俘的平民医护人员。

接着是一份关于稍后会呈上的证据的大纲以支持上述控罪。

基于全部证据，我恳请庭长阁下考虑被告到底是否有罪，证据显示他不是直接与暴行有关，就是默许或命令下属作出这些暴行；这些暴行于他的军队中非常盛行，而实际上，它根本就是一项政策；因此，排除合理疑点，被告确实与控罪有关。

控方第三证人班菲尔少校的庭上证供

控方讯问

问：你的名字是史丹利·马田·班菲尔（Stanley Martin Banfill）？

答：对。

问：你是加拿大皇家陆军医疗队的少校，担任预备军官？

答：先生，这是正确的。

问：你现在是麦基尔大学（McGill University）的讲师及医生？

答：是。

问：还有你是加拿大蒙特利尔市的居民？

答：对的。

问：你的岁数是……

答：三十九岁。

问：少校，据我所知香港失陷时你正在此地。你可否扼要地告诉本庭当时你身处的地方和当时你在做什么事情？

答：我是加拿大皇家来复枪营的军医官。当时我奉命前往筲箕湾一所属于慈幼会的建筑物设立急救站。

问：你可否在地图上向本庭指出呈堂证据"H"在慈幼会的大约位置？

证人在地图上指出位置。

庭长：那一点是否被标示？

证人：我想应该已被一红点——A–5——所标示。

庭长：证人已经在地图上指出他负责建立的急救点在慈幼会所持有物业内的位置，地图一九的参考编号629978。

检控官：少校，请你继续。

证人：我大约在12月13日到达慈幼会，随行的包括一名隶属于加拿大皇家来复枪军团的勤务兵，还有我的勤务兵，他同样担任加拿大皇家来复枪营的勤务兵。

问：为了记录的需要，可否提供他们的名字？

答：加拿大皇家来复枪营的勤务兵是夏里逊（Harrison）上尉，我的勤务兵是奥克利（Oakley）步枪兵。

问：他们均隶属加拿大皇家来复枪营？

答：对，先生。我还有一位来自皇家陆军补给与运输勤务队，名叫凯利（Kelly）的司机，一名隶属香港义勇防卫军（HKVDC）的医科学生奥斯勒·汤马斯（Osler Thomas），他在日本人抵达前几天也加入了。当时慈幼会亦设有一个由香港医务卫生署的司徒永觉医生（Dr. Selwyn-Clarke）管理的急救站。

问：少校，当时他（司徒永觉）也在场？

答：不，日本人抵达的时候他并不在场。急救站（当值）的人员包括天臣（Tinson）太太、费伦（Fearon）小姐、雪菲（Suffiad）小姐。他们还拥有一队规模颇大的圣约翰救伤队——男生和女生——合共约三十人。那里还有几个医生——俄罗斯人柯罗夫（Orloff）医生——（以及）几位中国医生，但他们四处奔走，并非常驻于此。这座建筑物同时是驻港英军在香港岛的中央医疗供应库，由皇家陆军医疗队的布坚（Buckin）军士长负责管理。他的队伍为八人或十人，都是隶属皇家陆军医疗队的士官和二等兵。同时，在这段时间一直有受伤的平民和士兵被送到这里进行急救，然后尽快将他们疏散至军事医院。

问：你可否告诉本庭日本人抵达以后发生什么事？

答：那里在12月18日晚上遭到大量炮火袭击。我们经历了一个纷乱的晚上。在日出前约一小时，两名拉吉普军团（Rajput Regiment）的英国士兵身受重伤，并在一名印籍勤务兵的协助下被送到这里。其中一人抵达后不久离世，另一人告诉我们，他需要将一个重要讯息传递给身在大潭峡的皇家来复枪营的霍姆（Home）上校。他表示曾尝试沿香岛道前往大潭但在路上中枪受伤,他估计是被路上遇到的加拿大哨兵误伤——他没有提及日本人。在那时,我们并不认为岛上有任何日本人,也没有想到日本人会登陆。他要求被立即带到大潭峡。我们将他、逝世的士兵和较早前于黄昏时接收的中国伤者送上我们的临时救护车,同行人员包括担任我的勤务兵的步枪兵奥克利、司机凯利以及奥斯勒·汤马斯少尉,接着(他们)就马上出发前往大潭峡。仅仅数分钟后,他们就徒步逃跑回来,表示在路上被日本人用机关枪扫射。奥克利腿部中弹。我为他进行急救后,立即跑到慈幼会三楼,由远至近观望,刚好天色够亮能看见……

问:打岔一下,医生。从救护车逃跑回来的是奥克利和凯利两人?

答:对。

问:救护车情况怎样?

答:他们在路上弃车,但汤马斯少尉尝试把车开回慈幼会——他差不多把车开到慈幼会外就弃车逃走,并跟随他们进入会内。

我走到慈幼会三楼环顾四周,并在会所后方发现了日军。后来我知道了那里有整队日军。我回到一楼并通知天臣太太从会所前方的山坡向筲箕湾方向撤离。我好不容易在慈幼会前门被重击之际刚好到达一楼,那时候一个日本侦察兵来到一楼大门。我朝士兵们大叫,让他们不要抵抗。我们放下武器并列队走到慈幼会前方面向筲箕湾的空地。我们在那里被分成多组。华人以及圣约翰救伤队的成员站在一边,欧籍女子在中间,而士兵站在另外一边。士兵被命令脱下除长裤以外的衣服,还要脱下军靴,但不包括我在内。我被日本人认定为这里的军官,因为我认领了他们在慈幼会找到的一把左轮手枪,看起来他们把它视为军官的身份象征。皇家陆军医疗队成员向他们展示附有个人照片的红十字会身份卡,但日军从他们手上把身份卡抢走并丢到地上。我们接着列队走到香岛道。

问:医生,在你继续前,你可否告诉本庭当时急救站内其他成员以及人士的衣着?

答：圣约翰救伤队的成员穿着附有镀金十字标记的制服，欧籍女子穿着白色制服，柯罗夫医生以及中国医生则身穿便衣。

问：士兵的衣着？我指急救站的。

答：那些士兵穿着的制服没有特别标记——他们、我自己以及我的下属都没有红十字徽章。

问：建筑物有没有任何标记？如果有的话。

答：所有设备，包括担架等都标上了大红十字。建筑物前方悬挂了一面大型红十字旗。

我们由慈幼会前方空地步行前往香岛道。圣约翰救伤队的成员沿路向筲箕湾方向前行，女士们被带到通往鲤鱼门的道路，士兵则沿路向大潭方向行走了几百码。他们被带到道路右方可通往山边的小径。他们面向道路列队排开。一名会说英语的日本军官被带到现场并审问我们是何许人也。我表示我们这里是急救站，属于非交战人员。他的回应是："士兵先走，医护人员在后。"我的手臂和颈部被绑起来——我的手臂被绑在身后，绳子在颈部打结。其他人穿过我面前的小水沟列队走过，背向道路，前往我前方的山坡。我希望在此加插一件当时发生的事，日本人撒下传单，传单上承诺如果印度人投降，他们将会受到日方良好的对待。一个跟随英国士兵来到这里的印度勤务兵手上就有一张这样的传单。他挥手并爬向日本军官，但被推回人群中。我被推倒在地上。我听到枪声并挪动身体，因此可以看到士兵们。我看到四到五个人倒在他们面前的小沟里。我认出了柯罗夫医生、夏里逊、布坚以及汤马斯。有些士兵企图跑到身后的山坡，但还没走到山上已经中枪。在此之际，我被站在面前的日本军官用脚踢向面部，以阻止我看到正在发生的事，因此我看不到接下来发生的事。那个会说英语的日本军官走到我身旁并带我走向山边。由于我每走几步路就扑倒在地上，因此他把我双手解开，将皮带绑在我臂上，带领我继续前行。我们到达了集水区并沿大潭峡方向前行。

问：少校，你说你亲眼看到刚才提及名字的那几个人，而且那里有一个会说英语的日本军官？

答：是。

问：那你做了什么？

答：我对他们向士兵开枪表示抗议。我说："你们为什么要向这些人开枪？"

问：那是你被带到山上以后还是之前的事？

答：那是事情发生后短时间内的事，我不太记得确实地点——向山上前行途中抑或是到达集水区以后。

问：你得到什么响应？如果有的话。

答：我记得他所说的每个字，就是他们接到的命令"是要所有俘虏都要死"。

检控官：请你继续。

证人：我说"你没有开枪杀我"——他回应："我们一定会杀了你，但首先你要协助我们。我们要先知道地雷在哪里。"我们在集水区向大潭峡方向行走了差不多一英里，途中有几次较长时间停留，而我每次都会被那个会说英语的日本军官审问。看起来他们由三个低级军官以及一个高级军官负责指挥。我们最终经集水区原路折返，直至我们到达距离起步点较远的一个位置。换句话说，就是我们回到自己的地方。接着我们走到柏架山较陡峭的山边，不是山顶，而是柏架山的西面。由于日本人带着重型器材，因此在峭壁上他们只能缓慢移动并需要多次长时间休息，而我在休息期间与那位会说英语的日本军官多次对话。他告诉我他本人的一些事，他说他的名字是本田（Honda），他曾在东京一家英国圣公会（Church of England）学校读书，他看起来很有兴趣与我谈论宗教以及战争道德。在下午，有时候他会跟我说："你一定要被杀的话就实在太可惜了。"他说："我会看看能否救你一命。"他走到高级军官面前并与他说了几句。他回来，站在我面前，说："十分抱歉，所有战俘一定要死。"他停顿片刻，再说："但我长官说可以把你带回指挥部。"我们沿着小径向南走。我们遇到一个英国军官——他受了伤并

· 477 ·

在我们面前的小路上爬行。几码前有两名日本人，接着我被一名军官以及他们所引领。

庭长：你所说的军官就是你一直谈及的那一位？

证人：对，是的——本田。日本人用刺刀刺向路上的那个英国军官并带我上前——当时他仍在抽搐，仍在挪动——然后询问我他的军阶。他是皇家香港新加坡炮兵团（H.K.S.R.A.）的少尉。他们用刺刀将他挑起，将他抛到小径上，再对他开枪确保他已死亡。在黄昏前他们曾两次在我们面前用刺刀刺向在路上遇到的人，但没有再要求我确认他们的身份。

庭长：在第二次和第三次（事发）的时候，你是否知道遇害者当时仍然活着？

证人：我看见日军用刺刀刺他们，但我忘记了看他们当时是否还在动。第一个（遇害者）肯定是仍然活着的。接近黄昏，下午后段的某个时候，我们抵达一条明显是让日军集合的道路上。我认出了这个地方——这是一个位置——其中一个英国人在赤柱峡道近黄泥涌的嵌入点（built-in position）。

庭长：你能在地图上标示位置吗？

检控官：庭长阁下，我可否要求法庭前往该地进行调查？

庭长：可以，我们之后会去那里，但我希望先让证人在地图上标示位置。

证人指出地图上的位置——这是在大潭水塘的西面——（之后说）我有需要记住这个水塘的理由。

庭长：在道路的北方还是南方？

证人：在道路的北方。

庭长：你能在该处清楚看见水塘？

证人：当我折返及走到更远后，的确曾数次看到水塘。

庭长：证人指出的位置位于赤柱峡道北面、黄泥涌峡水塘以东（证物H）地图参考编号594957。

证人：那里有大量的日军集结。我估计至少有一个大队的兵力或更多。那里还有其他战俘。数名加拿大人、一些义勇军以及许多印度人。我被安排与其他战俘一起，并前往一家我估计原本是食品仓库的建筑物。我们在建筑物内坐下直到天黑——我们被以三人一组用电话线捆绑起来。天黑后我们被带到原本的路上并被要求躺在地上。晚上我们在那里躺了数个小时，日军在那里持续有行动——一排又一排的士兵集合，然后前往战斗位置，有好几次从黄泥涌方向不断传来机关枪枪声。在天亮前数小时我们被要求脱下靴子。我们沿路前进，绕过水塘，我认出那是黄泥涌水塘，并前往其中一个集水区。

问：现在，在你继续作供前……你绕过黄泥涌水塘并走入集水区，那么你是如何前往该处？

答：我们从道路的左方离开，在一面高墙下穿过，那是水塘的墙，并到达集水区，我们要走很长的距离——那是一个非常深入的集水区，基本上是向东方延伸。

问：你离开道路，接着转左穿过水塘，我理解是否有错？现在你可否说出你从哪一条路离开的？

答：对，我们一直都在那条路上前行——赤柱峡道。

我们沿着这个集水区前行数小时，那时候我们被绑着，赤脚行走，速度缓慢，很难判断我们到底走了多远，但我们走了数个小时，所以我估计在这个集水区内至少走了几英里。天亮后，我们被要求在集水区内蹲下，并在那里度过一整天。那里持续有机关枪枪声在我们周围响起，虽然我躺在集水区内无法看清但（我知道）不远处有机关枪正在发射。我们也处在射击范围内，好几次机关枪的子弹都从集水区上方的树叶间穿过。

庭长：我希望能清楚理解这个集水区的流向，你告诉本庭你沿着赤柱峡道前行然后转左。

证人：对，绕过水塘再转左。

庭长：你有没有走到黄泥涌道？

证人：没有，我不认为是这样。我进入的集水区基本上是向东方延伸，我知道的。

庭长：那么你在集水区是向东还是向西走？

证人：对了，向东走。

检控官：你能否给予本庭少许提示，告诉我们你白天在集水区内的行踪？

证人：我以前曾经坐车经过这一带，但我忘记了。

庭长：或许你可以把这一点弄清楚——什么时候天亮以及被要求寻找掩护，你对自己身处在郊野哪个地方有没有任何想法？

证人：好的，庭长阁下——我可否先退回前一阶段并说出我在日出前的所见所闻？

庭长：当然可以。

证人：日出前我们走到山腰并从我们右方下山——距离我们右方一段距离——有一片水域被探照灯照射着，同时一些炮火声从那边传来。到了日出时你可以知道我们已经走到山边较高的位置，我们向山下望，可以看到在一英里左右以外有一个海湾，还有一个延伸进海湾的一个小半岛，这使我联想到红山（Red Hill），这个几天前我路经香岛道时曾看见的地方。后来看地图，我相信当时我是从野猪径（Boa Vista）俯瞰红山。

庭长：那么很可能你对两个水塘出现少许混淆——当你在赤柱峡道开始前行时，最初是向东还是向西走？

证人：在路上我们是向西走的，向黄泥涌道方向前行，到了赤柱峡道后转左，我能向法庭实地指出这些地方的位置。

庭长：你能实地向法庭指出这些地方的位置？

证人：对，（我能）实地指出。

检控官：除了法庭希望现在前往该地指出事发地点这一部分，我认为讯问基本结束，或许（我们）可以将指认推迟到明天早上（进行）。我不知道我的朋友现在是否会提出休庭的请求，但如果他愿意继续的

· 480 ·

话，（就）可以节省另一证人费伦小姐为此作证而耗费的时间，然后我们可以前往该地考察——如果辩方希望请求休庭，无论如何，我们应立即与医生继续余下程序。

庭长：你是否已经完成对这位证人的讯问？

检控官：对，庭长阁下，除了实地指出事发地点的环节。证人所提及的各点是在慈幼会发生的事情，而随后被刺刀所杀的一或两个人，沿着一条行军路线，（能证明）是由田中部队所做的。现在他只能指出事发地点。

庭长：我认为最好是明天早上10时继续，让酒井（音译：Sakai）先生可以盘问证人，然后我们可以前往该地并由证人向法庭指出事发地点。

辩方盘问

问：你跟随日军多少天？

答：三天。

问：你可否提供大概日期？

答：好的，我们在19日早上出发，21日下午抵达九龙玛利诺修院。

问：你可记得在19日早上开始跟随日本人是什么时候的事？

答：日本人在天亮后不久进入慈幼会，但我不知道确切时间。我的手表被日本人拿走了。

问：那时候外面很黑还是很亮？

答：他们进来时外面很亮。

问：当你离开慈幼会前往黄泥涌时，那队日本军队是同一队人还是另一队人？

答：第一天我与他们在一起，到达赤柱峡道时也肯定是同一队军队。

问：与你同行的日军有多少人？

答：第一天大约有一百名军人。

问：那个会说英语的军官经常在你身边？

答：对。

问：以你所知，多少名军官能说英语？

答：一个。

问：那名军官就是你昨天所指的本田，是否正确？

答：对。

问：本田是他的姓，你可记得他的姓名？

答：他给了我一个名字而已。他告诉我他叫"Fonda"，而非"Honda"。

问：我希望向你详细询问本田的容貌，你可否首先形容一下他——他的高度？

答：他比我矮，我想大约是五英尺四英寸或五英尺五英寸。

问：他大约的重量是？

答：我猜大约一百三十五或一百四十（磅）。

问：他的脸部有没有任何特征？

答：没有。他戴眼镜，看起来很像华人。

问：他有没有补牙，你记得吗？

答：我不记得。

问：他有没有镶金牙？

答：我不记得，我想没有。

问：他的牙齿是向内还是向下，你记得吗？

答：他的大牙颇为凸出。

问：这些牙齿不是向下？

答：不是很明显——（我说的是）是大牙，没有向外突出。

问：他走路的方式有没有任何特别？

答：我不知道。

问：他有没有告诉你任何关于他的事？

答：有。

问：他告诉你了什么故事？

答：他告诉我（他）曾在东京一家英国学校读书，我记得叫圣保罗学校（St. Paul School）。他跟我说他的妈妈和姊妹都是基督徒。

问：他的军阶，你记得吗？

答：他告诉我他是一名中尉。那时候，我看不懂他的军阶徽章。

问：他的手臂、胸口、帽子上有没有任何标记？

答：我记得没有。他的衣领上有军阶徽章，但我不知道代表什么意思。

问：当日本人第一次来到慈幼会是什么时候的事，你记得吗？

答：那时候天亮了，破晓后不久，我不知道是几点。

问：你说一名受伤士兵被放到车上，一名叫汤马斯的男子将车开走，车子在什么时候开走？

答：大约是破晓，那时候刚天亮。

检控官：庭长阁下，以我记忆，我认为证人指出一名叫凯利的男子负责开车。

庭长：凯利是司机，汤马斯和奥克利与他一起。

答：汤马斯将车驶回来。有三人在车上，凯利、汤马斯、奥克利。

问：我想问车子在什么时候离开慈幼会。

答：我刚才尽可能说出大约时间，我不知道时间，那时候破晓后不久，刚刚天亮。

问：当时能见度良好，还是朦胧一片？

答：当时能见度不错。

问：车身有一个红十字会的标记？

答：我不记得。

问：那辆车之前是用于运送病人？

答：对。

问：当日本军队抵达时那里风大吗？

答：我不认为如此。

问：你说慈幼会前方有一面红十字会旗，这面旗被放在多高的位置？

答：它被绑在一条柱子上，我认为大约是离地十五英尺。

问：那面旗有多大？

答：我不知道，我只能猜。那是让皇家陆军医疗队用于标明急救站位置的一面标准旗帜。如果你需要的话，我可以到皇家陆军医疗队确认它的尺寸。我估计旗帜的大小为二英尺乘十八英寸。那只是一个估计。

检控官：庭长先生，我并没有任何动机去指出这个地方有红十字会标记，除了医护人员之外。我要指出的不是他们枪杀医护人员多于非医护人员，我要指出的是这些人都是已投降人员或战俘。如果我的朋友怀疑有任何强调红十字会的事实出现，我可以立刻否定。

问：与你同行的日军配备什么武器？

答：他们有来复枪，他们有安装了刺刀的轻型自动来复枪。军官身上有佩刀——部分军官有佩刀。他们有一个类似火焰喷射器的装置。那个大圆筒由两名男子利用杆子抬着移动。我也看到一台机关枪。

问：这不是一个火焰喷射器，你说它看起来像一个火焰喷射器，是否正确？

答：我从未见过火焰喷射器，我只是估计。

问：军队有没有任何马匹？

答：没有。

问：军队中的士兵穿着什么鞋子？

答：他们穿着橡胶鞋底的黑色帆布鞋，当中很多是分趾鞋，其他人穿着与英军士兵一样的皮制军靴。他们其中一人在第一天后穿上我的靴子。

问：有没有士兵穿着长靴？

答：我不肯定他们有没有人穿着长靴。

问：他们有没有背着或穿着任何东西——肩膀上背着任何东西？

答：我记得他们当中有些人其中一边肩膀上挂着帆布袋。那是一个小帆布袋，与英军使用的属同一类型。

问：他们将布袋背在什么地方？

答：袋上有一条带，带子穿过颈部，挎过一侧肩膀，再绕在手臂上。

问：有没有任何士兵拿着令牌？

答：有几个人。我记得其中两名军官拿着长令牌。

问：当你与日军离开慈幼会时，你有没有在前方或后方看到任何士兵？在路上有没有看到任何士兵？

答：你是指当天什么时间，什么时分，什么地方？

问：我是指你在19日当天离开慈幼会前往赤柱峡道的途中？

答：当我们走到柏架山山边，我记得有其他士兵在山上较低的位置与我们平行向同一方向进发。

问：那帮人有多少名士兵？

答：我记得看到数队士兵，每队为数至少三十人，但总数我不作估计。

问：你在什么时候离开慈幼会前往大潭，你可记得？

答：我们在慈幼会前方列队，男子在那里需要脱下衣服，过程差不多一小时，接着我们被带到山边，有人在那里被射杀，过程约半小时或多一点，因此我估计日本人抵达一个半小时后，我们才出发前往大潭。

问：你提及曾后退，后退到什么地方？

答：我们后退到集水区，那里比我们的起点远。

问：你可否解释得清楚一点？

答：好，我们在集水区出发前往大潭，水流与道路平行。当我们走了一段距离后，我们折返，回到最初的集水区。我们沿原路折返，但走到集水区内比我们的起点更远的地方。

问：当你与日本人一起时，天气好还是下雨？

答：19日晚上下雨了，20日下午和晚上下大雨，但20日早上我身在集水区时能见度很好。

问：19日当天什么时分开始下雨？

答：午夜时分下起微雨，当时我躺在赤柱峡的路上。那只是微雨，19日晚上没有下大雨。

问：你提及那里有一个大队的士兵，你是指有多少名士兵？

答：大概一千人。

问：你记得士兵有什么重型装备？

答：重型装备，重型机枪？

问：明显地，那是重型武器？

答：不，除了我曾提及的。

问：当日本人进入慈幼会时，有一名军官随行，你估计他的军阶是？

答：我在慈幼会里面或前方看不见任何我认为是军官的人，但当时我没有注意日本人的军阶。

问：你记得多少日本人进入了慈幼会？

答：大约三十人。

问：你第一次看到本田是在哪里？什么时候？

答：在发生大屠杀的地方。

问：除了本田以外，那里还有没有人看起来像军官？

答：那里总共有四名军官。

问：那时候你觉得有多少人的军阶高于本田？

答：一人。

问：与你同行的士兵身上带着多少弹匣？

答：他们身上系有一条皮带，皮带上有两个弹匣。

问：当你与日军同行时，你走在士兵前面还是后面？

答：前面，在本田身后。

问：从慈幼会前方到发生枪杀事件的地点，除了日本人外，还有

· 486 ·

多少人同行？

答：慈幼会内所有人从主要干道香岛道离开，他们在那里被分成三组。圣约翰救伤队沿路前往筲箕湾，女士们前往鲤鱼门，而与我同行的包括皇家陆军医疗队、来自加拿大皇家来复枪营的我的下属、柯罗夫医生、一名中国医生，以及一名印度勤务兵。就这么多。

问：他们使用步枪还是其他武器枪杀战俘？

答：我看到的是步枪，因为我看到有人尝试跑到山上，但被步枪射中。其他人可能被其他武器射杀，但我不知道。

问：你表示当时曾作出抗议。向谁抗议？

答：本田中尉。

问：你是说本田中尉看到事发经过？

答：噢！是的。

问：本田的上级也看到事发经过？

答：对，肯定。

问：那名高级军官的容貌如何？你可否形容？

答：他颇为年青，比一般日本人长得高。他肤色苍白，容貌正常。他是个很英俊的日本人。

问：你估计他的年龄是？

答：我估计大约二十五岁。我发现要猜日本人的年龄是很难的。

问：你估计本田的年龄是？

答：大约二十二、二十三岁。

问：那名高级军官有没有戴眼镜？

答：没有。

问：大屠杀时，你说有人踢你以阻止你看见事发经过，那人的衣着是？

答：他没有戴帽子，穿普通大衣、日军用的绑腿以及分趾鞋。

问：这人经常与本田一起？

答：我记得之后没有再看到他。

问：你谈到了一座机关枪，这与维克斯机枪属同一类别？

答：是同一种。我不能确定是哪一种，但与维克斯机枪属同一类别。

问：这是一座重机枪还是一把轻机枪？

答：这座机关枪放在三脚枪架上，我估计是一座重机枪。

问：军队中的军官、士官和士兵都穿同一种鞋子，还是各有不同？

答：我认为本田穿靴子，短靴，但我当时无法分辨谁是士官谁是士兵，所以我不能肯定地告诉你谁穿哪一种鞋子。

问：有没有人穿长靴，及膝那种？

答：我不记得。

问：你曾在1945年12月22日被审问以及作供？

答：对，大约在那段时间。

检控官：我想请问可否提供这份证供？

辩方律师：对，这是正确的。

证人提交了一份文件。

问：请你看看签名，是否为你的签名？

答：这是正确的。

问：在第四页，从最顶开始的第五行，写着"高筒及膝的靴子以及大尺码的军用短靴"（证人阅读相关部分）。有些军人穿长靴不是吗？

答：现在我很难准确地想出来，我想不起任何长靴，但当时我应该是记得的，那是一年半前的时候。

问：有小扣的？

答：对，鞋上有小扣以及鞋后方有小皮套。

问：部队带有多少这种靴子？

检控官：我想知道这陈述书是否会被呈上。他将会呈上陈述书或者是想转换题目？

庭长：你是否想将此陈述书呈上法庭？

辩方律师：我想这么做。

庭长：一份由证人，史丹利·马田·班菲尔少校于1945年12月22日录下的陈述书被呈上法庭并包括在诉讼中，由庭长草签，标为证物"M"。

庭长问辩方律师：你还有什么和此文件有关的问题想问证人吗？

辩方律师：我没有其他问题。

控方覆问

问：你说当你到达屠杀的现场，那里有一些人，包括一个中国医生，一些皇家陆军医疗队成员，柯罗夫医生以及其他人与你同行，你记得大约人数是？

答：大约十五（人）。

问：你可知道这些人后来怎样了？

答：我知道他们当中有些人生还，至今仍然活着。奥斯勒·汤马斯中尉以及皇家陆军医疗队的利斯下士被枪击后仍然生存，并存活至今以说出经历。

问：根据你所知，其他人怎样了？

答：以我所知，他们被杀并被埋葬在那里。

没有其他问题。

庭长提问

问：本田剃光了胡子还是留有小胡子？

答：他剃光了胡子。

问：你向法庭表示曾看到一个类似火焰喷射器的装置，你为什么觉得这是个火焰喷射器？

答：这是我根据它外表判断所得出的结论。那是个形状像鸡蛋的圆筒，并附有一个喷嘴。这明显是一个很重的装备，它需要两个人的肩膀用竹竿把它抬起来。他们往山上运时很困难，经常（停下来）休息。

问：当你成为战俘营的战俘后，你有没有机会与其他军官谈及这场战役？

答：有。

问：你有没有听过任何关于日本人在香港岛战斗时使用火焰喷射器的陈述？

答：有，我听过。

问：这些曾与你一起的日本人，除了他们的军阶徽章外，你有没有在他们的衣服上看见任何属于某一个联队或大队的标记？

答：不，我记不清任何东西。

问：你告诉法庭这名军官，本田，曾向你提及你应该知道地雷的位置，事实上你有没有被要求指出这些东西？

答：是的，我曾被数次问及兵力分布，我们到达时该地有多少加拿大人，诸如此类。

问：这些问题是高级军官透过本田向你提问的？

答：不，庭长阁下，本田亲自问我。

问：当你被带到赤柱峡道后，与日本军队同行期间，是否曾有暗示指你可能被射杀？

答：没有。

问：你告诉法庭筲箕湾慈幼会那里有不同种类的人员，你可否告诉法庭那里大约有多少人，伤者不计算在内。

答：我想那里一定有接近五十人，包括我曾提及的不同种类的人员。

问：你也向法庭描述了你看到圣约翰救伤队的人员被带到前往筲箕湾的道路上，而欧籍护士则被带往鲤鱼门，你是否曾打听到这两批人中任何人的下落？

答：我曾有机会在回家的船上打听到天臣太太的消息，她是其中一名被带到鲤鱼门道的女士。

问：你打听到什么？

答：我打听到她当时被扣留在鲤鱼门道一段时间，接着获准回到香岛道，并被告知可以回家。她无法成行，最后走进教堂，并在牧师的协助下躲藏了十天或两星期。

问：你可记得慈幼会内任何中国医生的名字以及被日本人所杀的医生叫什么名字？

答：不。

问：本田有没有告诉你他在战前做什么，职业是？

答：不，他没有提及入伍前是做什么的。他告诉我，他曾与军队来过中国，但没有提及他入伍多久。

问：你告诉法庭在集水区前进时，看到一些日本士兵在山下的位置向大潭进发？

答：这是我们离开集水区后再次启程的事，我认为是在柏架山。在我身处的斜坡右下方有一队与我们平行的军队，向同一方向移动。

问：你可否形容一下这些士兵的装扮以及拥有的武器？

答：我肯定知道他们是日本人，我能认出来，但我不记得他们衣服上的其他任何细节。你是指与我同行的日本军队？

问：不，那些你看见的其他士兵。

答：不，我不记得他们（身上的）任何细节。

问：你看到他们的武器装备是怎样的？

答：我不记得了。

问：你大约距离他们多远？

答：很短的距离。他们互相大叫以作沟通。

问：那些人被枪杀时你在场——你可否告诉法庭这是一个无差别的屠杀，还是根据一个正式的命令？是否根据命令而开枪？

答：那里曾出现一声大叫，我估计是一个命令，接下来是开枪。

问：你告诉法庭你被推倒在地上，你被推倒后大约多久听到枪声？

答：差不多是立刻，在一到两分钟内。

问：当你被推倒在地上前，日本士兵与那些你提及被要求列队的医务人员身在什么位置，日本士兵在哪里以及他们是如何站着的？

答：开枪时我正看着他们，但我的注意力被枪声分散了，我转过头向山下看。我的位置比他们高一点——日本士兵在我和医务人员之间，但在一个比我稍高的位置。我不记得身后有任何日本士兵，他们在我和医务人员之间。

问：那些日本士兵是列队还是分成多组站立？

答：分成多组。

庭长向辩方律师：酒井先生，就法庭向证人的提问，你是否希望询问证人其他问题？

辩方律师：是的。

问：你说在那时候听到一声大叫，叫声是来自一个人还是来自很多人？

答：我认为是来自一个人。

问：你说这听起来像一个命令，这听起来会否也像一个令人害怕的叫喊？

答：听起来像一个日本式的命令或是日本式的大叫。

问：来复枪开了多少枪？

答：我不知道。

问：关于来复枪是否开了很多枪，你什么也不记得？

答：（我听见）有一些枪声，但我不记得有多少。我希望说出，我觉得你想知道。那里没有群发的枪声，只有数下枪声。

问：那么每一枪之后，你有否听见命令开枪的指令？

答：没有。

问：本田可以说得一口流利英语？他的英语怎样？

答：他的英语很好，文法上虽然不佳，但他懂的字词很多。

问：他的眼镜框是什么类型？

答：黑色框。

没有其他问题。

控方第七证人马丁·曹谦志的庭上证供

控方讯问

问：你的全名是马丁·曹谦志（音译：Martin Tso Him Chi）？

答：是。

问：你是受雇于广州的交通银行？

答：是。

问：你是住在广州交通银行宿舍？

答：是。

问：你今年三十岁，在香港出生并拥有英国国籍？

答：是。

问：你的永久居所是在香港云咸街四十号一楼？

答：是。

问：据我所知，在日军于1941年侵占香港时，你隶属香港义勇防卫军第五防空炮兵连，对吗？

答：对。

问：你能告诉法庭当时发生了什么事？

答：我当时一直在那里驻守。

问：在哪里？

答：当战争爆发时我驻守在西湾。在1941年12月18日晚上10点左右，由于敌人正从九龙方向进攻，所以我们全都藏在一条隧道里。忽然间，我们听到旁边响起枪声，之后有人从门外扔进一颗手榴弹来。当时我们有三人受了伤。

问：看一看这张照片。你能告诉法庭这是在哪里？

答：我们就是驻守在这隧道里。

证人表示还有一条照片没有拍到的隧道，而这隧道位于照片左边。

问：距离大概有多远？

答：大概十至十五英尺。

问：在手榴弹被扔进去后发生了什么？

答：我们听到有人以英语叫我们"投降"和"投降则安全"。因此，班纳特中士叫我们装好刺刀来尝试杀出隧道，而我们就跟着他一同强行突破敌线下山。但当我们以武力突围时，我们听到对面响起枪声。有三人被杀，而我并不知道其他人的下场。我们退回隧道并大叫我们将会投降，他们则叫我们列成一纵队出来。当时我们有二十六人，而日军在搜完我们的身后便将我们带到弹药库。

问：你能再在图片上指出你们被关的地点吗？

证人在图片背景两栋建筑物左边的一道门标上"X"。

答：我们在那里等了两三个小时。弹药库外面有一些日军看守着我们，而当时亦有一名敌人进入弹药库来清点和问我们总共有多少人。过了一会儿，一名日本军官走来和看守我们的士兵交谈，当时有五至六个士兵围着弹药库。其中一名士兵叫我们一个一个地走出门，当每一个人踏出门外时就会被士兵用刺刀刺死。轮到我的时候，我的肚子至腹部被刺刀刺到，而我则倒在地上假装被刺死，动也不动。我们之后全都被扔下厨房隔壁的一个地点。

问：你能不能在图上指出这地点？

证人用箭头指向他称为厨房的地方，被标为"K"的建筑和那块他称被刺后被往下扔的墙。

证人：在被扔下去后，我听到一些伤者的呻吟和哭声，其中一个更大声地喊问是否还有人活着。一名日本士兵忽然出现，用刺刀反复地往那人身上刺。第二天早上，我听到有人叫我，而这人就是陈任广（音译：Chan Yam Kwong）先生。那时我才知道只有两人还活着，所以我们就在那边藏了三天三夜，直到我们在第四天看见一些华人平民上山为止。他们告诉我们日军已到铜锣湾，并叫我们换掉身上的衣服后

· 494 ·

就逃走。

没有其他问题。

辩方盘问

问：你在什么时候加入第五防空炮兵连？

答：我在1941年12月8日被征召入伍。

庭长：我不认为这是在回答辩方的问题——他想知道你在什么时候被派往西湾驻守？

证人：庭长阁下，我们是被动员的。我们与其他分队在赤柱轮换——我们有两天在西湾，有两天在赤柱。

问：第五防空炮兵连的总兵力是？

答：我们有两个分队，各自有约四十人。

问：在我们昨天前往调查的地方，有多少人驻守？

答：大约有四十至五十人。

问：18日晚上，你们在什么时间遭受炮火袭击？

答：自下午起我们已遭受炮火袭击。

问：直到晚上什么时候？

答：直到我们听到敌人的枪声为止。

问：你在什么时候听到敌人的来复枪枪声？

答：大约晚上10点。

问：我们昨天前往的地方——那里有没有印度士兵驻守？

答：那里有两名印度人，隶属香港义勇防卫军。

问：18日晚上是月色明亮还是没有月光？

答：没有月光，但海港内有些船正在燃烧，所以我们在西湾看到一些火光。

问：在碉堡里是否因为施行灯火管制，所以在外面看不见灯光？

答：防空洞内有灯光，但在外面看不到。

问：你提及晚上10时身在一条隧道内，是不是那里的所有人都与你身处隧道内？

答：对，所有人都与我在同一条隧道，除了在外面的两名守卫。

问：那里有多少人？

答：那里大约有四十人与我一起。

问：有多少枚手榴弹被抛进来？

答：一枚。

问：这枚手榴弹被扔到哪里——手榴弹击中哪里？

答：击中离门三十英尺的地方。

问：你提及有些人受伤了——伤者当时身处隧道外？

答：他们在隧道内。

问：你是指手榴弹在隧道内还是外面爆炸？

答：手榴弹在大约二十英尺外爆炸，在隧道内——大约离门二十码——那里有些女士坐着。

问：你距离手榴弹爆炸的地方多远？

答：大约十码。

问：在那段距离之间有没有任何障碍？

答：那里有道墙，阻挡了手榴弹的爆炸。是这样的——这里是门，这里是隧道，当时我在这儿，手榴弹在这里爆炸。

（证人指出距离大约位于证人席的侧面。）

问：你们全部人在同一时间投降还是你分开投降？

答：手榴弹爆炸后，保桑基特（Bosanquet）中士说"带那些人出来"，然后我们全部一起投降。

问：碉堡的指挥官与你们一起投降？

答：不，碉堡的指挥官哥文（Gorman）中尉听到日本人叫我们投降后便先走出去了。

问：接着，当他出去后，你是说他后来在投降的时候不在场？

答：不，当他听到手榴弹的爆炸声后，出去与日本人讨论，但后来我们听不到外面有任何声音，所以保桑基特中士带领人们出去。

问：其实你在什么地方投降？

答：我们在隧道内投降，接着敌人叫我们出来——第一个人叫其他人跟他上山去弹药库——我们在弹药库外停下并被搜身。

问：弹药库内有照明？

答：那里没有照明。但由于船只燃烧发出的火光，我们在弹药库内看得颇为清楚。

问：有多少名军官来了？

答：你是指日本军官？

问：日本军官。

答：一名。

问：那个会说英语的人是这名军官，还是另一名士兵？

答：另一名士兵。

问：有多少人被带到弹药库？

答：大约二十六人——其中两人是苦力，并非士兵。

问：你提及有四十到五十人在隧道内，但现在你说有廿六人被带到弹药库，剩下的人怎么了？

答：最初保桑基特中士带领士兵出来，我们看见四周都是日本人，我们部分人走回弹药库，其余的人跟随保桑基特中士。

问：有多少名士兵使用了刺刀？

答：有五到六名士兵围着弹药库的门口，但轮到我的时候只有一名士兵用刀刺我，右手边的一个士兵。

问：你被刺中哪里？

答：由胃部到胸部。

证人指出一条横线，从胃部右面到胸部左面。

问：到了现在那里有没有疤痕或之类的东西？

答：是的，现在那里有三条疤痕。

辩方：可否将它们向法庭展示？

证人展示疤痕。

法庭发现证人身上有三条疤痕——一条在胸骨右手边肋骨下方——一条在胸骨左边高一点的地方——第三条在左边乳头左方。

问：你走出来时是站着的？

答：我当时站着并举高双手。

问：你记得士兵用刀刺你时站在什么位置，即是，他怎样刺你？

答：站在我右手边的士兵用刀刺我。

问：他距离你多远？

答：大约三英尺外。

问：他站在你前方还是后方？

答：前方。

庭长：泽高先生（Chacko）你可否出来扮演日本士兵，而你（证人）可否向法庭展示你在哪里以及用刀刺你的日本士兵在哪里。

证人：（站在证人席前方）——这是弹药库的大门（指出他前方的空位并请泽高先生去日本士兵的位置）——我走出来时他从这边（右边）用刀刺我，我倒下了。

问：那名用刀刺你的士兵长得比你高还是矮？

答：比我矮。

问：他怎么使用来复枪？

答：这边向上（证人的手臂从右向左摇，并横向指出他怎样被刀刺）。

问：你是第几名被刀刺的人——你在多少人后被刺？

答：大约十五（人）。

问：你是第几名被抛下的人？

答：每当五到六名士兵被刀刺后他们就将我们抛下——用刀刺五到六个人后，他们就将他们抛下去。

问：在碉堡前或那个位置有没有任何稻草士兵，你是否看见任何稻草士兵？

答：我听陈先生说那里有稻草士兵，但我看不见任何东西——我看见那里有些东西竖立着但没有移动，所以陈先生认为他们是稻草士兵。

问：你在什么时候知道日本人离开了碉堡？

答：在第四天，有些身穿便装的华人前来碉堡，并告诉我们日本人已经在铜锣湾。

问：你在那里逗留的三天期间经常都在你被抛下的地方？

答：我经常都在同一个地方，但我出去拿水和在地上捡饼干吃。我回去后用尸体遮蔽自己。

问：你在什么时候去拿水和饼干？

答：我在隧道的地上拿饼干。

问：何时，什么时间？

答：我不知道时间——我的手表和其他东西已被日军搜查和拿走，所以我根本不知道时间。

问：我不是指确切时间——那是你被刺后的翌日，还是后天？

答：我在白天经常留在那里，并于晚上走出来。

问：你走出来的时候有没有日本人在那里？

答：碉堡内没有日本人，但我听到日本人的声音从下面的道路传来。

没有其他问题。

控方不再覆问。

庭长提问

问：你可记得——那个用刀刺你的日本人，只是刺了你一下，还是多于一次？

答：他刺了我一次。我觉得他们很累，因为在我之前那里有十五人，所以只有一个小伙子用刀刺我。

问：当他刺了你以后，你有没有失去知觉或晕倒？

答：没有，庭长阁下。

问：你可否就此向法庭更清楚表述——你被刺了一次——那么你的身体为何会有三道颇为明显的伤痕？

答：因为刺刀从这里刺下去，而且我穿着汗衫。你看到伤口之前是一道很明显的伤痕。

庭长：有没有任何其他问题，酒井先生？

辩方律师：没有问题。

法庭：有没有任何其他问题，普迪科姆少校？

检控官：没有问题。

庭长：证人可以退下。

控方结案陈词

庭长阁下：

被告田中良三郎少将于1941年12月，担任大日本帝国陆军第三八师团二二九联队队长。他与第三八师团众人一同参与攻打、占领香港的行动。

他被控以三项战争罪，罪行包括以不人道方式对待战俘和投降人士，导致他们受折磨死亡以及杀害医护人员。他属下的军队被指称犯下这些暴行，而他也被指与事件"有关"，因而需要负责。

以下是有关各种不同类别的受害者的扼要定义。战俘是指已经投降的并确实被羁押起来的军事人员。另一方面，投降人士是指那些已表明意愿，愿意被俘虏，但事实上却仍未被羁押的人。最后，医护人员是指平民，而非军人。医护人员只跟筲箕湾发生的事件有关。

证据显示于1941年12月18日晚上至12月19日凌晨，由被告率领的部队在筲箕湾分两队上岸。部队由两营，还有一队总队组成，各队的最终目标为坐落于西面、遥远的西高山。一大队是要镇压筲箕湾及附近地区的反抗，沿香岛道往大潭峡方向前行，于赤柱峡道再与主队会合。另一大队，即第三大队，以及总队要攀过柏架山或越过柏架山与毕拿山之峡道，前行至赤柱峡道和黄泥涌。计划基本上都有实行——除了未能以原定路线登上西高山。部队因此南下，以发掘更可行的路线。他们到达浅水湾时遇到抵抗。最后，他们从香岛道下山，前往深水湾的高尔夫球场。他们攻下南朗山，越过名叫寿臣山的地区；尽管比预期时间晚了少许，最终在1941年12月25日到达目的地。

控方指称上述行动期间，有若干暴力事件发生。事实上，假如控方提出有关暴行的证据是值得相信的，那么在田中部队的整段行动路线，都会遗下被他们谋杀的尸首；死者被绑起来，然后被刺杀或枪毙。这些暴行，大体上可分成不同类别，于行动的各阶段发生。

第一阶段是在筲箕湾区域。关于这地区，我们可划分四个事件。第一事件几乎在部队甫抵埗后即发生。田中部队的第二大队攻陷了鲤鱼门和西湾炮台。当时西湾炮台由一防空部队所驻守，这突袭令他们措不及防，因而被俘。这些俘虏被带至一座存放军火的小碉堡或草庐里被审问并搜身。然后，他们全被带出去刺死了。第二事件则在慈幼会修院发生。12月19日清晨，日军占领了那里的救护站。不论是平民还是军人，男性人员均被带到后山屠杀。至于女性，她们全部或当中一些人则被带到鲤鱼门。第三事件是派斯 (Pryce) 事件。加拿大皇家来复枪营的两名队员于鲤鱼门以下的香岛道被俘。他们被迫整天工作，后来被刀刺。严格来说，第四事件并不发生在这区域。这是指日军士兵谋杀一名负伤的皇家香港新加坡炮兵团军官，以及以刀刺杀其他负伤的人；这些日军士兵也就是逮捕并带走班菲尔医生的军人。第一阶段就此终结。

第二阶段只限于浅水湾区域。若干投降军人在余园的草坡上被处决。

第三阶段是关于在黄泥涌峡道至浅水湾的路上，发生的一连串暴行。这些事件包括：于"山脊"(The Ridge) 与"湾上别墅"(Overbays)，这两处是位于黄泥涌峡道—浅水湾道旁的住宅发生的谋杀事件；另一间房屋内的谋杀事件，而迪克斯 (Dicks) 和海伯特 (Hebert) 的誓章曾描述这间房子；第四阶段是于路上发生的谋杀事件，特别是在香岛道与浅水湾道交界。

最后是一连串被指称在深水湾"探射灯台"(Lyon Light) 发生的暴行，包括：部队在寿臣山杀死三名军官，以及在香港仔以刀刺死温尼伯掷弹兵一连队的余兵。

这些就是被指称曾发生的事件。为判被告有罪，庭长阁下必先认同下列三点：

这些暴行确实曾发生。

被告属下军队犯下这些暴行。

田中作为他们的队长，要为下属的操守负责。

一

因此，我们必先讨论有关被指称暴行确曾发生的证据。证据可谓是压倒性的。关于在西湾与慈幼会修院的屠杀，庭长阁下已听过生还者亲自作供，讲述可怕的杀戮经过。除此之外，班菲尔医生也曾描述俘虏者以刀刺死受伤的英国军官。波特（Baud）先生也亲自作供，讲述他于余园亲眼看见的事情，而奥尔（Ohl）夫人的目击证人证供也能佐证他的说法。根据赖廉仕上校、佐治·拉美（George Lemay）、波士维（Boesveld）先生以及费立根（Flanagan）的证供，在"山脊"和"湾上别墅"打斗过后，他们在浅水湾道上发现尸体是铁一般的事实。尸体的状态就是证据，证明他们是如何被杀的，他们的手被绑起，被枪毙或以刀刺死或斩首。赖廉仕上校曾说他在"探射灯台"发现米杜息士（Middlesex）军团团员的尸体，而死者的手被绑在背后。黎广也描述过他曾在寿臣山看见日本士兵以刺刀刺一些男子。在目击证人的证供以外，还有誓章。好些个案，证供都由屠杀的幸存者所提供；如：经历过慈幼会修院屠杀的奥士拿·汤马士（Osler Thomas）和李斯（Leath）下士、曾在鲤鱼门下方道路被刺刀刺的派斯和古士拿（Cuzner）中士，以及在余园逃过一劫的哈姆尼（C.S.M. Hamlin）。迪克斯、海伯特和卡尼韦（Canivet）均曾被袭击，幸而生还；故此，他们现在提出证供或誓章，指证犯罪者。被告否认曾发生任何相关事件，不论是谁做的。尽管如此，我们认为证据超越合理疑点，在田中部队前行的路上，战俘、投降人士，以及只针对慈幼会修院个案而言的医护人员，均被日军屠杀。

二

现在最重要的是讨论到底哪些日军人员与事件有关。控方认为证据超越合理疑点，田中部队成员于西湾慈幼会修院犯下暴行，刀刺负伤的皇家香港新加坡炮兵团成员以及于余园执行处决；被告的下属也在位于浅水湾道的"山脊"和"湾上别墅"以及"探射灯台"谋杀受害者。田中的部属是否需要为黎广和二等兵詹士·科拿（James J. Fowler）目击的罪行负责，是辩论的重点。

虽然如此，证明田中部队与事件有关的证据中，有一项（也可能是是两项）是环境证据。在外行人的眼中，环境证据是完全不公平、不合理的，使被告无罪。但事实上，正因这些环境证据被多次提出，比目击证人还要可信。所谓"证人会说谎，唯事实不会"。可是，要判一个人有罪，环境证据务必要显示它们与被告的犯罪行为相符，除此以外，并没有其他理性结论；还有，我们也能从这些环境证据，得出被告有罪的结论。（请参阅英国1929年出版的《军事法手册》第82页，第六章，分段42）

关于西湾的暴行，当时的情况是怎样的？从被告的证供中可见，他辖下的第二大队占领了西湾炮台。"第二大队继续前行并占领了B.1和A.2（西湾山）两处，网格坐标分别为628972和635974。"这占领事件于1941年12月18日晚上至12月19日凌晨发生。根据田中的陈述书，即证物K，他十分肯定没有军队比他先到Y点，并再说道："我手下的第二大队占据了鲤鱼门军营和西湾山。"每一个情况都指向他的军队。再者，除了田中军队外，没有其他人占领西湾。也就是说，假设屠杀确实曾发生，那么除了确认由隶属于他的第二大队官兵主持该屠杀外，我们无法得到其他合理结论；由于田中军队攻占西湾，因此我们可以认为他们必须为占领当时，或之后短时间内发生的事情负责。

至于慈幼会修院，我们需要衡量好些因素。第一，请考虑直接指向田中下属的证据。再说一遍，田中军队攻下鲤鱼门军营和西湾山，而这两处位于慈幼会修院的东面上方。另外，来往鲤鱼门与香岛道之道路在慈幼会修院的正南方，而慈幼会修院则在两路交界与田中军队登陆点之间。攻陷慈幼会修院的日军是从南方而来，并非海边。两件独立的事实明显地证明了这一点。首先，被立即送上救护车的拉吉普团军官是往大潭峡，即是向南面前进。接着，救护车遭到射击并折返。另外，就是班菲尔医生曾看到日军从后而来，即慈幼会修院南面。这两例子都指出日军从南面而来，大概是从鲤鱼门或西湾山来。

庭长阁下曾视察附近地方，知道日军要从海边登陆，必须先攀上香岛道主道，在非常接近慈幼会修院门口的位置绕过，方能到达；鉴于拉吉普团军官刚来到而救护车正准备离去，他们必定会看见正在步行到后方运动场的日军。如果他们是从西面来，就得越过柏架山，再往东走，但这个可能性实在太低。

但是，如果他们确实从这个路线来，庭长阁下必须合理化他们之后的行动。当时有女士，即天臣（Tinson）夫人、玛利·石菲（Mary Suffiad）、费伦小姐和护士们被带走，然后直接被领去鲤鱼门道。只有日军从南面来，这样的做法才合情合理。否则，他们为何不带这些女士到其他基地？例如，他们若是经柏架山西面，从海边而来，那他们为何不送她们下山至筲箕湾？

请庭长阁下再考虑班菲尔的经历。关于时间上的细节，他的经历与田中下令的行动时间相符。逮捕班菲尔的军队在将近黄昏时，于赤柱峡道会合大部队。请谨记这天是一年内白昼最短的时段中的一天。田中在他的陈述书，证物F中，称时间为略在下午4时之后。班菲尔走过集水区，日军取此道前往浅水湾；他于天亮前数小时抵达这里，接着走了好一段路程。以上全部事件也与田中部队的行动相符。

庭长阁下，现在我希望可以稍稍离题。我想谈谈辩方律师提及的要点。这与日军在赤柱峡道的会合点的地理位置有关。请留意，两个会合点也在同一个方向。事发至今已有五年，一名证人或会与另一名证人就对当时身处的位置有误差——也可能是田中少将误会了位置，又或是班菲尔应在路的较前方或后方——他们当时并不是占据同一地点——也绝不可能在同一地点——当时牵涉的人实在太多，证人不可能准确地在地图上指出位置。但是，比起地图上的准确位置，这案件有其他更重要的论点，更值得庭长阁下关注。

我们更要考虑的是，慈幼会修院地处田中部队第二大队计划攻占的地区。田中指地图上的"A5"就代表慈幼会修院，属于他的战区。（请参阅证物K）再者，慈幼会修院所处的地区正是第二大队要采取行动的范围。被告的证供也清晰说明了这一点。被告在地图上画了一条线，就在慈幼会修院的西面，说第二大队的任务就是要镇压这条线以东地区的任何反抗。

最后一点，除了谋杀以外，在慈幼会修院发生的事情，就是典型的扫荡行动，而在日本军队当中，扫荡行动是步兵的职责。

因此，这些情况，他们从哪个方向来到慈幼会修院，他们其后的行动，慈幼会修院位处他们划定的战区的事实，以及步兵曾进行扫荡行动，以上全部各点都指出田中部队占据慈幼会修院，并在后山把人谋杀。

但是，这个案会否有另一个合理说法？会否有其他军队犯下这些暴行？一些非听命于田中的军队也被指于筲箕湾登岸。控方认为有很多已证实的情况与这些假设不符，而有一些军队可能需要为事件负责的说法也是不合理的。

首先，如前所述，那些是扫荡行动，是步兵的专属职责。可是，没有其他步兵部队于筲箕湾地区登陆。因此，如果这论说得到支持，那庭长阁下一定会认为这是与证据相符，并且是合理的。第二线部队如通讯兵、信号兵、炮兵团或部队，甚至是宪兵队——篡夺了步兵的职责，扫荡慈幼会修院位处的区域。可是，细阅过所有证据，不论是真实的还是隐含的，庭长阁下理应发现这说法与证据相反。举例说，大量证据说明宪兵队并没有参与前期的地区战役。（请参阅野间的陈述书，证物J1、矢田贝的陈述书、证物H1以及牛山的证供）另一方面，除了步兵外，没有任何证据证明这项任务被分配至其他队伍。当然，如果有这样的安排，被告必然会知道，并且会在证供中引述。但是，他们并没有提及太多以证明这说法。因此，若要证明这解释与证据是相符的话，庭长阁下就得认同某一队伍完全极度不负责任，而并无其他原因，审查慈幼会修院的战俘，并把男女分开——如果这是出于极度不负责任，为何要分开他们？——然后几乎把全部男士杀掉，只留一人活口。

只留一人活口，这幸存者带出另一不相符之处。班菲尔被告知他没有被杀的原因。他跟随的队伍希望他指出原先埋下的地雷位置。这对于一队先行部队来说，有意得到这种信息是自然不过的事，但是，对于第二线部队来说，这无疑更不可信。第二线部队的角色是跟随步兵，沿着步兵走过的路线前进。如果步兵已经走在前方，第二线部队还有必要留下一个活口，只为了让他指出地雷的位置吗？我们绝对可以理解先行的步兵队伍会采取如此的预防措施，但是，对于第二线部队，即后方的队伍，这做法与他们的职责完全不符。

对于是田中部队以外的人在慈幼会修院进行屠杀的说法，第三项不相符之处是在于俘虏军前来的方向。关于这点，之前也有略略提及。日军从后而来，或可说成从南面而来。可是，第二线部队于筲箕湾上岸，即是北面。根据逻辑推论，他们应该从海滩的道路前进。最具矛盾而又最值得解释的一点，是他们取道迂回，因此从后方前进。特别要留意的是地势以及队伍的类别：反坦克队、信号兵队等等。回到刚才的论点，不管怎样，假如他们认为有需要走如此迂回曲折的路，那为何该部队会暂停行军而进行扫荡？我们认为这些矛盾再度反映出这假设并不合理。

最后，为符合证据，庭长阁下必定会发现于慈幼会修院犯下暴行的军队，若不是田中部队，就必定是三支从筲箕湾登陆的日本军队的其中一队。所有另外在那里登陆的军队当中，证据显示只有三队曾绕过集水区，即是班菲尔伴随的军队曾路经的地点。这三队分别是：烟幕队、独立反坦克队以及宪兵队。田中的确提及过一队重炮队曾在集水区，但这队并不是在西湾上岸。为符合已被证明的事实，这些队伍肯定在1941年12月20日凌晨，即距离天亮还有数小时前就已经抵达了集水区。我们可实时排除宪兵队参与的可能性，因为证据证明他们没有参与过前期战役。烟幕队于20日早上才能到达浅水湾附近地区。事实上，他们是当天正午才抵达的。日出时，班菲尔已在集水区走了一段时间，因此，他显然在这队伍的前方。余下只有反坦克队，但他们要等到21日才来到。一些走失了的队伍沿着集水区走的说法也曾隐约被提及；可是，明显地，只有上述三队才是在筲箕湾登陆的。因此，如果我们认为不是田中部队的队员，而是某一队伍于筲箕湾上岸，逮捕班菲尔，领着他绕过黄泥涌水塘，再走上围着紫罗兰山的集水区，前行至浅水湾的话，这个说法只会再一次与事实不符。

因此，我们认为没有任何事实能证明在田中部队之外，还有其他队伍能在慈幼会修院犯下暴行。请庭长阁下考虑这说法。

请庭长阁下同时也考虑以下的环境证据。假如庭长阁下认同矛头是指向田中部队，而不包括其他任何军队，那在慈幼会修院发生的暴行，必定是由被告部属所犯的。

假如庭长阁下同意上述申述，那么如班菲尔所述，即皇家香港新加坡炮兵团军官以及其他负伤人士，被占领慈幼会修院的军队用刀刺死一事，也一定是被告部属的所作所为。

接着是1941年12月23日在余园发生的屠杀，有关证据都相当直接。假如庭长阁下相信波特先生，而波特先生的证供得到奥尔夫人佐证，那么在田中亲自对下属发表讲话后十至十五分钟，那些男士就在余园前的斜坡上被枪毙了。从波特先生的证供得知，他当时也仍在附近。他说自己是最后一名离开余园的人，除他以外，没有任何人在那里留下来。如此一来，我们有直接证据证明枪毙发生时，田中军队就在附近。除了无处不在、永远都像在附近的反坦克队外，没有证据证明有其他军队也在附近。根据田中自行计算的时间，在波特先生和奥尔夫人提及的处决后半个多小时，反坦克队才赶到余园大门。因此，是田中军队处决那些战俘，除此之外，并没有其他合理解释。

现在，请庭长阁下考虑在"山脊"发生的事件。我们认为最合理的解释是田中部属占据了"山脊"，并杀害了战俘。首先，地点正在田中军队行军路线附近。田中经过的集水区，只稍稍处于"山脊"上方。基于"山脊"的地理位置，沿着集水区前行的军团会持续受到威胁。因此，如果田中没有清理这地方，那作为一个负责任的部队长，他的判断应受指责。土井部队被指有可能攻占"山脊"，但这说法确实是没有任何理由支持。土井部队的路线是越过黄泥涌，再沿着聂高信山的南面走。证据确凿，田中也认同土井部队没理由要下去浅水湾道。因此，除非那些不知名的、走失了的军队或随处可见的反坦克队私自进行职责以外的行动，作出袭击，否则必定是田中军队占领此处。

无论对田中军队占据"山脊"还有多少怀疑，其部队占领"湾上别墅"却是毋庸置疑的事实。关于这点，请特别留意被告的陈述书，证物K第二页：

  1941年12月20日，我手下的第三大队占领了道路上方的"K"点……

请浏览证物J，香港及新界地图（编号：Hind 1009）（第三版）第23页，"K"点代表"湾上别墅"，在来往黄泥涌至浅水湾道之路段与香岛道交界的正上方。

田中在庭上作供时，修订了下列事件。他说第二大队在21日，攻打那座山岗。但不管是哪一大队、哪一天，无可否认的是攻占"湾上别墅"或"K"点的军人都是听命于田中指令的队员。这不只是我们预料的策略，而且是他自己亲口承认的行动。

关于迪克斯和海伯特的誓章，其实没有什么要详细说明，只是他们提到的谋杀地点确实在田中负责的区域之内。

再一次，于探射灯台发生的谋杀战俘事件只能归咎于田中的下属。所有证据显示在19日，他的军队的确路经此处。当时，他的一小队士兵前往攻击第一四三山岗，而第二大队则去了攻占南朗山。就第二大队的路线而言，他们必须经过"K"点才能够抵达目的地。在没有任何证据下，指称有其他军队曾踏足此地并在那里屠杀人民，实在于理不合。除了第二大队，并没有其他军队能够进行这屠杀行动。

辩方引述松元（Matsumoto）部队官兵曾出现在重要的地方——探射灯台，我想谈论这一点。现有记录的证据中，没有一项曾提及松元部队被派守这里。五年后，他们有可能被派遣到这里。庭长阁下曾阅读过所有关于重点战地的证据、记录。但是，辩方没有提出任何证据证明松元部队曾经过战区。当然，控方没有责任证明这么一回事。松元部队官兵曾到过那里的事实证明了一件事；有人走失了，然后在墙上记下自己部队的名字；可是，证据非常明确地证明田中部队曾走过此地。

至于寿臣山，也同样没有什么需要详述。可以肯定的是一副尸体被人从井中掏出来。可是，军医官认为尸体的骨骼是属于一名东方人。他说判断仅是基于骨架大小，别无其他标准。事实上，欧洲人也可以很矮小。庭长阁下曾见过温尼伯掷弹兵营队某中校一次或两次，他显然不是很高大。如果您只根据一副骨骼下判断的话，您要证明到底骨骼属于一名欧洲人，还是欧洲裔以外的人种。我们认为虽然医生真诚地提出判断，但鉴于其判断基础，要作为法律证据的话，他的意见也确实没有可取之处。

另一值得注意的是黎广证供中关于寿臣山事件的部分。这是关于识别的问题。黎广指他在那里看到的日本人身上戴着一个白色布章，假如我没有记错的话，布章是戴在左胸上的，上面印有田中队或田中部队的字。这是一项令人震惊的证据，除了另一名证人外，没有其他证人承认曾见过这样的标记。

关于这点，我希望能先稍稍岔开话题。关于识别标记，庭长阁下就算没有问过全部证人，也几乎问了所有控方证人。除了一人外，没有证人记得曾见过这标记。这并不是太重要。我们要谨记当时的情况。比如说，班菲尔亲眼看见同伴被屠杀，他自己也提到当日军达到目的后，他们也会立刻把他杀掉；在这样的情况下，我们又怎能期望班菲尔能观察日军衣着的细节，留待日后参考之用呢？除了感到惶恐不安，我们再也不能期望任何一个欧洲证人在被俘时会有其他感受。可是，即使是正常情况，我们也很怀疑，在大部分情况下证人的观察力会否强得使他们在五年后也能记得这项细节。在构成任何诽谤之前，我想请庭长阁下做一个简单的测试。关于本案，在场的检控官已上了五十二次庭，在庭长阁下面前出现了五十二次。他曾穿上各式各样的制服，包括军装式衬衣、军便服以及战地服装。其中，只有一次，他曾戴上肩章。请问这肩章是在哪类型的衣服上？这肩章又有什么模样呢？（我们预计高级军人最少也会知道肩章的形状。）

可是，有一名证人是例外的，这已经非常足够；波士维先生的证供能作为黎广的佐证。请翻阅第122页，庭长提问波士维先生：

问：那天，军队到达浅水湾并攻陷酒店，他们衣服上有没有与众不同，或可识别身份的标记？

答：我只知道他们的胸前有一个白色、类似标签的东西，上面写了些什么的……就是这样了。

问：你是说白色的，还是宽阔的？（英文的 white 与 wide 发音相似。）

答：我是说白色的。

问：你说这布块上有一些东西，是字还是图案？

答：我肯定上面写了一些字。

问：那些字是什么颜色的？

答：好像是黑色的。

问：这白色布块在什么位置？他们戴在制服的哪部分？

答：左胸上。

问：左胸上？

答：对，左胸上。

请庭长阁下谨记波士维先生同样识辨出被告。

最后就是科拿的誓章。当然，这纯粹是环境证据，但这些情况指向田中部队。这事件发生在香港仔附近，而无可否认，是在田中的战区范围内。

因此，我们认为已有足够证据证明田中部队作出被指称的违法行为，特别是在西湾山、慈幼会修院、余园以及"湾上别墅"。

三

现在，假设被指称的暴行已被证实，而犯案者的确是被告属下的军队，那么被告与事件有多密切的关系？

我们认为不能从单一因素就定下答案，而应要透过累积下来的证据来判断。

显然，如果被告被证实犯罪，例如曾下令处决战俘，那他要脱罪就变得相当困难。诚然，我们没有这样的证据。

可是，证据显示曾有如此的命令。这证据主要来自班菲尔医生的证供。一名叫本田（Honda，读作Fonda）的初级军官告诉他，命令是要把所有俘虏都杀掉。这命令看来得到较高级的军官确认。我并不打算争辩命令与指示的分别——于本案，命令等如指示，反之亦然。基于班菲尔被田中下属俘虏的情况，证据证明如此的命令确实是存在的。

到现时为止，我们不能十分明确知道是谁下放命令。因此，请庭长阁下考虑波特、波士维以及高明索（Gomersall）的证供。以上每名证人均宣誓作供指他们在余园前排队，一名日本人通知他们将被枪毙。这名日本人作出以上陈述时，就算不是在田中的听力范围之内，也只相隔一段短距离。这推定田中必定留意到这名日军正在作出上述的陈述；除非这声明是得到上级允许的，否则一名下属肯定不敢在上级面前或上级即将出现时，提出如此建议。容我在这里提醒法庭，波士维会说日语，而他亦曾在作供时提及这一点。除非他确信这声明会得到上述高级军官支持，否则一名初级军官对着陌生人或若干相信会说日语的人，而又完全清楚其队长将会立即出现的情况下，会作出如此声明吗？这能使人信服吗？如果他真的擅自作声明，这名初级军官的操守确实令人难以置信。

关于辩方对谁人作出该陈述的争论，今天提出的誓章未有提到中村未曾亲口说出那番话，而他也非常小心地指出他所说的，全都是他要传译的话。这并不是证据。无疑，有人曾说这番话，中村把内容给传译了，就像是被告而非他人说的话一样。

现在，辩方处境相当困难，需要确定证人中村到底有否作出该陈述。由于这陈述是被笔录的，他们并未确定中村的答复。但推算他会否认曾作出该陈述或表示不知情，那波特、波士维以及高明索的证供会因而有多大程度的失效呢？首先，我们要谨记中村现时在日本享有自由。对他而言，承认曾作出该陈述会有可能使他被控以战争罪。事实上，事隔五年，庭长阁下期望他能讲出什么？另一方面，假如波特、波士维以及高明索捏造证供，他们之间必定曾多次串通、勾结。可是，高明索连波特的名字也记不起（请参阅证物 U）。再者，尽管基本上，各证人当时都同样面临枪毙，但证供都各有不同，是绝对正常的现象；假如他们是有串通的，各份证供理应更准确、一致才是。

关于那辆车的证据也同样受到反驳。以上三名证人宣誓作供指一辆小汽车载着一名受伤的香港义勇防卫军，从香港仔方向驶来，到达他们在余园前列队的现场。田中说没有这样的汽车驶至，也不可能有，因为路上都埋有地雷。中村曾被问及这样的一辆小汽车有否来过现场。我们推算他也会否认，那波特、波士维以及高明索的证供是否就因而失效呢？另一个重点是中村并没有否认当时有一辆汽车驶至——他曾说当田中说话时，汽车还未抵达。他就只说了这些，而这证供的意义就是表明汽车在当时还未到达。假如庭长阁下记得高明索的证供,他说有一辆车驶来,停下,然后一名叫西田(Nida)的日本人上前协助一男子下车。这肯定不是在发表讲话时发生的,不然,他当时也不会提及。我认为波士维的情况也是一样。他在讯问时并不记得这事件,但在盘问时,他指一辆车子的确曾到过现场。波特(的证供)对此最关注——是他让位给戴乐谷(Delcoorte),也认得他是比利时人。这证据相当明显,足以证明一辆车子曾驶到现场。

请容许我分析田中提出的理据。首先,没有证据显示车子是从布下地雷的十字路口来到现场的。假使我们推论车子真的经过那里,而且避过地雷,丝毫无损,有何出奇?相较于田中稍后遇到的反坦克团队,也是从同一方向来;而他辖下的第三大队也跨过浅水湾与十字路口的地雷阵,并比他更早来到现场;反坦克团队辗过地雷阵,却未有将其引爆,这不是更叫人诧异吗?(田中曾说他清除了最邻近浅水湾的地雷,而第三大队在他前方,浅水湾远方的一列地雷已被掘出来,所以我认为第三大队能避过地雷。)

就算中村也否认那辆车曾出现,那是否足以使波特、波士维以及高明索的证供无效呢?当然,庭长阁下有绝对的权力决定,但请谨记波特和波士维二人也曾出庭作供,接受盘问。

基于个案发生在不同地方,但都十分类似,我们认为这显示了背后存在着一个命令,或至少是一项政策。在西湾、慈幼会修院以及余园,那些男士都先被查问和搜身,接着便被处决。田中部队的行军路线都有发现尸体,如在"山脊",在路边,在探射灯台,而死者双手都被绑在背后。毫无疑问地,各项证据均显示他们有一项既定政策,即尽快处决战俘或投降人士。

更叫人诧异的事实是,田中没有打算要带走任何一名战俘。他本人对这种做法的解释前后矛盾。起初,他说他期望全部人都立刻放下武器,成为投降人士(证物G)。然后,他暗示他的下属没有时间带走战俘;最后,他又说他当时认为敌军正在撤退。以上的各项解释并不太使人信服。重点是对于没有战俘的情况，他并不感到惊讶；当然，他们认为带着战俘是不明智的决定，否则，在需要把战俘送回总部的规则面前，如此的态度绝对会叫人诧异。

那么，在防止以非人道方式对待战俘一事上，战场指挥官有何责任？我们认为在本质上，他必须在其权力范围内，采取适当措施，避免不人道事件发生。诚然，指挥官的能力并不足以防止零星的不人道事件发生；但当有大量违法事情发生时，我有理由说他并没有适当地采取有效措施管制。为支持这说法，我会引述美国最高法院对"山下奉文案"的部分判决〔史东（Stone）说出法庭判决〕：

> ……控罪的要点是上诉人并没有履行司令的职责，控制下属的行动，而是"允许他们犯罪"，以致有关暴行广泛地发生，是为违法。问题就是：为阻止有关行为，到底根据战争法，指挥官是否需要在权力范围内采取适当方法，管理下属？当一支不受控制的军队占领敌国土地时，很有可能出现违反战争法的行为；当指挥官没有成功采取适当方法，导致违法事情发生时，又是否需要为此负责，因而被控告……

军队的行动、操守若不受司令约束，几乎可以肯定会导致违法事件，而战争法就是要防止这情况发生。成立战争法之目的是要保护平民和战俘，使他们免受暴力对待；可是，如果侵略军的指挥官漠视要采取合理手法以保护战俘，但又免于受罚，那便违背了立法原意。因此，战争法假定指挥官透过控制、管理战时行动，以避免违法行为出现，而指挥官也需对下属的行为负上一定责任。

1907年的《海牙第四公约》，关于陆战法规和惯例的附件，承认了上述的论点。第一条订下一项条件，就是武装部队必须要是"由一个对部下负责的人指挥"，才能够得到合法战斗员的资格（36 Stat 2295）。关于舰队交战，《海牙第十公约》第十九条也有类似的规例，即规定交战国舰队的司令要"务使以上条款得以认真执行"（36 Stat 2389）。另外，类似的规条还有1929年的《日内瓦公约》，关于改善战地武装部队伤者、病者的境遇。其中，第二十六条列明"各交战国武装部队总司令应根据各自政府的训令，并依照本公约的一般原则规定上述条款的执行细则以及未经规定的事项"（47 Stat 2074，2092）。最后，《海牙第四公约》附件第四十三条要求占领军司令（36 Stat 2306），即上诉人，在占领敌国领土时，"应尽力采取一切措施，在可能范围内恢复和确保公共秩序和安全，除非万不得已，否则应尊重当地现行的法律"。

这些条款浅白地确定了……采取上述措施是他（即司令的）权力范围内的事情，也是保护战俘和平民的正确做法。

有关对待战俘方面，被告现在装作十分关注相关的国际公约。假如我们相信他曾多次警告下属要怎样对待已被镇压的敌军的话，那么庭长阁下会否相信，在日军用刀刺人之前（推算是在浅水湾酒店），被告会实时给予下属额外的警告？〔韦特（White）先生的证供指出，尽管真的有这个警告，但若非一名英国女护士——慕丝（Mosey）小姐——挺身而出，庭长阁下也没有机会听到韦特先生的证供；这说法看来合理。〕虽然如此，对于各项国际公约有多大程度适用于其下属的问题，田中显得有点忧虑。对于成为战俘一事，我们再次得知日本人的态度与一个欧洲人应有的态度相反。田中强调不只是他的军队认为成为战俘乃是耻辱，还有他自己也告诫部下宁死也不当战俘；他再指出，欧洲人认为只要完成了自己的职责，当战俘也不会感到羞耻。因此，现在我们推算出假如田中下令部属不要以日本人的方式，而是以欧洲人的态度对待战俘，绝对是反常的建议。一方面他指作为战俘是一种侮辱，但另一方面又命令下属要认同敌军的观点。这可信吗？请庭长阁下判断。

不论他在交战前的指令如何，毫无疑问，田中曾怀疑其下属被定罪的可能性，他说他跑到宪兵总部，目的是要查明到底有没有任何一名下属因违反国际规例，需要上军事法庭受审。（关于这一点，我们猜疑被告真正关心的是到底他的下属能否"脱身"。)

被告最令人惊讶和难以置信的辩护,是不问谁会被判有罪或这些罪行曾否发生,只管强烈否认曾发生任何一样暴行,这正与所有证据相反。被告没有辩称自己曾尽全力阻止一切不幸事件,也没有说这是他的权力范围外,以致未能防止这些事件;他的辩护却是:在西湾,没有战俘被刀刺死;在慈幼会修院,没有平民或士兵被处决;在余园,从未发生枪毙战俘的事;赖廉仕上校也从来没有见过,双手被反绑而且被刀刺死或被枪毙者的尸体。

当然,这是荒谬至极的。毫无疑问,上述杀戮事件是绝对发生过的。

因此,不管被告下过什么命令、指示或发表过什么讲话,警告下属要打击非人道虐待战俘、投降人士和平民医护人员的行径,这些都不足以阻止占领军,即战胜的日本士兵杀害以上众多军民。

可是,根据1907年《海牙第四公约》附件第一条,合法战斗员必须"由一个对部下负责的人指挥"。我们认为整份国际公约的精神,就在于一个指挥官要为下属的行为负责任。我们也坚决认为他当时必须要采取非常可靠的措施,阻止任何违反公约的行为。单凭证明自己曾警告下属要打击违反公约的行为,并不足以使他脱罪。他必须提出更多有建设性的方法。

可能有人会问这些方法是什么方法。答案是与制裁相应而又有效的任何规例、条约或法律。在此情况下,假如违反了指示,制裁必然就是惩罚。可是,因违规而受惩罚并不是理所当然的事,因为事实上被告根本没有施以惩罚。当时可行的方法就是:假如有违规情况出现,被告必须确保犯罪者会得到惩罚。无疑,他们没有采用这方法,也没有阻吓过犯罪者。

因此,我们无可避免得出以下结论。作为一名负责任的指挥官,被告要为部下所触犯,而又可以避免的不当行为负责。被告指称他曾采取的预防措施明显不足。他也疏于采取更有效的预防措施,就算那不过是给予制裁，即惩罚犯罪者。因此，身为指挥官，他逃不过下属犯错带来的后果。他必须被判罪，与杀害战俘、投降人士以及医护人员一事有关，也就是说，他有份参与。

假如庭长阁下认同，就需要裁定田中良三郎少将——如他所说——是大日本帝国陆军第三八师团二二九联队队长。由他指挥的军队以非人道方式对待战俘，当中包括在西湾、慈幼会修院以及浅水湾杀害部分战俘，并虐待其他战俘。因此，请庭长阁下裁定首项控罪成立。

基于同样理由，请庭长阁下裁定被告第二项控罪成立。此控罪有关已投降的军民在"湾上别墅"和香港仔被烧死和刺死。假如技术上他们不能被称为战俘，他们是已投降人士。

最后，请庭长阁下裁定第三项控罪成立。被告的下属于慈幼会修院杀害军医官、平民、医生和护理员。

以上所述，全都呈上法庭，好让庭长阁下定夺。

第十二章

银矿湾惨案岸保夫等人的审判

军事法庭记录表

被告：

（一）岸保夫中尉

（二）松元长三郎中尉

（三）柳泽定雄准尉

（四）小玉光敏曹长

（五）内田宏曹长

（六）城森利一军曹

（七）佐藤义夫军曹

（八）吉川军一军曹

（九）神代胜正伍长

（十）竹中关松上等兵

（十一）安藤乔上等兵

（十二）西泽宪郎一等兵

（十三）上村仪作二等兵

（十四）冈本吉太郎二等兵

（十五）高桥治彦二等兵

以上均隶属岸中队。

审讯地点及时间：香港　1946年3月28、29、30日；以及1946年4月1、2、3、4、5、6、8、10、11、12、13、15、16、17、18、20、23、24、25日。

召开法庭者：驻港陆军司令

法庭成员：庭长史超域中校　隶属：印度军军法署（事务律师）

阿恩斯比少校　隶属：西约克郡军团

柯卢上尉　　隶属：陆军前线军团

指控：

犯战争罪。各被告被指于1945年8月18日至1945年8月26日期间，在大屿山违反战争法律及惯例，均与殴打、折磨及虐待银矿湾居民一事有关，并杀害其中九名居民。

答辩：每名被告均以无罪答辩

裁决：

第一、二、三、四、五及第九被告

有罪。控罪中的"均"字除外，以及"杀害其中九名居民"的"九名"改为"六名"。

第七、八、十、十二、十三及十四被告

有罪。控罪中的"杀害其中九名居民"的词语除外。

第六、十一、十五被告

无罪。

刑罚：

第一、二及五被告：绞刑

第三、九被告：监禁十年

第八被告：监禁三年

第四被告：监禁五年

第七、十、十二、十三及十四被告：监禁两年

日期：1946年4月25日

确认判刑：由驻港陆军司令确认。被判绞刑的第五被告，获减刑至监禁十年。

日期：1946年7月5日

公布日期：1946年7月29日

备注：岸保夫中尉和松元长三郎中尉的绞刑在香港赤柱监狱执行。

日期：1946年7月30日

呈交庭审纪录：致东南亚陆军总部第三副官　　日期：1947年5月

22日

  陆军军法署 日期1947年6月1日
  东南亚陆军军法署副署长
  案件编号：65038 JAG

控方开案陈词

庭长阁下、各位军事法庭成员，请容许我作出以下的开案陈词：

距离我们今天身处的这个肃静的法院不远处，分隔香港岛和九龙大陆的美丽海港的西边，有一个崎岖不平、山多而宁静的岛屿——大屿山。

一连串的暴行曾经在这个岛屿上发生，成了现时提出起诉的主因。紧接1941年那个难忘而悲惨的圣诞节之后发生的种种事件，是这个地方的人民一生都不能磨灭的记忆；他们奋力抵抗日军侵略，大屿山的和平与安宁先是被日军定期的侦察粗暴粉碎，其后在1945年2月，一支为数约八十人的日军中队开始驻扎于该岛屿的银矿湾地区。这支部队是安原中队（Yasuhara Company），而它要为残酷地虐待村民的事件负责任，唯该队的行动不会在本法庭审理。

至同年5月7日，安原中队被另一支日军中队接替；这支日军中队由首被告岸中尉指挥，余下的第二至第十五被告则是他的副官、准尉、军士以及队员。这支日本人的中队接下来会称为岸中队，实际上是日本敌军屯扎于大屿山银矿湾地区的占领军。日本人在大屿山的军队由岸中尉带领，直至该部队于1945年8月26日离开大屿山，前往柴湾解除武装、无条件投降为止。

庭长阁下，现阶段控方大概是时候暂停陈说揭露中的案情，而先向法庭提出一些重要的考虑因素，使您可以全面了解当时的情况，让法庭执行崇高的任务时，更能保证公义得以彰显。

第一个值得考虑的因素是，根据国际法，占领军在敌国领土时，必须肩负严肃且沉重的责任。事实上，世界上所有文明国家，包括日本在内，都普遍赞同并接受敌国须为被占领国居民执行某些繁重的职责，并得忠实和小心翼翼地执行这些职责，任何疏忽均严重违反战争法律和惯例。有关国际法被形容为占领者在管理占领地时的操守规则，说明最重要的是占领者须确保居民的生活得到尊重，他们起居生活及尊严不受影响，他们的宗教信仰不受干涉；普遍来说，在战争期间，任何对平民人身的胁迫、违法的伤害以及任何有关平民财产的犯罪行为，与和平时期一样，均须得到惩罚。这项受国际认同的声明，于1907年的《海牙第四公约》，更获进一步肯定，包括大英帝国、美利坚合众国和日本都是缔约国。该会议厘定了占领军于敌国领土的责任，需要确保"家族的荣誉和权利、个人的生命和私有财产，以及宗教信仰及仪式应被尊重，私有财产不得被没收"[1]。凡未能遵守以上几项原则，即属严重违反战争法律和惯例，是为最高程度的战争罪行，也是违反人道的暴行。今天在您面前的十五名被告，他们在以上几方面有怎样的表现，或他们如何未能履行这些职责，有关事件的证据已经清楚不过，而有关证据将会协助庭长阁下判断。不过，在诉说这些骇人的暴行之前，让我们先考虑战争罪行的本质。这个字词在法律上的定义为"犯罪者俘虏或惩处敌国士兵及敌国平民的行为"，而实际上，若有任何违犯战争法律和惯例以满足私欲的行为，犯罪者及那些要负最终责任的人都要为罪行负上全部代价。

奥本海于《国际法》上说明战争罪为"与没有失去合法武装部队成员资格的士兵的敌性行为相反，战争罪是指士兵或其他人作出的敌性或其他行为。当被犯罪者俘虏时，可能会受到敌人的惩处。这些包括违背国际法，同时也违反罪犯所属国家之刑事法的行为，如杀戮或掠夺以满足私欲及利益，以及触犯战争法的罪行，下令允许这些行为并以敌国身份执行。在这个层面上，战争罪的概念是建基于国家及其部门均受国际法约束，须负上刑事责任"[2]。

第一次世界大战完结时，协约国希望公平公正地对待被控违反战争法律及惯例的人员。在《凡尔赛条约》中，德国承认协约国及参战各国享有将被控人员送到军事法庭审讯的权利。可是，历史明确地证实，把战争罪嫌疑犯送上法院的做法实在是失败的；威廉二世理应能避免第一次大屠杀发生，即使像他这般骄傲自大的头号战犯，也能逃过他应得的惩罚；假如审讯可以公平公正地进行，我们可能可以避免，或有助我们度过刚刚经历的这充满浩劫、残杀的六年。当知道要以自己的性命为下属的不当行为负责时，哪个国家会在未来轻率开战？谁人会轻易地带领他人行军打仗？给予犯战争罪的人一个公平、忠实、公正的审讯，为杜绝战争其中一个最有效的方法。

第二次世界大战期间，德国在占领地违反战争法律的行为迫使其敌国发表正式宣言，展示决心，要她为在占领地违反战争法律的行为，以及其他战争罪行接受应有的惩罚。1942年1月13日，比利时、捷克斯洛伐克、希腊、卢森堡、荷兰、挪威、波兰和南斯拉夫政府以及法兰西民族委员会（French National Committee）认可这个声明，申明她们的立场："涉及主要战事的地方通过有组织的司法制度，惩罚犯战争罪以及需要为罪行负责任的人，不论他们是命令他人犯罪、亲自犯罪或参与犯罪。"

"1943年10月19至30日举行的莫斯科会议，英国、美国及苏联的外务部首长确立了《关于德国暴行宣言》，于停战时期宣布他们要求与德军有关之国家，以及曾在占领地施行暴行的纳粹党员投降，认为他们应根据被占领国的法律接受审讯。"考虑到在东方发生的暴行，日本人怀疑触犯战争罪，有关审讯延伸至东南亚、中国及日本；这被占领地刚从日本侵略者手上重获自由，今天，法庭在此进行聆讯，有审理怀疑触犯战争罪的日本人的权力；这权力建基于对战争罪行的制裁，可见联合国杜绝暴力以及野蛮主义的决心。

我有一话关于控方的职能；控方的首要职务不是给战犯定罪。控方的首要目的不是要带着恨意及报复之心，决意要不择手段地来到香港这个法庭，对这些不幸，且被控犯下这些残忍罪行的日本人进行大报复。这并不是英国式的公义。这并不是控方追求的过程。我们不是爱出风头的人，不会带上时髦古怪的大眼镜招人目光。这并不是虚假的审讯，而是对站在庭长阁下面前的十五名男子正在接受严谨的审讯，他们均被控以一项可处死刑的罪行。英式司法制度所采用的方法从古代一直沿用至今，有时候有些人（甚至是与我们同一军阶的人）也认为这些方法已经过时而且值得改革。正如刚才所说，我们当中有一些人也对这些英式司法制度的古板方法感到不耐烦，而有人更绘影绘声地说"将他们推上高墙，然后再拉下来"，但控方想指出的是，我们今天一同聚集于此，就是为了避免这些极度危险的行为；就是为了避免再次回归丛林法则，这些男子今天才出现在庭长阁下面前，郑重地被提审；以上都是要保障将来的世世代代，好使法治从黑暗岁月里回归，并永远支配着个人与国家的操守。我们的职责纯粹是保持公平、不偏不倚地向法庭陈述案件的事实，内容不经修饰或增减，不遮掩任何事实，甚至承认某些可能不利于控方的证据，只因我们相信法庭有能力区分好坏，会作出公平、忠实、公正的裁决。

我们现在可以返回案情，控方将会在法庭面前提出相关证据。我们会竭力为庭长阁下解释案件，而来自大屿山的村民也会为此前来作供。

于或大约于民国三十四年七月十二日，即依照公历，于或大约于1945年8月19日，驻扎在大屿山银矿湾地区的岸中队被一小队共产党游击队袭击。该袭击并不成功，游击队轻易地被日军击退。这场不成功的袭击发生在8月某周日下午1时，游击队有人伤亡。在这个时候，岸中尉并不在大屿山，但他是为了替军队取得补给而离开的。

在大屿山银矿湾地区，邻近日本警备队驻扎的涌口滩，有三个小村庄，共有约三百名村民，村名为白银乡、大地塘和鹿地塘；岸中队因为游击队对警备队的袭击而十分愤怒，他们决定要在这三个毫无还击之力的小小地区上报复。

岸中尉不在期间，松元长三郎中尉（次被告）负起指挥部队行动的责任，他们尽可能逮捕附近地区的每一名男人、女人和孩童，过程中使用暴力、焚烧、搜掠及枪击等手段；杨瑞生一位名为任有（音译：Yam Yau）的女仆，在照顾杨瑞生的孙女时被杀死；该女孩的前额及胸部都被来复枪的子弹所伤,该子弹其后由一名叫杜兆鸿(音译:To Shiu Hung)的香港医生拿出。村民樊福的妻子患病,被人从床上拉出来,受惊致命;一名割草维生的妇人名为崇六婶(音译:Shung Luk Sham),因为头上顶着两大扎草,被两颗子弹射中胸部而毙命。

日本人还不满足于这些凶残的暴行,所有被捕的村民均须在涌口滩泳棚外的空地上集结,若干人都被人用绳绑在柱上,双脚勉强触地;其他人,特别是妇女及孩童则须跪在周围的草地上。两名村长,一名是六十岁的老人,名叫曾寿;另一名叫林福,被这时候回来的岸中尉指令中队队员毒打,而他们就在众村民面前被毒打。

那个晚上,在两名中队队员的协助下,岸中尉将曾寿及林福两名村长斩首,中队队员草草掘了一个沙坟掩埋了尸体。同一个晚上,还有若干名村民被殴打及施以酷刑,而他们已经就此作供。

翌日,8月20日,两名渔民及一名村民,村民为刚被杀头的林福之兄弟,被日本人强迫开船载送受伤的日本人离开大屿山。自那天起,再也没有人见过这三名男子,估计他们已经被该中队的日兵杀害。其中一名失踪男子是林福的兄弟林本泰(音译:Lam Poon Tai),另一名是温锦豪(音译:Wam Kam Ho)的父亲,余下一位渔民的名字就不得而知了。

至8月20日正午,所有妇女及孩童都获准离去,余下二十多名村民就被绑在柱上殴打、受虐待。这些被施以酷刑的人为黄义(音译:Wong Yee)、曾旭明(音译:Tsang Yuk Ming)、何益(音译:Ho Yik)、刘霖(音译:Lau Lam)、何谭(音译:Ho Tam)及杜彪[3],他们全被绑在柱上,双脚勉强触地,持续维持了几小时。在整段时间内,村民都非常肯定地声称日军没有给予他们食物,而在整个被羁押期间,他们都被看守他们的守卫毒打,但原因不明,或许只是因为他们在痛苦之中,试图换一个较舒服的姿势而已。

这时候,岸中尉已经接替松元,派出一队小分队前往讨伐、搜捕另一个村;岸中尉不在时,被绑起的村民遭看守他们的人毒打,这些手脚被锁起的人的痛苦惨叫声不绝于耳。岸中尉回来后，发生了另一场处决事件；内田宏曹长（第五被告）用来复枪托狠狠地殴打、猛击苏保华及梁东昌，他对此仍未满意，而后肆意地把他们的头斩下来。

于8月22日左右，有一队小分队突袭牛牯塱村，枪杀了林赞，彻查及搜掠了几间房子，并放火焚烧其他房屋；最后，他们将一位名叫林权的村民带回涌口滩，而他后来也于此被斩首。在这次突袭期间，日本人四处劫掠，一位名叫林令娇（音译：Lam Lin Kiu）的女村民逃往山上逃避日军时大腿被枪伤。隔天，整个村被夷为平地。

于这些关键性事件发生期间，村民被迫要缴出猪、鸡、蛋、糕饼以及其他许多食物、金钱和家品予岸中队。

于上述整段时间内，这些岸中队的队员，即今天在庭长阁下面前的被告，曾以最暴力的方式对待村民，每位村民都非常恐惧会命丧在这些人手上；村民认出这些人，并以其行为的幸存者身份指证他们，而该等行为构成的控罪，是本审讯的基础。

这个案件的证据将会显示施加在村民身上的刑罚持续了大约一星期；那时，恐怖笼罩着大屿山，而被绑在涌口滩泳棚前的人并没有得到日常基本的食物、饮水和休息，这些都是人类平常能被赋予的基本需求。

于上述时段内，岸中尉以指挥官的身份执行任务，并得到他的副官以及高级军士协助；几名证人将会说出他们的名字，指向构成本案控罪的主因的行为，而这确实是岸中队队员的协同行动；起诉书中，岸中队队员被控共同及个别地犯下谋杀，以及残忍地对待村民的罪行。他们各人都必须为他们的行为，导致那九名大屿山村民悲痛、残忍及过早的死亡承受相应的后果。请庭长阁下谨记，控方稍后会援引证据，指出这些事件于1945年8月19至26日发生，而岸保夫本人以及其中队队员都清楚知道当时日本已表明打算向同盟国无条件投降。

本案无须再就法律条文多作解释，控罪本身已经予以说明。这些非人道行为均属野蛮的战争罪行，完全违反战争法律和惯例，于任何时候，战争法律和惯例均严禁向被占领国的平民进行如此残暴、凶狠的行为。日本人不能否认他们对每一个人的罪责，不论任何宗教、种族或肤色，都会打从心底里自觉未经正式审讯便冷血无情地把人类同胞杀死，是背叛其宗教、有违人道立场的罪行。再者，关于人类操守的法律和准则，各国都自愿遵守，并且以此管治国民的操守。这些法律和规则强调，所有的人，不论是共产党员抑或疑似共产党员，都应被视之为人，而不应如本案的暴行般被视之如狗。无可否认地，所有战争罪行的案件中，疑犯都必须得到公平、公正的审讯；即使最小的惩罚，也绝对不能未经审讯就被处分。这就是法律，这就是各国都承认的法律；任何一国、任何单位或任何一人都不能单方面地忽视此得到广泛认同、关于操守的法律——至少不会没有惩罚。

控方第七证人曾志诚的庭上证供

控方讯问

问：你叫什么名字？

答：曾志诚。

问：你的年龄是多少？

答：三十三岁。

问：你的职业是什么？

答：我是一名商人。

问：你住在哪一个村？

答：涌口村。

问：你记得民国三十四年七月十二这天的事吗？

答：记得。

问：那天发生了什么事？

答：那天我听到枪声，然后我把门锁上了。

问：你听到枪声后，做了什么事？

答：我把门关上了。

问：之后发生了什么事？

答：我关上门后，听到来复枪和大型枪支的枪声，持续了大约半小时。

问：之后发生了什么事？

答：枪声停止后，他们就进村了。

问：谁进村了？

答：日本人。

问：他们做了什么事？

答：他们进店里，把香烟、三水酒（Sam-Shui Wine）拿走，也把人带走。

问：那你做了什么事？

答：他们把我捉住，要我到警备队——他们的军营去。

问：你是否去了？

答：对。

问：自愿的？

答：不，我是被迫的。

问：他们带你到哪里？

答：我被带到泳棚，那里是他们的军营。

问：你到达那里时，见到什么人？

答：我见到我认识的人——曾寿、林福、苏保华、梁东（音译：Leung Tung）、何益——他们五个被缚起来。

问：还有其他人吗？

答：还有很多人，不过我看不清楚。

问：他们都是男人吗？

答：有男人、女人和小孩。

问：你见过曾寿、林福等人之后，发生了什么事？

答：那里有二百至三百人，有些站着，有些坐着。日本人接着问我们："你们看到逃跑的游击队吗？"

问：曾寿和林福发生了什么事？

答：那夜大约7时，曾寿和林福在未经讯问的情况下，被带到沙滩斩首。

问：谁带他们到沙滩？

答：名叫岸保夫和松元的日本人。

此时，证人正看着面前的一些文件。庭长要求他不能够参考笔记。赖利上尉拿走文件，告诉庭长说那是一张照片。证人告诉法庭，说那是他的叔伯曾寿的照片。赖利上尉说他不认为那是关键文件，所以不打算列作证据。[4]

问：谁带走你叔伯和林福？

答：岸保夫和松元。

问：你是以中文读出日本人的名字吗？

答：是。

问：你可否以日文读出他们的名字？

答：我不懂他们的日文名字。

问：你今天能否在庭上看到岸保夫和松元？

答：能够。

问：你可否走下来，把他们指出？

证人离开证人席，走到犯人栏，认出岸保夫中尉就是岸保夫；松元长三郎中尉就是松元。

问：你看到这二人做了什么事？

答：我看到岸保夫带曾寿到一个坑边，把曾寿的衣服撕碎，蒙着他的眼睛，接着就把他斩首了。

问：然后，你看到什么事发生？

答：同时，我看到松元拿着手帕蒙着林福的眼睛，把他斩首后推入坑中。

问：曾寿和林福的尸首被怎样处置？

答：他叫其他士兵用沙盖着他们的尸首。

问：谁叫的？

答：岸保夫和松元。

问：之后发生了什么事？

答：之后他们回来从水瓶倒水清洗匕首，再用一块白布清理。

问：你是说匕首？

答：我是说匕首。他们用一块布来擦干。

问：匕首和军刀有何分别？

答：匕首是长的。

问：你记得农历七月十四日发生了什么事吗？

答：十四日晚上约十一时，柳泽和内田逮捕梁东和苏保华，然后带他们到沙滩泳棚前斩首。

问：你今天能否看到刚才你提到的二人？

答：能。

问：你可否走下来，把他们认出来？

证人再一次离开证人席，走到犯人栏，认出柳泽定雄准尉就是柳泽；内田宏曹长就是内田。然后证人返回席内。

问：你知道为何这两名日本人要处决梁东和苏保华？

答：我不知道原因。

问：梁东和苏保华的尸首被怎样处置？

答：他们叫士兵用沙掩盖着尸体。

问：谁叫的？

答：柳泽和内田。

问：这两人被处决之后，其他村民身上发生了什么事？

答：他们把村民绑起来殴打，并对他们强行灌水。

问：谁对村民强行灌水？

答：神代。

问：你今天能否看到他？

答：能，他是"队长炮兵"（音译：Tui Cheong Pau Bing）。

问：还有其他人施行水刑吗？

答：有，城森。还有一个人，但我不记得他的名字。

问：你可否走下来，指出你刚才提到的人？

庭长：在他这样做之前，请清晰告诉他，你是叫他认出那些"强行灌水"的人。

证人了解情况之后，离开证人席，走到犯人栏，认出城森利一、神代胜正伍长和竹中关松兵长。然后证人返回席内。

问：翌日接近4时，发生了什么事？

答：大约4时，岸保夫和十名士兵返回军营。

问：还有其他人跟岸保夫和那十名士兵一起回来吗？

答：还有一名叫林权的村民。

问：岸保夫做了什么事？

答：我没有看到他杀死任何人，但我看到冈本执行处决。

问：你可否在我们面前指出此人？

证人离开证人席，走到犯人栏，认出冈本吉太郎二等兵为冈本。然后证人返回席内。

庭长：你把你的经历叙述得很清晰。不过，假如你有很多话要说，请分段叙述，以便传译员为检控官分段翻译。这样的话，传译员的记忆力也就不会有太大的负担。

问：你看到这名日本人（冈本）做了什么事？

答：我看到他把林权斩首。

问：还有其他村民看到这事情发生吗？

答：有。

问：你在这整段期间发生了什么事？

答：我被绑起来殴打。

问：其他村民呢？

答：也是如此。

问：你何时离开？

答：在16日晚上，我获释了。

问：你去了哪里？

答：我尽可能地往远处逃跑。

问：你认识攻击日本人的游击队吗？

答：我不认识。

讯问完毕。

辩方盘问

问：你知道你已经庄严地宣誓，必须说出真相？

答：知道。

问：你来自哪个村？

答：涌口村。

问：你的店铺距离日本人的军营有多远？

答：大约有二百码远。

问：民国三十四年农历七月十二日下午二时到三时，你身在何处？

答：当日下午大约3时，我被逮捕，随即被带到日本人的基地。

问：你被逮捕之际身在何处？

答：我在自己的店铺内。

问：你被逮捕前发生了什么事？

答：我听到枪声后将门关上。

问：枪声持续了多久？声音是否很大？

答：枪炮的声响对我家造成破坏。我希望日本人向我赔偿。

问：你的房屋被什么破坏？

答：钢枪。

问：那是什么时候的事？

答：那次袭击发生在农历七月十二日（8月19日），从下午二时到二时三十分。

问：你的房屋是在同一天下午被破坏的？

答：对。

问：当房屋被子弹击中时，你是否在屋内？

答：当时我在屋内。

问：你是否在同一间房屋内被日本人逮捕？

答：我在村内拥有九间房屋。我住在六号屋，那里同时用作维持会会址。

问：当时你不是在被破坏的房屋内，正确吗？

答：我被逮捕时身在商铺内。

问：当房屋被枪炮的子弹攻击之际，你是否身处屋内？

答：我留在屋内，我听见枪声时不敢走出去。

问：你是否在被枪炮破坏的那间房屋内？那是同一间房屋还是另外一间？

答：被击中的房屋位于街上的转角处，我的商铺在中。当时我一直留在室内。

问：因此你不是在同一间房屋内？

答：不是在那间被破坏的房屋内。

问：其他村民知道你的房屋被破坏吗？

答：他们知道。

问：谁破坏了房屋？

答：我不知道。房屋被枪炮破坏了。

问：你向法庭表示日本人将你带到沙滩，你是否肯定？

答：是的。

问：你在这段冲突期间的整段时间都在屋内，是否正确？

答：是的。

问：如果我找到证人指证你当时并没有前往沙滩，反而是走到山上，你是否仍然坚持你被带到了沙滩上？

答：我确实被带到沙滩上了。

问：你在8月19日下午之前，是否曾看见岸中尉和松元中尉（指出）？

答：我很少见到他们。

问：我是指农历七月十二之前。

答：你是指初九，初十，还是十一？

问：是的。

答：不，我从未见过他们。

· 536 ·

问：你向法庭表示你在19日前从未见过两位军官？

答：有时候我看到他们。

赖利上尉：我觉得必须在这里打断发言。辩方律师的发问方式使证人感到迷茫。他的问题太频密，已经接近是一个审问。证人恰当地回答了问题。我感到必须提出抗议。

庭长：明显的困难在于，提问需要透过传译员进行，而我不想对被告造成不利。你是否满意这个答案，卡夫特中尉？

卡夫特中尉：是的，庭长阁下。

问：当你看到梁东和苏保华被斩首时，你距离行刑地点多远？

答：大约五十码外。

问：当时的时间是？

答：我当时没有时钟，那时大约是11时。

问：当天的什么时分？

答：晚上。

问：你能清楚看到刽子手吗？

答：可以，我看得很清楚。

问：尽管当时环境漆黑，你仍然可以清楚看到他们？

答：那天晚上月色明亮。

问：你可记得在这次审讯前不久，你曾就19日发生的事情作证？

答：在赤柱。

庭长：答案应是"是"或"否"。

证人：是的，我曾被问及这个问题并作证。

卡夫特中尉：你是否记得在该次作证中，曾经提及任何有关水刑的事？

证人：我没有提及水刑，但我提及了殴打。

问：你为何没有在作证时提及水刑？

答：我的陈述书在哪里？

庭长：传译员，告诉证人他必须直接回答问题，不能回避。卡夫特中尉，你可否再次提问？

卡夫特中尉随即继续。

问：你必须直接回答我的问题。你在刚过去的8月作证时，为何没有提及任何关于水刑的事？

答：这距离现在很长时间了，我记不清楚。

问：你向法庭表示，你看见冈本二等兵（指出）将一名华人林权处决。他用什么东西行刑？

答：当然是一把匕首。他怎能空手将那名男子处决？

问：他用军刀处决那人？

答：是的。

问：军刀有多长？

答：大约有四英尺这么长（展示）。

问：这把军刀与你在先前其他行刑场合所见的军刀属同一类别？

答：对此我不能说什么，但后来我看见那把军刀被一块布绑起。

问：你看到冈本二等兵拔军刀？

答：我当然看到他拔军刀，否则我怎么看见他行刑。

问：你看到他将那把军刀带在身上？

答：他从他的房间内带来那把匕首，那把军刀。

问：我希望你记得曾庄严宣誓，而法庭亦期望你会说真话。

答：是的。

问：冈本从何处得来这把军刀？

答：他是个军人。我不知道他从何处得来这把军刀。

问：你刚刚向法庭表示他从一间房间里拿来那把军刀？

答：当然，他怎可以随处就得来那把军刀。那把军刀不会自然出现。

问：你是否认真地告诉法庭他当时没有将军刀带在身上？

答：我看见他从他的房间那里带来那把军刀。

问：你在何时看见他？

答：行刑之际。

问：按我所理解到的是，他曾离开行刑地点去拿军刀？

答：我当时在行刑地点，所以我看到他。

问：我问的是，你有没有看见被告在准备行刑前去拿军刀？

答：斩首前我看不见。

盘问完毕。

控方覆问

问：这家被破坏的房屋，你希望什么人为此作出赔偿？

答：我希望日本人向我赔偿。

问：辩方律师曾多次盘问你有关那把军刀的事情，你知道它是属于谁的？

答：我不知道。

覆问完毕。

庭长提问

问：你告诉我们你经商并担任店主。你经商并担任店主多久了？

答：我经商已近十年。

问：这是你自己的店铺？

答：对，整家店都是我的。

问：你会用"兴隆"来形容你的生意吗？

答：在战争爆发之前生意兴隆，但日本人来了以后就变得很差。我们只能吃粥了。

问：你提及在民国三十四年农历七月十二，店内的香烟和酒被拿走。是否正确？

答：只有香烟和酒。

问：法庭认为你不知道是哪一个日本人将这些东西拿走的，对吗？

答：一定是日本人。

问：但你不知道是哪个日本人？

答：这个我不知道。

问：你向法庭表示，你被逮捕后被带到沙滩，是否正确？

答：是的。

问：你在那里看到这五个你认识的人，是否正确？

答：是的，我认识他们五人。他们当时都被绑起来了。

问：你不记得曾在那里的二百或三百人之中的任何一人？

答：我们全部都是村民。

问：答案应为"是"或"否"。

答：我认识他们。

问：你向法庭表示你只在该处看见那五人？

答：对。

问：你是不记得其他人的名字，还是你没有看见其他人？

答：那里人太多，我分不清是哪一个人。

问：你向法庭表示曾看到曾寿和林福被斩首，对吗？

答：对。

问：你亦向法庭表示你看见将曾寿和林福带走的那两名日本人，是否正确？

答：对。

问：你真的目击斩首过程？

答：对，我看到。

问：8月时你曾为与本庭讯问相关的事宜作证，是否正确？

答：是的，在赤柱。

问：在哪里？

答：在赤柱。

问：在赤柱监狱？

答：是的。

问：该次作证你花了多少时间？

答：差不多一小时。

问：(你)仔细想想。

答：大约是一小时。

问：谁将你的陈述书记录下来？

答：一位我不知道名字的欧洲人，但我认得这人。

问：他是一名英国官员？

答：对。

问：他需要使用传译员？

答：是的。

问：你能否解释为什么后来没有提及任何有关水刑的事？

答：因为时间距离太久，现在我记不清楚。

问：你是指你记不起当时有没有施行水刑？

答：那时候当然有水刑，但这是很久以前的事，我记不起我是否曾就此作证。

问：你是指你记不起曾否在作证期间提及任何有关水刑的事？

答：对，是这样。

问：你曾目击多少次处决？

答：三次。

问：谁在第一次被处决？

答：曾寿和林福。

问：当时你距离行刑地点多远？

答：大约五十码外。

问：为了让法庭明白你所指的五十码有多远，你可否在庭内标示距离？

答：这比从证人席到法庭最远的那道墙的距离还要远。

问：比那道墙还要远多少？

答：大约是从证人席到法庭较远的那道墙的距离的两倍。

庭长：控辩双方可否就法庭内部的大约宽度取得共识？

赖利上尉：约二十五码。

庭长：卡夫特中尉，同意？

卡夫特中尉：同意。

庭长：因此形容为五十码是合理的。

庭长（问证人）：你可否复述一次曾寿和林福在哪一天被处决？

答：农历七月十二（1945年8月19日）。

问：当天什么时候被处决？

答：约晚上7时。

问：当晚天色是光亮还是灰暗？

答：不是太亮也不是太黑，但还是可以看得见的。

问：你颇为肯定是谁将这两人处决？

答：是的。

问：他们是你在早上辨认出的那些人？

答：是的。

问：第二次行刑时被处决者包括？

答：梁东和苏保华。

问：第二次行刑的日期是？

答：农历七月十四（1945年8月21日）。

问：当天什么时候？

答：晚上11时。

问：你距离行刑地点多远？

答：也是大约五十码。

问：你能否解释一下，你怎样可以在晚上11点于行刑现场五十码外，辨认出其中一个你认为触犯罪行的被告？

答：因为那里有月光。

问：那时候有多少个日本人在附近？

答：大约六个。

问：你是指一共六人？

答：对。

问：你是否仔细观看了一切发生的事情？

答：对，我仔细看了。

问：你有没有曾经在任何时间与行刑地点相距少于五十码？

答：当林权被处决的时候。

问：行刑后你做了什么？

答：那时候我被绑着。什么也做不了。我只是坐着。

问：第三次行刑的日期是？

答：农历七月十五（1945年8月22日）。

问：当天的什么时候？

答：下午4时。

问：当时你距离行刑现场多远？

答：四十码。

问：在哪一次行刑中，你看见日本人被告离开现场拿军刀？

答：从他们的房间。

问：那是第一次，第二次，还是第三次？

答：三次都是。

问：那间房间距离行刑地点多远？

答：约二十码。

问：你是说在那些日本人当中没有任何人佩军刀？

答：我没有看到他们任何人佩军刀。

问：现在我们谈及水刑。你可否具体地告诉法庭当时看到什么？法庭希望知道谁负责倒水以及任何有关水刑的事情。

答：一名叫何益的男子被拖出来，被踢倒……

问：谁做的？

答：那三个人。

问：你在早上认出的那三个人？

答：是的。

问：他们都参与了这次水刑？

答：对。

问：这是在室内还是室外发生？

答：在沙滩附近的草坪，距离我坐下的位置不远。

问：水从何来？

答：他们用一个水桶从海中取水。

问：有多少名华人曾接受这三人的水刑？

答：一名华人——何益。

证人作证完毕。

控方第二十四证人何益的庭上证供

控方讯问

问：你叫什么名字？

答：何益。

问：何益，你的年龄是多少？

答：二十七岁。

问：你的职业是什么？

答：商人。

问：你来自什么村？

答：涌口村。

问：你记得民国三十四年七月十二日（即1945年8月19日）这天的事吗？

答：记得。

问：你可否告诉我们，那天发生了什么事？

答：可以。那天我们在营业时听到了枪声，我们就立刻关上了门。

问：何益，你听到枪声后，做了什么事？

答：我们把门关上。

问：之后发生了什么事？

答：声音在不久之后停止了。然后，那些"萝卜头"（日本人）来了，我的背部被打了一枪。

问：你看到谁开枪吗？

答：我知道是日本人开枪，但我不知道是谁。

问：子弹射在哪里？

答：我的背部。

问：那里有一个洞？

证人解开外衣钮以展示伤口。赖利上尉说他稍后会要求证人在庭上展示伤口。赖利上尉继续讯问。

问：当你的背部被子弹打伤后，发生了什么事？

答：我的背部在流血。我的妻子打开门后，那些日本人进来把我们全部人都抓到沙滩上去了。

问：当日本人来到你门前的时候，逮捕了哪些人？

答：我能够认出逮捕我的是哪一个日本人。

问：他们逮捕了谁？他们来到你门前的时候逮捕了哪些人？

答：所有梅窝村民都被日本人逮捕了。

问：何益，当日本人敲你的门时，发生了什么事？

答：我的妻子、我自己和我的儿子……

问：你的儿子多大？

答：他在前年出生。

问：他们带你、你的妻子、你的儿子到哪里？

答：泳棚。

问：当你到达泳棚时，发生了什么事？

答：我在那里看到林福和曾寿。

问：你看到林福和曾寿发生什么事吗？

答：我们三人被带到那里。林福和曾寿被斩首了。

问：谁把林福和曾寿斩首？

答：我不知道他的名字，但我能把他认出来。

问：何益，你可否前来这里，在庭上指出处决这些人的日本人？只需触碰他的肩膀就可以了。

证人步向犯人栏时说：庭长阁下，您可否给我一至两分钟打他？

庭长：我希望有一名护卫与他同行，以避免不合理的事发生。

证人走向犯人栏，把他的手重重地拍在岸保夫中尉（首被告）的肩膀上。然后他返回了证人席。

卡夫特中尉：庭长阁下，我必须抗议证人辩认被告时所做出的暴力行为。

赖利上尉：对于证人辨认被告的方式，控方没有任何责任。法庭必须谨记证人有一定的情绪，而法庭本身自会判断证人的行为是否藐视法庭，他向此人表达情绪是否完全事出有因。控方当然没有责任。

庭长：何益，你已被清楚警告认人的时候，不得有任何不合理的行为。

证人：我没有攻击他。

庭长：传译员，请告诉证人，我已咨询法庭成员，他们不认为证人攻击了他认出的被告。假如他曾这样做的话，将被视作藐视法庭来处理。

何益开始说一些话，但庭长指示他要保持安静。

庭长：法庭明白你的心情，但在神圣的法庭内，作为证人，你必须遵守规矩。

赖利上尉继续讯问证人。

问：何益，当你和你的妻子以及不足一岁的儿子被带到沙滩的时候，发生了什么事？

答：大约7时，林福和曾寿被斩首。

问：接着，你身上发生了什么事？

答：那事件发生之后，我被困在那里。我一直被困在那里。

问：你被困时保持着什么姿态？

答：为了受审，我也被殴打了。

问：你怎样被殴打？

答：被槌子的手柄，这么大（证人用双手示意——记录为直径两英寸）。

问：槌子的手柄有多长？

答：大约这么长（记录长度约为两英尺半）。

问：你被殴打的时候能否空出手来保护自己？

答：我一开始被带到那里时还没有被绑起来。

问：你在任何时候都被绑起来吗？

答：当我没有被绑起来的时候，我正被强行灌水。

问：你第一次去到涌口滩时，日本人怎样对待你？

答：刚开始时我被殴打。然后我被审问是不是他们的敌人。我回答说我不是。

问：你被殴打之后，他们对你做了什么？

答：我被殴打之后，他们又问我同样的问题，问我是不是他们的敌人。接着，他们取来盐水强行灌进我嘴里。

问：他们曾多少次强行用盐水来灌你？

答：三次，用了三桶水。

问：有多少名日本人参与此事？

答：三名。

问：你今天能否看到这三名日本人？

答：我要走下来看看。

庭长：在你再次走到犯人栏之前，你被警告假如你试图对其中一名被告作出任何攻击行为，你将不再是自由之身。法庭勤务员，请你陪同证人，并确保他无法攻击被告。

证人接着走到犯人栏，认出竹中关松兵长、吉川军一军曹和岸保夫中尉（分别为第十被告、第八被告和第一被告）。然后他返回证人席。

问：你被强行灌水后，发生了什么事？

答：我被殴打，之后再被强行灌入更多水，直至昏厥为止。

问：你恢复意识后，发生了什么事？

答：有人将水倒到我的脸上，把我弄醒。

问：你醒来后，发生了什么事？

答：我醒来时发现自己被吊着。泳棚有很多柱子。

问：你可否告诉我们，你是如何被吊起来的？

答：我的小腿、腹部、双足都被绑起，双手被反绑。

问：何益，你被什么绑着吊起来？

答：绳子。我的脚趾几乎是悬空的。

问：你可否向法庭展示你的双手和双脚？

证人向法庭展示四肢。期间，证人说："他们用电线把我的脚绑起来。"

法庭记录：左右手腕有疤痕。左脚踝有被绑过的痕迹。右脚踝并不明显。左肩胛骨中部有明显的子弹伤口。

赖利上尉继续讯问。

问：你的肩膀在何时受子弹所伤？

答：大约5时。

问：你有没有见过弄伤你的子弹？

答：有。

问：何时？

答：第二天（十三日，即8月20日）。我的妻子带着一把小钳子来探望我，用来把子弹取出来。是我叫她带钳子来的。

问：何益，你在民国三十四年七月十二（即8月19日）受伤。你可否再仔细回想，你妻子在哪天取出子弹？

答：十三日（即8月20日）。

问：为何你叫妻子带来一把钳子？

答：她也被带走，但她在当晚获释。

问：但为何你希望妻子替你处理子弹伤口？

答：因为我自己不能取出子弹。

问：这对于你来说，有多麻烦？

答：什么麻烦？有多麻烦？

问：你有否告诉妻子你的背部受了伤？

答：有。子弹就是她取出来的，我看着她取出来。

问：你在何时受子弹所伤？

答：十二日（即8月19日）。那时门是关上的，子弹穿过那扇门打在我身上。

问：你在何时被施水刑？

答：同一晚。

问：子弹在何时被取出？

答：子弹在当晚仍未被取出。

问：其他村民知道你的背部被子弹所伤吗？

答：住在附近的人都知道。

问：日本人知道吗？

答：有一些知道，有一些不知道。

问：他们为何会知道？

答：因为我的背部在流血。

问：你以刚才你所讲的姿势被绑了多久？

答：我被吊了三天。

问：曾寿和林福被处决后，遗体怎样处理？

答：我亲眼看到士兵用沙掩埋遗体。

问：有多少名日本士兵？

答：起初有两名，之后再来了四名。

问：岸中尉处决曾寿和林福时，他身边有其他日本士兵吗？

答：有，其他日本人都在场。

问：你在那里的时候有没有看到其他村民的情况？

答：有一些被殴打，有一些被施水刑，有一些被绑起来。

讯问完毕。

辩方盘问

问：我希望你放松，并记着你曾经庄严宣誓会提供所知真相。

答：是的。

问：你住在涌口村多久？

答：七年。

问：你认识所有村民？

答：我熟悉每一个人。

问：你知道三利（音译：Sam Lee）店在哪里吗？

答：在我的店旁边。

问：你的店在三利店的前方还是后方？

答：两家店是并列的。

问：从你的店往外看，能否看见曾寿的房子？

答：他的店在我的店旁边。

问：你知道林福和曾寿在8月19日前，是否与日本人有什么过节吗？

答：他们被"萝卜头"（日本人）逮捕了并被带到香港。

问：你认为日本人将他们逮捕的原因何在？

答：他们被带到香港，在8月10日被释放。

问：为什么？

答：没有原因。

问：你与林福和曾寿稔熟吗？

答：是的。

问：他们没有告诉你为何被日本人扣押？

答：他们没有告诉我。

问：你没有想过为什么他们会被逮捕？

答：没有原因。他们被扣押在香港，直到10日那天被释放。而12日他们在喝茶时又被逮捕了。

问：日本人不是怀疑他们做了某些事吗？

答：他们是好人，他们和村民们相处得很好，他们并没有做任何错事。

问：但你如何解释他们被日本人逮捕一事呢？日本人逮捕他们一定有他们的原因。

答：没有原因。他们甚至没有被审问。他们一被逮捕就被斩首了。

问：你在8月19日第一次听到枪声的时间是？

答：刚刚过了2时。

问：你可记得在开枪前数分钟，有没有看到其他村民或林福在混乱中前去找日本人？

答：我不知道。我正在打理生意。

问：发生冲突期间你站在何处？

答：我在泳棚的门口。

问：你是说当你第一次听到枪声时，身处泳棚门口？

答：不，我在店里。

问：你知道开火的原因吗？

答：后来我听说是游击队攻击日本人。

问：那些游击队是什么人？

答：我不认识他们。

问：那些游击队看来制造了很多麻烦。你肯定听闻过很多与他们有关的事？

答：当枪声一响，我就立刻把门关上。我不知道接下来发生了什么事。

问：你把门关上之后能否看到外面的情况？

答：我怎么敢往外看。

问：你想告诉法庭说在冲突期间你没有往外看？

答：对，我留在室内。

问：你有没有从其他村民那里听说过，任何于8月19日之前有关游击队和日本人之间的事件？

答：不，我没有听说过。我只是做生意。我根本不知道这些事。

问：你可记得曾寿拥有一把猎枪？

答：这我不知道。

问：如果我找到一个证人说他有这样的一把枪，你会否仍然说他没有枪？

答：对我而言，我说我不知道。

问：你知道任何有关维持会的事吗？

答：曾寿是维持会的主席。

问：这个维持会的工作是什么？他们怎样运用资金？

答：你是指什么资金？

问：从村民处募集来的资金。

答：募集得来的资金是用来聘请工人做泥工的。

问：枪击的声音是否很大？

答：有时大，有时小。

问：你觉得你距离枪声最大的地方有多近？

答：我对此毫不知情。

问：你无法判断自己与交火的位置有多近吗？

答：我听到枪声从前方和后方传来。

问：那么可不可以说，你的店铺四周都处于交火状态？

答：我当时听见枪声从店的前方和后方传来。

问：你会否认为游击队可能曾走到街上，并从街上向日军开火？

答：我从未见过游击队。在听到枪声前我们并没有将门关上。

问：你中弹时身在何处？

答：我在店内。

问：你知道是谁开的枪吗？

答：日本人。我在5时被捕。

问：你看到那个对你开枪的日本人了吗？

答：不，我不知道。曾有十多个日本人敲门。那子弹穿门而入。

问：你经营什么生意？

答：杂货和鲜果。

问：你来本法庭作证前仍在经营这门生意吗？

答：你指现在？

问：在你来到岛上作证前。

答：自日本人来到岛上以后，我一直经营这门生意。

问：你来到这个岛上作证前，一直经营这门生意？

答：（没有回应）

赖利上尉：我不太明白这个问题，"你来到这个岛上作证前，一直经营这门生意？"

庭长：我明白他的意思，"在上星期四来这个岛——香港岛作证前，他的店仍在照常营业"。

卡夫特中尉：对，我就是这个意思。

卡夫特中尉继续盘问。

问：你在上星期四前来香港岛作证前，是否仍然在经营你的生意？

答：现在我没有生意可做了。我的店铺被日本人洗劫了。

盘问完毕。

控方覆问

问：你向辩方律师表示曾寿和林福对村民很好？

答：是的，他们对村民很好。

问：为什么他们对村民很好？

答：我是指他们从不压榨村民。

问：曾寿和林福能够压榨村民？

答：不，从来没有。

问：林福和曾寿在村里是什么地位？

答：当日本人来的时候，他们是维持会的领导。

问：你可否告诉我们维持会是什么组织？

答：他们要做的就是当日本人来的时候好好招待。

问：岛上还有没有其他能代表村民的组织？

答：没有。

问：维持会付钱让工人去做你提到过的那些泥工？

答：对。

问：他们为谁工作？

答：为日本人。日本人要求工人们为他们工作，并把费用都算进维持会的开支里。

问：维持会雇佣这些人为日本人工作？

答：对。

问：你在接受盘问时表示有十个日本人敲门，而那子弹射穿了那道门？

答：子弹没有射穿那道门，而是射穿一道墙。

问：子弹穿墙而过是日本人敲门前还是敲门后的事？

答：他们来到以后，在距离墙身一英尺以外的位置射击。

问：他们来了。谁来了？

答：日本人。

问：你向辩方律师表示，现在没有做生意是因为商店曾被日本人洗劫？

答：就是这样。因为日本人把所有食物都拿走了，所以现在我没办法做生意。

问：日本人拿走了什么？

答：油、糖、米、咸鱼和蛋糕等所有能吃的东西，包括那些装在玻璃瓶内的食物。不能吃的都被日本人砸碎了。

覆问完毕。

庭长提问

问：你说过打伤你的子弹穿墙而入的，是吗？

答：是的。

问：墙体是用什么材料做的？

答：跟这面墙一样。

问：你指的是木头还是石头？

答：我的墙是土墙。

问：那是日本人进屋将你逮捕之前的事？

答：日本人一敲门，子弹就打中了我。

问：子弹射穿的那块墙面是靠近门还是远离门呢？

答：离我们有一段距离的。

问：你告诉我们子弹穿透了墙壁。那么该部分墙面是接近门的，还是接近房子的其他部分？

答：距离约一英尺。

问：你是指离门一英尺？

答：对。

问：当你到了沙滩上泳棚附近时，你看到了曾寿和林福吗？

答：我看到了。

问：当你看到他们的时候，他们是被绑着的还是可以自由走动的？

答：他们刚被抓的时候没有被绑着，在斩首之前才被绑起来。

问：他们被斩首时你在哪里？

答：我在那个用作斩首用的坑旁边。

问：你距离那个坑有多近？

答：我就在那个位置。我们三个被带到那里。我们都站在那里。

问：那些男子被斩首时，你距离那个坑多少英尺？

答：我在同一处。林福站在那里，曾寿站在这里。

问：你在这两个男人身后？

答：我们围着那个坑站着。

问：你真的目击行刑过程？

答：我看到他们被蒙起双眼。

问：你是否亲眼看见那个你认出是岸保夫的人将两名男子斩首？

答：是的。当时一共有四名日本人在场，岸保夫将曾寿斩首。

问：谁将林福斩首？

答：曾寿被斩首后我晕过去了。

问：你颇为肯定曾寿被斩首？

答：对，是他。

问：你为什么会失去知觉？

答：因为血从他的头部流出来。谁都会害怕的。

问：你说你被吓得晕过去了？

答：对。

问：你怎样被迫喝海水？告诉我们发生了什么事。

答：他们用铁桶打来海水。

问：你被迫喝海水时在做什么？

答：那两人被斩首后，我被带到远处并被迫喝海水。

问：告诉我们发生什么事。你被迫喝海水时是躺在地上还是站着？

答：他们拿来了一桶水。两个日本人捉着我的双手，另外两人捉着我的双脚，还有一人按着我的头，就这样灌我喝水。我的胃胀了起来，很痛苦。

问：日本人还做了什么？

答：他们踩着我的腹部。水被压出来，我晕过去了。

庭长：传译员，为何你不告诉我们，其中一个士兵踩着证人腹部？

传译员：我听不见。

问：谁踩着你的胃部？

答：将曾寿斩首的那个人。

问：那人就是你认出的岸保夫？

答：就是他。

问：还有没有其他人踩着你的腹部？

答：我的腹部被踩着时，我知道是他踩的。如果有其他人踩的话我就不知道了，因为当时我已经晕过去了。

问：你告诉法庭有三桶水泼到你的脸上。谁对你这样做？

答：这是指我三次被灌海水。每次都灌我喝一桶水。我分别在十二日、十三日和十四日（8月19日、20日、21日）各被迫每天喝一桶水。

问：你告诉法庭其中三名被告在施水刑时均在场。你已经指出了那三人？

答：是的。

问：这三人是每次水刑都在场，还是只出现在其中一两次？

答：岸保夫每一次都在场。

问：另外两人是否在场？每次施行水刑时他们都参与？

答：全部在场。

问：你说岸保夫每次都在场。那么其他两人呢？

答：首次水刑时他们与岸保夫均在场，另外两次他们不在。

问：谁不在场？

答：他们两次都不在场。

问：岸保夫有没有参与第二次水刑？

答：没有。

问：岸保夫有没有参与第三次水刑？

答：有，他三次都在场。

问：你告诉我们第一次水刑时三人都在场。你记得谁在其他场合出现过？

答：哪三人？

问：你告诉我们这三个军人（首被告岸保夫、第八被告吉川军一、第十被告竹中关松被要求于犯人栏站立）当时在场。你告诉我们这三个人在首次水刑时均在场？

答：是的。

问：谁在第二次水刑时在场？

答：只有岸保夫在场。

问：那么第三次呢？

答：他也在场。

问：你告诉我们你被绑了三天？

答：我在十二日被带走，并在十三日和十四日被强行灌水。

问：你被绑起了多少天？

答：我从十二日到十八日（8月19日至26日）都被绑着。

问：你并不是时刻被绑着，对吗？

答：当我被审问时，还有被灌水时都会被松绑。

问：你可记得你是被绳子绑着吗？

答：我的手被绳子绑着，腿被电线绑着。

问：你被这样对待了多久？

答：七天。

问：那时候你有没有获得任何食物？

答：前三天没有。

问：此后，你如何在不能使用双手的情况下喝水和进食？

答：三天后我叫妻子给我带些吃的。

问：你如何进食？

答：三天后我获批准进食。我的双手被绑在身前。

问：你可以使用自己的双手进食？

答：可以，像这样（展示）。

问：大屿山的华人群体规模不大，对吗？

答：有数百人吧。

问：你大概也知道其他人是从事什么行业的，是吗？

答：你指什么行业？

问：你大概知道其他人是做什么工作的，是吗？

答：是的。

问：如果你认识的人发生了什么要紧的事，你通常都会知道，对吗？

答：你是指？

问：如果你认识的村民发生了什么重要的事，你通常都会知道，不是吗？

答：我只是打理自己的生意。我什么都不知道。我是一个商人。我只认识那些农夫和商人。

问：你认识曾寿和林福？

答：是的。

问：他们被逮捕并被带到香港？

答：是的。

问：你没有做任何尝试去找出原因？

答：从头到尾我什么都不知道。

问：如果你能告诉法庭你认为曾寿和林福为何被带到香港，这将会令法庭更重视你的证供——你的其他证供。

答：有些日本人将他们逮捕。我不知道原因何在。

问：那么你觉得他们为什么被捕？

答：我不知道。我知道的只是他们被捕了。

问：一个正常的具有思维能力的男子都会问自己原因何在。你觉得他们为什么会被带到香港？你肯定有思考过这个问题吧？

答：我不知道。我知道他们对村民很好。

问：你觉得这是日本人将他们逮捕并带到香港的原因？

答：不是这个原因。

问：很明显地你想过原因何在。你觉得日本人为何将他们逮捕并带到香港？

答：谁都知道日本人的性格。他们对待别人是想怎么样就怎么样的。

问：某程度上来说，你有没有认为他们是你的领导所以被带走了，可以这样说？

答：因为他们是维持会的领导，所以才被带走了。

问：日本人怀疑维持会构成了什么威胁？

答：维持会对日本人很好。

问：为何维持会的领导会被日本人逮捕？

答：我们都不知道原因。

问：你告诉我们曾寿和林福都是好人，因为他们不会压榨村民？

答：是这样的。

问：如果他们是坏人，要压榨村民会变得颇为容易？

答：所有村民都说他们是好人。

问：但如果他们是坏人，如果他们想的话，他们可能会压榨村民？

答：他们从未榨取过一分一毫。

问：如果他们是坏人，他们是否可能会压榨村民？

答：林福和曾寿都是农夫。

问：现在谈谈这个社团，它被人称作自助委员会（Self-help society）和自卫委员会（Self-defence society）。这个社团的正确名称是？

答：这是一个同乡社团。如果有人来访，社团会在他们逗留期间安排接待事宜。

问：它的名字是自助委员会（Self-help society）？

答：维持会。

赖利上尉：这可能被称为村委会（Village council）。

庭长：我希望这说法出自证供。

问：这个组织是否与任何形式的争斗有关？

答：如果人们出现争执，他们会来社团接受调停并达成和解。

问：你从背部取出的子弹在哪里？

答：我扔掉了。

证人被告知可以离开证人席。

控方第二十八证人严菊的庭上证供

控方讯问

问：你叫什么名字？

答：严菊。

问：你的年龄是多少？

答：三十二岁。

问：你现在住在哪里？

答：我现在住在梅窝。

问：你记得民国三十四年七月十二日（即1945年8月19日）这天的事吗？

答：记得。

问：你可否告诉我们，这天发生了什么事？

答：那天大约2时，我听到枪声。

问：严菊，你还看到什么？

答：我看到一些游击队队员在门前经过。

问：之后发生了什么事？

答：我很害怕，因为我的丈夫在涌口。

问：接着发生什么事？

答：5时之后，日本人来到搜捕男人、女人和小孩，并把他们带去涌口。

问：你丈夫叫什么名字？

答：林福。

问：日本人将你带到他们拘留村民的地方之后，你看到什么？

答：我到那里之后，看到我的丈夫和曾寿坐在门前。

问：你看到你的丈夫和曾寿坐在门口之后，接着还看到什么？

答：6时至7时之间，这帮人的队长出来了。他看来非常生气。

问：今天，你看到那帮人的队长在这里吗？

答：看到了。

问：当你看到他非常生气时，他做了什么？

答：他用一条木柴打曾寿，打得他的头流血了。

问：他还打了其他人吗？

答：林福的背部被打了三次。

问：他用什么打人？

答：木柴。

问：之后发生了什么事？

答：殴打过后，他大喊并下令，带他们到离军营约二十码的沙滩。

问：他向谁下命令？

答：他对着曾寿和林福二人大声下命令。

问：他有没有对其他人下命令？

答：没有。何益当时也在场。

问：当时还有其他日本士兵在场吗？

答：有，很多。

问：当时，队长身边还有多少名日本士兵？

答：我只能认出一名。

问：在你认得的那名士兵身边有另外两名士兵，你能认出他们吗？

答：我只认得一名，因为我当时又苦恼又担心，所以我认不到其他人。

问：你这般苦恼过后，发生了什么事？

答：他们走了之后，我看到一名日本人用水瓶的水清洗军刀。

问：你看到你的丈夫发生了什么事吗？

答：我没有看到他回来。

问：你为何看不到他？

答：因为我当时坐着，所以我看不到。

问：你坐着时还做了些什么？

答：我坐着与孩子们一起发愁。

问：你发愁时做了些什么？

答：什么也没做，只是坐着。

问：你看到日本人清洗军刀之后，有没有再见到林福？

答：没有。

问：自此之后，你有没有再见过林福？

答：没有。日本人在十九日（即8月26日）离开，我在二十日（即8月27日）买了一副棺木，把他下葬了。

问：林福葬在哪里？

答：他葬在涌口后面的山上。

问：你当时太担心了以至于看不见林福？

庭长：这恐怕是一条引导性问题。

赖利上尉：庭长阁下，请问是在哪方面上？她已说过她很担心和苦恼。

庭长：好吧，但请注意。

检控官继续。

问：有没有任何村民告诉你，你的丈夫林福发生了什么事？

答：没有人告诉我。

问：你为何认为他已被杀害？

答：我没有看到。我不知道。

问：你看过他的遗体吗？

答：看过。

问：他的遗体怎么样？

答：他的头颅与身体是分离的。

问：你曾见过那个非常生气而且殴打曾寿的队长，你现在可否在法庭上把他指出来？

证人走到犯人栏，指出岸保夫中尉（第一被告）。

问：你记得翌日发生了什么事吗？

答：十三日（即8月20日），日本人问林福的弟弟林本泰会否划船。还有另外两个人陪同他们一起前行。

问：林本泰和其余两个人去了哪里？

答：日本人只是叫他们把船划走，我不知道他们去了哪里。

问：自那天起，你有没有再见过林本泰？

答：我到现在都没再见过他。

问：直至现在，有没有任何人见过林本泰？

答：没有。

问：你认为林本泰发生了什么事？

答：我认为他已经死了。

问：农历七月十二，你有没有见到其他村民身上发生任何事？

答：我太苦恼，没有理会其他事情。

问：你听到什么？

答：我记不起他们谈话的内容。

问：在你十分苦恼和担忧的那一晚，虽然你没有看到其他村民的遭遇，但你有没有听到他们发生了什么事？

答：所有村民都要照顾自己的孩子，我们全都坐在沙滩上。

问：那一个晚上，沙滩上是否很嘈杂？

答：是的。

问：那是什么样的喧闹声？

答：水刑的声音和人们的哭喊声，等等。

问：你知道为何林福会被日本人逮捕吗？

答：我不知道。

问：日本人有否告诉你，为何他们会逮捕林福？

答：他们没有告诉我。

辩方盘问

问：我希望你放松自己，没有什么需要担心的，我只想就8月19日发生的事情多问你几个问题。

答：是的。

问：当你听到枪声时你身在何处？

答：我在家里。

问：那里是大地塘村，对吗？

答：是的。

问：大约是什么时间？

答：刚刚过了2点。

问：你在什么时候看到游击队路过你的村子？

答：2点。

问：当时游击队正在前往海边的沙滩？

答：我不知道他们朝哪个方向走，他们只是路过我家门前而已。

问：你是否听说日本人在当天下午被攻击的消息？

答：我没看见，因此我无法回答。

问：你没有从朋友那处听到这个消息？

答：在枪声响起那天我听到人们在谈论此事，但我不知道具体发生了什么事。

问：游击队员的外观如何？

答：我没去看他们。我不知道。

问：你告诉法庭你看见游击队路过村里。你有没有察觉他们有什么特别？

答：他们那时候正在跑。

问：为什么你认为他们是游击队？

答：我是后来才知道的。有人说游击队攻击了日本人。

问：你有没有看见他们携带着什么？

答：我没有看到。

问：当时游击队有多少人？

答：我没有数人数。他们只是路过而已。

问：当时他们身上有没有什么异常情况引起你的注意？

答：我们把门关上了。

问：但你告诉法庭，你看到他们跑着穿过村子。

答：他们没有进入村内，只是在村边路过。

问：你告诉法庭他们曾在你家门外路过？

答：是的。

问：当天早上你的丈夫曾经前往涌口村？

答：是的。他大约在7时前往涌口，到了2时还没有回来。

问：你知道19日早上他在做什么？

答：他去了涌口。

问：他在8月19日之前的哪一天他被日本人释放？

答：他在十一日（8月18日）晚上被释放。

问：你知道为什么日本人会将他拘留吗？

答：我无法回答。我不知道。

问：你在十一日（8月18日）晚上看到你的丈夫？

答：对。

问：他没有第一时间告诉你发生了什么事或他为什么被捕？

答：他没有告诉我。

问：你知道他曾与曾寿一同被拘？

答：是的。

问：你知道曾寿为何会被日本人拘留吗？

答：我不知道。

问：你在8月19日看到那些男子在战斗前路过你家门。在此之前，你有没有听说过任何游击队与日本士兵之间的敌对行动和冲突？

答：我什么也没听说过。

问：8月19日之前，村民对日本人的印象大致如何？他们对日本

·567·

人有什么看法？

答：我们的村民主要为他们从事搬运泥土和杉木的工作。

问：8月19日之前，他们喜不喜欢日本人？

答：在农历七月十二日（8月19日）之前，村民喜欢他们，因为我们为他们工作。

问：就你的亲身经历或打听所得，你肯定你要告诉法庭，在8月19日之前，村民与日本人之间没有任何过节？

答：8月19日之前没有任何麻烦事。

问：而且你也说村民喜欢日本人？

答：我是个女人，对此毫不知情。村长和村民为他们工作，这显示他们是喜欢日本人的。

问：8月19日的事件发生前，事实上曾寿和你的丈夫与日本人关系和睦？

答：我分不清他们与日本人关系是否和睦。日本人管控这个区域，村民必须要与他们和睦相处。作为一个女人，我对此不太肯定。

问：你向法庭表示你知道你的丈夫和一位名叫曾寿的村领导曾被日本人拘留。你不觉得这是因为日本人对他们感到愤怒么？

答：我对此毫无头绪。我不知道为什么他们被逮捕、被带走。

问：当你看到游击队在门外经过时，你有没有觉得他们与随后出现的枪声有关？

答：没有，他们在枪声响起前经过。

问：你是说你在听到枪声之前还是之后看到游击队？

答：我在听到枪声之前看见他们。

问：因此可以合理推断，游击队正在准备攻击日本人，而且并不是要撤退。是否正确？

答：我不知道游击队是否正要准备攻击日本人。

问：你有没有从其他村民那里听说过，一个日本军官及另外四人大约在1945年5月第一个星期左右丧命的事情？

答：我对此一无所知。我没有听说过。

控方覆问

问：除了从山上搬运木头下来之外，村民还替日本人做其他事吗？

答：你指交战当天？

问：在任何日子，任何时候。

答：有，他们为日本人做泥工。

问：谁支付村民做泥工的工资？

答：日本人支付。

问：谁支付村民从山上搬运木头下来的工资？

答：搬运木头没有工资。

问：他们做泥工时有得到工资吗？

答：有。

问：谁支付这项工作的工资？

答：日本人。

问：他们得到什么报酬？

答：每人有六两四钱的白米以及二十日元。

问：每星期？每月？每年？

答：每日。

问：这是丰厚的工资吗？

答：非常少，但我们没有办法，我们处于他们的控制之下。

问：村民对酬劳满意吗？

答：我们不能抱怨，因为我们都受制于他们。

问：村民对此感到快乐吗？

答：我们很悲惨，但我没有办法。

问：为何村民很悲惨？

答：因为我们没有足够的食物。

问：日本人习惯告诉村民他们做任何事的原因吗？

答：村民不得不按照日本人的吩咐做事。

问：日本人习惯告诉村民，他们做任何事的原因吗？

答：什么样的事？

问：所有事。

答：习惯是什么？

问：如果日本人在村里做了某些事，他们会告诉村民为何他们这样做吗？

答：我不知道。他们没有。

问：村民对日本人有信心吗？

答：我们被迫相信他们，对他们有信心，因为我们受制于他们，受他们影响，活在他们的压制下。

问：村民有否曾经要求日本人解释他们的行为？

答：没有。

问：如果一名村民被日本人指示前往香港，他会问日本人为何他要去那里吗？

答：村民必须要做日本人叫他们做的事。

问：村民会否与日本人商量一下？

答：我不知道。没有人敢与日本人争论。

问：你看到一些游击队队员经过村子，你认识其中任何人吗？

答：我一个也不认识。

问：在那次之前或之后，你见过他们吗？

答：没有。

问：我希望你记起这些事，请慢慢地仔细回想。你是先看到游击队，还是先听到枪声？哪件事先发生？

答：我先看到他们经过门前。

问：你先看到他们时在做什么？

答：他们经过门前时，我并没有加以留意。当听到枪声时我立刻把门关上。

问：自农历七月十二起（即8月19日），你过得怎么样？

答：我是一个农夫。我找了别人来帮我完成工作。

问：你过得怎么样？

答：8月19日之后，我仍然很惧怕日本人。他们会虐待我们，所以我躲到山上去了。

问：你的记忆力很好吗？

答：我已经说了当时的细节了。

问：自那时开始，你感到非常快乐，还是非常伤心？

答：我非常苦恼。当日本人走了，我把米从山上带回家。

问：你现在的心情如何？

答：我仍然很苦恼。

庭长提问

问：你说过你看到游击队在你家门前经过。有多少名游击队队员？

答：我看得不是很清楚。

问：你看到的多于一名吗？

答：多于一名。

问：你看到的多于五名吗？

答：对。

问：你看到的多于十名吗？

答：对。

问：你认为那里有多少人？

答：大约二十人。

问：你认识其中任何一人吗？

答：不。

问：你认为他们是大屿山的村民吗？

答：我不认识他们，更不知道他们从哪里来。

问：他们的外表与岛上的普通村民有任何分别吗？

答：他们穿着粗糙的中式衣服。

问：他们中有任何一人与你同村吗？

答：我没看到任何与我同村的人。

问：如果其中一些人是来自你的村子，你会否留意得到？

答：所有村民都是农民。没有人协助游击队。

问：你认为这些游击队住在哪里？

答：我不知道。

问：以下的问题非常重要，作答前请你细心思考。当他们在你家门前跑过时，他们带着来复枪吗？

答：他们跑得很快，我看不清他们中间有没有人带着来复枪。

问：他们经过时，离你家门口多远？

答：从这里到坐在那里的人的距离（法庭职员）。（商定为十二英尺）

问：你是说这些人没有带着来复枪？

答：我看不到他们的口袋里有否放着来复枪。我不知道。

问：你有没有见过来复枪？

答：我从来没有见过。

问：当这些人在你家门面跑过时，有否带着什么？

答：他们的手上没有任何东西。他们没有带着任何东西。

问：你丈夫当时在做什么？

答：他是一个农夫。

问：当这些人在你家门前跑过时，他在做什么？

答：他当时不在家。

问：你知道他当时在做什么吗？

答：那天早上八时，他告诉我说他要去涌口。

问：他去那里做什么？

答：喝茶。

问：他经常去那里喝茶吗？

答：对。他完成工作之后，一般都会去那里喝茶和聊天。

问：你认为什么是游击队？

答：我不知道。

问：你为何说这些在你家门前跑过的人是游击队？

答：因为我听别的村民说到过，游击队曾袭击日本人。

问：你说过你看到一名日本人清洗军刀。这名日本人是谁？

答：他在那里。人们叫他做岸保夫。

庭长：严菊，多谢你的证供。今天你来到这里肯定为你带来一些压力。[5]

提问完毕。

控方结案陈词

庭长、各位军事法庭成员：

本案的审讯既耗时又费劲，即使只有一项控罪，其性质可是非常广泛；由于牵涉众多被告，控辩双方也需要于审讯前筛选大量证据。

对控辩双方来说，证据的数量庞大得令人感到厌倦；然而，证据中极小的细节都非常重要，就算是最微小的行动或意图，都足以改变局势，使其有利或不利于今天站在庭长阁下面前的十四名被告。

可是，从大量而复杂的证据得知，在案发时期（即去年8月19至26日）于大屿山发生的每件灾难，情况都清晰可见。这与控方在审讯前期曾提及的情况大致相同，个中详情更是一点变化也没有。因此，辩方也不能提出一丝质疑。另一方面，控方的论述因着大屿山的农夫们、渔夫们及村民们，男士及女士、寡妇及鳏夫的言词有所巩固，他们均是日本人恐怖统治时期的幸存者。控罪列明日本人的恐怖统治，令九名居民死于日本警备队的手上——而日本警备队本来的神圣任务，应该是根据国际法保护该区居民。

辩护人员（Defending Officer）于结案陈词指出，控方在盘问时揭露犯罪日期大约为8月15日。因此，辩方律师企图游说庭长阁下，如果战事已在8月15日结束，这些在庭长阁下面前的被告便不能被判犯战争罪，根据国际法，战争罪行只适用于战争期间。控方认为辩方人员或许可以这般演绎，但我们不能否定历史。我们并不能改变事实，最后的投降签字仪式至9月2日才于密苏里号战舰上举行；因此，这些罪行是于战争期间犯下的，能够被归类为战争罪。控方想指明的是，岸中尉与其下属在大屿山时，早已清楚知道战事已经完结，但他们却没有做其应当做的事。岸中尉对真相及实际情况完全了解，也知道那是他最后几天留在大屿山，理应可以酌情处理事件。

辩方也试图指出，岸中尉及其部队是为了公众秩序及安全利益着想，才会执行那些邪恶的行为。可是，岸中尉非常坦白地说出自己并没有关心公众安全，而是为了保障他自己。岸中尉曾经说，他所做的一切是相当有必要的，以防止其部队、下属和他自己遭遇与像义则军曹那样的命运。岸中尉透过辩护律师承认他所做的一切基于自卫；但事实上，自卫的说法非常不可靠。庭长阁下也清楚明白在世界的任何一角的每一个人都有可能因自卫而杀人。但岸中尉或松元中尉并没有遇到能引致猝然死亡的实时危险。

辩护人员也告诉法庭，控方证人已说出是次日军与中国游击队主要交战的规模。他说控方证人已就此事告诉庭长阁下。我想指出，控方证人当时全部躲藏到丘陵、店铺及山上；他们都吓僵了，并逃离现场。因为他们太想尽快逃离现场，对该打斗根本一无所知。

岸中尉也透过辩护人员，说他会负全责，而辩方对此很高兴，并继续替岸中尉的行为辩护，辩方进而提出六个主要理由，解释他的行为。我会跳过其中几个理由，因为这些不需要花任何时间考虑；可是，我希望谈论一下第五个理由，辩护人员说岸中尉认为其处境很危险。对于任何知道本案实情的人来说，要他们相信岸中尉及其下属的处境很危险，简直是一个侮辱。一如以往，他们安全得很。今天早上，辩方向庭长阁下提到的第六点，是关于两名村长在营房前面接受简易审讯，然后在处决前招供。当我坐着听他作出如此陈述时，虽然我看不到他，但我相当肯定他是在开玩笑，因为根本就没有任何证据显示曾有过所谓的简易审讯。我们已屡次讨论过这件事：我们有五十五名证人，但没有一个人证明在审问以外，曾经历任何形式的审讯。前提是辩护人员及法庭都清楚知道审讯前的认罪状要在相关条件下才有效。认罪状必须在没有被胁迫或强迫的情况下提交。假如这人是在被胁迫或强迫的情况下认罪招供，该认罪状就完全失去价值。

辩护人员继而加强辩护，指出小玉曹长承认曾目击林权向他开枪。

小玉并没有承认任何事，只声称他看见林权向日本人开枪，同时试图将华人与游击队混为一谈。控方认为庭上证据显示该等华人与游击队并不是同一伙人。游击队从山上来，明显不是受日本人管治的大屿山居民。

为加强辩护，辩护人员引用史密夫（F.E. Smith）的话，说："有些人和团体作出敌对性行为时……并未有军官在场；未有隶属有组织敌军的任何一部分；也未有持续参与战事，但为了出战而中断回乡及副业；或偶有类似追求和平的主张以及未有身为士兵的特征和装束。这些人及团体并不是公开敌人，如被掳获的话，他们不会享有战俘的待遇，却应实时当其为公路抢匪或海盗处理。"

这引用根本是试图误导法庭。这条文并不是本案重要的组成部分，尤其它着意提到美国内战的情况，也不适用于本案。辩方强调伯肯克（Birkenhead）的引文当中最重要的部分，而事实上这句子也相当顺理成章地成了辩方抗辩理由的根据："却应实时当其为公路抢匪或海盗处理。"就算他们"实时"被预设为公路抢匪或海盗，他们亦应该循简易程序审讯。审讯是必须的，在所有以至每一件案件中，审讯都是不可或缺的。关于此格言，我引用英国1929年出版的《军事法手册》（*Manual of Military Law*）第294页，其列出有关间谍罪，有关这最坏的罪行的处理手法，上面写："根据1899年的《海牙第一公约》，每个案件都必须先经审讯。没有任何原因或借口能够免除审讯。"我稍后会回到这一点。

细阅过所有证据，辩方引用对曾礼福（音译：Tsang Lai Fook）的讯问："游击队从你的村子里来，对不对？"而证人的回应是："对。"我希望法庭会注意到证人在覆问时说他被误会，以为他曾作有关陈述，游击队不是从村子里来，而是从山顶来。证人所指出的方向有混淆，所以，他可能并不知道游击队从哪里来。同一名证人说出游击队身穿中国式衣服。那又如何？从这问题，我们可以得知什么？他们都住在中国。

关于同一论点辩方试图从我的口中破坏村民与游击队的任何关系；黄义的证供指他确实曾于游击队手上受难。他曾被抢劫并变得非常贫困。当辩方说控方证据提出游击队从山上来，然后村民加入他们时，辩方仿佛在支持他陈词时曾提到的问题。控方严正否认，并表示不管是控辩哪一方的证据，法庭内并没有任何证据显示村民曾与游击队联手。

辩方再一次提到伯肯克引述在那四种情况下，非正规军人可取得国际法赋予的权利，因此被掳获时，也能把他们视作战俘。这并不适用于本案，因为村民并没有在任何情况下参与任何正规部队，而控方也没有打算要以该国际法条款来保障村民。

关于同一项规则，伯肯克说："可是，要再被强调的是这规则只适用于以团体形式出战的非正规军人，即使团体规模再小，或是其中一位作出任何敌对性行为，他们均被视作战犯而被枪毙。"控方完全同意此说法。纵使有人认为这些句子没有包含必须要有审讯的意思，此说法认为这些人被枪毙前，必先经过审讯；纵使有人认为这些句子没有包含必须要有审讯的意思，但直到今天，国际法组织都坚持，即处理所有战犯的案件是必须的，他们也必须得到公平的审讯。辩方说，根据伯肯克的主张，本案的游击队并不符合相关条件，没有资格享有战俘的权利。控方认同伯肯克的说法，但游击队不是我们要关心的议题，因为根本就没有游击队队员被逮捕。岸中尉并没有逮捕或枪杀任何一名游击队队员；因此，我们不须着眼于游击队，因为被带到沙滩上的不是游击队，而是村民。

为建立抗辩理由，辩方试图引述奥本海的《国际法》第413页："人民武装杀敌之为战时罪犯，并非因其违反现行战时法令之故，不过因敌人得认为非法战争，而从事惩罚耳。"[6]以及第414页："然敌人为保障其军队之安全起见，不得不认为非法，从而处罚，国际法亦逐以惩戒之权予之。"[7]

辩方也试图为建立抗辩理由，引述奥本海的《国际法》第413页，尤其提到："人民武装杀敌之为战时罪犯，并非因其违反现行战时法令之敌，不过因敌人得认为非法战争，而从事惩罚耳。"[8]以及第44页"然敌人为保障其军队之安全起见，不得不认为非法，从而处罚、国际法亦逐以惩戒之权予之。"[9]

国际法授予此权利是基于被告已得到正式的审讯，而在任何情况下，审讯也是不可或缺的。英国1929年出版的《军事法手册》就战争法律和惯例，写有："当军官或士兵在决定自己的行为操守时，都不应视自己为合资格的交战者，不论被告隶属正规或非正规部队，是居民或逃兵。军官或士兵的职责清楚简单，而且都是一样，就是需要为被告人身安全负责，把被告命运的决定权交予法律机关。没有一项法律授权他们未经审讯便把被告处决，而国际法绝对禁止草率随意的处决。"在任何情况下，一个人绝对不能只得到草率的审讯，而没有公平的审讯。他必须被送往法院，接受讯问。没有比这项要点更为清晰的事。可是，为了加强说服力，辩方引述在日俄战争时发生的某些事件：一百二十名非正规军人于库页岛被日本人枪杀。我颇相信这是事实。九人于大屿山被日本人所杀。如果我们让日本人脱罪，日本只会再做同样的事情。我们不能再容日本人在门前对人施绞刑或未经公平审讯就把人枪毙。在这情况下，会否有任何权限为日本在本案的行为辩护？1904年的战争中，日本在未经审讯的情况下把一百二十人枪毙。在今次的战争中，日本把这些人绞死。可是，它不能再做同样的事，而法庭定必告诉日本。

辩方说假如占领地居民获准伏击占领军的军队而免于受罚——这将会是对国际法的嘲讽，反之亦然——假如占领军获准处决、杀死以及虐待占领地居民而免于受罚，这也是对国际法的嘲讽。

辩方争论的问题是究竟这两名军官——岸中尉及松元中尉——的行为有没有超越他们的权力。事实上，只有一名军士受伤，而该事件可被说成过分使用这些惩罚手段。

赖利（Reilly）上尉再次引用英国1929年出版的《军事法手册》第233页及237页，接着，他继续说到两名村长被处决前，已在有关地方的管辖法院接受审讯，并于8月18日获释。那为何岸中尉后来要侵夺其上级也拒绝使用的权利？

辩方说能导致伤亡的不是弹药数量，而是这些炮火的准确度，这是众所周知的事实；因此，射出数千颗子弹也可以没有一宗伤亡事故。但是，他请庭长阁下考虑一个假设性个案：假设游击队队员成功采取突袭，而遭殃的也同样是佐藤少尉及五名日本军人，不过规模会更大。控方认为事实是，今天站在这里的这些人都证明村民没有与游击队合作。如果他们确曾与游击队合作，那岸中尉及他的下属现在就不是上庭受审，而是在大屿山安宁地长眠了。这一点是毫无疑问的。

再回到岸中尉的辩护，辩护人员指出，这两名军官必定知道，居民大致要接受什么集体惩罚，但只经过简易审讯后，他们就在营房前惩罚那些他们认为有罪的人。我不知道这会否是庭长阁下的考虑，我对当时有进行过所谓的简易审讯的说法存有忧虑，这说法是试图误导法庭，这是法庭要考虑的事。我几乎可以肯定当时没有任何形式的审讯。

庭长：赖利上尉，本席不得不先打断你。关于卡夫特（Croft）上尉的部分，本席没有要考虑的问题。

赖利上尉：为继续加强抗辩，辩方引述一份报章的某些选段；法庭也知道，这是一份没有权威的报章，引述某些澳洲军庭长指，尽管根据国际法，审讯是无可置疑要进行的，但该审讯并不一定是恰当的。有一种可怕的说法是，国际法列明任何被控犯战争罪的人都必须得到审讯，但有关审讯并没有必要是公平、公正的审讯。我实在不敢相信任何一个接受过任何法律培训的人会作出如此陈述。

辩方为支持另一证据，再次引述某些日本军官——他们是国际法的权威——的例子，称他们于1904年日俄战争时，乔装成华人并试图炸毁俄军后方的铁路大桥。我也不明白辩方为何要引述此例子，因为这例子对辩方犹如回力镖般。这些被捉拿的军官经过军事法庭审讯，才被枪毙处决。虽然表面看来，这些人并没有被立即枪毙；而是这些人要被枪毙，因而要到军事法庭受审。他们没有得到本案里的华人的待遇——没有经过任何形式的审讯就被处决。

另外，辩方代表被告，引述几宗在暴行发生期间的死亡案件，说樊福的证供不可靠；樊福曾告诉您日本人袭击和搜捕其村子时，他跑上山丘，而遗下其躺病在床的妻子，但当他回家时，发现妻子倒卧在门前，身上有瘀伤并已死亡。假如这证供不可靠，不能反映这女士曾被游击队以外的敌人侵犯，那我不知道什么才算证据——她倒卧在地，身上被发现有瘀伤并且已死亡。辩护人员也引述三名华人的经历，并说不管怎样，他们失踪一事或有其他解释。控方认为他们失踪一事可能还有其他解释，但是在这种情况下，唯一的解释是他们被那些强迫他们划船离开大屿山的人除掉了。

关于证据规则，假若来到这法庭的人未能辨认犯人栏内的人的话，他们就不能受益于其他时间所提出的陈述，即使陈述指明他们当时曾辨认出这些人；辩方想借此说明法庭认人是最好的。看来辩方希望所有事情都顺着其意思而行，因为在另一情况下，某证人确实在庭上认出某人，但未能认出其他人，接着法庭被要求批准将这两份陈述书列作证据。有关审讯战犯的证据规则已经列明于小册子；规则当中有一些古怪之处，并因应环绕该罪案的各种情况而被容许。控方一直都力遵列明于小册子的规则和规例。

辩方也花了很大的篇幅，指出华人证人的证供中相互抵触之处。控方认为有抵触是好事。如果证供没有抵触的话，控方便会怀疑证据，也会怀疑每一个前来作出相同证供的证人，我们会认为证据是伪造的、经过预演的，而证人竭尽全力就是要不择手段，把这些被告定罪。就任何事件，即使是世界上最聪明的两个人都会对事件有截然不同的描述，而三十多名证人对于某些详情有不一致的描述，根本没有什么不妥。关于这一点，我想指出华人的证供更令人信服，因为他们每一个人当时都承受着若干的精神压力。他们当中没有一个人不相信自己将会是下一个死去的人，因此，证人的证供中出现些微矛盾并不等于其整份证供需要被置之不理。

辩方也很强调控方把林勤（音译：Lam Kan）形容为非常可靠的证人。控方并不认为林勤是位特别的证人。如果问及我的意见，我会认为某些日本证人是我最佳的证人。林勤曾在本案某件特殊事件变得混淆，但其证供并未因在庭上出现不一致而被无视。

林荣（音译：Lam Wing）形容他曾于牛牯塱村目睹林权被杀。他没时间自相矛盾，因为在进行认人手续时，他认出高桥、小玉、松元及岸中尉。林荣能轻易地认出他们，因为这些人确实参与大屿山的暴行。可是，林荣并不是指他们其中一人直接将林权杀害。

关于小玉，辩方企图否决曾旭明的证供，因为他曾看见林荣头上有一个直径为二点五英寸的窟窿，数天后岸中尉却告诉我们，他看见此人向日军开火。法庭应记得在覆问曾旭明时，尽管林荣在过去十四天都与他一同坐在外面，但当他被问到之前有没有见过林荣时，他答没有。

辩方也企图否决何益的庭上证供。我们无须深究何益曾被岸中尉无情地痛打一事，因为岸中尉已经承认他曾十次殴打何益。

辩方再次试图削弱庭上用以指证暴力事件的证据，他说这些都不是肉眼可见的证据。我不知道到底辩方想要什么。证人曾说过虽然他们曾被殴打，但他们有接受药物治疗或自行医治。按照平常做法，证人给庭长阁下展示其伤痕，足以证明他们曾被暴力对待和绑起来，我恳请法庭考虑此行为的残忍和暴力程度。他们把人离地绑起来，将他们像狗一般绑起来，绝对是把人的身份降格，对人的侮辱。如果真的有此行为，这根本就是虐待。

接着下来，辩方大概到了重点。辩方说你，岸中尉，当时是按指示办事。辩方的抗辩理由主要是建基于上级的命令，也就是说，我们做或做过什么可耻的行为，也是出于对上级命令的服从。最令人震惊的是他引用奥本海的《国际法》第七篇目，第253页中提到："违反战争法令之罪，以未奉有交战国政府之命令者为限。如果奉有政府之命令，则不得谓之为犯罪，敌人亦不得处罚之，但可施行惩戒而已。如所奉者系其司令官之命令，则亦不得谓之犯罪，但应由司令官独负其责，此司令官如遭捕获，即难免受战时犯罪之刑。"[10]这出自辩方的口误实在令人惊讶，也很难令人明白辩方为何会容许此等错误发生，因为刚才我引述的篇目或大概能解释控罪内容，自1918年的战争起被取缔。奥本海亲自编写最新的版本，取代整篇403篇目；我希望庭长阁下细听奥本海对以上级命令作为抗辩理由的说法。根据奥本海的《国际法》，第253篇目写："因执行交战国政府或个别交战国司令官的命令而违反作战规则这一事实，并不使一个行为失去战争罪的性质。在原则上，这一事实也不能使犯罪者免于受到受害交战国的惩罚。有些军事手册和有些作者（他在注释说：'事实上我也这么认为。'）有时持有不同的意见，但是很难认为这些意见在表明一个正确的法律原则。无疑的，一个法院在遇到有人借口上级命令来为战争罪辩护时，必须考虑下述事实，即：服从不是明显违法的军令乃是武装部队每一成员的义务，而且在战时纪律的情况下不可能期望他能够仔细研究所奉到的命令是否非法。这个问题是受下述的主要原则所规定的：武装部队成员只有义务服从合法的命令；如果他们因依照命令而作了违反不可动摇的战争法则和冒犯人类普遍情感的事情，那么，他们就逃避不了责任。"[11]法庭须特别注意这个在国际法上的转折，它由从辩方的引述，变成控方的引述。他接着解释引用奥本海的论点的原因，就是作为减罚的因素，而控方亦乐意给予减罚。但是，对于执行违法军令，这不会被考虑为辩护理由。辩方说有时很难判断何时是合法的命令，何时是违法的命令。控方不能就此相信，因为所有人，不管是他、日本人、华人或英国人的心里都有一套法律准则。他知道什么是对，什么是错。

关于在日军体制内，命令必须得到服从这个说法，我认为法庭在这里并不应该秉持日军的惯例。我们不应该在此说：如果日本人下达这种命令，我们就要在一个英国法庭上支持这个命令。我想指出一点，如果在日军体制内，命令是必须得到服从的话，为何城森可以无视要他返回总部的命令，反而前往香港？

关于卢兰（音译：Lo Lan）的证供，我想先指出：她作供指她是众多女人之中，唯一一名被拘留于沙滩达八天的人，而辩方看似质疑这事是否属实。我想指出辩方证人也承认卢兰与其他人一起被绑起八天，期间曾粗暴地对她拳打脚踢。我想指出一点，华人证人纵使不情愿，他们也前来法庭以辨认这些曾如此残暴地对待他们的人，这是有利于他们的。有利于他们的这一点，就是当他们认出这些人时，庭长阁下可以肯定辨认是可靠和真实的。

辩方代表柳泽说他很少参与，在有些事情上有点退缩。控方会从另一个层面作响应——被日军处决的这些人，全部都是村民。这场处决并不是一场独角戏。

小玉告诉我们这名头上有一个直径二点五英寸窟窿的男子，就是三天后于牛牯塱村开枪射他的人。有指他代表西泽及上村否认曾殴打黄义和参与殴打另一名华人。对此，我们已屡见不鲜。这些日本人，每个都斗胆否认曾殴打任何一人。他们甚至已准备说那八名作供指证他们的人全是骗子，而只有他在说真话。我主要是指冈本吉太郎。

我会再次略过竹中的部分，但我想说他就像一个疯子，招认较轻的罪行，期望因此避开较重的惩罚。

本案的事实没有争议，而事实上辩方在面对着这件无情的任务时，有关曾寿、林福、苏保华、梁东昌、林权、任有（女仆）、林曾（音译：Lam Tsang）、崇六婶以及曾水娣（音译：Tsang Sui Tai）（樊福之妻）全都在暴行发生期间死亡的事实很少，甚或未有尝试作出反驳。在这公开法庭上，日本人被告对于林本泰、温锦豪父亲及另一渔民被命令载着受伤的日本兵，划船离开大屿山，并从那天起，未有他们踪影或生还迹象的消息，而表示惊愕及惊讶。法庭可以仔细考虑到底这三人有怎样的遭遇。控方未能证实他们发生了什么事，但推断他们已经死亡，死在日本人的手上，这项推定在法律上是可成立的。可是，就这一点，在法庭面前有一名在证人席内的人行为古怪，预期他已知道这三人的命运，其证供也被法庭正式宣布对辩方丝毫没有帮助，他就是卑鄙、说话吞吐、深谋远虑的义则军曹。

除了纯粹矢口否认外，辩方并没有反驳殴打、虐待村民，以及对他们施以酷刑的指控；对这些不幸的村民来说，他们唯一的罪名（岸中队所推断的）就是他们阻止不了其情感控制理智，他们因此未能隐藏他们对那数名曾攻击日本军营的中国游击队队员的同情。关于这一点，法庭须谨记其中一名辩方证人解释他们遭受如此不人道对待的原因，就是因为他们被认为与游击队"有一些关系"。

控方没有否认岸部队曾被数名勇悍无畏的中国游击队队员袭击，但确有提及只有少量证据证明是次袭击有多大规模，甚或对岸中尉及其部队有多严重的后果，使岸中尉不惜负上任何代价，也要慎防第二次袭击；已知的是袭击中只有一人受伤，而且不是致命的，但是岸中尉令人惊讶地不谨慎决定将打斗（不能称之为战斗）带至大屿山的群山及村落当中，以搜捕那些不自量力、攻击其军营的人，导致一名队员或因此失踪；这一事对他们来说，是在神圣的日本无条件投降那屈辱的伤口上撒盐。

虽然庭长阁下心里不会存有丝毫怀疑，但假如村民曾与游击队联手（就如岸部队愚昧的断言一样），公义或来得更加迅速，岸中尉及其十三名下属也不会于今天出庭受审，而是惬意地长眠于银矿湾安宁的山脉下。

辩方没有否认有关大规模逮捕男人、女人及孩童的指控；相反地，辩方证人粗略估算了被强行带到涌口滩泳棚的人数；除了以那些薄弱如水的借口，解释村民何以受着肉眼可见的残暴及不人道对待外，辩方并没有加以反驳。当中，超过二十名受害村民出庭作供，以传统而特别的中文措辞，道出他们悲痛的经历。同时，他们穿戴中式，不管是男是女、识字抑或文盲、农夫抑或商人，都强烈否认与从山顶而来的那些趁着日军士气低落、畏首畏尾地攻击岸中队的人有任何关系或联系。诚然，尽管勤奋的辩护人员花了很多宝贵的心血，但每当一名接一名的日本证人走进证人席（或有两名除外），被告的困境就愈陷愈深；直到今天，面对指控，他们终于要在庭长阁下面前卸下虚假的辩护。

控方维持既有立场，被告无庸置疑地于1945年8月18日至26日期间，在大屿山犯下战争罪，违反战争法律和惯例。如开案陈词解释的一样，在法庭的记录里，有足够的证据证实控罪，而犯人栏内的每名被告均需接受不同程度的罪责，有些人较积极参与，有些人表现得更热衷，但每名被告都与下列其中一项有关：殴打、虐待并对大屿山村民施以酷刑；虐待过程当中，至少有九名上述居民证实丧生。

有关这些证人的指控，控方没有打算在此阶段作出冗长的评估，使庭长阁下感到烦厌。除了两名证人之外，证人提出的证供都很清晰，而风格、形式都毫无错误。于法庭面前有五百余页的纪录，揭示了完全及完整的情节，这足以使控方说岸中尉、松元中尉及内田曹长于庭上招认的事实反映他们有罪。余下的被告被证人认出，并向法庭指出各名被告曾犯下这残酷的战争罪的哪些部分。庭上证据显示岸部队内，审问那些被怀疑通敌、可怜的华人的主要领导者为岸中尉自己、松元、柳泽、内田，以及岸部队主要的传译员冈本吉太郎。证据显示，吉川军一军曹以及神代胜正伍长使用若干的暴力，而西泽一等兵及上村二等兵则特别与看守华人疑犯的事有关，而大部分的暴力事件被指在该时段内发生。另一方面，竹中关松上等兵承认曾偷三件糕饼，这是一项可饶恕的罪行。法庭可自行判断这是否包含狡猾的竹中的全部罪行。佐藤军曹被认出曾参与对林茂福作暴力攻击，后者被重击致失去知觉。当时，小玉曹长身为准尉，负责管理人事，必须为其下属的不法行为负上全责，他不是为下属的行为负全责，就是为不能阻止下属犯战争罪而负责。关于今天在庭长阁下面前的全部被告，有足够证据向法庭指出安藤乔一等兵被认出参与并残暴地殴打林茂福；也有证据证明那愚蠢、头脑简单的城森军曹曾残暴地虐待证人何益；但是，基于英式司法制度承袭的慷慨，法庭可考虑在严重的指控对这两人不利的问题上，将疑点利益归于这两人。请庭长阁下谨记，在您面前的华人证人或可能认错人，这跟他们于案发期间受害产生情绪压力有关，因为在他们当中，没有人知道谁会是下一名受死的人。

不过，指证被告的最有力证据，并不在于证明他们每人都曾对华人平民作出一些野蛮的行为，而是在于所有呈上法庭的证据都倾向证实这些残暴、虐待、酷刑，至最后谋杀岛上无辜居民的事件都不是任何一人的个别行为，不论他参与了多大部分——事实是一个团体的人隶属于同一部队，历时一个星期的协同行动。他们共同并持续地虐待被他们羁押的平民居民，这群体或部队曾共同和分别施虐，因此须共同和分别为其行为引致的自然后果负责。本案中的自然后果就是九名大屿山居民因被虐而须残酷及提早地面对死亡。本法庭不能也绝不可以相信岸中尉没有得到部队队员的协助，独自一人在自己的门前犯下如此严重的罪行。本法庭不能也绝不可以相信松元中尉及内田曹长是个别地以残暴的方式，肆无忌惮地谋杀苏保华和梁东昌。控方就是确信法庭不能也不会认为于这时段内，各被告持续犯下的各项暴力和虐待罪行是岸部队个别队员的个别行为，其他队员在案发时在场，而未有协助和精神上支持各被告。法庭可参考著名的英国谋杀案——"英王控诉甘乃迪和布朗（King v. Kennedy and Browne）"；除了帮凶布朗外，甘乃迪也被判绞刑，因为有力的证据证明甘乃迪的存在给予凶手布朗精神支持，当时后者于英国一条乡村小径内凶残地射杀一名乡村警察。该案件中已被证实的是法庭认为甘乃迪当时留意到布朗佩有具杀伤力的武器。另外，本法庭可参考审讯战犯的规则和规例，第11页上面写有"当有证据显示战争罪是由一个部队或团体的部分成员的协同行动所引致的，关于该罪行，指证任何一名该部队或团体成员的证据都可成为指证隶属该部队或团体各成员的表面证供，须为该罪负责"。事实的真相是被告全都被证实是同一部队的成员，名为岸中队，这足以证明控方的论点，即他们共同和个别犯罪，而必须为其部队的行为负全责。

将精力花在证明岸中队把五名人士斩首处决的残酷事实违反国际

法，几乎可以说是多此一举的。1899年《海牙第一公约》表明的"每一案件都必须先经审讯"，强调即使是最轻微的惩罚，在审讯前也不应该施加在战争罪疑犯身上。这个概念非常明确，是得到强调的。对国家来说，在战争期间最严重的罪犯或许要算"间谍"；但是，即使对待这个阴险奸狡的人时，审讯之前，就算是最轻、最小的惩罚，也不可施加在其身上。虽然有一些人愚昧并公开地尝试与武装部队作战，使他们无可避免地在未经审讯的情况下遭受惩罚。但是，在神圣的领土上，没有任何原因可以摒弃审讯，因为这是出于所谓的必要。

纵使所有关于这五名被残杀的大屿山居民的指控都是真实无误的；纵使所有事情都是真的，而他们确曾与岸中队交战；那接下来岸中尉及其部队需要肩负起的重任，就是确保这些人受罚前曾接受公平、公正的审讯。证供显示岸中尉当时完全明白，或者已经意识到他在这件尤其严重的事件上的不足之处。这些日本人不能来到这神圣的法庭，拒绝承认其行动的责任，说他们是被迫而且必须要做这些非人道行为。神圣的法庭不会受骗于此牵强、毫无说服力之借口。如果他们不是真的如借口所说那么不幸，这说法实在可笑至极。日本人有这样的说法，是试图永远高举纳粹主义"Kriegsrason geht vor Kriegsmanier"，翻译过来就是"战争需要超过战争方式"[12]。我们在此法庭不会认受这主义，也要非常肯定地将这点告知庭长阁下面前的日本人被告。

岸中尉在辩护中暗示他所犯的控罪是基于服从上级命令，但对于这辩护理由控方几乎不需多费唇舌反驳；庭上证据已清楚证明岸中尉并没有收到如此的命令，他的上级只是叫他采取所有必要措施以作自卫。岸中尉是出于自卫，才残暴地以刀处决那些不幸的人。这抗辩理由绝对令人难以信服。内田曹长的例子也将这辩护理由的可信性打了折扣，当他无情地把苏保华和梁东昌的头斩下来的时候，他形容他只是充当一张"电椅"。但是，控方强烈要求庭长阁下不能接纳如此的辩护理由，而奥本海的《国际法》第253篇目支持控方理据，第452页上写着："因执行交战国政府或个别交战国司令官的命令而违反作战规则这一事实，并不使一个行为失去战争罪的性质。在原则上，这一事实也不能使犯罪者免于受到受害交战国的惩罚。无疑的，一个法院在遇到有人以上级命令来为战争罪的辩护时，必须考虑下述事实，即：服从不是明显违法的军令乃是武装部队每一成员的义务，而且在战时纪律的情况下不可能期望他能够仔细研究所奉到的命令是否非法。这个问题是受下述的主要原则所规定的：武装部队成员只有义务服从合法的命令；如果他们因依照命令而作了违反不可动摇的战争规则和冒犯人类普遍情感的事情，那么，他们就逃避不了责任。"[13]

此外，国际法不仅适用于俘虏者的军事法庭，也适用于道德法。道德法超越一切人类订立的法律以及这些来自日本或德国或其他地方的荒唐法律，使一个服从上级命令而犯谋杀罪的人免受指控；道德法必须推翻这些法律。作为人类，不论任何教派、种族或肤色（甚至是日本人），每人心中都知道未经公平的审讯就把人斩首是一个罪行。不管他是否基于服从命令而犯罪，这罪行是违背他相信的神，本质上也是违反人道的。

有关与内田曹长联手的谋杀案件，松元长三郎中尉于证供中表示会负全责。另外，松元承认曾全力与岸中尉合作，处决曾寿、林福及林权，所以他需为这些非人道罪行负上全部代价。因此，对于这些已在庭上证实的残忍、暴力罪行，控方毫无疑虑，要求岸中尉、松元中尉及内田曹长须要以生命作为全部代价，法庭应判他们三人死刑。

至于其他被告，他们被证实曾对毫无还击力的平民，施行大部分非人道行为。关于每名被告该受罚的程度，控方乐意将此留待尊贵的法庭判断。控方认为法庭也会相信，这些卑劣的非人道行为持续了一星期，被证实发生在大屿山，案发时间为8月。证据超越任何合理疑点，纵使每名被告所犯罪行严重程度不同，但今天在犯人栏内被提审的众人均须为这些行为负全责。庭上证据证明全部被告均罪有应得，控方要求每名被告都必须得到相应的惩罚。

译注

1　1907年《陆战法规和惯例公约》(海牙第四公约)第46条,红十字国际委员会。
2　译文参考奥本海(Oppenheim, L.(Lassa))撰,劳特帕特(H. Lauterpacht)修订,奥本海国际法:争端法、战争法、中立法(下卷第二分册).王铁崖、陈体强合译.北京:商务印书馆.1989:83。
3　原文误写为To Pui。根据其他法庭资料,证人名字应为To Piu。
4　1946年3月30日《工商日报》记载:"至是证人交出一相。曾称:此为余叔曾寿之照片,见之,余为之愤激不已……"
5　1946年4月5日《工商日报》大字标题《寡妇声泪俱下　痛陈亲夫惨死》,记述严菊作证时:"声泪俱下,惨然神伤,旁听者为之动容。"
6　译文参考奥本海著.奥本海国际法:战争与中立,岑德彰译.台北:商务印书馆.1970:275。
7　同注6:276。
8　同注6。
9　同注6:276。
10　同注6:273。
11　同注2:84。
12　杜蘅之.国际法大纲(下册),台北:商务印书馆,1991:522
13　同注2:84-85。

第十三章

香港俘虏收容所德永德等人的审判

军事法庭记录表

被告：

（一）德永德大佐

（二）齐藤俊吉大尉

（三）田中齐中尉

（四）茑田五男传译员

（五）原田城太郎军曹

均由第一/五突击队押解。

审讯地点及时间：香港　1946年10月17、18、19日；11月30日；12月2、3、4、5、6、9、10、11、12、13、14、16、17、18、19、20、21、23、24、27及28日。1947年1月2、3、4、6、7、8、9、10、11、13、14、15、16、17、18、20、21、22、23、24、25、27、28、29、30日以及2月6、12、14日。

召开法庭者：驻港陆军司令

庭长：林明中校　隶属：印度军军法署（大律师）

法庭成员：

罗兰渣少校　隶属：加拿大军法署分部

毕斯菲特上校　隶属：皇家装甲军团

指控：见控罪状

答辩：

首控罪：每名被告均以无罪答辩

次控罪：第一、二被告均以无罪答辩

控罪三：第一、二、三被告均以无罪答辩

控罪四：第一、二被告均以无罪答辩

控罪五：第一、二被告均以无罪答辩

控罪六：第一、三被告均以无罪答辩

控罪七：第一被告以无罪答辩

控罪八：第一被告以无罪答辩

控罪九：第一被告以无罪答辩

控罪十：第一被告以无罪答辩

控罪十一：第三被告以无罪答辩

裁决：

首控罪

第一被告：有罪。但是，法庭裁定被告于1942年1月31日至大约1945年8月期间为香港俘虏收容所所长，管理辖下职员。

第二被告：有罪。但是，法庭裁定被告于第一被告被裁决的时段内，为香港俘虏收容所职员。

第三被告：有罪。但是，法庭裁定被告于1942年1月31日至1945年4月1日期间为香港俘虏收容所职员，而非1942年1月24日至大约1945年8月期间。另外，控罪中"其他一些战俘因而死亡"的词语除外。

第四被告：有罪。但是，法庭裁定被告于1942年4月至1943年8月31日期间为香港俘虏收容所职员。于1943年8月31日，被告被调离香港俘虏收容所，但仍然住在深水埗战俘营，直至他大约在1943年10月离港为止。另外，控罪中"其他一些战俘因而死亡"的词语除外。

第五被告：有罪。但是，法庭裁定被告于1943年10月1日至1945年8月15日期间为香港俘虏收容所职员，而非1942年1月24日至大约1945年8月期间。另外，控罪中"其他一些战俘因而死亡"的词语除外。

次控罪

第一、二被告：两人均有罪。但是，法庭裁定两名被告的犯案时段应为1942年1月31日至大约1942年9月26日期间，而非1942年1月24日至大约1942年9月26日期间。另外，控罪中的"其他一些战俘因而死亡"的词语除外。这判决同时适用于两名被告。

控罪三

第一被告：有罪。但是，控罪中"其他一些战俘因而死亡"的词语除外。

第二被告：有罪

第三被告：有罪。但是，控罪中"其他一些战俘因而死亡"的词语除外。

控罪四

第一被告：无罪

第二被告：无罪

控罪五

第一、二被告：两人均有罪。但是，法庭判两名被告于1942年1月31日至大约1945年8月15日期间，而非1942年1月24日至大约1945年8月15日期间，分别为香港所有战俘营的指挥官和军医官。

控罪六

第一被告：有罪

第三被告：无罪

控罪七

第一被告：有罪

控罪八

第一被告：有罪

控罪九

第一被告：有罪

控罪十

第一被告：无罪

控罪十一

第三被告：无罪

刑罚： 第一被告：绞刑

第二被告：绞刑

第三被告：监禁三年

第四被告：监禁两年

第五被告：监禁一年

日期：1947年2月14日

确认判刑：

德永大佐　获减刑至终身监禁

齐藤大尉　获减刑至监禁二十年

驻港陆军司令　日期：1947年6月25日

公布日期：1947年7月2日

呈交庭审纪录：致英国远东陆军总部第三副官

日期：1947年7月14日

陆军军法署　日期：1947年8月3日

英国远东陆军军法署副署长

案件编号：65201

控罪状

首控罪（指控全部被告）

犯战争罪。全部被告涉及在1942年1月24日至1945年8月15日期间，于香港深水埗违反战争法律及惯例。其时，香港俘虏收容所的职员听命于首被告，负责被拘留于深水埗战俘营的英国、加拿大以及荷兰战俘的管理。全部被告均被指控与非人道对待战俘一事有关，其中一些战俘因而死亡，其他人则受肉体痛苦。

次控罪（指控德永德大佐和齐藤俊吉大尉）

犯战争罪。两名被告涉及在1942年1月24日至大约1945年9月26日期间，于香港北角违反战争法律及惯例。其时，两名被告分别为香港所有战俘营的指挥官和军医官，负责被拘留于北角战俘营的英国以及加拿大战俘的管理。二人同时被指控与非人道对待战俘一事有关，其中一些战俘因而死亡，其他人则受肉体痛苦。

控罪三（指控德永德大佐、齐藤俊吉大尉和田中齐中尉）

犯战争罪。三名被告涉及在1942年4月至大约1945年5月期间，于香港九龙违反战争法律及惯例。其时，德永德大佐以及齐藤俊吉大尉分别为香港所有战俘营的指挥官和军医官，而田中齐中尉则为亚皆老街战俘营的营长，负责被拘留于亚皆老街战俘营的英国及加拿大战俘的管理。三人同时被指控与非人道对待战俘一事有关，其中一些战俘因而死亡，其他人则承受肉体痛苦。

控罪四（指控德永德大佐和齐藤俊吉大尉）

犯战争罪。两名被告涉及在1942年2月至大约1942年6月16日期间，于香港九龙违反战争法律及惯例。其时，两名被告分别为香港所有战俘营的指挥官和军医官，负责英国以及加拿大战俘的管理，应让战俘能够得到医护人员的照顾和或在位于九龙亚皆老街的印度军事医院接受治疗。二人同时被指控与非人道对待战俘一事有关，其中一些战俘因而死亡，其他人则受肉体痛苦。

控罪五（指控德永德大佐和齐藤俊吉大尉）

犯战争罪。两名被告涉及在1942年1月24日至大约1942年8月15日期间，于香港违反战争法律及惯例。其时，两名被告分别为香港所有战俘营的指挥官和军医官，负责英国以及加拿大战俘的管理，担当医疗队伍的一员，应让战俘能够得到医护人员的照顾和或在位于香港的宝云道医院接受治疗。二人同时被指控与非人道对待战俘一事有关，其中一些战俘因而死亡，其他人则受肉体痛苦。

控罪六（指控德永德大佐和田中齐中尉）

犯战争罪。两名被告涉及在或大约在1942年8月期间，于香港九龙科发道战俘总部违反战争法律及惯例。其时，两名被告分别为战俘营总部司令和情报主任，同时被控与虐待派恩中士、布新其准下士、亚当斯二等兵以及艾利斯二等兵一事有关。以上都是加拿大战俘，被两名被告拘留以及受制于他们。

控罪七（只指控德永德大佐）

犯战争罪。被告涉及在或大约在1942年8月期间，身为香港所有战俘营的指挥官，于香港违反战争法律及惯例，被控与杀害派恩中士、布新其准下士、亚当斯二等兵以及艾利斯二等兵一事有关。以上都是加拿大战俘，被拘留以及受制于被告。

控罪八（只指控德永德大佐）

犯战争罪。被告涉及在或大约在1942年9月14日，身为香港所有战俘营的指挥官，于香港违反战争法律及惯例。被告被控与杀害布兰逊二等兵、拜恩准下士、康纳利、史度荻二等兵以及邓尼二等兵一事有关。以上都是英国战俘，被拘留以及受制于被告。

控罪九（只指控德永德大佐）

犯战争罪。被告涉及在1942年10月至1945年8月15日期间，身为香港所有战俘营的指挥官，于香港违反战争法律及惯例。被告被控为个人用途和利益，私吞红十字会提供的食物、衣物以及其他物资；而且，也允许并纵容其下属私吞红十字会的物资。

控罪十（只指控德永德大佐）

犯战争罪。被告涉及在1942年1月24日至1945年8月15日期间，身为香港所有战俘营的指挥官，于不同地点违反战争法律及惯例。被告被控殴打大量前述的华人平民，并对他们施以酷刑以及将他们非法杀害。

控罪十一（只指控田中齐中尉）

犯战争罪。被告涉及在或大约在1943年8月期间，于九龙亚皆老街167号违反战争法律及惯例。其时，被告身为亚皆老街战俘营的营长，同时也是战俘营总部情报部门主任，被控与虐待两名不知名华人司机、夏多克中尉以及另外一名或多名英国战俘有关，而以上各人都是被他拘留并受制于他。

控方开案陈词

庭长阁下：

　　本案是有关日本军官德永大佐和他的四名下属的检控。德永大佐负责指挥整个香港区域的战俘营。在他的下属之中，军医官齐藤俊吉大尉是主犯，负责管理战俘营以及战俘有时会暂住的数间医院的所有医疗服务。接着就是副官及前特高班成员，隶属战俘营行政部门的田中中尉。第四被告是一名来自新加坡的日本人，名为茑田（Tsutada），他于1942年至1943年11月某日期间担任传译员。最后是原田军曹，他是其中一名被派到深水埗（战俘营）当守卫的士官。

　　本案总共有十一项控罪。其中一项控罪，即首控罪，指控全部五名被告；其他各项控罪，则指控一名或更多被告。主犯德永大佐与其他被告一同被控首六项控罪，另外单独被控第七、八、九和十项控罪。他没有被牵涉到第十一项控罪。根据这名军官的宣誓证供，他于1942年1月24日到达香港。直至日本于1945年8月投降，他一直都是指挥官。他的责任是确保战俘营的管理运作符合国际认同的守则。可是，证据显示他在该责任上有缺失；同时指控他触犯一项或多项战争罪。

　　同样失责的有被指称是军医官的齐藤。基于他的身份，他需要负责预防疾病、管理卫生以及照顾病患。证据显示齐藤失职，而他的疏忽等同战争罪，因而被指控；控方只可以从其错失、疏忽或正确行为的结果，判断罪行的严重性。另外，出于他个人并且积极的参与，战俘受到残暴的虐待，他需要回应这些特定例子的证据。这些例子包括：这名所谓的医生数次把人羞辱地殴打，当中包括其团队的人。

　　在讨论其他三名被告前，我想先论述德永和齐藤这两名军官的操守所带来的后果。证据稍后会证实在没有任何疑点下，单是加拿大人当中，就有一百二十八人因此死亡；而假如这些人当时有履行其简单的职责，至少其中的一百零一人不会丧生。虽然他们曾提交报告以及要求申领物资，但证据将会毫无疑问地证实，即使最基本预防致命疾病，如白喉、痢疾以及其他统称为"维生素缺乏症"的传播措施也被忽视，医药也毫无疑问地及确实地被扣留。

关于田中、茑田以及原田的控罪，除了指控他们自身的行为，还会清楚地表明这些施虐及蓄意羞辱的手法，明显是战俘营指挥官德永大佐的方针。

至于控罪本身，首五项分别与深水埗战俘营、北角战俘营、亚皆老街战俘营以及位于宝云道的英军医院（通常被称作宝云道医院）的非人道对待战俘方式有关。为方便庭长阁下，控方已准备一份关于战俘营总部行政架构和人员的图表，现呈上庭长阁下作此陈词的补充资料。每个个案中就非人道的一般指控已在证据概要中详细阐述。例如，首项控罪有以下的分题：

（1）住宿和卫生安排不周，以及食物、衣物不足

（2）未能提供医药治疗、医疗设备和物资，苛待患病战俘

（3）殴打战俘

（4）指派战俘从事危险的战争工作

（5）战俘身体不适，仍被迫不人道地工作

（6）强迫战俘签字承诺不会逃走

（7）个人被指犯罪，集体遭受惩罚

（8）广泛地虐待战俘

接续的四项控罪有类似上述的分题。

在另一个个案中，我曾引述一件构成第六和第七项控罪的事件——四十四个月的可怕监禁以来，这事件在众多的故事中，假如不是最悲惨的故事，就是最传奇的故事。庭长阁下，为了让我的论点有理可据，请批准我现在简述这故事。在1942年8月19日的晚上至20日，四名温尼伯掷弹兵团的士兵开始逃走。他们与所有其他加拿大军人一

同被监禁于北角战俘营，这战俘营坐落于海旁，与铜锣湾的东面相距一英里。他们小心谨慎地计划，选择了一个合适的夜晚，足够的黑暗，将至的台风，让他们成功地逃出战俘营。自此之后，在他们的加拿大战友当中，没有一人再见过他们。但是后来，慢慢有流言传出他们再次被逮捕。他们在公共地方被施酷刑的传闻广泛流传，并得到多人相信。可是，直到日本投降之时，才有人知道他们已被处决。德永大佐把这消息告诉幸存的加拿大高级军官霍姆（Home）中校（现在是准将）。德永将呈交东京的报告副本给予霍姆（稍后会呈上正本），指出这四名逃亡者在攀爬战俘营的围栏时被射杀了。很遗憾，德永大佐的正直品格令人质疑，霍姆中校立即便明了这名香港战俘营司令曾故意误导其政府。这是因为他们知道战俘营的出路在那里，这个位置与德永断言的位置没有任何明白的对应。再者，很多为逃亡者担任"地面部队"的战俘能够明确地说出当晚没有人开过枪。很久之后，德永承认这份正式的报告是一篇虚构的故事，符合日本人的传统模式，他及后作出了部分真实的证供。看来直至逃亡者尝试以舢舨横渡鲤鱼门海峡之前，这场逃脱是成功的。这只舢舨被水淹没或翻船了。逃亡者只能依赖这半沉的小船，所以再次被逮捕了。从这一点开始，德永的陈述再次偏离事实。他指出，战俘营司令和田（Wada）大尉（已故，因此成了各项可能罪行的代罪羔羊）以及一名担当守卫长的少尉，已经被控将这四名再次被捕的温尼伯掷弹兵，从北角带往科发道的九龙战俘营总部。根据德永的证供，他们四人经过启德时"制造滋扰"，所以被枪毙。再一次，很遗憾地，这份由日军大佐提出的证供可信性成疑；同时间，确凿的证据发现这四名军人曾被带到科发道，在这里接受审问。真相得以大白，有赖香港战犯调查队发现一名年轻人在日占时期曾于科发道担任办公室杂务员之类的工作。他名叫麦基成（音译：Mak Kee Shing），他见过这四个人；出于惊人的观察力，他能够准确辨认这四人。他形容其中一人，名为布新其（Bersenski），眼睛四周有一个非常明显的疤痕；除非他曾看见，否则无论如何也不可能知道这个疤痕。他的证供得到平民传译员松田（Matsuda）证实。这四人从科发道转交到宪兵队，接受进一步审问，并被带往九龙巡理府，之后再被带到香港岛上的宪兵队总部。这再次有赖调查队称职的工作，他们发现一位名为韦泰尔（Victal）的证人，真相才得以披露；他懂日语，因此曾被宪兵队征召作传译。这名证人稍后会出庭作供，并告诉大家他记得其中两名逃亡者的名字——亚当斯（Adams）与布新其；他会自行剖析个中原因。再次，他的证供没有任何疑点，全属真确。其证供亦再次得到其他证人佐证，这次是以誓章形式；布新其额上的疤痕，再次成为辨认过程中一个重要的部分。最后，意外只降临在时常保持警觉戒备的人身上。透过其中一件意外，调查组接触到一名华人货车司机，他记得曾载过四名加拿大人以及一队守卫前往京士柏的足球场。刘锦（音译：Lau Kam）将会出庭作供，他曾载这队人到球场的最远处。球场位于崎岖的山中一块荒漠的平原上。刘锦看到这队人消失在西面的山中，但出于某些合理原因，他对当时正发生什么事没有太大的好奇心。几分钟后，这队人回来了，除了那几个逃亡者。他说一名军曹当时正在草上拭剑，他也看到齐藤以军医的身份在场。有关那些战俘就是加拿大人这一点，他的辨认并不清晰，但是接连的证据佐证其证供的内容。最终，整个事件的来龙去脉清楚了——德永、齐藤、新森（Niimori）（另一名正受判决的传译员）以及田中的证供都支持香港战犯调查队揭露的一连串非常重要的证据；这些证据都源于调查队的努力以及洞悉力所得。那四名逃亡者于京士柏被战俘营守卫杀害，未经审讯就被处决，这都是德永大佐下的命令，战俘营守卫只负责执行职务，没有犯其他罪。这些人被宪兵审问；他们在科发道被审问，最少曾被德永侮辱地掌掴；顺带一提，德永被战俘称为"肥猪"，原因现在已明显不过了。这就是派恩中士、布新其准下士、掷弹兵亚当斯以及艾利斯（Ellis）企图逃亡的传奇故事。这场逃亡以一场悲剧终结，德永大佐必须为此负责。

第八项控罪大致上与第七项相似。第八项与英国战俘从深水埗（战俘营）逃走一事有关。可是，关于这些勇敢的战俘事迹的证据有限，差不多就是被告自己提出的证供而已。这证供完全足够。韦特·歌连臣（Victor Collison）上校的证供会提到这份自愿提出的证供。

第九项控罪不需作太多的说明。可是，庭长阁下可能有兴趣思考以下三者的关系：被告的别名"肥猪"、被告为一己私欲偷取红十字会包裹的食物的指控、被告在赤柱监狱饮食一年后显示的外形。赤柱监狱的膳食固然足够，但却不会以红十字会供应的佳肴来点缀。

第十项控罪已经很明确。但是，有关1942年1月24日德永接手以前发生的虐待华人平民事件要被细心分辨。可惜，由于大部分证供都是以誓章形式呈上，因此庭长阁下无可避免地会听到关于此日期前发生的事的证供。我会尽可能指出这些事件发生的地点。但是，关于华人平民受虐的证据，有些事件是在1942年1月24日很久之后才发生的；他们被战俘营守卫虐待，地点发生在深水埗、北角以及宝云道医院。德永知悉并纵容这些不法行为的证据将会日益明显，因为大量殴打、射杀以及明显谋杀的证据会呈现在庭长阁下面前。

第十一项控罪只与田中有关。这再次是有关战俘试图避过俘虏者，继而被捕，以及被虐待的事件。

现在，也许我可以恭敬地提醒庭长阁下有关惩罚战俘的国际法条例。于任何时候，在给予惩罚之前，必须事先经过审讯。试图逃走者最多可被判处拘禁三十天。当然，只有经过审讯才可判处死刑。进一步说，拘禁国必须在三个月前通知有关战俘所属国家的政府，方可执行刑罚。非人道对待战俘、大规模惩罚、侮辱战俘都是明文禁止的。庭长阁下的任务是分析将会呈上的证据，判断被告是否违反这些条例。

（开案陈词）完结之前，我想为证据作最后的补充。大部分的证供都以誓章形式提供。很多誓章都会涉及两个或更多时期的不同控罪。这些证供无可避免地不会根据控罪的次序排列。证人也有如此的情况，很多证人作供时都会讲述本案不同的事件。为方便庭长阁下，一份记录表已被制定，列明支持不同控罪的证人及誓章，这些控罪已在证据概要中详细阐述。有些誓章及几名证人不会在证据概要中出现。有关这额外证据的主旨,已通知或将会通知被告的律师,并预留足够的时间,以避免任何使人感到意外的可能性。

　　这是本案的概要。我重申庭长阁下面对的主要困难是分析证据。当宣读誓章而有很多重复之处时,我恳请庭长阁下能耐心细听。呈上每一份的誓章前,我们都经过深思熟虑,衡量它们的价值;它们若不是可以为一些既有事实提供佐证,就是描述了一些新的事实。

控方第一证人克罗福中校的庭上证供

控方讯问

问：你能告诉我们你的全名、军衔、所属军团以及现在的住址吗？

答：我是约翰·克罗福（John Neilson Brown Crawford），军衔为中校，隶属加拿大皇家陆军医疗团（Royal Canadian Medical Corps），现住在加拿大渥太华第三街四十九号。

问：你能认出被告吗？

答：我能认出三名被告。

庭长：证人是否能前往犯人栏指出他能认出的被告？

克罗福中校走到犯人栏指出德永大佐、齐藤大尉和传译员莺田。

问：为了证明你是名符合资格的医学专家，你能告诉法庭你受过的医疗训练以及有什么进一步的资历吗？

答：我在1930年时于曼尼托巴大学（University of Manitoba）获得了医学博士学位，同时亦获得"裘恩医学奖"（Chown Prize in Medicine），更通过考试获得加拿大医疗委员会的执照。之后我在纽约市的婴儿医院做了一年研究生，并在1931年秋季回到温尼伯开始以儿童疾病专医的身份行医。1932年，我被任命为曼尼托巴大学和位于温尼伯的圣博尼儿童医院（St Boniface and Children's Hospital）的医生，之后亦成为儿科的讲师和担任圣博尼医院小儿科系主任。我在1939年以加拿大医疗官身份成为现役军人直至1945年秋季。现时我是加拿大军医疗服务队助理主任（Assistant Director of Medical Services in the Canadian Army），负责医学研究和发展工作。

问：你能向法庭说出一些和儿科专家有关的资历吗？你具体做了

什么研究？

答：营养和饮食是儿科中最重要的研究问题之一，它们对儿童的传染病研究亦同样重要。一个儿科专家必定会在这两个问题上受过特别的训练。

问：据我所知，你是在1941年12月在香港岛被俘虏，对吗？

答：对。

问：你能告诉法庭，当时你在加拿大军中的职务是什么？

答：当时我是队中的高级军医官，负责驻港加拿大军队（的医疗工作）。

问：驻守在这里的加拿大军队的称号是什么？

答：叫"C"部队。

问：你可否按时间顺序，尽可能提供最接近的日期来简单地陈述你被囚禁的过程？

答：我在1941年12月25日投降时成为战俘，到12月30日为止我都在香港岛，之后被押送到深水埗战俘营。我被扣留在深水埗战俘营至1942年1月27日，然后我们被押送至位于香港岛的北角战俘营。我们在北角战俘营被关押至1942年9月27日，然后我再一次被押送到深水埗战俘营，而这次是被关押到1945年8月，之后被释放。在第二次被扣留深水埗战俘营时，我首先是被关在男性战俘营，然后再被转到同区内的军官战俘营。

问：你能告诉法庭当你在1942年1月底到达北角战俘营时，该战俘营的卫生状况吗？

答：北角战俘营的卫生状况很差。当我们在1942年1月底到达战俘营时，我们发现了整个战俘营都生满苍蝇，而这些苍蝇存在的原因更不是我们可控制的。北角战俘营位于海堤，在西边约几百码外有一个维多利亚城在使用的垃圾场。在战俘营的南方，道路的对面是日军曾用作马房（horse-lines）的区域，而在东边的海滩上有很多腐烂的尸体，成群的苍蝇在尸体上繁殖。这些原因让我们很难完全地除去营里的苍蝇。

问：你能告诉法庭，战俘营西边有什么吗？

答：某种类型的垃圾场。

问：你能告诉法庭马房的状况吗？

答：那里已经没有任何马，但地上却仍然有很多马粪。

问：你能告诉法庭当你到达战俘营时，该营房的住宿环境如何吗？

答：当我们到达北角战俘营时，我们发现营里早已关押着大量的英军和海军。我并不清楚北角有多少间木屋，但每个木屋大概是一百二十五英尺长，二十英尺宽。每个木屋住有一百五十人，显然极其拥挤。这情况要在英军和海军在4月左右离开后才得到改善，但每个木屋里仍住着八十人左右。

问：一般来说，一个一百二十五英尺长，二十英尺宽的木屋大概该容纳多少人？

答：我认为这尺寸的木屋最多能容纳五十人。

问：战俘营里有什么医院设施？

答：战俘营西边的一个仓库作为医院使用。医院设备包括十二张床，但在那几个月里，医院里病人的数目从没少于十六人，更曾多达四十二个病人在医院内。

问：你能大概说出医院有多大吗？

答：约三十英尺宽，四十英尺长。医院屋顶漏水严重，每到雨季，便时常可在地上看到一英寸深的积水。由于没有足够的病床，所以大量的病人不得不睡在地上。

问：你曾说入院的人数在十六至四十二人，这数目和北角战俘营病人的人数有什么关联？

答：这数目和战俘营的实际病人数目关系不大。这是因为两个原因。一，我们能让病重患者转至位于宝云道的英军医院。二，医院并没有接收所有患者，如果他的病情较轻，我们会让他在自己的木屋内休息。因此，北角战俘营医院里的病人代表中间群体，他们的病情没有重到必须送往宝云道医院，但也没有轻到能够只留在木屋内休息。

问：你认为法庭能从你的观察中判断出什么？

答：我认为，法庭应该将十六至四十二个病人的数据，看成是当时在战俘营的众多病人中的一小部分。

问：你能告诉法庭，战俘们被拘留在北角战俘营那段时间的饮食状况吗？

答：基础的日常饮食包括饭或面、鱼、青菜、一些花生油、糖和盐。我们在北角战俘营获得足够分量的粮食，而这些粮食给每个战俘每天提供了最高两千六百卡和最低一千九百卡的卡路里。当时每名在北角战俘营的战俘们平均获得提供两千卡路里左右的食物。

问：你能否告诉法庭你是否有为在囚禁时所观察到的环境向日本官方提出交涉？

答：战俘营里的患病率在1942年8月时已达到了令人担忧的数字。当时每天都有三百人左右生病。到了7月，我们被分配到的粮食更减至一千九百卡路里左右，而在8月更开始出现白喉病例。因此，我在8月时写了一份报告给加拿大高级军官霍姆中校，而他则将这报告传至日本当局。报告中指出患病率提升了50%，而这上升和粮食的减少似乎有关。同时，我也指出战俘营里开始出现白喉的病例，要求官方采取措施以控制白喉疫情的传播。我在报告中更特别要求日方为战俘营内所有人进行咽部采样以区分白喉带菌者，从而隔离病菌，防止疫情传播。我也口头上向当时担任战俘营医务军曹的上山（Ueyama）要求日方提供抗白喉血清。

问：你的报告获得了什么回应？

答：当时没有获得任何回应。

问：据你所知，你的报告最后怎么了？

答：当我们在10月回到深水埗战俘营时，一名我不认识的日军参谋官问我，由北角战俘营迁移的举动是否影响到白喉的病例。我向他指出，我在8月时已预测白喉将会在加拿大战俘中爆发成疫情。这名参谋官告诉我，日方在10月收到了我的报告，但当时他们不认为有必要作出任何行动。

问：你是几时离开北角战俘营的？

答：我们在1942年9月27日离开北角战俘营。

问：你们去了哪里？

答：我们去了深水埗。

问：你能描述当你们在1942年9月到达深水埗战俘营时，该营的大致卫生状况吗？

答：当我们抵达深水埗时，我们发现因部分战俘被送上里斯本丸（Lisbon Maru），征往日本的关系，所以战俘营里的人口有所减少，而由北角到来的加拿大战俘被分派至空出来的军营宿舍。当时，我从北角战俘营带了许多病人到深水埗，但当我想安排他们入院时却发现医院已人满为患，无法再接收更多病人。因此，我只能把一些本来是用作住宿的木屋改用作为医务用途。

问：你是否能陈述该区的大致卫生状况？

答：总的来说，战俘营颇为干净，但仍有一些恶劣的因素。举例来说，深水埗战俘营厕所设施十分有限。我不大清楚整个战俘营有几个厕所桶……

问：不好意思打断你一下，我想你先描述地面的情况。我们一下子会再回到军营。

答：深水埗战俘营是建在填海土地上。战俘营本身地势低洼，要透过贯穿整个战俘营的水渠来排水。

问：这些水渠的状况如何？

答：水渠通往海边的部分被铁丝挡着，而从水渠上游来的和战俘营中积聚的垃圾也阻塞在这里。因此积水又滋生了蚊子，容易引发疟疾疫情。我们必须获得守卫长的批准才可以将铁丝网升起来以便清理水渠，但并不是每次都会得到批准。有一次，我陪同齐藤中尉视察战俘营，向他指出了在我们用作痢疾医院的前英国海陆空三军合作社

（NAFFI）大楼旁边的水渠的状况，并请求他帮我们取得许可，让我们能将铁丝网升起并清理水渠。他告诉我不得向我的上级提出此建议。

问：你提到的齐藤中尉是谁？

答：就是被告。当时他是中尉。

问：回到木屋的话题，你能否告诉法庭，除病患以外的普通战俘的住宿是如何安排的？

答：他们都住在于和平时期为我们建成的木屋里。每个木屋能容纳三十二人。

问：为什么是三十二个人？

答：我们一般只会让这么多的士兵住进那种尺寸的木屋。当时我们有多至八十个战俘住在那种木屋里，但本来木屋最多只应该容纳五十人的。

问：据你所知，被囚在深水埗期间，战俘们是否有被分配其他的住宿设施？

答：我们将租庇利大楼（Jubilee Building）用作为痢疾医院。

问：对不起，医生。我所指的不是医院，而是木屋。你告诉了我们，一个木屋里容纳的人数多至八十不少于五十。我想知道你是否能告诉法庭，在被囚期间，（日方）时不时地提供了什么住宿设施。

答：由于战俘们时不时会被征往日本，所以战俘营的战俘亦相对地减少。正常来说，由于人数减少的关系，居住空间相对会增加。但这情况并非如此，因为每当有战俘被征往日本，围着战俘营的铁丝网便会被拉紧，战俘营的范围也因而缩小。空置木屋全都在铁丝网的范围外，木屋很长一段时间内，都被用来存放空油罐。

问：回到木屋的话题。你能告诉法庭，木屋里有什么寝具给战俘们使用吗？

答：到达木屋时，我们发现屋里的一边装有木板，木板上面则放了薄草席。这就是我们的寝具。

问：被子的供应情况？

答：战俘们的配额是每人分配两张棉被，这就是他们的限额。

问：这配额是定在一年中的什么季节？

答：全年的全部季节。

问：木屋的灯光供应和通风状况如何？

答：首先，在通风状况上，每间木屋都是人满为患，屋里亦缺少窗口。有些窗口都被砌起来的砖完全封上，有些被砖封上一半的则被铁片或木条封起来。这些本应让一些阳光和空气透进来木屋的窗口由于被封住，使得光线完全无法照入。直至1944年，营里都有供电，每间木屋都可在晚上九点前使用一盏电灯。在1944年的某天，战俘营里不再有电力供应，而此后木屋也被禁止用电灯。

问：清洗设施呢？

答：虽然深水埗战俘营的供水十分充足，但另一方面，肥皂一直都不够用。每个战俘每三个月会被分配一块约二点五乘一点五平方英寸大的肥皂。

问：战俘们须要用这些肥皂做什么？

答：他们须要用这肥皂洗澡和洗衣服。

问：厕纸供应呢？

答：厕纸亦是每三个月分派一次，每人约五十张厕纸。

问：在我打断你之前，你是在描述军营厕所设施。你能告诉法庭这些设施的详细情况吗？

答：最初，深水埗战俘营近海堤处有几个抽水式厕所，但这些厕所很早就被铁丝网隔开，被分在战俘能使用的范围外。从此，我们就只能靠厕所桶来如厕。我不知道总共有多少个桶，可是我知道数量上是不够我们用的。这些桶后来生锈，我们尽力地修好，到最后已无法再修复，但也并没有新桶来替换。因此，被用来当厕所的房间变得十分肮脏，造成了传播痢疾的高危环境。

问：为了记录得更清楚，你能说出这些桶的尺寸吗？

答：一般的厕所桶有二十四至二十六英寸高，顶部直径约十五英寸，为椭圆形。除此之外，我们也将一些亚洲式的桶来当厕所，而这些长圆形的桶大概是四英寸长、顶部直径约八英寸。

问：这些亚洲式的桶是否包括在你所提到的桶之内？

答：是。

问：你能向法庭描述深水埗的医院设施吗？

答：我已经提过当我们到达深水埗时，英军医院设施已是过于拥挤，无法容纳加拿大籍战俘。这意味着加拿大籍战俘们必须自己寻找医院。我们接管了一些原本是用来做军营宿舍的木屋，并将其改作医院。当时有三种情况必须送院，分别是白喉、痢疾和非传染性的一般病。最初我们将患上白喉的病人安置在战前用作军官食堂（officer's mess）的院子里。但由于病例激增，院子已无法安置所有病人，因此我们就将患者移往租庇利大楼，那里建了一处白喉病患隔离医院。加拿大籍战俘们在自己的木屋内治疗患上痢疾的同僚约几个月。虽然他们有被隔离，但仍和患非传染性疾病的病人同处一室。当加拿大战俘在深水埗战俘营设立医院时，日方分配了十二个厕所桶供医院使用。约五百个病人在10月时入院，而医院只有十二个厕所桶供他们使用。这些病人中不少人患有痢疾，厕所设施严重不足。

问：回到关于白喉患者的住宿安排上。你提到军官食堂（officer's mess）以及后来迁往的租庇利大楼。你能告诉法庭在租庇利大楼时，一间房总共能容纳多少患者？

答：租庇利大楼的房间尺寸大概是十二英尺乘十五英尺，我们在每间房安置四个患者。

问：这种尺寸的房间一般来说应该安置多少患者？

答：我们认为在一般的情况下，这尺寸的房间应该安置两名患者。

问：你能重复一次你们是何时离开租庇利大楼吗？

答：我们是在1943年1月底左右离开租庇利大楼。

问：是什么原因令你们在当时离开？

答：在1月时许多战俘被征往日本，令军营区空出了不少住宿位。

同时，白喉疫情亦好像结束，预计新增病例也会越来越少。日方命令我们全部迁离租庇利大楼，并于军营再设立一所医院。

问：你能告诉法庭在你们于1943年迁离租庇利大楼后日军如何使用该建筑？

答：大厦被空置了几个月，之后日军将空油罐放进大厦底层的房间里。在1944年末或1945年初时，大厦被用作为日军战俘营员工的宿舍。

普迪肯少校（Major Puddicombe）：克罗福中校，在休息前你提到在租庇利大楼设立医院安置白喉患者。我记得你好像也提到另一个设施用来安置患痢疾或一般疾病的战俘。请你再告诉法庭这设施包括了什么住宿安排、木屋的数目、每间木屋在正常情况下可容纳患者的数目以及当时被安置在木屋里的患者数目。

答：痢疾和一般疾病的患者被安置在军营的一般地区。我们接收了一些本来用做军营住宿的木屋。这些木屋一般可容纳三十二名士兵。最初我们有四间这种类型的木屋，后来减少至3间。我们安置在每间木屋里的病人从来不少于五十人，有时甚至更多。到1943年1月，战俘营里的加拿大医院和英国医院颇为不同。当时我们的痢疾医院位于我刚才描述的木屋里。医院木屋的住宿设施和军营木屋类似。医院木屋内有几张床，但军营木屋则只有平台充当床。直到1月为止，三间加拿大木屋的其中一间仍然以平台作床。而医院的窗口和门的状态就和军营木屋一样，就是窗口的一半空间是被砖砌上，在砖上方的另一半空间则用铁板封着。

问：窗口被封住的情况维持了多久？

答：加拿大医院和英国医院在1943年1月合并，而在同月，大量战俘被征往日本。在1943年中旬，我不大记得是哪个月，应该是7月或8月时——红十字会来巡查，巡查后就有一些华人工人到战俘营，在军营区的约六间木屋以及当时我们用作医院的英国海陆空三军合作社大厦安装正常的窗口和门。对不起，得以安装窗口和门的木屋不止六间，是十间才对。因此，在1943年下半年，我们的医院已配备了窗口和门。

问：你刚才想描述医院的厕所设施。你是否能将这份由你签署的文档呈上法庭？

这份文件的编号为证物B2，请庭长阁下你接过……

庭长：辩方是否也有一份副本？

普迪肯少校：庭长阁下，他们也有一份副本。若你接收此证物的话，请你告知速记员证物编号。他似乎之前遇上困难。

克罗福中校：这是我于1942年10月20日收到十二个供医院用的厕所桶后给日军的收条。我在10月20日收到的这十二个桶就是整个加拿大医院的厕所设施。

问：有几间木屋？

答：在军营区有四间，而我们在租庇利大楼亦有几个桶。我想指出至1942年10月，总共已有五百二十六个加拿大籍病人被送入院，而其中一百九十一名患有白喉或痢疾。

收条由普迪肯少校交上法庭。

庭长（向克罗福中校）：这文件上面的签名是不是你的？

答：在原件上是。这是个副本。

问：在副本上的签名是不是也是你的？

在看过文件后，克罗福中校答：是。

问：你能告诉法庭原件怎么了？

答：我不知道。原件可能在加拿大。我以为是在这里。我真的不知道。

普迪肯少校：这文档是附在克罗福中校于加拿大录下的誓章正本里的。

庭长：你是怎么写这份文件的，你有正本？还是凭记忆来写的？

克罗福中校：我是透过当时保存下来的副本来写的。

问：这是不是该档的真实副本？

答：是。

庭长：法庭接受这和厕所桶有关的收条，而文件会被列为证物F。

普迪肯少校：你提到入院人数。你有没有什么证据能证明你这推测的数据是真实有效的？

答：我想呈上加拿大籍士兵在1942年9月27日至1943年6月26日间于深水埗战俘营医院的入院及出院记录。

普迪肯少校（向法庭）：这档总共有六份副本，如果想要的话你现在就可拿。

庭长：我认为在审讯尾声才提供这份档案的备份会更方便。

庭长（向克罗福中校）：谁编写了这记录？

答：大部分都是由我自己手写，剩下的则是由在战俘营工作的文员在我的指导下所写。

问：你能告诉法庭有哪些日子是由你记录下的吗？

答：我可以通过簿子指给你看。前两页记录了9月27日的数据，而这是我亲手写的。接着由9月27日至1月24日的记录看起来多半是慕斯上士（Staff Sergeant Moss）的笔迹。

问：你对他的笔迹熟悉吗？

答：熟悉。

问：你有没有在任何情况下看见他写下这些记录？

答：有，我曾亲眼看见他做记录，在拘留期间，我几乎每天都会亲自检查这簿子上记录的数据。

问：在"观察数据"的标题下的最后一栏有若干评论。这是不是由你所写？

答：庭长阁下，你是说"观察资料"？

问：对。举例来说，这里有几宗转移至宝云道医院的病例。

答：这些数据文员都会自己记录下来，包括出院日期、转院日期等等。

问：这些不是临床记录？

答：不，但诊断属临床记录。

庭长：法庭接受这本记录了由1942年9月27日至1943年6月26日被拘留在深水埗战俘营的加拿大籍战俘的入院及出院记录簿。证物的标签为G。

普迪肯少校：你是否能在此时拿出医院的出入院记录？

答：我在此呈上一本记录着由1943年6月26日至1945年8月24日被拘留在深水埗战俘营的加拿大籍战俘的入院及出院记录簿。

庭长：这些文件是不是由你亲手写的？

答：不是，这些档案全都是在我监督下由文员所写。

问：你知道该文员的姓名吗？

答：知道，大多数的数据都是由皇家陆军医疗团（RAMC）的格连下士（Cpl Green）记录下来的。

问：你对格连下士的笔迹是否熟悉？

答：熟悉。

问：你曾看见他作记录？

答：是。

庭长：法庭接受这本记录了由1943年6月26日至1945年8月24日被拘留在深水埗战俘营的加拿大籍战俘的入院及出院记录簿。证物的标签为H。

克罗福中校：我在此亦呈上加拿大军的MFB1405和1405A两份表格。这些表格内容为当时出入院的加拿大籍士兵的名籍册以及出入院报告的总结。这些表格由我亲自编制和手写，包括了所有从1942年12月28日，最早两天的记录是由其他记录复印过来，至1942年1月31日被拘留在北角和深水埗战俘营的加拿大籍士兵。另外，在北角战俘营方面，记录也包括从2月至7月被拘留在那里的加拿大籍士兵。

庭长：这些记录全都是你手写的？

答：有些是用打字机打出来的，但手稿上的字全都是我亲手写的。

庭长：法庭接受这证物为深水埗和香港北角由1941年12月28日至1942年7月31日战俘营病患的月度报告。证物的标签为J。

克罗福中校：我还想呈上由放在北角战俘营监狱医院的出入院记事簿剪出来的几页。这几页记载着1942年8月1日至9月25日的记录。

庭长：这些笔迹是谁的？

答：是其中一名文员的笔迹，但这几页是我亲手由出入院记录簿剪或撕下来的。我认得出前四页的笔迹，是属于温尼伯榴弹兵营（Winnipeg Grenadiers）的维利下士（Cpl Vaele）。

问：为什么要将这几页从登记簿上撕下来？

答：当我们从北角移到深水埗时，需要移走的货物多又繁杂。虽然当时我已在刚才呈交的那两份表格上记录下一些出入院资料，但我还没编制记录下9月和10月的出入院数据的表格，因此便从簿子里剪下相关页数。

庭长：法庭接受这几页由医院出入院记事簿剪下，记载着从1942年7月6日至1942年9月24日出入院资料的纸张为证物，标签为证物K。

克罗福中校：我在法庭上所提到全部和医院病患相关的资料都是源自这些证物。

普迪肯少校：你已告诉了我们医院里厕所桶的数目。你可不可以向法庭描述，尤其是在痢疾病区内，因为厕所桶的数目而引起的状况？

答：病区肮脏得难以形容，亦只有最低限度的人造光源。由于有大量痢疾病人，因此每到晚上厕所都会挤满人，在黑暗中摸索，厕所桶亦很快就满了。地板也十分肮脏，而我们每天早上的第一个任务就是努力清洁地板，尽量恢复整齐。

问：现在你能否告诉法庭深水埗战俘营的饮食状况以及食物质量？我将会给你一份由你签署，标为"粮食分配量表"的文件。我可说这份档案没有副本，但这是不可能的事，藤田先生（Mr Fujita）已保有这文件几天。

克罗福中校（看着文件）：这好像包含了各式各样的档案。我知道这是什么，但我看不出有什么联系。

庭长：证人能不能告诉法庭这些档案到底是什么？

克罗福中校：可以。前十页是由位于温尼伯曼尼托巴省的十号军事区在1941年10月13日发出的收拾货物记录。这记录记载着我在1941年从十号军事区取出什么药物，由加拿大带到香港用做一部分的军队药品储备。接着的七页则记载着战俘们从1942年1月至1945年7月所获得的粮食资料。数据显示出日军分配了什么物品以及其重量，而我们称之为日军分配物。同时，这几页也记载着由红十字会派发给战俘的物品以及其以克为计量单位的重量。另外，这几页亦记载着战俘营农场自身的生产、分配给士兵的物品以及其以克为计量单位的重量。最后的三页记载着由1942年1月至1945年7月加拿大籍士兵的月度患病率，而这几页的内容和你拥有的证物内容相同。

庭长：文件上的签名是不是你的？

答：是。

问：那在你签名之下的那个签名是属于哪位军官？

答：你是说古兰特（Grant）吗，庭长阁下？

问：是。

答：他是公证人，我曾向他宣誓这些文件是准确无误的。

庭长：法庭接受这些档案，并将其分成四份证物。药品名单标签为证物L，日军所分派的粮食量表卷标为证物M，记载由红十字会和农场分派的物品列表卷标为证物N，而病患报告标签为证物O。

普迪肯少校：透过你对这些记录的检验与认识，你能不能告诉法庭，日军在深水埗所提供的饮食和其卡路里值的关联？

答：由1942年9月27日起至11月下旬左右，深水埗战俘营的饮食是由米、面粉、菜、鱼、盐、糖和花生油组成。我们估计这膳食提供的卡路里少于两千卡，并已考虑到损耗以及经过烹煮。在整个拘留期间，与红十字会提供的膳食卡路里对照，日军总共供应了一千九百至两千一百卡路里的膳食，平均卡路里为两千左右。在1942年11月下旬，我们通过红十字会得到一大批装运的食物。这些食物包括玫瑰油、酥油、腌牛肉或罐装肉、肉类和蔬菜类军粮、水果干、糖和可可。当然，这些食物交由日军监管并被分给炊事班。负责粮食的战俘军官和战俘营的军医官，在商讨后决定将所分配食物的卡路里提升至三千卡左右。这分配制度的采用期是由1942年12月至1943年6月左右。在此期间，每个战俘每天可获得两千九百至三千卡左右的膳食。同时，我们也开始怀疑以后可能不会再获得这样的一批食品，便开始减少发给厨师烹饪的食物数量。我们设法将每日膳食热量维持在两千五百卡或略少一些，一直到1944年3月，红十字会送来的食物已全部吃完，每日膳食热量再度回落至日军所提供的两千卡。1944年4月，我们收到了透过本地红十字会运来的一小批食物。虽然这批食品数量不多，但足以将每日膳食热量提高至两千四百至两千五百卡。随着食物重复地通过红十字会运来，虽然每日膳食热量有时跌至两千至两千五百卡，但大部分时间都能维持在两千四百至两千五百卡的水平。

庭长：普迪肯少校，你是否将会开始新的主题？

普迪肯少校：是。

庭长：这样的话，鉴于此次审讯漫长和使人劳累，法庭将会休庭五分钟。

问：你已描述了卫生安排、可处置的膳食范围以及两个战俘营的住宿安排。你能否告诉法庭你所见到的卫生安排带来了什么结果？

答：无论是独立或综合起来，苍蝇孳生、污染的水渠和过分拥挤等因素造成了三种疾病，分别是痢疾、疟疾和白喉。饮食不足造成了营养缺乏症，例如糙皮病和脚气病等，而我们一般都会将这些病列为维生素缺乏症。

问：那军营的住宿如何？我想你提到的卫生安排和厕所设施、膳食情况有关。在此，我想问你对自己描述的过于拥挤的住宿环境和疾病之间的关系有什么看法。

答：我想这问题在我提到不卫生的环境、苍蝇、恶劣的水渠和拥挤等独立或组合起来的互相关联因素时已作出了回答。拥挤的环境让疫情蔓延，堵塞污染的水渠造成蚊子孳生并传播疟疾，而苍蝇则散播了痢疾。

此时，第一被告（德永大佐）好像听不清楚被翻译成日语的问题与答案。因此，传译员被移到更靠近他的地方。

庭长：藤田先生，你可否问德永大佐他现在是否能听到问答？

在藤田先生问完后，德永大佐回答：承蒙你的体谅，我现在能听得十分清楚。

问：若法庭允许，我们将会逐一处理证人所提到的三个疾病。首先是痢疾。克罗福中校，你能否说出北角战俘营和深水埗战俘营的痢疾病史？我会假设你所说的全是加拿大战俘的病例，若当中包括非加拿大籍战俘的病例，请说明。

答：很明显地，在被拘留的最初时期，我们就察觉到痢疾将会成为我们的最大问题。许多战俘在山上和日军作战时已患上痢疾，而战俘营的拥挤、营养不足和恶劣的卫生环境成了散播痢疾的理想环境。从北角战俘营医院的加拿大籍月度病患报告可看出，在一个月内就有七十至一百二十五宗腹泻和痢疾的病例，但这资料并没有完全反映出营中痢疾病人的人数。这是因为我们让一些能够自行走到厕所的患者在自己的木屋里养病，而一些病情较为严重的患者则被送往宝云道医院。直到1943年11月前，深水埗战俘营每个月都会出现一百至二百宗病例。这时，由于我们于营内消灭苍蝇的工作逐步见效，而且日军也将战俘分几次征往日本，导致战俘营可选取人口减少，使得痢疾病例开始回落。

问：你能不能解释刚才的最后一句话？"减少战俘营中可选取的人口"指的是什么？

答：战俘营最初有约一千五百名士兵，而当中任何人都可能患上痢疾。战俘营最后剩下约三百五十名加拿大籍战俘，因此患痢疾的机率在如此小的人口群体中是非常低的。虽然痢疾在1944年4月已不再是严重的威胁，但这段时间内已有大量加拿大籍战俘因痢疾而病死，而这本应是可以避免的。

问：你能出示J和K这两份证物吗？你能从这些证物中正确地指出在各时段内出现了几宗病例？

答：如果可以的话，我想参考一些和出入院摘要有关的笔记，不然的话，我可以从出入院簿将这些数据复制出来。

庭长：你有把这些笔记带在身上吗？

克罗福中校：有。

庭长：如果你愿意宣誓这些笔记的内容是由出入院簿摘录下来的话，法庭愿意接受它们为证据。

克罗福中校：愿意。我想指出的是在1942年10月，一共有一百九十一名患上痢疾和腹泻的加拿大籍病人入住深水埗战俘营战俘医院。同时，医院亦接受了二百八十四名患上白喉的加拿大籍病人，平均五十二名一般疾病患者，如营养缺乏症、发烧和其他非传染性疾病等。在10月，有四十一名加拿大籍军人因患白喉、痢疾或营养不良而丧生。

问：你能告诉法庭在抵抗痢疾的过程中，日军提供了什么援助吗？我将会要求你拿出你向日军申请药物的收条。

答：我们用含硫药物来医治营中爆发的痢疾。在英国这类药物被分在M和B组，而日方则用称为特里亚农（音译：Trianon）的制剂。只要在痢疾的初级阶段让患者服下这类药物就能挽救他性命。一般来说，一名患者须服用七至十克。在此呈上一组我曾交给日军的收条，当中记载我在拘留期间获得什么药物。这组收条并没有显示所有我收到的药物，因此不算完整。这些收条是我在被释放时所拥有的收条的复印本。但在这组收条中，标签着1942年10月16日的第一页则记录着我在1942年10月收到的所有药物。

问：为了避免出现任何误解，在继续描述之前，你能否查看证物三号的第二页？

答：啊，对了。我也收到了三万个单位的白喉抗毒素，记载在另一张收条上。这收条记载着我在10月16日收到了二百二十粒特里亚农药片，每一粒约零点二克重。这代表我总共获得了四十四克特里亚农。

问：能不能请你立即查看后面的注释？

答：这些是额外的特里亚农，但我不知道这些药力有多强。它们大概亦是零点二克左右。这样的话，所收到的五十安瓿装[1]有二十克的特里亚农，代表我总共获得九十四克能服用或注射的特里亚农。每个痢疾病例需七至十克的特里亚农来医治，但在整个10月我已有一百九十一个病人等待医治，但我却只有不到一百克的特里亚农。

问：我知道这是个简单的算术题，但要治疗一百九十一单病例需要多少特里亚农？

答：我本该要一千九百一十克。

庭长：法庭会接受这组和药物有关的收条，将其称为日本帝国陆军于1942年10月、11月和12月所分配药物的收条，标签为证物。

问：日军在卫生和住宿的安排两个因素上提供了什么帮助来预防痢疾的散播？

答：我们获得了少数甲酚和消毒剂来为衣服、医院设备、军营木屋等消毒，但在抵抗疫情上，消毒的作用十分有限。除了获得消毒用具以及少量特里亚农外，我们就没有再得到任何援助来抵御痢疾。

问：你能提出你对住宿环境这因素在抵抗痢疾的工作上有什么影响吗？

答：在此之前，我想补充日军在抵抗痢疾上所作的一项行动。我们较常获得已被证明有效的预防霍乱和伤寒的接种疫苗。虽然我们亦获得了抗痢疾血清的注射剂，但据我所知，并没有任何真实有效的科学根据能证明其效能。

问：在我们离开痢疾这题目之前，你能否告诉法庭当时盛行的是杆菌性痢疾或阿米巴痢疾？

答：当时这两种类型的痢疾案例都有，但大多数的案例都是杆菌性痢疾。

克罗福中校（继续作供）：刚才提问到过于拥挤在痢疾传播上发

挥什么作用以及日军在这问题上做了些什么。痢疾的散播是通过痢疾细菌污染食物，即直接由患者传播或由苍蝇间接传播。不管是哪一种传播方式，人口过密的环境都有利于痢疾的散播。木屋内拥挤的情况在日军征召战俘至日本后稍有改善。住在木屋的战俘数目得以从八十人左右减至约五十人，但从没有少于五十人。这些木屋一般只该容纳三十二人。

问：据你所知，营里是否还有其他住宿地点？

答：战俘在1月时被征往日本，而每当相同的征召进行后都会让军营空出许多木屋，但这些木屋全都被列在战俘营范围外，以铁丝网围开，用来放置空油桶。我们在1943年下旬离开租庇利大楼，但大厦被空置了几个月后才被用作日军宿舍。

问：你提到痢疾造成了不少患者的死亡。你是否有一份记载了在日占时期死于疾病的患者记录？

答：我将会在此呈上一份因疾病而在拘留期间在香港逝世的加拿大籍患者的名单。这些患者包括了在宝云道医院、北角战俘营和深水埗战俘营的战俘。名单上的名字出自两处：其中一组是深水埗战俘营逝世者的名字，这些名字记载在阁下刚才取得之医院出入院簿内。这组病人分别是由我亲自照顾或者是我命他人去照顾的。另一组人则是在宝云道医院逝世的病人，而我并没有目击这些人逝世。这组人逝世的详情都是透过可靠人物的口耳相传而取得的，他们都是由宝云道医院来到战俘营的。而多次偷运到深水埗战俘营给我的病历纸都能证实这些资料。那份名单是我的笔迹。

庭长：你是否曾签署该档？

克罗福中校：我不曾签署该文件。

庭长：文件是不是你的笔迹？

克罗福中校：是。

庭长：你能不能说出记录在名单上的病人死亡总数？

答：名单一共出现了一百二十八个名字。

普迪肯少校：庭长阁下，我们会在随后出现的几个议题上再参考这份名单。

庭长：这样的话法庭会把它加到证物名单并把它交还。法庭接受这档案，并将其列为在拘留期间于深水埗战俘营、北角战俘营和宝云道医院病逝的加拿大籍战俘名单，标签为证物Q。

问：我想问一下有关死亡人数的问题。

答：其实要判断病患是否死于痢疾并不容易。虽然患者死亡时确实患有痢疾，但他亦可能同时患上白喉、营养不良症或维生素缺乏症，亦可能在死前才患痢疾。在看过整份记载着一百二十八名死亡病人名单后，我判断当中的二十一人主要是因痢疾而死亡。

庭长：证人是否能用相同的方式告诉我们因白喉而病逝的患者数目？

普迪肯少校：当我们讨论此病症时会补充此数字。

庭长：法庭已将由证人提供的笔记中所记载因痢疾、白喉和疟疾而入院的病患数字与证物G和H（这两份证物记载了10月内实际逝世者的名字）做对比，并发现两者大致相同。法庭将会将此记录在案。

庭长：现在是休庭的合适时间，法庭将会休庭至明天早上10点。

问：在昨天休庭前，我想你已完成了有关痢疾及其病发率以及逝世的加拿大籍病患的讨论。在我们进行讨论另一种疾病之前，你有没有什么补充？

答：没有。

问：由痢疾转到维生素缺乏症，你可否就此先向法庭提供一个指标，指出每日膳食的最低要求？

答：我将要提出有关每日膳食的最低要求的看法，是根据我们在战俘营，以及世界各地研究营养问题的专家的观察所综合起来的结论。人类需要摄入食物来维持身体活动，而所需要的食物多寡则取决于其体格以及所进行活动的激烈程度。一个人在静态时所需的食物分量在通过仔细计算后得出，而此数量亦成为世界公认。人体所吸收的食物必须达到这称为基础代谢率的数量来维持心跳、呼吸、消化等功能的运作。在静态时，一个人每公斤都需三十卡路里来维持身体功能的运作。举例来说，一个重一百六十磅的人（一名欧洲人的平均体重），其体重若以公斤计算就是约七十公斤。假设这人士是躺在床上休息，并没有进行任何行动，以每人每公斤需要三十卡路里来维持心跳、呼吸和消化等功能的运作来说，他每天便需要两千一百卡路里。一个体积更大的人需要更多卡路里，而一个在进行适度或粗重劳动的人士则需要比静态时更多的卡路里。除了刚提到的所需卡路里之外，膳食也必须包括我们称为维生素的辅助食品以及提供铁、钠、钙等的食物。举例来说，一个人在一般温带条件下每天需摄入十克的盐。

问：你可否就北角和深水埗患有维生素缺乏症之病患群组的历史提供一个概要？

答：北角战俘营在1942年2月下旬或3月上旬开始出现营养缺乏症。我们最初发现的症状包括脚踝和脸上的臃肿以及因神经受到影响而出现的肢体麻痹和刺痛。通过司徒永觉医生（Dr. Selwyn-Clarke），我取得了一些硫胺素的药剂。

问：司徒永觉医生是什么人？

答：司徒永觉医生在战前是香港的医务总监，而在日军占领的初期他并没有被拘留。硫胺素能治好刚才我提到出现类似症状的病人，而这也让我们诊断出这些病状出现是因为维生素不足的缘故。1942年夏季亦出现了其他症状，但我们不需在此陈说。在夏季过后，约1942年8月或9月左右，几乎每个被拘留在北角战俘营的人都患上了某种程度的营养缺乏症，而这些病症在9月末时变得更严重。当我们在1942年9月前往深水埗时，一种我们称为"触电脚"（electric feet）的症状也开始出现。这症状是因营养不足而引起，主要会使得患者感到剧烈的脚痛。由此时起，患上营养性疾病的病人也被送进医院。庭长阁下，如果可以的话，我想引用和这几个月入院病人报告摘要有关的证物。

当证人被分派了所需证物后，他继续作供。

答：在1942年9月27日至月末期间，一共有十五名病人因营养失调而被送入医院。这显示了当时有十五个人因为营养失调导致他们病得十分严重，必须入院治疗。在1942年10月，一共有三十二名病人因同样原因入院，而在1942年11月则有一百一十九个病人因营养失调被送入医院接受治疗。我必须指出的是病人数字的突然增加并不代表患营养失调的病例上升。我们在11月时收到了由红十字会送来的大量食物，而那也是我们首次认为我们有武器来抵抗营养失调。因此我们将一直无法治疗而继续留在木屋里休息的病人送入医院，造成了入院人数的突然上升。我们在1942年12月、1943年1月和1943年2月间分别送了十九、五十三和一百一十一名病人入院。你可注意到在1943年2月，有相当大的增幅，有一百一十一人被送院。这亦是一个事实迹象，反映出当时我们有另一种武器来治疗这个疾病。当时战俘营的军医官，齐藤医生带来了几瓶由日方配制，名为亚比拿林（Apellagrin）的药剂给我们使用。在使用过后，我们一致认为这药剂在治理病情上颇为有效，但之后我们无法透过日军的正常药物发放而获得更多药剂，因此便让战俘营的卫兵替我们在市镇里购买此药剂。由此时起，我们一直都会有少量的亚比拿林或类似的药剂来治疗营养性疾病。在我们余下的拘留期间，因患上维生素缺乏症和营养性疾病而入院的病人仍然有相近的数目。入院的病例有所减少的原因有两个。首先，战俘营中的加拿大战俘被持续地征往日本，他们的数目因而减少。其次，我们已很习惯由日军提供的膳食类型。大量加拿大战俘死于营养不良，而差不多每个因其他原因而逝世的战俘亦患有营养不良。但在参阅此范围的加拿大士兵阵亡将士名册后，我认为有十五名加拿大人是纯粹地因营养不良而病逝。足够的膳食可预防他们的死亡。

问：中校，请你再参考1942年8月的报告。你所编写的报告资料中是否包括饮食不足的情况？

答：我在1942年8月的报告中指出战俘营中的患病率提高了约50%，而这提升与当时膳食的减少有关联。

问：在我们离开维生素缺乏症这话题之前，你能否对日军在深水埗战俘营所分配之膳食的热量作一个概括总结？

答：我只想再度指出，当时最佳的膳食能提供三千卡路里，而平均为两千至两千五百卡路里之间。在基础情况下，一个平均体重的人需要两千一百卡路里，但当时无论在营外或营内工作的人，都达不到这些基本标准。

问：那么，庭长阁下……

庭长：在我们离开维生素缺乏症这问题之前，我想问克罗福中校，你是否能告诉法庭一个体力劳动者之基础新陈代谢需要多少热量？

克罗福中校：一个体力劳动者基础新陈代谢的所需热量会根据他所进行的工作多寡而有所不同。一个从事法定适度工作的人需两千七百至三千卡路里。英军的军粮提供约三千五百卡路里左右。

庭长：根据你的知识，战俘们在战俘营及其周围或在工作小组里是不是都在进行此类型的工作？

克罗福中校：是的，我知道他们是在进行此类型的工作。

普迪肯少校：庭长阁下，我现在可否继续转至另一个疾病？

庭长：请。

问：白喉。你能否提供此疾病在北角和深水埗的病发史？

答：在1942年的夏季于北角战俘营爆发了喉咙痛的疫情。这是营养不良的其中一个病状，但喉咙的状态使其成为白喉病菌繁殖的理想媒介。白喉病是在1942年8月在北角战俘营最初确诊的，我们在当月共确诊了十二宗白喉个案，患者全部送往宝云道医院。9月1日至25日间又有二十九宗新个案在北角战俘营出现，所有患者亦被送往宝云道医院。在这段期间，将病患移送到宝云道医院并没有什么困难。有时货车会在一天之内来回两次，将病人由战俘营送往宝云道。于9月25日至27日间，战俘营里出现了六宗白喉病例，但将这些病人移往宝云道医院的申请不被批准。

问：中校，你是否记得是谁申请的？

答：其实这移动的请求是向一位名为高知（Kochi）的传译员提出的。这六名确诊患者在9月27日和我们一同乘船至深水埗战俘营。我曾多次向北角战俘营的医务军曹上山申请抗白喉血清和白喉抗毒素等药物，来医治这几名病人，但上山指出这些患者会被带到宝云道医院接受治疗，因此战俘营无需治疗这些患者。随后我得知宝云道医院也没有血清。在到达深水埗战俘营后，我们明白将无法把白喉病人送往宝云道医院了，因此我请求齐藤医生供给抗白喉血清，但他说没有现成的血清。于是我请他发电报至东京，并要求东京能给我们空运一些血清，而齐藤医生回答说他会就有关事情看看他能做些什么。庭长阁下，我想再次参阅有关深水埗战俘营医院病人的证物。

在获得所要求的证物后，证人继续作供。

答（续）：在9月的最后四天，也就是27日至30日，我们一共将三十五名白喉病患送入深水埗战俘营医院。在10月时则有二百四十八人被送入院。能挽救白喉患者性命的药物是抗白喉血清。在10月3日，我从英军军医官手中取得了几千个单位的抗白喉血清。他们透过卫兵和其中一名日军传译员代理，才得以购买这些血清，同时日方亦有分配一些血清给英军军医官。我是在10月3日才第一次取得白喉抗毒素，而日方则在10月5日给我分配了一万单位的抗毒素。每名成年白喉病人一般需十万单位抗毒素来治病。显然，如果我们想让手头上的少数血清发挥最大作用的话，我们必须在病发初期时就使用血清。因此，我们不会在患白喉超过四十八小时的患者身上使用血清。我们将手头上的少量血清全都用在早期病例上，而这些患者亦因此得救。一共有七十六名患上白喉症的加拿大人并没有获得血清，当中有五十四名因此死亡。总共有四百九十四名加拿大人患上白喉，如果得到充分药物治疗的话，白喉的死亡率不会高于2%。这代表如果我们有足够血清供应的话，因白喉而死亡的加拿大患者就不会多于十个人。另一方面，使用血清只不过是治疗白喉的一部分，更应寻求的是预防白喉。要检验出白喉带菌者相对地容易，先用棉签从咽喉取样，然后将样本在特定的环境下培养，就可将带菌者的细菌显现出来。即是说，只要白喉带菌者接受咽拭抹片测试，那我们就可提前在人群中把他们识别出来。我们曾在1942年8月向日军要求在北角战俘营进行咽拭抹片检查，如果进行检查的话，那我们大概可以在9月上旬便控制疫情。直至9月中旬，我们只有四十一宗白喉病例。咽拭抹片检查于10月1日开始在深水埗战俘营进行，而我们在之后的两个月亦继续测试，直到所有带菌者都被检出并被隔离起来。从10月5日起，我开始获得越来越多数量的血清。虽然在10月底或11月中旬时我们已有充足的血清，但当时白喉对患者机体的伤害已经造成。

问：当你在7月向日军提出进行咽拭抹片检查的建议时，你对日本人的实验室设施是否有任何认识？

答：我在10月时曾问一名日军实验室的成员，该实验室在1942年8月时是否已经在运作，他回答是。除此之外，我也知道8月时在深水埗战俘营发现的几宗白喉病例都是由这间实验室进行咽拭抹片检查化验出来的。

问：你刚才告诉我们，你提出了三个预防白喉的建议。现在我们来谈谈隔离措施。当时有什么设施可以将患者隔离起来？以你及日军所知，隔离的用意是什么？

答：当时有一定程度的隔离设施。当我们发现带菌者时，我们会将他们集中安置在战俘营的木屋里，禁止他们和战俘营的其他人接触。当咽拭抹片开始化验时，隔离便一同生效。

问：你们就血清提出过什么要求，并向谁人提出？

答：最初是在1942年8月时向北角战俘营的医务军曹上山提出，之后是在1942年9月向战俘营军医官齐藤医生提出要求。

问：齐藤如何回答？

答：他告诉我没有血清。

问：你对齐藤的回复有什么看法？

答：我知道当时英军的医务人员正在香港购买血清。几天后我也亲自购买了在本地出售的血清。

问：在我们离开白喉这议题之前，你有什么想补充或是有什么看法想提出？

答：我没有什么想补充。

庭长：法庭有两点想弄清楚。你提到战俘营的军医官为齐藤，你所指的这个人是否在法庭上？

克罗福中校：我指的是被告。

庭长：你知不知道在香港岛上的加拿大军队或英军在投降时拥有多少白喉血清？

克罗福中校：我知道白喉血清储存在军队的医药库中，但我并不清楚血清的数量。

庭长：最后一个问题。当英军的医务人员向你提供一些血清的时候，你是否知道当时深水埗合共有多少宗英籍人士患上白喉的病例？

克罗福中校：我们到达深水埗时，白喉的疫情将近结束。但据我所知在英军之中有约五百宗白喉病例。

庭长：你曾告诉法庭一个名为高知的日军传译员拒绝了你将一些白喉的病人从北角战俘营转往宝云道医院的申请。你能否告诉法庭这是否日军传译员的责任，或是这名传译员私自决定？

克罗福中校：当时北角战俘营的指挥情况颇为混乱。那时我们正准备移往深水埗，和田中尉是战俘营营长，从24日起我们就没有见过他。随后我们得知他正准备登上里斯本丸。在离开战俘营前约一个星期，我们都没有见过和田中尉。我们在北角战俘营期间，高知先生一直都是传译员。在和田中尉离开后，高知先生好像获得少许额外的权力。

庭长：你是否有让被告齐藤大尉得知你的请求被拒绝？

克罗福中校：在离开深水埗前，我有大概两个星期没有见到齐藤。

问：我还有两个额外的问题想问。你如何运送由9月25日至27日期间患病的病人？

· 629 ·

答：我们用货车将病人送上渡轮，再将他们连同营内其余的人一起带到船上，再把他们送到深水埗。

问：鉴于渡轮所载的乘客数量，船上的情况如何？

答：渡轮上非常拥挤。

问：我想问的另一个问题是：你能告诉法庭有否向齐藤提出通过别的途径来获取血清的建议吗？

答：我没有提出此类建议，但我相信宝云道医院的医务人员曾提议让日方知道可以从市镇某些地方买到血清。

问：你曾提到齐藤在10月告诉你没有血清供应，你当时对此回复有没有作出任何意见？

答：我提到我曾建议齐藤联络东京来取得血清，而他的回答是他会看看可以做些什么。过了两天后我才知道可以通过非正常管道取得血清。

庭长：根据你的记忆，你能告诉法庭由北角战俘营转移到深水埗的白喉患者最后怎么了？

克罗福中校：在六名患者当中，只有一名叫史密夫（Smith）的人存活下来，其他全部死亡。

庭长：作为一个医务人员，你认为在这种情况下运送病人会对他造成什么影响？

克罗福中校：虽然会有一定的影响，但对患者造成的负面影响并不大。问题的关键是由于患者没有得到血清治疗，才导致死亡。更重要的是这六名患有开放性白喉（具传染性）的患者被安排和同僚们一同运送，这种紧密接触无疑是令白喉疫情扩散到更大范围的因素。

问：你曾于1942年8月编写了一份报告，内容是关于你的建议如被采纳所带来的影响，你现在可否扼要地概括这份报告？

答：我们在报告中明确地提出了两个请求：在指出白喉病例的出现后，我们申请进行咽拭抹片检查和隔离患者的设施。若这些建议在我提出来时就被采用，我相信白喉疫情在初期阶段就可受控制。同时，我们在报告中申请获取血清。如果我们当时能取得血清的话，只有极少数的白喉患者会死亡。

问：我将会把你刚才呈上的证物 Q 交给你。透过这份证物，你可否向法庭指出有多少人在拘留期间因病逝世？另外，如能取得你所建议之设施的话，可以阻止多少病人死亡？

答：这名单上一共记录了一百二十八个死者姓名，每个人的死因都标注在其名字旁边。若死者的死因不明，那死因不会有任何记录。如果我们对死者在接受适当治疗后的生存机率存疑的话，那我们就会把他的死因记录为：我们并不确定死者在接受适当的治疗后是否能够存活下来。举例来说，患上恶性疟疾、肺炎等致命疾病的病人可能因并发症而丧命。虽然患上肺结核、脑膜炎、乳突炎等疾病的病人在接受适当的治疗后，生还的可能性颇高，但我们亦记录为不知道，患者可能在接受治疗后仍然死亡，而这些病例总共有二十七宗。我认为余下的一百零一名病人是可以获救的。其中五十四人因白喉逝世，二十一人因痢疾逝世，他们本可以获救的。有十五人因营养不良、饥饿和维生素缺乏症死去。剩下的死者同时患上痢疾和维生素缺乏症，但我并不确定哪一个病症是造成这些人死亡的主要原因。

问：你能告诉法庭被告齐藤在战俘营的职位吗？

答：根据我的判断，齐藤应该是所有战俘营的军医官。不管怎样，他至少是负责我所在之战俘营的军医官，是我见过的唯一一位日籍军医官。他不时会下令营中的人列队接种疫苗以预防霍乱及伤寒等疾病，还会下令为战俘量体重，而他偶尔也会在场。他偶尔还会巡视医院里的一般病房和外科病房，但我不知道他是否曾巡视过白喉医院和痢疾医院。我们通过负责战俘营的日籍医务兵来申请索取药物，有时亦会与齐藤医生进行讨论。

问：在你记忆当中，有没有任何关于总体健康的特别医疗检查是值得提出的？

答：有一次。日军在1945年春季举行过一个类似医疗检查的东西。

以下是当时的情况：战俘营中所有的战俘全都被叫到操场上集合，并根据不同方式例如所属的军团、兵团或所住的木屋而分组，但我已忘了当时到底是根据哪个准则来分组。分组完毕后，日方命令我们绕着操场跑，有些人全程都没有跑，只是绕着操场走。另一些人只跑了几步，剩下的路程都是用走的。这些无法跑完全程的人被齐藤医生分隔成一个独立的组别，然后命令他们以竞走方式来跑，互相竞争。在这群人当中，只有一名香港义勇军团的二等兵达保（Talbot）有跑动。齐藤随后掴了达保一巴掌，可能是因为他初次没有跑的缘故。

问：关于你对白喉的诊断，被告齐藤有没有就这些诊断向你提出任何指令？

答：有几次我透过传译员被指令，不可在死亡证上把白喉列为死因。而可接受的替代用词是急性扁桃体炎，我们偶尔会使用该术语。另外，有一次我们亦收到指令，指痢疾这个词汇不适合出现在死亡证上。

问：那医生，痢疾的指定名称是什么？

答：它被称为急性肠炎、回结肠炎或黏液性结肠炎等任何用词，我们随后会被指示真正的病症是什么。

庭长：你说你是透过传译员收到有关这些代替词汇的指令。这些指令是从哪里来的？

克罗福中校：我不知道是谁向传译员传达这些指令，但这些指令确实是传给了我。我被告知日军总部不接受死亡证书上的诊断。虽然如此，但我们一般都不会听从这些指令，照样继续使用白喉作为死因记录。

问：齐藤医生对两个战俘营内的病症情况以及营养不良之证据有什么科学关注？

答：有两件事可说成是科学关注。第一个迹象与维生素缺乏症，特别是糙皮病有关。我之前提到齐藤医生于1943年2月曾带了数瓶日本药剂烟酸（Nicotinic Acid）入营，这些药剂即是亚比拿林。他吩咐我们用此药剂来治疗糙皮病，并向他报告药物对医治病症的效果。他在随后一天要求我们将所有糙皮病病历让他和另一名日本军官参阅。另一件事发生在白喉疫情结束的数个月后，齐藤叫我们编写一份有关白喉疫情的报告。除此之外，我不知道齐藤对我们的情况还有没有展现过任何科学关注。

问：英军军事医院的医疗记录最后怎么了？

答：在香港重光时，英军军事医院是位于九龙的中央英童学校。当时负责管理医院的是保怡中校（Lt-Col Bowie）。1945年8月中旬左右，齐藤到该医院索取所有储存在院内的医疗记录。这些记录包括医院的出入院簿、手术记录、死者名单和个人病历表。这些记录全都交给了齐藤，之后保怡中校就没有再见过这些记录。8月15日后保怡中校要求齐藤将记录归还，但齐藤称所有记录已被销毁，并给了保怡中校一张证明证实此事。保怡中校给了我一份这证明的核证副本。

庭长：你现在会出示此副本吗？

普迪肯少校：庭长阁下，我现在没有这副本。

庭长：有没有人尝试以相同的方法来取得加拿大医院的记录？

克罗福中校：据我所知，并没有任何人尝试取得战俘营医院的记录。

问：是否还有其他关于不人道待遇的事？

答：据我所知，有几宗殴打事件和众多相对较轻微的掌掴案件。我亲身经历相关事件，我曾在1942年10月17日被掌掴。当时白喉疫情正处于高峰期，已有四十一名加拿大人在10月内因白喉而死亡，而我在被掌掴前的二十四小时内又有三至四名患者死亡。齐藤来到营中，命令我召集医院内所有医务兵到路上。与齐藤随行的有传译员高知、一名配备刺刀步枪的日籍士兵和一名配备军刀的日籍军官。齐藤自己亦配有军刀。我召集了约二十名医务兵到道路上。这些加拿大籍的医务兵全是非专业护士，他们都是现役士兵，由于医院人手不足，他们自愿提供协助。他们仅有的医疗训练，是来自我在北角战俘营医院，以及在深水埗的几个星期所传授的知识。通过高知的翻译，齐藤向医务兵们训话，主要是告诉医务兵由于他们并没有尽全力来拯救同僚，因此使同僚们因白喉而死亡。之后他叫任何认为自己已尽力的医务兵站出来，而在场所有的医务兵都这么做。齐藤走向排成两行的医务兵，并用手或听筒的橡胶管掴打医务兵。在打了约六个人后，他命令高知也加入掴打医务兵。在打完所有医务兵后，齐藤走到他们面前，更拔出他的佩刀。通过传译员，齐藤告诉医务兵，若他们当中还有人认为自己已尽力的话就站出来，他会用刀砍下他们的首级。一名医务兵，准下士华利（L/Cpl Varley）站了出来。齐藤将华利带到一边，然后掌掴我。之后齐藤告诉华利他是个勇敢的人，便把他送走。我还知道两件更加严重的殴打事件。在1942年的圣诞前，进行了例行的召集，除了医院内的病人外，所有战俘都必须参加。当时患上白喉的病人都住在租庇利大楼，负责照顾他们的医务兵同样住在此医院内，但他们也要参与集合，负责清点人数。但这天有两名医务兵因同僚一时疏忽没有叫醒他们去集合，于是迟了十分钟才到达集合场地。当时的战俘营指挥官好像是叫最纪（Saikino），而传译员则是一个叫井上（Inouye）的男人。指挥官对于两人迟到好像十分不满，并询问这两人由谁管制。我表明这两人是医院的医务兵，而我又是负责管理医院的职员，因此我应该为他们的行为负责。这两人都是温尼伯榴弹兵营的士兵。

庭长：当时有没有任何一名被告在场？

克罗福中校：没有，庭长阁下。

庭长：有没有任何一名被告和这件事情有关联？

普迪肯少校：庭长阁下，这证供是与战俘营，尤其是在深水埗战俘营内战俘受到非人道对待的指控有关。我们将会展示几宗殴打个案，其中证人会有力地证明营内存在一个虐待和侮辱战俘的制度，而这个制度是得到主被告的批准的。

庭长：那好吧。

证人继续作供。

答（续）：由于这两名医务兵隶属温尼伯榴弹兵营，因此最后决定应该由该部队的指挥官约翰·诺里斯上尉（John Norris）负上责任。事实上，从两人开始在医院工作起，约翰·诺里斯和他们已没有关联。尽管如此，他被叫到集合场地，井上开始审问他。最初井上只是负责为战俘营指挥官传译，随后审问逐渐转变成暴力。井上将他绊倒，又对他拳打脚踢。虐打几分钟后，井上转向当时担任参谋长的雅坚逊少校（Major Atkinson）并朝他的膝盖踢了一脚。我请求战俘营指挥官准许我把诺里斯带到医疗检查室检验伤势，他批准。在我进行检查的途中，井上和指挥官一同进入了房间，并询问是否造成了严重的损伤。我回答指诺里斯的眼睛受了伤，而他们叫我必须尽力挽救诺里斯的视力。除此之外，我还记得另一个例子，这与隶属荷兰皇家海军的胡德科柏（Huidekoper）少尉有关。当时，一台收音机被发现藏在战俘营中一间住着荷兰潜水艇船员的木屋内。胡德科柏少尉并没有和这些船员们住在一起，他住在军官木屋内。他完全不知道收音机的存在。但由于他是营中唯一一名荷兰籍的军官，因此他被叫到战俘营总部，并告知必须为荷兰潜水艇船员的行为道歉。胡德科柏少尉表示他对事情一无所知，并拒绝道歉。于是驻守码头的传译员茑田（Tsutada）脱下他的腰带，用以鞭打胡德科柏少尉的脸部和头部。虽然我并不在场，但胡德科柏少尉事后立刻走到我的住处向我报告，以及医治身上的割伤和瘀伤，当时他告诉我受伤的经过。

庭长：你知道这些事件的发生时间吗？

克罗福中校：庭长阁下，这件事是在1943年1月19日和同年的8月中旬之间发生，估计是发生于1943年的上半年。

庭长：在雅坚逊少校被踢的事件中，有没有造成任何损伤？

克罗福中校：所指的是雅坚逊少校？

庭长：是的。

克罗福中校：庭长阁下，当时他的膝盖肿得很严重，现在他的膝盖很容易就会脱臼。

问：你知道苦力团队内的战俘从事什么类型的工作吗？

答：我自己本身并没有参与苦力团队，但我负责为这些人提供治疗，他们会告诉我参与什么类型的工作。他们有各式各样的工作，例如扩展启德机场的挖掘和铲泥工作，在船上起卸航空炸弹，装载汽油桶，在山上挖掘日军专用隧道。除此之外，他们还会参与园艺及耕种的工作。

问：你知道被送往工作的战俘的健康状况吗？

答：依我所见，许多战俘的身体状况并不适合参与苦力团队，他们曾多次向我表示身体不适，要求准许他们离开苦力团队。我必须向他们解释，虽然我同意他们不适合劳动，但如果他们留在木屋休息的话，那意味着一些身体更差的人会代替他们。

问：你能否告诉法庭，为什么你会对他们说，如果他们不去的话一些身体健康更差的人就必须去？

答：我们必须将固定人数的战俘送去参加每一次的苦力团队。这个人数是必须要达到的，但营中适合参与劳动的健康人手根本就达不到。

问：根据你的认识，在被送往劳动的人选当中，有多少个空缺必须由这些你认为并不适合的人士补上？

答：至少对于加拿大籍战俘来说，我们不曾将属于最低类别的战俘送往苦力团队，我们不得不将不适合进行体力劳动的人士送去参与这些劳动。每个苦力团队大概有30%的成员是这种不适合进行所需要完成的体力工作的人士。

问：你对战俘被征往日本前接受的医疗检查有什么认识？

答：我可以告诉你在1943年1月，在挑选第一批征往日本的加拿大籍士兵前所发生的事情。在1943年1月12日左右，加拿大籍的非士官士兵们在深水埗战俘营的一条路上排成五排。传译员和一名由总部来的日本军官命令第一行的士兵向前走五步，做不到的会被分到另一边。剩下的四行士兵亦进行了相同的动作。齐藤负责检验能够向前走五步的士兵们。这些人没有被要求脱衣，齐藤只是通过肉眼检查这些

· 636 ·

穿着衣服的士兵，而他亦只会选择一些在上肢和其他明显部位受了严重战伤的士兵来进行检查。这群人中有不少因营养不良而受了不少内伤，如弱视、心脏和肾脏受损等，但他们全都被选上送往日本。由于挑选出来的人数达不到日方的要求，因此日军命令我和另外三名加拿大籍军医官从已被日方淘汰的五十人中选人以填补空缺。

问：你有没有什么和你刚才提到被征往日本的那些战俘们的身体健康有关的文件交给法庭？

答：我想将这记载着加拿大籍战俘数次被征往日本的名单呈上法庭。在每个名字旁边都写有简短的评语，解释该人被征往日本时患有什么疾病。在1943年1月组成的第一组被征往日本的团队名单旁只有很少的评语，但往后的团队则有越来越多解释其身体状况的评语。根据这份档案，我能肯定地说当时被征往日本进行苦力劳动的战俘身体状况（很差），根本就不适合去。

庭长：这文件是不是由你亲手写的？

克罗福中校：是我亲手写的。

庭长：什么时候写的？

克罗福中校：在每次有战俘被征往日本后（都写）。第一部分是在第一组（战俘）刚离开香港前往日本后所写，其他则在不同组别征往日本后所写。

庭长：这是不是同一时期的文件？

克罗福中校：是。

庭长：你能否告诉法庭不合资格而又被征往日本的战俘占多大比例？假设一次征往日本的有一千（人）左右，你知不知道？

克罗福中校：以我们的健康标准来做判断，严格说来的话，被征往日本的合格战俘比例每组不会超过10%。

庭长：战俘们在出发之前有没有接受健康检查？

克罗福中校：没有的，庭长阁下。后来征往日本的名额并没有这么多，所以我们能更合理地选择前往日本的人选。

庭长：所以除了你描述的第一次征往日本的事件之外，被告齐藤和随后被选上征往日本的几组战俘没有任何直接关系？

克罗福中校：庭长阁下，他们有直接关系。若战俘在被选上征往日本后生病的话，这名战俘必须向齐藤或代表他的军曹报告。

庭长：之后会怎么样？

克罗福中校：有时他们会被送回征往日本的团队，有时他们会被从中除名。

庭长：这份档案将会被列为所有在相关范围内被征往日本的加拿大籍战俘的名单，当中包括他们当时身体状况的评语。文件会被列为证物R。

庭长：当一个被选中征往日本的战俘病倒，被命令向齐藤或他的下属报告时，你是否在场？另外，齐藤是否有叫你一起对这些病人的状况进行会诊？

克罗福中校：虽然我没到过现场，但另一位战俘军医官，艾殊顿·路斯少校（Major Ashton-Rose）曾目睹过几次检查。

问：我的最后一个问题。对于前两条指控，概略地指战俘在北角战俘营和深水埗战俘营中受到不人道对待的指控，你已提供了很详细的证供。你是否还有什么想补充？

答：我已没有什么想补充。

普迪肯少校（向庭长）：还有另一件事需要庭长阁下你的指示。在我们得知克罗福中校会出庭作供前，他首次提交的宣誓书中参考了一份证物，那是一本记载着因作战而受伤（战俘名单）的记事簿。我认为这和案件没有任何关系，但宣誓书提到了这本记事簿。我想知道我是否该呈上这记事簿给你，或如果我这位朋友想的话，由他主动将记事簿呈上。我个人认为这文件对法庭没有价值，但我想给我的朋友一个机会。

庭长：法庭认为此档案对法庭有些许帮助。如果这档案现在就在你手上的话就应当呈上法庭，而法庭将会列其为证物。

普迪肯少校（向克罗福中校）：请你将伤亡名单呈上法庭，若可以的话亦告诉法庭它们是什么。这是给辩方的副本。我们还有很多的影印本。

克罗福中校：我不能说这是确实的档案。我在1942年4月去了宝云道并逗留了三个礼拜左右。在此期间，我收集了尽可能多的所有关于战时岛上仍在运作的医院的全部出入院数据，但数据并不齐全，有不少遗漏和差错。我尽量将所有收集到的数据都记在这记事簿上，而数据是从第十四页开始。前面的十三页和此事无关，这本记事簿是当时我捡到的旧簿子。所以这本记事簿记录着从1941年11月16日至1942年1月左右，香港区各所医院的所有出入院记录。

庭长：这打有字的纸张是不是证物的一部分？

克罗福中校：不是。

庭长：这是不是你亲手写的？

克罗福中校：这是我亲手写的。

庭长：法庭接受此证物，并将其列为香港岛各医院由1941年11月16日至1942年1月左右的出入院记录，记录为证物S。

庭长：是香港地区还是香港岛？

克罗福中校：香港地区。这记录和11月建于威菲路军营（Whitfield Barracks）的联合军事医院有关。

庭长：你的讯问是否到此结束？

普迪肯少校：是的，庭长阁下。

辩方盘问

问：加拿大战俘是否拥有一支专属医疗队？加拿大军医官是否只是负责治疗加拿大籍战俘？

答：那里有四名加拿大军医官，而加拿大人中并没有受过（专业）训练的医务兵。在北角战俘营期间，我们负责治疗加拿大人和荷兰潜艇船员。在深水埗，加拿大军医官偶尔会为英籍人员提供治疗，但只是偶尔而已。

问：你可否告诉我战俘营是怎样保持清洁的？

答：战俘营是靠战俘（打扫）来保持清洁的。

庭长：你现在是指哪一个营？

克罗福：北角和深水埗。

问：1942年8月，有些加拿大人感到喉咙痛。你们向日本当局递交了什么申请，以便为这些个案提供治疗？

答：我们要求提供物资，以制作治疗喉咙痛的漱口药。当出现白喉后，我们要求提供血清。

问：你在加拿大人感到喉咙痛后多久发现他们染上白喉？

答：我们在1942年6月和7月初开始感到喉咙痛。白喉直到8月才出现。

问：他们提出申请后，日本人供应了什么药物？

答：大抵而言，日本人提供的药物总是都比我们要求的数量少。提出请求后，有些药物会被送来，但数量比我们要求的要少。有些药物则始终没有送过来，反而供应了一些我们没有要求的药物，而这些药物对治疗的作用不大。

问：提出药物申请后，你有没有从日本人那儿收到任何杀菌消毒剂或漱口药以治疗喉咙痛？

答：是的，我们收到。

问：你有没有从日本人那儿收到用作遮盖嘴巴的口罩？

答：是的，我们收到。

问：这些药物都是供应给加拿大人的？

答：对。

根据日期为1942年10月16日的证物P，藤田先生继续提问：

问：这里有日本人提供的全部药物的收据。抗白喉血清是否包括在这些单据内？

答：是的，我已经指出了这些收据并不完整。我们所得的药物，比收据上列出的要多。

问：这包括了抗白喉血清？

答：这亦与抗白喉血清有关。

问：你认识一名叫艾殊顿·路斯少校的？

答：认识。

问：被告齐藤有否曾经告诉你，他向艾殊顿·路斯少校提供了五百万单位的抗白喉血清，并告诉你亦应该问少校拿一些血清，以作己用？

答：没有。

问：昨天，你在证供里提及你从英籍战俘那里取得一些血清。英籍战俘有没有告诉你血清的来源？

答：有，有些是日本人分发的，有些是本地购买的。

问：你知道这些血清是在本地哪些商店购入？

答：我本人并不知道它们购买自哪些本地商店。

问：抗白喉血清应该储存在哪些地方？

答：理想情况下应该储存在冰箱内，但存放在室温下仍能维持药效。

问：昨天，你在证供里提及你得悉宝云道医院并没有任何血清。你从哪里得悉这件事？谁告诉你的？

答：从宝云道医院回到北角战俘营的战俘。

问：昨天你也指出在1942年9月，六名患有白喉的病人不获批准进入医院。你知道是谁拒绝了入院批准以及原因何在吗？

答：我已经指出了是北角战俘营的传译员高知先生。我不知道原因。

问：昨天你也指出在9月27日，这六名病人被移送到深水埗，但你知道在此之前其他白喉病人是否全部被送进医院吗？

答：在25日前，全部在北角战俘营的病人都被送到宝云道医院。

问：加拿大战俘占全体苦力团队人力的百分比为多少？

答：我无法明确告诉你，但有一次我们曾派出在北角战俘营的四百名加拿大人加入苦力团队，而那时候战俘营的人力为一千三百至一千四百人，大约这样。我不肯定确切数字。

问：分发给工人和非工人的配给有没有不同，即是数量上有没有分别？

答：就我所知，配给的多寡由战俘们决定。我们的确在工人回来时给予他们多些配给，多点食物。

问：你昨天提及病人数目减少的其中一个原因，是病人开始习惯食物，这代表他们习惯了米饭或说日式食物？

答：这只是我个人的看法。我与战俘营内很多军医官的看法一致。我们相信一个欧洲人经过数月或数年的米食后，开始适应如何从中获得更多营养。

问：从医学角度而言，从欧式膳食转变到日式膳食，这会对一个人造成什么影响？

答：这取决于他得到多少日式膳食。如果他得到足够分量，情况会很好。如果他得不到足够分量，他会死去或是继续生存，并会在数月或数年内适应这种低于正常水平的营养摄取量。

问：有一份证供指出营内有很多苍蝇。苍蝇是在营内，还是在营外的某个地方孳生？

答：在北角战俘营，即是那份证供所指的营地，苍蝇的孳生地包括战俘营西面的垃圾堆、通往南方的马房以及东面的那些尸体。

问：有没有做任何事去消灭苍蝇？日本人有没有提供任何计划去协助扑灭苍蝇？

答：战俘发起了一个行动——向日本人提出请求并得到允许——派人到营地外清理马房以及将尸体埋葬在沙滩上。

问：日本人是不是推行了一个计划，让消灭很多苍蝇的战俘可以得到一根香烟作报酬？

答：的确有一个这样的计划，但与日本人无关。（管理）战俘们的军官自费购买香烟给战俘作为奖赏。

问：你昨天提及窗户被砖头封起。你知道为什么窗户被砖头封起？

答：因为那里很冷，同时没有其他物料足够让我们把窗户封起。我们需要一些遮蔽。

问：你昨天也曾提及有一次你与被告齐藤在营内进行检查，并请求允许在其中一个排水道围起铁丝网以便清洁，齐藤告诉你不要向高级军官提及这个请求。这是指什么？这个请求的意思是？

答：我的证供是说我不要向高级军官作出任何提议，而并非说不要向高级军官谈及此事，那时候我不可以向我的上级军官提任何建议。

庭长：你明白齐藤那时候的意思是指他本人吗？

克罗福：我明白齐藤当时的意思是指他是我的上级军官。

问：你可记得荷兰军官胡德科柏大约是在什么时候向你寻求治疗的？

答：不记得，我只能很粗略地回想日期。我忘记了几点钟。我想应该是下午时分，但对此并不肯定。

藤田先生：庭长阁下，我已完成我的盘问。

控方覆问

问：关于之前所提到的口罩。这些口罩对防范疾病有什么效用？

答：我知道日本人十分流行使用这口罩以防止病毒的散播，但根据我们的经验以及欧洲流行病学家的认证，这些口罩并没有用处。

庭长提问

问：这些由日方派发的口罩是否有在营内被使用？

答：有。如果我们不使用这些口罩的话就会被处罚。

问：口罩被派发后对病例的数量是否有任何影响？

答：没有。这些口罩对病例数量没有造成任何影响。

问：你刚才告诉法庭，你们曾向日方请求并获得批准到战俘营外处理孳生苍蝇的区域。你们是向谁提出申请，又是谁给予许可？

答：战俘营指挥官和田中中尉。

问：你知不知道被告齐藤和这决定有没有什么关系？

答：庭长阁下，我不知道。

问：有没有人曾向齐藤提出和这些孳生苍蝇区域有关的投诉？

答：我想应该没有。全部投诉都是向战俘营指挥官和田中提出的。

问：有关那垃圾场，当时是不是还在使用？

答：不。华人工人已在夏天将垃圾场清理好。

问：你告诉法庭军营中木屋的窗户是因为考虑到寒冷的天气而被砖封堵。这是不是在你成为战俘后才发生的事？

答：是的。

问：这是不是在你要求下做的？

答：这是我们在无可奈何的情况下自己做的。战俘营内有不少瓦砾，我们就用这些在手边的材料。这是我们当时唯一在手边的材料。

问：你告诉法庭后来木屋的窗口和门口都接受了适当的维修？

答：对。

问：这些维修是由谁指使进行的？

答：我不知道。不过我相信这是由这里的红十字会代表，薛度先生（Zindel）所指使的。但我并没有可靠的消息来源。

问：你回答了藤田先生一个有关从欧洲食物转成日本食物所造成的影响的问题。你能否在答案上作些补充，并告诉法庭在转变后你注意到有什么实时的影响？

答：因食物转变而实时出现的影响是体重明显减轻。平均体重减轻的重量占整个加拿大部队人均体重的15%~20%。随后一些人身体某些部分出现肿胀和麻木，最后加重为神经炎，肢体剧痛，有些人最后甚至变成瘫痪。

问：以医务人员的角度来看，你认为出现此影响的原因是因为食物转换还是因为食物改变后所提供的分量不足呢？

答：庭长阁下，我认为这些疾病出现的原因不是因为转换成日式膳食，而是因为所提供的分量不足。我想如果能获得更多类似的食物供应，就不会出现这情况。

问：除了分量不足外，你认为所提供的膳食算是均衡吗？

答：不，庭长阁下。相反地，我认为膳食严重失衡。我已提到一个人对蛋白质的需求量是每公斤体重需要一克蛋白质，这代表一名欧洲人每天需摄入约七十克的蛋白质。通常分配给我们的鱼并不是只由蛋白质组成，虽然含有约三十克的蛋白质，但只有一小部分是能吃的。我们的膳食只提供少量蛋白质和少量脂肪。我们膳食里的热量主要是来自淀粉、米饭和菜。

问：那么可以说膳食不足是因为食物短缺，而不是因为日军监狱职员人为操控的缘故吗？

答：庭长阁下，关于这点，我并不知道我们可能会获得的食物供应有多少。

问：你昨天告诉法庭日本当局需要特定人数去参与苦力团队。你知道是由谁定下这配额吗？

答：不，我不知道是由谁定的配额。

问：你指出传译员茑田是其中一名你能认出的被告。你能否告诉法庭他是在什么时候和你同处一个战俘营？

答：我是在1942年9月到达深水埗时第一次看到茑田。他在1942年和1943年的大部分时间都驻在深水埗。我不大清楚是从什么时候开始没有再看见他，不过我觉得是从1943年秋季起。

问：你提到茑田殴打胡德科柏少尉。除了这次暴行外，日军是否有在寻获无线电的议题上对胡德科柏少尉采取其他行动？

答：没有，日军并没有采取其他行动。

问：你认出了第一被告，德永大佐。你在什么时候见过他，而据你所知，他有什么职务与战俘有关？

答：我记得很清楚第一次见到德永大佐是在1942年8月。在此之前，我曾听过他的名字，亦知道他是一名负责管辖战俘营的高级军官。我在1945年8月前都相当频繁地遇见他。他负责管辖区内所有的战俘营。

问：他有没有巡视位于深水埗和北角的战俘营？

答：有。在拘留期间，他每隔两到三个月就会进行巡视。

问：在这些场合中，你是否有机会告诉他战俘营的情况以及提出投诉？

答：没有，庭长阁下。我不曾被给予这机会。

问：让我们回到和茑田有关的问题上。除了殴打胡德科柏少尉之外，你还知不知道茑田在其他场合殴打战俘？

答：茑田曾殴打一位名为巴林格（Ballingall）的温尼伯榴弹兵，但我对这事件的记忆有些模糊。

问：你不记得事件的详细经过？

答：庭长阁下，我记不得。我对这事件的记忆有些模糊。

问：你能告诉法庭茑田一般会采取什么态度来对待战俘吗？

答：在公开的场合上，茑田对战俘不算太差。和其他人不同，他并不会事事诉诸暴力。但与其他传译员相比，我们会更当心茑田。这是因为他的英语说得比其他人更流利，他可能会听到我们的对话，所以我们认为他是个非常危险的人物。

问：他是否有不适当地干预战俘营或阻碍战俘营的运作？

答：庭长阁下，他没有这么做。

问：有没有人因膳食不均匀而向齐藤提出投诉，并要求改善膳食？

答：这类要求是在1942年8月透过加拿大高级军官霍姆上校第一次正式发出的。这些请求一般都是向日本当局提出，但我不肯定是不是直接向齐藤提出。在拘留期间，这类请求不断重复提出，而请求一般都是向在日军负责分配粮食的人士提出的。有一次，战俘营的英籍高级军医官艾殊顿·路斯少校告诉我，他曾向齐藤投诉分配给我们的膳食蛋白质含量太少。当时齐藤同意膳食缺少蛋白质，并答应会尽力改善情况。

问：根据你的认识，你是否能告诉法庭，被告齐藤是不是在与战俘健康与卫生有关的所有事情上都握有控制权和决定权？

答：我回答不了你这个问题。我只知道他是战俘营的军医官，但我并不知道他和其余日军军官们之间的关系。

问：你已告诉了法庭从北角战俘营被送到苦力团队的战俘人数。你能否告诉法庭在深水埗战俘营中，有多少战俘被送到苦力团队？

答：庭长阁下，你问的是不是在同一时期？

问：不，是在你到了深水埗之后。

答：从我们在1942年9月到达深水埗战俘营，到1942年12月中旬间，就有由约四百个加拿大籍战俘组成的苦力团队被送出深水埗战俘营。在此之后，苦力团队忽然全部停止，直至1943年2月左右才重新组建。在此期间，第一组被征往日本的加拿大籍战俘出发至日本。虽然苦力团队在1943年上半年继续组建，但所需人手比之前少，而工作性质和1942年时相比也没有那么艰苦。

问：在这第一个阶段，也就是你所提到的，从你们刚到达深水埗到第一组加拿大籍战俘出发的这段期间，深水埗战俘营里有大概多少名加拿大士兵？

答：深水埗当时大概有一千四百名加拿大士兵，当中约五百人因病而需要住在医院，剩下的大部分战俘亦患病在身，在宿舍中养病。

问：就是说虽然深水埗战俘营的患病人数比北角战俘营多，但苦力团队的数量并没有因为这个原因而有所减少，对吗？

答：直到苦力团队在12月中旬全部停止前，苦力团队的人数并没有明显的减少。

问：你或者是其他的军医官是否有反对不合格的人士被送去进行劳动？

答：有的，庭长阁下。我和许多在营中的军医官都有提出抗议。

问：你们向谁提出抗议？

答：我们向营长提出抗议。

问：有没有人曾向齐藤提出抗议？

答：我不记得是否曾向齐藤正式提出抗议。

问：你曾告诉法庭由日方分配给你们供医院使用的厕所桶的数量。你们是否曾向日方申述此数量严重不足？

答：有的，庭长阁下。我们一再向当时战俘营里负责管辖物资的日本军曹要求分配更多的厕所桶。

问：你是否向任职管辖战俘营的军医官，被告齐藤寻求帮助来取得更多的厕所桶？

答：庭长阁下，我没有。

问：克罗福中校，你能否告诉法庭，从健康的角度来看，将不适合劳动的战俘送出去进行劳动工作造成了什么结果？

答：庭长阁下，这是个很难回答的复杂问题。作为医疗测验人员，我们会频繁地将病了很长时间的战俘送出进行劳动。我们并不清楚这类病人是否可站立，如果他们可以的活，我们会希望他能去劳动，以减轻战俘营劳工不足的压力。我们曾多次目睹这类人被送去进行苦力劳动后因工作环境而崩溃，必须再度入院，休养更长一段时间。综合来说，工作环境对战俘的健康有负面影响的观点是成立的。

问：这样的话，是不是曾出现过一些战俘在出外劳动后归来时，已染上重病或快要崩溃的案例？

答：在加拿大战俘中这种情况并不严重，但也确实存在。我知道其中一个案例，就是一名英国士兵或义勇军士兵因过度操劳，在翌日早上同僚准备叫醒他去参加苦力团队时发现他已猝死。

问：你曾告诉法庭一些战俘被雇用来进行园艺和农业，一些农作物亦被送到战俘营，部分更供战俘营使用。你能否估计大概有多少农作物被送入战俘营？

答：总共有几个种植工程，其中一个于1945年春季在大埔进行。虽然加拿大士兵被分派进行此工程，但收成并没有被送往战俘营。另外，在跑马地一个园林里亦进行了一些类似的工程，收成亦没有被送往战俘营。战俘营中亦有管理一个园林，但并不是由苦力团队的战俘打理，而是由营里的半病战俘打理。军官们自愿在园中耕作，而生产出的农作物大部分由战俘们取得，只有少量的农作物到了日方手中。园林的农作物为我们每天提供了最多二十七卡路里的热量。

问：园里的工具和种子由谁提供？

答：据我所知，一些种子是用军官们提供的资金来购买的，另一些则透过红十字会取得。另外，我相信有一些种子是由日方提供的。

问：深水埗或北角是否曾有过小卖部供你们使用？

答：庭长阁下，当时有个类似小卖部的。这小卖部每个礼拜或每两个礼拜都会来战俘营一次。问题是小卖部一直没什么东西可买。

庭长：藤田先生，在法庭已向证人所发问问题当中，是否有你想增加的问题？

藤田先生：我想问证人白喉是如何散播的。

克罗福中校：白喉由一种特定的细菌引起的，这种细菌在人体的体表皮肤或局部黏膜，如喉咙上生长。细菌本身是约七千分之一毫米长，透过食物如受污染的牛奶等传播。另外，病菌也可以透过感染者咳嗽或与其他人说话来传染。由于白喉的（致病）细菌太小而纱布口罩的气孔尺寸太大，所以纱布口罩无法预防白喉传染。

庭长：以你回答藤田先生的问题做引子，法庭想知道这些口罩是否曾经任何化学或消毒药品浸泡处理？

克罗福中校：没有的，庭长阁下。这些口罩不过是一般双层、三层或四层的棉制口罩。

问：是否真的有免疫血清和（其他）血清可在出现疫情时可供注射？

答：在健康人士身上注射名为类毒素或拉蒙类毒素的药剂，可让他们对白喉产生免疫，而孩子通常在（接种疫苗后）会增强对白喉的免疫力。

问：有没有人尝试向日军取得这血清？

答：没有。这血清在发病时注射是没有用的。

庭长：藤田先生，你是否还有其他问题想问？

藤田先生：没有。

庭长：普迪肯少校，你是否还有其他问题想问？

普迪肯少校：试问一名在战俘营担任和齐藤相同位置的英军军医官，与齐藤有什么可比较的职责或工作？

庭长：我不认为这问题和案情有相关之处。

普迪肯少校：法庭曾问战俘们对厕所桶不足的问题向齐藤提出了什么申述。现在我想知道的是如果立场对换的话，一名英军军医官会不会只是等待别人告诉他营内的状况，或者他会亲自巡视战俘营，履行他职责的一部分？

普迪肯少校：庭长阁下，我想告诉你，我在1940年5月至1941年10月，于牙买加担任拘留着德国和意大利战俘的战俘营军医官时的情况。每天巡视战俘营是我职责之一。当时战俘营有十三名军医官以及德籍、意大利籍的军医官。他们每天都会进行就诊伤员集合，而我每天都会亲自检验战俘营的卫生情况。在就诊伤员集合过后，我会审查一些担任医务兵的战俘特地送我过目的病例，亦会每天巡视医院。这些只不过是我职务的其中一个部分。

庭长：根据这说法，齐藤在每个月，或每个礼拜会在北角或深水埗两个战俘营内进行多少次巡视？

普迪肯少校：他在北角只巡视过一次，而他会不定期地在深水埗进行巡视，大概每三个月左右一次。

问：你是否曾在他巡视时取出一些特殊或紧急的病例让齐藤过目？

答：庭长阁下，我们从不曾提前知道他何时会进行巡视。

庭长：藤田先生，你还有其他问题吗？

藤田先生：在你刚才的证供里，你提到被告齐藤只在北角战俘营进行过一次巡视，而在深水埗战俘营时则是每三个月一次。这是指你在战俘营看到被告的场合，还是指被告只是在这段期间才在战俘营进行巡视？

克罗福中校：这些是我亲眼看见他的场合。

问：就是说被告有可能在你没有看到的场合下于其他时段进行巡视？

答：有这可能。

问：当被告齐藤进行巡视时，他有没有叫你陪同他？

答：没有，庭长阁下，他没有。在一般情况下，陪同他的是英军高级军医官艾殊顿·路斯少校。

庭长：藤田先生，你还有其他问题吗？

藤田先生：没有了，庭长阁下。

庭长：普迪肯少校，你还有其他问题吗？

普迪肯少校：没有了，庭长阁下。

控方第三十六证人松田先生的庭上证供

控方讯问

问：请你向本庭说出你的全名。

答：松田健一郎（Matsuda Kinchiro）。

问：松田先生，据我所知你是日本国民，四十六岁，生于日本长崎，是否正确？

答：对，先生。

问：你曾经在北威尔士居住一段时间并学习说英语，是否正确？

答：对，先生。

庭长：请你警告证人，他不需要回答辩方、控方或法庭任何一条可能使他罪名成立的问题。

问：日本人在香港期间，你在这里从事什么工作？

答：我在香港的战俘营内担任传译员。

问：你说你是战俘营总部的传译员，位于哪里？

答：九龙科发街三号。

问：请你看看呈堂证物 H（4），并告诉本庭你对这些照片有没有印象？请把号码说出来。

答：六号和七号。

问：七号是什么？

答：科发街街头。

问：六号是什么？

答：科发街街尾。

庭长：证人指出六号和七号是科发街的街头和街尾，他能否认出照片中属于街道哪个部分和路上任何建筑物？

检控官：你能在这些照片中认出什么建筑物？

证人：香港俘虏收容所总部（Hong Kong Prisoner-of-War Headquarters）。

问：你在那里工作了多久？

答：从1942年5月12日到1945年4月18日。

问：请你告诉本庭你是否认识庭上任何被告。

答：左边——由左边开始——德永大佐，接着是茑田传译员，然后是原田军曹，接着是田中中尉，最后是医生齐藤大尉。

问：你可否告诉本庭德永大佐是谁？

答：他是香港所有战俘营的指挥官，同时包括赤柱的军事拘留营。

问：他的职责包括什么？

答：他负责包括赤柱军事拘留营在内的所有战俘营的行政工作。

问：你可否简单告诉本庭他的下属包括谁？

答：大佐指挥官（Colonel Commandant）有一名副官从旁协助，德永大佐麾下有仓田大尉（Capt. Kurada），后来由横井大尉（Capt. Yokoi）接任，有时候田中中尉也会担任此职。总部内有一个出纳班（Paymaster Department），那属于军需班（Quartermaster Department），还有医务班（Medical Department）以及庶务班（General Affairs）。那里同时设有一个情报科（Intelligence Section）。

问：你可否告诉本庭一些有关军需班（Quartermaster Department）的事情？这个部门的工作是什么？

答：军需班（Quartermaster Department）可分为资金部（Cash Department）、衣物部（Clothing Department）以及配给部（Ration Department）。

问：他们负责管理哪方面的资金？

答：他们负责管理所有资金，向全部职员发放薪水，同时为战俘发放配给、采购药品，并处理红十字会的汇款。

问：德永大佐担任了香港战俘营的指挥官多久？

答：我到战俘营总部工作时他已在任，直到日本投降为止。

问：田中是谁？

答：我上任之际他掌管情报科。后来横井大尉离开后他接任副官一职。另外他曾担任 N 营——亚皆老街军官战俘营的营长。自从我上年4月离开后，他一直在那里。

问：你上年4月离开后他一直在那里？你是指什么地方？

答：战俘营总部。

问：齐藤是谁？

答：医生。

问：他的职责是？

答：他负责照顾战俘们的健康，也包括了他的同僚——他负责医疗方面的事。

问：这包括什么区域？——它们包括哪些营地？

答：先生你的意思是？

问：战俘营医生负责看管战俘营，你是指哪几个营地？

答：全部营地，包括宝云道医院、圣德肋撒医院以及中央英童学校医院。

问：德永大佐作为战俘营指挥官，你告诉了我们他负责什么，但他是向谁负责的？

答：我想他应该是向日本陆军省负责的。

问：以你所知，他从东京接收哪些命令？

答：是的，先生。我不知道他从东京接收哪些命令。他负责香港战俘事务的行政工作——我推断他应该是接受这方面的命令。

问：就战俘营出现的越狱情况你所知如何——你可否告诉本庭任何有关这方面的东西？

答：1942年8月左右，两名战俘从深水埗战俘营逃走，另外大约在同一时间，四名加拿大人逃离了北角战俘营——在一个暴风雨的晚上。那四个加拿大人利用他们手上的电线逃到海中，爬上一只舢板并企图穿过鲤鱼门海峡离开。舢板翻了而他们亦再次被抓。他们在被抓当日或翌日被带到科发街。

问：你怎么知道他们被带到科发街？

答：我在那里看到他们。当时我上楼前往办公室时，一名在枪头装上刺刀的哨兵带着那四个加拿大人下楼梯，旁边还有另一个哨兵随行。我知道他们是加拿大人的原因在于其中一或两人身上有加拿大徽章——黑底白字，写着"Canada"。我回到办公室后数分钟，传译员西森离开刚才加拿大人逗留的房间，并告诉我们这四人将会被枪毙。

问：他还有没有告诉你关于这几个战俘的任何事？

答：他只提及其中一人的兄弟身处北角战俘营。

问：那四位男子看起来怎样——他们身处何地以及看起来的情况如何？

答：他们从德永大佐的办公室离开后下楼梯，那时我正要前往办公室。

问：他们看起来状况如何？

答：看起来十分憔悴、疲累，（应该是）曾被虐打、折磨之类的。

问：你说西森告诉你他们会被枪毙。你可知道他们后来怎样？

答：大约两星期后有个通报——每半月分发一次的通报——指出四个加拿大人曾经尝试逃走并已被枪毙。无秘密可言——我们都知道他们在京士柏枪会山（军营）被枪毙。

问：除了这四人你还有什么有关越狱的信息可以提供？

答：以我记忆所及，在同一年，1942年，接近年末，有人在租庇利大楼尝试挖隧道逃走，有消息指共有七人被抓。其后他们被移交至宪兵队手上，其中四人被枪毙，后来又有通报指这些人已全部被枪毙。

问：通报的内容是什么？

答：除了提到他们被枪毙了，我并不知道通报的（其他）具体内容。在1943年9月，我带着一份草稿前往东京，负责的指挥军官是原中尉（Lt. Hara）。将战俘移交日本军队后，我与原中尉前往东京的俘虏情报局（POW Information Bureau）。山内少将（Major Yamanouchi）对原中尉说："你回到香港后告诉德永大佐，当他们抓回逃跑的战俘后，不要枪毙他们，应该审判他们。"

问：昨天你告诉我们，你曾在科发街遇到四名尝试越狱的战俘。现在我希望你回想亚皆老街军官战俘营的事情。你可否告诉本庭你曾在何时前往该地？

答：1942年11月至1943年8月15日期间，我与英国军官身处"N"战俘营。在那期间出现了大量由守卫所引发的骚乱。我记得1943年3月左右的时候，九名英国海军军官被一名台湾守卫殴打，其中一人的头部被打，我估计是头部左边被打。翌日或第三天，身兼战俘营战俘指挥官的莫德庇少将（Major-General Maltby）与田中中尉交涉，就是（庭上）那位被告。田中是那个战俘营的指挥官，而莫德庇少将的抗议被驳回。另外在营内担任传译员的克尔少校（Major Kerr）亦曾被守卫多次殴打。他们曾提出交涉但日方不予理睬。

问：你说这些人曾被殴打，而他们亦曾向田中中尉交涉，是否正确？

答：对。

问：田中中尉对此有什么反应？

答：他不予理会。

问：当你向田中提出这些请求而不获受理后，掌掴的情况有没有任何改善？

答：没有任何改变。一点区别都没有。

问：你能否想起，在这次交涉以后，有没有任何掌掴或殴打事件发生？

答：几日之后，克尔少校被打，一个年近六十的老翁无理地被守卫殴打。

问：就在亚皆老街战俘营出现的掌掴事件而言，你还有没有什么东西希望告诉本庭？

答：我记得在1943年的时候，差不多在同一时间，接近2月底或3月，柯士甸中尉（Lt. Austin）生病了。

问：我是指打人事件。还有什么东西？

答：我知道另外几次同类事件，但我想不起谁牵涉在内。

问：你告诉我们有人曾向田中交涉。谁是代表？

答：莫德庇少将。

问：你怎么知道？

答：当时我在场。我是他们的传译员。

问：你可否告诉本庭医院内或亚皆老街营内病人的状况？

答：我知道的病例不是很多，但我记得柯士甸中尉的事。大约是1943年2月或3月的事。

问：那时候谁担任战俘营的营长？

答：田中中尉。2月或3月的某个晚上，当时克尔少校担任战俘营的传译员。他在守卫室打电话给我，希望我立刻入营。那时候是晚上9时。克尔少校在大闸与我会合，其后与医生森逊上校（Col Simpson）以及薛克顿中校（Lt.-Col. Shackleton）会面。他们向我解释说柯士甸中尉患胃穿孔。那两位英国医生向我解释了这个病的紧急性及严重性，需要在两小时内动手术。医生们希望我可以将病人送到宝云道或到距离战俘营约五百码的日军军事医院使用手术室。为此我联系了齐藤医生并询问他可否将病人送到宝云道或使用日军军事医院的手术室。

问：齐藤医生的身份是？

答：战俘营的军医官。

问：他现在身处何方？

答：在犯人栏上，我最右方的位置。他不想接受那两个医生的请求，因此手术需要移送到距离军官战俘营约三百到四百码的印度医院。手术由印度医务部队（Indian Medical Service）的基利夫士官长（Sgt. Comdr. Cleave）主刀，伊云斯上尉（Capt. Evans）从旁协助，最后顺利完成。

问：我不太清楚发生了什么事。你去找齐藤，问他可否转移病人，究竟是送到哪里？

答：去宝云道医院或是使用日军军事医院的手术室，那地距离战俘营只是约五百码。

问：齐藤怎么回答？

答：他说："在晚上的这个时候办不到。"

问：齐藤有否跟你说为什么办不到？

答：他没有解释。他当时在发脾气。

问：根据你的经验，那个病人有没有可能从亚皆老街转送到宝云道医院？

答：在任何情况下，如果医生希望将情况严重的病人送到宝云道医院，需要透过战俘指挥官向齐藤医生以及田中中尉提出书面申请。申请需要一式两份，并提交给齐藤医生以及田中，但需要等待很长时间才可获批准转送病人，有时候要等三到四星期。

问：齐藤跟你说，他不愿意将那位男子从亚皆老街移送到宝云道医院。如果要这样做，需要怎么做？

答：以我所知，找一辆救护车或货车，把他送到码头，然后送上船，横渡海面到香港。需要做的事情就是这些。

问：你知道那时候能否为柯士甸中尉找到货车并把他送到渡轮码头吗？

答：货车或汽车随时可以在距离战俘营仅约二百码的总部找到，而且司机总是在那里当值。很容易找到。

问：那么如何将他送到海港对岸？以你所知，在当天晚上有什么可行的办法？

答：无论早晚那里都会有一个供军方使用的摩托艇船队，船队内有些船只会在香港用作交通服务。

问：当小船抵达对岸，病人要被送往哪里？距离有多远？

答：从皇后码头到宝云道医院，距离约两千码。

问：据你所知，怎样把他从皇后码头送到宝云道医院？

答：宝云道医院有一辆货车和一辆汽车作此用途。

问：有什么实际的因素，使齐藤拒绝将他由亚皆老街送到宝云道医院？

答：我不知道原因何在。最后，手术由我刚才提及的那两位医生负责，取得成功。

问：柯士甸中尉如何被送到印度医院？齐藤有否叫你这样做？

答：我向齐藤医生建议，在这个情况下只能去印度医院进行手术。然后他要么说"可以"，要么说"不可以"。我听不清楚他说什么，因此我把握时机回到战俘营。那时候病人已在担架上，那两位医生以及他们的助手们，当中包括霍维尔先生（Mr. Fogwell），一起把他送到印度医院。

问：你对宝云道医院有什么认识？你有没有去过？

答：我去过那里一两次，但以我所知那是一间设备齐全的医院。

问：你把柯士甸中尉送到的那家医院的设备怎样？

答：我曾见过很多手术室，但这只是一个临时手术室。手术后，基利夫士官长希望病人能留在医院过夜。因此我带着一位医务兵去找齐藤医生，问他可不可以将病人留在医院过夜。那时候已经过了午夜，接近破晓，将病人带回战俘营实在太危险。勤务兵回来告知我们齐藤医生不想这样做——病人一定要带回战俘营，所以他们利用担架把病人送回战俘营。

问：他不容许病人留在那里过夜？

答：是的。

问：对于亚皆老街战俘营内病人的待遇，你还有什么想说？

答：当我在那里的那段时间，英国医生曾经向齐藤医生以及田中申报过一份所需药品的清单，但从来就没有得到过（任何药物）。

问：你怎么知道这些药单被送交至田中以及齐藤手上？

答：因为我在那里担任他们的传译员，时常会将信件送到田中的办公室。他们需要到城里买药。在这个法庭上有些证人曾说……

辩方律师：你那时候在法庭上？

答：我在报纸上看到的。

问：请你只告诉我们你所知的东西。你想说一些关于在战俘营外取得药品的事情？

答：药品是从弥敦道的九龙药房（Kowloon Dispensary）取得的。药房老板知道这些药品供应给谁使用，所以会给我打折。

问：谁将这些药品从药房带回去？

答：我自己。

问：还有什么想说？

答：关于配给。1943年的时候，他们常常会送鱼，一星期约两到三次，但很多时候已经腐坏，不能食用。当接收的鱼肉不能食用时，战俘军官往往会拿给我看，有时候也会拿给田中看。他们曾委派负责配给事务，隶属米杜息士军团（Middlesex Regiment）的艾伯特少校（Major Egbert）与田中进行交涉。可惜无功而返，没有任何改变。

问：那时候你在哪里吃饭？

答：战俘营总部的饭堂。

问：如果你能在那里享用鱼肉，质量如何？

答：也算是可以。很多时候战俘们都会出现（配给）重量不足的情况，即五百二十七人份的战俘配给，实际上只够一百六十人食用，约一百位男士（配给）长期重量不足。

问：你可否告诉本庭，你为何知道供应的肉类不足秤？

答：因为战俘营管理配给的战俘军官会把送抵的鱼肉称重，而且曾与田中进行交涉。这是我所知的。

庭长：证人在那里所指的是"鱼"。让我们重返正题，你所指的重量不足是？

答：原则上战俘每日应获得的按时（配给）。

庭长：你是指哪一样东西？

答：我不知道确实重量，但负责配给的战俘军官经常告诉我，重

· 660 ·

量并不足够。他们有一份列明供应准则的清单。

问：你是指整体而言配给重量不足而不是指某一类东西？

答：我现在说的是鱼类。

问：你提到每当配给重量不足时，你会去找田中？

答：对。

问：你向田中交涉后的结果是？

答：他表示会去找军需部；我所知道的只有那么多。

问：重量不足的问题有否被解决？

答：不，从来没有。

问：你谈到了鱼类。那么其他供应的食品情况如何，例如米饭和蔬菜？

答：他们没有抱怨米饭短缺，因为他们吃米吃得不多；而蔬菜方面，他们间或会投诉蔬菜坏了。

问：肉类方面？

答：以我所知，从1942年11月到1943年8月，我未曾在营内看过任何肉类。

问：在战俘营总部的膳食方面，那时候的肉类供应如何？

答：我们每星期可以吃两到三次肉。

问：还有什么关于亚皆老街的事想说？

答：暂时我只想到那么多。

问：你可否告诉本庭任何有关红十字会在战俘补给方面的事情？

答：红十字会运送给战俘的包裹在1942年年底，大约10月首次抵港。第二次是1943年年初。最后一次是上年，1945年1月的事。我想前后共运送了三次。但我看到很多包裹被不当地送往商店。我在本地商店内看到很多。

问：那家商店在哪里？

答：九龙弥敦道。

问：你怎么知道红十字会的补给品会在商店出售？

答：因为罐头上有特别标记，注明"B.R.C.S."。

问：你提及弥敦道有一家商店以及罐头上有特别标记。我问的是你为什么知道。

答：因为我曾处理过、看到过那些东西。

问：你知道这些红十字会补给来自哪里？

答：我不知道，但一定是来自战俘营。

问：为何你这样说？

答：因为那是唯一一个处理红十字会补给物资的地方。

问：你能否告诉我谁将这些补给带离战俘营？营地守卫还是战俘？

答：对于他们怎样把补给带离战俘营，我也分不清。

问：有什么补给在弥敦道那家商店售卖？

答：食物、罐头食品，干货如白豆、豌豆，等等。

问：以你所知，战俘曾否与哨兵进行交易？

答：以我所知，战俘从来不会拿食物与任何人交易，因为他们粮食不足。我知道他们拿衣服和其他东西进行交易但从不拿食物交易，这是肯定的。

问：你知道他们拿衣服交易的原因？

答：为了得到食物。

问：你刚才谈及弥敦道的商店售卖红十字会的补给品。你会否继续？

答：1943年5月或6月，踏入夏季之际，中华电力（有限公司）的佐治·韦特先生（Mr. George Wright）与我一同前往德永大佐的府邸维修电冰箱。

问：房子在哪儿？

答：九龙嘉道理道。

问：你去那里维修什么？

答：冰箱。我们抵达时德永大佐不在府上，只有他的情妇在家。接着我们动手维修冰箱，而他的情妇就带我在屋内四处参观（我与她关系友好）。那是我第一次到那里。后厨房有一个大型储物柜以及一个木材仓库。那里存放了一大堆红十字会的包裹，有些尚未开封，有些已被掏空，堆放在地上。

问：你说那里有一大堆红十字会的包裹？

答：对。

问：嘉道理道大宅内存放大量红十字会包裹的用途何在？

答：我认为是供德永大佐作私人使用。

问：你是指德永大佐会拿来自用？

答：我想是的。

问：你可否告诉本庭，这些补给已经在德永上校大宅内存放了多久？

答：我不知道。

问：多少人曾食用这些红十字会提供的补给？

答：德永大佐的情妇以及她的大家庭在这里居住了三年零六个月。我肯定，日本军队或日本政府不会为大佐的情妇及其家人提供任何配给。我肯定他们曾食用战俘的配给，还有红十字会包裹之类的东西。

问：为何你那么肯定？

答：因为德永大佐的月薪只有五百日元。

庭长：你手上的那些票据是什么？

证人：战俘营职员的薪金报表。

庭长：它们从未在庭上展示。

问：你现在准备好向我们展示？

答：是的。他在香港所得的月薪只有五百一十七日元。这个金额不足以供养他的情人和一个大家庭。高见军曹（Sgt. Takami）以及佐古军曹（Sgt. Sako）负责营内的物资配给事务，有些时候当鱼类配给的重量不足，我会去找他们并询问原因何在，他们告诉我如果要为德永大佐购买优质的鱼类，需要付出战俘鱼类配给售价五到六倍的价钱，亦因此造成战俘配给短缺的问题。他们给我的解释就是这样。我与佐治·韦特前往大宅维修冰箱时，发现里面有大量鱼类、猪肉和其他食物。这些食物我从未在饭堂或其他地方见过。

问：我们谈谈配给军曹的事。他们怎么知道被抽起的战俘配给会送到德永大佐手上？

答：高见军曹、佐古或箱田军曹（Sgt. Hakoda）负责到市场购买鱼类或猪肉。他们常常把配给送到德永那里，那都是红十字会提供的补给。

问：你可否告诉本庭，那些华人司机、一名叫夏多克（Haddock）的男子以及其他战俘所获的待遇如何？

答：1943年7月、8月之交，深水埗战俘营与亚皆老街战俘营共同展开一场审问，并由司机驾驶货车接载人员往来两地。7月、8月之交的一天，我记不起日期，但当时田中中尉是军官战俘营"N"的营长，而我就是那里的传译员。田中致电到我的办公室，要求将夏多克带到亚皆老街一百六十七号。

问：夏多克是谁？

答：夏多克中尉是一名来自香港海军志愿后备队（Hong Kong Navy Volunteer Reserve）的战俘。

问：你把夏多克带到什么地方？

答：一百六十七号是德永的军营。长谷川（Hasegawa）传译员、原中尉以及田中中尉都在那里居住。我到达的时候，那里有四名陌生人，以及横井大尉，他后来成为德永副手。田中早就在那里。我将夏多克中尉移交田中，他被带到楼上。田中叫我回到战俘营总部，那里距离亚皆老街一百六十七号约二百码。我回到总部后一小时，田中中尉致电给我要求将香港义勇军二等兵帕拉他带到同一地方。

我将帕拉他带到一百六十七号大门外，看到夏多克中尉坐在椅上，头发凌乱，双手遮脸，弯下身躯。横井就在那里，脱下上身衣服，并用皮制剑带疯狂抽打正在惨叫的夏多克中尉。他的头部、脸部、背部以至全身都被打，并惨叫："请不要打我背部。"我知道田中中尉就站在横井身旁，而我也知道田中很清楚夏多克一个星期前还在留院，而且仍需医生照顾。我跟那两位日本军官说："他看起来很惨。"但他们没有停手。横井看过来，并向我大叫将那人（帕拉他）带到后院或后屋。我带帕拉他穿越走廊，接着经过饭厅。我看到饭厅内有一名英国皇家空军军官倒在地上，双手被绑在身后，旁边放了一盘水，还有一个白色水桶。

问：你怎么知道他是皇家空军的军官？

答：我看到他有皇家空军的肩章。

问：你知道他是谁吗？

答：到了今天我仍然不知道他是谁。那里有两个宪兵（那些陌生人是宪兵）以及莴田。我将帕拉他带到后室上层。我发现了两个陌生人，是宪兵，还有传译员，以及两到三个正在吃面包和咸牛肉的英国战俘。

庭长：被告莴田与这件事没有关系。

检控官：我提交的证据是可被接纳的，因为这显示了田中对事情的进展负有责任。莴田作为战俘营的传译员，当刻他在现场。

庭长：现阶段我同意这是可被接纳的，但我们不应提出任何莴田对他人所作行为之证据。他身在现场是很合理的事。

庭长：让我们把事情弄清楚。谁是亚皆老街战俘营的传译员？

答：我。

庭长：你是唯一一名传译员？

答：我是那里唯一一名传译员。

问：当时莴田是哪个战俘营的传译员？

答：深水埗。我叫帕拉他坐下来一起与战俘吃东西。接着我赶快到楼下，准备回到亚皆老街，那里距离大门约十五码。我听到客厅传来惨叫声，并听出是夏多克中尉的声音。然后我回到了总部。

问：你对这些事要说的话就这么多？

答：同一天或是翌日，田中中尉要我将纽咸上校（Col. Newnham）带过去，因此我到战俘营将他带走并移交给田中。那里有辆载有两名宪兵的货车，准备与田中的货车会合。从此以后我再也没有看见过他。

问：根据你亲身经验，还有没有任何所见所闻想说？

答：就是这么多。

问：回到齐藤，你可否告诉我们，他作为战俘营的军医官，职责是什么？

答：齐藤医生负责供应药物以及医疗用品、将战俘营的病人转送到医院之类。

问：那是他的分内事？

答：对。

问：在我总结讯问环节前，你还有没有任何关于这五名被告的事情想补充？

答：没有。

庭长：在藤田先生进行盘问前，你可否递交该份档案以便翻译，或许证人可以在藤田先生完成盘问后将其翻译，其后再被传召并呈交法庭。

检控官：请你将薪金表翻译。

辩方盘问

问：德永大佐从什么时候开始负责管理赤柱的平民拘留营？

检控官：我不反对他回答这问题，但这肯定是无关的。

庭长：我记得他被问及有关德永大佐的第一个问题时，他回答大佐营长负责所有战俘营以及平民拘留营。

答：从1944年8月1日……不，再早数个月。大约是1944年年初。

问：你说德永大佐对陆军省或陆军大臣负责，在日本军队中这不就是事实吗？

答：我认为如此。我认为他是对陆军省、陆军大臣、日本政府或昭和天皇负责。

问：谁是德永大佐的直属上级？

答：我不知道。

问：德永大佐接受何人的指令？

答：我不知道。

问：山内（Yamanouchi）少将在东京俘虏情报局的职位是？

答：我认为他是掌管俘虏情报局内的战俘部。

问：他不是掌管情报局？

答：不是。

问：在日本皇军内，任何下级军官能否向上级军官发出指令？

答：不止是日军，我认为即使在其他国家的军队中这都是不可能的。

问：你的证供表示有些英国海军军官被台湾守卫殴打，当时你是否在场？

答：殴打时我不在场，但我将九名军官带到殴打现场。

问：你说曾向德永大佐以及齐藤提出申领药物，但无回音。这情况只出现在亚皆老街的军官战俘营？

答：我不知道其他营地的情况，但在亚皆老街战俘营这是事实。

问：你说你去了九龙药房买药，你买了什么药物？

答：糙皮病用药（Pellagria）、依米丁（Emetine）、镁盐（Epsom's salt）以及烟酸（Nicotinic acid）。

问：那时候的市场价格是？

答：我不知道。

问：你说买这些东西时获得折扣，但如果你不知道市场价格的话，你买东西时怎知道获得打折？

答：老板告诉我他减价卖给我。后来我去其他商店买药时，发觉我在九龙药房买的药非常便宜。

问：你曾在其他商店买过依米丁？

答：没有。

问：那么糙皮病用药？

答：我在其他商店买了硫酸镁。这是我自用的。

问：你在九龙商店买了多少东西，总值多少？

答：总金额约两千日元。

问：你提及有些鱼类腐坏了，你是亲眼看到那些鱼类，还是当你得悉战俘就此作出交涉才知道？

答：不只是我，被告田中也看到，我记得有几次因为那些鱼肉不能食用，他们将鱼肉放到盒子中，拿到外面掩埋起来。

问：田中中尉亲眼看到那些腐烂的鱼肉前，他并不知道鱼肉的质量这么差？

答：我不认为他知道这事。

问：谁负责配给事务？

答：我认为那时候应该是由监督官加藤（Kato）中尉负责，但那时候战俘营指挥官是田中中尉。

问：你提及你餐膳中的鱼肉质量很好，但与此同时战俘有没有获供应鱼类？

答：那时候我在总部吃饭时从没出现过变质得不能食用的鱼类。

问：你说战俘没有就米饭作出投诉的原因在于他们不吃米饭，那么战俘的主要粮食是什么？

答：那时候有面包。

问：面包在什么时候供应？

答：直到1943年春天。

问：你可知道德永大佐总部的支出是多少？

答：我不知道德永大佐的生活开支。

问：你知道德永大佐可获得奖金吗？

答：我知道。

问：他每年可获多少奖金？

答：大约一年两次。

问：你曾获多少次奖金？

答：大约两次。

问：你在什么时候获取奖金？

答：年末以及6月。

问：那么3月底呢？

答：我记得有时候在3月收到奖金。

问：那么9月呢？

答：我不记得曾在9月收过奖金。

问：你知道德永大佐拥有多少个人财产？

答：我不知道。

问：我现在会问你有关一百六十七号的事。你说后来发现四名陌生人当中有人是宪兵。你怎么知道？

答：事后我发现有一位名叫森山（Moriyama）的宪兵，另外还有一人是宪兵。

问：你提及夏多克中尉生病了，你知道他患了什么病吗？

答：我不知道那个病的名称，但我知道他在医院里病了很久。

问：你将他带走时，他已出院，是否正确？

答：是的。

问（指着证人早前提供的薪金报表）：这张纸是什么？

答：我在最高法院的废纸篓中找到的。

问：日本投降前，你并未曾喝醉以及与田中中尉打架？

答：这是投降之前的事，这发生在1943年5月12日，同时也不是一场打斗。我被田中中尉打。

问：当田中中尉在监狱内被审问时，你坐在他旁边并尝试打他，然后被审讯人员制止，是否正确？

答：我记得类似这样的事曾经发生。

问：有传言指你曾申请归化为英国公民，是否正确？

检控官：我反对这个问题；这与案情无关。

庭长：我不认为如此；辩方律师努力尝试透过提问，以显示被告作供时，可能背后另有其他目的。

检控官：我认为是否申请英国国籍与目的或品格无关。

庭长：这很可能是一个目的。这个提问颇为合理。反对无效。

答：我在1936年4月5日获得归化证明。

问：即是说你现在是一个英国公民？

答：我不知道现时自己的状况。

问：关于亚皆老街那边的事，你表示曾向田中中尉以及齐藤医生提出申领药物，但最后并没有提供。这是指日本人没有提供药物？

答：对的。

问：你是指提出申领药物后，没有收到任何药物？

答：我不是指没有收到任何药物，有些有。

问：你是指你收到的药物少于你所申请的数量，还是供应的数量不足够？

答：我是指战俘申领的必需药物并不足够，田中中尉应该知道此事。

问：你曾否参与手术？

答：没有。

问：你有没有朋友是外科医生？

答：有很多，我弟弟是个外科医生，我叔叔也是个医生。

问：你曾见过多少次手术进行？

答：我到过世界上其他地方很多次，见过很多手术室。

问：你说你从未做过手术，你周游列国的时候，在什么情况下可以进入手术室？

答：我的职业是海员，有时在船上担任总管。当船上进行手术时，我经常在场。有时候航程途中我的船员生病了，我会带他们到医院。这些事情曾在威灵顿以及加尔各答发生，而我在伦敦生病时也曾这样做。

问：你提及印度医院的手术室是临时的。与香港其他手术室比较，那里设施简陋？

答：我不了解香港其他手术室，但与宝云道医院的手术室相比，那里是很差的。

问：你提及柯士甸中尉胃穿孔，并向齐藤医生申请将他送到宝云道医院但被拒绝了，因此你把他带到印度医院。是否正确？

答：是的。

问：你将他带到印度医院，是你个人决定还是基于责任所在？

答：那时候那里有个医务兵，我与他一起把病人送到印度医院。

问：我不是指你与病人同行，我指的将病人送到医院是否出于你的决定？

答：到最后，对，我决定的。

问：在此之前，有没有战俘曾经申请在宝云道医院或日军军事医院做手术？

答：有。

问：关于这个事件，既然之前曾经有人申请送到宝云道，为什么他又会送到印度医院？

答：使用日军军事医院是不可能的，而且将病人送到宝云道医院的申请不获批准。

问：为什么不可以使用日军军事医院？

答：我不知道。

问：那天晚上是否不可能将病人送到宝云道医院？

答：并不是真的不可能，那儿有一些汽车、货车，还有一艘小船。宝云道那里也有一些货车。

问：你刚刚说到那里有货车和一艘小船，为什么你不将病人带到宝云道医院？

答：有些事情我自己做不了主。那些事情只能由军官或战俘营处理。这必须得到负责管理战俘的人员批准，例如战俘营指挥官、医生、副官，而我认为获得齐藤医生的批准最为重要。

问：如果战俘获批准送到宝云道医院，正常情况下需时多久？

答：前往九龙仓需时约二十分钟，过海需要二十分钟，从中环码头到医院要十到十五分钟。

问：通知海军派遣队需时多久？

答：那里有电话因此可以很快办到。举一个例子，当德永大佐希望从九龙渡海，他会致电这支海军派遣队，一艘小船会在码头等候。

辩方律师：我会查问柯士甸中尉的事情。

问：齐藤的房子里有没有电话？

答：我不肯定但我觉得有。

问：如果他的房子里有电话，在这样的紧急情况下你不可以用电话？

答：那时候我可以用电话，但我自己没有用。

问：你是自己一个人去齐藤的家，还是与一名战俘医生一同前往？

答：我自己去的。

问：接着你自行解释详情？

答：的确是。

问：你提及一名医务兵与你一起将病人带到印度医院，那个医务兵是个日本勤务兵？

答：他是个日本医务兵——他住在我楼下。

没有其他问题。

控方覆问

问：你亲自去见齐藤医生而不打电话的原因是什么？

答：因为我从战俘营（直接）前往齐藤的家。如果我要用电话的话，我必须返回总部。如果我走营内的快捷方式，即是利云街（Levong Street），就可以穿过战俘营到他的房子。

问：关于你与被告田中在1943年的事⋯⋯

答：对，1943年5月。

问：你可否告诉法庭发生了什么事？

答：1943年5月12日是我们抵达香港的周年纪念，长谷川、另一名传译员井上两夫妇，与我一起去喝酒，田中来到后加入了我们。然后我们开始谈到不同的事情，我跟田中说年轻的男生殴打老翁，尤其是与克尔少校和其他海军军官计较小事，实在很令人感到羞耻，应该对这些事情采取一些行动。于是他转过身来，表示我侮辱了他，并殴打我。这事情发生在1943年5月12日。

问：关于你在赤柱监狱企图殴打田中并被调查员制止的事情，有没有什么想告诉法庭？

答：那是哥连臣上尉的审讯期间——我先到达——接着田中进来并坐下。有些事我不记得了，当时正在气头上。

庭长提问

问：你知道是谁为战俘制定配给的分量吗？

答：我不知道。

问：你提及身在日本时，原中尉曾与俘虏情报局的一名军官山内少将谈话，当时你是否在场？

答：是的，当时我坐在原中尉旁边。

问：你向法庭表示以你所知，在日本军队或任何军队中，下级军官不能向上级军官发出指令，但当你提及的那名军官要求原中尉向德永大佐传达他的讯息，你会否觉得这是一个指令，或者只是一个建议，还是他在重复某个人的指令？

答：我觉得这只是个讯息而不是指令。

问：你会否觉得这个讯息是来自一个比德永大佐更高级的军官，还是只是口头上重复早前发出的书面指令，你有没有这样的感觉？

答：我觉得这个讯息是来自情报局内更高级的军官。

问：你觉得这是来自一名比德永大佐更高级的军官？

答：对。

问：你不会认为这个指令应该直接用书信传递到德永大佐那里，而不是透过两名下级军官向他传达吗？

答：我对此并不知情，但这是我打听回来的。

问：你提及一名叫横井中尉的男子殴打夏多克中尉，而田中中尉亦在场，他当时在做什么？

答：他只是看着。

问：你没有看到他对夏多克中尉做任何事情？

答：我在的时候没有。

问：你知道两人当中谁军阶较低——横井还是田中？

答：横井中尉。

问：当红十字会的包裹送达之际，你可知道除了食物外，还有没有医疗补给？

答：阿波丸号（Awa Maru）负责最后一次托运时，有大量的医疗补给。

问：你没有在1942年年底以及1943年年初的托运中看到任何东西？

答：以我所知的话没有。

问：当时香港的参谋长是谁？

答：菅波一郎少将（Ichiro Suganami）。

问：他是最高级的军官？

答：对，参谋长。

问：那时候一个军官会否从属于香港的民政体系下？

答：或许，我不知道。

问：你有没有听过有末（Ariuse）这个人？

答：不，我不记得曾听过他的名字。

问：当你在科发街的战俘营总部工作时，你会否负责翻译战俘营寄给德永大佐的信件？

答：会，有时候。

问：你看到莫德庇少将和其他人寄给德永大佐的信件有多少？

· 674 ·

答：我看到有很多。

问：当你翻译好信件后会怎样处理——当你将信件内容翻译成日文后？

答：有时候会直接送到田中中尉那里，有时候西森会先收集好再转给德永大佐。

问：你亲自把信件交给德永大佐过吗？

答：没有，先生。我记忆所及只有一次。那封信来自红十字国际委员会的薛度先生。信件转寄到日内瓦的红十字国际委员会前，他把信件寄到德永大佐那里。我被告知要翻译信件并送到德永大佐手中。那是唯一一次。

问：你向法庭表示齐藤医生有时候可以为战俘取得药物，但数量不足，你可知道齐藤医生从哪里获得药物？

答：以我所知，在占领早期，他在香港政府的卫生课那里取得药物。后来到了1944年、1945年他去九龙日军医院（Kowloon Japanese Military Hospital）那里取药。后来他去本地药房购买一些药物。

问：他买药的钱来自哪里？

答：我无可奉告——我不知道钱从何来。我估计是出纳班。

庭长：但这是来自日本官方的？

答：对。

问：你购买过白喉血清吗？

答：我自己？

问：对，为了战俘。

答：我，我自己买？没有，先生。

问：你可否大概告诉法庭，你在香港的第一年，当你出外时，依你观察所得，商店的存货如何——我指药物？

答：以我所见，有大量存货。

问：盘问时你提及德永大佐，以及你本人都收到奖金，你知道金额是多少？

答：大约三个月的工资——正常月薪——很大部分会寄回家给家人，所以我们剩下的不多。

问：你可记得有多少奖金会寄回家，以及多少会由收款人存起？

答：大约一半用作供养家人，一半留在这里。

问：你提及德永大佐供养情人的很多家人，你知道这个家庭有多少人？

答：以我所知有五人，一名奶奶，诸如此类。

问：以你所知，日本士兵在食物方面的待遇如何？他们是否营养充足？

答：以我所知，我去过一些兵营，配给很差。

问：你知道一种叫"脚气病"的病症吗？

答：是的，我认为我知道。

问：你能否告诉法庭是否有很多日军患上脚气病？

答：我无可奉告，这些我知道的不多。

问：除了在德永大佐家中看见红十字会的包裹以及包裹在商店内售卖，你是否见过其他人拥有红十字会的包裹或红十字会的食品，除了战俘以及你刚才提及的那两个场合？

答：不，我未曾在其他地方见过。

问：你告诉法庭有通报指出那四名加拿大人被枪毙，但事实上，他们被处决是一个公开的秘密——你知道是谁负责执行处决吗？

答：守卫们——隶属于战俘营的日本士兵——不是台湾人。

问：你知道处决执行的确切日期是哪天吗？

答：我不记得确切日期。

问：你告诉法庭，你看见这四名男子身处德永大佐的总部，你可记得他们在多少天后被枪毙——或是你在多少天后知道他们被处死？

答：看见他们的两或三天后。

问：当天你与翻译西森见面时，你看见那四名加拿大人，而西森告诉你，他们将会被枪毙，你有否觉得当时西森是在告诉你，他已经知道的事情，或是看起来像一个已下达的命令，还是他只是觉得他们将会被枪毙？如果你不肯定的话可以不回答。

答：这看起来已经决定了。

问：这是你在那时候的印象？

答：对，庭长阁下。

庭长：藤田先生，就庭长提问的问题，你是否希望向证人提出其他问题。

辩方：是的。

问：1942年的夏天不是有一名叫有末的人担任参谋长？

答：我不知道。

庭长：长谷川（Hasegawa）先生，你有没有任何其他问题想提出？

辩方：没有。

庭长：普迪肯先生，你有没有任何其他问题想提出？

控方：没有。

庭长：证人可以离开。

控方结案陈词

庭长阁下：

在讨论本案案情细节前，请让我通过您，在此特别向辩方首席律师藤田先生，以及长谷川先生致谢；我十分欣赏及感谢他们多次对控方以礼相待。

庭长阁下面前的五名被告各自面对一项至十项的控罪；被告德永有十项，齐藤五项，田中四项，茑田和原田各一项。在起诉书内的十一项控罪中，首五项控罪指控被告于不同的战俘营和战俘医院，虐待英国和加拿大战俘。余下六项多多少少是一些指定的控罪，与个别事件或如第九、第十项控罪一样，与指定罪行有关。

因此，基于每名被告所牵涉的程度，我打算将前五项控罪作为一整体处理，而最后的六项则会独立处理。

第一至第五项控罪中，第一项包含其余四项控罪找得到的每个元素。根据证据概要，这些元素包括以下八点：

（1）宿位不足、卫生安排不足以及粮食、食物和衣物不足；

（2）未能提供医药治疗、医疗设备和物资以及严苛对待患病战俘；

（3）殴打及虐待战俘；

（4）指派战俘从事战争工作及危险项目；

（5）战俘身体不适，仍被迫从事不人道的工作；

（6）强迫战俘签字承诺不会逃走；

（7）集体惩罚；

（8）广泛地虐待战俘。

其中，依照以上各点带来的后果，前两点最为严重。关于第一点，由于迫切的情况，起初可能还会有些借口。突然要入住大量囚犯当然会有困难，战时的食物和衣物供应通常也短缺，即使卫生情况一度欠佳也是可以理解的。可是，这些情况都是可以改善的；至少只要有证据显示他们有这份善意，改善牢中情况，也大大减轻罪名。第二点是拒绝给予医疗设备及照顾，原因是这些在当时看来并非必要，这一点更是罪大恶极。

关于这些控罪，控方不是要削弱其他元素的严重性。独立分析的话，任何一个元素显示的征兆也绝非微不足道的罪行。集合起来看的话，呈现出来的就是一个充斥着残酷和反人道罪行的可怕画面。

现在，被告德永与齐藤几乎要承担前两个元素的全责。就第一元素而言，主要的责任落在德永身上，而齐藤则承担部分责任。我们无需过于深入地探讨卫生欠佳、牢房过于挤迫的情况等细节。两名被告承认以上的情况确曾存在。

简略地说，深水埗的木屋原定设计为容纳三十二人，但在整段监禁期间，却住了差不多一倍人。于北角，木屋内的双层床堆着一百五十人，但这些木屋的正常容纳量应少于这人数的四分之一；克罗福、拜利（Bailie），甚至连齐藤自己也有为此作证。

庭长阁下或会考虑这两名被告的相关证据，最主要是德永，曾采取什么行动，改善如斯情况。就齐藤所言，除了指出过度拥挤的危险性外，他能够做的不多。可是，庭长阁下或须留意德永如何详细描述他如何尽力解决问题。从他自己的证供中看到，除了研究使用赤柱炮台的可能性外，他并没有做任何事。即使香港拥有大量的营房，他也完全没有做任何相关调查。由于日本向本土输送劳工，战俘数量下跌，而在深水埗的囚犯减少了，木屋因此空置在外面。关于这一点，我想提及的是藤田先生曾指出那些空置的木屋实际上是由日军所用；我希望庭长阁下留意日军的特别用途，就是储存空油桶。在1944年，五百多位军官撤出亚皆老街战俘营，被调往深水埗（战俘营）。此调动的原因至今仍未有解释。但其结果一定不会是舒缓深水埗的挤拥情况。对于任由木屋空置，借口就是源自上级的命令。可能真的曾有此命令，但庭长阁下，请推量其可能性，尤其根据各个不同证人所述，这些木屋并没有特别的用途。虽然加拿大高级军官霍姆中校曾经建议，而非主张给予战俘自行改善情况的机会，但事实是有关方案并未被实施。这不可动摇的结论，就是德永大佐相当满意这恶劣、过度拥挤的危险情况，并允许情况持续；而不论是什么情况，他也不能被视为无罪。

医院，或是战俘营医院也是另一例子。关于这点，德永以及齐藤均须分担责任。难以否认的是，全部三个战俘营的情况是极坏的。根据齐藤的说法，深水埗的银禧大厦被疏散是因为这里曾用作治疗白喉病人的疗养院，而当时疫症已被消灭，因此不再需要这地方。北角有一小型仓库，很多病人必须被迫躺在地上，但由于门是坏的或是屋顶有缺口，雨天时，地下经常都被雨水覆盖（克罗福）。当痢疾于亚皆老街爆发时，战俘只获提供一间空置而缺乏设备的木屋［史楚闲（Strahan），证物L(1)］。这些营房本身都是不堪入目的。在深水埗，日本人并没有提供玻璃，因此窗户都要由砖头封上，以抵御恶劣天气。加拿大人住宿的三个木屋中，只有两个提供睡床。尽管他们上诉、抗议，要求改善情况，但庭长阁下必须考虑到底德永和齐藤有否采取任何具体措施，舒缓这些情况。

当谈及这些医院的卫生情况时，对于两名被告德永和齐藤应要受罚的程度，应该不会抱多大怀疑。先说厕所桶的事。在实行灯火管制晚上的翌日早上，痢疾病房的情况实在难以形容，而且证据显示厕所桶和便盆的供应不足，他们也承认这事实；控方只需要引用有关上述情况的证据就足够了。隶属军法署（Judge Advocate General，原文缩写JAG）的列德（Reid）提出的证物W的第十九段，清楚详细地描述了污秽不堪的情况，使人恍如置身其中。这情况是发生在一间医院，由一位自称学识渊博的医生监管的；他承认设备不足，但他唯一的对应方法就是向上级报告，有需要获得更多供应。即使如他——齐藤——坚称没有更多的厕所桶，庭长阁下或许也会问他为何不临时添置。根据来德少校（证物W）的证供，假如他真的曾视察过这些被忽视的地点，他会知道曾有临时添置的先例。但是，他没有临时添置，他甚至没有亲自到场检视是否有存货可用〔——问：你有否到过供应仓，确认这答复（即再无别的桶可用）？答：没有。问：你有否询问有什么能作厕所桶的代替品？答：没有。〕。庭长阁下还有考虑的需要吗？至于德永，或如他所说，叫监督官拿更多便桶的做法已叫他很满意。他将事情交给他的监督官处理，认为监督官能够并将会执行他主张的命令，哪怕面前是猖獗的痢疾疫症。

接着就来到粮食不足的问题。这问题缠扰全部三间战俘营以及宝云道医院。即使是根据齐藤自己的估算准则，他也承认食物供应的卡路里含量不足够。根据所有战俘医生的证供，特别是克罗福和威菲路（Whitfield）（证物C2）；他们二人均是有权威的代表，有多年的专门经验及训练，他们均指齐藤作供说卡路里含量不足够是贬低事件的严重性，最起码的是含量极低。无论量度基准如何，有一结论是不会错的。粮食餐单的卡路里和维生素含量均不足够；否则，为何战俘会有营养不足的情况出现，而且证据悲痛地证实有大量死亡事件而且脚气病、糙皮病肆虐；换一个较好的说法，这些疾病都统称为"维生素缺乏症"。

针对辩方提出在过去十八个多月内，有关德永大佐所受的对待以及体重减少的论点，我想有以下回应。但是，有一件事还未经证实，在该时段内，德永大佐没有患"维生素缺乏症"、糙皮病或脚气病。虽然与担任战俘营司令的时期相比，他的饮食未必有那么丰富，但是他的食物是足够的；他享有的设施也与战俘不同，这是相当明显的。但是，不管怎样，没有证据证明他的健康情况出现任何问题。明显地，在整段时段内，他十分健康，身体情况一直良好。

现在，有关控罪中粮食不足的元素，有一个明显的辩护理由。上级曾下放一个必须要遵守的配给标准。日军没有一个显著的配给标准，这配给标准是所有非生活在野外的现代军队理应有的；当然，遵从这配给标准是必要的，也是无可避免的。但是，这辩护理由不能被视作无可争辩的理据。至少有两点可以解释。第一，没有一项由现代机关订下的规条或配给标准，拥有古波斯及玛代王国法律的不变性。这些规条及标准可以及现正按照经验被更改，以合符特殊场合或要求。这留待庭长阁下去审查是否存在任何可能的途径让被告，特别是德永，去采取或至少主动发起必要的改变。有足够的证据证明这人知悉粮食分配不足。我们只需参照霍姆中校的陈述，而这些陈述是得到科学权威支持的。验证日本参谋长安藤（Ando）少佐的证供时，控方发现有一份呈请书，呈请书的目的正是要指出规条的缺失或疏忽。但是，没有证据显示德永曾踏出这一步。假设庭长阁下相信，德永除了曾以口头或书面形式告诉他的直属上级有关事宜外，他满足于遵守并倚赖已订立的配给标准。然后，尽管有大量的证据证实有致命的营养缺乏症，他却将问题置之不理。第二，基于他们必须跟从配给的标准以及把改善战俘粮食不足的问题搁在一旁的情况，庭长阁下或须考虑的问题是：他们到底有否跟从这配给标准。有相当多的证据证明他们并没有跟从。拜利中校说："整体来说，食物经常短缺，而配给从来没有达到我们的期望。"除此之外，米切尔（Mitchell）中校说："自1942年7月至日本投降，我们完全没有吃过一点肉。"隶属皇家陆军补给与运输勤务队（Royal Army Service Corps，原文缩写RASC）的腓特烈（Fredericks）中校说："日军为我们订立了一个配给标准，但我们从来没有获得应有的分量，一次也没有……很多次，日军走进来，拿走我们仅有的食物。"松田说配给分量是少于标准的。克尔中校说一名高级监督官视察营房后，食物配给的情况曾有两星期的改善，但之后就返回原状。即使田中经常淡化事实，但他非凡、合宜的记忆力使他能作证指出在两个情况下，粮食配给的分量短缺。再次，我想指出没有丝毫有利被告的证据证实配给曾被补足。因此，控方认为在接纳遵从配给标准为辩护理由前，以上两项回复应被予以考虑。

关于这项元素，另一个反驳理据是由被告提出的，就是透过：一、红十字会；二、由营外亲友送来的包裹；三、种植蔬果及饲养猪只和家禽。从日本人的思维去想，战俘营总指挥官和各个战俘营指挥官，特别是田中和齐藤，大概会明白如何从红十字会提供的物资以及运送入营的食物中获得利益，但对本人来说，实在难以理解。最佳的引证是日本人拥有权力，可以拒绝让这些物资分配到战俘手上；就此限制而言，他们应记一功。当然，庭长阁下可根据此劝告，作出适当考虑。关于农务，假设全部农作物收成只给予战俘享用，控方会给日本人满分。但是，证据证实与此相反，特别是普菲特（Prophet）先生的证据。他说，每日最多可送一百五十只鸡蛋到医院，余下的则会拿去卖。医院鲜有收到分配的数量，而就算有，战俘只有极少。日本人买鸡蛋的价钱为三毫，而市价是一日元。普菲特先生相信，主要是新森接收鸡蛋，而这些鸡蛋最终要送到德永手上。同样地，他说绝大部分的猪肉都被日本人没收。这证人的证供与德永的证供必须被衡量，看谁的更重要；德永否认这些证供，但在他获准引用花园、猪栏和家禽饲养场作为辩护理由前，已丧失信用了。

在粮食不足的讨论完结前，庭长阁下现正被指向一个法律观点。只有当日本的规条、限制及合法性均遵照本审讯召开时的法律，它们才会被列作考虑。根据特别军事命令（Special Army Order），《军事命令八一／一九四五》（Army Order 81/1945），战争罪行的定义为违反战争法律与惯例。假如翻阅《日内瓦公约》附录24，第一句就是"战俘所得的粮食配给，质量均须与军队士兵所得的一样"。此段落并没有提及过任何粮食配给限制。现在，请庭长阁下审阅在第三十二天庭审，德永大佐于盘问时提出的证供，以下是第二条问题与答案：

问：你会否认同在这里，日本军人比战俘获得更多食物？
答：就我所知，分量是比战俘的多。

根据这答案，他已承认曾违反其中一项战争法律——不管是上级命令或规例，被告德永无疑已违法。至于他的犯罪程度，庭长阁下必须同时考虑他在面对必须解决的事情时，他采取改善战俘情况的积极行动，抑或是将这些事情置之不理。

关于衣物不足，这没有太多补充。毫无疑问，衣物的确不足。控方只可以从日本人相对的情况，推测他们如何试图改善这情况。当然，德永穿着足够的衣物，就像他自己所讲一样，堂堂一个大佐，为何不可有端庄的衣着？确实对极了！

现在请庭长阁下将焦点放在前五项控罪的第二项元素上，即未能提供医药治疗、医疗设备和物资以及严苛对待患病战俘。由于这项元素带来的影响，它是所有控罪元素中较严重的。它牵涉全部三间战俘营及两间医院。它只针对两名被告，德永大佐以及齐藤大尉。

在三种肆虐于战俘营的流行性疾病当中，我打算只特别着墨其中一种，以作为例子——这例子多少可以阐释全部三种疾病的处理方法。

于1942年6月，白喉在深水埗爆发；同年8月，在北角爆发。直至10月，它持续肆虐，势不可挡，未受抑制；从那时开始，疾病逐渐杀害了数以百计的病人，而生还的病人则变成残废，这些生还者得承受各种因这病而引起的不良影响。庭长阁下无需太考究这些疾病的源头。必须关注的是，疾病蔓延的原因，以及有否实行阻止其扩散肆虐的措施。

白喉是经接触传染的疾病，意即病毒是透过近距离接触而散播的。当一开始疾病出现时，为防止病毒经由接触传播，必须隔离那些受感染的患者，这是至为重要的。虽然其他人并未受感染，一旦带菌，便有可能传染他人，即是说病毒可能会透过一个健康、但容易染病的人四处传播。假如对疾病的严重性有怀疑时，立即采取隔离措施，那么在流行性传染病爆发初期，病毒已能停止散播，受害范围就可局限在最先不幸染病的一至两名患者。当然，除此之外，还要治疗已感染的患者。

现在，控方没有必要详述为达到隔离目的而必须推行的预防措施。只需要说透过细菌学或通过显微镜的方法，检验喉咙分泌物，就可以发现那些经接触感染的人。一旦确定那些受感染的人，及后就可以将他们与未受感染、健康的群众分隔，杜绝彼此的接触——这道理是众所周知的。

之后发生了什么事呢？在1942年6月，于深水埗有三宗怀疑为白喉的个案。喉咙分泌物已被拿取并送到日本人手上作检验。报告结果为阴性〔坎姆斯（Coombes）〕。对于谁检验这些分泌物以及如何检验的问题，目前仍未有答案。坎姆斯医生的证供指出的是这三名病人中，有两名是死于白喉。

他们只提取了三个喉咙分泌物样本，很快，流行性疾病蔓延，肆虐营房。一直等到9月，深水埗战俘营才对所有战俘实施彻底的喉咙分泌物检验测试。

于1942年8月，克罗福医生要求要在北角实施分泌物检验测试。这个测试要待至1942年10月1日才开始，足足迟了近两个月。

现在的问题是为何这测试及隔离措施没有实行。齐藤自己提供了答案。而他必须独自为此负责。他说他曾要求日军防疫部队给予支持，而防疫部有足够设备可以作检验测试。如果他真的有作出这样的要求，那支持仍要等到9月。同时间，他采取了什么替代措施呢？再次，他自己给予控方答案是没有，一项措施也没有。纵然香港卫生试验所可以提供检验测试服务，但他从来没有争取过该检验所的辅助〔梁国泰（音译：Leung Kwok Tai）〕。虽然没有证据指香港大学医学院有类似的设备，但齐藤作为从医学院毕业的毕业生，根据他自己的陈述，竟然没有询问过它（香港大学医学院）有相关设备与否。不单如此，他也从没有检验过自己的喉咙分泌物。他说日军防疫部队一直很忙，最后要直到9月才能于深水埗进行检验测试。他没有尽力解释为何北角的战俘要等到10月，搬到深水埗时，才接受喉咙分泌物检验测试。结论是不可动摇的。齐藤大尉，也是齐藤医生，是导致缺乏检验测试的主因。撇除治疗成效，如果当时有做检验测试，很多今天已丧生的人不单不会病死，而且他们的生命根本不会受到威胁。

除了预防措施，请庭长阁下现在考虑一下有关治疗的部分。与白喉所引起的影响比较，其他在香港战俘营爆发的流行性疾病所引起的影响程度是同等的，甚或更坏。虽然控方以白喉作例子，但这并不限制痢疾和维生素缺乏症所造成的影响，以下的讨论会继续强调白喉。

根据目前所有医学证据，包括齐藤医生提出的证供，都指明有一种特定的药物，对治疗白喉几乎绝对有效；就算不是（绝对有效），也是相当有效——就是抗白喉血清。即使疾病持续肆虐、四处扩散，但假如适时服用并服用足够的分量，抗白喉血清也能大大减低死亡率。由此可见，这药物很有效；即使服用了相对较少甚至看似无效的剂量，其治疗的成效仍然令人震惊。有纪录指四百九十四名加拿大人感染白喉。其中七十五人没有接受抗白喉血清治疗，而几乎全部五十四名死者都来自这七十五人。因此，使用抗白喉血清的重要性必须被视为首要的。

一直等到疾病在深水埗爆发，宝云道接收第一名病人，而北角立刻又出现怀疑个案，他们始要求申领抗白喉血清。战俘营指挥官德永、齐藤甚或宝云道的医务军士濑野（Seno）全都被哀求，恳请他们能提供血清。身为军医，齐藤自然被委派去拿取血清。这不存在权力高低的问题，因为他与德永均断言说当时能够使用购买药物的资金，于本地购买药物。

那时，齐藤深明若要救病人的性命，就急切需要血清。他说："对治疗白喉，抗白喉血清绝对是必须的。"他之后做了些什么呢？根据他自己的证供，他踏出了非常实在的第一步。齐藤前往寻求江口（Eguchi）大佐的意见，他是负责公众卫生事务的首长。齐藤被指示到位于皇后大道的一间药房，在那里补充药物，并能够在那里买到少量血清。齐藤叫他们以及另外两间药房接受江口大佐下达的有关指令，提供更多血清。透过这三处来源，他在两个月的时间内总共能够拿取二十三万个单位血清，剂量差不多足够让两名病人使用，数数看，是两名！

这二十三万个单位血清的下落需要进一步推测。他肯定没有分派给北角。在8月底前，他也肯定没有分派给深水埗。但同时，深水埗的战俘能够从守卫手中拿取一些血清。可是，没有证据显示守卫是从哪里获得这些血清的。

他可能将全部血清送到宝云道医院，但如果这情况属实，那他确实拿到的血清剂量必定减至十万个单位，足够有效治疗四分之三名病人。

值得一提的是他说他曾远访广州寻找血清，而这访查完全费时误事。

这就是齐藤在香港确实做过的。他所做的不过是查问三间药房。还有其他吗？当时有很多其他供应血清的来源。安德臣医生以一本名册辅助，指出其中一些血清来源。有人曾有意向齐藤提供数据。从几名证人的证供，特别是最近期的华路云（Rowon）先生的证供，可以推断当时香港有很多药房，但是，齐藤没有接受任何建议，没有查问过，对街上的药房视若无睹。从所有意图、目的以及证据得知，尽管可能有反证（而事实上并没有），一名证人在庭上坚称齐藤面对急切的医疗需要时，一句简洁有力的格言就可归纳其态度："由得这个人死去吧。"他自称曾尽力筹集血清，毫无疑问在他这个说法中没有一点能够驳斥这份证供。

可是，事实上只要齐藤愿意，他能够在这个地方获得血清。若干证人足够证明英国投降时，香港仍有大量的血清〔菲特（Vide）、霍金斯（Hopkins）、纳萨林（Nazarin）及其他〕。另外，许（音译：Hsu）先生的证供没有反驳之处，他作供指日占时期，手上仍有足够存货。但总括来说，最具结论性是华路云先生的证供，当时香港有很多药房。这男子费了很大的劲，于24小时内，找到两批血清，每批含四十八万个单位，总数差不多有一百万个单位。他进一步坚称于日占时期，任何时间都可在香港买得到这抗毒血清，因为他在日本投降后仍发现了一些血清。他对在1942年6月和7月可以买到抗毒血清的说法，没有流露丝毫的怀疑。

如齐藤所言，即使事实上买不到血清，也应该要着手制造血清。为求达到目标，他需要并申请了一只马。但是，马并没有来。即使有马以及相关设备，也有可能未能成功制造血清。但最少，这会是一个尝试。但是，要面对的困难太大了，或是要克服太多麻烦了，齐藤没有参与这样的实验。管它的，由得这个人死去吧。

有关齐藤反复声明曾向江口大佐作出请愿此一说法，普菲特先生的证供具相当的重要性。他说有一天，他不能确定日期，一名高级军医官来到战俘营，接着，立即就有血清送到营地。看来，这军医官就是江口大佐。不管怎样，齐藤说他就是江口大佐。当然，大佐到来后，充足分量的血清立刻紧随其后送上，这或许是一场巧合。可是，庭长阁下可以自行估算到底事实上，江口大佐有否被告知有关事情，还是他在探营时，才首次留意到相关情况？

无论如何，大量证据证明齐藤没有认真、尽力地拿取血清；而纵使当地有充足的血清，他确实没有拿取任何达至疗效数量的血清。

关于这个情况，德永不能避过责难。假设齐藤职责上有疏忽，那德永的职位不就是要确保这些职责有被执行，并自行寻求方法提供或制造血清吗？他两样职责都没有做到。无论后果如何，他也必须负责。

有关德永的职责，我想在这里再次响应辩方提出的论点。这些论点是：一方面守卫是听命于德永和向他负责的——但另一方面，辩方指出德永不需为守卫的行为负责——毕竟，守卫是德永的下属而德永是守卫的上级——让守卫做他们喜欢做的事。另一点是德永听命于总督或参谋长。那到底德永的地位是什么呢——他是信差？还是只是一个傀儡，好食懒做，只负责侵吞红十字会分配的物资？当一个司令不只是一个傀儡——他是要确保其他军官有妥善地履行其职责，如果他们没有尽本分的话，就要归咎于司令。这是他的工作，也是任何执法人员的工作，特别在军事机关。

如前所说，我不打算巨细无遗地处理其他传染病。然而，在众多个案之中，这些传染病的情况严峻，后果也严重。从证据得知，显然地，他们都有方法能够减轻疾病肆虐。他们手上都有针对阿米巴痢疾以及杆菌痢疾的特效药。他们理应可以取得含有维生素的药物。可是，他们没有添置，或是不管怎样，他们也没有添置足够的分量。控方认为控罪不仅是关于战俘营医院，还有两项控罪跟宝云道医院和印度军医院有关，并且充分地得到证实。

控方从未缺少有关药物被故意扣留的证据。不只是药物被扣，还有医疗器材，如手术手套。德永本人说在那三艘运送红十字会物资的船中，其中一艘是载着医疗用品的，但由于船上的事务长确实表示这些物资并不会被分派，因此他才把物资扣起。德永和齐藤均坚称齐藤是"按需要"分派药物，也是齐藤下此决定的。战俘以及红十字会代表均认为他们二人很可耻、不合作以及蓄意阻挠。请庭长阁下判断这些描述是否公平。

现在来到在证据概要中有关严苛对待患病战俘的指控。这项指控主要涉及将病情严重的战俘从战俘营转送往医院。延迟送院而经常导致死亡事件是不能够，也不可以被否认的。深水埗以及亚皆老街也有发生这种不当行为。我不打算逐点处理证供上提及的各例。我只会举出三个例子，来自赖普特（Lapointe）、鲍卡（Bowker）以及贺克（Hook）的证供。以上三人已全部死亡，假如当时他们能立刻送院并接受所需治疗或手术，其中至少一人应该能被救活，并可能存活至今。庭长阁下面对的问题不是实时送院的成效，这是毋庸置疑的，而是到底当时这措施能否被执行。

现在，辩方声明交通是当时面对着的困难。当然，无论是医疗专家还是行外人，证人一个接一个地指证，齐藤和德永，但主要是齐藤，在交通一事上态度冷淡，只有通过持续不断及大声疾呼地提出要求，他们才有所回应。关于这一点，有大量的证据。假如庭长阁下允许，那余下来就是庭长阁下衡量这指控的可信性及分量。假如上述要求被允许的话，那就需要验证当时的交通有多困难。被告提出一些证据指当时未能使用汽车交通。可是，鉴于田中作供指当时有三辆货车和一架——一段时期两架——员工汽车在科发道总部可供使用,因此,当时没有汽车的说法是不大可信的。但事实上,辩方把困难的重心放在水路交通上。负责船舰的队伍不能也不会长期开放船只,供人使用。尽管如此,控方有足够证据证明当时有其他运输方法。被告可雇用舢舨或小船。两间渡海小轮公司,分别是天星小轮以及较少使用的油麻地小轮,均有提供服务。即使有特别原因,他们提出的借口永远是使用这些服务是公然违抗总督的禁令。请庭长阁下好好考虑这借口有多可取。例如,德永说禁止使用渡轮是基于安全理由。到底这些病重的人会对安全构成怎样的威胁?就连齐藤医生最终也同意把他们送院治理;因此,庭长阁下未必需要再三衡量。雇用舢舨的情况也如是。假如他们曾向总督妥善地交代这些情况,不管他们是否曾向总督陈述全部事件,或是有没有正确地交代,该禁令仍生效的话,实在令人百思不得其解。当英军医院在1945年春天,由宝云道搬到九龙的中央英童学校时,无论如何,这借口都已崩解。

就在这时,即医院确实位于九龙那边时,发生了贺克的个案。现在已不需讨论交通,特别是水路交通的问题。为判断拒绝把病人送院的责任所在,我们必须审阅、分析来自齐藤以及史楚闲上校(证物L1,页七)那互相对立、矛盾的陈述证供。齐藤指他被告知贺克得了疟疾。史楚闲上校说1945年5月18日,贺克生病了,并于数小时内出现脑膜刺激症状。齐藤立刻被通知有关情况。他看着病者,说此诊断是错误的,并宣布病人患的是疟疾。齐藤说他立即回应要求,批准将病人送院。可是,史楚闲上校说即使他们连番要求,但要直至6月15日,即疾病开始肆虐一个月后,病人才得以送院治疗。究竟要相信哪一说法就留待庭长阁下判断。当时这人病重,不管诊断如何,也需要送院治理;证据确凿,而齐藤也同意这说法。

现在的问题是,谁要就有关送院事宜负责?控方认为是德永与齐藤二人。德永要负责的理由是因为这是他基本的责任;至于齐藤,除了因为他技术性同意送院之外,他的同意构成其最终目的及意图。

以下两点进一步在此说明齐藤的责任。他煞费苦心地指出,要取得送院同意所需的一连串沟通程序。一如以往,他说他必须要得到德永的同意。可是,有一个例外情况,就是他承认德永经常依赖他的意见。德永说关于这些情况,他经常听从齐藤的意见,并进而坚称曾经在一些情况下,齐藤没有向德永申述而自行采取行动,但齐藤否认。罗德杰(Rodrigues)医生的陈述证供证实这说法。第二是考虑到紧急情况。即使当时出于某些原因,没能得到德永的同意,也必须采取有关措施,这是理所当然的。齐藤说没有采取任何措施。这令人难以置信;凭着德永的证供及罗德杰医生的观察支持,我斗胆推测齐藤需要负全责。让我们相信日本人至少应该拥有这样程度的应变能力。

现在,我们转为谈论殴打与虐待的事。再次,我不打算逐一处理,甚或提及证据中出现的个别殴打事件。除了那些与以上两名被告、田中、茑田以及原田有关的。我会从责任的观点分析事件。全部五名被告多少也牵涉到此指控。所有战俘营以及宝云道医院均有发生一宗或更多有关事件。

今时今日,这种形式的体罚按照定义已构成战争罪,这是不言而喻的。此等指控绝不会受日军守则或传统习惯影响,这些守则和习惯事实上并不重要。不管怎样,安藤的证供指虽然日军十分流行体罚,但严格来说这些殴打和掌掴都不获支持。

差不多每一天都有掌掴、殴打以及更严重的体罚事件发生,这是不能否认的事实。再次,我想说的是这说法得到茑田的证供证实,他甚至说掌掴和殴打是日军训练的一部分。证人叙述了太多确实发生过的事件。但是,德永并不知道这些事件,至少他是这么说的。可是,这些记录反映了什么呢?在至少两个场合内,德永曾亲身参与殴打战俘,其中一次是怀斯曼(Wiseman)事件;他承认曾对这只有一只脚的男子痛打,尽管他说他轻视了这带来的后果。至于巴尼特(Barnett)的个案,德永不是下令要"调查他"(意指殴打他),就是出现在巴尼特被殴打的现场。巴林格没有对他敬礼,因而被殴打。他的首席传译员,新森执行了多次殴打,而殴打手法各有不同,但大部分都极为凶残。战俘列队被殴打,因而收到投诉。即使连他的军医官也一样放肆,说只是为了指导他们,不只一次殴打战俘。可是,德永开始他已经宣誓的证供,他不仅对所有殴打否认知情,反而力指这些事情非但不曾发生,也不可能发生。殴打被认为是普遍并得到认同的行为,是德永大佐承认的政策内的一部分。

以下有关田中、茑田以及原田三名被告。茑田和原田二人均承认曾参与一场或更多的殴打。唯一需要讨论的是其殴打的程度。原田与殴打巴尼特一事有关,即是第一场殴打。他承认曾三次徒手袭击巴尼特。这与其他描述绝对不一致。所有人都说这被告猛击巴尼特,严重得几乎使他丧命。茑田承认曾殴打巴林格以及胡德科柏。再一次,唯一需要讨论的是这些殴打的程度有多严重。他坚称只用手打胡德科柏。其他证人则作证指他用皮带扣子。他说他以一巴掌斥责巴林格。巴林格本人、马布(Mabb)以及若干证人坚称这些殴打,尤其对一名病人来说,是极为残暴的。至于殴打程度,就留待庭长阁下判决。

田中的个案并不一样。控方没有证据证明他曾积极参与殴打事件。但是,至少有两次,他曾留守并看着新森对战俘进行严重袭击,假如袭击说不上为暴行、虐待,但他没有加以阻止。关于巴尼特于医院被打,他说他不能做任何事阻止,这说法已无力为他辩护。即使他自己也说曾考虑阻止殴打事件,而且并不只是因为担心事件带来的后果。再次,麦克柳(McLeod)于亚皆老街被打时,他明显在场。但是,有关他没有看到麦克柳在集队空地被追捕的陈述,葛洛佛(Glover)、帕尔玛(Palmer)以及拜利有力的证供能戳破他埋怨自己记性差的说法,好一个不寻常却省事的借口。

齐藤也承认曾殴打战俘,尽管这些事件并不严重。可是,他被牵连到梅利(Murray)以及阿奇博(Archibald)于宝云道医院被殴打以及施酷刑事件。这些虐待事件有多严重以及有什么持续影响,是完全取决于庭长阁下到底相信齐藤,还是安德臣、梅利以及阿奇博医生。安德臣说那些殴打非常严重,足以使一名病人宁愿自杀,也不出席被委婉地称之为的"审问"。

关于前五项控罪的最后五项元素,我打算略略带过。庭长已听审五十天。明显地,他们曾派遣苦力团队,但如果这些苦力团队参与兴建机场、运送并堆放炸弹以及处理辛烷值高的飞机燃油,那他们便是被强迫从事战时工作以及危险工作。同样地,庭长阁下曾听过有关战俘健康欠佳,但仍要工作的证据,其中包括一些为了挑选军人赴日做苦工,于是作身体检查的反证。

我想谈论有关假释一事。被告不能否认曾要求假释,但同时威胁战俘,假如拒绝接受假释,将会有(不好的)后果。事实上,有关这程序的规条已制订,尽管差不多要在事件发生一年后才出现。此外,强迫人签署所谓假释书已足以构成战争罪。但是,我主要是希望能够评论路易斯(Lewis)军士长的证供。路易斯详尽描述关于有些拒绝签署假释书的军官及人员被给予的惩罚。他与腓特烈中校的描述都十分吻合。很可惜,他提到某位曾受惩罚的军官的名字。他的确有地方出错,但只是那位军官的名字有错,而那些情节的描述则非常自然;除非他亲眼目睹,否则决不能作出如此的描述,这点是非常重要的。即使是上述的军官,也不能完全不会出错,德永如是,假如我们相信他。他坚称他从未被召唤到德永的营房。可是,德永却描述自己如何召见他到办公室,并且劝服他签署假释许可。

我也想谈论有关集体受罚一事。再次,日军的规例或指令或许批准集体受罚,无论如何国际法是绝对禁止的。有足够的证据证实这些惩罚,包括减少食物配给以及禁止使用设施。德永默认曾减少食物配给,虽然他透过于其上级。

关于广泛的虐待事件,不需阐述太多。战俘要遵守既严峻又五花八门的守则,若有违反,则要受严苛的惩罚。战俘经常要在恶劣天气下列队,时间也很长,但毫无必要。病人也被迫要列队。有关例子一个接一个。至少在一个个案中,夏柏(Harper)中尉看似在北角列队一整晚而致死。

如今，究竟对前五项控罪来说，这八项元素有什么含义呢？首要并且最严重的是，德永和齐藤直接要对多宗死亡事件负责；若他们不是疏于职守，这些事件根本不会发生。这点对齐藤来说，尤其关键。由于没有采取隔离措施以及缺乏血清，齐藤要直接为每一个因白喉而死亡的人负责，因为他如同掐住这些人的喉咙，使他们窒息而死。二百名以上的战俘死于这种疾病，其中五十四名为加拿大人。日本人甚至承认死者达一百零一人。全部，或几乎全部死亡事件都可以避免。请庭长阁下考虑，如您认同齐藤当时应该以及能够阻止大部分人因而死亡，请判他犯战争罪，而在所有细节上，可与谋杀比拟。

德永也须为此负责，但在此情况下，责任或许较少。可是，他不能逃避其疏忽的后果；由于他疏于职守，战俘没有被分发更多食物配给，而恶劣的住宿环境以及卫生欠佳的情况也没有得到改善。德永必须为因痢疾及营养不良而死亡的病人负责。假如庭长阁下不接受他的叙述，再次，请判他犯战争罪，罪行等同谋杀。

至于其他三人，茑田以及原田已招认事实，至少是有技巧地招认。假如没有其他的事，田中与两场殴打有关。如果庭长阁下同意，他们也是犯下战争罪，尽管相对地说，这些罪行程度是不足取的。

以上所说的是前五项控罪的内容。

现在来到另外三项控罪，关于四名加拿大人逃走，及后再被逮捕的事，以及五名英国战俘试图逃走的事，这些事件都可一并讨论。

第六项控罪指控德永以及田中于再次逮捕四名加拿大人后，把他们带到科发道的战俘营总部，继而虐待他们。他们被带到总部是毋庸置疑的事实。松田、麦基成以及德永本人的证供都证明他们曾被虐待。但是，没有证据证明田中本人曾虐待过他们。麦基成说当新森殴打再被逮捕的囚犯时，田中在场。田中说他可以看到房内情况，但并不亲身在场。这是细微之处，不值得详加说明。请庭长阁下判断到底他是否与这事件"有关"。

但是，假如战俘确曾受虐，那德永肯定与这事有关。根据田中的证供，德永不只在场，还掌掴其中一名战俘。假如麦基成是值得相信的话，那德永的私人传译员，新森曾在德永在场时，以棒球棍击打四名战俘。另一点是证人麦基成辨认出该疤痕——辩方轻视了这证人的证供。辩方指要分辨出这么细小的疤痕是不可能的——这疤痕并不小，而是大的疤痕——证人形容这脸上的疤痕约有一寸多长，而这长度的疤痕也很显眼——即使你不能记住这人眼睛或头发的颜色，但能够轻易注意到或记得他脸上有没有疤痕。我认为这证人确曾见过这疤痕，而且这疤痕是在布新其的前额上。即使如德永自己坚称，他并不在场，那庭长阁下可就他发出殴打巴尼特和巴林格的命令一事，推断他是否对虐打知情。假如他知情，根据庭长阁下的意见，他必须就第六项控罪被判有罪。

关于第七项控罪，庭长阁下只需判断德永要负的责任；根据《日内瓦公约》甚至日本的《惩处战俘法》(The Prisoner of War Punishment Law)，被列作证物 Z4，其行为简直可以视为谋杀，如您同意的话，也可以说成是为了方便而谋杀；但是，无论如何，这是谋杀。

我说这些都是不能争辩的事实。除了被告招供，我们还有个别证人的证供，几乎指出从被再次逮捕至最终被处决的时段内，逃亡的战俘经历过的每个步骤。松田、麦基成、田中以及德永本人均说他们首先被带到科发道。接着，他们被送至九龙宪兵总部，普拉玛(Plummer)中士及韦泰尔先生曾在此见过这些战俘。韦泰尔曾见过他们一事是千真万确的，他甚至能够说出其中二人的名字。最后，刘锦把他们送到京士柏，看见他们列队往山上走，并记得只有守卫回来。现在轮到齐藤上场。他看见他们被处决。最后，他们被埋葬。他们的遗体被找回，身份也得到辨认，并由黎博迪(Lightbody)少校确认。

有关松田的证供，这是颇为巧妙的。辩方提出战俘经历了焦虑的三天，他们的确如松田描述般，处于悲惨的情况。这些战俘从被再次逮捕，直至被带到科发道并在某处被殴打的时段内，除了在德永以及那一伙人的手上，没有证据证明他们曾到过别处。因此，他们陷入悲惨情况必定是他们在科发道三楼进行的审问所导致的。

在这些叙述当中，只有关于处决模式的证据存在明显的差异。刘锦说他看见那军曹从行刑地点回来时，在草上拭剑，意味那些战俘已被斩首。齐藤说他们是被枪毙。然而，不管是哪一种形式的处决，他们被杀死却是铁一般的事实。

第八项控罪只有一处细节不同。五名英国战俘只曾试图逃走。他们被带到香港宪兵总部，积臣（Jackson）先生出庭作证，说曾在总部看见他们情况悲惨。接着，他们被带走，并且被枪毙。

由于两件案件能互相补足，说明有关的责任问题，因此我现在会将两案一并处理。

德永卸责于参谋长有末。他说："有末下令进行处决，我除了跟从命令，别无其他选择。"

现在，请留意这说法，其表面意思就是执行那声称的命令是为犯罪。我对此认同。根据国际法以及日本规例《惩处战俘法》，这命令是违法的。根据后者，只有逃兵团队的头目会被判以死刑。那么，有多于一名加拿大人和一名英国人被枪毙，又如何辩护呢？还是他们全部都是头目？

但庭长阁下回答这问题前，就当前的证据，请先决定有末到底是否与这两项罪行有任何关系。请庭长阁下必须先考虑被告解释的各项叙述。我们深明传译的错误与困难会导致翻译有错误，因此不能太过依赖传译及翻译，否则会导致定罪的失误。尽管如此，不论真伪，请集中注意德永描述与有末在第二次逃走地点进行的访谈。在这地点，他说他被告知"深水埗战俘营的逃走事件不断发生，因此必须积极地采取措施"，亦即是处决（战俘）。为何"积极地"？这是否意味德永曾于其他场合获给予决定权？庭长阁下可作参考。

要认同被告将责任推卸至已故的参谋长，可是困难多了。他把两份虚假报告呈交至其国家政府，这是铁的事实，对于西方人来说，他对这些公认虚假报告的解释实在愚昧可笑至极。有关那四名加拿大人的报告，他说因为这四人实际上已避过哨兵，逃离营地，因此，造假是为了保面子，维护那些哨兵的面子，还有可能是他自己的面子。可是，当谈及五名英国战俘的个案，这些解释完全不攻自破了，因为他们根本没有逃离，在准备逃跑时，已被逮捕了。这样一来，就不需维护什么面子吧。尽管如此，还是有一份虚假报告，力证这五人于大潭或附近地点从货车上跳下，意图逃走，更被警觉的守卫开枪射杀了。再次，为何这些虚假报告重复针对那些已被解放的战俘？关于这点，我要补充说明，德永大佐曾指出由于英国战俘的个案如此重要，他需要汇报此事。这是他向上级作出虚假报告的解释。庭长阁下曾向他指明，根据证供，这个案不需要维护任何人的面子，因此他没有任何制造假报告的理由。如果这个案真的如此重要，那为何不把整件事的始末完整地报告？德永制造虚假报告的动机就留待庭长阁下斟酌。假如田中是值得相信的，那日军投降后，德永在广东举行的一个会议上，说了相同的事。这次的原因不太含糊，每一个可能会被问及此事的人都早已熟知其来龙去脉。理应不会有错漏。除非是为了逃避处罚，不然为何他给予哥利臣上校一个全新的故事，除了有关杀人的描述外，丝毫也没有半点真实的内容？这些也必须被考虑。考虑到以上的情况，于每一个案，德永维护的不是面子，而是他自己。庭长阁下可以自行判断这个说法是否正确。第一，因为他已超越其自身的权力，所以必须造假以符合上级要求；第二，他知道送到东京的谎言报告很容易被当时确实在场的人所揭穿，因此他必须要提出一个更合逻辑的解释。假如第二点成立，这不是反映了他必须对整件事负全责吗？为何不直接说有末要被指责，德永只是他的工具？

鉴于以上的考虑因素，德永可以轻易地被裁定为要独自为处决四名加拿大人的事件负责。另一方面，第八项控罪关系到五名英国战俘，因此很难把责任推给其他人。

对于有关杀死这两组战俘的控罪，在相关情况下，辩方确实是没有任何抗辩理由的。他被认为与这些事情有密切的关系，甚至事实上他是从犯，因此谋杀罪成立。

现在，就第九项控罪，至少可以肯定的是，德永曾私吞红十字会的粮食补给。这些食物不仅被发现在他的房子里，而且一名叫梁磊（音译：Leung Lui）的证人，他是德永的司机，说他不单送这些东西到他的房子里，事实上还开了那些罐头，吃掉那些食物。德永承认罐头在房子里。但是，至于这些罐头如何出现在他家中，他的解释并不能证明他是清白无辜的。他说这些食物是战俘代表给他的。到底是什么道理使战俘把珍贵的红十字会食品补给分给一名敌人？他说总督给他送来那些罐头。总督究竟从哪里得到这些罐头；而又基于哪些原因要把它们送给被告？不行，这些借口实在令人难以接受，相反，梁氏的证供得到松田的支持，有说服力得多了。

此控罪的第二部分是指控他批准并纵容下属私吞这些物资。这部分得到松田的证供证实。麦尤金（Eugene Mak）、麦基成以及许多证人见过红十字会的罐头被放置在近科发道总部的后面。新森以及安倍（Abe）于柯士甸道与弥敦道的拐角处，做起了买卖。松田于那里看到物资，麦尤金亦然。宪兵平尾说他在这拐角处的仓库内，发现红十字会的物资。庭长阁下在判断德永是否有罪或与第九项控罪有关的其他方面时，必须考虑上述的事情。

关于第十项控罪，部分辩方证供暗示是其他人，而非战俘营守卫，于深水埗杀死华人平民。请庭长阁下留意，若干证人同样地确认是隶属德永的守卫作出这些暴行，其中一人是陶斯（Tausz）。但是，无论深水埗的情况如何，拜利中校目击到德永的下属于北角犯下许多次袭击及几次谋杀，如此执行职责的战俘营守卫，无可否认是德永的下属。葛洛佛中校的妻子曾在北角遭这些守卫袭击，这是毋庸置疑的事实。所以，到底被告是否有罪，我相信庭长阁下应该毫无疑问。

辩方提出了一个关于日期的论点——尽管德永在24日已在香港并应已接任，我愿意承认庭长阁下不需考虑由1月24日至1月底这段时期发生的事件。可是，我也相当愿意承认直至1月31日，他不需为任何事负责——承认归承认，他始终也需要对拜利所指的罪行作答辩。拜利说他在北角监禁的整段期间都看见这些事情，直至9月底。事情发展到他们要警告下属远离铁丝网，以免鼓励日本人沉溺于这项"运动"的程度。

最后一项控罪只针对田中一人。庭长阁下需要考虑的只有"有关"一词。如田中承认，当夏多克（Haddock）被殴打时，他在场；除此之外，他当时曾参与逮捕帕拉他（Prata）以及其余两至三个被审问的人；这些事实已足够判决田中与他们受虐一事"有关"。控方认为他与事件的关系有多密切并不影响判决结果，只会影响刑罚的多寡。

注释
1 安瓿瓶是用于盛装药剂的小型玻璃容器，通常为1—25毫升。——编者注

第十四章

赤柱监狱医院军医官佐藤畅一的审判

军事法庭记录表

被告：大日本帝国陆军佐藤畅一中尉
由德云郡军团第一营押解。
审讯地点及时间：香港 1947年4月1、2、3、8、9、11、12、14、15、16、17、18日以及5月3、5日。
召开法庭者：驻港陆军司令
庭长：威特中校 隶属：情报部队
法庭成员：奇利和夫少校 隶属：皇家炮兵部队
　　　　　高尔利上尉 隶属：国王皇家来复枪队
指控：犯战争罪。
在1942年10月至1945年8月15日期间，被告身为赤柱监狱医院军医官，须为狱内英国和华人病人的健康负责。被告违反战争法律及惯例，与虐待上述人士一事有关，没有向他们提供足够治疗，包括医护、药物和适当的膳食，导致部分人死亡，并对其他人造成肉体痛苦。
答辩：无罪答辩
裁决：有罪
刑罚：监禁八年　日期：1947年5月5日
确认判刑：驻港陆军司令　日期：1947年7月30日
公布日期：1947年8月5日
备注：（无）
呈交庭审纪录：致英国远东陆军总部第三副官　日期：1947年9月2日
陆军军法署　日期：1947年9月14日
英国远东陆军军法署副署长
案件编号：65211　JAG

控方开案陈词

庭长阁下：

在您面前，被告佐藤畅一中尉被提审一项战争罪；当您考虑到他尊贵的专业就是要治疗病人、悬壶济世时，这罪行实在是滔天大罪。

1942年10月，佐藤中尉在香港被委任为日本总督部医务官。同时，他被委任为赤柱监狱的军医官。因此，他须为狱内病人的健康负责。在1945年8月15日，日军投降之前，他一直都是监狱医院的负责人。

被告被指称在1942年10月至1945年8月期间，与虐待赤柱监狱医院内的英国和华人囚犯一事有关，他未有向他们提供足够治疗，包括：医疗护理、药物和适当的膳食，导致多人死亡，并对其他人造成肉体痛苦。根据控方稍后提出的证据，我恳请庭长阁下会总结出，被告未能履行该部分职责，并非出于意外，也不是纯粹由于疏忽所致。相反，这是有预谋的医疗疏忽；蓄意引起极为无理的后果；对无力反抗的病人造成不必要的苦痛，部分人士更最终死亡。控方认为如此的有预谋疏忽等同刑事犯罪。在所有的人类行为之中，不论是在和平或是战争时期，没有任何人与人之间的义务比医生对病人的义务，拥有更清楚的定义、更广泛的承认以及那么被坚持。这些义务不仅在道德上、专业上、地区法律上有制裁效力，在国际法律的层面上也同样有效。鉴于即将提出的证据，以及被告在医学专业，拥有比一个普通人或一名士兵更高的专业判断力，因此庭长阁下可凭上述证据更严格地审视被告的行为。

被告被指称的虐待行为性质包括缺乏治疗以及医药不足，对病者康复是不可或缺的；那些病人唯一的生存希望有赖适当、足够的食物，但是粮食供应不足；对医院的医护人员亦监督不足。

控方证人华默·可汗（Rahmet Khan）会告诉庭长阁下医疗和粮食不足的情况，他是印度人监狱守卫长，在赤柱监狱工作了一段很长的时间，横跨和平和战争时期；西克斯（Sykes）、史卓非（Streatfield）、马礼逊（Morrison）和达保（Talbot）医生被囚禁在赤柱监狱时，曾患上小病；他们会告诉庭长阁下，他们自身所遭受的对待，以及祁礼宾爵士（Sir Vandeleur Grayburn）和戴维·艾文逊（David Charles Edmonston）在监禁期间遭受的虐待，二人因而致死。达保医生（Dr. Talbot）在祁礼宾爵士死前，曾偷偷与他见面；他会再进一步说明祁礼宾爵士主要是死于疖疮，其次是败血病；但是，根据他的专业意见，只要有适当治疗，祁礼宾爵士的生命肯定可以被救回。

为艾文逊进行验尸的厄特利（Uttley）医生会告诉庭长阁下，他的死因是脚气病和营养性贫血。达保医生曾替艾文逊治理痈疮，据他说，痈疮受感染的情况使艾文逊的身体日渐虚弱，而包扎欠妥善是导致他死亡的因素之一。威廉·安德臣（William John Anderson）将会作供，证明于1943年8月艾文逊的健康状况良好，及后因其不断患病且未有得到治疗，以致健康情况急转直下。

陈慧芝（音译：Chan Wai Chi），一名华裔已婚妇人，和杨士文（音译：Yeung Sze Man）二人监禁期间，分别以护士和守卫的身份，在医院工作；他们会就大量华人囚犯在监禁期间死亡的事作证。巴韦尔（Barwell）医生会提供1937年、1940年和1941年囚犯于赤柱监狱死亡的数据以作比较。米路斯（Miles）先生会告诉庭长阁下，香港重光时，本港有充足的药物存货；他经过深思熟虑，认为在日占时期，除了某些特定疾病需要某些特定药物外，没有一种疾病会是因为医药不足，而缺乏适当治疗。

此外，控方会呈上现在身处上海的科尔（Foy）先生和身处英国的艾文逊夫人的誓章，作为证供。最后，有关控罪，被告在适当的警告之后，自愿提出的陈述以及认人手续的记录也会成为呈堂证供。

我现在会提出控方证据。

控方第七证人文森·马礼逊的庭上证供

控方讯问

问：你叫什么名字？

答：文森·马礼逊（Vincent Marcus Morrsion）。

问：你的国籍？

答：英国。

问：你的职业？

答：我是警方的副侦缉督察。

问：哪里（属于哪个工作单位）？

答：二号警署，湾仔警署。

问：湾仔警署在什么地方？哪个城市？

答：香港，距离这里不远的海边。

问：你是否曾被日军拘禁？

答：我曾被日军拘禁。

问：从1942年约5月中旬到1944年6月20日左右，你被关押在哪儿？

答：赤柱监狱。

问：在这段时间期间你曾否病倒？

答：三或四次。

问：你能否尽可能回想你病倒的日子？

答：1943年5月共两次，1943年6月以及1943年7月底，那一次我被送进赤柱监狱医院住院，直至1944年6月20日我被释放为止。

问：你刚才提到最后一次病倒是从1943年7月到1944年6月的事。那是你唯一一次被送进赤柱监狱医院？

答：对不起，那并不是唯一一次。在此之前我曾经入院三次，每次留院数天。

问：你是指你最后一次病倒，即是从1943年7月到1944年6月，全程留院？

答：我在该段时间的确全程留院。

问：你在头三次是因为什么病症而入院？

答：头三次是发烧。最后一次——也是最长的一次，我发烧和感到胃部不适。我不能进食。

问：你能否告诉本庭负责管理监狱医院的是谁？

答：在船坞被起诉的那位日本医生。

问：你是指你能在法庭上认出该名医生？

答：我肯定能认出该名医生。

问：在前三次因发烧而入院的时候，被告是否曾对你作诊断？

答：三次都没有。

问：你在前三次入院的时候有没有获得任何药物？

答：三次都没有。

问：关于第四次入院，在你留院约一年期间，被告是否曾对你作诊断？

答：被告只曾诊断我一次而已。

问：你能回想是什么时候吗？那是在你留院初期、中期，还是后期？

答：接近中期，应该是1943年11月左右。

问：在被告诊断你前，你已经留院近四个月。我是否理解错误？

答：那是他第一次对我作诊断。之前他曾经来过，但只是在床边跟我说话，内容翻译了就是"你怎么样？"，只此而已。

问：你能否非常概括地告诉本庭被告是怎样对你作诊断的？

答：他作了十分简短、草率的诊断。他确实有听我的心跳以及触摸我的脉搏，也量了体温。诊断内容就是这些了。

问：他有没有诊断出你患上什么病症？

答：我听到"疟疾"这个字，但说话内容全为日语，听不懂。

问：事实上，那时候你的确患上疟疾？

答：那时候我患上疟疾，也患上脚气病。那段时间我进食任何东西都会不停地呕吐。我根本什么都吃不下去。

问：被告有否为你出处方药物？

答：那次诊症后接连两天早上我获得共两颗药丸。我得到的全部药物只有这么多。

问：那两颗药丸有没有使你的病情好转？

答：一点都没有。

问：在你留院一年的整段时间内，你曾接受多少次药物治疗？

答：那是我唯一一次获医生指示接受药物。

问：你曾提及大约在1944年6月的时候出院。当时你的健康状况如何？

答：当时我身体十分虚弱。

问：你可否就你所指的虚弱多加解释？

答：我在医院被释放后，被送往赤柱监狱医院，并由厄特利医生诊断。

问：你说你出院后被送往赤柱……？[1]

答：拘留营医院。我入院时曾经测量体重，体重是一百零五磅。

问：你的正常体重是？

答：我的正常体重是一百七十八磅左右。当时我患上恶性疟疾、湿性脚气病、糙皮病、恶性贫血。

问：你能否简单告诉本庭，监狱医院内的大致情况？

答：以一个医院来说，那是一场闹剧。那仅仅是一个供生病囚犯休息的地方。那里提供的食物相比一般囚犯更少。没有任何药物供应，因为日本人接管医院时已将所有的药物以及手术台一律移走。囚犯们不论患上什么病症都被安排在同一间病房。只要囚犯一直睡在同一张病床上，寝具都不会更换。

问：寝具的情况怎样？

答：那是一张配有床垫的铁床，还有一到两张毛毯。

问：医院提供的床垫和毛毯状况如何？

答：非常肮脏，大部分都布满虱子。

问：你刚才告诉本庭医院内的设备和手术台都被移走。你如何得知？

答：我是其中一个负责将这些设备搬上一辆救护车并运送到玛丽医院的人员。

问：你向本庭提及你唯一一次接受药物，是被告要求为你提供两颗药丸。那么你在医院或监狱的时候，是否曾接受任何类型的注射？

答：我不太肯定日期，但我右臂曾接受一次注射。那是由被告负责的。

问：那是一次肌肉注射还是一次静脉注射？

答：应该是一次静脉注射。

问：那次注射是基于什么原因？

答：我觉得是脚气病。

问：那次注射后怎样？

答：我的手臂像气球般鼓起来了，五天无法入睡。我感到非常疼痛，以致有天晚上有个印度看护前来使用针筒把液体抽走。

问：当液体被抽走时，你知道那是什么东西吗？

答：那个看护说液体被注射入手臂但没有被注射入静脉。就是那些液体使我的手臂隆起了。

问：你可否告诉本庭，医院为病人供应什么食物？

答：我们每日可获十盎司的米饭、差不多一汤匙的蔬菜。那些蔬菜包括已经变坏和被海水浸泡的生菜、番薯叶和大头菜头。

问：院方每隔多久向病人分发一次这个分量的食物？

答：每日两次，分别是早上十时三十分以及傍晚六时。

问：你知道院方为日本病人提供什么食物吗？

答：日本病人每天可获三份大餐。

问：那包括了什么？

答：他们每天可获得十八盎司的米饭，其中一餐有肉以及另外一餐有鱼，或者是一餐同时有肉和鱼，他们每天都有肉和鱼。除此以外他们还有番薯、百合以及其他蔬菜。

问：你为什么能将这些情况告诉本庭？

答：我生病前在厨房工作并为日本囚犯制作餐膳。

问：你可否告诉本庭，监狱内有没有储存任何食物？

答：每日除了在厨房工作外，我还要到监狱的粮仓领取配给的粮食。仓库内有牛奶、罐头肉类、糖、饼干和面粉。除此以外，那里还有包括海带、日式罐头蔬菜等日式食品。

问：那些仓库内的食品数量有多少？

答：那些仓库是全满的。

问：你可否告诉本庭，英国和华人病人接收食物后有什么反应？

答：他们持续感到饥饿。看到日本监犯可以拿到那么多食物，他们感到十分难堪。

问：你说他们持续感到饥饿。那么他们有没有做什么以要求提供更多食物？

答：我们一直就食物短缺的问题作出投诉。

问：向谁投诉？

答：如果可以的话，他们会向遇到的日军军官投诉，但在监狱医院我私下曾向被告投诉食物不足。

问：被告怎样处理你的投诉？

答：他什么也没有做，唯一例外是那次我感到十分不适，不能进食任何米饭和蔬菜，因此我获准进食约三盎司非常稀的燕麦，但是分量实在太少，而且我也要求得太少，所以尽管我感到十分疼痛，由于饥饿难耐，后来还是恢复进食米饭了。

问：你曾向本庭表示只曾收到非常少量的药物。你可否告诉我们医院有没有药物供应以及是否将药物给予病人？

答：日本囚犯每次都可得到医药治疗，他们从来都没有药物短缺的问题。他们每星期均可获发治疗脚气病的药片。药片的名字是"Wakamoto"。

问：药名的拼法是？

答："Wakamoto"。

问：那么英国和华人囚犯得到什么？

答：他们什么也没有。

问：医院内有没有病人去世？

答：医院内有很多人去世，特别是1943年1月到4月初那段时间，那时候平均一天有三人去世。

问：你知道为什么有这么多人去世吗？

答：那时候的粮食供应——我们有些时候只得白饭和盐——后来提供已经变坏和被海水浸泡的生菜。那些生菜不可烹煮，只能切碎后直接食用。

问：你怎么知道那些生菜已经变坏和曾被海水浸泡？

答：那时候我在厨房工作，我们每天晚上都会到军官宿舍外的日本人厨房收集这些菜渣。每次这些菜渣被丢到（厨房）外面，我们会把它送到囚犯厨房，并放到圆形的浴盘里。那些生菜放到浴盘后我们会注入海水。接着我们会用木板将浴盘盖上，然后再将石块（A. R. P. Block）放在木板上。我们会将生菜在海水里泡一夜，到了早上再切碎并在十时三十分的餐膳中供应。

问：为什么这些生菜不能正常烹煮和食用？

答：我们曾经投诉，但那个负责配给的日本人——谏山（Osayama），亲自来到厨房并命令我们不能烹煮。

问：你可否告诉本庭，被告是否知道医院向病人供应的膳食？

答：他一定知道，因为他曾在用膳时间来过医院，恰好病人正在进餐中。我曾看过他检视餐桌。

问：被告多久来医院一次？

答：非常断断续续。他或许一星期来两次，然后可能在六到八个星期后才会再来，但他每次都是当医院有病人被处决后才来的。

问：回到死亡个案。你提到有很多人死去。你可否告诉本庭死者的国籍？

答：主要是华人，但祁礼宾爵士是我还在狱中的时候离世的。

问：你有没有什么认识的人是在医院内离世的？

答：艾文逊先生在我离开医院不久后死去，但那里曾有一定数量的英国人被处决。

问：我希望你将焦点集中在这两个人。第一，祁礼宾爵士。你第一次在监狱或医院看见他是什么时候？

答：他在1943年1月被送进监狱，但直到1943年6月才被判决。

问：我的问题是——马礼逊先生，你在什么时候第一次看见他？

答：我第一次在监狱看见他是1943年6月的事。

问：他当时的健康状况？

答：非常瘦弱及憔悴。

问：你曾在医院见过他？

答：1943年7月，我想大概是5号左右，他出院的时候我刚好被送院。在此之前他曾经发烧一段时间。

问：你住院的时候有没有再次看见他？

答：1943年8月第一个星期三，他再次入院并送进我身处的病房。那时候他生病，发高烧，大约一百零三度（华氏），脓疮的情况十分严重。伤势主要集中在右腿，阴囊位置亦有一处伤势。

问：请你告诉本庭，祁礼宾爵士与你共住同一病房期间所有曾发生的事。

答：那天是星期三，他感到十分痛苦，并与我同住病房至星期六。日本人在那段时间没有探望他。他在星期五晚上约8点陷入昏迷。当值的印度人来了但无能为力，而我在当天晚上一直在祁礼宾爵士旁边。

星期六早上9点，当值的印度人，即三号看护员，来到病房看到祁礼宾爵士的情况后立即去找日本人。他在十分钟后回来，并告诉我他去找了日本人，但他们不愿出力作任何治疗。那天早上三号看护前后共找了日本人四次。他在第四次回来时十分沮丧，哭得像一个小孩，并表示日本人没有理会他的请求。他同时表示曾请他们联系身在拘留营的祁礼宾夫人。当时一点进展都没有。到了下午，三号看护找来达保医生察看祁礼宾爵士的情况。达保医生也束手无策，因为医院没有药物或任何可用的东西。到了黄昏5点，一个日本军官来到门外笑了一笑就走了。祁礼宾爵士在那天晚上7时30分离世，到了翌日早上他的身躯仍然在病床上。

问：被告有没有看到祁礼宾爵士的尸体躺在病床上？

答：那段时间被告没有来过。

问：现在说说艾文逊先生。你第一次在监狱或医院看见他是什么时候？

答：大约是9月，194×年……日期我不太肯定。

问：大约是？

答：我想是1943年9月。

问：他当时的健康状况？

答：同样非常瘦，两颊凹陷，看起来很虚弱。

问：以你所知，他是否曾被送进医院？

答：他入院时颈后有很严重的痈疮。那个痈疮所带来的痛楚几乎使他精神崩溃。

问：他的病床距离你多远？

答：不多于六英尺。

问：艾文逊留院多久？

答：约五到六周。

问：被告曾否在这段时间内对艾文逊进行治疗？

答：被告曾切开那个痈疮，然后涂上一些药膏。

问：痈疮在治疗后情况怎样？

答：最后痊愈了，但在颈背留下了一个形状像日本星徽般大（向庭上展示大小）的恐怖疤痕。

问：你说疤痕的形状像日本星徽？

答：嗯……星形，六角的。

问：你知道治疗痈疮的是什么东西？

答：药膏——我不知道这是什么——是放在绷带和纱布上给病人的。

问：关于被告在赤柱监狱医院的事情，你有没有什么是希望告诉本庭的？

答：在大部分的探访中，他仅仅在病房来回巡视后就离开。他有时候看看床上的表格，也有一两次曾切开华人囚犯的痈疮。

辩方盘问

问：你的证供整体而言是指这个监狱医院只是一个笑话以及一个供人休息的地方？

答：作为一家医院，这根本是个笑话。病得不能工作的囚犯会被带到医院，可以整日卧在床上。很多人都不想去那里，因为那儿与外面相比，粮食相对不足。

庭长要求辩方律师厘清问题……

问：我想问的是，你的证供是否想指出，医院的整座建筑以及设备只是个笑话？你是这个意思吗？

答：我所指的医院是指一个你会前往求医的地方。

问：你曾作证表示曾经三次入院，前两次是1943年5月，最后一次是同年6月，每次入院三天左右。你亦表示三次住院期间被告都没有为你进行诊治。你这是想指出被告在这段时间内完全没有来过医院？

答：他在我前三次住院期间都没有来过医院。

问：你表示曾经协助将医院的医疗设备搬到外面，例如手术台以及之类的东西。你可否告诉法庭大约的日期或者是什么时候的事?

答:这是1942年6月底或7月初的事。

问:你可否告诉法庭谁下令搬走这些设备?

答:我说不清是谁发出这个命令。

问:你表示曾获发两条毯子。你可知道这两条毯子是在夏天还是在冬天期间分发?

答:他们派发了两条毯子并留在床上。天气炎热时你可以睡在毯子上,而天气寒冷时你可以盖上毯子睡觉。

问:1943年1月至5月期间,你从事什么工作?

答:我有数份工作,起初在花园工作,后来去了厨房,而在三次住院期间以及出院后,我在洗衣房工作。

问:我现在问的是,你在1943年1月至5月期间从事了什么工作?

答:我在这段时期内所做的就是这三份工作。

问:你刚才提及的那三种工作中,哪一项是你在5月时负责的工作?

答:1943年5月时我在洗衣房工作。但工作安排总是在变,可能负责这项工作两星期,接下来的两星期又负责另一项工作。

问:当你忙于从事上述三种工作时,你怎么知道医院内的情况?

答:在厨房工作期间我负责供应餐膳,需要送餐到医院,并派发给囚犯。

问:你刚才提及你在厨房工作期间,需要将餐膳送到医院,并派发给囚犯。在你工作期间,你对医院内发生的事情有多了解?

检控官:你是指什么?辩方律师可否指明他是指证人听到什么还是知道什么?

庭长:我认为法庭容许提问,我们看看回应是什么。

答:我想说那时候医院内的大致情况欠佳,后来我以患病囚犯的身份入院。

问:你曾表示,在1943年1月、2月、3月以及4月初这段时间内医院有很多人离世，平均每天有三名死者。你的消息来源是什么？你可否就此作出任何陈述？

答：我在厨房工作期间每天需要供应很多餐膳。如果有很多人死去，厨房会被通知不要供应那些餐膳。

问：另一方面，我从你的证供得知你轮流负责那三样工作中的其中一种，每次为两星期。到了目前为止，我看不出你有任何可能曾在那年1月到4月期间全程专注某项工作。

答：当囚犯死亡后他们会立刻来到监狱寻找仵工[2]。华人经常担任此职务，并经常在工作完毕回来后告诉我们埋葬了多少人。

问：即是你可以说流利的广东话或十分理解广东话？

答：我能说流利的广东话。

问：你在证供中提及日本病人可以获得足够的治疗，可否告诉我们医院内有多少日本病人？

答：日本病人如果只是受轻伤，会被带到医院治疗。如果他们病情严重，华人和印度看护会到病房照顾他们。

问：你怎么知道这些有关日本病人在病房内接受治疗的事情？

答：那些华人看护十分友善，告诉了我那里发生的所有事情。

问：有关祁礼宾爵士的病情，你曾表示印度看护三号曾四次接触一名日本军官，你可否告诉法庭这名印度看护接触的那位日本军官是谁？

答：我不知道。

问：你曾表示祁礼宾爵士于星期五晚上8点陷入昏迷状态。他在星期五早上的情况如何？

答：他在早上仍然颇为清醒，仍然有轻微发烧，但没有进食。

问：有关他的健康情况，你可以告诉法庭的东西就这么多？你觉得还有什么相关的事情可以告诉法庭？

答：他一直向我抱怨脓疮所带来的痛楚。

问：你可记得曾被一名皇家海军中尉法拉切（Lt. Fallace）盘问？

答：我不知道他的名字。

检控官：庭长阁下，辩方律师应该是在谈论马礼逊在英国录下的一份证供。这是辩方律师所指的东西吗？辩方律师拥有一份马礼逊证供的已核证撮要。

问：你可记得曾录下一份证供，提及1941年12月25日至1945年8月30日期间，一些发生在香港的事情，内容有关虐待囚犯和被拘留者？

（庭长与检控官进行商讨……）

问：你可记得曾录下一份这样的证供？

答：我曾在去年录下一份宣誓证供。

问：检控官有没有这份证供的正本？

检控官：我恐怕只有已核证副本，而非正本。若辩方希望谈论当中任何部分，我们可以提供协助。

问：我将会读出证供的其中一段："星期五早上他有时候感到比之前好一点。他胃口好了很多，那天都是聊天之类的事情。晚餐后，他谈及在挪威的旅行以及在印度茶叶种植场担任经理的弟弟。"你可记得他曾说过这一番话？

答：我记得。

问：你早前提及祁礼宾爵士的证供与刚才我提及的那一部分证供出现一些矛盾……

检控官：辩方律师可否指出证供哪一部分出现矛盾？

庭长：对。你可否指出那份证供与在本庭上所作的陈述有什么地方不同？

辩方律师：我尝试向证人指出证供出现矛盾的地方，在于证人刚才谈及祁礼宾爵士在星期五早上的大致情况时，表示祁礼宾爵士经常抱怨脓疮带来的痛楚，因此不能进食之类，相反证人在该份证供中提及"星期五早上他有时候感到比之前好一点。他胃口好了，那天都是聊天之类的事情。晚餐后，他谈及在挪威的旅行，还有在印度茶叶种植场担任经理的兄弟"。

庭长：这就是你要提出的问题？

证人：祁礼宾爵士在早上表示感觉比之前好，但他并不舒服。除了在阴囊的那颗脓疮，他身上那些脓疮所带来的痛楚并不是很大。他向我表示感到好多了，似乎有胃口并可以进食。当餐膳送到，他没有进食，他的感觉不是那样。我坚持他一定要进食，而他也同意吃两三口，为此我花了很大努力。当晚餐送来，我吃了我的那份，但我记得祁礼宾爵士仍然没有胃口吃东西。

问：如果你这样作供，意思就是指这份证供内，有关他在当天早上的健康情况的那部分是错误的？

答：我在这份证供提及他感到比之前好。我没有说他感觉良好。他仍然病着。

问：由于我不知道那时候中途出现了什么改变，因此现在我问你，是否承认在这份证供内，有关他在那天早上的健康状况的那部分出现了错误。

庭长：他已经回答了那个问题。你指出证人在英国所录的证供与他今早所录的证供内容出现明显矛盾，证人已经在今天早上提出他的看法，并努力指出证供没有出现矛盾或表面上出现任何矛盾。我认为证人已解释得颇为清楚。他就上一份证供作出解释，但并没有撤回那些证供。

辩方律师：我没有其他问题。

控方不再覆问。

庭长提问

问：在你留院期间，医院内有没有病人病得不能起床？

答：那里有病人的病情严重得不能起床。我曾有一次也病成这样。

问：这些病人被怎样照顾？

答：每个病房有两名华人男看护，他们在提供便盆等各方面真的很尽责。

问：你提及医生曾多次在病房内踱步，以及有时候会查看床边的表格。谁保管这些表格？

答：印度看护负责保管这些表格。

问：有关祁礼宾爵士的身体情况以及身上的脓疮，是否曾进行一些必要的包扎或敷裹？

答：脓疮曾被敷裹，但我忘记了药料的名字，那是偷运进来给我们的，不是由医院内任何一个人供应的。

问：如果他们要排便的时候，他们的身体会否受到一些遮掩？

答：祁礼宾爵士的话，他们有这样做。

控方结案陈词

庭长阁下：

现在是时候要就着审讯中提出的证据，对事件作出判决。佐藤畅一中尉被提审以下控罪：被告于1942年10月至1945年8月15日期间，违反战争法律及惯例，与虐待赤柱监狱医院的英国和华人病人一事有关，没有向他们提供足够治疗，包括：医护、药物和适当的膳食，导致许多人死亡，并对其他且为数不少的人造成肉体痛苦。被告已经过适当的审讯。他被带到此法庭，而我也认同辩方所说，他得到了一个公平的审讯。他有充裕的设备为其辩护作准备；有能言善辩的律师，也有充足的时间。

我希望控方论点不会过于广泛，旨在提出数项我认为法庭未必完全有一致意见的观点，也会响应辩方曾经提出的一些要点。我会先回应辩方的论点，接着再阐述控方的主要论点。

在战争罪的范畴内，被告的控罪稍微有别于一般情况，但绝对不是独有的。辩方唯一严厉辩驳的确切论点就是：到底在赤柱监狱医院内，是否有任何患病的英国和华人囚犯受虐？如果有，到底被告佐藤是否刑事上与之有关？控罪中，"有关"一词暗示佐藤中尉被委托要照顾赤柱监狱医院内患病的英国和华人囚犯，也须负责他们的福祉；基于道德法、专业法则以及国际法，以至身为一名医务官，他有义务要提供必要的医药援助和足够的膳食予他们。根据证据，庭长阁下要决定的是，到底被告是否有责任照顾赤柱监狱医院内的病人，以及是否曾发生控罪所述的虐待事件。

我在控方提证之前曾指出，控方认为被告卸除对病人的义务，完全就是有预谋的疏忽，相当于刑事犯罪。至于有预谋的疏忽是否包含刑事责任，这完全要根据事实作判断，而事实的根据就来自控辩双方在庭上提出的证据。考虑事件时，庭长阁下必须把所有关于被告行为的一连串证据，视作与赤柱监狱医院的患病囚犯有关。如果庭长阁下的结论是被告的疏忽除了引致他人肉体受痛苦外，也导致其中一些囚犯死亡，那么按照一个人是为了某些有可能产生的自然结果，而做某些行为的原则，庭长阁下可假定罪行带有恶意成分。至于法律方面，我并没有疑虑，因为庭长阁下非常熟悉这部分。被羁押者之有预谋的疏忽、虐待、指控——而我强调指控一词——或控制无助的人士，不论是孩童、傻瓜或疯子、病人或老人，如故意不提供所需食物或医疗等，导致有人致命，可属谋杀。但是，假如严重疏忽导致同样结果，那在这情况下，违法者就犯下误杀的罪名。

如果可以的话，我希望庭长阁下特别留意适用于这些审讯的另一法律范畴或证据法则。在刑事审讯中，排除传闻证据；这是对一般证据法的修订。关于在过去的战争期间犯下的战争罪的主要性质，已死亡证人提出的或是与之有关的次要证据，在审讯中都会获接纳为证据，但就由法庭判断这些证据的效力。有鉴于此，庭长阁下有机会观察到——控辩双方证人——出庭作证时的言行举止。这样便可帮助庭长阁下评估他们在庭上发言的可信性。控方证人当中，史卓非、杨士文、达保、马礼逊、安达臣和西克斯曾被送往监狱医院；他们毫无惧色，坦诚地告诉庭长阁下那里完全缺乏医药设备；病人住院时，卫生情况极为恶劣；病人也没有足够和适当的膳食。这些证人也告诉过您，医院内其中一些病人最终如何因被告的疏忽而死亡。陈慧芝是一名具专业认可度的护士，曾是赤柱监狱的囚犯，受雇于医院，宣誓作证，指证被告绝少到医院探病，也说出病人之中有许多人死亡，由于疏忽照顾，死者全都极为瘦弱。华默·可汗在日本人监管的赤柱监狱担任一名印度人监狱守卫长，他在监狱大楼工作和居住，曾告诉您有大量囚犯死亡，尸体都瘦小得可怕。关于艾文逊和祁礼宾爵士的内部验尸结果，厄特利医生作供指在白沙湾医院（Tweed's Bay Hospital）收到他们

· 720 ·

二人的尸体时，已有部分腐烂，妨碍验尸程序。最后就是米路斯，他告诉您日本投降时，大量药物存货被找回；他经过深思熟虑，认为除非病者需要近期才研制的药物，如盘尼西林，否则，所有病人都应该得到适当的治疗。我认为控方证人的证供是无可争议的。无疑，辩方只批评控方证人是完全夸大赤柱监狱内患病囚犯所受的虐待，这驳斥是无效的。

辩方证人如何？辩方要求休庭十四日，期间庭长阁下已审阅本案证据。在审阅本案证据时，您必定听到互相矛盾的陈述；当然，庭长阁下需要决定谁才是值得相信的。一名证人说一个版本，另一人又说另一个版本。我认为庭长阁下若确定一名证人曾作出前后矛盾的陈述，您可以拒绝相信某部分证供，而站在法律立场，假如庭长阁下拒绝相信某部分证供，那么您有权把他整份证供视为不可信。

我留意到辩方提出辩护时，证据的论点就是要把责任转移至当时形势、当地所出现的不正常情况，或其他在此法庭，而非被告的人士。可是，辩方承认被告为主管赤柱监狱医院的医务官，任期大约从1942年11月10日开始，直至1945年8月15日。为了逃避这事实引申出来的含义，辩方试图以其他完全不相关的事情来掩饰事件。除了在赤柱监狱医院的职务以外，被告唯一的职责就是为总督部的员工、驻守赤柱的通信队、在总督的浅水湾住宅工作的员工提供医疗服务，以及负责军火库和餐厅的卫生。被告在赤柱监狱医院的身份职责并不是新增的。一直以来，总督部医务官所属的部门就要负责照顾赤柱监狱内的患病囚犯。被告承认这身份职责是人所共知的，他在医务课里，官位排行第四。他也因着自身的专业能力和品格，被选为总督部的医务官。辩方阐释被告，指他并不是赤柱监狱的常驻员工。高木中佐在担任众多职位以外，本身是一名律师，位居高级法律职位，也是一名监狱长；他作供指被告管理赤柱监狱医院时，必须按照《监狱规例》(*Prison Regulations*)第八条，有责任保障患病囚犯的福祉。由此可见，这表明了被告于赤柱监狱医院的地位是得到官方确认的。至于江口中佐有没有颁布命令，指明要被告负责照顾赤柱监狱的病人，又或是该命令是以口头上或书面形式颁布等问题，都不重要。我认为基于庭上证据，庭长阁下可归纳出的结论只有一个，就是被告确实是有责任保障患病囚犯的福祉；我也再一次重复强调，辩方已经承认这一点。

关于被告探访赤柱监狱医院的情况，控方有大量证据证明佐藤中佐被目睹出现在医院的次数非常少。庭长阁下必定记得证人史卓非、杨士文、达保、安达臣、马礼逊和西克斯都是医院的病人，留院时间各有不同，由数天至数月，甚至一年。如控罪所指，他们是指称遭受被告虐待的受害者之一。他们所告诉庭长阁下的，就是他们在医院亲眼目击的事件，以及所承受的对待。史卓非曾在留院四天期间，见过被告一次，而其他囚犯亦对此感到非常惊讶；同囚的杨士文因病留院的数星期，从没有见过被告探访；后来，杨士文受聘于医院，期间也很少看到被告。达保医生留院十四天期间，一次也没有见过被告。安达臣、马礼逊和任职护士的陈慧芝再度佐证被告极少造访医院。华默·可汗和被告曾说，被告每星期到赤柱监狱两至三次。除了这些，没有证据证明被告曾造访医院，并在巡视医院期间治理病人。事实是，一名医生拿着听诊器走进医院并不等于他曾治理病人，就像板野（音译：Itano）军曹的例子一样。

为解释被告为何绝少巡视，辩方响应说，是由于被告有多方面的职务，生活非常忙碌所致。除了我刚才提到的事情之外，没有任何证据证明被告还做了些什么。他肯定没有掌管病理学研究，或与后方连络线（Line of Communications，原文缩写 L of C）部队有关的医疗事务。诚然，关于被告在有关时段内的确切工作性质和范围，庭长阁下应该感到很疑惑；总督部参谋长菅波一郎（音译：Ichiro Suganami）少将在其誓章中指出，被告"负责提供医药治疗予香港军医院的病人以及总督部的职员"。除了这两项职务之外，被告并无其他职务。

至于诊症和医疗，控方证人一致同意被告是最马虎、随意的；他造访了医院三数次，期间除了进出病房外，并没有做什么事。在证人当中，只有马礼逊和西克斯获被告稍微诊治过，因此他们是重要的证人。他们都曾因小病住院，住了大约一年，而同期住院的，还有祁礼宾爵士和戴维·艾文逊。我现在准备提及艾文逊。马礼逊和西克斯与祁礼宾爵士和艾文逊不一样，马礼逊和西克斯能够存活下来，反驳被告在庭上那矫揉造作的陈述。马礼逊在头三次住院时，被告都没有为他作检查；他在第四次入院时，要留医约一年，住院半年后，马礼逊曾被被告检查过一次。根据这次检查结果，马礼逊只获得两天的药物分量，而一天要吃两颗药丸。除了注射以外，一整年以来，马礼逊从被告身上得到的医药治疗，就只有这样。西克斯曾告诉庭长阁下，被告除了嘲笑他所患的小病之外，并没有做任何事；他也讲述被告为三名病人注射，但其中两人因而死亡的事件。被告否认这些特定的指控，相反，指出马礼逊和西克斯有接受适当的治疗，虽然两人各要在医院花上一年时间，但最终都得以康复。可是，被告承认他通常都不会检查一般病症。

关于药物方面，控方证人宣誓作证指他们看到医院内，只有非常少量的药物会用到病人身上。庭长阁下从控辩双方的证据中得知，当时除了维生素和山道年（音译：Santonin）以外，医院有足够的药物供应。被告对于为何病人获准拿取从外面传入的药物，作出一个愚昧的解释。被告说是因为病人会索取更多药物，以致他常常看到病人的枕头下堆积着很多药物。辩方诚恳地请您相信这个说法。各位，我请你们用常识判断事件。当时有足够的药物存货是不争的事实。如果他们按需要分发足够分量的药物予病人，那病人为何要透过私人方式，获得药物？我认为赤柱监狱的病人不是出于对药物的喜爱而从外面拿取药物，而是因为他们拒绝给予所需药物予病人以减轻病痛和达致复原。这些药物被走私到医院，被告责无旁贷。

至于医院内的情况，控方证供指出院方会根据所患疾病的种类，隔离病人。达保医生是具资格的医生，拥有十七年行医经验。他宣誓作证指出有杆菌痢疾的病例，但这些病人没有被隔离。医院内，病人投诉输血时带着粪便,这些投诉并不罕见。病人获取的床铺都极为肮脏,充满寄生虫。被告三番五次坚决地否认,赤柱监狱内的病人曾出现任何类型的痢疾。至于被子,板野军曹作供说,被子每月都会被放在太阳底下晾晒两次。

在治疗方面,与赤柱监狱病人密切相关的问题,就是病人是否有足够而又适当的膳食。控方证人曾告诉庭长阁下,病人每天早上和晚上都拿到一碗白饭和少量蔬菜;囚犯在这里获得的配给分量,确实比在医院以外地方所得的少。他们说理由是日本人要以减少粮食配给的方法,打击囚犯入院;因此,除非囚犯的病情很严重,否则都不愿意入院。西克斯作供指他和其他病人曾不下四次向被告投诉食物不足,但被告都不加理会。马礼逊告诉您说他在囚犯厨房工作,要从日本人厨房外面捡拾生菜的厨余,然后把这些厨余彻夜浸在海水中,才拿给病人吃。辩方证供能佐证他们曾减少病人的白饭分量;辩方承认病人得到与非劳动者一样的基本配给,而该配给分量是比劳动者获得的少。在所有证供之中,只有一次提到有病人获发特别为病人而设的膳食,那病人就是马礼逊;他提到,在他患严重兼长期性疾病期间,有一次他的胃不能消化白饭,于是他获发极少分量的燕麦片,少得使他请求要转回白饭餐单。

庭长阁下必定要考虑被告对病人情况不闻不问,无耻地罔顾病人需要,使入住赤柱监狱医院的囚犯承受痛苦,最终,其中一些人更因而死亡。达保医生、马礼逊以及西克斯告诉过您,他们出院后,要花多长时间才能康复。正因为赤柱监狱医院到处也是如斯情况,华默·可汗、陈慧芝和杨士文都提到有很多囚犯死亡。巴韦尔医生已提出前数年的囚犯死亡数据,供庭长阁下作比较。

有关祁礼宾爵士和戴维·艾文逊死亡一事,鉴于证据已十分详尽,我只需要略略说明。史卓非曾说祁礼宾爵士被宪兵羁押时,仍然是食用从外面送去的餐点;转去赤柱监狱时,他的身体状况还好。在祁礼宾爵士在囚期间,所有见过他的控方证人都同意他身患疖疮,因此他两次被送院治理。史卓非作供说祁礼宾爵士告诉他，说第一次入院时，并没有得到医药治疗。当祁礼宾爵士于1943年8月第二次入院时，马礼逊与他入住同一病房。马礼逊作供指被告并没有为祁礼宾爵士诊症；尽管卡达·毕斯（Kadar Bux）多次要求日本医生诊治，结果是什么事情也没有发生，直至祁礼宾爵士去世。达保医生能佐证实这项证供，并进一步指出他曾在祁礼宾爵士死前一天，秘密地为他诊症；他的看法是祁礼宾爵士患了败血病，只要疖疮有足够的护理以及实时治疗，他必定能够康复。被告否认这些指控，答辩说他在祁礼宾爵士两次入院时，已尽他所能，治疗祁礼宾爵士。庭长阁下，请您决定要接受哪一个版本，否决哪一个版本。假如您小心细阅证供，您会发现被告的证供里，有很多不可化解的矛盾。我现在只需要指出两处。在祁礼宾爵士死亡之前的一天，被告曾探病；在他被讯问有关事件时，被告指祁礼宾爵士投诉心脏疼痛。在盘问同样事件时，被告作供指祁礼宾爵士没有投诉心脏疼痛。

另外，当辩方律师问被告到底是否知道达保医生在祁礼宾爵士死亡前一天，曾经为后者作检查时，被告作供说他从来没有听说过任何事。可是，盘问时，被告指他知道达保医生曾为祁礼宾爵士诊症。

关于戴维·艾文逊，从他的妻子，即艾文逊夫人的誓章中，庭长阁下可以看到当她的丈夫被送到赤柱监狱时，他的健康状况良好。他从前是一个非常健硕的人，身型魁梧。他留在监狱的那年，不断反复患上痈疮和痢疾。控方有证据证明被告曾刺穿他的痈，使他要用一段非常长的时间来复原。除了这样，艾文逊从来没有接受过被告的诊治。安达臣和西克士作供指，艾文逊常常在医院投诉治疗不足。最后，庭长阁下可在艾文逊夫人的誓章中看到，因为她的丈夫在垂死状态，她想带同外雇的医生进入牢房，以给予她丈夫药物治疗，但被拒绝。艾文逊于1944年8月29日死亡。厄特利医生为艾文逊验尸，作供指死因为脚气病和营养性贫血，而出现后者的情况与饥饿吻合。达保医生曾诊治过艾文逊的痈疮，他认为受感染的情况使他的身体更为虚弱，而包扎护理不足是致命原因。被告同样否认这项指控，说出他另外一个版本。

以下是一个例子，说明被告故意忽视无助的病人之舒适和福祉。达保医生被剥夺戴眼镜的权利。就算多次要求为了他的健康着想，把眼镜归还给他，被告都拒绝，并解释说他不理解为何有人会受头痛煎熬。被告称自己对事件全不知情，指出根据《监狱规例》，囚犯不得佩戴眼镜，因此他爱莫能助。

被告最后作证道出他和司徒永觉（Dr. Selwyn-Clarke）医生合作拯救了哈迪（Hardie）的生命，医生自由照顾其他患病囚犯。请庭长阁下谨记，关于这一点，达保医生作供指他个人曾提出要照顾病者，但不获允许。司徒永觉医生当时一直都在香港。庭长阁下可能会感到疑惑，为何他没有在本案被传召为证人。

控方证据是基于证据所建立的事实，不是被告行动的个别例子，当中也不乏被告的参与。被告作为主管赤柱监狱的军医官，关于他在整段任期内的表现，这些都十分有象征意义；我认为假如庭长阁下发现有疏忽的情况，那必然是故意或是非常卑劣的，（被告）必须负上刑事责任。假如事件没有被证实，那庭长阁下必须判被告无罪释放。当考虑判决时，庭长阁下没有被期望（对控方证据）要有绝对的肯定；在司法事宜上，绝对的肯定是很少可以达到的。但是，如果庭长阁下的肯定程度足以驱使您作为一个人，在个人的重大事件之中，采取一个关键的做法，那已经足够把被告定罪。如果您认为被告大约1942年11月10日主管赤柱监狱，而非控罪指称的1942年10月，在这情况下，您有权作出特别判决。

译注

1　检控官认为证人有口误，因此重复提问。
2　负责搬运尸体的人。

参考数据

香港军事法庭与香港有关的案件列表
（来源：英国国家档案馆馆藏陆军部档案）

案件编号	战犯姓名	概述
W.O.235/887	山田规一郎曹长（绞刑）阿部勋军曹（无罪）	山田规一郎是大埔宪兵派遣队队长，阿部勋是大埔宪兵派遣队队员。两人被控于1944年12月28日至1945年1月8日期间，违反战争法律和惯例，以非人道的方式在大埔宪兵队虐待被羁押的新界平民，导致三人死亡，至少十人遭受肉体折磨。
W.O.235/893	大村清准尉（监禁七年）	大村清是九龙地区宪兵队特高班主管，他被控于1944年6月8日至1945年7月19日期间，违反战争法律和惯例，以非人道方式在九龙地区宪兵队虐待以及折磨被羁押的七名人士。
W.O.235/894	松信茂曹长（监禁八年）	松信茂自1944年5月15日起在香港岛东地区宪兵队担任特高班队员。1945年3月1日起被任命为赤柱宪兵派遣队队长。他被控于1944年12月7日至1945年8月18日期间，违反战争法律和惯例，以非人道方式在九龙地区宪兵队虐待被羁押宪兵队的平民，导致至少九人遭受肉体折磨。

案件编号	战犯姓名	概述
W.O. 235/895	花田善次军曹（监禁八年） 佐野利春兵长（监禁六年） 黑泽秀雄准尉（监禁三年）	四名被告均为香港岛地区宪兵队队员，被控于1945年7月24日至8月18日期间，违反战争法律和惯例，以非人道方式在香港岛地区宪兵总部虐待被羁押的七名平民，导致他们遭受肉体折磨。
W.O. 235/914	伊藤准一曹长（枪决） （不获核准）	伊藤准一是荃湾宪兵派遣队队员，负责审问疑犯。他被控于1945年8月17日，违反战争法律和惯例，与杀害两名被羁押的华人平民有关。 （刑罚不获核准，需要发还重审。参考：W.O. 235/1048）
W.O. 235/915	宫末末吉军曹（绞刑）	宫末末吉是香港岛西地区宪兵队队员，负责审问疑犯。他被控于1944年3月26日至1945年7月31日期间，违反战争法律和惯例，以非人道方式在跑马地宪兵部和香港岛西地区宪兵部虐待被羁押的平民，导致一人死亡，多人遭受肉体折磨。
W.O. 235/921	川本要军曹（绞刑）	川本要于1942年4月至8月期间是新界地区宪兵队队员，之后被调往香港岛东地区宪兵队。他被控于1942年4月27日以非人道方式虐待一名被拘留在深水埗警署的英军战俘，并导致他人死亡，以及在1944年12月7日至1945年2月5日期间，违反战争法律和惯例，以非人道方式在香港岛东地区宪兵部虐待两名被羁押的平民。

案件编号	战犯姓名	概述
W.O.235/927	井上かたお（绞刑）（不获核准）	井上かたお曾担任深水埗战俘营和香港宪兵队本部的传译员，被控于1942年12月21日，违反战争法律和惯例，在深水埗战俘营的所有加籍战俘面前殴打两名加籍军官，以及在1944年6月15日至11月30日期间，违反战争法律和惯例，以非人道方式于金巴利道67—69号、赤柱监狱和其他地方虐待被逮捕及羁押的香港平民，导致四人死亡，至少八人遭受肉体折磨。（由于被告是日裔加拿大人，案件被转到香港最高法院受审，改判叛国罪。）
W.O.235/937	矢吹力荣准尉（监禁十年）竹本音次郎（监禁三年，之后改为监禁一年）大塚硕太郎（监禁六年，之后改为监禁四年）	矢吹力荣准尉是香港宪兵队特高班队员，竹本音次郎是日军的平民传译员。三人被控于1943年4月21日至6月13日期间，违反战争法律和惯例，以非人道方式在香港宪兵队本部虐待被羁押的平民，导致至少七人遭受肉体折磨。大塚硕太郎同时被控于1943年6月15日至9月30日期间，以非人道方式在香港宪兵队本部虐待一名被羁押的平民。

案件编号	战犯姓名	概述
W.O. 235/993	岸保夫中尉（绞刑） 松元长三郎中尉（绞刑） 柳泽定雄中尉（监禁十年） 小玉光敏曹长（监禁五年） 内田宏曹长（绞刑，后改为监禁十年） 城森利一曹长（无罪释放） 佐藤义夫曹长（无罪释放） 吉川军一曹长（监禁八年） 神代胜正伍长（监禁十年） 竹中关松兵长（无罪释放） 安藤乔兵长（无罪释放） 高桥治彦二等兵（无罪释放） 西泽宪郎一等兵（监禁两年，后改为监禁一年） 上村仪作二等兵（监禁两年，后改为监禁一年） 冈本吉太郎二等兵（监禁两年）	岸保夫是驻大屿山日军队长，松元长三郎是副队长，其余被告是他们的下属。他们被控于1945年8月18日至8月26日期间，违反战争法律和惯例，以非人道方式在大屿山殴打、折磨及虐待银矿湾居民，导致九人死亡。
W.O. 235/999	野间贤之助大佐（绞刑）	野间贤之助于1941年12月25日至1945年1月18日期间担任香港宪兵队队长，主要职务包括维持治安、指挥宪兵队以及管理拘留所。他被控在担任香港宪兵队队长期间，违反战争法律和惯例，以非人道方式在香港虐待平民，导致多人死亡或被非法杀害，大量平民遭受肉体折磨。

案件编号	战犯姓名	概述
W.O.235/1007	柴田繁男大尉（无罪释放）大场孝雄曹长（监禁三年）	柴田繁男是香港岛东地区宪兵队队长，大场孝雄是他的部下。两人被控于1943年8月13日至1945年2月19日期间，违反战争法律和惯例，以非人道方式在香港岛东地区宪兵队虐待被羁押的平民，导致部分平民死亡，部分平民遭受肉体折磨。
W.O.235/1011	小笠原春次曹长（监禁十年）川井久雄军曹（无罪释放）	小笠原春次在1942年2月至8月期间担任大埔宪兵队派遣队队长。川井久雄是他的部下。两人被控于1942年3月左右，违反战争法律和惯例，于大埔宪兵部杀害多名平民有关。小笠原春次同时被控于1942年5月29日至6月30日期间，违反战争法律和惯例，与以非人道方式于大埔线虐待两名平民有关，导致其中一人死亡。
W.O.235/1012	德永德大佐（绞刑，后改为无期徒刑）齐藤俊吉大尉（绞刑，后改为监禁二十年）田中齐中尉（监禁三年）莴田五男（监禁二年）原田城太郎军曹（监禁一年）	德永德是香港俘虏收容所所长，齐藤俊吉是香港收容所总军医官。齐藤俊吉和其余被告都是德永德的部下。他们被控于1942年1月至1945年9月期间，违反战争法律和惯例，以非人道方式虐待被拘留在深水埗、北角及亚皆老街的战俘营的英、加、荷军战俘，导致多人死亡以及遭受肉体折磨。德永德同时被控于1942年8月至9月期间，违反战争法律和惯例，以非人道方式虐待和杀害四名加军战俘和五名英军战俘。

案件编号	战犯姓名	概述
W.O. 235/1015	东海林俊成少将（无罪释放）	东海林俊成是大日本帝国陆军第三十八师团二三〇联队的指挥官，被控于1941年12月7日至12月26日期间，违反战争法律和惯例，与他的部下以非人道方式于香港虐待和杀害被俘虏的英、加、华、印籍士兵以及红十字会人员有关。
W.O. 235/1027	佐藤畅一中尉（监禁八年）	佐藤畅一是赤柱监狱医院的军医官，需要为医院内的英国和中国病人的健康负责。他被控于1942年10月至1945年8月15日期间，违反战争法律及惯例，没有为他们提供足够的诊治、调理、药物和食物有关，导致多人死亡，大量病人遭受肉体折磨。
W.O. 235/1030	田中良三郎少将（监禁二十年）	田中良三郎是大日本帝国陆军第三十八师团二二九联队的指挥官，被控于1941年12月17日至12月28日期间，违反战争法律和惯例，与他的部下以非人道方式于香港虐待和杀害被俘虏的英、加等国盟军士兵，以及于1941年12月19日杀害筲箕湾慈幼院的医护人员有关。
W.O. 235/1037	坪田宽治军曹（监禁两年）	坪田宽治是荃湾宪兵派遣队队员，被控于1943年7月1日至1944年12月31日期间，违反战争法律及惯例，与以非人道方式对荃湾宪兵部虐待被羁押的华裔平民有关，导致至少三人死亡，至少九人受到肉体折磨。

· 732 ·

案件编号	战犯姓名	概述
W.O.235/1038	小泽友吉军曹（监禁一年）	小泽友吉是九龙地区宪兵部特高班队员，被控于1943年5月14日至1943年6月29日期间，违反战争法律及惯例，与以非人道方式于旺角宪兵部虐待两名被羁押的平民有关。
W.O.235/1041	牛山幸男大尉（绞刑） 石山觉卫曹长（监禁十五年） 森野作藏曹长（监禁六年） 松山弘曹长（无罪释放）	牛山幸男是香港岛西地区宪兵队队长，其余被告是他的部下。他们被控于1941年12月30日至1945年2月17日期间，违反战争法律和惯例，以非人道方式于香港岛西地区宪兵总部虐待被羁押的人士，导致多人死亡，多人遭受肉体折磨。
W.O.235/1045	本田勇（监禁五年）	本田勇是长洲宪兵派遣队队长，被控于1944年12月24日至1945年1月13日期间，违反战争法律和惯例，以非人道方式于长洲虐待平民，导致八人遭受肉体折磨。
W.O.235/1048	伊藤准一曹长（绞刑）	伊藤准一是荃湾宪兵派遣队队长，被控于1945年8月17日左右，违反战争法律和惯例，在荃湾杀害两名被他羁押的华裔平民。（案件是W.O.235/1048的再审。）
W.O.235/1057	谦田泰曹长（绞刑）	谦田泰是筲箕湾宪兵派遣队员，被控于1945年6月1日至8月31日期间，违反战争法律和惯例，以非人道方式在筲箕湾宪兵部虐待平民，导致六人死亡，多人遭受肉体折磨。

案件编号	战犯姓名	概述
W.O. 235/1073	小畑九千郎中尉（监禁十二年） 高山正夫准尉（绞刑） 矢吹力荣准尉（监禁十一年） 小田坦平准尉（监禁五年） 猿渡德重曹长（无罪释放） 毛保嘉治军曹（监禁三年） 佐佐木由藏军曹（无罪释放） 渡边保上等兵（监禁五年）	小畑九千郎是上水地区宪兵队队长，其余被告是他的部下。他们被控于1945年2月至1945年8月15日期间，违反战争法律和惯例，与以非人道方式于香港新界虐待当地的华裔居民有关，导致多人死亡，多人遭受到肉体折磨。
W.O. 235/1078	桑野信行军曹（监禁十八个月）	桑野信行分别被控于1943年9月左右以及1945年5月24日至1945年6月1日期间，违反战争法律及惯例，与以非人道方式于香港岛东地区宪兵队和九龙地区宪兵部虐待三名被羁押的战俘有关。
W.O. 235/1093	金泽朝雄大佐（绞刑）	金泽朝雄大佐于1945年2月至8月期间担任香港宪兵队队长，是野间贤之助的继任人。他被控于1945年2月10日至8月15日期间，违反战争法律和惯例，与宪兵队以非人道方式于香港虐待平民有关，导致多人死亡，多人遭受肉体折磨。

案件编号	战犯姓名	概述
W.O. 235/1098	平尾好雄少佐（绞刑）	平尾好雄于1943年9月8日至1945年8月15日期间担任九龙地区宪兵队队长，被控于这段期间，违反战争法律及惯例，他的部下以非人道方式在九龙地区宪兵部和其他分部虐待被羁押的平民，当中包括杀害和虐待他们。
W.O. 235/1106	桑木清盛曹长（监禁四年）中岛德造军曹（绞刑）	桑木清盛于1943年8月1日至1944年12月31日期间担任沙头角宪兵派遣队队长，中岛德造是他的部下。两人被控于1943年8月1日至1944年12月31日期间，违反战争法律及惯例，与以非人道方式于沙头角虐待平民有关，导致至少十二人死亡。中岛德造同时被控于1943年6月至7月期间，违反战争法律及惯例，与以非人道方式虐待南涌村村民有关。
W.O. 235/1107	伊东武夫中将（监禁十二年）	伊东武夫是大日本帝国陆军第三十八师团步兵团长，被控于1941年12月17日至31日期间，违反战争法律及惯例，与他的部下以非人道方式于香港虐待和杀害盟军战俘、已投降的士兵、伤兵、医护人员和平民有关。

案件编号	战犯姓名	概述
W.O.235/1112	大村清准尉（监禁二十年） 西田政人军曹（监禁二十年） 川澄准曹长（监禁十二年） 吉冈荣造曹长（绞刑） 川井久雄军曹（无罪释放）	大村清是九龙地区宪兵队特高班主管，其余被告均为九龙地区宪兵队队员。他们分别被控于1943年10月27日至1944年10月30日和1944年9月26日至11月15日期间，违反战争法律及惯例，与以非人道方式于油麻地警署和九龙地区宪兵部虐待平民有关，导致十八人死亡，至少十二人遭受肉体折磨。川澄准同时被控于1944年12月20日至1945年1月31日期间，违反战争法规或惯例，与以非人道方式于大埔宪兵部虐待新界平民有关，导致三人死亡，至少十人遭受肉体折磨。
W.O.235/1114	经田茂（监禁七年）	经田茂是日军运输船"里斯本丸"的船长，有责任保障船上约一千八百名英国战俘的生命安全。他被控于1942年10月1日至2日间，违反战争法律及惯例，当里斯本丸于公海被鱼雷击中正在下沉的时候，下令将战俘关在船舱中和没有为战俘提供救生艇和救生衣，导致大量战俘被淹死，并对其他战俘造成肉体和精神上的折磨。

参考资料

1. 英国国家档案馆馆藏陆军部档案

W.O. 235/993

W.O. 235/999

W.O. 235/1012

W.O. 235/1027

W.O. 235/1030

W.O. 235/1041

W.O. 235/1073

W.O. 235/1093

W.O. 235/1098

W.O. 235/1106

W.O. 235/1112

2. 陈达明.大屿山抗日游击队.香港:香港各界文化促进会,2002.

3. 陈达明.香港抗日游击队.香港:环球(国际)出版有限公司,2000.

4. 陈惠芬.香港,1937—1945:国共英日美:回忆的历史.香港:2009年.

5. 高添强,唐卓敏编.香港日占时期:1941.12—1945.8.香港:三联书店,1995.

6. 高添强.香港战地指南(1941年).香港:三联书店,1995.

7. 关礼雄.日占时期的香港.香港:三联书店,1993.

8. 何耀生.集体回忆之中央警署:百年警署的故事.香港:明报出版社有限公司,2005.

9. 邝智文,蔡耀伦.孤独前哨:太平洋战争中的香港战役.香港:天地图书有限公司,2013.

10. 刘智鹏,周家建.吞声忍语:日治时期香港人的集体回忆.香港:中华书局,2009.

11. 莫世祥,陈红.日落香江——香港对日作战纪实.广州:广州出版社1997.

· 737 ·

12. 日本防卫厅防卫研究所战史室.香港作战.天津市政协编译委员会译.北京：中华书局，1985.

13. 吴昊.香港沦陷前：危城十日.香港：次文化堂，2014.

14. 吴昊.香港沦陷后：末日人间.香港：次文化堂，2015.

15. 香港历史博物馆.香港抗战：东江纵队港九独立大队论文集.香港：康乐及文化事务署，2004.

16. 谢永光.三年零八个月的苦难.香港：明报出版社，1994.

17. 谢永光.香港沦陷：日军攻港十八日战争纪实.香港：商务印书馆，1995.

18. 谢永光.战时日军在香港暴行.香港：明报出版社，1993.

19. 徐月清编.原东江纵队港九独立大队.香港：港九大队简史编辑组，1999.

20. 徐月清编.战斗在香江.香港：新界乡情系列编辑委员会，1997.

21. 杨奇.虎穴抢救：日本攻占香港后中共营救文化群英始末.香港：香港各界纪念抗战活动筹委会有限公司，香港各界文化促进会有限公司，2005.

22. 远东国际军事法庭判决书.张效林译.北京：群众出版社，1986.

23. 叶德伟等编著.香港沦陷史.香港：广角镜出版社，1984.

24. 郑宝鸿.香江冷月：香港的日治时代.香港：香港大学美术博物馆，2006.

25. 三雄新闻通讯社.香港战犯.香港：三雄商业服务社，1946.

26. 肯·凯姆本.香港沦陷与加拿大战俘.吴迪译.北京：同心出版社，2005.

27. 寺田近雄.日本军队用语集.廖为智译.台北：麦田出版股份有限公司，1999.

28. 和仁廉夫.岁月无声：一个日本人追寻香港日占史迹.张宏艳译.香港：花千树出版有限公司，2013.

29. 小林英夫，柴田善雅.日本军政下的香港.东京：评论社，1996.

30. 小菅信子，永井均解说・訳.BC级战争犯罪裁判.东京：日本图书センター，1996.

31. 田中宏巳.BC级战犯.东京：筑摩书房，2002.

32. 东洋经济新报社，香港占领地总督部报道部监修.军政下の香港：新生した大东亚の中核.香港：香港东洋经济社，1944.

33. 茶园义男.BC级战犯裁判关系茶园义男论文集.东京：不二出版，1993.

34. 茶园义男.图说战争裁判スガモプリズン事典.东京：日本图书センター，1994.

35. Banham, Tony, *Not the slightest chance: the defence of Hong Kong, 1941,*

Hong Kong: Hong Kong University Press, 2003.

36. Banham, Tony, *We shall suffer there: Hong Kong's defenders imprisoned, 1942-1945*, Hong Kong: Hong Kong University Press, 2009.

37. Bowie, Donald C, *Captive surgeon in Hong Kong: the story of the British Military Hospital, Hong Kong, 1942-1945*, Hong Kong: Hong Kong Branch of RAS, 1975.

38. Endacott, G. B., *Hong Kong eclipse*, Hong Kong: Oxford University Press, 1978.

39. Linton, Suzannah (ed.), *Hong Kong's war crimes trials*, United Kingdom: Oxford University Press, 2013.

40. Piccigallo, Philip R., *The Japanese on trial: Allied war crimes operations in the East, 1945-1951*, Austin: University of Texas Press, 1979.

41. Roland, Charles G., *Long night's journey into day: prisoners of war in Hong Kong and Japan, 1941-1945*, Waterloo, Ont.: Wilfrid Laurier University Press, 2001.

42. Skvorzov, Alexander V., *Hong Kong prisoner of war camp life: 25 December, 1941-30 August, 1945*, Hong Kong: SCMP Book Pub., 2005.

43. Snow, Philip, *The fall of Hong Kong: Britain, China and the Japanese occupation*, New Haven: Yale University Press, 2003.

后记

本书是梦周文教基金会的赞助项目。承蒙许礼平先生推荐，梦周文教基金会张颂仁先生、张颂义先生昆仲慨允全数资助本书的编译、研究及出版经费，使日军在港的战争罪行得以披露于世。我们特此向他们表示衷心的谢意。

本书面世不到一年，被香港文化界及读者评选为第九届"香港书奖"十大好书之一；我们为此感到无比的鼓舞。想不到五年之后，本书获得中国内地前辈同行的青睐，列为《日本远东战争罪行丛书》第二辑专书之一，由重庆出版社出版。对于本书能够跨越深圳河与内地读者见面，我们除了感到兴奋，也由衷感激为本书推荐内地版的前辈学者。

《日本远东战争罪行丛书》是重庆出版社的重量级丛书，全方位揭露二战期间日本在中国以外的地区制造的骇人听闻的战争暴行。南京大学中华民国史研究中心主任张宪文先生称之为"从全球视角研究日本战争罪行的典范之作"。丛书翻译委员会主任范国平老师一直努力收集有关日本在远东地区的战争暴行资料，"将日本针对西方盟国战俘和平民的战争暴行公之于世"。范国平老师的努力得到了出版界和读者的认同，丛书第一辑成为"十二五"国家重点图书；其后的第二辑也成为"十三五"国家重点图书；可见中国出版界对丛书的高度重视。本书作为丛书第二辑的一部，也期望得到出版界和读者的关注。

重构历史不易，重构惨痛的历史更难！本书要处理的原始材料是接近一万页的档案，以及其他相关的历史资料。军事法庭的档案记录上血泪斑驳，教人不忍卒读；编译和研究团队经常被档案中的惨痛个案牵动情绪，良久不能平复！为此我们必须向他们致以崇高的敬意，特别是团队的骨干成员刘蜀永教授和黄君健先生，他们为统筹团队的工作付出了重大努力。团队的其他成员为本书的编撰各司其职：姜耀麟先生、谭颖诗女士、岑浩然先生执行专题研究；陈安琪小姐、凌梦襄小姐、滕宇婷女士负责档案翻译；周罟年先生、郑佩媚小姐、邹焯茵小姐、周皓茵小姐参与本书不同阶段的工作。何观顺先生、区剑伟先生、吴传忠先生、陈平先生、温来喜先生和苏万兴先生在田野调查方面提供了大力的协助。亲历日军暴行者及其后人邓小南先生、郑伦光先生、毕顺海先生、张华好女士、周伙娣先生、梁金胜先生和刘少明先生，以陈年但清晰的记忆支持编译工作。英国国家档案馆及高添强先生为本书提供了珍贵可观的历史照片。中华书局（香港）有限公司黎耀强先生承担繁重的编辑工作，尽了最大的努力使本书得以在抗战胜利七十周年之际出版。上述人士对本书的贡献，我们谨此致谢！

苏珊娜·林顿教授从英国国家档案馆引入陆军部档案，香港大学图书馆以此建立"香港战争罪行审判"电子数据库，为我们的工作奠立了坚实的基础，我们必须向他们致意。

本书内地版的面世，源于范国平老师的慧眼和苦心。他发现了香港版的本书后，找到香港中华书局的熊玉霜老师帮忙把本书引进内地。我们十分感谢他们两位为本书努力奔走，将本书纳入《日本远东战争罪行丛书》推介给内地读者。内地学坛先进张宪文先生、汤重南先生、张连红教授为本书内地版赐序；翟新教授、潘宏研究员为本书撰写推荐语，大大增添了本书的可读性；我们对他们的热心关注表示诚挚的谢意！

刘智鹏　丁新豹
2020年5月6日

出版说明

本书是《日本远东战争罪行丛书》的第八本书。承蒙香港中华书局熊玉霜女士牵线搭桥，得丁新豹、刘智鹏先生惠赐佳作。首先要对三位老师表示感谢。在笔者和重庆出版社北京华章同人文化传播有限公司确定将此书列入丛书之后，熊玉霜老师迅速联系两位作者，得到丁先生和刘先生许可后，以非常优惠的条件，将版权转让给华章同人公司。对于熊老师卓有成效的积极工作，及两位作者以传播学术为重、不计名利的热忱精神，我们表示由衷的敬意。

本书在香港出版后，引起香港民众的巨大反响，广受好评。为了使这本填补大陆学界空白的关于日本在香港战争暴行的力作尽快以高质量面世，华章同人公司徐宪江副总经理安排马巧玲编辑负责全部流程。在本书的编校过程中，华章同人公司副总经理秦琥及笔者本人也付出了心力。实事求是地说，本书是经过了五轮校对的产物。在香港中华书局的编辑同仁努力基础之上，重庆出版社的编辑们又进一步进行了完善。笔者将译文中的日本部队的建制，由营修正为大队，由连修正为中队，由排修正为小队，以更符合日本军队历史上的建制及表述习惯。

丛书进行至此，有必要对前面的出版情况作一个简单的说明。自2015年起，季我努学社与华章同人公司密切协作，遴选了诸多揭露日军二战期间在中国以外地区的战争暴行的著作，进行编译出版。按时间为序，已经出版了《樟宜战俘营：1942-1945》《太阳旗下的地狱：美军战俘修建缅泰死亡铁路秘闻》《不义之财：日本财阀压榨盟军战俘实录》《地狱航船：亚洲太平洋战争中的"海上活棺材"》《活着回家：巴丹死亡行军亲历记》《日本宪兵队秘史：亚洲战场上的谋杀、暴力和酷刑》《被折断的花朵：八个荷兰"慰安妇"的伤痛回忆》等七本书。此外，尚有六本图书正在翻译、审校之中，很快将与读者见面。

对于丛书，国家不仅给予高度的重视，也给予诸多荣誉。丛书先后获得了"十二五"国家重点图书、中宣部及新闻出版总署"一百种抗战经典读物"、"十三五"国家重点图书等荣誉。学界也给予充分的肯定。蜚声国际的中国抗战史泰斗级专家、南京大学荣誉资深教授、中华民国史研究中心主任张宪文先生将丛书誉为"从全球视野揭露日本战争罪行的典范之作"。享誉海内外的中国日本史泰斗级专家、中国日本史学会荣誉会长、中国社会科学院世界历史研究所研究员汤重南先生给予好评，称丛书的出版具有世界意义，具有巨大的学术价值，弥补了国内学界在日军对东南亚国家及西方国家战俘和平民的战争犯罪研究上的空白。此外，还有数十位著名抗战史专家、日本史专家、军事史专家为丛书撰写了序言、推荐语。

丛书的主要着眼点，在于揭露日军在中国大陆以外地区的战争暴行，主要是揭露日军在东南亚地区以及对西方国家战俘和平民的战争暴行。由于国内学者基本上将研究视角聚焦在日本侵华战争暴行，所以对日本在中国以外战争暴行关注较少。所以丛书所遴选的作品，秉持两个原则。

一是入选图书所揭露的战争暴行必须具有填补国内学术空白的意义。丛书目前所出版的图书，涵盖在远东国际军事法庭判决书中与南京大屠杀齐名的巴丹死亡行军、缅泰死亡铁路，以及地狱航船、日军征发白人战俘充当奴隶劳工、征发白人妇女充当"慰安妇"等战争暴行。即将出版的书籍中，涵盖外国学者撰写的日军细菌战、毒气战，以及在华北推行"三光政策"等战争暴行。丛书的远景目标是，系统地引进相关专著或回忆录，系统地梳理日军在东南亚各国、朝鲜半岛、日本本土、中国台湾及伪满洲国等地，针对中国、东南亚各国及西方盟国的战俘和平民，以及朝鲜半岛、日本本土、中国台湾民众的战争暴行。

二是入选图书的作者必须为该领域的权威专家或者是战争暴行的亲历者。目前丛书的作者已经涵盖美、英、日、荷等国的著名学者，如美国金融学泰斗级专家、亚利桑那州立大学终身教授列斯特·坦尼，美国著名记者、二战史学者、"普利策奖"得主琳达·格特兹·赫尔姆斯，美国著名海军史学者格雷戈里·F.米切诺，英国剑桥大学东亚史教授、著名日本战犯审判专家顾若鹏，英国皇家陆军军官学院二战史研究专家、美国富尔布赖奖金获得者R.P.W.海沃斯，英国著名历史学家、埃塞克斯大学马克·费尔顿博士，日本著名历史学家包括都留文科大学笠原十九司教授、中央大学吉见义明教授、明治大学山田朗教授、大阪经济法科大学教授内海爱子，以及荷兰著名二战史专家、"慰安妇"问题专家玛格丽特·哈默尔-毛努·德弗瓦德维勒。

今年是全面抗战胜利七十五周年。借此机会，谨对丛书进展情况作一简单总结。感谢海内外学者们的大力支持和指导，感谢季我努学社译者们的辛勤翻译，感谢出版社编辑们的精心编校。希望有更多的学界先进，可以来关注日本在中国大陆以外地区的战争暴行。最后，期待丁新豹、刘智鹏先生能够有更多更好的关于日军在港战争暴行的研究成果刊行。

范国平
《日本远东战争罪行丛书》总校译
东南大学海外中国史料研究中心首席研究员
2020年6月15日

《日军在港战争罪行：战犯审判纪录及其研究》由中华书局（香港）有限公司在香港首次出版
所有权利保留

版贸核渝字（2019）第094号

图书在版编目（CIP）数据

侵略的证言：日军在港战争罪行 / 刘智鹏，丁新豹主编. —重庆：重庆出版社，2020.9
ISBN 978-7-229-14956-7

Ⅰ.①侵… Ⅱ.①刘…②丁… Ⅲ.①侵华日军—战犯—审判—研究 Ⅳ.①K265.707②D995

中国版本图书馆CIP数据核字（2020）第048873号

侵略的证言：日军在港战争罪行
刘智鹏　丁新豹　主编

策　　划	华章同人
特约策划	季我努学社
出版监制	徐宪江
责任编辑	秦　琥　马巧玲
责任印制	杨　宁
营销编辑	史青苗　刘晓艳

重庆出版集团
重庆出版社　出版
（重庆市南岸区南滨路162号1幢）
投稿邮箱：bjhztr@vip.163.com
三河市宏盛印务有限公司　印刷
重庆出版集团图书发行有限公司　发行
邮购电话：010-85869375/76/77转810
重庆出版社天猫旗舰店
cqcbs.tmall.com
全国新华书店经销

开本：787mm×1092mm　1/16　印张：48.25　字数：650千
2020年9月第1版　2020年9月第1次印刷
定价：148.00元

如有印装质量问题，请致电023-61520678

版权所有，侵权必究